晋江年鉴

JIN JIANG YEARBOOK

2022（总第27卷）

中共晋江市委党史和地方志研究室　编

方志出版社
Publishing House of Local Records

图书在版编目（CIP）数据

晋江年鉴. 2022 / 中共晋江市委党史和地方志研究室编.—北京 : 方志出版社, 2022.12
ISBN 978-7-5144-5485-7

Ⅰ. ①晋… Ⅱ. ①中… Ⅲ. ①晋江市—2022—年鉴
Ⅳ. ①Z525.74

中国版本图书馆CIP数据核字(2022)第243103号

责任编辑：刘方圆
责任校对：刘玉霞
责任印制：梅中英
出 版 者：方志出版社
地　　址：北京市朝阳区潘家园东里 9 号（国家方志馆4层）
邮　　编：100021
网　　址：http://www.zgfzcb.cn
发　　行：方志出版社图书营销中心（010-67110500）
印　　刷：福州麟造印刷有限公司
开　　本：889毫米×1194毫米　1/16
印　　张：29
字　　数：1100千字
版　　次：2022年12月第1版
印　　次：2022年12月第1次印刷
定　　价：298.00元

晋江市地图

比例尺 1:190 000

编制单位：福建省地图出版社　审图号：泉S〔2023〕1号　资料截至：2021年12月

《晋江年鉴》编纂委员会

《晋江年鉴(2022)》编辑部

主　　编：蔡斯坤

副 主 编：洪春婷　颜清堤　高红红　尤春晓

编　　辑：林荣国　洪逢春　朱海林　张婉萍　刘吉山　林惠娇
　　　　　周来栓　赖安安　许泽波

编　　务：吴安玲　翁丽程　黄淦楠　张加丽　许海峰　王泓毅

编辑说明

一、《晋江年鉴》是中共晋江市委、晋江市人民政府主办，中共晋江市委党史和地方志研究室编纂的综合性年鉴，是集中展示晋江市年度发展概况的权威性资料文献。《晋江年鉴》于1996年开始编纂，2022卷为第27卷。

二、《晋江年鉴》以马克思列宁主义、毛泽东思想、邓小平理论、“三个代表”重要思想、科学发展观、习近平新时代中国特色社会主义思想为指导，坚持辩证唯物主义和历史唯物主义的立场、观点和方法，实事求是记载晋江市年度发展状况，反映晋江市自然、政治、经济、文化、社会等领域发展状况，为国内外读者了解晋江、研究晋江、置业晋江、游历晋江提供尽可能全面、翔实的地情资料。

三、《晋江年鉴（2022）》记事时限为2021年1月1日至12月31日。为完整反映事物的全貌，在个别条目中略有突破。全书采用分类编辑法，主体内容设类目、分目、条目3个结构层次，部分分目设子分目，以条目为基本记述单元。

四、《晋江年鉴（2022）》设年度聚焦、专文、大事记、市情概貌、中共晋江市委员会、晋江市人民代表大会、晋江市人民政府、中国人民政治协商会议晋江市委员会、纪检监察、民主党派和工商联、群众团体、法治、军事、外事 侨务 台港澳事务、应急管理、经济管理、农业 农村、工业、园区、交通 邮政、信息通信业、商贸流通服务业、旅游、金融、城乡建设、自然资源管理、生态环境保护和管理、教育、科学技术、文化、体育、卫生健康、社会生活、街道 镇（场）、人物 荣誉、附录、索引等，约110万字。

五、《晋江年鉴（2022）》采用现代语体文记述。文字、标点符号、计量单位（除统计资料部分照录外）均依国家现行标准。

六、《晋江年鉴（2022）》资料由全市各级机关、群众团体、企事业单位提供；部分类目的内容，编者亦采集有关资料编纂或融合成文。统计数据以晋江市统计部门资料为准。所采用照片由供稿单位、晋江市摄影家协会、晋江市新闻摄影学会等提供。

七、为便于读者查阅，《晋江年鉴（2022）》在卷首设有目录；卷后配有索引，采用内容分析法，内容按汉语拼音字母顺序排列。

晋江市第十四次党代会

2021 年 7 月 28—30 日，中国共产党晋江市第十四次代表大会召开。图为 28 日大会现场　（董严军 / 摄）

在社会主义现代化建设新征程中续写“晋江经验”新篇

世界遗产

草庵外景　　（陈巧玲／摄）

草庵摩尼光佛造像
（董严军／摄于 2021 年 7 月 26 日）

磁灶窑址全景　　（秦越/摄于2021年9月22日）

安平桥桥面
（晋江经济报社/供　摄于2021年4月17日）

安平桥全景　　（秦越/摄于2021年2月24日）

新冠疫情防控

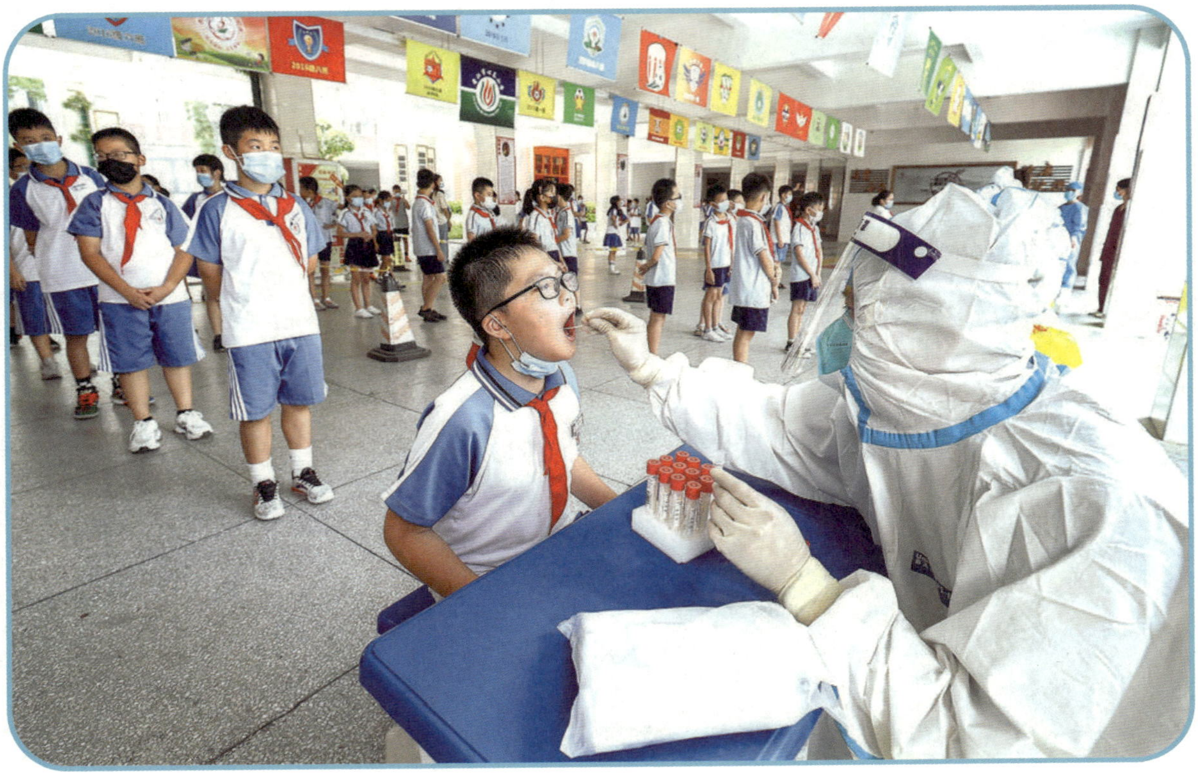

2021 年 9 月，晋江市组织 43 万名师生员工分批进行核酸检测。图为 9 月 13 日心养小学学生在做核酸检测　（董严军 / 摄）

2021 年 10 月 4 日，陈埭镇苏厝村宣布解封后，苏厝村村民挥舞国旗庆祝　（晋江市疫情防控办 / 供）

2021 年 9 月 20 日，在安平桥景区检测点，参与核酸检测的市民点赞医护人员
（晋江市疫情防控办 / 供）

2021 年 9 月 23 日，百捷中央·金街，志愿者在雨中引导市民有序进行核酸检测
（晋江市疫情防控办 / 供）

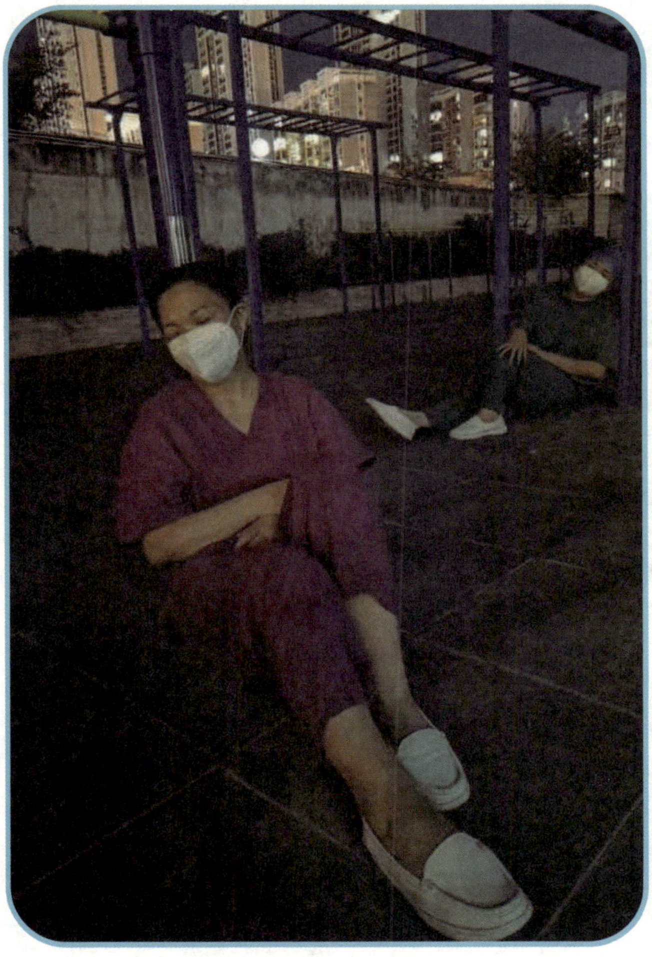

2021 年 9 月 29 日，在晋江市核酸检测点，从白天工作到晚上的医护人员就地休息 （晋江市疫情防控办 / 供）

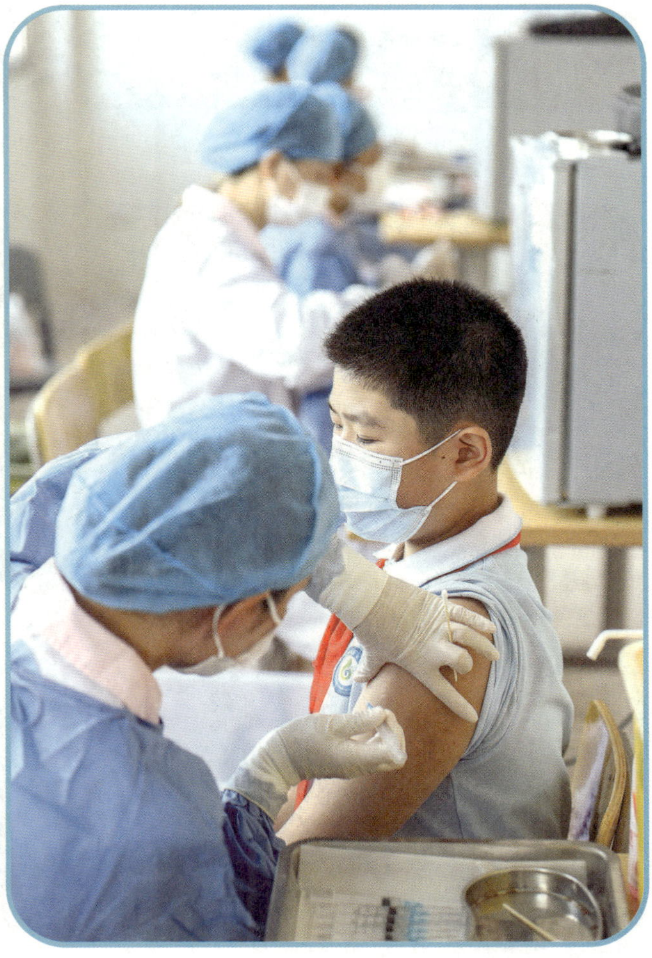

2021 年 11 月 1 日 ，晋江市启动 3—11 岁人群新冠疫苗接种，首日累计接种 5030 人次。图为医护人员在晋江市第六实验小学临时接种点为学生接种新冠疫苗第一针 （董严军 / 摄）

特色展会

2021 年 4 月，为期 4 天的第二十三届中国（晋江）国际鞋业暨第六届国际体育产业博览会在晋江国际会展中心举行。图为 4 月 19 日开幕式现场　　（董严军 / 摄）

晋江国际鞋纺城专区　　（秦越 / 摄）

爱丽卡展位工作人员向客商介绍产品　　（董严军／摄）

参展的“智能化”成鞋机　　（董严军／摄）

2021 年 4 月 1—3 日，中国（晋江）国际家装建材博览会在晋江国际会展中心举办。图为福建陶瓷展馆一角　　（董严军 / 摄）

2021 年，晋江市打造全省首个 VR 云展会，特色展区各放异彩。图为 4 月 1 日第四届晋江家博会华泰展馆　　（董严军 / 摄）

2021 年 7 月 20 日，第五届海峡两岸食品交易会暨第八届闽台（泉州）食品交易会在晋江国际会展中心开幕。图为食交会现场一角

（董严军 / 摄）

晋江伴手礼展位　　（董严军 / 摄）

第18届世界中学生运动会

2021 年 4 月 14 日上午，第 18 届世界中学生运动会倒计时牌在晋江市第二体育中心、五店市传统街区、梧林传统村落、泉州晋江国际机场等晋江城市地标亮灯。图为设在机场的“海丝玉兰” （秦越 / 摄）

2021 年 5 月 16 日， 14 名晋江裁判亮相游泳测试赛。图为裁判员在比赛中执裁 （秦越 / 摄）

2021 年 5 月 16 日上午 9 时 30 分，中国中学生游泳挑战赛（晋江站）暨晋江 2020 世中运游泳项目测试赛在晋江市第二体育中心游泳跳水馆正式拉开序幕。图为参加游泳比赛的健儿奋力往前游 （秦越 / 摄）

2021 年 6 月 14 日，世中运田径测试赛在晋江少体校体育场举行。图为比赛现场 （秦越 / 摄）

2021 年 7 月，晋江市举办足球精英赛暨晋江 2020 世中运测试赛。图为 7 月 2 日裁判团队在赛前进行体能训练　　（秦越 / 摄）

位于 SM 广场的“世中运晋江 V 站”，24 小时开放，放置充电线、冷热饮水、矿泉水、一次性雨伞、鞋子、玩具、母婴护理台、衣服等，市民可用手机扫码进入，按需取用　　（陈巧玲 / 摄于 2021 年 3 月 10 日）

第 18 届世界中学生运动会开闭幕式举办地——晋江市第二体育中心　　（秦越 / 摄于 2021 年 8 月 22 日）

经济发展

2021 年，晋江市开展“营商环境提升年”活动。图为晋江市税务局工作人员上门为企业服务　（晋江市税务局 / 供）

2021 年 1 月 27 日，晋江市开展打造“便利晋江”创一流营商环境活动。图为行政服务中心工作人员在现场解读有关政策（陈巧玲 / 摄）

2021 年 3 月 16 日，久久王食品国际有限公司（股票代码：HK01927）在香港交易所主板正式挂牌上市，成为晋江第 50 家上市公司。图为公司负责人在上市仪式现场接受记者采访　（晋江经济报社 / 供）

2021 年 3 月 26 日，晋江集成电路产业学院成立，为国内首个区校企共建集成电路产业学院。图为共建签约仪式　（晋江经济报社 / 供）

2021 年 4 月 19 日，中国 • 晋江鞋业发展指数 2020 年度报告出炉。图为工作人员向参展商介绍鞋业指数相关动态
（陈巧玲 / 摄）

2021 年 5 月 26 日，安踏、恒安、特步、七匹狼、三六一度 5 家晋江企业上榜网络零售 TOP100 榜单。图为第二十三届中国（晋江）国际鞋业暨第六届国际体育产业博览会安踏展馆
（董严军 / 摄）

2021 年 6 月 10 日，北京冬奥组委体育部副部长王艳霞（左）、舒华体育董事长兼总裁张维建（右）共同为舒华入驻北京 2022 年冬奥会和冬残奥会奥运村健身中心的旗舰款产品揭幕 （晋江经济报社 / 供）

2021 年 7 月 4 日，鞋底密度仅为羽毛五分之一的安踏跑鞋现身太空。图为媒体报道的“太空健身房”截图 （晋江经济报社 / 供）

2021 年 7 月 16 日，晋江开展“百大项目攻坚大比拼”路演活动。图为路演现场　（董严军 / 摄）

2021 年，晋江市推进京通易购（东南）智慧物联网共同运营中心建设。图为 8 月 12 日拍摄的施工现场外景　（晋江经济报社 / 供）

2021 年，晋江市推进豪川物流园建设。图为 8 月 12 日拍摄的施工现场一角　（陈巧玲 / 摄）

晋东新区首个商业综合体——鞋纺城中轴商业配套项目　（秦越 / 摄于 2021 年 6 月 30 日）

晋江产业数字化转型加速。图为 2021 年 8 月 13 日，信泰科技有限公司信息化展厅里，工作人员展示工业互联网大数据中心平台　（董严军 / 摄）

特步鞋服生产项目总投资 10 亿元，建设集运动鞋服及配套产品研发、生产、营销于一体化的工业园，年产运动鞋 1500 万双、服装 1000 万套
（晋江经济报社 / 供　摄于 2021 年 7 月 13 日）

城乡建设

2021 年，晋江市池店南片区水系一期工程改造完成。图为 10 月 20 日拍摄的现场一角　　(陈巧玲 / 摄)

2021 年，中国共产党晋江市第十四次代表大会报告提出，要开展人居环境整治 2.0 版，进行城市修补、生态修复，实施老旧小区、厂区、城区微更新项目。图为 11 月 8 日拍摄的阳光广场夜景　　(董严军 / 摄)

2021 年 7 月，新建福厦高铁 7 标晋江制梁场所承担的泉州湾特大桥最后一榀箱梁成功架设，标志着晋江制梁场 667 榀箱梁预制及架设任务全部完成。图为架设施工现场（晋江经济报社 / 供）

2021 年 8 月，位于田安大桥附近的滨江南岸公园总长 304 米的空中栈道桥主体完工，园区内亲子乐园完成游乐设施主要设备安装。图为 8 月 24 日拍摄的公园全景（秦越 / 摄）

2021 年 11 月 14 日，晋江市第二体育中心获“2020—2021 年度第二批中国建设工程鲁班奖”（国家优质工程），系晋江时隔 18 年再次获得鲁班奖。图为第二体育中心夜景 （秦越 / 摄）

泉厦漳城市联盟路晋江永和段 （秦越 / 摄于 2021 年 6 月 30 日）

晋江市九十九溪流域田园风光项目风景　　（秦越／摄于 2021 年 7 月 1 日）

紫湖水库　　（董严军／摄于 2021 年 11 月 7 日）

社会事业

2021 年，晋江市磁灶镇苏垵村获评省乡村振兴实绩突出村。图为 9 月 24 日拍摄的村民日常休闲　（秦越 / 摄）

2021 年 4 月 16 日，省级科技特派员、厦门大学高级工程师、博士骆轩（右）与晋江企业技术人员交流　（董严军 / 摄）

2021 年 4 月 22 日，2021 数字中国创新大赛集成电路赛道暨首届全国集成电路"创芯大赛"总决赛在泉州（晋江）国际人才港举行，来自海内外的 20 余支队伍参赛。图为决赛现场　（柯国笠 / 摄）

2021 年 5 月 10 日，位于晋江市安海镇安平开发区的全市首个乡村联盟驿站——安海乡村联盟驿站开业。图为参加开业仪式的嘉宾在驿站参观
（安海镇 / 供）

2021 年 10 月 23 日，晋江市第二医院与复旦大学附属中山医院厦门医院签订医疗技术协作协议。图为签约仪式后，复旦大学附属中山医院厦门医院专家在晋江第二医院坐诊
（秦越 / 摄）

2021 年 10 月 31 日，《晋江经济报》小记者走进深沪湾，利用专业观测设备观赏海洋鸟类。图为放飞一只受伤后得到救治的国家二级重点保护野生动物——红隼
（董严军 / 摄）

2021 年 11 月 6 日，晋江市第八届“我最喜爱的老师”评选结果出炉。图为 11 月 6 日，在晋江市第六实验小学举行的现场推荐活动，候选教师登台亮相
（董严军 / 摄）

2021 年 12 月 12 日，泉州晋江国际机场“一齐飞”线上平台启动　　（董严军 / 摄）

老师做“加法” 家长做“减法”——晋江全面推行课后服务“5+2”模式。图为 2021 年 9 月 2 日，参加课后服务的晋江市第二实验小学学生在阅读　　（董严军 / 摄）

养正中学新校区（秦越 / 摄于 2021 年 8 月 3 日）

文体活动

2021 年 2 月 23 日，晋江市开展“我们的中国梦——文化进万家”活动。图为池店线上“闹”元宵　（陈巧玲／摄）

2021 年 3 月 14 日，一群戴着红色绶带的小小志愿者在晋江五店市景区角落捡拾垃圾　（陈巧玲／摄）

2021 年 5 月 8 日，“建党百年风华茂 文化惠民进万家”全民健身广场舞表演暨文化科技卫生“三下乡”宣传活动在晋江万达广场举行

（梅岭街道 / 供）

2021 年 5 月 19 日，晋江市 2021 年文化旅游节启动仪式在晋江市文化中心广场举行。图为启动仪式上的高甲戏表演——《群丑献艺》

（陈巧玲 / 摄）

2021 年 6 月 30 日，晋江市离退休干部庆祝建党百年唱红歌活动在市老年活动中心举行

（晋江市委组织部 / 供）

2021 年 7 月 29 日，“庆祝建党百年 凝聚精神伟力”——2021 年度泉州市“道德模范故事汇”基层巡演活动晋江专场在晋江五店市举行

（晋江市委宣传部 / 供）

2021 年 11 月 26 日，2021 年中国体育文化博览会、中国体育旅游博览会在广州开幕。来自晋江安海的“水上掠鸭”和国际大体联足球世界杯系列赛事分别获评中华体育文化优秀节庆项目、中国体育旅游精品赛事。图为安海“水上掠鸭”日活动现场　（晋江经济报社 / 供）

2021 年 12 月 25 日，“文启海丝·艺荟晋江”2021 年晋江市文化创意和艺术节正式拉开帷幕。图为现场节目表演　（陈巧玲 / 摄）

2021 年 12 月 25 日，张瑞图书法特展在晋江开幕。图为书法爱好者在欣赏书法作品　（陈巧玲 / 摄）

年度聚焦

专 文

大事记

市情概貌

中共晋江市委员会

晋江市人民代表大会

晋江市人民政府

中国人民政治协商会议 晋江市委员会

纪检监察

民主党派和工商联

群众团体

法 治

军 事

外事　侨务　台港澳事务

应急管理

经济管理

农业 农村

工 业

园 区

交通 邮政

信息通信业

商贸流通服务业

城乡建设

自然资源管理

生态环境保护和管理

教 育

科学技术

文　化

体 育

卫生健康

社会生活

街道 镇（场）

人物 荣誉

附 录

“晋江经验”馆入选全国“建党百年红色旅游精品线路”

2021年6月，文化和旅游部、中央宣传部、中央党史和文献研究院、国家发展改革委联合发布“建党百年红色旅游百条精品线路”，“福建发展·晋江经验”精品线路位列其中，为福建省入选的3条精品线路（“闽西苏区·红色福建”“福建发展·晋江经验”“清新福建·脱贫攻坚”）之一。“晋江经验”展馆是该线路泉州地区唯一的入选点。

作为福建省党史学习教育参观学习点之一，晋江市展馆推出特色鲜明、形式多样的学习活动，将“晋江经验”融入党史学习教育中。2021年，晋江市展馆改造升级硬件展品，成立红色宣讲团，根据团体、参观主题的不同，相应实行个性化、专业化的讲解方案。按照党政团、研学团、招商团、市民团等不同团体的特性，设计不同的精品讲解线路，引导更多人了解党史、学习党史，让党史学习教育入脑入心。

2021年，晋江市展馆“晋江经验”馆服务接待参观团1231批、3.19万人次，被列为福建省党史学习教育参观学习点、福建省爱国主义教育基地、全省民营经济人士理想信念教育基地、福建省中小学生研学实践教育基地，并获评国家AAA级旅游景区。

（杨黎明）

国家区域医疗中心落地晋江

2021年7月，国家发展改革委、国家卫生健康委、国家中医药管理局联合下发《关于第二批区域医疗中心试点项目有关事项的通知》，由上海市第六人民医院依托晋江市医院合作共建的上海六院福建医院获批，正式被纳入第二批区域医疗中心试点项目名单。

国家区域医疗中心试点建设是党中央、国务院深入实施健康中国战略，推进卫生健康领域供给侧结构性改革，主动调整优质医疗资源的结构与布局，提升区域医疗技术、医学研究和医院管理水平的重要举措。区域医疗中心试点建设可改善就医流向，扩大品牌影响力，加快人才队伍建设，促使区域医疗水平在短时间内得到明显提升。

上海六院福建医院是截至2021年国家区域医疗中心试点单位唯一一家位于县域的医院，是泉州的县域嫁接全国医疗行业高端资源的一个缩影。按照建设方案，上海六院福建医院将以“大专科、小综合”为发展特色，打造成国内外知名的现代化三级甲等综合医院，力争在5年内建成集临床诊疗、疑难重症诊断与治疗、教学培训、科技研发、疾病预防、健康管理于一体，配套设施完善，创伤救治相关诊疗科目齐全，人才梯队结构合理的现代化、高水平、骨科特色突出的国家创伤区域医疗中心，带动区域医疗水平整体提升，辐射福建及周边省份乃至“一带一路”沿线国家和中国台港澳地区，有效减少跨省就医。

上海六院福建医院项目分两期建设。一期以晋江市医院（罗裳院区）为平台，于2021年1月挂牌运营；二期项目临近晋江鞋纺城、晋江大桥、晋江市第二体育中心，用地面积约13.67公顷，建筑面积约21万平方米，计划设置总床位1200张，计划于2025年12月前建成并投入使用。

（郑玲燕）

晋江市城市核酸检测基地建成

2021年12月15日，晋江市城市核酸检测基地正式完工，建设工期2个多月。该基地选址晋江市医院爱国楼院区，选用原3号楼4—5层作为改造场地，总投资3000万元。基地占地面积近1200平方米，包含试剂准备室、核酸提取室、核酸扩增室、产物分析室、洗消间等分区。基地按照“平战结合”原则建设，投用后，平时日均检测能力可达1万管次，全员筛查1∶10混采人数达10万人份；最高日均检测能力可达3万管次，全员筛查1∶10混采人数达30万人份，可确保在发生局部聚集性疫情的应急状态下，具备较短时间内提升核酸检测能力。

（郑玲燕）

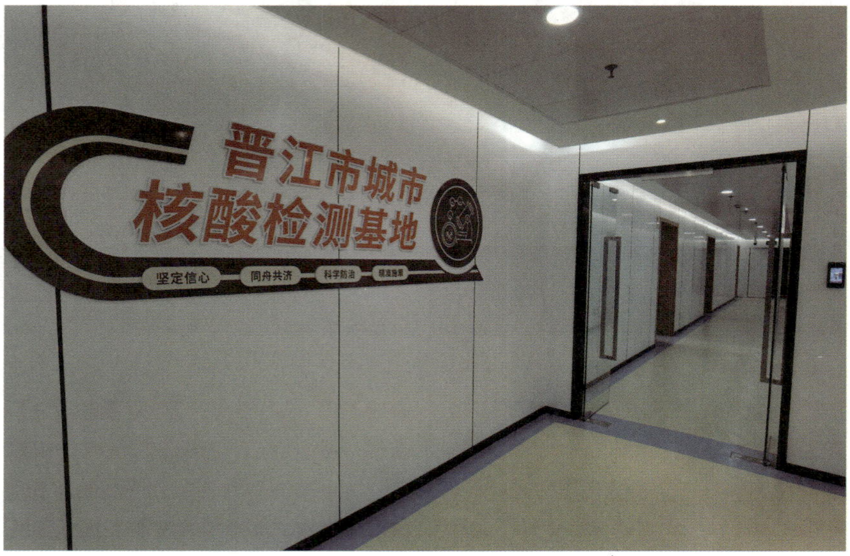

2021年12月15日完工的晋江市城市核酸检测基地　（晋江市卫健局／供）

安平桥、草庵摩尼光佛造像、磁灶窑址入选《世界遗产名录》

2021年7月25日，在福州召开的第44届世界遗产大会上，“泉州：宋元中国的世界海洋商贸中心”被列入《世界遗产名录》，晋江安平桥、草庵摩尼光佛造像、磁灶窑址（金交椅山窑址）3处遗产点名列其中。

2021年，晋江市开展遗产点保护和管理工作：完成安平桥畔之安海港古码头水心亭渡头的保护修缮工作；完成安平桥修缮保护工程文物本体测绘、病害勘察分析、岩土水文地质勘察分析、文物本体监测及预防性保护装置智能化工程等4个前期勘察工作项目；完成安平桥晋江段、中亭段文物保护修缮工程设计方案招投标；安平桥东端桥头周边环境整治工程基本完工；委托专业团队完成磁灶窑址（金交椅山窑址）申报“省级考古遗址公园”的文本编制工作；在晋江市文物保护中心加挂“晋江市磁灶窑址（金交椅山窑址）文管所”牌子。

晋江市同时举办系列活动助力申遗：6月24日，在磁灶窑址（金交椅山窑址）开展“礼赞百年　助力申遗”主题文化作品展览系列活动，现场展示来自“磁灶窑”陶艺传承人、各社团教师、各学校师生及社会各界人士的获奖作品，作品涉及陶瓷工艺品、书法、绘画、剪纸、文学等类型。7月26日，在“泉州：宋元中国的世界海洋商贸中心”之磁灶窑址（金交椅山窑址）举办“千年窑址　世遗颂歌”泉州申遗成功庆祝主题活动。强化世遗点宣传工作，申遗成功后，新华社《半月谈》刊登《泉州交响曲：千年潮音，文明互鉴》，中国新闻社《中国新闻周刊》刊登《泉州申遗二十年》，国家文物局官网刊登《世界海洋贸易中心港口的杰出范例——写在“泉州：宋元中国的世界海洋商贸中心”申遗成功之际》，《南方周末》刊登《千年泉州曲折申遗路，中国故事如何世界表达》，《福建日报》刊登《回望泉州20年申遗之路：守护千年遗响　看见宋元中国》。

（孙淑华）

泉州综合保税区“1210”“9610”通关模式正式运行

2021年，位于晋江市的泉州综合保税区投入2000万元建设跨境电商监管中心，创新运行“1210”（跨境电商保税进口）、“9610”（一般出口业务的海关特殊监管区域）通关服务模式。5月31日，泉州综合保税区运行首单网购保税进口（监管方式代码“1210”）模式货物入区，实现3月18日国家明确将跨境电商零售进口试点扩大范围以来，泉州跨境电商综合试验区在网购保税“1210”业务上实现“零”的突破；10月29日，泉州综合保税区跨境电商监管中心揭牌运营，首票“9610”业务顺利通关。泉州综合保税区成为厦门关区首个获批开展跨境电商“9610”零售一般出口业务的海关特殊监管区域。“1210”“9610”通关服务模式的运作，进一步提升报关实效、简化流程、节约通关成本，推动集聚进出口持续发展新动能，对推动泉州地区跨境电商贸易新业态高质量发展意义重大。

（苏达丽）

晋江上市公司达50家

2021年3月16日，福建久久王食品工业有限公司在香港联交所主板上市，发行1.98亿股，融资金额1.5亿元，这是泉州市2021年诞生的首家上市公司，也是“晋江板块”第50家上市公司。截至2021年12月，晋江培育境内外上市公司50家，上市公司数量居全国县域前列，上市公司首发融资累计超205亿元，再融资超580亿元，并购重组交易额近600亿元，上市公司总市值超3900亿元。

晋江市将引导和支持企业实施资本运作作为促进区域产业优化升级的重要战略举措之一，强化服务团队，调整帮扶政策，优化服务机制，形成齐心协力抓上市的局面。建立健全工作机制。调整补充“晋江市企业上市工作领导小组”成员及成立“工作专班”，设立“综合组”“培育组”“宣传组”“规范组”等4个工作组。强化后备梯队建设。2021年，推动29家企业纳入省重点上市后备企业名单，占泉州市入围数50.88%；82家企业纳入泉州市上市挂牌后备，占比超30%；84家企业纳入晋江市上市挂牌后备企业，新增32家，比上年增长58.49%；科创型企业36家，比上年增长125%；高新技术企业60家，比上年增长114.29%；43家企业纳入北交所上市培育企业库。分类指导主动服务。开展投行专家挂钩服务，联合5家证券投行机构开展后备企业挂钩服务活动，累计走访企业超60家次；衔接4家银行机构推出“上市贷”“挂牌贷”“后备贷”等金融创新产品，为后备企业提供增值服务，2021年累计放贷超15亿元。营造上市氛围。深入企业“点对点”服务超160家次，组织各类培训和政策宣讲会5场，在全省率先召开北交所上市工作动员部署会并组织近100家企业参会，调动企业赴北交所上市积极性。通过印发《北交所知识宣传册》、开展“晋江企业北交所上市培训系列问答”等，营造宣传氛围。

（张　纯）

晋江市抗击新型冠状病毒肺炎疫情

2021年，晋江市面对繁重的新型冠状病毒肺炎（简称“新冠肺炎”）疫情防控任务，贯彻国务院联防联控机制视频会议精神，全面落实福建省、泉州市部署要求，按照“外防输入、内防反弹”防控策略，快严实细、毫不放松抓紧抓实各项防控措施，织密织牢疫情防控安全网，守护人民群众身体健康和生命安全。全年排查管控中高风险地区到（返）晋江人员92271人次；组建采样队4334人，复采应急队80人，标本转运队320人，组织大规模核酸检测应急演练2次，累计开展“应检尽检”“适时抽检”核酸检测5244541人次；设置新冠疫苗接种点25个，疫苗接种450.92万针次；出现确诊病例2例，落实管控措施532人。至年底，无新增病例。

·常态化疫情防控·

构建疫情防控指挥体系。2021年，晋江市调整新冠肺炎疫情防控工作指挥部和下设机构，“一办十四组”（防控办、联防联控组、医疗救治组、交通检疫组、舆情宣传组、维稳组、物资储备组、联合督导组、复工复产组、境外防控组、环境整治组、非法入境防控组、学校组、进口冷链食品及邮递防控组、全员核酸检测组）集中办公，市主要领导靠前指挥，根据疫情发展形势，定期会商，统筹调度，动态调整应对重点，做好疫情防控工作。

人员管理。2021年，晋江市运用“大数据+网格化”，加强国内中高风险地区到（返）晋江人员管理。紧盯14天内有疫情发生所在地旅居史到（返）晋江人员，第一时间排查管控、闭环管理，确保排查、管控、核酸检测“三个日清零”。全年排查管控重点地区到（返）晋江人员92271人次，其中高风险地区5746人次、中风险地区7220人次、低风险地区79305人次。按照“14+7+7”的隔离要求，落实境外入晋江人员隔离管控措施，确保闭环转运、人物同防到位。全年隔离管控境外入境人员21146人次。其中，集中医学观察6423人次（船员591人次、厦门分流人员940人次），居家医学观察3130人次，居家健康监测11593人次。坚持“海陆同防”，打击偷私渡等非法入境，全面摸排并管控企业非法招录非法入境务工人员，查获非法出入境案件16起58人，严防疫情输入。

口岸疫情防控。2021年，晋江市严防疫情输入，兜牢口岸安全防线。机场方面，启用分流中心，专车将中高风险到（返）晋江人员转运至分流中心，进行核酸检测，防止滞留机场，避免交叉感染风险。暂停境外航班，对28天内有境外旅居史的旅客，待航班落地后由机下“点对点”转运，实现全流程闭环管理。码头方面，对深沪中心渔港远洋作业区进行设施设备改造，做到清洁区、半清洁区和污染区物理隔离。31个船舶集中管控点、执勤点落实24小时值班制度，抓好出海船舶、人员信息备案和出入港提前申报、登记检查等制度。动车站方面，全面排查出站人员，进行体温测量及健康码查验，对重点地区和非绿码人员逐一登记，并现场核酸检测，信息推送至乡镇和外县（市）地区跟进管理。发现体温异常者，转送定点医院进一步确认；发现境外入晋江人员，立即核对信息，需转运的进行“点对点”转运。

·工业领域新冠肺炎疫情防控·

2021年，晋江市落实防护服等防疫物资产能储备工作。在9月省内发生新冠肺炎疫情防控期间，牵头负责在泉州市内首推设立工贸企业货运车辆驾乘人员核酸检测采集点，保障驾乘人员6小时内取得检测结果，助推新冠肺炎疫情背景下企业供应链畅通，服务企业262家次，核酸检测678人次。启动工业企业生产资料类供应运输车辆通行证核发工作，发放通行证271张。

重点场所常态化防控。2021年，晋江市加强督促检查，酒店、商场、农贸市场、娱乐场所等重点公共场所落实“三码联查”、扫码、一米线、戴口罩、公共区域环境卫生消毒等防控要求，尤其是小餐馆、小工地、商超、娱乐场所等人员密集场所，强调扫码以便流调溯源。督促机场、动车站、汽车站、码头等做好交通工具以及公共服务区域日常清洁、通风和消毒灯防控措施，落实扫码、登记。

院感防控。2021年，晋江市以零容忍标准落实院感防控，加强发热门诊设置与管理，投入4450万元抓紧硬件改造升级，整改既有8个发热门诊，全部投用。投入500万元，建设6个基层医疗单位发热诊室，全部建成投用。严抓院内感染防控，规范隔离病区、住院病区和发热患者闭环管理，将各类患者按不同风险级别收住隔离病区，对暂无核酸检测结果的急诊患者或者隔离排查可疑的住院患者实行单间安置，实行发热病人“专人专车”“一人一车一消杀”免费转送到就近的发热门诊，加强院感控制工作，配备感控人员170人，加密对医院感控措施落实情况的检查，累计对188家次医疗机构记分593分，立案16家、停业整顿33家，对49家医疗机构第三方服务保障公司集体谈话，督促问题整改到位，全年无发生院感事件。

学校疫情防控。2021年，晋江市加强各级各类学校疫情防控，落实“一校一案”，所有校园均封闭式管理，组织开展各项防控方案和预案培训，落实体温检测、应急演练、清洁消杀等防控措施。加强全体返校人员跟踪管理，执行健康监测“日报告”“零报告”制度，全面掌握返校人员返校前14天的健康状况和旅居史、接触史等情况，执行外出师生返晋江隔离措施。对所有开复学学校，由疾控中心派人驻校，全天候指导协助防控工作。学校教职员工每30天检测1次，学生每15天抽检25%，学校教职员工和学生共核酸检测1568504人次。

聚集性活动管控。2021年，晋江市印发《聚集性活动新冠肺炎疫情防控工作指引（试行）》，要求各行业主管部门和各镇（街道）、经济开发区从严管控线下大型聚集性活动，落实不同类型聚集性活动常态化疫情防控措施。加强村（社区）婚丧喜庆活动管理，引导各村（社区）村民（居民）移风易俗、从简举办，确需举办的，严控参加人数，并严格审查疫情防控方案；对外烩酒席，要求按程序报市场监管部门，严查承办方资质，确保食品安全，确保防控措施符合要求。

隔离场所储备和管理。2021年，晋江市加强隔离场所储备和管理，按每万人口20间标准，需储备房间4150间，实际储备4170间。重新筛选储备镇级健康管理中心，储备点位25处，可使用房间2577间。完成新天娇、锦江之星、东方巴黎等3个境外隔离点撤点。选址晋江经济开发区林格公租房建设市级健康管理驿站，占地3.67公顷、总建筑面积12万平方米，共8幢1219套房间。加强市级健康驿站闭环管控，科学分区，形成“圈中有圈”，外圈严格场所周边管控，内圈划分清洁区、缓冲区、污染区及医疗废物区等4个全封闭区域。防控协同，实现“站站互联”。将驿站定位为总站，其他市级健康管理中心设为分站，驿站总站采用站长负责制，与临时党支部书记互为A、B角，副站长作为分站负责人，各分站采用同一运营模式，实行扁平化管理，由总站统一进行动态调配。织密织牢，构筑“网中有网”。细分工作小组、隔离对象信息、视频监控、隔离通道、内外消杀防护及行政专班指挥6张网络，构筑安全保障防护网。无缝衔接，做到“环环相扣”。无缝衔接对象转运、物资流通、医疗废物处理、医疗救助、隔离解除5个环节，做到“人、物、环境同防”。该做法获全省推广。

高风险岗位人员内控。2021年，晋江市组织口岸、集中隔离场所、冷链食品、定点医疗机构和发热门诊等高风险岗位人员进行个人防护、消毒消杀等全员再培训，组建专家组逐人考核，实现持证上岗。落实全员接种新冠疫苗，医疗机构从业人员10615人，第一针接种率99.59%，第二针接种率97.34%，第三针接种率78.6%；口岸交通从业人员15239人，第一针、第二针接种率100%，第三针接种率63.2%；冷链从业人员908人，第一针、第二针接种率100%，第三针接种率42.3%；集中隔离场所工作人员128人，第一针、第二针接种率100%，第三针接种率69.5%。同时做好每天员工健康情况询问，每天检查体温，建立健康档案，强化员工健康观察和监测报告。按规范落实“应检尽检”“适时抽检”频次，在冬春季节加密核酸检测频次。采取“两集中、四固定”（集中作业、集中居住，人员固定、场所固定、设备固定、休息区固定）的模式，并按照AB岗严格“团进团出”，进行封闭式管理。

涉疫垃圾处置。2021年，晋江市落实重点场所涉疫管理措施，做好重点区域消毒消杀、垃圾、污水处理，做到收集、存放、消毒、处理“四集中”。自2021年8月4日开始接收处置涉疫垃圾，9月23日起开始接收处置一般医疗废物，全年规范处置涉疫生活垃圾211.65吨、一般医疗废物191.59吨。

冷链食品及邮件快递物品管理。2021年，晋江市进口冷链食品新集中监管仓投用，占地61770平方米，拥有高标常温库5万平方米，冷藏库2000平方米，冷冻仓储位14714板。落实进口冷链食品全消毒、全检测、全追溯的“三全”防控措施，对未取得异地监管仓核酸检测和消毒证明的进口冷链食品，执行进仓监管。接到入仓预约324柜，入仓324柜（共1129批次350251件6303.871吨），采集食品核酸样本10356份，全部阴性，完成货物消毒350251件，出仓324柜。下发《国内中高风险地区冷链食品疫情防控工作方案》，对来自中高风险地区或经中高风险地区中转的国内冷链食品，参照进口冷链食品要求落实疫情防控措施。加强对快递中心、分拣场地、营业场所等卫生防疫管理，紧盯快递各环节，做好所有邮件物品特别是来自涉疫地区（含中高风险地区）的邮件物品检测和消毒。

多点触发监测预警。2021年，晋江市紧盯风险职业人群监测，严格重点行业人群核酸“应检尽检”频次和新上岗人员“随进随检”要求，定期开展公共场所服务人员、窗口单位等人群“适时抽检”；结合药店日常购药实名登记信息及医保数据，紧盯购买“四类药品”（退热、止咳、抗病毒、抗生素类药品）的人群，定期组织购（服）药人员进行核酸筛查；紧盯旅行社、景区景点从业人员监测，全面摸排分析旅行团及自驾游游客就餐相关情况，重点摸排景区景点周边餐厅，完成景区景点、星级酒店、旅行社各类人员核酸检测888560人次。紧盯外环境监测，将机场、动车站、汽车站、码头等口岸场所，发热门诊、村级卫生所、隔离场所等涉疫场所，商超、农贸市场等人群聚集公共场所纳入外环境风险监测抽检范围，每周开展1次重点场所外环境监测，结果均阴性。紧盯基层哨点监测，加强诊所、村卫生所等基层医疗机构管理，发挥哨点预警作用，做好“守门人”，严禁截留“十大症状”人员。

核酸检测能力建设。2021年，晋江市投入3000万元，选定市医院（爱国楼院区）3号楼完成城市核酸检测基地建设，每日可检测3万份，全市日检测能力5.02万份。与5家检测机构签订支援协议，可提供入驻日检测量21.5万管、外送日检测量8万管。提升单日全员核酸检测能力，优先选择不受天气等因素影响的较为空旷易于疏散场所设置采样点。全市设置采样点596个，采样台1888个（可扩容至2465个）。开展全市医疗相关专业人员（含民营、个体）全员核酸采样培训，储备具备采样能力人员6938人。储备20支阳性复采队，由市疾控中心统筹调度，应急时启动复采应急机制。储备非在线急救车辆20辆，用于阳性复采和发热病人转运；储备200辆标本转运车，分配到4个分中心。以医共体为单位按每个采样点储备不少于3个标本转运箱的标准，储备标本转运箱2000余个。全市9家核酸检测实验室有PCR扩增仪42台、快检设备36台，储备检测试剂、采样管数量满足2轮全员核酸检测需求，全市持PCR上岗证人员113人。8月、11月，先后组织大规模核酸检测应急演练，结合全员核酸演练实践，制定《全员核酸检测工作手册》，提高大筛组织能力。

新冠疫苗接种。2021年，晋江市开展加强免疫接种工作，做好“一老一小”新冠疫苗接种，推动应接快接、应接尽接。全年全市累计接种450.92万针次。其中，第一剂211.01万针次，接种率105.60%；第二剂196.92万针次，接种率98.54%；加强剂42.99万针次，接种率93.01%。接种人群中，60岁以上目标人群208299人，接种第一剂163539针次、接种率78.51%，接种第二剂148680剂、接种率71.38%。3—11岁目标人群249398人，累计接种第一剂266025针次，接种率106.67%；接种第二剂224383针次，接种率89.97%。

疫情防控宣传。2021年，晋江市统筹防控宣传和舆论引导工作，播发疫情防控稿件300多篇，制作抖音、短视频、创意海报、情景短剧、闽南四句、乡村“喇叭”等融媒体创新作品近百个，总阅读量400多万人次，转发量超10万次。其中，阅读量突破10万人次的作品15个。抗疫MV《致敬基层一线抗疫者——命中有你》在学习强国、视频号、抖音、今日头条、微博等多平台播放，新华社、新福建、东南网、《东南早报》、新浪网等主流媒体平台转发，各级各类平台总阅读量近300万人次。推出VLOG视频《外国人点赞晋江防疫战》（中英双语版）在《人民日报》、《福建日报》、“学习强国”学习平台、今日头条、微博等平台发布，点击量超15万人次；组织泉州、晋江两级媒体关注晋江市外援人员凯旋，《晋江支援泉港核酸采样人员平安凯旋！》《晋江支援泉港采样人员平安回家》等多篇报道引发各界点赞。督促各镇（街道）、各单位利用LED显示屏、宣传栏、楼宇广告屏、户外广告牌、围挡围墙、微信公众号、微信群等载体，做好疫情社会宣传，推出公益广告和科普画报专刊，制作通告及防疫须知闽南语与普通话广播音频，供村（社区）利用“村村响”、流动宣传车循环播放，做到家喻户晓。

疫情防控督导。2021年，晋江市围绕口岸疫情防控、医疗卫生机构管理、集中监管仓规范、公共场所常态化管控等开展23轮318次督查，下发监督重点清单56份，编发督查专报23期，发出督查提醒函、警示函40份，推动解决问题742个。

物资储备保障。2021年，晋江市坚持“镇街自给、部门自筹、市级调度和区域平衡”的分级分类应急后勤保障体系，简化物资采购手续，提高物资供应效率。全市储备核酸检测设备73台，核酸检测试剂49.69万份，储备核酸检测采样管和保存液627.48万人份。全市储备口罩835.54万个、医用防护服64913套、隔离衣162189套。

·疫情应对处置·

2021年9月10日，省内发生新冠肺炎疫情，晋江市按照国务院、福建省、泉州市疫情防控决策部署和指示精神，落实“快严实细”要求，第一时间启动应急响应、激活指挥体系，压紧压实“四方”责任，快速果断处置9月19日确诊的莆田输入和关联阳性病例2例，推进打赢疫情防控阻击战、歼灭战。10月4日零时，晋江全域降为低风险地区。

组织保障。2021年9月10日省内新冠肺炎疫情发生后，晋江市抽调全市机关企事业单位631名干部到各村（社区），充实一线疫情防控力量，并在全市组建621个临时党组织，发挥党员带头表率作用。启动覆盖市、镇（街道）、村（社区）、网格、一级群主、户的防疫六级微信工作群，把疫情防控信息传达给每家每户群众，提升基层组织动员效率，实现联防联控、群防群治。

地区人员排查管控。省内发生新冠肺炎疫情后，晋江市迅速排查重点地区入晋人员，做到排查、管控、核酸检测“一日一清零”，自莆田仙游本土疫情发生至年底，排查管控地区到（返）晋江人员56019人次，不漏一人、全找到、全管控。对境外返晋人员，落实“14+7+7”全流程闭环管控和健康监测，并全面排查2021年5月至年底入境人员5724人次，快速组织核酸双采双检工作，阻断“复阳”风险。

集中隔离场所扩容严管。2021年9月11日，晋江市启用17处镇级健康管理中心，并要求每个镇（街道）再落实房间50间以上的镇级隔离点若干处，新增投用38处，可使用房间3914间，确保应隔尽隔。密接者（含次密）隔离点扩容至4处，可用房间713间。快速推进林格公租房市级健康驿站的选址和装修，9月17日部分投用，保障密接和次密接人员隔离。成立市级调度专班，细分12类48条管理规范要点，充实医护人员、工作人员、公安民警等640余人，全面加强镇级健康管理中心的规范管理；同时利用微信小程序，全程动态掌握房间数、隔离人员，垃圾收集、运转情况等。

重点方块和场所管控。省内发生新冠肺炎疫情后，晋江市严格小区、工厂、校园封闭管理，全面实行出入严格管控，严格三码联查、测温、验码、戴口罩，人员、车辆逐人逐车核查，压实社区、物业、企业等各方主体责任。全体师生（43 万人）核酸检测后及时转入线上教学。加强公共场所等流动性管控，暂时关闭所有公园、景区景点和宗教民俗、民间信仰、体育健身、娱乐游乐、足浴洗浴活动的公共场所，全市所有商场、超市、农贸市场等物资供应场所实行人员限流。公交车实行减班限流、开窗运行。9 月 12 日起公交车班次缩减一半，10 月 8 日疫情平稳后公交车班次全部恢复正常。对班线实行疫情防控动态管理，9 月 10 日晚，长途车站停止往返莆田的客运班次；9 月 19 日，长途车站停运；10 月 4 日起，恢复正常运营。9 月 13 日，在全市 7 个高速出口设置检疫点；9 月 14 日，在晋江市与周边县市交界的 13 个市域主干道设置检疫点，排查厦门、莆田、泉港等到晋江人员、车辆；9 月 25 日下午，所有检疫点全部取消。从严管控各类聚集性活动，迅速暂停各类大型活动、会议，人数原则上控制在 50 人以下，并按规定落实报备和有关防控措施。强化交通和码头检疫检查，机场、动车站、汽车站等交通场站设立交通检疫点，实行最严格的排查管控，摸排境外旅居史不满 14+7 天以及 14 天内有中高风险旅居史乘客。累计检查旅客 41824 人次，查验非绿码 112 人次。在 7 个高速出入口及 13 个国省道卡口设立检查站，劝返车辆 10138 辆次，劝返人员 14577 人次。

大规模核酸筛查。省内发生新冠肺炎疫情后，晋江市通过扩容检测实验室、向第三方购买服务租赁方舱实验室等提升自身检测能力，分批有序推进大规模核酸筛查，至 10 月 3 日，累计采集 237.60 万人份，检测结果均为阴性。

“四方责任”压紧压实。省内发生新冠肺炎疫情后，晋江市由市纪委监委牵头，派出联合督导组围绕居家健康监测、隔离场所管理、密闭场所管制等开展全面监督检查，督促问题整改 236 个，严肃督促整改到位，压紧压实“四方”责任。

阳性病例处置。2021 年 9 月 12 日，晋江市接到莆田市仙游县确诊病例轨迹通报后，立即组织流调，第一时间摸清、追踪密切接触者 91 人、次密接者 421 人，迅速落实管控措施并开展核酸检测。9 月 19 日，2 名阳性感染者确诊后，晋江市第一时间发布通告、公布轨迹，科学划定封控区、管控区，成立由市主要领导任组长的工作组，组建管控专班和 8 个职能工作小组，落实区域人员排摸、核酸检测、环境消杀、健康监测等全面管控措施，其间国家专家组 2 次到现场指导把关。9 月 20 日，2 名确诊患者转运至莆田定点医院诊治。至 10 月 3 日，连续 14 天无新增确诊病例或无症状感染者，相关密接、次密接人员集中医学观察满 14 天，其间核酸检测均阴性。

苏厝村封控管控。2021 年 9 月 19 日，晋江市将苏厝村和平北路 145—149 号、213 号、230—232 号划为封控区，并划定为中风险地区。将苏厝村北至内沟河，南至石鼓路，和平北路西侧沿街楼栋；北至内沟河，南至菩莲，和平北路东侧沿街楼栋，除封控区外划为管控区。对封控、管控区域，组织逐栋、逐层、逐户排摸区域内房东、租户或往来人员的基本信息，逐一登记造册，排摸造册 559 人，除 27 人在封控、管控前离开晋江，向相关县市发出管控函，其余 532 人全部落实管控措施。在区域内所有路口安装彩钢板围挡，只留一个出口和入口，每栋房屋的每个出入口，都安装电子门磁以及带有对话功能的高清监控摄像头；组建专班，24 小时值班值守、巡逻劝导，向区域内居民发放告知书，并通过村（居）小广播，引导群众自觉主动配合落实管控措施，确保封控区人员足不出户，管控区人员实行居家隔离。规范设置生活垃圾和医疗废物临时收集点，安排专人每天上门收取，做到“日产日清”。组织后勤保障专班，制定服务项目清单，以楼栋为单位设立后勤楼主，组建“8+N”楼栋防控服务微信群，提供政策宣传、日常用品代买、心理辅导、医疗咨询等服务，做到群众需求“早知道、早回复、早化解”；指定晋江市医院发热门诊作为定点服务医院，为残疾人、行动不便人员等特殊群体，提供就医便利或上门服务；设置并公布心理咨询热线，晋江市第三医院心理疏导团队 24 小时待命，为区域内人员提供心理疏导等服务；为区域内人员配送月饼、水果等慰问品，做好中秋节日慰问和关怀；陈埭镇发动爱心人士捐款 5 万元，用于购买生活物资，补充保障区域内人员生活。封控区开展 7 轮、管控区开展 6 轮核酸检测（最后一轮为 10 月 2 日），结果均为阴性。组织专业队伍对封控区、管控区外环境每天消毒 2 次，消毒过程效果评价合格。10 月 2 日，外环境核酸抽检 300 份，结果均为阴性。10 月 4 日零时起，对封控区、管控区解除封控、管控。

（林顺龙）

晋江市保留“全国文明城市”称号

2021 年，晋江市贯彻落实中央文明办关于复查整改工作的反馈意见和指导精神，按照“把改问题深化为改思想、把改局部拓展为改全面、把改当下延伸为改长远”的要求，聚焦问题，攻坚复查整改。6 月 15 日，中央文明办确认保留晋江市“全国文明城市”称号。

坚持全面动员。2021 年，晋江市委、市政府主要领导以上率下，挂帅部署、协调督导，采用“四不两直”（不发通知、不打招呼、不听汇报、不用陪同接待、直奔基层、直插现场）方式，深入一线开展各类复查整改督导活动 43 次，召开复查整改各项会议 15 场次，研究部署整改落实和常态长效推进机制构建工作。以“晋江文明 没我不行”为主题，开展市民问政、“小手拉大手”、文明健康绿色环保、爱国卫生、志愿服务等各类市民参与活动。

聚焦问题整改。2021 年，晋江市文明委印发《关于举一反三全面深入整改全国文明城市复查反馈问题的通知》，对中央文明办反馈的 7 个方面 102 个问题、省委文明办调研督导反馈的 121 个问题进行归类和综合分析，策划组织“晋江文明 没我不行”市民问政系列活动，组建公益广告、农贸市场、市容市貌、交通秩序、老旧小区、校园周边等 6 个整改专班，建立清单式管理机制，由市领导挂钩督导，落实整改。

着手建章立制。2021 年，晋江市印发《全国文明城市创建成效重点巩固部位清单》《全国文明城市创建突出问题专项整治方案》《关于巩固成效促进长效深化文明城市创建工作的若干意见》等文件，推动补短板、强弱项、防回潮、提质量，巩固创建成果，推动常态长效创建。

（颜燕秋 曾焕铁）

晋江市开展党史学习教育

2021 年，晋江市开展党史学习教育，全市各级党组织和广大党员群众认真落实各级党委部署，牢牢把握“学党史、悟思想、办实事、开新局”的总体要求，坚持规定动作做实，自选动作做准，高标准、高质量完成党史学习教育各项任务。

精心部署安排，“学党史”走深走实。2021 年，晋江市结合中国共产党成立 100 周年庆祝活动，抓实抓细规定内容的学习，形成关键少数带头学、分类施策全员学、巡回指导督促学，全市掀起“学史明理”热潮。围绕学习贯彻习近平总书记来闽考察重要讲话精神等，举办主题党课、专题读书班等学习活动 1350 场，引导党员干部深学深读、精学精研。发动市委理论宣讲团等力量，开展党史学习教育“七进”（进机关、进社区、进农村、进企业、进校园、进军营、进网络），宣讲 621 场次，直接受众 8.43 万人次。

用好特色资源，“悟思想”入脑入心。2021 年，晋江市把学习习近平新时代中国特色社会主义思想作为纲和魂，坚持传承红色基因，注重挖掘特色文化、侨乡资源、非公有制企业元素，创新“悟思想”的活动载体。发布“晋江经验”馆、晋江梧林侨批馆、“八·二三”炮战遗址等 15 个党史学习教育参观点，“福建发展·晋江经验”入选全国“建党百年红色旅游百条精品线路”，“学习‘晋江经验’ 感受中国制造力量”入选福建百条红色旅游线路。用好高甲戏、木偶戏、侨批等资源，开展“百年华侨古厝讲百年党史”“永远跟党走”等群众性活动 2.2 万场，通过“四式”（交流式宣讲、移动式课堂、视频式展播、参观式教育）融合，讲好具有晋江特色的红色故事。注重把党史学习教育与非公党建紧密融合，把党史教育、红色课堂搬到“红色车间”，让一线职工一起悟思想、受教育，《激活非公企业发展“红色动能”》案例入选《百年初心成大道——党史学习教育案例选编》，相关做法在全国推广。

践行初心使命，“办实事”用心用情。2021 年，晋江市坚持把党史学习教育与推动工作、解决实际问题结合起来，开展“三为”（我为群众办实事、我为企业解难题、我为社会做好事）实践活动，在为民排忧解难中践行初心使命。在“我为群众办实事”实践活动中，围绕“医教养、食住行、游乐购”全链条，办成 79 个市级项目和 308 个部门、镇（街道）自选项目，推动新增城镇就业 1.95 万人、提供优质学位 1.24 万个、养老床位 509 张、名医工作室 10 个，解决一批群众“急难愁盼”问题。在“我为企业解难题”再实践活动中，结合“进千企、走千商、访千才”活动，从要素保障、科技创新、市场开拓、产业配套协同、人才引育等入手，专项攻坚 84 个项目，解决企业困难问题 290 项，促成产能协作 30 亿元，新增企业贷款 140 亿元，兑现惠企资金 23.67 亿元，推动 130 个审批事项实现“一件事”集成，赢得企业点赞。在“我为社会做好事”实践活动中，集结 400 多名市直机关党员干部下沉新冠肺炎疫情防控一线，组建党员先锋队、志愿服务队，全面筑牢疫情防控防线；发动 5000 多名公职党员进社区报到，带动全民参与文明城市创建、人居环境整治，形成全员参与、全民动手的氛围。把开新局作为党史学习教育的落脚点，统筹安全与发展，把学习教育成果转化为加强党的建设、破解经济社会发展难题的实招、硬招。

（刘岩澍）

晋江市开展庆祝中国共产党成立 100 周年活动

2021 年，晋江市开展庆祝中国共产党成立 100 周年系列宣传教育活动，礼赞百年风华，营造“党的盛典 人民的节日”浓厚氛围。举办“奋斗百年路 启航新征程”晋江市庆祝中国共产党成立 100 周年文艺会演、“同在红旗下·我们说晋江”庆祝中国共产党成立100周年演讲演艺比赛、“心声唱百年”音乐视频展播、“方寸映春华 党史‘邮’我说”——“百年历程照我心”晋江市主题邮展、“守初心 担使命”庆祝中国共产党成立100周年百人百幅书法作品展、“永远跟党走 舞动中国梦”广场舞展演、庆祝中国共产党成立100周年“晋江美术精品展”、“永远跟党走”庆祝中国共产党成立100周年民族器乐声乐音乐会等各类群众性主题宣传教育活动2000余场（次）。全方位广覆盖造浓社会氛围，发动全市各单位在主次干道、公交候车亭、路名牌、灯杆旗、户外大型广告牌、景区景点、公园、宣传栏、LED电子显示屏等各类宣传载体和宣传阵地发布主题宣传版面、主题景观小品1万余处。开展主题新闻宣传，组织协调晋江市级媒体开设“奋斗百年路 启航新征程”等专栏专题，对接邀请上级媒体到晋江采访，在中央、福建省、泉州市各级重点党媒推出报道2200篇，宣传晋江各领域奋进新征程的新气象、新面貌、新成效。

（陈瑞清 谢佩龙）

晋江市推进乡村振兴

2021年5月23日，晋江市整合扶贫开发和乡村振兴两项工作，成立市委扶贫开发成果巩固与乡村振兴工作领导小组，下设办公室和乡村产业振兴专项小组、乡村生态振兴专项小组、宜居乡村建设专项小组、文明乡风建设专项小组、乡村文化振兴专项小组、乡村组织振兴专项小组、乡村人才振兴专项小组、法治乡村建设专项小组、乡村基础设施专项小组、乡村公共服务专项小组、脱贫成果巩固专项小组、乡村投入保障专项小组等12个专项小组。5月28日，成立市乡村振兴局，牌子加挂在市农业农村局。强化队伍保障。完成村（社区）“两委”换届选举，选优配强“两委”班子，实现学历和年龄“一升一降”。在全国首创“人才反哺农村”24条措施，从选民资格登记、宅基地使用权、干部职级晋升等方面打通公职人员、致富能手等返乡参选渠道，建成村（社区）优秀人才库，入库12487人。强化人才保障。举办“博士助力乡村振兴”专题座谈会等活动，促进乡村人才交流集聚；举办村务工作者初任培训班及素质提升班、培训1119人次，举办3期乡村教师学科素养提升培训班、培训287人次，举办341个技能培训班、培训3.8万人次，举办高素质农民培训29期、3762人次，认定新型职业农民127人，获评泉州优秀农村实用人才5人。强化资金保障。一般公共预算用于农林水支出逐年递增，2021年支出12.14亿元，同比增长11.57%。2021年，省、市、县三级统筹乡村振兴试点示范资金5126.84万元，用于开展乡村振兴试点示范工作。其中，800万元为2个省级乡村振兴实绩突出村奖励资金（省级资金），300万元为2个泉州市级乡村振兴实绩突出村奖励资金（泉州市级资金），4026.84万元为20个省级乡村振兴试点村创建资金（省级资金2460.84万元、泉州市级配套780万元、晋江市配套786万元）。

2021年，晋江市抓试点村建设。推进20个省级试点村，完成试点示范项目113个（含跨年项目7个），完成年计划投资5607.8357万元。试点村中培育3.0版（标杆村）10个，2.0版（示范村）20个。获评省级乡村振兴实绩突出村2个、泉州市级2个，获评泉州市乡村振兴典型示范村3个。抓示范线建设。推动5条泉州市级乡村振兴示范线“三无一改”攻坚和“十百千”工程建设，金井线被认定为泉州市第一批乡村振兴精品示范线。推进省级特色镇建设。完成2个省级特色镇的5个项目、投资额1830万元。英林镇、磁灶镇、紫帽镇抓紧推进泉州市乡村振兴整镇推进“五好”示范乡镇创建工作，形成创建工作方案。

2021年，晋江市村庄规划先行。印发《晋江市村庄规划三年行动方案》，年度计划完成57个村庄规划编制，开工82个，完成72个，完成率126%。推进农村“厕所革命”。实现农村卫生厕所全覆盖，完善所有公厕标识、引导牌等设施，落实“一长两员”制度，实现村村有公厕。开展农村垃圾治理。各村均建立生活垃圾治理常态化机制，实现日产日清，全市清理农村生活垃圾超5.4万吨。深化农村污水治理。398个村（社区）中，完成管道建设364个、在建33个，建成管道4595千米，农村生活污水治理率77%。建成污水处理厂7座，镇级生活污水处理设施100%建成并投入使用。狠抓农房整治工作。出台《晋江市乡村建筑风貌提升行动方案》，全面落实农房建设“带图审批”，拆除石结构及危旧房屋2535栋、49.43万平方米。完成既有裸房整治3441栋。全面提升村容村貌。开展“全民动员，绿化晋江活动”“最美庭院”“绿盈乡村评选”等活动，引导各村美化村容村貌。新增造林346.67公顷，新认定“绿盈乡村”65个村，中级版17个村、高级版6个村，初级版以上“绿盈乡村”257个（其中获命名中级版50个、高级版9个）。评选围头村等5个村为古街巷微改造示范项目，完成设计方案专家评审。开展农村人居环境整治大会战，推行“门前三包”责任制。推送人居环境整治典型案例20个，制作闽南四句6条，发送宣传短信30万条。

2021年，晋江市发展壮大村集体经济。完成新一轮发展新型集体经济扶持政策修订，导入“共享创业”理念，实施“乡村共享驿站”建设，支持村集体通过理财投资、贷款融资等方式发展村集体经济。至年底，全市383个村（社区）集体经营性收入21152.87万元，村均55.23万元，村集体经营性收入全部达20万元以上，其中50万元以上的村142个。深化农村集体“三资”监管。

制定村级建设工作规范管理规定、村集体采购管理指导意见等文件，完善“三资”监管机制。397个村（社区）完成离任审计，涉及53.54亿元，反馈移交问题365个。核查经济合同2183份，涉及32589.61万元，整改问题合同167份、涉及4620.77万元。收回村集体资源3宗、3.50公顷，收回长期被拖欠资金24宗、235.67万元，收回村集体资产1宗、价值10万元。获评全国农村财务管理规范化建设典型案例。加快推进农村宅基地试点改革。推动闲置宅基地盘活利用，编制农村集合式住宅小区建设导则。确定长埔村为闲置宅基地成片清理退出，并盘活利用建设农村集合式住宅小区试点。《传承发展“晋江经验”释放更多改革红利》被农业农村部合作经济指导司行文推广。深化乡村治理体系试点示范。推进“基层治理优化年”活动，梳理基层党建109条具体措施，优化调整设置村（社区）二级网格2062个。创新推动乡村“导师帮带制”试点，组建20个“乡创联盟”小组，相关做法在人民日报客户端、“学习强国”学习平台、中新网等媒体刊发。评定平安村（社区）282个，兑现奖励1800万元、惠及群众近40万人次。在全省率先推行村级组织“支部+中心+网格+楼户”运行机制，市、镇、村三级综治中心全覆盖，平安建设连续12年居泉州市优秀行列。在全省首创社区民警“背包住村”“背包住企”工作新模式，实施“法律明白人”“法治带头人”培养工程，新增36个村（社区）法律顾问示范点，覆盖率45.6%，西滨镇跃进村被命名为“全国民主法治示范村”。106个村（社区）制定自治章程。加强乡村治理积分制宣传推广，《乡邻》纪录片获全省党员教育电视片观摩交流活动文艺片二等奖。《福建晋江：共建共治共享 打造善治样板》在《人民日报》刊发。磁灶镇大埔村入选全国乡村治理示范村名单，英林镇西埔村入选全国村级议事协商创新实验试点单位。

抓乡村产业一体升级。2021年，晋江市促进农业产业升级。修订《关于进一步发展特色现代农业的若干措施》及其配套操作程序。年度新增6家省级农业产业化重点龙头企业，全市累计40家。推动农产品出村入城，组织628家农业产业化新型经营主体参与“惠农专邮”农产品寄递专项服务。编制《晋江市“十四五”海洋强市发展专项规划》，起草海洋产业发展示范县项目和资金管理办法，新增5条水产品加工生产线。打造“一村一品”“一镇一业”特色农业产业。出台《晋江市农业产业强镇专项资金管理办法》，东石镇檗谷村被评为全国“一村一品”示范村。金井镇南江村、围头村获评“2021年全国乡村特色产业亿元村”。推进乡村文旅产业发展。策划推出“亲子研学”陪伴游等多条乡村旅游线路，英林镇湖尾村入选2021中国美丽乡村休闲旅游行精品线路，新塘街道梧林社区获评全国乡村旅游重点村，围头村入选2010—2017年中国美丽休闲乡村监测合格名单。

抓耕地保护与粮食安全责任一体落实。2021年，晋江市落实耕地保护制度。排查出“撂荒地”47.33公顷，全部完成复耕。建立“大棚房”问题专项清理整治“回头看”领导机制，对4个存在问题项目进行复耕。落实粮食安全责任。制订泉州市委涉粮问题专项巡视巡察反馈问题整改方案，推进反馈意见的整改落实。制订《2021年度地方储备粮原粮轮换方案》，轮换储备粮原粮3.9万吨；新增储备规模0.5万吨。实施高标准农田建设。生成的7个高标项目初步设计方案均获批并开工建设，拟实施面积549.33公顷，高效节水灌溉面积93.33公顷，超额完成任务。

抓乡村建设与共同富裕举措一体实施。2021年，晋江市加大农村公共基础设施投入。推进农村公共基础设施管护体制改革，梳理管护对象9633个、编制完善管护指南（办法）57份。完善农资服务网络，改扩建仓储设施2108平方米，连锁经营店51个，配送服务覆盖90%的村。新增公交线路2条，累计57条、1116.54千米，实现公交线路村村通。推进农村公路管养体制改革，“党员守护‘我家门口那条路’”获评省级党建引领“四好农村路”（建设好、管理好、养护好、运营好的农村公路）建设十大示范点。完成7个农贸市场建设、21.28千米农村老旧供水管网改造、30个基层体育设施建设。公共服务向农村倾斜。新建3个农村区域性养老服务中心、4个村级敬老院、20个居家养老服务站，推进737户困难老年人家庭适老化改造。完成东石镇梅塘村、金井镇福全村2个泉州市村（社区）综合文化服务中心示范点建设，19个镇（街道）综合文化站覆盖率100%。打响“大美晋江”文化品牌，下基层演出66场，文化惠民舞台演出23场。推进巩固拓展脱贫攻坚成果与乡村振兴有效衔接。出台《实现巩固拓展脱贫攻坚成果同乡村振兴有效衔接贯彻意见》等文件。新增纳入低保、特困500人，有低保、特困对象6007户、10410人，发放保障金7028万元并全部购买人身意外保险。城乡低保标准提高至每人每月775元，临时救助困难群众1301人次、发放救助金583万元。确定181户为“四帮四扶”工程重点帮扶对象。开展长护险试点工作，参保超33万人，《晋江在全省率先试点长护险 一年来参保对象突破31万》在《人民日报》刊发。深化山海协作。分别支持龙岩长汀县、上杭县对口帮扶资金2000万元、1500万元。协助晋江长汀工业园引进企业2家，协助上杭县开展上市后备企业培训，发动农业企业等到上杭县、长汀县开展合作交流5次。签订2021年帮扶协议，组织10个镇、4家国有企业对口帮扶上杭县14个乡镇。

（戴斌斌）

晋江市开展“营商环境提升年”活动

2021年，晋江市在上年营商环境蝉联全国百强县第二名、获评“中国国际化营商环境建设示范县（市、区）”的基础上，开展“营商环境提升年”活动。坚持“不叫不到、随叫随到、服务周到、说到做到”和“马上办、网上办、就近办、一次办”的服务理念，深化“放管服”集成改革，营造法治化、国际化、便利化的营商环境。

·营造便捷高效的政务环境·

抓“标准化”改革。2021年，晋江市整合“一门式”行政服务大厅。1月5日，市行政服务中心新址正式启用，按照“应进必进”原则，在原办事大厅整体平移的同时，整合进驻社保、民政、公安出入境等分中心，税务局第一分局、不动产登记中心、公证处等单位，以及水、电、气、邮政速递、银行等便民窗口，彻底解决审批服务场所分散在市区多个地方、企业和群众办事需要多处跑的老问题，实现“进一扇门，办所有事”。进驻审批服务事项1997项，常驻单位41个、非常驻单位12个，服务窗口200个，服务人员600人，日均人流量保持4000人次，实现“进一扇门、办所有事”。动态调整更新部门权责清单，保留权责事项6022项并在市政府网站公布，绑定发布“五级十五同”事项5570个，形成事项标准化清单管理。推进“减证便民”工作，取消证明事项109项，开展“证照分离”改革事项106项，解决“准入不准营”问题，破除阻碍企业高质量发展“看不见”的“拦路虎”。4月，在第四届数字中国建设峰会数字城市分论坛上，晋江市以86.33的总体指数位居全省4个国家市场准入效能评估试点地区第一名。

抓“集成化”通办。2021年，晋江市企业开办时间压缩至5个工作小时，推出开办企业“零费用”和便民“服务礼包”（免费发放一套印章，免费邮寄营业执照、发票、印章，免费提供复印等服务），简易程序注销承诺时限压缩至1个工作日内；全面提升企业开办、注销便利度。强化部门横向联动，梳理推出130件“一件事”集成套餐服务，数量居全省首位。不动产登记推出“交房即交证”便民新举措，办理时限压缩至24小时，率先在全省镇级便民服务中心设立二手房交易登记业务，方便办事群众“就近办”。工程建设项目推出“模拟审批”靠前服务，项目业主在取得土地手续之前模拟审批办理建筑设计方案技术审查，工程规划许可办理时限由原12个工作日压缩至5个工作日以内，实现工业项目“拿地即开工”，全市工程建设项目审批服务时限压缩至60个工作日内。至年底，晋江市受理集成服务套餐29568件，行政许可事项承诺时限在法定时限基础上平均压缩91.60%，即办件占比74.59%，“一趟不用跑”事项占比96.30%。

抓“信息化”协同。2021年，晋江市优化“一网通办”，利用福建省、泉州市电子证照建设成果，通过手机“扫码亮证”，争取率先在全省推行“免证办”，即无实体证照办事。提高省网上办事大厅和“闽政通”App利用率，审批服务事项实现网上可办率99.21%，全流程网办率80.73%，94项审批服务事项上线“闽政通·i晋江”模块。推行高频事项“省内通办”“跨省通办”“异地代收代办”，可办理厦漳泉地区“省内通办”事项18项，与江西瑞金实现异地代收事项56项，并与浙江省绍兴市柯桥区、广东省佛山市南海区等14个地区签订“跨省通办”协议。

抓“规范化”监管。2021年，晋江市推进“双随机、一公开”联合监管，综合运用立案处理、责令改正、列入异常名录等手段，紧盯食品、药品、特种设备、工业产品等安全领域，明确企业随机抽查事项清单。

·营造要素集聚的市场环境·

优化政策环境。2021年，晋江市应对疫情冲击，出台支持中小微企业措施、鼓励企业转产疫情防控应急物资11条措施、支持企业和项目有序复工复产12条保障措施等一系列政策，以实实在在的帮扶政策措施减轻企业负担，稳定企业发展信心。全年累计减税降费21.8亿元、兑现扶持资金23.8亿元。

拓展国际通道。2021年，国际鞋纺城获批国家市场采购贸易方式试点，促成阿里巴巴设立Lazada晋江仓，开通2条国际“客改货”航班，陆地港正式运营机场城市货站，实现陆空联运、无缝对接。跨境电商抢抓机遇、实现大幅增长，全年国际及港澳快递业务量超900万件、增长49%以上。

优化投资服务。2021年，晋江市设立8个招商分局和驻京招商局，为投资者提供“顾问式”资讯服务、“保姆式”跟踪服务和“一站式”办证服务。开展云招商、云洽谈、云签约，举办重大项目集中“云签约”等5场签约活动，促成145个项目签约，计划总投资680亿元。

保障融资需求。2021年，晋江市创新融资方式，拓展多元渠道，破解企业融资难题。给予企业新增信贷50%贴息及延长还款期限、无还本续贷、利息缓缴、减免逾期罚息等支持，设立中小微企业融资服务平台，开设“金服云晋江专区”，创新商票质押融资、龙头企业（股东）反担保融资等5种银企担合作模式，推广“信易贷”“小微快贷”“银税互动”等融资模式，缓解企业资金压力，全市金融系统各项贷款余额增长11.3%。

·营造公平公正的法治环境·

强化知识产权保护。2021年，晋江市获批成立中国晋江（鞋服和食品）知识产权快速维权中心，成立法治化营商环境促进中心和闽西南五地基层法院民营企业协同保护基地，设立“知识产权司法保护工作站”。全年办结知识产权侵权案件46件、标的金额超2696.9万元，侵权案件数量、标的金额同比分别下降59.3%、79.3%。

完善商事纠纷解决机制。晋江市成立全市诉调对接平台、诉源治理多元化解中心、“速调、速裁、速执”中心，设立商事纠纷调解指导中心、台湾同胞诉讼服务站、世中运巡回法庭，延伸司法服务触角。全年成功调解纠纷2366件、调解成功率99.5%。破解“立案难、执行难”。继2019年在全国首推“法院+保险+银行”司法拍卖模式，探索执行集约化服务之后，2020年在全国率先打造“一十百千万”司法帮扶工程，创设“执行+慈善”救助机制，回应群众诉求，解决“执行难”问题。成立全省首家打击涉执犯罪执法协作中心、执行难攻坚指挥部，协调水电气供应部门采取“三停”强制措施，与机场公安建立联动布控机制，打好解决执行难长效机制“组合拳”。

·营造和谐共荣的人文环境·

强化平台支撑。2021年，晋江市以建设国家级创新型城市为契机，统筹建设各类科创平台，推动国科大智能制造学院、福州大学微电子研究院相继落地，累计建成9家国字号科研机构和19家院士工作站，科技创新指数居全国百强县第六位。注重人才保障。建成国际人才港，制定全国县级首份人才认定标准，实施“领航计划”启航计划”“远航计划，从“食住行、游乐购、医教养”入手，打造全链条人才生态。全年新增各类人才1242人，累计引入各类高层次人才超5000人。

推进新型城镇化。晋江市坚持“人民城市人民建、人民城市为人民”，把品质城市建设、民生改善、文脉传承作为推动城镇化建设的重要内容，产城人不断融合发展。先后推动福厦客专泉州南站、厦漳泉联盟路等一批内外交通动脉建设或建成通车，推动国家区域医疗中心、国际会展中心、二体中心、五店市传统街区、高端绿色纤维等一批重大民生工程、文体设施、产业项目建成或落子布局，中心城区建成区面积拓展至113平方千米，城市承载力和品质明显提升。同时，坚持“同城同待遇、保障全覆盖、待遇均等化”理念，每年65%以上的财力用于民生建设，构建完善就业、教育、医疗、住房、安全、环境和社会保障等民生体系，当地农民就地就近市民化和外来人口本地化的速度明显加快，城镇化率提升至68.7%，获批国家县城新型城镇化建设示范试点。

（朱宇敏 饶一兵）

晋江市推进长期护理保险试点工作

2020年7月，晋江市拓展“晋江经验”民生保障内涵，把长期护理保险制度试点工作纳入县域集成改革试点系列项目之一，在全省率先启动。至2021年，晋江医保部门会同各联动单位稳步推进试点工作，取得良好成效，参保拓面有序推进，服务对象满意率达到100%。同时，探索形成“全民一体化”和“医养康融合”的长期护理保险制度晋江实践模式，为全省乃至全国中小城市和农村地区构建长护险制度提供经验和借鉴。

失能人员获得服务。2021年，晋江市实现职工医保对象和其他城乡居民一体化同步覆盖。截至12月，为553名重度失能和470名中度失能人员提供失能护理服务5.5万人次；为360个失能家庭提供辅具服务7066件次，在4个社区开展预防失能干预试点工作。

服务体系满足需求。2021年，晋江市在明晰基本保障定位的基础上，整合创新“3+1+1”（机构护理、社区护理、居家护理等三种护理服务，以及辅助器具补助租购服务和预防失能干预服务）待遇服务体系，向群众提供机构护理、社区护理、居家护理3种形式的主要护理服务和辅助器具补助租购、预防失能干预等补充服务。特别是开发长期护理47个基本服务标准项目清单，规范明确服务内容、标准工时、建议价格和服务频次。居家护理对象可按“标准服务清单+个人服务计划”方式获取符合个人需求的服务。

失能家庭减轻负担。2021年，晋江市长期护理保险试点工作通过构建老龄社会失能人员家庭负担过重的社会互助共济机制，人均筹资90元/年，个人缴费60元（城乡居民实际不超过35元），待遇达到2万多元，让普通家庭也有能力购买到专业的失能护理服务。有的对象接受每月10次的上门居家护理，有的对象入住养老机构或社区养老场所，部分失能家庭的主要劳动力得以重新就业，增加失能家庭收入，给失能家庭带来新的希望。

社会服务供给能力逐步提升。2021年，晋江市与福建省中医药大学合作，在晋江市中医院（三级中医院）设立失能护理技能培训基地，截至2021年12月，组织培训5期，受训234人次，覆盖社区工作者、普通家庭成员，确保服务质量。同时，对标上海等地，引进一批护理、评估、辅具租赁的专业服务机构，带动当地服务机构发展，截至2021年12月，有13家服务机构纳入定点，在岗专职护理人员超过120人，当地失能护理和老年人护理等专业市场供给体系初步形成。

社会普遍思想观念逐步改变。开展试点后，晋江市社会舆论认可支持氛围日趋浓厚，助推移风易俗、爱心慈善等社会风尚进一步提升，形成县、镇、村三级慈善力量积极参与的格局。晋江市慈善总会捐助参与辅助器具项目，镇级英林心基金会按13元/人的标准资助该镇村（社区）集体参保，村级层面有富余村财集体代缴、有村慈善基金捐助、有简办红白事募集、有个人和企业主动认捐等捐助形式。福建省医药卫生体制改革研究会在晋江设立全省首个“长期护理保险服务站”，福建省医保研究院设立长期护理保险晋江研究基地。《人民日报》《福建日报》《中国健康报》等各级媒体报道晋江长期护理保险做法文章超百篇。

*社会成本节约效益逐步呈现。*2021年1—8月，晋江市60周岁以上老年人群体的住院人次、住院医疗费用支出和住院医保基金支出等指标同比分别提高19.91%、24.51%和21.73%；反观那些接受半年以上长期护理保险服务的525名失能群体，3个指标同比不升反降，下降幅度分别为20%、29.11%和19.69%，与全市60周岁以上老年人群体相比，3个指标同比增幅分别低39.91个百分点、53.62个百分点和41.42个百分点。长护险对失能群体在维持健康、降低医疗费用等方面的促进作用非常明显，对全社会民生成本下降有正向贡献。

*破解"职工与城乡居民保障双轨制"难题，平等均衡的目标理念值得倡导。*相比于只覆盖职工医保对象的试点地区，晋江长期护理保险一开始就确立建立"全民一体化"长期护理保险制度的总目标，将职工群体和城乡居民群体融为一体，实现"两个同步覆盖"，即同步覆盖职工医保对象和其他城乡居民、同步覆盖所有年龄段的全体市民，做到所有社会成员同参保、同待遇。

*破解"实践服务中保障定位不清晰"难题，保障基本的功能定位可以借鉴。*晋江长期护理保险一开始就明确"基本保障"的功能定位，只为长期失能人员提供非治疗性护理、身体功能保健和家庭没有能力开展的基本生活照料等相关服务，厘清长期护理保险保障内容和家政服务的界限，厘清长期护理保险与基本医保的界限，厘清长期护理保险保障和商业保险的界限，整合创新"3+1+1"待遇服务体系，并形成47项长期护理基本服务清单，避免过度福利化。"三个厘清"是对我国长护险保基本功能定位的实践探索。

*破解"城乡居民筹资组织不易"的难题，多元参保筹资机制能够持续。*晋江长期护理保险探索出一套行之有效的长期护理保险参保筹资工作机制，即全民一体，同步覆盖，自愿集体参保；低点起步，标准统一，明确出资责任；分批推进，分类征缴，突出居民众筹、互助共济。试点一年，参保对象从24万人拓展到33万余人，自愿集体参保村（社区）从28个增至68个（占全市近五分之一），老百姓用实际行动给晋江长护险投支持票。

（许培鑫）

晋江市第二体育中心获第二批中国建设工程鲁班奖（国家优质工程）

2021年11月14日，中国建筑业协会《关于颁发2020—2021年度第二批中国建设工程鲁班奖（国家优质工程）的决定》，公布2020—2021年度第二批中国建设工程鲁班奖（国家优质工程）获奖名单，晋江市第二体育中心上榜。

晋江市第二体育中心（简称"晋江二体"）位于晋东新区，项目规划总用地面积23.53公顷，总建筑面积约18.8万平方米，于2020年3月31日完成建设交付使用。建筑主要包括6.4万平方米体育馆、2.8万平方米游泳馆、4.5万平方米训练馆及运动员生活区等，同时配套篮球公园、全民健身区、商业、停车库等。采用新工艺、新材料、新技术等保障二体的施工质量。节能减排、环境保护、绿色施工等技术贯穿于二体施工的全过程，通过合理科学配置绿化植物，绿地面积70599平方米，绿地率30%。

晋江二体以"水丝带"为设计理念，体育馆、游泳馆，宛如水中的卵石，与复杂丰富的多层次绿地形态相结合，纯净自然、洁白剔透，立意为"碧海寻珠"。训练馆区等配套设施在绿地之下，蜿蜒伸展，犹如两条绿色的丝带，形象地体现"一带一路"的内涵。体育馆配置1个主馆，最多可容纳15000名观众，总建筑面积约62700平方米，可承办NBA标准篮球赛事，满足排球、羽毛球、乒乓球等国际单项职业赛事需要，此外还能举办大型文艺演出，兼顾部分商业功能等。

（晋江市体育局）

大事记

1月

6日　全国优秀农民工和农民工工作先进集体表彰大会在北京召开。晋江市的中乔体育股份有限公司职工岩龙获“全国优秀农民工”称号。

9日　晋江市金井镇围头村新时代文明实践工作案例《围头“主题村日”：1+2+N》入选2021年中央文明办《建设新时代文明实践中心工作方法100例》。

15日　晋江市强化入境人员健康管理，决定对抵（返）晋江人员严格落实14天集中隔离医学观察加7天健康监测的闭环管理措施，并在入境后第1、第7、第14天各开展1次核酸检测。

20日　文化和旅游部党组成员、故宫博物院院长王旭东率队到晋江调研申遗工作。

24日　中华全国工商业联合会办公厅下发《全国工商联办公厅关于认定2019—2020年度全国“四好”商会的通报》，晋江市安海商会、晋江市磁灶商会、南京市晋江商会获“2019—2020年度全国‘四好’商会”称号。

28日　国家外汇管理局、公安部联合召开2017—2019年度打击非法买卖外汇先进集体和个人表彰会，晋江市公安局经侦大队获“先进集体”称号，民警蔡瑞麟获“先进个人”称号。

30日　晋江市医院新院（罗裳院区）全面对外开放，新院急诊、门诊、住院、医技、服务窗口全部正式运行。

31日　中央宣传部、国家发展改革委为2020年“诚信之星”颁发证书和奖杯。此次发布的“诚信之星”包括3个集体和9名个人，福建盼盼食品有限公司总裁蔡金钗入选，是福建唯一入选的个人。

同日　仙石污水处理厂再生水回用工程全面通水。这是晋江首个再生水回用工程，总投资近5000万元。

同月　梅岭街道梅青社区被国家减灾委员会、应急管理部、中国气象局、中国地震局命名为“2020年度全国综合减灾示范社区”。

同月　晋江市总工会机关工会委员会被中华全国总工会授予“全国模范职工之家”称号，泉州寰球鞋服有限公司帮面车间第10生产小组工会小组被授予“全国模范职工小家”称号。

2月

8日　中央文明委发布《关于复查确认继续保留荣誉称号的全国文明城市、文明村镇、文明单位、文明家庭、文明学校的通报》，晋江市安海镇、东石镇上榜，其中安海镇连续五届获评“全国文明村镇”，东石镇连续三届获评“全国文明村镇”。

19日　福建省新一代信息技术与制造业融合发展试点示范项目（第一批）名单公布，晋江柒牌、华宇、百宏等3家企业的相关项目入选该名单。

22日　福建省第五批省级非物质文化遗产代表性传承人名单公布，晋江市尤天相（掌中木偶）、卢文雄（柯派高甲）2人上榜。

23日　晋江2021年首场“春风行动”线上招聘会启动，首场线上招聘会平台访问2368人次，参会企业30家，发布岗位791个，在线投递简历257份，申请职位424人次，达成意向58人。

同月　晋江市一陶瓷企业在夜间时段违法排放大气污染物，干燥塔烟气自动监控数据持续超标，受到相应处罚。这是晋江市首次利用烟气自动监控数据查处陶瓷企业超标排污案件。

同月　《小康》杂志发布“2021中国县域电商竞争力百强榜”，晋江市位列第六，是福建省唯一进入前十的县域。

3月

1日　晋江市第二体育中心游泳跳

水馆迎来开放后的首批泳客。晋江市第二体育中心位于晋东新区，项目规划用地面积 23.53 公顷，总建筑面积 18.8 万平方米，是晋江 2020 第 18 届世界中学生运动会（简称“世中运”）主场馆。

2 日　晋江南高速出口连接线延伸段工程举行开工仪式。

4 日　晋江市义务救援协会获评 2020 年度全国学雷锋志愿服务“四个 100”最美志愿组织，系泉州地区唯一入选志愿组织。

8 日　晋江市中医院妇产科获 2021 年全国“三八红旗集体”称号。

同日　晋江入选中国市场学会、阿里研究院联合淘宝直播 ON MAP 共同发布的《直播电商区域发展指数研究报告》全国百强县。

12 日　上海交通大学附属第六人民医院（简称“上海六院”）首批专家团队抵达晋江，这标志着福建省、泉州市、晋江市与上海六院共建国家创伤区域医疗中心的合作迈入实质性阶段。

16 日　久久王食品国际有限公司（股票代码：HK01927）正式在香港联合证券交易所主板挂牌上市。这是 2021 年泉州市首家上市公司，也是晋江市第 50 家上市公司。

同日　全国首个民营企业合规建设服务联盟在晋江成立并召开首场新闻发布会。

23 日　胡润研究院首次发布《2021 数云・胡润中国大消费民企百强榜》。安踏、恒安 2 家企业上榜。福建有 5 家企业上榜，上榜企业总数居全国第五位。

同日　福建省委党史学习教育领导小组办公室公布首批 100 个单位为党史学习教育参观学习点，“晋江经验”馆入选。

25 日　晋江市妇幼保健院妇产科、儿科住院部整体搬迁至晋江市医院（罗裳院区）妇儿中心楼。

26 日　全省首单有抵押“电 e 贷”落地晋江。国网晋江市供电公司与兴业银行打造银企合作新模式，以晋江冠达星股份有限公司为试点，推出“电 e 贷”有抵押贷款业务。

29 日　在卡塔尔多哈进行的 2021 年女子花剑世界杯暨奥运积分赛上，晋江市选手陈情缘冲入决赛，并获得亚军。陈情缘获得女子花剑东京奥运个人赛资格，是男女花剑项目上中国唯一一个东京奥运会参赛选手。

同日　晋江市与清华大学附属中学签订区域教育质量提升战略合作协议。双方建立联盟合作关系。

30 日　晋江市唯一的村级革命历史纪念室——磁灶镇宅内南仓村闽浙赣人民游击纵队闽中支队泉州团队部旧址纪念室入选福建省文物局核定公布的第一批革命文物名录。

同月　农业农村部推出全国乡村产业高质量发展“十大典型”，《福建晋江：招才引智　推动农村创业创新集群发展》入选，系全省唯一。

4月

1—3 日　第四届中国（晋江）国际家装建材博览会在晋江国际会展中心举办，展会期间客流量 57132 人次，较 2019 年增长 23.7%；达成意向交易额 66.18 亿元，较 2019 年增长 25.3%。

4 日　省人社厅印发《关于认定厦门市思明区等 4 个综合试验区为“福建省和谐劳动关系示范区”的通知》，晋江市成为首批“福建省和谐劳动关系示范区”之一。

同日　生态环境部通报表彰 2020 年生态环境保护执法大练兵表现突出的集体和个人，泉州市晋江生态环境局获评全国环境执法大练兵“表现优异集体”，全省 2 个县级单位获此荣誉。这是晋江生态环境局在 2018—2020 年连续第三次获得表彰。

14 日　省委书记尹力到晋江调研，实地走访福建省晋华集成电路有限公司、晋江梧林传统村落。泉州市、晋江市领导康涛、张永宁、刘文儒、张文贤陪同。

19 日　世中运赞助商签约仪式在晋江国际会展中心南登陆厅举行，三六一度公司成为世中运官方体育服装高级合作伙伴。

中旬　“2021 年扬子江知识产权论坛”发布《2020 年中国县域知识产权竞争力百强报告》，晋江市获中国县域知识产权竞争力百强榜单第三名，是福建省唯一进入十强的县级市。

19—22 日　第二十三届中国（晋江）国际鞋业暨第六届国际体育产业博览会在晋江市国际会展中心举办。博览会设置 2317 个国际标准展位，规划鞋类成品 / 体育用品、鞋纺材料、机械设备三大主体展区，设立科技馆、鞋业指数馆、世中运形象馆、人才馆、青商会展区等 10 多个特色馆，参展企业约 500 家，达成意向成交额 287.6 亿元。

22—23 日　2021 数字中国创新大赛集成电路赛道暨首届全国集成电路“创芯大赛”总决赛在晋江市举办。

24 日　三六一度与国家棉花产业联盟签订战略合作协议，成为首个与国家棉花产业联盟合作推广的国内体育用品品牌。

24—25 日　在第二十一届中国商品交易市场发展论坛暨中国特色优品博览会上，晋江国际鞋纺城被授予“全国十大著名品牌市场”称号。

26 日　在“第四届数字中国建设峰会数字城市分论坛”上，国家发展和改革委发布《市场准入效能评估报告（福建版）》，晋江市以 86.33 的总体指数居全省 4 个国家市场准入效能评估试点地区首位。晋江审批效能度指数（87.03）、壁垒破除度指数（75.00）、准入保障度指数（100.00）3 个分项指标均位列全省第一。

同日　磁灶镇苏垵村、英林镇湖尾村入选 2020 年福建省乡村振兴实绩突出村。

29 日　卡尔美（晋江远祥服装织造有限公司）被国家体育总局认定为 2020 年国家体育产业示范基地。

同月　晋江籍选手林梅芳代表养正中学，在第 18 届世界中学生运动会击剑项目选拔赛中获得女子重剑个人冠军，并获世中运集训资格。

同月　贵人鸟公司通过司法重整，成为晋江市首家上市公司司法重整成功案例，也是全省首家体育产业上市企业成功重整案例。

同月　晋江市磁灶镇下灶、大埔、

东山村入选 2018—2020 年度省级文明村。

5月

6日　晋江市人民法院通过移动微法院受理首起跨境立案案件。

11日　全国民航反恐怖工作研讨会在晋江市召开。

13日　福州大学国家大学科技园晋江分园揭幕仪式暨科技成果对接活动在福州大学晋江校区举行，16家科研平台正式入驻，14项校地、校企合作项目签约落地。

14日　以“科技赋能产业升级”为主题的2021年晋江市企业创新发展大会在晋江召开。

同日　文化和旅游部、中央宣传部、中央党史和文献研究院、国家发展改革委联合发布“建党百年红色旅游百条精品线路”，晋江市文旅集团下属子公司晋江市清新文旅产业运营管理有限公司负责运营的“晋江经验”馆入选第62条“福建发展·晋江经验”精品线路。

16—17日　中国社会科学院哲学研究所“习近平新时代中国特色社会主义思想在福建的孕育与实践”课题调研组一行到晋江调研。

19日　泉州市公安局出入境支队为晋江太古飞机复合材料有限公司美国籍法人代表 Sunny Mirchanda·ni 颁发外国人永久居留身份证，这是首位在晋江的外国人获得的首张“中国绿卡”。

24日　晋江青年企业家混沌创新班启动仪式暨第五期“青商大讲堂”活动在泉州（晋江）国际人才港举行。首创政企互动的学习模式，构建青年企业家+涉才部门干部+高层次人才创业者的混合制学员体系。首批企业学员28名，政府学员11名。

26日　110千伏横坂变10千伏横玉线、坂强线与110千伏涵埭变10千伏玉冠线、新强Ⅰ回电缆双环网馈线组全自动化正式投入运行。这是福建省首个双环网全自动化，标志着国家电网晋江公司配网智能化水平跨上新台阶。

31日　泉州综保区跨境电商保税进口（“1210”）首单业务通关。

同月　《晋江市促进文化产业加快发展若干措施》修订出台，新出台政策条款14条，删除兑现率低的条款，调整部分内容，加大对社会力量进入文化产业领域的扶持力度。

5—11月　晋江市新时代文明实践中心、晋江市委宣传部、晋江市委网信办联合举办以“e心向党　礼赞百年”为主题的晋江市第八届网络文化节，开展活动20余项，通过线上线下互动传播，丰富市民网络文化生活，为庆祝中国共产党成立100周年营造网络舆论环境。

6月

2日　晋江市晋兴职业中专学校入选福建省“高水平中职学校A类建设校”和“高水平专业群”。

同日　泉州向金门供水工程暨两岸通水交流中心获批设立福建省对台交流基地。

6日　磁灶镇苏垵村获评2020年度省级乡村振兴实绩突出村。

11日　全省首单“企电宝”落地晋江，福建省华昂体育用品有限公司与国网英大财产保险公司签订“企电宝”协议。

15日　中央文明办发函确认保留晋江市“全国文明城市”称号。

17日　晋江“医码通”上线。作为2021年晋江市委、市政府为民办实事项目之一。“医码通”上线后，市民仅凭借一部手机，即可在全市27家公立医疗单位实现电子健康卡、医保电子凭证、院内自费卡的全程就医。

18日　晋江市公安局获评第六届“全国文明单位”。

19日　晋江市档案馆承办由中央档案馆、新华通讯社联合主办的“百年恰是风华正茂”主题档案文献展开展，为全省唯一承办该项展览的县级市。

21日　中国工程院主席团名誉主席、国家制造强国建设战略咨询委员会主任、院士周济率队到晋江市开展智能制造专题调研，实地调研晋工机械、盼盼公司饮料生产车间。

23日　安踏集团携手清华大学联合创立的“清华大学—安踏集团运动时尚联合研究中心”正式揭牌。

同日　经联合国教科文组织世界记忆项目教育与研究分委员会同意，并报国家档案局批准，“世界记忆项目福建学术中心实践基地”落户晋江梧林“侨批馆”。

27日　中共福建省委、泉州市委决定，张文贤任中共晋江市委书记；刘文儒不再兼任中共晋江市委书记、常委、委员职务。

28—29日　福建省幼儿园与小学科学衔接专题研讨班在晋江举行。研讨班采用线上同步直播的方式开展，有走进现场、公益论坛、专家讲座、经验分享、主题沙龙5个主题活动。

29日　晋江市第十七届人大常委会召开第三十六次会议。会议决定接受张文贤辞去晋江市人民政府市长职务的请求，任命王明元为晋江市副市长，代理晋江市市长职务。

30日　副省长康涛到晋江开展七一慰问党员活动，并在晋江市公安局召开座谈会，听取队伍教育整顿工作汇报。

同月　晋江市展馆获评“福建省爱国主义教育基地”。

同月　晋江市展馆、“八·二三”炮战遗址入选“福建省党史学习教育参观学习点”。

7月

1日　晋江市举办“奋斗百年路　启航新征程”晋江市庆祝中国共产党成立100周年文艺演出。市四套班子领导、老干部代表、“光荣在党50年”纪念章获得者，各镇（街道）、经济开发区、市直各系统、各民主党派、公安局、消防大队、驻晋部队官兵、医生护士等各界代表参加。

同日　香港特别行政区政府公布授勋名单，有746人获行政长官颁授勋衔及嘉奖。其中，4名晋江籍乡亲获得授勋：旅港晋江陈埭籍乡亲、香港晋江社团总会董事、民建联中央委员丁江浩获荣誉勋章；旅港晋江陈埭籍乡亲、福建省政协常委、香港晋江社团总会执行会长、香港家庭团聚互助会会长苏清栋获太平绅士；旅港晋江龙湖籍乡亲、河南省政协常委、香港晋江社团总会永远名誉会长施荣怡获太平绅士；旅港晋江新塘籍乡亲、湖北省政协委员、香港中西区妇女会会长陈婉芬获香港特别行政区行政长官社区服务奖状。

13—15日　福建省委副书记、省长王宁带队到泉州调研，实地调研上海六院福建医院、泉州（晋江）非公企业法治教育基地。

14日　《福建日报》第四版整版刊发《“晋江经验”指引新路》，并配发记者手记《常学常新，勇担新发展使命》及评论文章《打造党史学习教育的崭新窗口》。

16日　晋江市开展“百大项目攻坚大比拼”路演活动，以PPT的形式，晒思路、拼项目，展示各自辖区、领域、方块的项目策划、储备和推进情况。

同日　英林镇湖尾村“赶海妙境·醉鲜湖尾”乡村旅游线路入选2021中国美丽乡村休闲旅游行精品线路。

19日　省委宣传部、省新闻工作者协会公布2020年度福建新闻奖作品系列评选结果。晋江市融媒体中心推荐作品获一等奖1件、三等奖1件，《晋江经济报》推荐作品获二等奖4件。

20—22日　第五届海峡两岸食品交易会暨第八届闽台（泉州）食品交易会暨首届线上食交会在晋江市国际会展中心（主会场）和豪新食品市场（分会场）举办，主会场设置新闻中心和“中国网高端访谈室”，邀请30多家中央、省、泉州、晋江媒体参会报道。交易会设立台湾主题馆，参展台企线上108家、线下30家，标准展位数112个，意向成交额3600万元。

25日　泉州市代市长蔡战胜率队到“晋江经验”馆参观学习，实地调研晋华集成电路有限公司。

同日　在第44届世界遗产大会上，“泉州·宋元中国的世界海洋商贸中心”入选《世界遗产名录》，晋江草庵摩尼光佛造像、磁灶窑址（金交椅山窑址）、安平桥等3个申遗点在列。

同日　福建首个淘宝天猫（泉州）商家运营中心落地晋江市滨江商务区，为企业入驻平台接洽新业务提供配套服务和流量支持，引导企业新的线上销售业态。

26日　晋江电网最高用电负荷314.3万千瓦，同比增长15.09%，突破历史最高值。

28—30日　中共晋江市第十四次代表大会召开。

29日　由绿色建材产品认证技术委员会主办的“全国绿色建材产品认证及推广应用交流会”在浙江绍兴举行，磁灶福建华泰集团TOB陶板获国内陶板行业首张“中国绿色建材产品认证证书”。

30日　经福建省委组织部、福建省科学技术协会、福建省财政厅及福建省科学技术厅决定，晋江市医院院士专家工作站被授予“福建省示范院士专家工作站”称号。

8月

6日　工业和信息化部发布《关于第三批专精特新“小巨人”企业名单的公示》，经济开发区泉州恒毅机械有限公司、福建华清电子材料科技有限公司等2家晋江企业上榜。

同日　中国服装协会正式发布“2020年服装行业百强企业”名单，全国127家企业上榜，其中福建省有8家企业上榜。福建七匹狼实业股份有限公司、九牧王股份有限公司、三六一度（福建）体育用品有限公司、特步（中国）有限公司、福建柒牌时装科技股份有限公司、劲霸男装（上海）有限公司等6家晋江企业榜上有名。

8日　省委常委、宣传部部长邢善萍到晋江调研全国文明城市常态化创建和世中运筹办工作情况。实地察看世中运主场馆晋江市第二体育中心建设情况，听取泉州、晋江全国文明城市常态化创建和世中运筹办工作汇报，并对相关工作作出指示。

20日　《2021胡润世界500强》发布，安踏以4238亿元的市值居世界第252位，是泉州市唯一上榜企业。

25日　全国首个镇级“见义勇为文化主题公园”在晋江市永和镇揭牌。

29日　晋江市第二体育中心获“中国钢结构金奖”。该奖项为中国钢结构最高奖项。

同月　2021年第三届全国县域旅游研究成果在京发布，晋江市入选全国县域旅游综合实力百强县，排名第35位，在福建省排名第二。

同月　第十九届亚洲医院管理大会中国线上峰会（HMA中国）召开。晋江籍医学专家、国家儿童医学中心复旦大学附属儿科医院院长黄国英获“2021年度亚洲医院管理大会终身成就奖”。

同月　晋江劲霸男装有限公司获福建省药品监督管理局批准，该公司医用外科口罩、医用防护口罩、一次性使用医用口罩等增项注册变更，新增14款口罩型号。新增后，劲霸男装有医用口罩型号22款，获批医用口罩类型居全省企业首位。

同月　工业和信息化部公布2021年国家技术创新示范企业复核评价结果，安踏（中国）有限公司通过复核评价，系晋江唯一上榜的企业。

9月

2日　晋江新增省科技小巨人企业61家。

3日　2021年度福建省工业和信息化重点新产品推广目录（第一批）公布，全省39个产品进入名单，信泰（福建）科技有限公司的新型三维提花网布入列，是晋江唯一入选的企业。

5日　《民政部关于表彰第十一届“中华慈善奖”获得者的决定》正式发布，授予182名爱心个人、爱心团队、捐赠企业、慈善项目和慈善信托第十一届“中华慈善奖”。其中，金龙集团有限公司董事长陈明金、福建恒安集团有限公司董事局主席施文博、宝龙集团发展有限公司董事局主席许健康3名晋江籍企业家入选“在脱贫攻坚等慈善领域作出突出贡献的捐赠个人”表彰名单，许健康同时入选“在抗击新冠肺炎疫情慈善领域作出突出贡献的捐赠个人”表彰名单。

6日　泉州首笔“泉州中小微企业信贷直通车”贷款落地晋江农商银行。

同日　晋江市第二实验小学梅岭校区项目正式投入使用。

8日　《中国乡镇综合竞争力报告2020》公布，晋江市陈埭镇、池店镇入选2020中国百强镇名单，分别位列第22名、第45名。

9日　泉州市委书记王永礼到晋江调研推动国家创伤区域医疗中心建设、村级组织换届等工作。

13日，澳门第七届立法会选举投票结果出炉。旅居澳门晋江乡贤施家伦、宋碧琪、李良汪当选立法会议员，旅居澳门晋江乡贤颜奕恒在其他组别中当选立法会议员。

15—27日　20名晋江籍运动员参加第十四届全国运动会获得3金3银。金牌数、奖牌数、参赛人数均为历史之最。

16日　福建省发展和改革委员会、福建省教育厅、福建省人力资源和社会保障厅联合公布福建省第三批建设培育产教融合型企业名单，信泰（福建）科技有限公司入选，是晋江唯一一家入选企业。

25日　全国工商联发布2021中国民营企业500强、制造业民营企业500强、服务业民营企业100强榜单。安踏体育入围中国民营企业500强榜单，列293位，是晋江唯一入围的企业；安踏体育、恒安集团、百宏聚纤等3家晋江企业入围制造业民营企业500强榜单，分别列第167位、293位、343位。

28日　《2021年中国中小城市高质量发展指数研究成果》公布，陈埭镇上榜2021年全国千强镇名单，位居第29位。

30日　《晋江市人民政府关于印发晋江市集聚技能人才若干措施的通知》印文实施。

同月　上海六院福建医院获得中央补助1.5亿元。依托晋江市医院建设的上海六院福建医院，是全国唯一一家位于县域的国家区域医疗中心的试点单位。

同月　国家体育总局发文表彰2017—2020年度全国群众体育先进单位和先进个人，晋江市公安局被国家体育总局授予“全国群众体育先进单位”称号，晋江市体育局被表彰为“2017—2020年度全国群众体育先进单位”。

同月　晋江市被中央组织部、中央编办确认为“全国规范地方行政执法队伍人员编制管理试点”。

同月　中国科协发布2021—2025年度第一批全国科普示范县（市、区）名单，晋江市入选。

同月　中国外汇交易中心暨全国银行间同业拆借中心公布8月X——Lending之星暨活跃机构名单，晋江农商银行从全市场400多家机构中脱颖而出，获X——Lending活跃机构，成为全省农信系统唯一一家上榜的行（社）。

10月

4日　根据国务院联防联控机制有关规定，经专家组综合评估研判，晋江市陈埭镇苏厝村部分区域（和平北路145—149号、213号、230—232号）由中风险区调整为低风险区。

12日　梧林传统村落、“晋江经验”馆正式获批国家AAA级旅游景区。

13日　福建省政府发展研究中心发布2021年度福建省县域经济实力“十强”县（市）、经济发展“十佳”县（市）和城市发展“十优”区评价结果，晋江市登上经济实力“十强”县（市）榜首，连续28年领跑福建县域经济。

同日　泉州综合保税区跨境电商出口（“9610”）首单业务通关。

15日　福建省工商联发布2021福建省民营企业100强榜单，泉州有12家企业入围，其中安踏、恒安、百宏、特步等4家晋江企业入选该榜单。首次发布的创新企业100强中，安踏、恒安、百宏、兴业皮革、七匹狼等晋江企业入围该榜单；在制造业民营企业50强榜单中，安踏、恒安、百宏、七匹狼入选。

18日　经济开发区灵石路（中华路—社马路）道路改造工程全面完工，开始试通行。

同日　安海镇退役军人服务站入选全国百家红色退役军人服务站。

19日　在2021年全国大众创业万众创新活动周福建省分会场双创周启动仪式上，晋江市正式获评“国家双创示范基地”，成为全国第三批融通创新方向的区域类双创示范基地之一。

21日　晋江印发《晋江市产业龙头企业名单的通知》，确定安踏（中国）有限公司等115家企业为晋江市新一轮产业龙头企业（含其子公司或控股公司）。其中，经济开发区32家企业入选。

同日，泉州半导体高新技术产业园区晋江分园区管理委员会更名为“泉州半导体高新技术产业园区管委会晋江分园区办事处”。

25日　晋江市晋兴职业中专学校陶英校区迁建揭牌仪式举行。

29日　中央农村工作领导小组办公室、农业农村部、中央宣传部、民政部、司法部、国家乡村振兴局发布《关于公布第二批全国乡村治理示范村镇名单的通知》，磁灶镇大埔村在列，成为全国994个第二批全国乡村治理示范村之一，是晋江唯一获该荣誉的村。

29日至11月1日　2021年全国行业职业技能竞赛——全国纺织行业“富怡杯”服装制版师职业技能竞赛全国决赛在常熟理工学院举办。晋江七匹狼服装制造有限公司的胡牛崽获竞赛“CAD制版”项目第一名、竞赛综合成绩第二名，被中国纺织工业联合会授予“全国纺织行业技术能手”称号。

同月　《福建省民政厅关于同意将三明市等单位确认为全省婚俗改革实验区的批复》正式印发，确认三明市、晋江市、武夷山市等单位为全省婚俗改革实验区，实验时间为期3年。

同月　省委、省政府表彰奖励第32届东京奥运会运动员、教练员和有功集体，晋江市运动员林超攀获个人记大功。

同月　神舟十三号载人飞船出征太空，浔兴SBS生产的航天服拉链第三次登上太空。

11月

1日　晋江市正式启动3—11岁人群新冠疫苗接种工作，安排9支机动队入校入园，为约25万名3—11岁儿童接种，覆盖全市670多所学校。

2日　福建省体育局公示的全省参加第十四届全国运动会运动员、教练员和有功集体表彰奖励名单中，晋江籍运动员6人上榜。其中，施嘉洛、陈情缘、陈芳佳获个人记大功奖励，林志荣、吴崇棋、林超攀获个人记功奖励。

3日　2021福建企业100强发布大会暨福建企业家大讲坛在福建会堂举行。会上公布福建企业100强名单等榜单。其中，晋江企业安踏、恒安、百宏入选2021福建企业100强，分列第33位、41位和54位。此外，会上公布2021福建制造业企业100强名单，安踏、恒安、百宏、盼盼、七匹狼入选；2021福建战略性新兴产业企业100强名单中，力绿食品、凤竹纺织入选。

6日　“第三届中国脆性骨折医联体年会暨2021年度上海六院福建医院骨科高峰论坛”在晋江市举办。

同日　泉州市委常委、晋江市委书记张文贤做客CCTV-2财经频道《对话》栏目，畅谈“高质量发展新实践：协调发展”。

8日　福建省工业和信息化厅公示2021年福建省“专精特新”中小企业名单。其中，晋江军鹏特种装备股份公司、福建省向兴纺织科技有限公司、艾派集团（中国）有限公司、福建夜光达科技股份有限公司、福建省福地化纤科技有限公司、福建凯达集团有限公司、福建盛达机器股份有限公司、福建省永健皮革科技股份有限公司、通亿（泉州）轻工有限公司、福建福田纺织印染科技有限公司等10家企业上榜。

9日　晋江市被中共福建省委依法治省委员会命名为第一批全省法治政府建设示范地区。

12日　长汀县委书记赖进益、县政府代县长吕莉带领长汀党政代表团到晋江市开展对口帮扶互访活动。

同日　泉州地区县域医院首例应用旋转铰链膝进行的全膝关节置换术在上海市第六人民医院骨科副主任、主任医师参与配合，上海六院福建医院副院长、教授沈灏的主刀下顺利完成，上海市第六人民医院又一项新技术落地晋江。

14日　晋江市第二体育中心获“2020—2021年度第二批中国建设工程鲁班奖”（国家优质工程）。

14—15日　泉州市委常委、晋江市委书记张文贤，晋江市委副书记、代市长王明元率党政代表团到龙岩市上杭县、长汀县，开展革命老区县挂钩帮扶、山海协作对口帮扶互访活动。

16日　晋江企业福建晋工机械有限公司入选工业和信息化部第三批服务型制造示范企业名单，福建安踏物流信息科技有限公司的体育制造业共享仓配服务一体化项目入选第三批服务型制造共享制造示范项目，是晋江市国家A级物流企业唯一一个入选的企业。

17日　泉州市委书记王永礼率泉州市委2021年主体责任检查第一检查组到晋江开展2021年全面从严治党主体责任落实情况检查集体约谈工作。

同日　金门供水工程（取水泵站及陆地管道部分）获得福建省水利工程协会颁发2021年度福建省“闽水杯”水利优质工程奖银奖。

19日　由磁灶镇制作、晋江市河长制办公室选送的短视频《碧水清河润磁灶》获得第三届“守护美丽河湖——共建共享幸福河湖”全国短视频公益大赛优秀奖和最佳人气奖。

23日　五店市传统文化旅游区获评“2021年福建省级旅游休闲街区”。

25日　全省首个县级快递行业党委——中共晋江市快递行业委员会正式成立。

27日　晋江市首期高技能人才直接认定观摩交流会在晋江经济开发区五里园三力机车有限公司举行。20多家企业业务负责人参加，来自10家试点企业的182名一线技术工人被直接认定为高技能人才。

29日　2021（第四届）社会责任大会暨奥纳奖颁奖盛典在上海落幕。恒安集团被授予“奥纳奖·2021年度责任金奖”，恒安集团总裁许清流获评“奥纳奖·2021年度卓越影响力人物”。

30日　泉州市公布21个2021—2022年度乡村振兴整镇推进“五好”创建乡镇，磁灶镇以城乡融合型入选。

31日　随着引桥中跨合龙段最后25.4立方米混凝土浇筑完成，国内首座跨海高铁桥、福厦高铁全线重点控制性工程——泉州湾跨海大桥实现全桥贯通。

同日　2021中国品牌论坛在北京举行，安踏集团“安踏茁壮成长公益计划助力中国体育教育发展”入选2021年度“中国企业社会责任案例”。

同月　安海“水上掠鸭”入选国家体育总局“中华体育文化优秀项目”。

同月　人力资源和社会保障部、中国纺织工业联合会发布《关于表彰全国纺织工业先进集体劳动模范和先进工作者的决定》，晋江市工业和信息化局获“全国纺织先进集体”称号。晋江市的福建省向兴纺织科技有限公司印染车间上榜“全国纺织先进集体”称号，晋江海纺新材料科技有限公司研发人员郑小佳、福建省劲峰纺织工贸有限公司原董事长洪树枞上榜全国纺织工业劳动模范名单。

12月

1日　晋江市智慧体育公园完工，作为省级全民健身场地，也这是晋江首个智慧型体育公园。

3日　民建中央脱贫攻坚表彰大会在北京召开。授予516人“民建脱贫攻坚先进个人”称号。全国政协委员、民建福建省委会农业与农村委员会名誉主任、盼盼食品集团总裁蔡金钗上榜。

6日　全国县域经济专业研究咨询机构和社会智库——中郡研究所发布《2021县域经济与县域发展监测评价报告》，晋江市县域经济基本竞争力排名全国第四。

8日　首届碳中和博鳌大会开幕。会上，恒安集团荣膺中国节能协会碳中和专业委员会副主任委员单位，成为生活用纸和卫生用品行业首家担任该专委会副主任委员单位的企业。

同日　以“数字化转型，智能化引领”为主题的2021世界智能制造大会在南京开幕，现场发布智能制造标杆企业（第五批），福建百宏聚纤科技实业有限公司位列其中，是该批次福建省唯一一家上榜企业。

10日　第二十五届全国发明展览会——“一带一路”暨金砖国家技能发展与技术创新大赛举行。会上，福建凤竹纺织科技股份有限公司副总经理陈慧主导的创新项目“功能性抗皱抑菌环保针织面料开发及其产业化”获“发明创业奖项目奖”金奖。陈慧获“国际阿里·荷玛奖”。这是泉州市发明创新工作者首次获得该奖项。

10—12日　由中国华侨历史学会、福建社会科学院、福建省侨联、中共晋江市委主办的华侨华人与中国高质量发展研讨会在晋江召开。福建、海南、贵州等省市侨联主要领导，中国华侨历史学会、中国华侨华人研究所相关领导和专家学者90多人参加会议。

13日　福建省委常委、泉州市委书记刘建洋带领市委常委班子成员前往“晋江经验”馆，重温习近平总书记在福建工作期间调研总结的“晋江经验”。

15日　第七届闽台（金井·围头）乡村旅游文化节在晋江金井镇围头村永平广场举行。

16日　晋江市磁灶中学、晋江市晋兴职业中专学校、晋江市第五中学、晋江市磁灶中心小学入选省教育厅公布的第一批省级平安校园。

18日　“和敏基金会”与晋江市政府、上海市第六人民医院福建医院就捐赠20亿元建设上海市第六人民医院福建医院（福建和敏医院）举行现场签约仪式。省委常委、泉州市委书记刘建洋，泉州市市长蔡战胜，以及泉州、晋江市领导等出席签约仪式。晋江市市长王明元主持签约仪式。

19日　香港立法会选举，晋江籍乡亲吴秋北当选为香港立法会议员。

21日　《人民日报》头版“中国品牌中国故事”专栏刊发《安踏坚持提质量创品牌——心无旁骛做实业》。

24日　晋江市三创园区科技孵化基地（科创慧谷·晋江）入围2021年度国家级科技企业孵化器认定公示名单。

25日　“文启海丝•艺荟晋江”2021年晋江市文化创意和艺术节开幕，以“线上+线下”活动相结合形式，举办抖音嘉年华、文化创意设计大赛、张瑞图书法特展、城市音乐节、文化惠民演出等八大专场活动。

28日　中央宣传部、中央文明办、全国妇联召开加强家庭家教家风建设工作推进会，现场揭晓999户2021年全国最美家庭。其中，福建省有27户家庭，晋江市吴秀梨家庭上榜。

29日　晋江市委组织部、晋江市委乡村振兴办和晋江农商银行联合下发《关于选派乡村振兴金融指导员的通知》，选派晋江市首批晋江农商银行人员52人挂职担任19个镇（街道）乡村振兴金融指导员，这是全省农信系统建立的第一支政银合作的乡村振兴金融指导员队伍。

30日　省委常委、泉州市委书记刘建洋率队到晋江调研，实地调研福建省晋华集成电路有限公司、利郎文化创意产业园、阳光社区。

同月　梅岭街道竹园社区被国家卫生健康委、全国老龄办命名为“全国示范性老年友好型社区”。

同月　晋江市文化市场综合执法大队获评第九届全国服务农民、服务基层文化建设先进集体。

自然环境

【位置和面积】 晋江地处福建省东南沿海，位于北纬24°30′44″—24°54′21″、东经118°24′56″—118°41′10″。东濒台湾海峡，西和南安市接壤，南与金门县隔海相望，北同鲤城区、丰泽区毗邻，东北与石狮市相连，境内陆地面积649平方千米；三面临海，海岸线长121千米，海域面积957平方千米。

【地质地貌】 晋江市地质属闽东滨海加里东隆起带。地势由西北向东南倾斜。地貌以台地平原为主，丘陵多为低丘，呈条带状或弧丘状分布。西北部的紫帽山海拔517.8米，为境内最高峰。海拔100—300米的罗裳—灵源和灵秀山脉分别纵贯中部东西。福建省第三大河流——晋江，流经东北部，与横贯市境的支流九十九溪于泉州湾汇合入海。流域一带的晋东平原是泉州市最大的冲积平原，土地肥沃，河网密布，为水稻主要种植区。中部及南部广大地区丘陵起伏，多属侵蚀剥蚀台地，为甘薯、花生、大豆主产区。湖泊分布在滨海一带。东部的龙湖、虺湖是福建著名的淡水湖。海岸曲折，多港湾、岛礁，海岸线长，主要港湾有泉州湾、深沪湾、围头湾。

（市委党史方志室）

【气候】 2021年，晋江市气象灾害总体较轻，出现强对流早发频发、高温过程频现、气象干旱阶段性发展等极端天气气候事件。全市年平均气温22.0℃，比常年偏高0.8℃，破1961年以来历史纪录；年降水量691.6毫米，比常年偏少589毫米（约40%），为1981年以来第二少（仅次于2020年）；年日照时数2213.6小时，比常年偏多158小时。

2021年，晋江市主要气候特点：四季气温皆偏高，以冬、春季为甚。年平均气温22.0℃，为1961年以来新高。气象干旱阶段性发展，3—4月全市降水持续偏少；4月及6月中旬至7月，全市持续高温少雨，达气象特旱标准。雨季（4月24日至7月1日）持续时间长，较常年偏早5天开始，偏晚4天结束。强对流天气频发，影响范围广，全年出现12次强对流过程，其中春季3次、夏季6次、秋季3次。高温天气持续时间长、高温范围广，全年有15次高温过程，气温≥35℃高温日数较常年平均偏多。影响台风个数偏少，“卢碧”和“圆规”2个台风均带来充沛降水，全市水库增蓄，气象干旱解除，影响利大于弊。

（市气象局）

【主要气象事件】 2021年，晋江市主要灾害性天气有强对流、暴雨、台风、高温、干旱，其中以暴雨和台风造成的气象灾情为重。

暴雨。2021年，晋江市出现4次暴雨过程，汛期强降水天气较多，降水强度较强，暴雨天气主要出现在5月28日至6月1日、7月29日至8月3日、8月5—6日和12月21日。5月28日至6月1日，受低层切变影响，晋江市出现连续性强降水过程，其中28日有21个站点出现25毫米以上降水，最大为永和镇67.5毫米；30日普降中到大雨，以紫帽镇紫帽山76.3毫米为最大。7月29日至8月3日，受季风辐合带影响，晋江市出现连续性强降水过程，部分镇街大雨，以东石镇洪塘小学41.4毫米最大。8月5—6日，受热带风暴“卢碧”云团影响，晋江市普降大到暴雨，5日，12个站点降水达50毫米以上，其中以晋江国家气象观测站63.5毫米为最大；6日，以紫帽山87.4毫米为最大，晋江本站56.1毫米。12月21日，受西南急流和冷空气共同影响，晋江市普降中到大雨，以紫帽镇紫帽山42.2毫米为最大。

强对流天气。2021年，晋江市出现12次强对流过程，其中春季3次、夏季6次、秋季3次。春季冷空气较为活跃，雨季开始后西南暖湿气流活跃，主要雷暴天气出现在5月8—9日、5月24日、5月28日至6月1日。夏季强对流雷暴天气主要出现在6月21—22日，7月16日，8月8日、10—11日、17—19日、21—22日。秋季雷暴天气主要出现在9月7—8日、15—16日、21—23日。5月8—9日，受低层切变东移影响，晋江市午后出现短时强降水、7—9级雷雨大风等天气，其中9日池店镇有51.1毫米的降水。8月10—11日，受西南气流影响，中午到夜间对流发展，晋江市有大雨到暴雨，以养正中学67.8毫米为最大。9月15—16日，副热带高压在福建省摆动，晋江市大部分镇（街道）出现中到大雨，以西滨镇57.8毫米为最大。9月21—23日，高空槽东移副高减弱东退，晋江市位于副热带高压边缘，受低层辐合线影响，21—23日午后，部分镇（街道）出现强对流天气，其中23日内坑镇三民中学有32.1毫米的降水。

台风。2021年，有2个台风影响晋江市，分别为2109号“卢碧”和2118号“圆规”，与常年（5.3个）相比偏少，影响偏轻。2109号台风“卢碧”8月4日11时编号，5日先后登陆广东省汕头市南澳县和福建省漳州市东山县沿海。首次登陆时，中心附近最大风力9级（23米/秒），中心最低气压985百帕，之后以每小时10千米的速度向偏北方向移动，强度逐渐减弱。8月6日5时，台风“卢碧”减弱为热带低压。受其影响，晋江市有10个镇（街道）降水超过50毫米，以晋江市区63.5毫米为最大。全市有1个站点出现9级大风，为深沪码头22.8米/秒。台风降水使得全市水库增蓄，气象干旱解除，影响利大于弊。2118号台风“圆规”于10月8日17时编号，11日20时和13日15时分别在菲律宾和海南省琼海市登陆。在海南省登陆时中心最大风力12级（33米/秒），中心最低气压975百帕。登陆后，强度逐渐减弱，穿过海南岛，14日凌晨移入北部湾，然后趋向越南北部。10月14日20时，中央气象台停止对台风“圆规”编号。受台风“圆规”和冷空气共同影响，晋江市出现持续性大风天气过程。11日，有10个镇（街道）达到10级以上大风，其中4个镇（街道）达到11级大风，以深沪码头32.4米/秒为最大；12日沿海阵风10—11级，内陆阵风9—11级，3个镇（街道）11级，深沪有12级大风，达到33.3米/秒。

高温。2021年，晋江市有15次高温过程，气温≥35℃高温日数18天。极端最高气温38.7℃，出现在7月25日。高温天气主要出现在5月11—16日、5月21日、5月24日、5月27—28日、6月11日、6月14—20日、7月2—6日、7月8—15日、7月19日、7月21—29日、8月1日、8月3日、8月7—8日、8月24日、8月26—30日、9月1—5日、9月7日、9月9—15日、9月19—22日、9月29—30日。

干旱。2021年，晋江市降水总体偏少，出现阶段性干旱。年降水量691.6毫米，比常年偏少589毫米（约40%），为1981年以来第二少（仅次于2020年）。2020年12月13日前秋冬连旱。2021年2月6日全市达到重旱标准，10日全市中雨，旱情解除。2月12日开始，全市普遍少雨，气象干旱再度发展，至2月28日，全市重新发展为气象轻旱。3月14日起春旱发展，4月24日全市达特旱标准。4月27—28日，全市普降中雨到大雨，旱情明显缓解。5月上旬，午后多阵雨或雷阵雨天气，其中9日普降中雨到大雨，局部暴雨，旱情明显缓解。5月底出现连续性强降水过程，气象干旱全面解除。6月中旬至7月中下旬，全市持续高温少雨，旱情严重，达特旱标准。7月29日至8月3日持续性强降水过程，旱情缓解。8月5—6日，受热带风暴“卢碧”影响，全市普降大雨到暴雨，局部大暴雨，旱情全面解除。10月至11月上旬，全市保持轻旱至中旱。11月中旬至12月中旬，旱情持续发展，达轻旱至中旱标准。12月中下旬，受系统性降水过程影响，旱情明显缓解，12月22日起全市无旱。

（晋江市气象局）

2021年1—12月晋江市气象要素及评价一览表

表1

月份	温度(℃)		降水量(毫米)		日照(时)		最大风速(米/秒)	相对湿度(%)
	实况	评价	实况	评价	实况	评价		
1	12.3	正常	0	异常偏少	241.6	异常偏多	12.8	65
2	16.4	异常偏高	43.8	偏少	191.2	显著偏多	13.8	71

续表 1

月份	温度(℃)		降水量(毫米)		日照(时)		最大风速(米/秒)	相对湿度(%)
	实况	评价	实况	评价	实况	评价		
3	17.5	偏高	28.6	显著偏少	176.8	偏多	13.6	77
4	20.3	正常	49.1	显著偏少	157.9	偏多	12.2	70
5	25.4	显著偏高	170.4	正常	161	正常	13.9	85
6	26.8	正常	89.1	显著偏少	146.8	正常	13.4	87
7	29.4	正常	15.4	异常偏少	246	正常	11.3	76
8	28.2	正常	205.5	正常	199.3	正常	10	86
9	28.9	正常	23.9	异常偏少	244	正常	11	75
10	24.7	正常	9.1	异常偏少	149.8	正常	21.5	70
11	19.1	正常	18.7	显著偏少	132.5	正常	12.1	68
12	15	正常	38	正常	166.7	正常	14.7	63

2021年各季度晋江市气象要素及评价一览表

表 2

季度	温度(℃)		降水量(毫米)		日照(时)		最大风速(米/秒)	相对湿度(%)
	实况	评价	实况	评价	实况	评价		
冬季	14.5	正常	110.1	偏少	522	显著偏多	12	74
春季	21.1	显著偏高	302.6	偏少	495.7	偏多	11.8	79
夏季	28.2	正常	356.3	偏少	592.1	正常	13.5	81
秋季	24.2	正常	65.4	显著偏少	526.3	正常	13.2	70
全年	22	正常	691.6	异常偏少	2213.6	正常	12.7	76

【水文】 晋江市域河流除晋江、九十九溪外，其他溪河均发源于市域内的丘陵、台地，源短流促，且自成单元向东、向南独流入海。河道浅窄、河网密度大。流量、水位季节变化明显，春夏季溪河水量多、水位上涨，为丰水期，尤其7—9月受台风影响，流量激增，水位暴涨，在干旱季节则多为断流。晋江市域的湖泊中，龙湖、胣湖是境内两大淡水湖，也是福建省境内著名的淡水湖。

晋江市属亚热带海洋季风气候，多年平均降水量1240毫米。最丰年份与最枯年份降雨量之比各雨量站均在3倍左右。年最大降雨量2028.5毫米

（1983年磁灶站），最小降雨量421毫米（2015年龙湖镇东溪水库站），降雨量年际变化和年内分布不均，多年平均径流深534毫米，径流年际变化较大。年内分配不均匀，汛期（4—9月）径流量占年径流量的80%。特别是梅雨季节和台风季节，短时间内雨量大，极易产生涝水，而春灌期水量只占年水量的10%左右，缺水现象严重。流域面积在20平方千米以上主要河流有九十九溪、梧垵溪、湖漏溪、阳溪、坝头溪和加塘溪等。2021年，全市降水总量偏少，时空分布不均，局地性较强。据统计，年降雨量605.5毫米，折合年水量4.414亿立方米，比上年降雨量少44.3%，比多年平均少50.0%，属枯水年。

（蔡聪语）

【大气环境质量】 2021年，晋江市城市环境空气质量达到《环境空气质量标准》（GB 3095—2012）二级标准，空气质量指数均值为46，空气质量优良以上的天数365天，优良率100%，无轻度污染及以上天气，连续两年保持优良率100%，首要污染物为臭氧。空气质量综合污染指数为2.41，同比下降6.9%，空气质量综合污染指数位列泉州13个县（市、区）第五。6项主要污染因子均优于国家环境空气质量二级标准，可吸入颗粒物、细颗粒物、二氧化硫、二氧化氮平均浓度分别为37微克/立方米、16微克/立方米、4微克/立方米、18微克/立方米，一氧化碳日均值第95%位数值为0.8毫克/立方米、臭氧日最大8小时值第90%位数值为112微克/立方米，其中除二氧化硫、二氧化氮与上年持平外，其余4个指标比上年均有下降，可吸入颗粒物、细颗粒物、一氧化碳、臭氧分别下降7.5%、15.8%、11.1%、5.08%。2021年，降水酸碱度在6.08—7.58之间，酸雨（酸碱度低于5.6）出现频率为零。

【水环境质量】 2021年，晋江市加强城市地表水、城市饮用水环境质量监测。其中，国控断面为晋江流域鲟埔断面，执行《地表水环境质量标准》（GB 3838—2002）Ⅲ类标准，全年监测频次12次，监测达标频次9次，水质达标率75%，年度水质符合Ⅲ类标准。省控断面为九十九溪乌边港桥，执行《地表水环境质量标准》（GB 3838—2002）Ⅴ类标准，全年监测频次5次，监测达标频次5次，水质达标率100%，水质符合Ⅴ类标准。晋江市饮用水源地分为县级饮用水源和乡镇饮用水源。其中，县级饮用水源为南高干渠（晋江段），乡镇饮用水源为“三库一湖”（草洪塘水库、东山水库、溪边水库，龙湖），全年均达到《地表水环境质量标准》（GB 3838—2002）Ⅲ类标准，水质达标率100%。12月，全市21条生态水域末端水化学需氧量平均浓度52毫克/升，同比下降10.5%，环比下降30.7%；氨氮平均浓度7.69毫克/升，同比下降21.0%，环比下降34.7%；总磷平均浓度0.76毫克/升，同比下降6.2%，环比下降12.6%。此外，晋江市加强近岸海域水环境质量监测。泉州湾内湾考核点位、安海湾考核点位氮、磷指标浓度同比均下降超过5%，其余点位水质优良站位比例100%，符合考核要求。

【声环境质量】 2021年，晋江市道路交通噪声监测点位21个，昼间监测均值71.8分贝，超过环境噪声限值4a类声环境功能区标准（70分贝）。城市区域噪声设置监测点位128个，监测均值58.1分贝，达到环境噪声限值2类声环境功能区标准。设置城市功能区噪声监测点位7个，昼间、夜间达标率均为100%。

（王丹妮）

资 源

【土地资源】 2021年，晋江市土地总面积73403.35公顷。其中，耕地13234.82公顷，种植园用地1310.08公顷，林地7995.20公顷，草地2754.33公顷，商业服务业用地1768.94公顷，工矿用地9381.69公顷，住宅用地14340.99公顷，公共管理与公共服务用地2282.44公顷，特殊用地1135.33公顷，交通运输用地6798.60公顷，水域及水利设施用地3847.64公顷，湿地7054.41公顷，其他土地1498.88公顷。

（张金前）

【矿产资源】 至2021年底，晋江市境内发现矿产12种，其中金属矿产2种、非金属矿产10种。优势矿产主要是饰面用花岗岩、建筑用石材、玻璃用砂和铸型用砂4种。其中，深沪镇有一探明石英砂矿区（1986—1988年勘探），位于深沪湾海积一级阶地，为一大型优质玻璃砂、型砂矿床、石英砂总储量7534万吨（其中玻璃砂储量1671万吨、型砂5863万吨），分布面积6.51平方千米，尚未开发利用。另外，晋江市花岗石资源较为丰富，主要分布于永和、东石、英林、龙湖、金井等镇。开发利用的主要为饰面用花岗岩和建筑用石材。石材荒料的主要品种有巴厝白（G3503）、清透白（G3515）、陈山白（G3532）、内厝白（G3533）、东石白（G3540）5个品种，其中巴厝白、内厝白花岗石1998年被评为“中国名特石材品种”。

（王玉志）

【海洋资源】 晋江市三面临海，陆域面积649平方千米，海域面积957平方千米，海岛32个，海域广阔，资源丰富；海岸线蜿蜒曲折，长约121千米，占泉州市的22.1%。主要功能区划中，工业与城镇用海区面积4977公顷，港口航运区面积553公顷，旅游休闲娱乐区面积679公顷，保护区面积2917公顷。拥有泉州湾、深沪湾、围头湾和安海湾4个主要海湾，陈埭、安海、东石、英林、金井、龙湖、深沪、西滨8个沿海镇。

（张文福）

【水资源】 晋江市境内水资源贫乏，

多年平均水资源量3.22亿立方米。2021年，晋江市地表水资源量1.134亿立方米，地下水资源量0.44亿立方米，扣除重复计算量，全市水资源总量1.28亿立方米，人均水资源量62立方米，属于绝对贫水区，只能依靠外引晋江客水来弥补工业、农业、生活和生态用水需要。

（蔡聪语）

【水产资源】 晋江市海岸线长121千米，有滩涂面积0.7万公顷，10米等深线以内浅海面积1.16万公顷，内陆水域面积0.2万公顷。水生生物资源丰富，种类繁多。海洋捕捞的主要渔获种类有100多种，经济价值较高的有带鱼、鲨鱼、海鳗、鲳、鲷、毛虾、梭子蟹、鱿鱼、乌贼等。浅海滩涂和陆上工厂化养殖的主要贝藻类有牡蛎、缢蛏、花蛤、鲍鱼、紫菜、海带、江蓠等。淡水鱼类有青鱼、草鱼、鲢鱼、鳙鱼、鲤鱼、鲫鱼、罗非鱼、胡子鲶、鲈鱼等20多种。海珍品有大黄鱼、石斑鱼、西施舌、鲍鱼、海参、日本对虾、青蟹等10多种。

（黄明哲）

人文历史

【建置沿革】 晋江历史悠久，新石器时代即是古闽人聚居地。春秋战国时，越人迁入，融合成为闽越族。西晋永嘉年间（307—313年），中原战乱，大批士庶南迁避乱，在这里沿江而居，称江为晋江。唐开元六年（718年），析南安县东南部置县，因地处晋江下游而得名。历来是泉州首邑。北宋太平兴国六年（981年），析东乡十六里置惠安县。南宋乾道七年（1171年）起，兼辖澎湖列岛；澎湖列岛至清康熙二十二年（1683年）划属台湾府。元时，属泉州路。明清时，属泉州府。民国元年（1912年），实行省、道、县三级建制，泉州府所领晋江等县属南路道。民国16年（1927年）废道，晋江县直属福建省。中华人民共和国成立后，晋江行政区域几经析变。1951年划出县城及部分近郊建立泉州市，县治南迁青阳镇；1958年和1971年分别划出部分与泉州近郊相邻地归泉州市管辖；1988年，划出石狮、永宁等乡镇设立石狮市。1992年3月6日，经国务院批准撤县设市。2001年，晋江市被列为福建省中等城市，是福建省综合改革试验区、加快闽东南开放开发、建设海峡西岸经济区的前沿区域。2003年11月，为适应建设中等城市的需要，加快农村城市化进程，启动行政区划调整和社区建设。撤销青阳、罗山2个镇建制，设立青阳、梅岭、西园、罗山、新塘和灵源6个街道。

（晋江市委党史方志室）

【行政区划】 2021年，晋江市辖6个街道、13个镇，398个村（社区），其中105个社区居委会（街道直接管理的社区78个，镇辖社区27个）、293个村委会。

2021年晋江市行政区划一览表

表3　　单位：个

镇、街道名称	村数	社区数	村、社区名称
青阳街道	0	14	高霞、普照、陈村、象山、阳光、锦青、莲屿、霞行、曾井、青新、青华、洪宅垵、永福里、晓升
梅岭街道	0	15	岭山、许厝、竹树下、三光天、蔡厝、双沟、沟头、赤西、梅山、桂山、梅青、竹园、梅庭、碧山、晋阳
西园街道	0	11	王厝、霞浯、小桥、屿头、苏塘、赖厝、官前、砌田、后间、车厝、烧厝
罗山街道	0	16	福埔、罗裳、前沿、社店、苏内、苏前、梧垵、山仔、樟井、许坑、缺塘、梧桐、后林、下埔、华泰、兰峰
新塘街道	0	12	沙塘、后洋、后库、杏坂、杏田、南塘、塘市、湖格、上郭、梧林、荆山、晋良
灵源街道	0	10	灵水、曾林、大山后、大布林、小布林、林口、张前、英塘、林格、小浯塘
陈埭镇	24	2	南霞美、梧埭、宫口、桂林、坊脚、西霞美、江头、溪边、岸兜、鹏头、西坂、花厅口、湖中、苏厝、大乡、涵口、横坂、霞村、涵埭、洋埭、庵上、海尾、仙石、高坑
			四境、江浦

续表 3

镇、街道名称	村数	社区数	村、社区名称
池店镇	24	1	池店、新店、钱头、洋茂、赤塘、潘湖、溪头、古福、东山、大洲、溜石、营边、霞福、霞美、唐厝、华洲、旧铺、茂厝、屿崆、仕春、御辇、清濛、柴塔、浯潭
			桥南
安海镇	36	6	安东、西安、型厝、可慕、社坛、梧埭、丙厝、后蔡、庄头、前埔、桐林、仁寿、下洪、坑边、瑶前、前林、下山后、前蔡、外曾、西溪寮、西边、曾埭、水后、桥头、西畲、梧山、山兜、西门、庵前、菌柄、上垵、后林、坝头、新店、前湖、赤店
			海东、鸿塔、东鲤、兴胜、复兴、安平
磁灶镇	24	2	湖头、大埔、下灶、前尾、洋宅、下官路、岭畔、苏垵、钱坡、井边、新垵、三吴、洋尾、坝头、大宅、瑶琼、官田、太昌、张林、东山、五龙、锦美、上厝、宅内
			磁灶、延泽
内坑镇	28	0	潘厝、亭顶、山头、白垵、深圳、湖内、后山、宅内、古山、东宅、下村、土垵、黎山、内湖、坑尾、加塘、内山尾、东村、吕厝、葛洲、长埔、砌坑、后坑、柑市、霞美、上方、前洪、黄塘
紫帽镇	8	1	紫星、霞茂、紫湖、浯垵、塘头、洋店、湖盘、园坂
			紫祥
东石镇	29	5	白沙、檗谷、郭岑、埔头、湖头、井林、萧下、龙下、永湖、东埕、金瓯、许西坑、大白山、平坑、大房、坑园、清透、洪塘、柯村、潘径、潘山、张厝、梅塘、梅峰、金泽、三乡、光渺、塔头刘、塔头孙
			第一、第二、第三、第四、第五
永和镇	24	0	坂头、山前、梨星、菌边、英墩、力争、上宅、古厝、永和、福田、玉溪、割山、后埔、旦厝、玉湖、茂亭、西坑、马坪、塘下、巴厝、内厝、周坑、邵厝、锦岭
英林镇	20	0	锦江、嘉排、湖尾、沪厝垵、英林、钞井、陈山、马山、高湖、玉坂、港塔、后头、龙西、清内、东埔、西埔、埭边、谢厝街、三欧、柯坑
金井镇	20	2	古安、埔宅、山苏、山头、玉山、洒洲、新市、三坑、石圳、溜江、福全、洋下、岩峰、围头、湖厝、塘东、南江、金井、钞岱、坑口
			金井、滨海
龙湖镇	42	42	新丰、后溪、内坑、鲁东、埔头、杆柄、石龟、秀山、新街、埔锦、梧坑、苏坑、衙口、南浔、前港、埭头、湖北、吴厝、锡坑、古盈、坑尾、后宅、枫林、福林、石厦、钞厝、洪溪、西吴、瑶厝、烧灰、南庄、龙埔、陈店、古湖、龙园、溪后、后坑、溪前、仑上、杭边、龙玉、曾厝
深沪镇	12	7	首峰、华峰、群峰、东华、华山、浔光、华海、运伙、柳山、东山、坑边、科任
			狮峰、金屿、东垵、后山、璧山、南春、港阜
西滨镇	2	1	跃进、思进
			海滨

【古代海上交通贸易】 晋江的发展，离不开港口的开放、国门的开放和与世界的经济交流。晋江地理条件优越，沿海港湾多，水陆交通便利。早在1000多年前的唐代，晋江入海口的泉州港就是中国对外贸易的四大港口之一。宋元时期，泉州港更加鼎盛，号称“东方第一大港”，是“海上丝绸之路”的起点之一，海外交通贸易直达东西大洋彼岸。海外贸易是晋江人走向海洋、走向世界的主要途径。他们的足迹遍布菲律宾、新加坡、泰国、印度尼西亚、越南、马来西亚、朝鲜、美国、日本等国家，宋元时期，晋江人从事海外贸易，市场十分活跃，使县城泉州成为当时国内屈指可数的大城市。海外贸易迅速发展，使晋江的农业、手工业获得较快发展。为适应海外交通贸易进出口物资的集散转运，晋江在两宋时期共造石桥90座，而以“天下无桥长此桥”闻名的安平桥（俗称“五里桥”）为最，因而有“闽中桥梁甲天下”之称。

【文化积淀】 晋江历史悠久，孕育丰富的文化，山川毓秀，人文荟萃，素有“声华文物、雄称海内”“泉南佛国”“海滨邹鲁”之美誉。晋人南迁到晋江后，中原文化即在晋江这块土地上扎根、衍化。同时，海外交通贸易空前繁荣，招来四面八方商旅。中世纪的晋江县城，既是贸易大港，又是中外文化交流中心。外国商人及传教士把他们的文化习俗、宗教信仰传入晋江，使晋江文化既有中原古老文化遗风，又有外来文化痕迹相映交融的特色。出现既有中国古老的道教、汉化的佛教，又有阿拉伯世界的伊斯兰教、中亚的摩尼教、南亚次大陆的印度教和欧洲的基督教等多种宗教自传共存的盛况。境内拥有全国唯一、世界仅有的保存比较完整的摩尼教遗址——草庵。2021年，“泉州：宋元中国的世界海洋商贸中心”申遗成功，晋江的草庵摩尼光佛造像、磁灶窑址（金交椅窑址）、安平桥三个遗产点被列入《世界遗产名录》。在艺术方面，既保留中原文化遗韵又汲取闽南风土文化精华的南音、民间乐曲、舞蹈，以及木偶、梨园、高甲等戏曲，风靡海内外。海外贸易发展也促进晋江文教事业兴旺发达，使晋江人才辈出，历史上先后出现宰相16人、文状元8人、武状元3人、文武进士1853人。海洋文化造就晋江人勇敢、拼搏、开拓创新、富于冒险的精神和强烈的商业意识、竞争意识、开放意识和创业意识。这种文化积淀，成为晋江最宝贵的历史财富，使晋江人更少墨守成规，更富有“敢为天下先”的改革创新精神，更注重于发展经济，更敢于面向世界、走向世界。

【华侨华人和台胞重要祖籍地之一】 晋江是全国著名侨乡之一。早在宋元时期，即有晋江人移居海外。在明朝中后期、鸦片战争、抗日战争期间、中华人民共和国成立前后4个时期，晋江人大量外迁，侨居东南亚及世界58个国家或地区，以东南亚为最。晋江素有“十户人家九户侨”“海内外500万晋江人”之说。晋江也是台湾汉族同胞的祖籍地之一。晋江与台湾一衣带水。历代迁居台湾宝岛者为数不少， 世代相传，绵延不断，地理相近，语言相通，习俗相同，血缘相亲。

人口 民族 宗教

【人口】 2021年，晋江市总户数351469户，总人口1232472人（男性626848人、女性605624人），比2020年增加20034人。其中，出生13214人、死亡5143人。全年人口迁入28300人，其中省内迁入22602人、省外迁入5698人；迁出16258人，其中迁往省内13917人、迁往省外2341人。流动人口1164527人，比上年增加46984人，其中2021年新登记流动人口830049人、注销783065人。

（郭玉贝）

【民族】 晋江先民主要为中原南迁的汉族，也有当地的土著居民和先期到达的部分畲族及来自北方少数民族和来华经商滞留的东南亚、中东地区其他族裔。晋江市回族人口比较集中的聚居村落有陈埭镇四境、花厅口、溪边、西坂、江头、岸兜、鹏头7个回族建制村（社区）。丁氏回族为最多，也有散居在汉族村落或散居户。郭氏回族分散在西园街道、罗山街道、龙湖镇、金井镇、东石镇，其祖先来自波斯等地。畲族主要聚居在内坑镇霞美村。满族主要聚居在龙湖镇衙口村、福林村粘厝铺，均为粘姓，其原来姓氏为“完颜”。晋江市的少数民族，尚有散居在东石镇的蒲氏回族、白氏回族，内坑镇雷氏（今为许氏）畲族，青阳街道出氏蒙古族，以及壮族、藏族、彝族、高山族等少数民族。

【宗教】 晋江宗教主要有佛教、道教、伊斯兰教和基督教，也有摩尼教、印度教及信众众多的天公、王爷等民间信仰。每种宗教都有相对固定的宗教群体、固定的活动场所和活动仪式，定期开展宗教活动，各宗教之间和谐相处，有序发展。20世纪90年代初，晋江县政府陆续开放各种宗教活动场所，宗教活动场所及信徒日益增多。

晋江草庵存有世界保存最完好的摩尼石雕佛像。1990年10月23日，联合国教科文组织“海上丝绸之路”考察团，由30多个国家的50多名史学家、考古学家和记者组成，乘坐“和平号”考察船，从意大利威尼斯启航，沿“海上丝绸之路”东行，沿途考察15个国家。1991年2月16日，考察团到草庵参观、访问、考察，对草庵摩尼教遗址的文物价值给予高度评价，称其发现是“海上丝绸之路”考察活动的最大收获。

（晋江市委党史方志室）

经济社会发展

【概况】 2021年，晋江市落实“五促一保一防一控”重点工作，开展“重大赛事举办年”“集成改革突破年”“营商环境提升年”“基层治理优化年”活动，应对外部环境复杂多变、新冠肺炎疫情反复冲击扰动、转型阵痛交织叠加的严峻考验，在改革创新中全方位推进高质量发展超越，在常态化新冠肺炎疫情防控中推动经济社会“稳中向好、稳中提质”。全年实现地区生产总值2986.41亿元，同比增长10.5%，增速比全国、全省、泉州市分别高出2.4个百分点、2.5个百分点、2.4个百分点，实现“十四五”规划良好开局。县域经济基本竞争力继续保持全国第四位，县域经济实力连续28年居福建省首位。

【农业】 2021年，晋江市农林牧渔业总产值41.59亿元，比上年下降3.6%。其中，农业产值7.70亿元，比上年增长0.2%；林业产值38万元，比上年下降67.9%；牧业产值3.71亿元，比上年增长2.4%；渔业产值28.16亿元，比上年下降5.6%；农林牧渔服务业产值2.01亿元，比上年增长4.5%。

【工业和建筑业】 2021年，晋江市规模以上工业产值完成6926.38亿元，比上年增长15.4%。从支柱产业看，鞋服产业产值2704.07亿元，比上年增长15.2%；纺织产业产值1194.90亿元，比上年增长28.1%；建材产业产值825.94亿元，比上年增长16.9%；食品产业产值566.19亿元，比上年下降7.1%；医疗健康产业产值394.79亿元，比上年下降1.4%；智能装备产业产值341.98亿元，比上年增长18.9%；新一代信息技术产业产值43.51亿元，比上年增长42.4%。从龙头企业看，产值超亿元企业1159家，比上年增加134家；实现工业产值6579.07亿元，比上年增长29%，拉动全部规模以上企业产值增长24.6个百分点。具有资质等级的总承包和专业承包建筑企业有343家（含劳务分包企业、工业性企业、一体化企业），比上年增加66家；完成建筑业总产值106.94亿元，比上年增长12.1%。

【服务业】 2021年，晋江市第三产业增加值完成1140.36亿元，比上年增长8.9%。全年批发零售业增加值比上年增长15%，对第三产业增加值增长的贡献率54.1%。限额以上批发零售业实现销售额4570.96亿元，比上年增长32.4%；销售额超亿元企业615家，实现销售额4358.74亿元，比上年增长44.5%，拉动全部限上销售额增长38.9个百分点。全年货物运输周转量72.12亿吨千米，增长16.6%；水路货物总周转量增长26.7%，港口货物吞吐量增长40.2%，集装箱吞吐量增长27.2%；邮政业务总量96.85亿元，比上年增长40.7%。全年规模以上其他营利性服务业营业收入比上年增长20.5%，其中租赁和商务服务业、居民服务修理和其他服务业、科学研究和技术服务业分别增长42.4%、30.9%、26.9%。全年商品房销售面积448.45万平方米、比上年增长12.6%。全年接待国内旅游1142.58万人次，比上年增长10.6%；国内旅游收入145.83亿元，比上年增长15.5%。

【固定资产投资】 2021年，晋江市固定资产投资（不含农户）完成570.55亿元，比上年增长7.6%。按三次产业分，第一产业投资0.53亿元、比上年下降74.6%；第二产业投资267.86亿元、比上年增长12.1%，其中工业投资267.86亿元、比上年增长12.1%；第三产业投资302.16亿元，比上年增长4.6%。基础设施投资82.67亿元，比上年增长14.3%；高技术产业投资48.44亿元，比上年增长42.6%。房地产开发企业投资188.30亿元，比上年增长2.9%。

【国内贸易】 2021年，晋江市社会消费品零售总额1640.96亿元，比上年增长8.4%，消费品零售规模居全国县域首位。其中，限额以上消费品零售额406.85亿元，比上年增长12.7%。在限额以上批发和零售业企业商品零售额中，“吃”的方面——粮油食品及饮料烟酒类增长10.7%。“穿”的方面——服装、鞋帽、针纺织品类增长28.2%。“住”的方面——建筑及装潢材料类、家具类、家用电器和音响器材类分别增长31.9%、34.5%、16.9%。“行”的方面——汽车行业受市场需求趋于饱和影响，完成限上零售额172.67亿元，比上年增长2.2%；石油及制品类增长25.7%。“用”的方面——金银珠宝类、化妆品类、日用品类分别增长24.1%、9.9%、9.3%。“医”的方面——中西医药品类增长33.6%。

【对外经贸】 2021年，晋江市进出口总额1009.02亿元，比上年增长59.3%。其中，出口额890.21亿元，比上年增长71.2%；进口额118.8亿元，比上年增长4.8%。进出口顺差771.41亿元，比上年增加364.85亿元。全年新设外商直接投资企业157家，比上年增长48.1%。合同外资金额16亿元，比上年下降32.7%；实际使用外资17.02亿元，比上年增长8.1%。

【金融】 截至2021年末，晋江市金融机构本外币各项存款余额2413.86亿元，比上年末增长12.4%。其中，人民币各项存款余额2368.1亿元，比上年末增长12.3%。金融机构本外币各项贷款余额1824.45亿元，比上年末增长8.6%。其中，人民币各项贷款余额1810.71亿元，比上年末增长8.3%。拥有境内外上市公司50家，场外市场挂牌交易企业38家，其中“新三板”15家，海峡股权交易中心23家。

【人民生活】 2021年，晋江市居民人均可支配收入48849元，比上年增长9%，总量比全国、全省、泉州市分别高出13721元、8190元、4518元。按常住地分，城镇居民人均可支配收入59023元，增长8.1%；农村居民人均可支配收入30201元，增长10.4%。城乡居民收入差距继续缩小，城乡居民人均可支配收入比值1.95，比上年缩小0.05，比全国、全省、泉州市分别低0.55、0.25、0.17。

【社会保障】 截至2021年末，晋江市城镇职工基本养老、工伤、失业、医疗、生育保险参保人数分别为46.65万人、30.29万人、20.19万人、21.37万人、19.09万人。城乡居民基本养老保险实时参保人数668621人。城乡居民社会养老保险基础养老金每人每月187元，65周岁以上的每人每月192元，被征地人员养老险养老金300元，养老补助金140元。企业退休人员实现“十七连调”，月人均养老金2481.53元。城乡低保、特困人员共6135户10720人，年发保障金7702万余元。城乡低保标准每人每月775元，特困人员救助标准按护理需求为每人每月1182元、1440元、1698元。城乡居民医保人均筹资标准提高到870元；参保人数98.92万人，同比增加0.79万人。全年新增医保定点医药机构64家，累计有医保定点医疗机构310家、医保定点零售药店251家，实现医保“村村通”。

【科学技术】 2021年，晋江市专利授权量12201件，比上年增长10%。其中，发明专利497件，比上年增长54.8%；年末有效发明专利拥有量2659件，每万人口发明专利拥有量12.9件。截至2021年末，全市高新技术企业409家，科技型中小企业218家，省级科技小巨人企业61家，省级技术先进型服务企业1家，新增省级星创天地2家、泉州市级星创天地1家，省级企业工程技术研究中心17家、泉州市企业工程技术研究中心35家、省级（企业）重点实验室7家、省级技术转移机构5家、省级新型研发机构4家、泉州市级新型研发机构12家，国家知识产权优势企业10家、国家知识产权示范企业5家、省知识产权优势企业22家、省级众创空间8家，省级科技企业孵化器1家，泉州市级众创空间10家。2021年，晋江市企事业单位获得中国专利优秀奖2项、省科学技术进步奖一等奖1项、省科学技术进步奖二等奖1项。

【教育】 2021年，晋江市拥有普通中学56所，中职学校4所，完全小学272所（未包含8个分校区，7所一贯制学校统计在中学中），幼儿园360所（未包含17个分园区，其中公办76所），教师进修学校1所，特殊教育学校1所，特教辅读班12个。全市中学专任教师6988人，中职教育专任教师886人，小学专任教师10589人，幼儿园专任教师6431人，特殊教育学校专任教师130人。2021年秋，中小学、幼儿园在校生38.28万人，增长3.35%，其中，幼儿园在班幼儿8.51万人，增长32.8%，义务教育阶段学生26.69万人，增长3.05%。

【卫生健康】 2021年，晋江市有医疗卫生机构1151家；编制床位5214张，开放床位6961张；各类卫技人员8218人（不含乡村医生），其中执业（助理）医师3381人、注册护士3132人、药剂师509人、技师（含检验人员）491人、卫生监督员22人、其他卫生技术人员683人。

【环境】 2021年，晋江市市区环境空气质量优良以上天数365天，空气质量优良率100%，PM2.5年均值为0.016毫克/立方米。市区绿化覆盖率44.03%，城乡绿地率39.97%，人均公园面积13.9平方米。

（郑智政）

【品质城市】 晋江紧盯国际化创新型品质城市的目标定位，对接闽西南协同发展区、泉厦漳都市圈，融入泉州环湾城市建设，城市面貌脱胎换骨大变化。

国家试点。晋江是国家新型城镇化试点城市，城镇化率以每年1个百分点的速度推进，新型城镇化建设得到习近平总书记重要批示，受到李克强总理充分肯定，并亮相中欧城镇化伙伴关系论坛，荣获中欧绿色智慧城市技术推广奖。

国际对标。全方位推进城市国际化对标行动，清华附中、上海六院、树兰医疗等高端学校、高端医疗相继落地，国际社区、国际酒吧街等国际化配套日益完善，城市功能品质持续提升，获得第18届世界中学生运动会举办权，以及2019—2025年连续四届国际大体联足球世界杯举办权，2019年举办首届国际大体联足球世界杯比赛。

全面发展。晋江相继获全国文明城市、国家生态市、国家园林城市、国家级海洋生态文明示范区、全国双拥模范城、全国科技先进市、中国爱心城市、七星级慈善城市、全国平安建设先进市、国家创新型（县）市称号。

（晋江市委党史方志室）

中共晋江市委员会

综　述

【概况】　2021年，中共晋江市委坚持稳中求进工作总基调，立足新发展阶段，贯彻新发展理念，服务和融入新发展格局，创新发展“晋江经验”，统筹发展和安全，统筹新冠肺炎疫情防控和经济社会发展，加快构建“一三一三七”（一个篇章、三个战略目标、“一三七”发展格局）发展格局，担纲全方位推进高质量发展超越主力领军，推动各项事业迈上新台阶，“十四五”实现良好开局。全年实现地区生产总值2986.41亿元，比上年增长10.4%；一般公共预算总收入256.93亿元，比上年增长12.8%；一般公共预算收入146.2亿元，比上年增长5%；城乡居民人均可支配收入增长9%；规模以上工业增加值增长13.2%。

【习近平总书记来闽考察重要讲话精神贯彻落实】　2021年，晋江市召开市委常委会、专题会、理论学习中心组学习会等会议57场，举办市管领导干部学习贯彻习近平总书记来闽考察重要讲话精神专题研讨班暨市级领导班子党史学习教育专题读书班，在全市兴起学习宣传贯彻热潮。召开市委十三届十七次全会，贯彻落实省委十届十二次全会、泉州市委十二届十五次全会精神，审议通过《中共晋江市委关于学习贯彻习近平总书记来闽考察重要讲话精神　为奋力谱写全面建设社会主义现代化国家福建篇章贡献晋江力量的决定》，紧扣“四个更大”（在加快建设现代化经济体系上取得更大进步，在服务和融入新发展格局上展现更大作为，在探索海峡两岸融合发展新路上迈出更大步伐，在创造高品质生活上实现更大突破“四方面”更大要求）重要要求和四项重点任务及省委、泉州市委部署要求，细化分解38项任务措施，推动各项工作落地落实。

【中共十九届六中全会精神学习宣传贯彻】　2021年，晋江市通过市委常委会（扩大）会议、理论学习中心组学习、宣讲团报告会等方式，传达学习、领会中共十九届六中全会精神的丰富内涵和核心要义。市委常委带头学习研讨、深入调研，开展宣讲8场次；组建市委宣讲团，组织分专题、分众化、靶向式宣讲76场次，推动全会精神进企业、进农村、进机关、进校园、进社区、进军营、进网络。

【党史学习教育】　2021年，晋江市四套班子带头集体现场学习党史，重温入党誓词，为所在党支部上党课，开好专题读书班、总结大会。筹备专题组织生活会，全市领导班子成员列出问题167个，整改167个。组织晋江市“两优一先”表彰大会、颁发“光荣在党50年”纪念章等庆祝中国共产党成立100周年系列活动，推出党史进百年古厝等亮点活动2.2万场，开展党史学习教育宣讲621场次、直接听众8.43万人次，到15个党史学习教育参观点开展现场学习超16万人次，“福建发展·晋江经验”被纳入全国“建党百年红色旅游百条精品线路”。创新开展“我为群众办实事”“我为社会做好事”“我为企业解难题”，再落实实践活动，策划生成308个项目，完成率100%。

【“三再”活动】　2021年，晋江市学习贯彻习近平新时代中国特色社会主义思想主线，聚焦创新发展“晋江经验”，提出“干部受教育、干事有激情、群众得实惠、发展获实效”目标，开展“再学习、再调研、再落实”（简称“三再”）活动。市委理论中心组召开学习会35场，示范带动各级基层理论学习中心组学习会、专题读书班等1350场次。坚持边学习边调研边落实，市委常委牵头深入一线调研，形成20个重点调研课题和9个专项研究成果；结合“进千企、走千商、访千才”活动，举办“家国情怀、根植晋江”企业家座谈会、青年企业家混沌创新班“创新夜话”等活动，提升调研成效。策划37个重点专项任务项目清单，实行路线图思维、项目化管理、清单式收账，编发《落实与反馈》活动专刊4期，督促推进落实。

【新冠肺炎疫情防控】　2021年，晋江

市坚持平战结合、精准防控，保持新冠肺炎疫情防控指挥体系处于激活状态，抓实抓细信息报送、数据排查、预警监测、物资保障、舆情引导等全链条工作。抽调机关党员干部400多人下沉疫情防控一线，在隔离中心、重要道口等新冠肺炎疫情防控一线组建临时党组织600多个，选派驻村第一书记86人、统筹村级换届工作组成员913人参与基层一线防控。划拨专项党费24.75万元，累计组织投身抗疫最前沿党员1.6万人次，应对省内突发新冠肺炎疫情，用14天打赢疫情阻击战、歼灭战。提升核酸检测能力，制定核酸检测调度方案并开展多轮实战演练，单日可完成全员核酸检测。抓牢高风险、3—11岁、60岁以上人群和第三剂次新冠疫苗接种，接种新冠疫苗450.92万人次。

【深化改革】 2021年，晋江市坚持资源集成整合、体制集成创新、服务集成优化，深化科技创新、共同富裕、国有企业、综合执法等领域改革，统筹推进78个集成改革项目，新增3项国家级改革试点。启动园区标准化改革，实行园区规划建设、资金投入、经营运作、招商引资、服务配套的“五统一”，加速打造一批创新综合体、产业综合体。开展“营商环境提升年”活动，130个审批事项实现“一件事”集成，行政许可和公共服务事项平均办理时限压缩至法定时限的14.89%，“最多跑一趟”和“一趟不用跑”事项占比99.21%。拓展外贸新业态新模式，综保区“9610”“1210”通关模式运行，家博会、体博会、食交会交易额超500亿元，市场贸易采购方式试点出口190亿元，带动全年出口增长60%。引导海外侨亲参与家乡建设，促成侨捐项目220个、总额1.25亿元。

【思想文化宣传】 2021年，晋江市抓实抓细《〈中国共产党宣传工作条例〉责任分工方案》和党委（党组）落实意识形态工作责任制规范化任务清单，将意识形态工作纳入基层党建、全面从严治党主体责任检查、绩效考核等工作。落实网络意识形态工作责任制，出台网络安全工作协调机制。管理论坛讲坛、新闻媒体、网站、公共领域宣传载体等各类阵地，推进新时代文明实践中心全国试点建设，以优秀等次通过省级融媒体中心建设验收。将新时代文明实践与“我为群众办实事”“我为社会做好事”等主题结合，开展“晋江文明、没我不行”主题活动及“七进基层”（进企业、进农村、进机关、进社区、进学校、进军营、进网络）实践活动超2000场，服务群众近30万人次，通过全国文明城市复查。

【民主政治建设】 2021年，中共晋江市委支持和保证人大、政府、政协、法院、检察院、人民团体等依法依章程独立负责、协调一致地开展工作。完善各套班子议事决策机制，常态召开市委人大工作会议、市委政协工作会议、市委市政协专题协商会等，定期向老干部及党外人士通报工作，举办企业家恳谈会等，巩固和发展爱国统一战线。贯彻落实新型政党制度，支持各民主党派、无党派人士履职尽责、参政议政，加强党外知识分子和新的社会阶层人士工作，促进民族宗教领域和谐和顺，深化台港澳和海外联络联谊，增进国家认同和情感认同，壮大爱国爱乡力量。推动法治晋江、法治政府、法治社会建设，启动实施“八五”普法规划，健全行政复议体制，获批全省首批法治政府建设示范市。推进政法队伍教育整顿，开展谈心谈话2轮4676人次、开展自查4095人次，受理政法干警违规违纪违法问题线索183件、办结率100%；创新实施“四解四化”（解群众急难愁盼，化积案、化纷争、化电诈、化风险），集中推出便民利民措施16项，为群众办实事50项640余件；开展“四正四树”（正能量、正法纪、正约束、正风气，树典型、树品牌、树英模、树形象）活动，完善制度机制75项。

【全面从严治党】 2021年，晋江市落实《中共中央关于加强对“一把手”和领导班子监督的意见》，研究制定市委落实全面从严治党主体责任清单和年度安排，推行“四式四责”（统筹式明责、联动式督责、报告式评责、考评式问责）主体责任落实机制，听取年度抓基层党建暨履行全面从严治党主体责任述职并开展评议。做好各级主体责任检查、政治监督、涉粮问题专项巡察等88个问题整改，推动政治监督具体化常态化。带头落实廉政谈话提醒制度，换届后市委常委班子成员开展集体廉政谈话2047人次、个别谈话285人次。执行《关于新形势下党内政治生活若干准则》，市委常委班子成员带头落实“三会一课”、民主生活会、领导干部双重组织生活等制度，以普通党员身份参加支部学习讨论和组织生活会71次。

2021年，晋江市完成市、镇两级领导班子换届工作，选配35岁及以下镇（街道）党政正职6人、30岁及以下镇（街道）班子成员19人，联动调整市直科级干部122人，完成结构性配备要求。策划“制度执行力和治理能力提升系列”等30个核心班次，选派干部695人赴招商、项目征迁、新冠肺炎疫情防控等一线锻炼；开展“向上看、向深学”活动，择优选派干部及国企人员29人到上海、深圳挂职学习。

2021年，晋江市完成全市398个村（社区）换届选举工作，实现主干“一肩挑”、提名当选率、结构达标率、一次性成功率“四个100%”，开展“启航新五年·开局八个好”活动，举办村（社区）党组织书记培训班。推动党支部标准化规范化建设，推进“支部建到网格、支部建到车间”、民营企业党建工作融入公司治理等党建创新，提升基层党组织政治功能和组织力。

2021年，晋江市弘扬“马上就办、真抓实干”传统作风，市委常委班子成员带头沉到一线，开展现场办公、一线调研活动1000余场次，一线化解遗留问题3105个。纠治“四风”问题，查处形式主义、官僚主义问题8起13人，查处享乐主义奢靡之风问题8起10人。一体推进“不敢腐、不能腐、不想腐”，全市立案233件240人，给予党纪处分201人次、政务处分28人次、党纪政务双重处分12人次。整治群众身边腐败和作风问题，查处涉黑涉恶腐败及“保护伞”案件20件20人，靶向治理“窗口腐败”2起18人。完成十三届市委巡察工作，启动十四届市委巡察工作，全年完成巡察问题整改1092个，到期整改率95.5%，建章立制543项。

（晋江市委办公室）

重要会议

【概况】 2021年，中共晋江市委召开全体会议8次，常委会（扩大）会议51次，专题会议110余次，共同商讨全市政治、经济、文化、社会、生态等工作。

【中共晋江市第十四次代表大会】 2021年7月28—30日，中共晋江市第十四次代表大会召开。会上，大会主席团常务委员会成员张文贤代表中共晋江市第十三届委员会向大会作题为《深入学习贯彻习近平总书记来闽考察重要讲话精神　在社会主义现代化建设新征程中谱写“晋江经验”新篇章》的报告。大会选举产生中共晋江市第十四届委员会委员39名、候补委员8名，中国共产党晋江市第十四届纪律检查委员会委员21名，出席中国共产党泉州市第十三次代表大会代表51名。会议通过关于十三届市委报告的决议、关于十三届市纪委工作报告的决议，通过《晋江市坚持和完善市党代表大会制度的规定》。

【市委全体会议】 2021年1月5日，中共晋江市第十三届代表大会第五次会议召开。泉州市委常委、晋江市委书记刘文儒代表中共晋江市第十三届委员会向大会作题为《深入学习贯彻党的十九届五中全会精神　在全方位推动高质量发展超越中谱写“晋江经验”新篇章》的工作报告，并就《中共晋江市委关于制定晋江市国民经济和社会发展第十四个五年规划和二〇三五年远景目标的建议（草案）》作说明。

2021年7月30日，中共晋江市十四届委员会第一次全体会议召开，选举中共晋江市第十四届委员会常务委员会委员和书记、副书记。张文贤、王明元、吴忠刘、黄天凯、黄少伟、李志强、陈友爱、刘文成、吴志朴、赖有为、庄怀璇、扎西顿珠、王海林当选中共晋江市第十四届委员会常务委员会委员；张文贤当选市委书记，王明元、吴忠刘当选市委副书记。

【市委常委会（扩大）会议】 2021年，中共晋江市委召开常委会（扩大）会议51次。其中，十三届市委常委会第183次至第202次会议由市委书记刘文儒主持；因人事变动，十三届市委常委会第203次会议至十四届市委常委会第20次会议由新一任市委书记张文贤主持。

2021年中共晋江市委常委会（扩大）会议一览表

表4

会议名称	召开时间	主要内容
十三届市委常委会第186次（扩大）会议	2月3日	传达贯彻福建省、泉州市两会精神，部署2021年春节期间新冠肺炎疫情防控和生产生活保障等有关工作及其他事项
十三届市委常委会第189次（扩大）会议	3月4日	传达贯彻习近平总书记在党史学习教育动员会上的重要讲话，全省党史学习教育动员会、省委常委会（扩大）会议、泉州市党史学习教育动员会议以及《中共中央关于在全党开展党史学习教育的通知》精神，并对晋江市党史学习教育进行动员部署
十三届市委常委会第191次（扩大）会议	3月15日	部署晋江市贯彻习近平总书记重要讲话、全国两会、省委常委会（扩大）会议、泉州市委常委会（扩大）会议精神意见。传达贯彻全国、全省、泉州市政法队伍教育整顿有关会议精神，研究《晋江市政法队伍教育整顿实施方案》
十三届市委常委会第192次（扩大）会议	3月17日	通报部署全国文明城市复查整改有关事宜。王明元点评全国文明城市复查整改工作，并通报中央文明办明察暗访情况，张文贤对下阶段文明城市创建工作作部署
十三届市委常委会第194次会议	4月7日	研究《晋江市开展党史学习教育实施方案》
十三届市委常委会第197次（扩大）会议	5月13日	研究《关于巩固成效促进长效深化文明城市创建工作的若干意见》，部署全国文明城市复查整改工作
十三届市委常委会第200次（扩大）会议	6月2日	传达贯彻中央文明办关于全国文明城市复查整改有关指示精神
十三届市委常委会第204次（扩大）会议	6月29日	传达省委十届十二次全会、泉州市委十二届十五次全会的主要精神并部署贯彻意见措施和当前工作。传达贯彻中宣部庆祝中国共产党成立100周年宣传工作会议和省委、泉州市委庆祝中国共产党成立100周年宣传工作暨党史学习教育推进会会议精神
十三届市委常委会第208次（扩大）会议	7月9日	传达贯彻省委全面从严治党主体责任落实情况检查集体约谈会议、泉州市委常委会会议精神，部署晋江市整改工作，并开展集体廉政谈话；传达贯彻《中国共产党组织工作条例》；传达贯彻全省革命文物工作会议精神；研究《晋江市新时代职业教育创新发展若干措施》

续表 4

会议名称	召开时间	主要内容
十三届市委常委会第213次（扩大）会议	7月24日	研究《中共晋江市委关于学习贯彻习近平总书记来闽考察重要讲话精神 为谱写全面建设社会主义现代化国家福建篇章贡献晋江力量的决定（讨论稿）》《中共晋江市第十三届委员会在中共晋江市第十四次代表大会上的报告（讨论稿）》《中共晋江市纪律检查委员会向中共晋江市第十四次代表大会的工作报告（讨论稿）》，传达中央、省、泉州市有关会议精神，研究《中共晋江市委国安委2021年工作要点》，传达贯彻中宣部、省委宣传部学习宣传贯彻习近平总书记“七一”重要讲话精神电视电话会议精神；研究《晋江市坚持和完善市党代表大会制度的规定》；研究中共晋江市第十四次代表大会有关筹备工作
十四届市委常委会第1次（扩大）会议	8月2日	传达贯彻习近平总书记重要文章《用好红色资源，传承好红色基因，把红色江山世世代代传下去》和党史学习教育中央第六指导组到晋江指导、省委党史学习教育领导小组第四次会议精神
十四届市委常委会第2次（扩大）会议	8月19日	传达贯彻习近平总书记在中央政治局常委会会议听取中国共产党成立100周年庆祝活动总结报告时和在西藏考察时的重要讲话；和省委十届十三次全会、省委常委会会议精神，泉州市委主要领导到晋江调研指导、泉州市委常委会会议精神；传达贯彻全省、泉州市村（社区）两委换届工作会议主要精神
十四届市委常委会第3次（扩大）会议	8月31日	传达贯彻全省下半年工作推进会及泉州市委常委会（扩大）会议精神
十四届市委常委会第4次（扩大）会议	9月23日	传达贯彻习近平总书记在2021年秋季学期中央党校（国家行政学院）中青年干部培训班开班式、8月31日中央政治局会议、河北承德考察、陕西榆林考察时的重要讲话，2021年中国国际服务贸易交易会全球服务贸易峰会、第六届东方经济论坛全会开幕式上的致辞，向“菌草援外20周年暨助力可持续发展国际合作论坛”、可持续发展大数据国际研究中心成立大会暨2021年可持续发展大数据国际论坛致贺信精神，国务院副总理孙春兰到闽到泉州调研和省委、省政府主要领导到泉州调研新冠肺炎疫情防控工作重要讲话，省委书记尹力在2021年秋季学期省委党校（福建行政学院）开学典礼上的讲话精神，省应对新冠肺炎疫情工作领导小组会议以及省委常委会会议、泉州市委常委会会议精神，研究统筹推进新冠肺炎疫情防控和经济社会发展、安全生产有关工作
十四届市委常委会第6次（扩大）会议	9月29日	传达贯彻省应对新冠肺炎疫情工作领导小组会议、泉州市委常委会（扩大）会议精神，部署统筹抓好新冠肺炎疫情防控、经济社会发展及安全生产等重点工作；传达贯彻习近平总书记关于统计工作的重要论述和上级有关统计工作的重要文件精神；传达贯彻习近平总书记关于粮食安全的重要论述精神
十四届市委常委会第7次（扩大）会议	10月12日	传达贯彻习近平总书记在中共中央政治局第三十三次集体学习时、在中央人才工作会议上的重要讲话精神，向国际粮食减损大会致贺信、向2021年世界互联网大会乌镇峰会致贺信、向2021中关村论坛视频致贺、向中国质量（杭州）大会致贺信精神以及省委常委会会议、泉州市委常委会会议精神；传达贯彻中共泉州市第十三次代表大会及泉州市委常委会会议主要精神；传达贯彻习近平总书记关于巡视工作重要论述和粮食安全系列重要讲话重要指示批示精神及上级有关会议精神
十四届市委常委会第8次（扩大）会议	10月22日	传达贯彻习近平总书记在中央人大工作会议、在纪念辛亥革命110周年大会上的重要讲话，在《生物多样性公约》第十五次缔约方大会领导人峰会、在第二届联合国全球可持续交通大会开幕式上的主旨讲话，对老龄工作作出的重要指示，向第130届中国进出口商品交易会（广交会）致贺信以及省委常委会、泉州市委常委会会议精神
十四届市委常委会第10次（扩大）会议	11月4日	传达贯彻习近平总书记在10月18日中共中央政治局会议、中共中央政治局第三十四次集体学习、深入推动黄河流域生态保护和高质量发展座谈会、中华人民共和国恢复联合国合法席位50周年纪念会议、参观国家“十三五”科技创新成就展时的重要讲话和致仰韶文化发现和中国现代考古学诞生100周年贺信以及省委常委会会议、泉州市委常委会会议精神，部署近期重点工作
十四届市委常委会第12次（扩大）会议	11月15日	传达贯彻中共十九届六中全会精神以及省委常委会会议、泉州市委常委会会议精神
十四届市委常委会第14次（扩大）会议	11月24日	传达贯彻习近平总书记在11月18日中央政治局会议、第三次“一带一路”建设座谈会和亚太经合组织第二十八次领导人非正式会议上的重要讲话，在亚太经合组织工商领导人峰会和第四届中国国际进口博览会开幕式上的主旨演讲精神以及省委常委会会议、泉州市委常委会会议精神，部署近期重点工作
十四届市委常委会第16次（扩大）会议	11月30日	传达贯彻省委第十一次代表大会、省委第十一届委员会第一次全体会议，省委书记尹力等省领导在参加省第十一次党代会泉州代表团审议时的讲话及泉州市委常委会会议精神

续表 4

会议名称	召开时间	主要内容
十四届市委常委会第17次（扩大）会议	12月8日	研究《传承创新发展“晋江经验”工作方案》；传达贯彻《中共中央组织部关于查处四川省自贡市自流井区严重违反换届纪律问题的通报》精神；研究《晋江市实施“重龙头、强品牌、铸链条”专项行动方案》
十四届市委常委会第18次会议	12月13日	传达贯彻泉州市传承弘扬“晋江经验”调研活动精神
十四届市委常委会第19次（扩大）会议	12月15日	研究《关于落实泉州市委专项巡察七组〈关于对晋江市开展涉粮巡察的反馈意见〉整改方案的报告》，部署晋江市整改工作；研究《政府工作报告》《法院工作报告》《检察院工作报告》《晋江市2021年国民经济和社会发展计划执行情况及2022年计划草案报告》《晋江市2021年预算执行情况及2022年预算草案报告》
十四届市委常委会第20次（扩大）会议	12月31日	传达贯彻习近平总书记在12月6日中央政治局会议、12月2日党外人士座谈会议、中央政治局三十五次集体学习时的重要讲话和致厦门经济特区建设40周年庆祝大会贺信的主要精神，以及国家副主席王岐山出席庆祝大会的讲话并调研时的讲话精神，省委常委会、泉州市委常委会、泉州市委主要领导到晋江调研指导的主要精神

【专题会议】 2021年3月12日，晋江市召开世中运筹办工作会议，对全面提速筹办工作再动员再部署。泉州市委常委、晋江市委书记、世中运执委会第一副主任刘文儒表示，筹办世中运是泉州、福建乃至党中央高度关注的大事。在赛事筹办的冲刺攻坚、决战决胜阶段，全市上下务必全面进入赛事筹备战斗状态，鼓起干劲，吹响筹办工作集结号，以决战决胜的姿态全力攻坚冲刺世中运筹办工作，办出一届“简约、安全、精彩”的世界中学生体育盛会。

7月24日，晋江市召开全国文明城市创建推进会，对创城工作再部署、再强调、再动员、再推动。

（陈锦江）

组织工作

【概况】 2021年，晋江市保障中共晋江市第十四次党代会及市、镇、村三级换届等中心任务落地落实，基层组织建设、干部、人才工作取得新突破。全年招考公务员27人。

至2021年底，晋江市有厅级干部1人，处级及以上干部60人，科级干部1314人（其中正科级干部415人、副科级干部899人，不含教育、医疗卫生单位），市直医疗卫生单位市管干部10人，中学（职校）市管校级干部156人，一类国有企业正职14人；国家级人才6人、省“百人计划”专家29人、泉州市高层次人才4025人，拥有院士工作站19家、博士后工作站2个，在晋工作博士超220人；党委（含派出工委）124个，其中镇党委13个、市直系统党委16个，派出工委11个，镇、街道、经济开发区企业和社会组织党委20个，建制村党委9个，社区党委11个，机关党委17个，事业单位党委8个，国有企业党委3个（电力公司党委、城建集团党委、产投集团党委），“两新”组织党委16个（新社会组织党委3个，非公有制企业党委13个）。党总支342个，其中村党总支197个，社区党总支70个，机关事业、公有经济组织党总支54个，离退休党总支2个，流动党总支1个，开发区党总支5个，“两新”组织党总支13个（非公有制经济组织总支10个、新社会组织总支3个）。党支部2993个，其中村支部766个，社区支部326个，机关事业、公有经济组织党支部706个（镇、街道236个，开发区3个，市直机关447个，国有企业25个），“两新”组织1195个（非公有制经济组织党支部1090个。新社会组织党支部105个）。党员53625人。其中，各镇党员28923人、各街道党员9152人、开发区党员594人、市直机关党员14472人、国有企业工委党员484人；全市建制村党员20004人，社区党员9138人（街道社区6949人、镇社区2189人），“两新”组织党员7761人（非公6451人、社会组织1310人），机关事业、公有经济组织党员16722人。

【习近平新时代中国特色社会主义思想学习】 2021年，晋江市委组织部制定巩固深化“不忘初心、牢记使命”主题教育成果8个方面54条具体举措，把学习贯彻习近平新时代中国特色社会主义思想、党史学习教育及习近平总书记来闽考察重要讲话精神作为党员、干部教育培训的主修课和必修课。组织市管干部开展学习贯彻中共十九届五中全会精神轮训，引导干部原原本本学、联系实际学、深入思考学，增强分析形势、谋划发展、指导实践的工作能力。

【庆祝中国共产党成立100周年系列活动】 2021年，晋江市组织收听收看习近平总书记“七一”重要讲话，开展主题党日和专题研讨活动，推选表彰晋江市级及以上“两优一先”对象398人。开展“百名党员风采展”和“心声唱百年”音乐视频展播，开展“光荣在党50年”纪念章颁发暨“薪火相传”活动，为3749名老党员颁发纪念章。落实党内关怀帮扶，实施“红色慈善公益行”项目，组织走访慰问受表彰党员、生活困难党员、老党员、老干部和烈士遗属等1900多人次。相关做法在《福建组工通讯》刊发。

【党史学习教育】 2021年，晋江市推

进“党旗在基层一线高高飘扬”主题实践活动，开展“我为群众办实事”承诺、践诺、评诺，引导党员立足实际为身边群众办实事好事。结合“两学一做”季度研讨、主题党日、集中轮训等活动载体，分批组织民营企业党组织书记到古田会议会址开展党性教育，把党史知识作为各级各类学习培训的必学内容，抓好党史学习教育专题党课和民主生活会、组织生活会，推动党史学习教育走深走实。

【市级领导班子换届选举】 2021年，晋江市做好市党代会、人大会议、政协会议各项组织工作，执行上级资格条件审查要求，把好人选结构质量关，完成新一届市委委员、纪委委员、人大常委会委员、政协常委会委员换届选举，以及各级“两代表一委员”提名推荐选举工作。

【干部选拔任用】 2021年，晋江市委组织部对照镇（街道）换届要求，摸清调配需求、干部储备等“家底”，针对落实年龄结构缺口，提出人事调配关于资格条件、提名年龄界限等框架性原则，提前沟通取得共识，为调配创造条件。坚持既要结构优也要功能强，注意根据各镇（街道）资源禀赋和发展定位，配强党政正职，合理搭配成员，综合事业需要、个人自荐及平时掌握等情况组织交流，让更多干部受到激励、得到鼓舞。镇（街道）换届提拔使用72人，从“六方面人员”（乡镇事业编制人员、优秀村党组织书记、到村任职过的选调生、第一书记、驻村工作队员、非公有制企业优秀党组织书记）中选拔21人，调整交流干部122人，交流面58.4%。调整后镇（街道）班子平均年龄40.95岁，比换届前下降3.07岁。坚持教育在先、警示在先、预防在先，印发严肃换届纪律明白卡，推动“十严禁”内化于心、外化于行，科学合理分类组织谈心谈话，抓好换届风气巡回督查工作，营造风清气正的换届环境。

【干部教育培训】 2021年，晋江市制定《2021年晋江市干部教育培训计划》，策划生成“制度执行力和治理能力提升系列”“扫黑除恶专项斗争暨法治建设”等核心班次30个。优化“晋江干部学堂”课程设置，采取“1+1+2”做法，每期专题班设置1门党性党史课程、1门心理调适课程和2门主题课程，对全市股级干部1735人进行菜单式选学轮训。抓实干部岗前学习培训，安排年轻干部104人和新调整岗位人员到综合部门、对口单位跟岗实训。组织开展新聘用干部市情专题培训和新提任股级干部培训班。开展“向上看、往深学”活动，选派市管干部、年轻干部、国企人员29人赴上海、深圳跟班学习，培养储备一批“复合型”干部。

【干部考评机制优化】 2021年，晋江市委组织部制定政治素质考察评价暂行规定，突出政治素质首要标准，开展政治素质自我剖析和政治表现反向测评，推动政治标准立起来、严起来。加快考核工作信息化水平，依托“JIN智先锋”微信公众号，嵌入干部考核测评操作模块，实现平时考核全程无纸化，累计参与测评6.8万人次。在镇（街道）集中换届考核中推行谈话记录电子化，形成即查即看的谈话资料电子档1019份。深化平时考核工作，以考评干部岗位目标任务完成情况为基础，适当引入工作纪实、定量考评和定性评价等方式，突出实绩导向，推动营造项目一线比学赶超氛围。建立换届考察谈话质量评价机制，提高谈话质量，相关做法在中组部《组工信息》刊发。

【年轻干部和退出领导岗位市管干部管理】 2021年，晋江市委组织部以加快年轻干部培养的实施方案为载体，建立帮带“导师制”、管理“积分制”、流动“熔断制”，形成机制闭环，压实各单位培养年轻干部主体责任，建立合理干部梯队。优化优秀年轻干部人选推荐办法，掌握一批优秀年轻干部人选，选配35岁左右及以下镇（街道）党政正职6人和30岁左右及以下班子成员19人。制发加强退出领导岗位市管干部管理的暂行规定，推动“退二线”干部优先在所在单位参与分工、发挥作用，统筹选派参与中心工作，确保有位有为。累计抽调“退二线”干部担任片区市委组织员15人、文明创建督导员8人、支援新冠肺炎疫情防控一线10人、消防综合整治“雷霆”行动14人。

【干部激励关爱】 2021年，晋江市委组织部用好公务员职务职级并行制度，全市统筹使用职数，采取“原则框定、单位推荐、个案优化”方式，干部晋升职级322人次，树立职级晋升正确导向。会同市纪委开展干部受诬告澄清保护，推动容错纠错机制落地，撰写的《关注基层容错纠错机制“执行难”》信息在《八闽快讯》专报件刊发。推动干部关心关爱资金运转，召开关心关爱领导小组首次会议，核发救助金、帮扶金31.3万元。

（郑良侨 张汉鼎 王宛瑜）

【村级换届工作】 2021年，晋江市委组织部统筹包乡联村、包村入户工作要求，推动镇（街道）414名科级干部挂钩398个村（社区），做到每个村（社区）至少有1名科级干部“包干到村”，督促镇（街道）党（工）委落实抓村级组织建设直接责任。在全国首创“人才反哺农村”24条措施，从选民资格登记、宅基地使用权、干部职级晋升等方面，打通公职人员、专业社工、致富能手等返乡参选渠道，建成村（社区）优秀人才库，首批入库人才12487人，有21名干部、社工返乡参选村主干。完成村级组织换届选举，全市398个村（社区）全部实现主干“一肩挑”、提名当选率、一次性成功“3个100%”，落实上级关于新一届村（社区）党组织书记和其他两委成员的年龄、学历、性别等结构要求。换届后随即开展“启航新五年·开局八个好”活动，举办2021年新一届村（社区）党组织书记暨市委选派第八批驻村第一书记任职（乡村振兴）培训班。

【农村基层组织党建】 2021年，晋江市升格17个村（社区）党委、249个党总支。推行“支部建到网格”，推动村级组织设置与网格设置相统一相协调，优化设置村（社区）二级网格2062个。创新推动乡村“导师帮带制”试点，组建20个“乡创联盟”小组，相关做法在人民日报客户端、“学习强国”学习平台、中新网等刊发。围绕全国乡村治理体系建设“试点变示范”要求，深化基层议事协商，探索推进积分制清单制承诺制，推进“草根立法”，《福建晋江：共建共治共享打造善治样板》获人民日报客户端报道推广。

【城市基层党建】 2021年，晋江市委组织部推广完善“JIN邻先锋”党群义工服务平台，健全“无纸化”报到、“便捷式”服务、“积分制”评价机制，打造“党群微治理”、“民生微实事”、星级物业评选、老旧小区改造等特色项目，引导5067名公职党员参与扶贫帮困、治安维稳、文明创城、新冠肺炎疫情防控等项目，全年发布活动825场，参与服务9967人次，形成“工作在单位、活动在社区小区、奉献双岗位”的局面。

【非公有制企业和社会组织党建】 2021年，晋江市委组织部以党组织授权赋能为抓手，深化党建融入公司治理，出台增进民营企业党建认同“八条措施”，在10家企业开展“党建+人才”融合发展示范创建，完成首批940名党群工作者岗位职级认定，指导35家民营企业探索“支部建到车间”。优化设置19个镇（街道）企业和社会组织党委，成立全省首个县域快递行业党委，《晋江市民营企业党组织参与公司治理调研评估报告》《晋江市快递物流行业党建工作的实践与思考》分获2021年度全省党建课题调研特等奖、一等奖。

【党员队伍建设】 2021年，晋江市执行发展党员“五项制度”，完成1134名党员发展任务。严肃党费收缴管理使用工作要求，组织对中共十八大以来党费工作审计检查。分领域制定并实施党支部书记、党员年度集中轮训计划，开展《2019—2023年全国党员教育培训工作规划》落实效果中期评估，出台《加强镇（街道）党校建设的实施方案》，抓好2个基层党校、4个党员档案规范化泉州级试点建设，深化农村发展党员排查整顿工作，电教片《乡邻》《坚持》获全省第十六届党员教育电视片观摩交流活动二等奖，《我的背包》等作品获泉州市精品党课。

（林雨铳 陈倩仪 陈霞琳）

【人才政策支撑】 2021年，晋江市人才工作坚持“产、城、人”深度融合发展理念，统筹抓好人才匹配体系、培养体系、价值体系、支撑体系、服务保障体系五大体系建设，推动人才工作“巩固、提质、拓面”。围绕人才五大体系建设任务，编制完成全市“十四五”人才发展规划。制定《关于加快科技创新人才队伍建设的若干措施》，出台高新技术企业、专精特新企业人才自主认定操作程序，落实《关于支持行业协会开展人才工作的十五条措施》，强化人才资金、刚需购房、自主认定等方面政策保障。出台人才股权激励政策，年度新增实施股权激励企业5家，省ABC类人才19人、省工科类青年专业人才83人、泉州市高层次人才842人、集成电路优秀人才174人、晋江市优秀人才531人，第五批“港湾计划”团队项目2个，激发人才创新创业创造活力。

【人才引育方式创新】 2021年，晋江市开设晋江青年企业家领航混沌创新班，首创“新生代、创二代企业家+初创孵化人才+涉才部门干部”政企才互动模式，首批录取学员51人。编制全市重点产业人才目录图谱，实施硕博人才倍增行动方案，开展重点产业精准引才工作。前移引才关口，推动开展大学生“返家乡”社会实践活动，完成第一批高校人才宣传考核及第二批面试、聘用，建立完善晋江学籍优秀高中毕业生信息数据库，全年征集岗位282个，引进国内外高水平高校毕业生7552人，遴选优秀大学生107人参与晋江籍大学生进机关企业事业单位实习活动，实现政府、企业、学生的三方共赢。借力“人才共享”推动高端人才“为我所用”，鼓励校企研合作，推动企业与院士共建院士工作站，相关做法在中组部《组工信息》刊发。

【人才创新成果转化机制优化】 2021年，晋江市修订《晋江市大力推进科技创新能力建设的若干措施》，重点推动产学研合作和科技成果转移转化加码。系统推进3所本硕高校、9家科研平台建设，出台“1+2”（平台运行管理规定+平台资金使用管理规定+平台绩效目标办法）创新平台管理规定，推动平台与平台、平台与企业协同攻关，全年开展行业技术专场推介会、产学研对接等活动超10场。实施高企倍增工程，年度新增认定科技型中小企业223家、科技小巨人企业61家，组织220家企业申报高企认定。创新科技贷、知识产权质押等多项金融产品，推动100余家中小微科创企业融资21.02亿元。建立完善全链条人才创新成果转化服务机制，《完善人才创新成果转化的价值实现机制研究》获全省党建课题调研三等奖。

【人才服务】 2021年，晋江市推行人才挂钩联系制度，推动人力资本公司全体人员挂钩联系市直涉才部门、镇（街道）和人才2008人，接收、回答解决人才咨询问题848次。依托“JIN企先锋”平台开展涉才政策集成宣讲，落实29名优秀人才刚需购房政策待遇、59名人才子女享受就学及中考加分政策。发挥人才港示范带动作用，承办泉

2021年12月10日，晋江市第五届海峡菁英人才节暨“益企创”主题党月活动开幕式举行
（晋江市委组织部/供）

2021 年 6 月 11—12 日，晋江市开设青年企业家领航混沌创新班，首批录取学员 51 人。图为参加混沌创新班学员合影（晋江市委组织部 / 供）

州“人才之家（社区）”建设水平现场推进会，规范优化人才之家建设。建设市行政服务审批中心“人才 E 站”，举办“党建引领、创新赋能”第五届海峡菁英人才节暨“益企创”主题党月活动，组织开展“人才杯”赛事、主题沙龙、青年联谊、人才疗休养等系列活动 20 余场，《创·青春》系列宣传片在“学习强国”学习平台展播。

（蔡晓喆 苏志英）

宣传工作

【概况】 2021 年，晋江市深入学习宣传习近平新时代中国特色社会主义思想和习近平总书记关于宣传思想工作的重要论述，紧扣中国共产党成立 100 周年、党史学习教育、中共十九届六中全会主题主线，围绕举旗帜、聚民心、育新人、兴文化、展形象的使命任务，为担纲高质量发展领军提供坚强思想保证和强大精神力量。全年举办中国社会科学院哲学研究所“习近平新时代中国特色社会主义思想在福建的孕育与实践”课题组到晋江调研座谈交流会、华侨华人与中国高质量发展研讨会，传承弘扬“晋江经验”。举办“奋斗百年路 启航新征程”文艺会演、全省首个县级“百年恰是风华正茂”主题档案文献展等 25 项重点活动，创作多个文艺精品。市融媒体中心连续 2 年获评全省优秀县级融媒体中心；市委报道组蝉联全省县级“十佳报道组”，奏响晋江发展最强音，主旋律进一步激昂；“福建发展·晋江经验”精品线路入选全国“建党百年红色旅游百条精品线路”。晋江市宣传工作绩效在泉州市名列第一。

（苏晓君）

【党委理论学习中心组学习】 2021 年，晋江市把学习贯彻习近平新时代中国特色社会主义思想作为党委理论学习中心组首要政治任务，守正创新、深学笃用，抓牢抓实党委理论学习中心组学习，推动党的创新理论走深走新走实。全市各级党委理论学习中心组按照文件要求，研究部署推进，开展学习活动。市委理论学习中心组通过组织传达学习、专题学习和集体研讨等形式，开展学习活动 35 场，其中研讨交流 10 场；各基层党委理论学习中心组开展集体学习 1224 场，编发《中心组学习参考资料》13 期，寄送《习近平在福建》《习近平外交思想学习纲要》《新征程面对面》《脱贫奔小康的福建经验》《月读》等书（刊）20 余册 / 套，推荐阅读书目 23 本，发挥中心组学习示范带头作用。结合党史学习教育，学习习近平新时代中国特色社会主义思想，特别是开展中共十九届六中全会精神、全国“两会”精神、《习近平在福建》、《论中国共产党历史》、《习近平新时代中国特色社会主义思想学习问答》、习近平总书记来闽考察重要讲话精神等专题学习，用新思想武装头脑，做到入脑入心，夯实信仰之基。

【“晋江经验”理论研究】 2021 年，晋江市召开中国社会科学院哲学研究所“习近平新时代中国特色社会主义思想在福建的孕育与实践”课题组调研座谈交流会。与中宣部、中国社科院、省委宣传部等上级单位对接，汇报传承弘扬“晋江经验”工作计划，并提请支持开展相关理论研究重点课题。市委印发《传承创新发展“晋江经验”2022 年工作计划》，明确开展一项重点课题研究、撰写一篇调研文章、组织一场创新发展“晋江经验”大讨论、举办一场专题研讨会、落地一批发展成果、开展一系列重点宣传“六个一”系列活动，加快启动前期工作，深化“晋江经验”的理论研究和实践探索，彰显“晋江经验”新时代内涵。承办“华侨华人与中国高质量发展”研讨会，中国侨联和福建、海南、贵州等省、市侨联主要领导，中国华侨历史学会、中国华侨华人研究所相关领导和专家学者 90 多人参加会议，主要围绕华侨华人高质量发展主题进行探讨，为华侨华人助力高质量发展提供更多新经验、新典范，讲好晋江故事、传播晋江好声音。

（刘岩澍）

【重大主题宣传】 2021 年，晋江市委宣传部策划开展“庆祝中国共产党成立 100 周年”“党史学习教育”“贯彻落实习近平总书记来闽考察重要讲话精神”等主题宣传，组织协调本级媒体开设《奋斗百年路 启航新征程》等专栏专题，对接邀请上级媒体到晋江采访，在中央、省、泉州各级重点党媒推出报道 2200 篇。宣传晋江各领域奋进新征程的新气象、新面貌、新成效。做好各级两会、晋江党代会、党政代表团长三角学习调研、企业创新发展大会、营商环境提升年、鞋体博会、文化旅游节、食交会、留晋过年、家博会、集成电路创新大赛等全市重点工作、重要活动的宣传报道。配合上级宣传部组织开展“沿着高速看中国”主题采访活动，展示推介晋江交通建设成就、特色产业发展变迁。开展“晋江市纪录小康工程”，收集反映晋江市全面建成小康的档案史料，组织撰写市、镇、村三级《全面建成小康社会大事记》。立足宣传职能，统筹做好创建全国文明城市、政法队伍教育整顿、扫黑除恶、安全生产、强基促稳、人才港湾、防汛抗旱、乡村振兴等专题宣传。聚焦新冠肺炎疫情防控工作，融合报纸、电视、广播、网站、微信、抖音、新华社现场云、今日头条等全媒体平台，发布各类新闻产品800余篇，策划抗疫MV《致敬基层一线抗疫者——命中有你》，新华社、新福建、新浪网等平台转发。泉州市委宣传部发布各县（市、区）新媒体统一转发推送指令，各级各类平台总阅读量近300万人次。

【重大活动宣传】 2021年，晋江市委宣传部开展赛事宣传，推出专题、专版、短视频等报道近600篇，阅读量1500万次。选取游泳、羽毛球等决赛场次直播，阅览量超350万次、点赞量2.2万次。组织召开媒体通气会9场，官网官微同步发布赛事动态，重要赛况及时通报国际中体联并在海外社交平台同频共振，国际中体联主席劳伦特为市民观摩团、亲子团和小记者团活动点赞。开展场馆内外氛围营造，制作各类主题宣传版面面积9.5万余平方米。推进与央视、新华社合作，依托中国新闻社开设多个海外社交平台，开通并更新晋江专页，拓宽宣传渠道。利用春节、元宵节、“五一”节、端午节等节假日人流密度大、文化消费高的特点，整合全市文化旅游资源，策划举办“侨春有禧”“梧林家国情 唱响新时代”等系列宣传活动，“梧林”IP元素多次登上《人民日报》相关版面，相关新闻报道在各级媒体全媒体平台获超1亿人次的关注量，梧林成为网红打卡胜地。牵头策划“红色车间讲党史”“侨心向党”及“童心向党·薪火相传”（掌中木偶党史剧）主题宣传，推出一批融媒体新闻报道作品。策划“侨心向党 礼赞百年”晋江海内外乡亲祝福中国共产党成立100周年系列采访视频获得中央主流媒体关注点赞，泉州市级及以上媒体报道600多篇。

（陈文经 谢佩龙）

【网络舆论宣传】 2021年，晋江市委宣传部深入学习宣传习近平新时代中国特色社会主义思想，开设“认真学习贯彻习近平总书记‘七一’重要讲话精神”“认真学习宣传贯彻落实习近平总书记在福建考察时的重要讲话精神”等网络专题专栏，转载推出报道500多篇次。围绕庆祝中国共产党成立100周年、党史学习教育、传承创新发展“晋江经验”、贯彻各级党代会精神等主题，结合市委、市政府中心工作，策划制作图文、音视频、H5等网络宣传报道6000余篇（条），当地新媒体联动发布信息600多篇。对接配合新华网、人民网、中国网等上级主流媒体采访报道，协助中央网信办到晋江开展“追寻建党百年足迹——网络名人福建行”活动，话题总阅读量7.5亿人次，上级主流网络媒体刊发晋江宣传报道逾百篇次。举办晋江市第八届网络文化节、2021国家网络安全宣传周晋江市系列活动等，策划开展网络文化活动20余项及包括“网络安全有奖竞答”、“我为晋江好网民代言”、“网络安全 创E有你”H5动画等活动，吸引40多万人次的网民关注参与。

【网络空间治理】 2021年，晋江市委宣传部落实网络意识形态工作责任制和网络安全工作责任制，深化网络生态综合治理。坚持舆情处置“1+N”机制，实行重大突发事件舆情专班派驻现场处置制度，快速联动响应，确保各类突发敏感事件第一时间掌握情况、第一时间关注舆情、第一时间奔赴现场、第一时间协调应对，实现线上线下同步部署、同步推进。强化舆情收集和分析研判，编发《每日网络舆情动态》160期、《网络舆情提示》25期，推动线上反馈问题线下协调解决。实行舆情风险点季度排摸报备和化解销号制度，推进舆情风险点季度滚动排摸化解，化解销号舆情风险点145个。制定出台晋江市网络安全工作协调机制、网络安全保障方案等，召开全市网络安全工作专题会议，组织开展网络安全大核查、网络安全监督检查、网络信息内容巡查等，增强网络安全保障能力。坚持晋江市网络执法联席会议制度，发挥公安、市场监管、文旅等部门涉网执法力量，统筹推进网络违法违规行为的打击治理，净化网络环境。

（丁志俭）

【社会宣传】 2021年，晋江市以“泉州：宋元中国的世界海洋商贸中心”申请列入《世界遗产名录》为契机，发挥《晋江乡讯》《华人头条》等对外宣传平台辐射作用，全面宣传展示晋江市的遗产保护和文化价值，讲好晋江文脉故事。新华社、《福建日报》、旅游与摄影杂志社、《南方周末》等近20家上级媒体围绕安平桥、草庵摩尼光佛造像、磁灶窑金交椅山窑址3个世遗点刊发报道23篇，《泉州晚报》专版特别报道《文化遗产保护的“晋江经验”》。配合中宣部“追寻美好生活——请到我的家乡来”，厦门、漳州、泉州、三明、龙岩等闽西南五地市“走进闽西南”集中采访，中央广播电视总台百集文献纪录片《山河岁月》之《市场的力量》拍摄，完成《家书抵万金》《围头的红色记忆》《晋江经验》3个中国共产党成立100周年系列微视频摄制片和《晋江文明 没我不行》公益短片，短片在新华社客户端首发当日点击过百万次。梧林侨批馆获中新网全网直播，梧林宣传工作经验信息在《八闽快讯》刊发。

【对外宣传交流】 2021年，晋江市委宣传部依托中国新闻社开设4个海外社交平台，开通并更新晋江专页。围绕赛事、城市、人文等主题，全年发布及转载内容173期。相关宣传报道得到海内外关注，国际中学生体育联合会主席劳伦特多次点赞、转发、评论推文。与《华人头条》开展《爱拼敢赢 侨乡晋江》对外宣传专题合作，全年推送中文稿件528篇，总点击量2960万人次，其中单篇点击量超过10万人次的29篇、点击量突破20万人次的2篇。围绕世中运、鞋博会、食交会等展会经济、重大赛事举办，组织召开媒体通气会10多场。

【对台宣传】 2021年，晋江市委宣传

部利用春节、元宵等重大节日，策划举办“晋江市（安海）第九届两岸端午线上民俗旅游文化节”“闽台东石灯俗——数宫灯”“侨春有禧”“梧林家国情唱响新时代”“晋江金门供水”等系列宣传活动，吸引新华社、《人民日报》、《中国日报》等百余家媒体参与。

（苏桂清）

【社会主义核心价值观建设】 2021 年，晋江市委宣传部推进理想信念教育，培育和践行社会主义核心价值观。开展党史、新中国史、改革开放史、社会主义发展史学习教育，举办“追寻百年初心·传承红色文化”晋江市爱国主义教育基地寻访活动、“家乡红馆我代言”微视频大赛征集活动、“重温古田精神 传承红色文化”第 37 期企业文化沙龙、“泉民开讲”等群众性主题宣传教育活动 2500 多场次。命名梧林传统村落为晋江市爱国主义教育基地，晋江市展馆升级为福建省爱国主义教育基地，晋江市展馆、围头“八·二三”炮战遗址入选“福建省党史学习教育参观学习点”，“晋江经验”馆入选由文化和旅游部、中央宣传部、中央党史和文献研究院、国家发改委发布的“建党百年红色旅游百条精品线路”，成为泉州地区唯一入选点。举办晋江市第四届公益广告创意大赛，运用各类宣传载体，刊播“党史上的今天”、新冠肺炎疫情防控、文明健康等主题公益广告，传播弘扬社会主义核心价值观。聚焦青少年群体，深化“扣好人生第一粒扣子”主题教育实践，开展“童心向党·唱支红歌给党听”校园歌咏、“祖国在我心中”中华经典诵读等活动。推进先进典型选树培育，晋江市义务救援协会获评 2020 年度全国学雷锋志愿服务“四个 100”最美志愿组织，毛娟文家庭获评第二届全国“文明家庭”，吴秀梨家庭获评 2021 年全国“最美家庭”，福建鸿星尔克体育用品有限公司获评全国“诚信之星”，市中医院急诊医学部护士长张丽碟、市义务救援协会会长张泽虎获评第七届泉州市道德模范。

（陈瑞清 吴文博）

【意识形态工作】 2021 年，晋江市修订《晋江市党委（党组）意识形态工作责任制实施细则》，优化制度体系。落实党委（党组）书记“三带头、三亲自”（带头抓意识形态工作，亲自部署分析研判意识形态领域情况；带头管阵地、把导向、强队伍，亲自把导向、明是非，辨析思想文化领域突出问题，分清主流支流；带头批评错误观点和错误倾向，亲自处理重大事件、重要社情民意中的苗头倾向性的问题），市委常委会 7 次研究意识形态有关工作，约谈意识形态工作不力的党组书记。做好全市意识形态领域风险研判和工作通报，开展各党委（党组）落实意识形态工作责任制和《中国共产党宣传工作条例》专题督查，强化督查结果在干部考核、绩效评估、巡察巡视中的转化运用。举办全市意识形态工作责任制培训班，督促各党委（党组）落实条例执行情况监督检查“四个纳入”（纳入党建工作责任制，纳入意识形态工作责任制，纳入领导班子、领导干部目标管理，纳入监督执纪问责范围）和意识形态工作责任制“八个纳入”（纳入重要议事日程，纳入党建工作责任制，纳入领导班子、领导干部目标管理，纳入巡察监督内容，纳入执行党的纪律尤其是政治纪律和政治规矩的监督检查范围，纳入干部考核，纳入绩效考核，纳入文明创建）。规范“两新”组织社科论坛讲坛和新经济组织的常设论坛日常审批工作，健全高校讲座、论坛“一会一报”管理机制，落实党校课堂课前集体把关、课中随机督查、课后质量评估的教学纪律。规范市融媒体中心、《晋江经济报》、晋江新闻网和全市政务新媒体内容发布管理。提升管网用网治网水平，出台网络安全工作协调机制，深化网络生态治理，落实“1+N”舆情处置机制。在全市各中小学开齐思政课，做好高校领域矛盾隐患排查化解，维护校园政治安全。开展扫黄打非“新风”“正道”集中行动。做好行政审批，办理印刷经营许可证、出版物经营许可证 40 件，受理审批印刷经营单位，出版物经营单位变更法人、经营地址、经济类型等事项 35 件。落实新闻出版电影行业安全生产监管责任，推行社会化服务模式，完成 292 家企业安全生产走访检查，排查隐患 1014 条，推进分级分类治理。

（苏晓君）

【移风易俗】 2021 年，晋江市委宣传部将移风易俗与深化爱国卫生运动、培育文明健康绿色环保生活方式相结合，加大红白喜事监管处置，严防红白喜事人群聚集，推进新冠肺炎疫情防控常态化的移风易俗工作。市民对移风易俗工作的知晓率、支持率、满意率分别为 97%、98%、96%。将移风易俗工作纳入 2021 年党委工作绩效、全面从严治党主体责任、意识形态督查、绩效考评、文明创建、平安建设等考评检查内容。坚持每日辖区移风易俗动态监测处置报告和月通报制度。2021 年全市未发生因嫁妆彩礼引发的舆情事件，丧事现场和出殡现场未出现人群大规模聚集现象，未发现党员违规操办婚丧喜庆行为。投入为民办实事专项资金 577 万元，完成永和镇坂头村、灵源街道曾林社区等村（社区）的公共治丧场所改造建设，疏堵结合解决部分村（居）“无处办丧”“路边丧”等问题。联合市民政局、民族与宗教事务局等单位下发《关于持续做好新冠肺炎疫情防控期间移风易俗工作的通知》，督促镇（街道）指导村（居）加强红白喜事和宗族、宗教、民间信仰、信俗活动等人群成规模集聚的动态摸排、引导劝导和管控，落实婚喜事、丧葬事属地报备、报告制，开展暗访督查行动 100 多次。深化“学案例、用案例、促提升”移风易俗主题活动，组织党员干部、企业职工及学校教师等观看泉州市移风易俗典型案例交流专题视频，学习《泉州市移风易俗典型案例汇编》宣传读本，并签订 2021 年度移风易俗承诺书。组织开展泉州、晋江两级“百个移风易俗示范镇街、村居”“百名移风易俗带头人”“百佳移风易俗村居规民约”参评和推荐活动，6 个镇（街道）、56 个村（居）、61 条村（居）规民约、75 人分别入选。策划“小家传大爱、共筑家国梦”家风家教主题宣传月启动仪式暨直播、寻找最美家庭等一批主题活动。推进大埔、围头、御辇、马坪等省级、泉州市级乡风文明联系点及家风家训馆建设。

（吴文博）

【文化惠民】 2021年，晋江市围绕庆祝中国共产党成立100周年、全面建成小康社会、新冠肺炎疫情防控等重要重大主题，结合晋江本土特色，创作现代高甲戏《许书记借金记》、木偶戏《衣衫换江山》、电视纪录片《社会主义好》《一曲南音一生情》、公益MV《同心同行》、广播连续剧《江海扬帆》、网络电影《围头新娘》等文艺精品。推荐参选各级展评展演展播，全市100多人次在全国、省级以上赛事或展览中获奖（入展）。用好晋江市红色文艺轻骑兵，采取“线上+线下”形式，开展“我们的中国梦”——文化进万家活动2000多场次，办好南音演唱节、戏剧展演节、“艺术讲堂”等文化品牌活动。举办“云上‘三下乡’ 留晋过大年”学习贯彻中共十九届五中全会精神晋江市2021年文化科技卫生“三下乡”活动，设置“答题赢好礼”“云上赏文艺”“喝彩世中运”“斗阵闹新春”“晋江文明没我不行”“防疫进行时”“孝廉清风”“新春走基层”“往年回顾”等九大板块，举办线上有奖答题、文艺展演等线上惠民活动。开展“艺心为民‘七进’基层”活动，办好“大美晋江”文化惠民演出，推动文艺精品百场公益性演出纳入市委、市政府为民办实事项目，举办文艺精品公益性演出121场，在五店市传统街区、梧林古村落开展街头文化，丰富文化供给试点。组织申报上级文化文艺专项资金，获批泉州市优秀传统文化传承发展专项资金15万元，落实《晋江市基层宣传文化建设专项资金管理使用暂行规定》，开展年度基层宣传文化建设专项资金项目申报，经项目申报、评审，兑现基层宣传文化建设专项资金110万余元。晋江市文化市场综合执法大队获评第九届全国服务农民、服务基层文化建设先进集体。

（陈瑞清）

精神文明建设

【概况】 2021年，晋江市围绕中国共产党成立100周年、党史学习教育、“十四五”开局之年等重要节点，以培育和践行社会主义核心价值观为根本，以培养担当民族复兴大任的时代新人为使命，把握新时代文明实践中心建设这个宣传思想文化工作守正创新、开拓新局的重要举措，推动以文明城市创建为龙头的五大群众性精神文明创建活动向纵深发展，推进社会文明程度、市民道德水平和城市管治能力提升。加强未成年人思想道德建设，开展主题宣传教育活动1600多场次。选树道德典型，吴秀梨家庭获“全国最美家庭”称号，毛娟文家庭获“全国文明家庭”称号。投资3.8亿元建设晋江市青少年活动中心，妇女儿童活动中心。

【城市文明建设】 2021年，晋江市围绕“信仰坚定、崇德向善、文化厚重、和谐宜居、人民满意”创建总目标，深化城市文明建设。从城乡联建房和群租房、市容管理、农贸市场经营、夜市经营秩序、交通秩序、不文明养犬、公共安全治理等方面入手，联合住建局、城管局、商务局、交警大队、工信局等单位，在对标对表的基础上由点及面、由表及里开展整治工作。集中整治存在较大问题的联建房、群租房280多幢；立案查处违规张贴、散发小广告395宗，拆除临时搭盖2996宗；建设实体电子围栏1357个、AI驿站牌150个、蓝牙定位道钉超1万个；农贸市场升级改造投入1800万元；采取拖车、锁车等手段惩处机动车乱停行为10905起，查处机动车不礼让行人21087起，增补施画道路交通标线19731平方米、维护护栏12378片；推进电动自行车上牌81183辆；建成智能充电桩场所533处、充电桩8455个，排查飞线充电行为1126宗。出台《关于巩固成效促进长效深化文明城市创建工作的通知》，在开展实地督导考评、优化道路交通秩序、提升环境卫生质量、巩固市容整治成果、促进农贸市场提升、推进住宅小区整治、美化提升公益广告发布、提高市民文明素质等八方面精准发力。印发《关于城乡环卫管理考评结果应用的意见（试行）》，强化城乡环卫管理考评结果应用机制，促进城市管理部门和各镇（街道）、经济开发区环卫管理主体责任落实。印发《晋江市农贸市场整改提升奖励方案》《全国文明城市创建突出问题专项整治方案》等文件，坚持系统思维，综合施治，推动文明城市创建工作补短板、强弱项、防回潮、提质量。12月中旬，完成2021年全国文明城市年度测评网上材料申报、实地暗访测评和入户问卷调查，通过文明城市年度测评。

【基层基础文明创建】 2021年，晋江市统筹文明村镇、文明单位、文明家庭、文明校园等群众性精神文明创建工作，突出思想道德内涵，扩大创建覆盖面和长效性，以创建活动涵养社会价值、培育文明风尚。组织开展2021—2023年度国家级和省级、2020—2022年度泉州市级各类文明先进申报参评工作。全市有4个村镇申报新一届全国文明村镇，9个单位申报新一届全国文明单位，2所学校申报新一届全国文明校园，144个单位申报2021—2023年度省级、208个单位申报2020—2022年度泉州市级文明村镇、文明单位（含社区、风景旅游区）、文明校园。组织完成2021—2023年度省级及以上精神文明创建先进参评对象网上材料动态申报和2020—2022年度泉州市级创建申报对象届中测评工作。围绕“六个好”（领导班子建设好、思想道德教育好、活动阵地建设好、教师队伍建设好、校园文化建设好和整洁优美环境好）标准全面开展文明校园创建活动，参与率100%。7月2日，在全国文明校园养正中学召开泉州市高质量推进文明校园创建三年行动计划晋江市现场交流推进会，晋江市级及以上文明校园代表80人参观养正中学创建成果，学习交流创建心得。健全“党建+创建”工作机制，深化职业道德建设，挖掘培育单位文化，开展“诚信单位”“节约型机关”等创建活动，强化履行社会责任，推进文明单位与乡村项目结对共建。

【新时代公民道德建设】 2021年，晋江市强化教育引导、实践养成，推进社会公德、职业道德、家庭美德、个人品德建设。下发《晋江市文明健康绿色环保生活方式培育行动实施方案》，开展“深化爱卫运动、促进移风易俗、关注心理健康、推广全民健身、优化控烟环境”等八项行动，巩固发扬新冠肺炎疫情防控形成的注意个人卫生、科学佩戴口罩、勤洗手常通风、保持社交距离、使用公筷公勺、反对餐饮浪费等文明行为和卫生习惯。组织开展第33个“爱国卫生月”暨文明健康绿色环保生活方式主题宣传活动和第34个“世界无烟日”“承诺戒烟 共享无烟环境”的主题活动，向市民发放2万个烟灰袋宣传品。推广《文明健康绿色环保生活方式手册》，新建“文明健康绿色环保”主题景观小品155处，更新公益广告2500多幅、围挡广告1.4万多平方米。《晋江经济报·文明城事/文明实践》刊发专版24期，市融媒体中心播出聚焦文明专题报道37期。制作推出《践行文明健康绿色环保生活方式》《专项整治“牛皮癣”，提升城市“颜值”》等主题H5，传播总量近350万人次；联合市融媒体中心策划制作《到处乱贴东西，连牛都生气！拒绝城市“牛皮癣”》等短视频，点击量近150万人次。

【网络精神文明建设】 2021年，晋江市加强网络空间道德建设。强化网上道德示范引领，发挥晋江文明网、市融媒体中心及属地新媒体作用，发挥榜样示范网上引领作用，开展文明家庭、道德模范、美丽晋江人、新时代好少年等宣传推介，推动形成崇德向善、见贤思齐的网络文明环境。开展网络文明引导。利用清明节、国庆节等重要传统节日、重大节庆和纪念日组织开展“清明祭英烈”“向国旗敬礼”等网络文明主题实践活动，教育广大网民自觉抵制歪风邪气，弘扬文明风尚。拓展网络文明宣传。晋江文明网开设专题专栏，宣传推介文明家庭、道德模范、美丽晋江人、新时代好少年等。全年编发新闻和文章约3000篇，被上级文明网站采用精神文明工作信息近1000篇。“文明晋江”微信公众号常态化宣传精神文明建设工作，发布推文近1200条，粉丝逾26万人，“我怎样，晋江就怎样——致市民朋友的一封信”“向国旗敬礼”网上签名寄名等推文阅读传播量超10万人次。

（颜燕秋）

【未成年人课外活动阵地建设】 2021年，晋江市以建设公益性、服务性、示范性未成年人课外活动场所为目标，探索活动的新形式、新领域，抓好未成年人课外活动场所的建设、管理、使用工作。加大资金投入，改善硬件条件，提高功能性和实用性，全市有中小学生示范性综合实践基地2家、青少年宫1家、“青年之家”19家、少儿图书馆1家、校外未成年人心理健康辅导站1个。投资3.8亿元建设晋江市青少年活动中心、妇女儿童活动中心，项目占地2.07公顷，建筑面积6.7万平方米。开展军事国防、劳动技术、民间工艺、民俗体验、科技环保、生命安全及拓展训练等综合实践活动，参与53320人次。以中国共产党成立100周年为契机，举办系列庆祝活动，组建“红领巾党史宣讲团”，将党史故事融入小主持人、演讲、闽南讲古、快板相声等课程，培训2.38万人次，举办活动80余场次。全年市少儿图书馆流通165045人次，文献外借641517册次，开展“奇奇妙妙爱手工”、“小手玩科学”、公益3D电影等品牌活动120场。

（王玉凤）

【未成年人思想道德建设】 2021年，晋江市针对未成年人开展“四史”（党史、新中国史、改革开放史、社会主义发展史）宣传教育和“永远跟党走”群众性主题宣传教育活动。围绕庆祝中国共产党成立100周年，举办红色体验、童心向党等主题宣传教育活动1600多场次，依托爱国主义教育、党史学习教育、国防教育等各类基地，面向全社会、聚焦青少年，举办爱国主义和国防教育活动700多场次，唱响共产党好、社会主义好、改革开放好、伟大祖国好、各族人民好的时代主旋律。组织开展“我向党旗敬个礼”网络互动、“党的故事我来讲”故事汇、“唱支红歌给党听”校园歌咏等活动，引导师生和家长明理以悟道、增信以强志、崇德以修身、力行以报国。央视频移动网、新华社现场云同步直播，观看超10万人次。开展“祖国在我心中”中华经典诵读活动，安海镇养正中心小学、灵源街道灵水小学等8所学校在晋江市第五小学现场展演。开展学校少年宫特色手工技艺项目展示活动，61个学校少年宫拍摄手工技艺项目展示视频参与活动，制作《大国工匠，从小培养》专题片展示活动成果。组织开展先进典型选树宣传，晋江市第一中学学生苏子尧获评第三届福建省、泉州市“新时代好少年”，陈子轩等20人被评为2021年晋江市“新时代好少年”。举办2021年“新时代好少年”现场发布活动，在晋江文明网、文明晋江微信公众号开展“新时代好少年”系列展播。

【道德典型学习宣传】 2021年，晋江市开展道德模范先进典型推荐、事迹宣传，组织道德模范故事巡演巡展活动，在全社会营造好人好报、德者有得的价值导向。吴秀梨家庭获全国“最美家庭”称号，毛娟文家庭获全国“文明家庭”称号，晋江市义务救援协会获2020年度全国学雷锋志愿服务“四个100”最美志愿组织称号，晋江青年志愿者协会旭日服务队队长黄朝阳获得2020年度福建省第四批五星级志愿者称号，“益起show”——“近邻”党建志愿服务项目获省志愿服务项目大赛铜奖，市中医院急诊医学部护士长张丽碟、市义务救援协会会长张泽虎被授予第七届泉州市道德模范称号，张丽碟家庭获省级文明家庭称号，9个家庭获泉州市级文明家庭称号。推选的紫帽镇中心小学教师吴梦佳在泉州市“弘扬时代新风·传播道德力量”主题演讲比赛获第二名。通过基层宣讲、故事会巡演、视频展播等活动，推动道德模范事迹走进基层，举办2021年“道德模范故事汇”巡演暨事迹展览专场，邀请各级道德模范、“十佳美丽晋江人”及新时代好少年等观看节目演出，第七届全国道德模范提名奖获得者、第六届福建省道德模范吴奕澈及驰援武汉的护士郭龙燕、张丽碟现场分享救援、一线抗疫的感人经历。宣传道德模范的先进事迹，在晋江电视台、《晋江经济报》、晋江新闻网开设道德模范故事汇、道德模范访谈等专题专栏，营造崇德向善、见贤思齐、明德惟馨、争当先进的氛围。

（吴文博）

【新时代文明实践志愿服务】 2021年，晋江市以新时代文明实践中心全国试点为契机，着眼“凝聚群众、引导群众，以文化人、成风化俗”，开展主题系列活动和志愿服务，建成市级实践中心1个、镇（街道）实践所20个、村（居）实践站398个、社会实践点108个，实现中心、所、站“三级设置”和文明实践志愿服务队伍全市覆盖。据中国（福建）志愿服务网平台统计，截至12月，晋江市志愿服务团体1447个、实名注册志愿者273234人。晋江市将文明实践与文明城市常态创建、“我为群众办实事”“我为社会做好事”等主题有机结合起来，推动新时代文明实践活动走心走实，实现同频互动、互融共促。围绕庆祝中国共产党成立100周年、党史学习教育、文明城市创建、世中运筹办、新冠肺炎疫情常态化防控及节假日、纪念日、主题党日等重要时间节点，发挥好新时代文明实践中心（所、站、点）、“七个平台”（理论宣讲平台、社会宣传平台、教育服务平台、文化服务平台、科技与科普服务平台、健身体育服务平台、乡风文明建设平台）、“十支队伍”及社会志愿服务团队力量，动员“两代表一委员”、机关干部职工、普通市民、志愿者等社会各界参与“晋江文明、没我不行”主题活动及理论宣讲、文化体育、教育科普、移风易俗等“七进基层”文明实践活动。全年举办各类主题服务活动超2000场，直接服务群众近30万人次。东石镇创新“1335”（突出“1”个功能定位、落实“3”项务实举措、实行“3”种资源整合、实现“5”大功能提升）工作模式，做到阵地资源整合、体制机制健全、服务群众精准“三到位”，串联东石寨、鳌江书院等10个实践点，打造“母亲的房子”图书馆。磁灶镇东山村践行“民意问策—两委商策—支部议策—集体决策—村民督策”五策管理法，让乡村善治的共识在文明实践中逐渐积累。金井镇围头村以党员主题日、村民主题日、双拥主题日活动为载体，常态化开展移风易俗、乡风文明、人居环境整治等工作。围绕世中运赛事举办，调整“服务+氛围”的功能定位，再走访、再梳理原计划建设的200个世中运晋江V站，在41个单位机构（镇、街道）、25个定点酒店、16个赛训场馆、45条主次干道和商业街区、景区景点、公园广场、文博图等公共场所周边设置160个城市志愿服务站点。搭建志愿者人员信息库，重新梳理、更新驻站志愿者，至2021年12月，招募66个单位、24支社会志愿服务团队共7169名志愿者。

（陈志耐）

2021年4月29日，晋江市新时代文明实践志愿服务总队在罗裳山生态公园开展晋江市第33个爱国卫生月活动 （晋江市委宣传部/供）

统战工作

【概况】 2021年，晋江市委统战部整合统战力量，修订政党协商、民族、宗教、侨务等专项工作方案和制度，完善“1+N”的全体会议和专题会议组织架构。牵头制定涉台港澳侨安全工作协调机制，落实与民主党派、无党派人士协商议事制度、联谊交友制度，出台宗教工作联合执法方案。深化统战工作网格化管理，调整市、镇（街道）、村（社区）三级工作网络，明确基层统战工作人员400多人，加强基层统战工作机构和人员设置。开展“创品牌、树标杆”活动，推动“一镇街一品牌”建设，推动统战工作向基层延伸、向一线覆盖。聚焦庆祝中国共产党成立100周年，在统一战线各领域以“不忘初心跟党走·携手共画同心圆”为主题，开展超过100场次的庆祝中国共产党成立100周年活动。开展11项调研工作，形成调研成果50多项，助推县域经济高质量发展。发挥异地晋江商会的优势和作用，协助举办长三角招商推介及项目集中签约活动，促成回归项目4个，计划投资16.1亿元。引导海内外乡贤参与家乡建设，侨捐项目220个，总额1.25亿元。开展统战系统携手新冠肺炎疫情防控工作，选派20名干部职工深入一线参与大数据排查、支援镇级健康管理中心、协助全员核酸检测等疫情防控工作。抽调17名统战干部和党派成员参加世纪大道南延伸暨北环——龙山寺片区建设项目安征迁工作，助力“产城人”融合发展。

（李志辉）

【党派团结合作】 2021年，晋江市委统战部支持民主党派、无党派人士、党外知识分子开展“不忘合作初心，继续携手前进”主题教育活动，举办“不忘初心跟党走·携手共画同心圆”——庆祝中国共产党成立100周年书画展活动，收集书画、诗词等作品100多件，并在佛教协会地址及梧林古村落展出。各民主党派开展各类主题教育活动10多场次。举办“海西春雨行动”慰问困难群众活动，慰问困难群众和困难党员近40

人；开展“清风年韵”统战系统“传家风·写春‘廉’”书赠春联活动，邀请民主党派书法爱好者书赠春联。

2021年，晋江市委统战部协助市委制定、实施《2021年度政党协商（会议协商）计划》，举办由市委书记主持召开的市委上半年经济形势分析会及党外人士座谈会，由市政府分管领导主持召开养老服务体系建设调研协商座谈会。以基本民生、抗击新冠肺炎疫情、党史学习教育等为主题，刊发《党外人士献策专刊》4期。落实年度调研计划，形成调研成果70余项，其中获省统战理论研究基地三等奖1篇、获党派省委会主委肯定批示1篇、获晋江市市长肯定批示3篇。

2021年，晋江市各民主党派学习贯彻习近平新时代中国特色社会主义思想，围绕“四新”（多党合作要有新气象、思想共识要有新提高、履职尽责要有新作为、参政党要有新面貌）、“三好”（民主党派要做中国共产党的好参谋、好帮手、好同事）的要求，夯实共同团结奋斗的思想政治基础。民革、民建、农工党、致公党、九三学社、台盟完成换届工作，引导6个民主党派做好传帮带工作。通过举办专题学习、主题讲座、考察调研等活动，提升民主党派履职能力。组织各民主党派骨干力量和无党派代表人士参加2021年晋江市党外人士和新生代非公有制经济代表人士教育培训班，强化党派队伍建设，收集学习交流、考察调研心得体会37篇，汇编形成《追忆峥嵘岁月守初心，凝聚智慧力量再奋进》红色文化研讨成果。

（陈红瑜）

【新的社会阶层人士工作】 2021年，晋江市委统战部指导推动各镇（街道）加强与晋江市新的社会阶层人士联合会（简称“新阶联”）的对接联系，先后与安海镇、深沪镇、内坑镇、灵源街道、罗山街道5个镇（街道）联合开展活动。组织新的社会阶层代表人士参加重庆培训班，聆听《中国共产党为什么“能”》等专题讲座，并参观红岩魂、白公馆等红色教育基地，提升新阶层人士政治理论素养。定期召开新阶联会长会、秘书处办公会，举办线上分享会、主题沙龙等活动近30场，开展“凝聚新力量·筑梦新时代”红色主题教育系列活动，增强新的社会阶层人士联谊会的凝聚力和影响力。按照泉州5个“同心100”（整个大泉州地区，每年“同心助学、同心助医、同心就业促进、同心服务、同心助贫”至少要100人或100次）要求，开展多项社会公益服务活动。助力新冠肺炎疫情防控，支援大规模核酸检测工作，并协同企业捐赠物资。成立志愿者服务队，奔赴文明创城一线，为晋江市创建文明城市贡献新阶层力量。2名理事担任泉州、晋江人大代表，12名理事担任晋江市政协委员，提交各类提议案25篇。

2021年4月25日，晋江市新阶联开展“凝聚新力量·筑梦新时代”庆祝中国共产党成立100周年系列主题教育活动 （晋江市委统战部／供）

【民营经济工作】 2021年，晋江市委统战部加强党对民营经济统战工作的领导，召开全市民营经济统战工作会议，建立民营经济统战工作协调机制，推进新时代民营经济统战工作迈上新台阶。通过会长会、培训班等形式，组织各基层商会学习习近平总书记在庆祝中国共产党成立100周年大会上的重要讲话。召开全市民营经济统战工作会议，贯彻落实中央和省委、泉州市委关于民营经济统战工作的决策部署。开展民营企业家理想信念教育活动，强化对民营经济人士的政治引领和思想建设，加强国情党情教育。加强对年轻一代民营企业家的教育培养，举办党外人士、新生代非公有制经济代表人士重庆培训班，创办青年企业家“混沌创新班”，引导青年企业家与党同心同向，听党话、跟党走，推动民营经济健康发展。

2021年，晋江市举办党政领导与企业家恳谈会议，开展专题讲座和惠企政策宣传活动，组织人才办、科技局、工信局等市直有关部门与民营企业家面对面交流，聚焦发展难题，共商发展大计，优化营商环境。发挥异地晋江商会的优势和作用，协助举办长三角招商推介及项目集中签约活动，促成回归项目4个，计划投资额16.1亿元。面对新冠肺炎疫情，引导晋江民营企业家参与防疫物资生产、供应、销售等工作。

2021年，晋江市委统战部推动晋江商会组建工作，成立广西南宁晋江商会、晋江江西商会、晋江重庆梁平商会。深入基层商会开展调研，指导商会做好商会党建、换届筹备等工作，推动重庆晋江商会成立党委、广州市晋江商会换届。强化党建引领，引导商会党支部开展“追寻红色记忆 永远跟党走”、参观红色教育基地等活动。推动“四好”商会创建活动，打造一批品牌商会，晋江安海商会、晋江磁灶商会、南京晋江商会获全国“四好”商会称号。晋江市安海商会党委获全国工商联“商会党建工作示范单位”称号。

2021年，晋江市注重加强信息统计

2021 年 7 月 3—7 日，晋江市举办党外人士、新生代非公有制经济代表人士教育培训班。图为参加培训班人员在重庆中国民主党派历史陈列馆前合影

（晋江市委统战部 / 供）

和舆论引导，通过微信公众号、微信群等线上渠道宣传晋江市民营经济人士参与光彩事业、抗疫救灾等公益慈善活动。引导发动晋江商协会、民营企业驰援河南水灾一线。晋江商协会、民营企业累计捐款捐物超过 2 亿元。陈明金、施文博、许健康 3 位晋江乡贤获第十一届“中华慈善奖”。许连捷获评“全国抗击新冠肺炎疫情民营经济先进个人”。

（林泽峰）

【海外工作】 2021 年，晋江市委统战部讲好党史侨史故事，策划举办“侨心向党”主题系列活动 26 场次，举办“红色侨乡 百年印记”短视频征集比赛，征集各类作品 52 部。举办“侨心向党 · 礼赞百年”主题采访宣传活动，邀请来自 23 个国家（地区）的 52 名乡亲接受采访，宣传视频点击率最高超 120 万人次。推动世界晋江同乡总会、菲律宾晋江同乡总会、菲律宾晋江同乡总会达沃分会暨菲律宾达沃晋江商会、澳大利亚晋江同乡会等换届，培育侨团新骨干。晋江市海内外乡亲恳谈会，邀请 22 个国家（地区）乡亲代表参加活动，鼓励引导海内外晋江乡亲回乡投资兴业。举办“家国情”梧林传统村落沉浸式戏剧体验活动暨“海外嘉宾晋江文化行”活动，邀请 11 个国家（地区）乡亲代表参加活动，用传统文化、传统戏剧的方式留住海外乡亲“根的记忆”。联合市侨联举办晋江市首届“云侨汇智班”，通过“线上洽谈”“线下对接”形式对接海外市场、引荐海外人才。举行南部非洲闽南总商会抗疫物资捐赠仪式，捐赠中药包 5000 份助力海外同胞抗疫。向 15 个晋江籍社团致慰问信，开通海内外乡亲 24 小时抗疫咨询电话，全年向 27 个国家开展人文关怀 3200 多人次，接听热线电话 200 多个，登记解决侨胞诉求 139 条，帮助因新冠肺炎疫情滞留国内的侨胞 187 人回乡落户。

【港澳工作】 2021 年，晋江市委统战部推动香港晋江社团总会、香港安海同乡联谊会、香港内坑镇同乡总会、香港东石镇同乡会等完成换届工作，筹建澳门磁灶镇同乡会，成立香港晋江社团总会乡亲乡情互助委员会，促进香港基层社团转型升级，得到中央、省等统战部门肯定并推广经验做法。

【新生代工作】 2021 年，晋江市组织世界晋江青年联谊会（简称“世晋青”）赴古田开展红色之旅，召开“侨心向党 · 青年向上”主题交流会，推动晋港澳三地青年线上共学党史、共叙乡情、共话发展。举办 2021 年“情源晋江 · 澳门之行”青少年文化交流活动，组织优秀高中生 25 人走进澳门与当地晋江籍社团、乡亲、青年互动联谊。组织开展世晋青海南学习考察活动，推动成立龙湖镇侨界青年联合会，加强侨界青年交流联谊。推动晋江市留学人员联谊会完成换届工作，举办晋江市留学人员联谊会第三届理（监）事大会暨第二届晋江市留学人员交流大会，启动“晋江海归之家”小程序，签订“晋江留学人员创业园”共建战略合作协议，推动留学人员创新创业。组织留学人员开展“不

2021 年 6 月 15 日，晋江市组织世界晋江青年联谊会赴上杭古田开展红色之旅活动

（晋江市委统战部 / 供）

忘初心 留学报国”“汇聚菁英 走进漳州”等主题活动，交流分享留学经历及归国创业心得。引导留学人员参加创新创业大赛，促成2个合作意向项目落地晋江。推动晋江留学人员联谊会获“泉州青年五四奖章”。

（陈超颖）

机构编制

【概况】 2021年，晋江市机构编制部门统筹抓好镇（街道）机构改革“回头看”、综合行政执法改革、经济发达镇行政管理体制改革等重点改革，优化各类编制资源配置。组织前往19个镇（街道）开展机构改革调研评估、换届后机构编制业务培训，重新梳理权责清单6022项并对外公布，指导9个经济发达镇按照各自改革方案推进八大领域24项改革，“一支队伍管执法”获泉州市体制机制创新优秀案例一等奖。

（洪荣滨）

【镇（街道）机构改革“回头看”】 2021年4月和6月，晋江市委机构编制部门组织前往19个镇（街道）开展机构改革调研评估、换届后机构编制业务培训，了解镇（街道）机构改革后整体运转情况，听取意见建议，推动问题整改，为下一步推进各项改革、提升基层治理效能奠定基础，巩固晋江市镇（街道）机构改革成果。2021年4月，牵头市直部门（28个市政府工作部门和5个在党委部门加挂牌子承担行政职能的机构）衔接上级，重新梳理权责清单6022项并对外公布，确保权责事项与部门“三定”相衔接。2021年9月，根据省委编办指导目录并结合晋江市实际，出台《晋江市市镇（街道）“属地管理”事项责任清单》85项，厘清多个重点领域事项的市、镇（街道）职责分工，明确主体责任和配合责任。

【经济发达镇行政管理体制改革】 2021年，晋江市机构编制部门指导9个经济发达镇按照各自改革方案推进八大领域24项改革，根据福建省考核评估机制，制定指导措施推动9个经济发达镇落实考评标准和“六个一”（健全一套深化改革工作机制、筹拍一部展示改革成果宣传片、梳理提升一批改革亮点举措、准备一条迎检路线、形成一篇经验总结材料、归档一套迎检内业材料）要求，与市融媒体中心、9个经济发达镇联合推出“强镇改革在路上”宣传。在省委编办考核评估中，晋江市高标准通过考核复评，其中陈埭镇在抽取的10个单位中位列全省总分第一，获省委常委、泉州市委书记刘建洋批示肯定。

【综合行政执法体制改革】 2021年，晋江市围绕“干部队伍专业化、执法流程规范化、硬件配备标准化、执法平台信息化”的目标要求，以“五个一”（一套执法体制、一张权责清单、一支执法队伍、一个执法标准、一个监督平台）为抓手，系统推进镇（街道）“一支队伍管执法”改革。镇（街道）“一支队伍管执法”改革经验做法被中央编办、省委编办、泉州侨区快讯专题刊发，得到全省通报表扬，获泉州市体制机制创新优秀案例一等奖。9月，晋江市被中央组织部、编办列为全国规范地方行政执法队伍人员编制管理试点。晋江市结合全省县域集成改革试点部署，统筹行政执法资源，深化市、镇（街道）综合行政执法改革，构建“全域性综合、数字化集成”的行政执法管理体制“晋江模式”。

【开发区体制改革】 2021年，晋江市机构编制部门开展开发区管理机构清理规范工作，围绕晋江市党代会提出发挥经济开发区产业发展主阵地、主引擎作用的定位，推进园区管理体制改革，按照“全市一区、一区多园”的改革思路，以福建晋江经济开发区为主体，整合全市各类开发区，推动开发区管委会提格为副处级、事业单位提格为正科级，配套“1+4+6”设置开发区架构并完成“三定”，出台方案理顺晋江经济开发区管委会与市直部门、属地政府有关职责分工，构建符合晋江实际的经济开发区行政管理体制机制。

（黄一峰）

【机构编制监督检查】 2021年，晋江市贯彻落实《机构编制监督检查工作办法》《“三定”规定制定和实施办法》《机构编制报告制度实施办法（试行）》，推动部门履职更加规范高效。根据上级编委部署开展第二次全国机构编制核查，推进全市各类机关和事业单位全口径核查，完成全市800多家机关事业单位、2.3万多名编内人员、1万多名编外人员信息核查工作，对33家行政机关和218家事业单位开展实地核查，推动完成整改问题106个，实现机构清、编制清、领导职数清、实有人

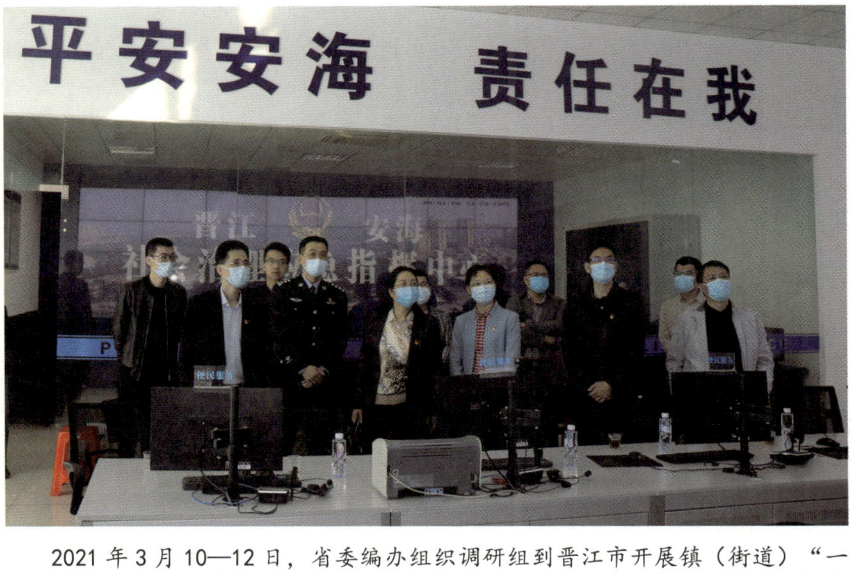

2021年3月10—12日，省委编办组织调研组到晋江市开展镇（街道）“一支队伍管执法”改革调研。图为3月12日，调研组在安海社会治理应急指挥中心现场调研

（晋江市委编办／供）

员清。根据上级部署做好编外人员专项调查，开展占用中小学教职工编制专项清理整治工作。

【机构编制资源配置优化】 2021年，晋江市做好事业单位改革前期准备，按照“政事分开、事企分开、管办分离”的原则，调整规范全市43家科级市直事业单位机构名称，争取上级在领导职数核定等方面予以倾斜；深化完善机构编制“实名制”管理和用编计划申报机制，统筹调剂保障市委、市政府重点中心工作用编需求，集中存量空编，向文明城市创建、城市规划建设、消防应急救援、科技创新、行政复议等重点工作倾斜；完成选调生安排、团营级军转干部安置等政策性任务。

【机构编制服务保障模式创新】 2021年，晋江市转变机构编制管理思维方式，提升机构编制服务保障能力。在医疗卫生领域，推动市医院（上海六院福建医院）提级升格，助力打造国家区域医疗中心；推行《晋江市市直公立医院人员总量控制备案管理暂行办法》，解决长期困扰晋江医疗卫生单位的人员编制不足问题；支持卫健系统招聘编内、编外卫技人员800余人，加强基层医疗和新冠肺炎疫情防控工作力量。在教育领域，争取上级进一步配套下沉公办中小学教职工周转事业编制近1200名，缓解晋江市教育发展与编制总量不足的问题，提供344名编制用于教育系统赴重点高校实行高端高质招聘。

（陈弘光）

【事业单位登记管理】 2021年，晋江市机构编制部门完善事业单位法人年度报告公示制度，严格事业单位自查报送、主管部门保密审查、登记管理机构形式审查工作，利用多种媒介做好事业单位年度报告网上公示和宣传工作。同时，强化优化事前监管，综合运用实地核查与书面审查、专项审核等监管方法，组织法人登记事项实地核查、事业单位法人“双随机”抽查，实地检查30家事业单位，推动问题及时整改。2021年，全市事业单位登记608家，审核完成率及年度公示率均100%。

（吴雪莲）

2021年6月30日，晋江市举办“心声颂百年 银领忆初心”离退休干部庆祝建党百年唱红歌活动
（晋江市委组织部／供）

老干部工作

【概况】 2021年，晋江市开展老干部活动，发挥老干部正能量作用，提升离退休干部党建水平和服务质量。全市建成离退休干部党组织82个、覆盖老党员近3000人，发放离退休干部帮扶解困基金32.7万元。完成市老年活动中心三期改造、老干部活动中心修缮项目。

【老干部服务管理】 2021年，晋江市制发调整市领导联系挂钩老干部通知，牵头开展市领导“七一”慰问老干部活动，为29名老干部颁发“光荣在党50年”勋章。全年走访慰问科级以上离退休干部908人、病困离退休干部及离休干部遗属393人，发放春节慰问品经费6960人次、139.2万元。组织开展离休干部和处级退休干部健康检查，做好离退休干部帮扶解困，发放帮扶解困基金32.7万元，为428名退休干部赠送祝寿牌匾，为234名新退休人员发放退休牌匾。开展处级离退休干部参观考察、科级以上离退休干部季度传达文件、易地安置离退休干部走访慰问活动。推进信息化建设，离退休干部信息采集数、“福建老干部”App激活数均位列泉州市第一，相关做法在《中国老年报》刊发。

【老干部文体活动】 2021年，晋江市强化“党建带关建”，启动第三届老年人健身万人万步走活动，组织开展“我看建党百年新成就”调研，摄制《初心如磐》《老党员讲党史》专题片，编撰《2020年寻找最美夕阳红》一书，展示老干部精神风采。举办第十届老年文化艺术节及全市离退休人员摄影展，举办庆祝老年大学建校30周年系列活动，老年大学获评全国老年大学信息化建设优秀单位，老年教育案例入选中国老年教育首部蓝皮书。

（陈贤才）

关心下一代工作

【概况】 2021年，晋江市关心下一代工作委员会（简称“晋江市关工委”）以开展庆祝中国共产党成立100周年系列活动、“基层建设提升年”活动和“百万大手牵小手”关爱活动“十大工程”为抓手，统筹推进年度各项工作。12月22日，泉州市委常委、晋江市委书记张文贤对晋江市关工委2021年工作作出批示：“市关工委围绕中心，服务大局，主动作为，取得显著成效，值得肯定。”

2021年，晋江市关工委新组建1个经济开发区关工委和13个镇（街道）

商会、56家企业关工委，7个镇（街道）商会关工委在筹建阶段。年底，全市有基层关工委组织669个，覆盖19个镇（街道）、1个经济开发区、2个系统（教育、政法）、398个村（社区）、346所幼儿园（其中民办174所）、274所小学（其中民办10所）、57所中学（其中民办7所）和部分非公企业，其中“五好”关工委占比99.3%；有关工委工作者7960人，其中“五老”（老干部、老战士、老专家、老教师、老模范）5572人，占70%。

【“大手牵小手，永远跟党走”主题系列活动】 2021年，晋江市关工委会同市委宣传部、文明办、教育局等部门和工、青、妇等群团组织，调动“五老”及青少年积极性，依托青少年社会教育活动中心以及35个青少年主题教育基地，促进学校、家庭、社会协作配合。全年开展主题宣讲106场，受众21090人次；开展以“学党史、听党话、跟党走、当先锋”为主题的征文活动，收到参赛作品399篇，评选出获奖作品96篇；举行“颂建党百年•做时代新人”系列活动、“故事爸妈同阅读•红色基因共传承”亲子红色故事会等主题教育103场，参加8240人次。做好青少年思想道德教育，营造青少年健康成长环境。全市30名中小学生在泉州市中小学生“新时代好少年 红心向党”征文比赛中获奖。选派晋江市实验中学兰青青、晋江第二实验小学苏俊轩2人参加泉州市“大手牵小手，永远跟党走”青少年演讲（讲故事）比赛，分别获中学组特等奖和小学组一等奖。选送由东石镇井林村青少年社会教育活动中心创作表演的节目《我有一首歌》，参加泉州市“致敬百年，爱心向党”庆祝中国共产党成立100周年文艺调演活动比赛，获二等奖。

【“五好”关工委创建】 2021年，晋江市关工委制定《关于进一步加强以村（社区）为重点的五好基层关工委创建工作的通知》，推广青阳街道高霞社区与高霞小学“村（社区）校联动”和灵源街道大山后社区与卫顾建设集团有限公司“村（社区）企结对”共创“五好”（领导班子建设好、“五老”作用发挥好、制度健全执行好、积极探索创新好、活动经常效果好）的做法，重视发挥学校、企业关工委以及老教师队伍的力量和作用，为“五好”村（社区）关工委创建工作提供保障。全年全市创建各级“五好”关工委295个。年底，全市有各级“五好”关工委664个。

【关工委组织建设】 2021年，晋江市关工委获泉州市关工委通报表扬“最美关工人”11人。调整充实镇（街道）关工委、经济开发区关工委班子，党政主要领导均任关工委名誉主任；党（工）委副书记担任第一主任；党委组织委员担任主任；同级退休或将近退休的党政老领导担任常务副主任。结合村级组织换届工作，同步推进村级关工委班子建设，明确各村（社区）党组织书记要兼任同级关工委主任，由1名相对年轻、工作能力较强的“五老”担任常务副主任，负责日常工作。明确企业关工委主任由企业党组织主要负责人或企业主兼任。加强各级教育部门和学校关工委班子建设，选好配强领导班子主要负责人，领导班子成员由同级党组织发文任命。调整充实各级关爱工作团（组），有镇（街道）及经济开发区关爱工作团19个、326人；有293个村、105个社区关爱工作组，成员5106人。落实泉州市关工委《关于进一步加强关心下一代工作志愿者队伍建设的通知》，推动各层级组建关心下一代志愿服务组织，建立市级关心下一代志愿者联盟分会，成立“大手牵小手”志愿服务队和“银龄护学”志愿服务队，成员149人。在市老年大学成立“乐为”志愿服务队活动组，成员229人。在19个镇（街道）及经济开发区，分别成立关心下一代志愿者活动组，每个活动组有成员10—15人，共有250人。在村（社区）、中小学和各老年人活动点，采取独建或联建方式，推动服务队建设，基本实现全市关心下一代志愿服务组织全覆盖。

【关心下一代阵地建设】 2021年，晋江市关工委推进青少年社会教育活动中心建设，新建青少年社会教育活动中心13个，全市建成投入使用的青少年社会教育活动中心22个，实现镇（街道）、经济开发区全覆盖。新设立国学教育基地、革命传统教育基地和青少年心理健康教育基地、党史国史教育示范基地各1个，建立涵盖“革命传统”“爱国主义”“感恩”“国学”“三爱”“帮教”“科普”“心理健康”“党史国史”“关爱外来生”等主题的青少年教育基地35个。组织开展2021年“大手牵小手，共筑中国梦”暑期社会实践活动，全市各青少年社会教育活动中心招募16名高校青年志愿者以及145名“五

2021年12月27日，紫帽镇举行青少年社会教育活动中心揭牌仪式

（晋江市关工委／供）

老”、巾帼、社工、学校辅导老师参与，服务约14730人次。利用晋江市展馆、围头村青少年社会教育活动中心（全国关心下一代党史国史教育基地）、中共泉州中心县委历史纪念馆（全省关心下一代传承红色基因教育基地）、许集美革命事迹陈列室、埔顶寮会议会址（英林洪祖正故居）、砌坑村革命史迹陈列室和英林嘉排村“百年百铭，红心向党”闽南红砖雕刻展厅等红色资源，推动党史学习教育进基层、进村（社区）、进机关、进企业、进军营、进校园。结合民营经济发展特色，发挥非公有制企业“红色引擎”，在非公一线实施“双红”（红色车间、红色先锋岗）创建行动，将党史课堂搬到“红色车间”，在生产最前沿植入红色基因，将党史学习教育成果转化为助力经济社会高质量发展的动力。联合《晋江经济报》推出《晋江少年》周刊，开辟“关工委之声”专栏，优先刊发关工委相关活动新闻，定期宣传关工委中心工作。与市融媒体中心合作，在广播节目《加油吧！3861！》宣传市特殊教育学校关工委工作情况。联合市教师进修学校汇编印刷《晋江市心理辅导与心理教研》第11—30期，普及心理卫生知识。设立晋江市关工委微信公众号，办好工作简报并在全市关工委系统中常态化开展约稿工作。

【爱心助学工程】 2021年，晋江市关工委举行2021年度晋江市关工委“爱心助学金”发放仪式，发动社会力量参与爱心助学活动，做大做强新时代晋江“爱心助学”品牌。全市各级各有关部门设立助学奖学基金227个，基金总额约1.88亿元。各级关工委及各人民团体、社会组织、爱心人士举行奖助学活动153次、奖助学13368人（助学3888人、奖学9480人），发放奖助学金1721.45万元。其中，市关工委助学1809人，发放助学金605.25万元（审批发放市慈善总会“爱心助学”金333.65万元，扶助困难学生1131人；审批发放市委、市政府为民办实事项目晋江市特困家庭“四帮四扶”帮就学扶助金271.6万元，扶助困难学生678人）。

2021年9月13日，晋江市关工委“爱心助学金”发放仪式在晋江市特殊教育学校举行 （晋江市关工委/供）

【青少年关爱帮教】 2021年，晋江市关工委开展第四届“关爱明天、普法先行”青少年普法教育活动，创新教育形式和载体，打造“深度普法”新模式，助力晋江市获评全省“七五”普法中期先进县（市、区）。通过“抓典型、创品牌、设基地、建机制、做示范、促提升”，完善“关法企”“关检企”联合模式，开展未成年人帮教工作，教育引导失足青少年服管教、走正道。分别在金井镇围头村、安海镇桐林村、深沪镇艾美加（福建）家具有限责任公司（非羁押诉讼帮教基地）和英林镇七彩狐服装织造有限公司（未成年人帮教基地）等基层关工委建立4个晋江市关爱“五失”（失足、失管、失学、失业、失亲）青少年工作示范点。开展“五失”青少年关爱工作，1月28日至2月5日，市关工委走访慰问34名“五失”人员和3户特困家庭“四帮四扶”帮就学对象。2月2日，市关工委组织前往深沪镇艾美加（福建）家具有限责任公司和英林镇七彩狐服装织造有限公司看望帮教对象，开展帮教活动。“六一”儿童节期间，市关工委领导带队深入29所学校开展慰问活动。配合有关单位组织开展第五届晋江市“十佳百优”外来学生评选、晋江市青少年“用英语讲中国故事之晋江故事”口语比赛、晋江市第十二届青少年电脑机器人竞赛、第三十七届晋江市青少年科技创新大赛、晋江市第七届青少年创意编程大赛等活动。

（陈孟桔）

机关党建

【概况】 2021年，晋江市谋划市直单位机关党委和系统党委并行改革，完成市直单位党的领导机构优化设置，推动新成立10个市直单位党组、机关党委。启动机关年轻党员干部“青马成才”计划，开展第二轮模范机关“一堂好课”品牌创建活动，指导搭建临空经济、金融行业党建联盟，相关项目获2021年泉州市机关特色党建项目评展一等奖，市直机关工委获特别成就奖。年底，全市有市直系统党委17个，机关党委16个，市直机关党支部447个，市直机关党员14472人。

【理论学习研讨】 2021年，晋江市把学习贯彻习近平新时代中国特色社会主义思想作为机关干部理论学习和教育培训的主课和必修课，办好市管领导干部学习贯彻习近平总书记来闽考察重要讲话精神专题研讨班。全年集中轮训基层党员1.2万人次，举办入党发展对象培训班9期，培训入党发展对象261名，发展党员224名，引导机关党员干部深化对党的百年奋斗历史和新时代党的创新理论的理解和掌握，学懂弄通做实习近平新时代中国特色社会主义思想。

【党史学习教育】 2021年，晋江市把握“学党史、悟思想、办实事、开新局”总要求，开展庆祝中国共产党成立100周年系列活动，推选市直机关事业单位市级以上优秀共产党员36名、优秀党务工作者32名、先进基层党组织38个。组织摄制展播“心声唱百年”等系列视频近100个，发布全市党史学习教育（党员教育）参观点15个，组织市直党员领导干部、各级党组织书记讲授“感悟百年伟业、观照初心使命”专题党课近400次，受众上万人次。开展“再学习、再调研、再落实”活动，围绕八大领域制定市级“我为群众办实事”实践活动项目清单2批共79项，解决一批群众“急难愁盼”问题。

【意识形态责任落实】 2021年，晋江市完善意识形态工作领导小组议事协调制度，执行意识形态工作“八个纳入”[纳入重要议事日程、纳入党建责任制、纳入领导班子（干部）目标管理、纳入巡视巡察、纳入执纪监督、纳入干部考核、纳入文明创建、纳入绩效考核]，将其作为履行全面从严治党主体责任述职、班子成员民主生活会和述职报告的重要内容，作为市委巡察和市直机关党建绩效考评的重要内容长期坚持，推动各单位党委（党组）严格落实责任制要求，防范和解决意识形态领域存在的风险问题。

【机关党建工作机制】 2021年，晋江市围绕贯彻落实《关于加强和改进新时代机关党的建设的若干措施》，规范设置14个市直单位党的领导机构，成立8个机关党委，同步解决一批历史遗留问题，理顺机关党建工作领导体制和运行机制。指导成立晋江一中、华侨职校、晋江二小、青阳小教4个党委，探索推进中小学校党组织领导的校长负责制。

【助企志愿服务】 2021年，晋江市建立健全党员领导干部挂钩联系重点民营企业和重点商会制度，联动21个涉企部门组建市级助企志愿服务队，推广使用“党企新时空·政企直通车”“JIN企先锋”惠企双平台，以党组织为主渠道推动惠企政策落地落实，开展政策进企线下活动11场、政策解读直播24期、政策推送29期、企业微课11期。组织全省第四届“推进机制活、建设新福建”机关体制机制创新优秀案例征集评选，8篇案例在全省、泉州获奖，数量位居各县（市、区）前列。

【干部检验锻炼】 2021年，晋江市市直单位党委（党组）书记和领导班子成员均建立党支部工作联系点，选派36名市直机关干部担任乡村振兴重难点村驻村第一书记，以任务清单为导向，落实市直部门成建制包干机制，推进跨村联带、共建共享。集结606名市直机关企事业单位干部驰援镇村新冠肺炎疫情防控一线，抽调144名干部下沉陈埭开展“雷霆”行动，将重点项目、重大斗争作为检验干部成色的“试炼场”。

【文明创建助力】 2021年，晋江市深化文明城市常态创建，开展“晋江文明、没我不行”主题活动及“七进基层”实践活动超2000场，服务群众近30万人次，助力晋江市通过全国文明城市复查和年度测评。深化巾帼志愿服务关爱行动，开展第14届家庭文化节、寻找“最美家庭”活动，选树一批三八红旗手（集体），创建一批巾帼文明岗，营造团结和谐、文明向上的机关环境。

【机关党风廉政建设】 2021年，晋江市实施巡察监督、专项监督、案件查办“总结复盘”机制，发出纪检监察建议3份。做实同级同类干部警示教育，组织旁听案件庭审2批次259人次，开展纪法宣讲6场次406人次、任前廉政知识测试7批次60人次，一体推进“三不”（不敢腐、不能腐、不想腐）机制。深化运用“1+X”监督机制，健全与职能部门常态化协作机制，定期分析研判“四风”问题线索，查处形式主义、官僚主义问题5起6人，查处享乐主义、奢靡之风问题5起5人。

【机关数字支部建设】 2021年，晋江市深化“海丝先锋”达标创星专项行动，在市直机关率先推行“JIN智先锋”数字支部平台，细化机关事业单位基层党支部标准化规范化建设指标，建立“上网记、用网评、在网查”工作体系，开展3轮信息录入情况“回头看”，机关事业单位基层党支部先进率100%，其中五星级党支部89.6%。制发机关企事业单位基层党组织换届提醒函160份，推进落实集中换届制度。

【首次市直党员代表会议召开】 2021年，晋江市科学划分选举单位、分配名额、酝酿人选，组织市直机关单位代表推选工作，推选市直机关党代表150人。召开首次由机关工委牵头的市直机关党员代表会议，选举产生晋江市第十四次党代会代表52人，推选泉州市第十三次党代会代表17人，为泉州、晋江两级党代会召开提供基础保障。

【“一堂好课”品牌创建】 2021年，晋江市开展第2轮模范机关“一堂好课”品牌创建暨第11轮市直机关特色党建项目展评活动，以学党史、传经验、谈感悟、勇担当为方向，打造63堂各具特色的课程，组织机关干部进村社、进企业、进项目讲授业务312次，受众近4万人次。经过全市初评、总评，表彰优秀项目20个，推动机关组织建设与干部素质提升相融合相促进。

【“青马成才”计划启动】 2021年，晋江市聚焦党委（党组）抓思想政治建设悬空、年轻干部政策理论水平总体偏弱等问题，策划实施市直机关年轻干部青年马克思主义者成才计划（简称“青马计划”），通过问卷调查、实地访谈等方式，对市直机关单位及其30周岁以下年轻干部思想政治建设制度落实情况开展专题调研，形成《晋江市市直机关年轻干部思想政治工作情况的调查与思考》并获泉州市2021年机关党建课题调研一等奖。

【“JIN金先锋”党建联盟】 2021年，晋江市组建“JIN金先锋”党建联盟，指导金融局带动金融行业132个党支部、1360名党员立足岗位、创先争优，结合“我为群众办实事”“我为企业解难题”等专项行动，推行“党建增信”

实践基地、“党员创业贷”等创新举措，把党建优势转化为金融行业治理效能。项目获第四届全省机关体制机制创新优秀案例二等奖、泉州市机关特色党建项目评展一等奖，市直机关工委获“特别成就奖”。

（晋江市委组织部）

保密工作

【概况】 2021年，晋江市委、市政府高度重视保密工作，主要领导多次作出重要批示，要求领导干部不碰保密红线、不越保密“雷池”。市委保密委召开市委保密委员会全体会、全市保密工作培训会，市委常委、政法委书记、保密委主任陈长义在会上强调各单位要落实保密工作主体责任，增强保密责任意识，执行保密制度，推动保密各项工作开展。全年开展保密抽查督查10余次，完成中考、高考保密管理。

【保密督查】 2021年，晋江市委保密办、晋江市国家保密局与市委法规室（市委办文电法规科）、晋江市工信局（数字办）等部门组成联合检查组，对部分重点单位开展现场督查，通过查阅资料、检查计算机等，了解受检单位保密自查自评开展情况，坚持真督实督，提升保密综合防范能力。

【保密宣传】 2021年，晋江市保密部门开展“保密讲座进机关、单位”品牌活动，为相关单位提供一堂“量身定制”的保密讲座，受众300多人次。推广国家保密局金城出版社“保密观”微信公众号，组织领导干部、涉密人员关注并学习。

【中考和高考保密监管】 2021年，晋江市保密部门强化对中考、高考保密管理工作，做好中考、高考试卷保密室规范化建设的检查验收工作。高考期间，市委保密办、市国家保密局联合公安局、教育局做好高考试卷的接送、押运工作，对全市9个高考试卷保密室进行每天3—4次的安全保密巡检、巡查，确保高考试卷安全保密，实现“平安高考”目标。

（上官泽伟）

党校工作

【概况】 2021年，晋江市委党校（行政学校、社会主义学院，以下统称“党校”）以建设“全国一流县级党校”为目标，推动党校各项工作，为服务全方位推进高质量发展超越、传承创新发展“晋江经验”提供思想保证和智力支持。全年举办培训班84场，培训2.3万余人次；承接外来培训班11场，培训620人次。举办主题宣讲250余场次、受众约3.75万人次。获“2018—2020年度省级文明单位”“2020年度晋江市‘一类五星级’平安单位”等称号及2020年度晋江市绩效评估优秀等次。

【干部培训轮训】 2021年，晋江市委党校发挥党员干部培训“主阵地”作用，推进干部教育培训工作。将“晋江经验”课程作为干部教育培训的必修课，推动“晋江经验”进教案、进课堂、进头脑，举办专题培训班26个，培训党政干部、村（社区）干部6000余人次；协同制定并组织实施2021年度干部教育培训计划，确定核心班次43个，按照计划推进各类培训班次，根据干部成长阶段的不同特点和需求，分级分类举办初任培训班及素质提升班，市管干部学习贯彻中共十九届五中全会精神、习近平总书记来闽考察重要讲话精神专题研讨班暨市级领导班子党史学习教育专题读书班，“晋江干部学堂”、党员轮训、入党发展对象培训班等58个（期），培训1.7万余人次；继续与福建省晋江人力资本有限公司开展战略合作。全年承接外来培训班11个，培训约620人次。

【理论宣讲】 2021年，晋江市委党校发挥宣讲“主力军”作用，推动党的理论在基层落地生根。协同晋江市委组织部，制发《晋江市加强镇（街道）党校建设的实施方案》，完成2021年度全市各镇（街道）党校规范化标准化建设检查工作，并对各基层党校进行评星定级，推动党员教育培训各项任务在基层末端落实。根据晋江市理论宣传重点任务等实际需求，形成党的建设、干部能力提升、基层治理和乡村振兴、法律法规、文明新风、经济和企业政策等八大类170个专题系列课程的总体性“菜单”，每季度印发给全市各相关部门供“自选”；深入村（社区）、学校、企业进行贯通宣讲，掀起全市党史学习教育、学习贯彻中共十九届六中全会精神热潮。全年常态化开展习近平新时代中国特色社会主义思想、“晋江经验”、意识形态等各类主题宣

2021年11月23日，由市委党校教师组成的晋江市学习贯彻党的十九届六中全会精神宣讲小分队在安海镇溪边村开展户外宣讲 （晋江市委党校/供）

讲250余场次，受众约3.75万人次。

【科研咨政】 2021年，晋江市委党校发挥科研智库“智囊团”作用，撰写“敢为天下先 爱拼才会赢的晋江精神”，以此为题参加“中国共产党精神福建谱系研究”理论研讨会并作主题发言；撰写的《晋江精神的历史地位和时代价值》在《泉州党校》2021年第2期刊发；结合党委、政府中心工作，谋划开展以社会治理、县域集成改革、现代产业体系为主题的课题调研，《多元主体参与下的城市社区治理路径探析》《多元共治视角下晋江农村人居环境整治研究》等12项课题分别获得省委党校、泉州市社科联、泉州市委党校、市党建重点调研课题立项、结项；承接晋江市纪委监委、市委办、经济开发区等部门研究课题，发挥思想库作用，打造服务晋江经济社会发展、服务党委决策咨询的新时代新型智库。全年开展课题研究19项，发表文章7篇。

【会议中心打造】 2021年，晋江市委党校立足全市会议中心定位，树立服务意识，做好细节管理，把规范标准理念贯穿于会务保障服务工作中，做好党代会、人代会、企业创新大会、全市领导干部大会等会议会务保障及巡察组设点办公后勤保障工作，全年接班接会150余场次、服务5.2万余人次、学员入住2300余人次。

（刘雅铮）

档案工作

【概况】 2021年，晋江市优化档案服务、规范档案管理、夯实基础业务、开展档案宣传、创新侨批档案保护与开发，发挥档案工作职能，服务全市发展大局。晋江市档案馆全年接待档案利用者2.97万人次，查阅档案2.85万卷次；接收属于主动公开范围的政府信息公开文件纸质文本、电子文本各4382份；征集侨批档案1562件。市档案查询利用中心被授予“晋江五四青年奖章”；拍摄的《见证——晋江实体经济发展之路》微视频，在国家档案局主办的征集展播活动中入围200部优秀作品；承办由中央档案馆、新华通讯社联合主办的“百年恰是风华正茂”主题档案文献展，为全省唯一承办该展览的县级市；向国家档案局申请设立梧林侨批馆“世界记忆项目福建学术中心实践基地”并获批。至年底，市档案馆馆藏档案19.5万卷、24.3万件，数字化率99%；声像档案220盘，照片档案2.1万张，数字化率100%。

（张佳瑜）

【档案服务】 2021年，晋江市档案馆指定专人对接征迁项目查档服务，配合龙山寺、陈埭岸兜等征迁项目指挥部及征迁区域百姓查阅土地档案2550卷次、接待档案利用者2720人次。协助在校大学生、地方史专家查阅馆藏档案资料，为市委、市政府决策和学术研究、修史编志等工作提供参考。

【档案管理】 2021年，晋江市档案馆提升馆藏档案管理规范化，调整全宗号，馆藏各全宗按照《全宗卷规范》要求，建立全宗卷234个。同时规范建立档案接收、征集、保管、保护、鉴定、销毁、划控开放和利用等各类统计台账，执行档案库房管理制度和档案资料、人员出入库制度，做到档案库房干净整洁安全，档案资料排列整齐有序，存放索引标识明确，档案柜架编号清晰，库房温湿度符合要求等。做好库房安全定期检查工作，开展档案安全风险隐患排查，发现问题及时整改到位，强化档案安全保障。5月，在泉州市12家县级国家综合档案馆2014—2018年内部业务建设评价中，晋江市档案馆以90.73分位居第一。

【档案基础业务】 2021年，晋江市档案馆做好全市到期应进馆档案及撤并单位档案移交的检查、清点、编目、消毒、上架入库工作，全年接收晋江市第二次污染源普查档案13034件、照片档案198件、光盘档案7盘，拆迁安置档案954卷，基建档案111卷，婚姻档案927卷，新冠肺炎疫情防控档案74件，文书档案1002件，民间、侨批档案438件。继续做好民国珍贵档案史料的抢救和保护，馆藏民国档案11743卷，剩余1000多卷未扫描。4月，启动第二批次馆藏民国档案数据采集建设项目，对接扫描公司完成民国档案数字化，为档案信息资源保管利用创造条件。围绕服务中国共产党成立100周年、世中运赛事等全市中心工作，在全市开展“红色档案”史料征集活动，深入革命老区村、革命遗址征集老照片500多张；挖掘晋江体育资源，面向全市征集晋江体育档案资料（电子照片、扫描件）2000多件。

（林锦秀）

【档案宣传】 2021年，晋江市档案馆依托爱国主义教育基地建设，围绕庆祝中国共产党成立100周年主题，挖掘特

2021年8月19日，“百年恰是风华正茂”主题档案文献展在晋江市档案馆揭幕

（晋江市档案馆／供）

色馆藏档案文化内涵和教育意义，引进由中央档案馆、新华通讯社联合主办的“百年恰是风华正茂”主题档案文献展，成为全市党史学习教育重要平台，2021年接待参观131批次、2547人次。挖掘馆藏珍贵档案资料，推出富有档案工作特色的《见证——晋江实体经济发展之路》主题视频，视频参加国家档案局主办的征集展播评选，入围优秀作品200部。在“‘6·9’国际档案日”、元旦、春节等节日期间，开展“档案话百年”“档案文化进社区、进校园”等集中宣传、宣讲活动。《馆阁藏家书　侨批载国魂——记梧林侨批馆》等档案工作相关文章在《中国档案报》、《晋江乡讯》、“学习强国”学习平台刊发，在晋江电视台“老闽南”栏目推出《家书万金》侨批主题视频，加大档案文化宣传力度。

【侨批档案保护与开发】　2021年，晋江市在全省率先出台《晋江市侨批档案征集工作制度》，明确侨批档案征集范围、方式和流程，推动侨批档案捐赠接收、有偿购买等工作的规范化、标准化和制度化。发布侨批档案等华侨史料征集通告，并深入侨批档案集散村（社区），联络华侨家族后人，对接侨批档案收藏家，搜集侨批档案留存线索，加大侨批档案保护力度，全年征集侨批档案1562件。首次以华侨家庭的视角，围绕馆藏詹廷团家庭侨批，编写《晋江詹廷团侨批档案》，联合邮政部门开发“侨批乡愁”水墨漫画主题明信片、“番仔楼”信笺、“水墨山水”红条封等文创产品。以梧林侨批馆为背景，拍摄侨批主题情景式纪录片《你从海上来》，还原晋江侨乡记忆，见证侨乡历史变迁，寓意侨批文化和华侨精神的传承，集中体现侨批档案的历史价值和现实意义。向国家档案局申请设立梧林侨批馆“世界记忆项目福建学术中心实践基地”于2021年6月获批。该基地作为福建省首个“世界记忆项目福建学术中心实践基地”，负责协助世界记忆项目福建学术中心开展侨批文献遗产研究开发及侨批文化宣传推广工作，增强社会公众的侨批文献遗产保护意识，提升晋江市侨批文化研究水平，致力于打造晋江地方特色的侨批文化品牌。

（洪佳玲）

党史和地方志工作

【概况】　2021年，晋江市委党史和地方志研究室（简称“市委党史方志室”）立足晋江地域特色，在党史学习教育中当主力、在史志编研上出精品，推动晋江党史方志事业迈向新台阶。全年整理、编纂史志书籍18本，其中已出版5本，总计360.5万字；8月，市委党史方志室被省委党史方志办、省人社厅表彰为全省党史系统先进集体；《晋江年鉴（2020）》获福建省优秀年鉴二等奖；5项工作获省委党史方志办主任黄誌批示表扬。“一堂好课”项目获晋江市模范机关“一堂好课”创建暨第11轮市直机关特色党建项目总评活动优秀奖。党建工作项目化管理案例《红色基因　烽火相传——中共泉州中心县委历史纪念馆改造提升案例》《重温奋斗史　牢记先锋志——创新开展“红色文化+”活动》分别被评为晋江市直系列精品案例和优秀案例。

【史志理论调研】　2021年，晋江市委党史方志室撰写发表理论调研文章8篇。其中，2篇党建文章在全市征文中获奖；论文《新时代背景下年鉴功能的发挥与思考》入选中国地方志指导小组主办的第五届全国年鉴论坛论文集，并在全国视频会上交流分享；《浅谈乡规民约在乡村善治中的作用》在《福建史志》刊发。

【史志资源开发利用】　2021年，晋江市委党史方志室参与承办省级重点党建项目——中共泉州中心县委历史纪念馆党性教育示范基地升级改造项目。6月底项目主体和内部布展工作完成，7月1日重新对外开放。中共泉州中心县委历史纪念馆展馆面积1000多平方米，拥有浮雕、艺术场景、绘画、多媒体、互动影像、图片和实物展示等表现形式，分4个展区，分别为“泉州有了共产党”“土地革命山海呼应”“军民同心抗日救亡”“配合大军解放泉州”，收录图片380多张，实物近200件。该纪念馆被确立为“泉州市党史教育基地”。配合上级有关单位，为被确立为“泉州市党史教育基地”的5个党史宣传教育阵地授牌。与相关部门互动，推进“乡村记忆文化”项目，助力乡村振兴战略，做好金井镇塘东村、磁灶镇岭畔村和苏垵村的泉州“乡村记忆文化”项目建设工作，全部通过验收，在11月召开的泉州市“乡村记忆文化”项目建设总结会议上作经验交流。深入龙湖、安海、磁灶等镇、村，督促、指导《龙园村志》《英林镇志》《梧林村志》等村镇志的编修

2021年6月11日，晋江市委党史方志室到晋江市三创园开展模范机关“一堂好课”开讲暨红色文化进机关、进企业、进项目活动（晋江市委党史方志室/供）

工作。开发利用史志研究成果，先后为在读大学生、博士生及个体工商户、民营企业等提供地方史志文化查阅服务。

【史志宣传教育】 2021年，晋江市委党史方志室结合开展年度晋江市委党建工作重点，确立以“重温奋斗史 牢记先锋志”为主题，创新开展“红色文化+”系列活动，以“六个一”（一书、一刊、一讲、一课、一展、一栏）等为载体，以开展红色文化“六进”（进机关、进校园、进企业、进社区、进农村、进军营）为渠道，讲好红色故事，传承红色基因，赓续红色血脉。

【红色书刊编研和宣教】 2021年，晋江市委党史方志室编印《晋江史志——庆祝中国共产党成立100周年特刊》，编辑《激流飞浪——百年党史晋江纪事》等。结合宣传教育工作，全年向社会各界赠送史志书刊1.5万册。

【“一堂好课”开讲】 2021年，晋江市委党史方志室通过现场教学、课堂教学，由室领导带头、业务骨干为宣讲主力，开展11场题为《晋江革命史》的“一堂好课”，受众5500多人次。采取讲故事、办讲座、故事讲演比赛等形式，与相关单位、学校联合组织红色义务宣讲员队伍深入村、社区、部队、企业、学校等地讲述晋江红色故事9场。受到福建省委党史方志办主任黄誌批示肯定。

【百年党史图片展】 2021年，晋江市委党史方志室编排推出“百年党史晋江纪事”图文展，展览以60余个版面，通过一系列反映晋江党史重要事件、人物、遗迹和文件等图片资料，回顾中共晋江地方组织自1927年1月建立至2021年，在党中央和上级党组织的领导下，在革命、建设、改革各个历史时期，始终勇立时代潮头，发动和依靠广大人民群众，矢志不渝、英勇斗争，艰苦创业、开拓奋进，取得巨大成就的光辉历程。图文展采用活动展出和固定展出的形式，在晋江市展出10余场次，参观近2万人次。其中，梅岭街道梅青社区以党建长廊的形式，常态展出“百年党史晋江纪事”图文展，从7月至12月接待11批次300余人。与晋江市文化和旅游局等单位联合主办《理想照耀中国》线上图片展。

【“百年党史 晋江故事”专栏】 2021年，晋江市委党史方志室联合晋江市委宣传部、晋江经济报社在《晋江经济报》开设“百年党史 晋江故事”专栏，全年报道近60期；配合泉州市纪委监委等部门在《泉州晚报》开设“百年红色记忆泉州党员英烈谱”栏目，推荐讲述晋江烈士故事，介绍8位烈士。与市委组织部、市融媒体中心特别策划《百年风华·晋江记忆——老党员讲党史》节目，播出9集，并同步在学习强国“福建学习平台”推送；与市融媒体中心联合打造庆祝中国共产党成立100周年特别节目——《晋江红色故事开讲》线上栏目，播出5期。与内坑镇党委联合拍摄MV《在灿烂阳光下》获评晋江市“心声唱百年”音乐视频展播活动“十佳作品”；与市委统战部联合开展“红色侨乡 百年印记”短视频征集比赛。

【红色文化进校园】 2021年，晋江市委党史方志室采取沙画创作红色故事、学生朗诵烈士著作、邀请知名书画家书写烈士诗文、开设党史讲座、线上党史知识竞赛、赠送党史书籍、结对共建等形式，开展红色文化进校园24场次。

【《晋江市方志志》出版】 2021年7月，《晋江市方志志》由海峡文艺出版社出版。全书57.1万字，记述晋江市方志办自创建至2018年的工作，凝练编纂晋江史料的经验。

【《晋江年鉴（2020）》出版】 2021年，《晋江年鉴（2020）》由方志出版社出版，全书125.6万字，系统翔实地介绍2019年晋江市自然、政治、经济、文化、社会等方面的情况，展示晋江社会主义现代化建设崭新风貌新动态、新经验；反映2019年晋江市在改革和发展中取得的新成果。12月，该年鉴获福建省优秀年鉴二等奖。

【《围头记忆》出版】 2021年7月，《围头记忆》由泉州市精彩数字印刷有限公司内部出版。全书约70万字，包括“‘八二三’炮战纪事”“英模风采素描”“两岸情缘写真”“乡村振兴实录”4个部分，集中反映金井镇围头村的沧桑巨变、高质量赶超发展和全面推进乡村振兴之路。

【《鸡肋删（外二种）》出版】 2021年12月，《鸡肋删（外二种）》由鹭江出版社出版。全书50.4万字，为明代福建晋江人李叔元作品的校注本，除李氏别集《鸡肋删》外，另附《肋余》和李氏家谱《青阳古李家谱》。其中，《肋余》《青阳古李家谱》稀见，为首次点校出版。《鸡肋删》正文分三部，依次为“忠部一”“质部二”“文部三”。忠部包含李氏奏疏、礼学研究文献和檄文等，质部收录公文、序、传记、碑文等，文部则以行状、墓志铭和奠文为主。《肋余》全书不分卷，前后残缺；该书收录内容颇为庞杂，文体不一。《青阳古李家谱》收录李氏家族内部文献族人墓志铭、传记等。

【《晋江重要文献选编（第十九辑）》汇编】 2021年9月，《晋江重要文献选编（第十九辑）》（1999年）内部汇编成书。该书收录1999年1—12月间，中共晋江市委、晋江市人大、晋江市人民政府、政协晋江市委员会及人民武装部的重要文件资料，全书57.4万字。

（吴安玲）

晋江市人民代表大会

综 述

【概况】 2021年，晋江市人大常委会围绕国际化创新型品质城市建设，助推实施“三大战略”、攻坚“三大任务”，履行宪法和法律赋予的各项职权，听取审议专项工作报告15项，开展执法检查2项、视察检查5项、专题询问1项、履职评议1项、跟踪检查5项、调研4项，指导开展代表工作及镇（街道）人大工作，依法任免地方国家机关工作人员108人次。

【重大决策部署贯彻落实】 2021年，晋江市人大常委会开展党史学习教育和“再学习、再调研、再落实”活动，创新打造“五双五型”（坚持党建和业务双发展，打造政治型机关；坚持素质和能力双过硬，打造学习型机关；坚持监督和支持双推进，打造务实型机关；坚持代表和群众双联系，打造服务型机关；坚持固本和强基双联动，打造创新型机关）模范机关和“四联”（市人大常委会机关党支部与市融媒体中心党支部整合人大监督和舆论监督合力，建立“支部工作联动、一堂好课联讲、人大节目联办、党建品牌联创”机制）党建机制。坚持重大事项、重点工作向市委请示报告，围绕市委决策部署开展监督工作。

【重要工作监督】 2021年，晋江市人大常委会开展2020年市本级财政收支决算、审计情况等监督工作，推动落实“六稳”“六保”工作要求。围绕国土空间开展课题调研，推动规划落地见效。突出以文塑城，聚焦文化史迹保护工作，跟踪检查《晋江市人大常委会关于我市实施〈泉州海上丝绸之路史迹保护条例〉情况的审议意见》研究处理情况。开展晋江市少数民族流动人口服务管理情况调研，推动晋江“产、城、人”融合。

【履职水平提升】 2021年，晋江市人大常委会走进基层，围绕人居环境专题整治开展“双联”（市人大常委会组成人员联系代表、代表联系人民群众）活动，结合党史学习教育及“再学习、再调研、再落实”活动，为群众、企业解决一批急难愁盼的问题。选派机关干部参与新冠肺炎疫情防控、文明创城、组团项目、驻村任职等中心任务。落实意识形态工作责任制，优化提升“一刊一网一微信”立体化宣传体系。注重人大理论和制度研究，《坚持改革与法治并进 推进县域治理现代化——以传承创新发展“晋江经验”的地方人大实践为例》调研文章在全省人大系统课题调研中获三等奖。

重要会议

【概况】 2021年，晋江市召开人民代表大会会议2次，召开人大常委会会议13次，召开主任会议26次。

【人民代表大会会议】 2021年1月11—13日，晋江市第十七届人民代表大会第五次会议召开。大会听取和审议晋江市人民政府工作报告；审查和批准晋江市国民经济和社会发展第十四个五年规划及2035年远景目标纲要；审查和批准晋江市2020年国民经济和社会发展计划执行情况，批准2021年国民经济和社会发展计划；审查和批准晋江市2020年预算执行情况，批准2021年预算；听取和审议晋江市人民代表大会常务委员会工作报告、晋江市人民法院工作报告、晋江市人民检察院工作报告；决定晋江市第十七届人民代表大会社会建设委员会主任委员人选。会议选举王清龙为晋江市第十七届人大常委会副主任，陈晶晶、蔡

2021 年 12 月 21—24 日，晋江市第十八届人民代表大会第一次会议召开。图为 12 月 22 日会议现场（晋江市人大常委会办公室／供）

文思为晋江市第十七届人大常委会委员。

2021 年 12 月 21—24 日，晋江市第十八届人民代表大会第一次会议召开。大会听取和审议晋江市人民政府工作报告；听取和审议晋江市 2021 年国民经济和社会发展计划执行情况及 2022 年计划草案报告（书面），审查和批准晋江市 2021 年国民经济和社会发展计划执行情况及 2022 年国民经济和社会发展计划；听取和审议晋江市 2021 年预算执行情况及 2022 年预算草案报告（书面），审查和批准晋江市 2021 年预算执行情况及 2022 年预算；听取和审议晋江市人民代表大会常务委员会工作报告、晋江市人民法院工作报告、晋江市人民检察院工作报告。大会在听取和审议各项工作报告后，作出相应决议。大会选举林仁达为市第十八届人大常委会主任，黄文福、潘子良、洪元程、王清龙 4 人为市第十八届人大常委会副主任，王明元为市人民政府市长，吴志朴、赖有为、李森建、陈希、王也夫、张健龙、丁鸿雨、陈传芳、张勇 9 人为市人民政府副市长，洪志强为市人民法院院长，王文龙为市人民检察院检察长（须报经泉州市人民检察院检察长提请泉州市人大常委会批准），庄怀璇为市监察委员会主任，王宏华等 38 人为市第十八届人民代表大会常务委员会委员。大会表决通过市第十八届人大常委会建设委员会、监察和司法委员会组成人员名单。

【人大常委会会议】 2021 年，晋江市人大常委会先后召开市第十七届人大常委会第 33 次至第 45 次会议。会议听取和审议“一府一委两院”重大工作情况报告和专项工作报告、审议通过国家机关工作人员职务任免、讨论决定有关重大事项等。

【人大常委会主任会议】 2021 年，晋江市人大常委会先后召开第 65 次至第 90 次主任会议。会议聚焦市委重大决策部署，聚焦人民群众所思所想所盼，聚焦维护宪法法律权威，讨论决定有关重大事项。

重大事项决议（决定）

【概况】 2021 年，晋江市人大常委会适时对市人大常委会领导及委员分工、人事任免、财政预算执行情况、国民经济和社会发展计划执行情况等专项工作进行审议，并作出相应的决议或决定 46 项，推动各项工作稳步开展。

【依法规范各项制度】 2021 年，晋江市人大常委会围绕规范性文件备案审查、法官检察官履职评议、讨论决定重大事项等工作作出相应决议或决定 3 项。3 月 5 日，晋江市第十七届人大常委会第 34 次会议通过晋江市人大常委会关于废止《晋江市人民代表大会常务委员会关于实施〈福建省各级人民代表大会常务委员会规范性文件备案审查规定〉的意见》的决议，自通过之日起废止。4 月 29 日，晋江市第十七届人大常委会第 35 次会议通过晋江市人民代表大会常务委员会关于制定《晋江市人民代表大会常务委员会关于法官检察官履职评议的暂行办法》的决定，自通过之日起实施。6 月 29 日，晋江市第十七届人大常委会第 36 次会议通过晋江市人大常委会关于废止《晋江市人民代表大会常务委员会讨论决定重大事项的暂行规定》的决定，自通过之日起废止。

【人员分工及调整】 2021 年，晋江市人大常委会结合工作实际，依法调整市第十七届人大常委会领导及委员分工、常委会驻会委员联系指导镇（街道）人大工作，作出决定 2 项。调整代表资格审查委员会、依法治市领导小组、妇女儿童工作组组成人员，作出决定 3 项。3 月 5 日，晋江市第十七届人大常委会第 34 次会议通过晋江市人大常委会关于调整市第十七届人大常委会代表资格审查委员会个别组成人员的决定。对市第十七届人大常委会驻会委员联系指导镇（街道）人大工作作出安排。

【重大事项决议】 2021 年，晋江市人大常委会围绕 2020 年市本级决算、2021 年本级预算调整方案、开展第八个五年法治宣传教育等工作作出决议 3 项。

6 月 29 日，晋江市第十七届人大常委会第 36 次会议听取《关于 2020 年晋江市本级财政收支决算草案的报告》和

《晋江市 2020 年度本级预算执行和其他财政收支情况的审计工作报告》，并对 2020 年市本级决算草案进行审查，同意市人大常委会财政经济委员会在初步审查报告中提出的意见，决定批准 2020 年市本级决算。

10 月 28 日，晋江市第十七届人大常委会第 43 次会议通过开展第八个五年法治宣传教育的决议。2021—2025 年在全市公民中开展第八个五年法治宣传教育。坚持以习近平法治思想引领全民普法工作；突出法治宣传教育重点内容；关注法治宣传教育重点对象加强社会主义法治文化建设；推进法治宣传教育与依法治理有机融合；建立大普法格局，提升普法工作的针对性和实效性；落实普法责任，健全完善法治宣传教育保障机制。

11 月 26 日，晋江市第十七届人大常委会第 44 次会议听取市财政局局长陈元福受市人民政府委托所作的《关于提请审查批准晋江市 2021 年度本级预算调整方案（草案）的议案》报告和市人大常委会财政经济委员会主任蔡银青所作的《关于晋江市 2021 年本级预算调整方案的初步审查报告》。决定批准晋江市 2021 年本级预算调整方案。

【换届选举和召开市十八届人代会相关决定】 2021 年，晋江市人大常委会围绕各镇人民代表大会代表名额、市镇两级人民代表大会代表换届选举日、设立市选举委员会、设立各镇选举委员会等有关工作作出决定 9 项。6 月 29 日，晋江市第十七届人大常委会第 36 次会议通过晋江市人大常委会关于各镇人民代表大会代表名额。9 月 24 日，晋江市第十七届人大常委会第 42 次会议通过 2021 年市、镇两级人民代表大会代表换届选举日为 2021 年 11 月 25 日；设立晋江市选举委员会，主持 2021 年市人民代表大会代表的换届选举工作；市选举委员会下设办公室和办事处；设立各镇选举委员会，分别主持 2021 年各镇人民代表大会代表的换届选举工作；授权市人大常委会主任会议直接决定处理，处理结果报市人大常委会备案。12 月 2 日，晋江市第十七届人大常委会第 45 次会议通过关于推迟召开晋江第十八届人民代表大会第一次会议的决定：原定于 2021 年 12 月 7—10 日召开的晋江市第十八届人民代表大会第一次会议推迟召开，具体召开时间及有关事项授权主任会议另行作出决定。

人大监督

【概况】 2021 年，晋江市人大常委会综合运用法定职权，围绕全市国土空间规划编制、财政运行、生态环境、为民办实事等各项中心工作开展监督，服务大局，统筹谋划监督议题，加强法律监督，做到监督与支持相结合，助推晋江市经济社会发展和改革攻坚任务。

【规划编制监督】 2021 年，晋江市人大常委会开展“国土空间总体规划编制情况的研究”课题调研，通过听取编制初步成果汇报、参加市政府相关征求意见会、走访相关部门和镇（街道）、召开座谈会、委托第三方作专业技术审查等方式，调研晋江市国土空间规划编制工作，推动国土空间总体规划编制与《晋江“十四五”规划和 2035 年远景目标纲要》有机衔接，突出规划的前瞻性、实效性，做到可落地、可持续。

【财经运行监督】 2021 年，晋江市人大常委会着眼新常态下经济运行态势，发挥财经综合监督效能。推进预算联网监督，从预算编制、执行、调整和决算审查入手，要求市政府严格依法理财，强化增收节支，提高财政资金使用绩效。注重人大监督与审计监督双重发力，创新监督方式，重点选取文旅局和市场监管局 2 个被审计单位，对其部门预算审计查出问题整改情况开展满意度测评，增强审计监督的针对性。听取和审议地方政府性债务管理情况的报告，依法批准政府债务限额和抗疫特别国债，支持新冠肺炎疫情防控、民生保障及重点项目建设。落实晋江市委《关于建立市政府向市人大常委会报告国有资产管理情况制度的意见》，听取和审议市政府关于 2020 年度国有资产管理情况的综合报告，督促市政府加强和改进国有资产管理，确保国有资产保值增值。

【生态环境监督】 2021 年，晋江市人

2021 年 10 月 15 日，晋江市人大常委会组织代表专题视察《关于加快推进我市生态水域建设的决议》落实情况 （晋江市人大常委会办公室／供）

大常委会视察晋江市2020年度环境状况和环保目标完成情况，听取和审议市政府关于2020年度环境状况和环境保护完成情况，督促市政府做好环境保护工作。视察九十九溪流域田园风光项目建设情况，督促市政府强化要素保障，因地制宜，打造精品项目，实现经济效益与社会效益、生态效益的统一。视察晋江市生态公益林保护建设工作情况，督促市政府坚持生态优先、绿色发展道路，严格执法强化生态公益林保护管理力度，针对不同生态林分类管理，通过合理利用，处理好生态保护与利用关系，推动晋江生态林地健康发展。专题视察《关于加快推进我市生态水域建设的决议》落实情况，督促市政府把生态水域建设纳入全市经济社会发展长期规划中，实施严格治污防污措施，统筹推进水域、河岸、植被等综合治理工作，强化水域日常巡查、检查，推动生态水域建设各项工作落到实处。

【民生实事监督】 2021年，晋江市人大常委会全程介入选题征集、跟踪监督、检查验收等环节，推动建设共享电单车监管平台、小学课后延时服务、残疾人康复和帮扶工程等22件为民办实事项目。跟踪检查《晋江市人大常委会关于检查〈中华人民共和国食品安全法〉及〈福建省食品安全条例〉实施情况的审议意见》落实情况，并听取和审议有关报告，通过检查问效，督促市政府坚持问题导向，加快晋江食品安全工作补齐短板，提升食品安全监管水平。通过走访、晤谈市卫健局、医保局、教育局、民政局等相关责任部门及9家医疗单位，分析卫健、财政、体育、发改、人社等15个部门的书面汇报材料，并对推进健康晋江建设提出处理好远与近、大与小、内与外、战时与和平等关系的建议。

【经济建设监督】 2021年，晋江市人大常委会视察晋江创新型县（市）创建工作情况，深入闽投电力储能科技有限公司、中轻（晋江）卫生用品研究有限公司及利郎（中国）有限公司研发中心察看，督促市政府发挥企业主体作用，多角度鼓励企业加强自主创新；加大政策扶持力度，强化科技人才引进，强化科技平台建设；聚焦重点难点，紧盯短板弱项，力促科技与经济社会共同发展，为全方位推进高质量发展超越，传承创新发展“晋江经验”注入科技动能。

【城乡建设监督】 2021年，晋江市人大常委会视察侨乡文化史迹保护工作情况，察看安海镇侨联、陈清机故居及晋江市博物馆华侨史馆。督促市政府提升思想认识，增强侨乡文化史迹保护责任感，通过政府主导，多方凝聚工作合力，编制侨乡文化史迹保护工作规划，着眼晋江实际，加强挖掘研究，着力盘活资源，以多种业态、形式做好侨乡文化史迹保护工作，实现保护性开发和可持续发展，达到留人、留形、留乡愁，全面展示晋江侨乡文化。

【法律监督】 2021年，晋江市人大常委会加强与政府法制办、司法局等市法治宣传教育工作领导小组成员单位的联系，了解“七五”普法工作情况，督促“七五”普法决议贯彻落实，听取市政府关于落实“七五”普法决议的工作报告，通过“八五”普法决议，推进全面依法治市。

2021年，晋江市人大常委会组织《泉州市市容和环境卫生管理条例》实施情况的执法检查，要求市政府及相关部门严格“部门协作”“分级负责”“属地管理”要求，落实法定责任，坚持问题导向，列出问题清单，突出精准发力，推动精细管理，依法行政执法，整治顽疾固症。通过推动条例落实，架空管线乱搭乱拉、共享单车乱停放、餐厨油烟乱排、小广告乱张贴等老大难问题得到解决，城市管理规范执法水平大幅提升。福建省、泉州市、晋江市人大常委会三级联动，组织《中华人民共和国消防法》和《福建省消防条例》实施情况执法检查，督促市政府贯彻落实相关法律法规，加大消防“一法一条例”宣传力度，营造消防安全全民关注、共同参与的社会氛围，抓好消防隐患排查工作，加大排查力度，确保隐患排查不留死角，强化部门协作，做好业务指导，推动问题整改落实，落实各方责任，提升消防安全治理水平，共同保障人民群众生命健康安全。跟踪检查《晋江市人大常委会关于晋江市实施〈泉州海上丝绸之路史迹保护条例〉情况的审议意见》研究处理情况，督促市政府立足“后申遗时代”新契机、新起点，重视海丝史迹保护、浓厚海丝史迹保护氛围、加强海丝史迹保护力量、加快海丝史迹项目进度，推动海丝史迹保护与经济社会发展实现“双赢”。

2021年，晋江市人大常委会关注人民陪审员遴选，督促遴选公开透明，管理严格规范，市人大常委会任免人民陪审员63人次。把规范性文件备案审查工作作为监督政府工作、推进依法治市进程的重要环节抓紧抓实，健全沟通衔接机制，落实备案审查要求，贯彻执行《福建省各级人民代表大会常务委员会规范性文件备案审查条例》，办理规范性文件备案审查31件。视察“智慧警务”工作情况，监督市公安局扛起为人民服务大局，推进“智慧公安”建设。跟踪检查《晋江市人大常委会关于市法院知识产权司法保护工作情况的审议意见》《晋江市人大常委会关于我市未成年检察工作情况的审议意见》研究处理情况，推动知识产权司法保护工作、未成年检察工作落实落细致。

【法官和检察官履职评议】 2021年，晋江市人大常委会在全省率先开展法官检察官履职评议，审议通过《关于法官检察官履职评议暂行办法》，出台2021年履职评议工作方案，从评议内容、步骤、要求等方面部署评议工作，通过“访、查、听、评”调研、评价评议对象履职情况，组织走访谈话 90 人次、案件评查 60 件、观摩庭审 4 件，掌握 6 名被评议法官检察官的履职情况，针对评议对象存在问题和法院、检察院队伍建设、业务建设存在的共性问题，提出意见建议，推动法院、检察院加强队伍建设，提升司法工作水平。

调研视察

【概况】 2021 年，晋江市人大常委会结合年度工作安排，开展城乡人居环境整治专题询问，增强监督刚性；结合市委中心工作，开展专题调研，确保项目推进再提速，工作保障再提质，完成年度目标任务。

【城乡人居环境整治专题询问】 2021 年，晋江市人大常委会把城乡人居环境整治专题询问作为年度重要工作推进，成立城乡人居环境整治专题询问领导组，下设 9 个小组。调研小组结合常委会“双联”活动，深入全市 19 个镇（街道）42 个村（社区）进行调研、视察，并召开城乡人居环境整治专题询问调研问题交办会，对收集到的群众教育宣传等 14 个方面问题进行交办。召开城乡人居环境整治专题会议，通报城乡人居环境整治工作专题询问情况，听取工作进展及问题整改情况汇报。召开城乡人居环境整治工作现场推进会，现场察看城乡人居环境整治情况，把整治工作抓在日常，确保整治工作落实。英林、安海两镇联动开展人居环境整治专题询问工作。9 月 17 日，召开市第十七届人大常委会第 41 次会议，专题询问晋江市城乡人居环境整治情况，听取市政府及有关组成部门的 5 份工作报告，进行满意度测评，围绕城乡人居环境整治热点难点问题提出询问，提升城乡人居环境整治监督实效。

【“国土空间总体规划编制情况的研究”课题调研】 2021 年，晋江市人大常委会开展“国土空间总体规划编制情况的研究”课题调研，督促市政府将国土空间总体规划编制与《晋江“十四五”规划和 2035 年远景目标纲要》有机衔接，对标全国县域发展典范、中小城市建设样板，考虑两岸融合因素和城市发展要素，紧扣全产业链定位、教育医疗等民生项目布局，多方调研，深入论证，科学做好晋江国土空间总体规划编制工作。

【少数民族流动人口服务管理情况调研】 2021 年，晋江市人大常委会提出提高政治站位，增强责任感和使命感；突出载体建设，提升精准服务水平；强化资源整合，提高依法管理能力；紧抓重点问题，提升群众获得感；坚持主体创新，促进交往交流交融；加强政策宣传，营造民族团结氛围等 6 点建议，推动少数民族合法权益落实。

【优化高中阶段教育工作情况调研】 2021 年，晋江市人大常委会关注借鉴经济发达地区经验做法，走访多所高中阶段学校，访谈高中阶段学校校长，研究全市 23 所高中学校的办学分析报告，研究泉州市、晋江市教育统计数据，函请兄弟县（市）人大办协助收集当地教育数据作横向对比，提出优化高中战略谋划、服务学子升学需求，优化高中教育投入、保障普职协调发展，优化教师队伍建设、夯实高中质量基础，优化基础教育治理、提升高中教育质量等 4 点建议，推动市政府回应和保障群众就学需求。

【全域旅游发展情况调研】 2021 年，晋江市人大常委会围绕旅游景区、旅游配套设施、“+旅游”项目等内容，实地走访全域旅游发展项目、配套设施和部分在建项目，综合提出强化领导，提高认识，增强发展全域旅游信心；健全机制，重视规划，夯实全域旅游发展基础；完善政策，强化保障，提质升级全域旅游要素；培育产业，加大融合，延伸全域旅游产业链；用活平台，加强宣传，拓宽全域旅游营销渠道等 5 点建议。

2021 年 9 月 17 日，晋江市第十七届人大常委会召开第四十一次会议暨城乡人居环境整治专题询问会（晋江市人大常委会办公室／供）

建议议案

【概况】 2021 年，晋江市第十七届人民代表大会第五次会议收到代表建议 178 件，其中大会期间收到 173 件、闭会期间收到 5 件。由市人大常委会领导领衔督办、对口委办重点督办，对 2021 年确定的《关于推进行政审批服务提质增效，营造一流营商环境》等3件重点督办件进行督办，3件重点督办件均取得较好成效。对其余的175件建议进行分类督办，各对口委办对建议进行全程跟踪，督促对口联系单位研究提出对策，175件建议均在规定期限内办结。

【建议督办机制健全】 2021年，晋江市人大常委会重新梳理代表建议督办工作流程，修订完善代表建议办理工作规定，细化为七大方面15个步骤，为各委办开展具体督办工作提供参考。各委办按照全程督办、抽查检查、不满意件重新办理、满意度测评、“回头看”等程序对相关承办单位实行“闭环式”全过程跟踪督办，并把督办代表建议与常委会组织的视察、调研、检查等活动同推进、同督促，推动代表建议落地落实。适应新冠肺炎疫情防控常态化要求，晋江市人大常委会采取“线上+线下”以及市、镇联动方式，全程参与建议的跟踪督办，征求了解代表对答复或办理情况的满意度。

【建议督办】 2021年，晋江市人大常委会督促各承办单位完善建议办理工作机制，加强与代表的沟通协调，主动公开建议办理情况，建立答复承诺事项持续跟踪推进机制。由市人大常委会主任会议研究确定对行政审批服务水平提升、紫帽山景区建设、农贸市场改造管理等3件代表建议开展重点督办。代表对178件建议办理情况表示满意的134件，满意率75.28%；表示基本满意的44件，基本满意率24.72%。其中，对3件重点督办建议办理情况满意率100%。5月18日，晋江市人大常委会召开晋江市第十七届人民代表大会第五次会议第7号重点督办代表建议《关于加快紫帽山景区建设的建议》、第36号重点督办代表建议《关于加强全市农贸市场改造、管理的建议》、第88号重点督办代表建议《关于推进行政审批服务提质增效、营造一流营商环境的建议》重点督办代表建议的办理进度情况汇报座谈会，组织实地检查重点督办代表建议办理落实情况。

【代表优秀建议评选】 2021年，晋江市人大常委会继续落实《晋江市人民代表大会代表优秀议案和建议评选办法（试行）》，开展年度代表优秀建议评选，在市人大常委会第43次会议上通过无记名投票方式差额评选，确定《关于对古文化街区或古村落、古大厝、华侨古厝全面保护修缮的建议》《关于加快紫帽山景区建设的建议》《关于加强我市基层公共卫生人才队伍建设的建议》《关于加强我市网络订餐食品安全监管的建议》《关于加强我市老旧居民小区改造升级的建议》《关于加强全市农贸市场改造、管理的建议》《关于大力发展我市职业教育的建议》《关于推进行政审批服务提质增效，营造一流营商环境的建议》《关于医疗系统建立检验信息互认共享机制的建议》9件建议为2021年度市十七届人大代表优秀建议。

2021年，晋江市人大常委会开展代表建议督办“回头看”。图为11月19日，代表们在崎山公园检查体育设施情况 （晋江市人大常委会办公室／供）

代表工作

【概况】 2021年，晋江市人大常委会致力建设代表机关，深化和拓展代表工作，把代表工作作为基础性工作来抓，注重发挥代表密切联系群众的优势和作用，让代表建议更贴民意、代表工作更接地气、代表履职更具活力，通过完善督办代表建议制度，推进履职平台建设提档升级，丰富代表履职活动，增强代表履职意识，激发代表履职活动，提高代表履职水平。

【代表履职保障】 2021年，晋江市人大常委会落实代表“八个一”（每届列席一次常委会会议，每年参加一次代表专题调研、视察等活动，每年参加一次代表座谈会，每年撰写一份议案或建议，每次大会作出一次审议发言，每季度参加一次代表小组活动，每季度参加一次接待选民群众活动，每年助推一件民生微实事）履职要求，健全代表履职考评、激励和约束机制，坚持履职建档全纪实、述职评议全覆盖，组织市、县两级代表94人次述职。组织代表赴湖南、贵州开展异地调研。

【代表履职平台建设】 2021年，晋江市推进人大代表联系群众活动室建设提标扩面、提档升级，代表走进活动室履职1285人次，收集意见建议806条，破解一批民生热难点问题，办成一批民生微实事，推动解决社区管理、道路拥堵、环境整治等问题。

人事任免

【概况】 2021 年，晋江市人大常委会坚持党管干部与人大依法任免国家工作人员相统一的原则，加强干部任免监督工作力度，执行拟任人员任中表态发言、投票表决，任后颁发任命书、向宪法宣誓等制度。全年任免国家机关工作人员 108 人次，任免晋江市人民法院人民陪审员 63 人次。

【市人大常委会组成人员辞职】 2021 年 6 月 29 日，晋江市第十七届人大常委会第 36 次会议决定，接受周先进、蔡少林辞去晋江市第十七届人民代表大会常务委员会委员职务的请求，报晋江市人民代表大会备案。7 月 21 日，晋江市第十七届人大常委会第 37 次会议决定，接受蔡文思辞去晋江市第十七届人民代表大会常务委员会委员职务的请求，报晋江市人民代表大会备案。8 月 10 日，晋江市第十七届人大常委会第 39 次会议决定，接受郭培源辞去晋江市第十七届人民代表大会常务委员会委员职务的请求，报晋江市人民代表大会备案。8 月 19 日，晋江市第十七届人大常委会第 40 次会议决定，接受林永灿辞去晋江市第十七届人民代表大会代表职务的请求。10 月 28 日，晋江市第十七届人大常委会第 43 次会议决定，接受郭鸿荣辞去晋江市第十七届人民代表大会常务委员会副主任职务的请求，报晋江市人民代表大会备案。11 月 26 日，晋江市第十七届人大常委会第 44 次会议决定，接受陈钖岑、施正琛辞去晋江市第十七届人民代表大会常务委员会委员职务的请求，报晋江市人民代表大会备案。

【市政府组成人员任免】 2021 年 6 月 29 日，晋江市第十七届人大常委会第 36 次会议决定，接受张文贤辞去晋江市人民政府市长职务的请求，任命王明元为晋江市人民政府副市长、代理晋江市人民政府市长职务，报晋江市人民代表大会备案。7 月 21 日，晋江市第十七届人大常委会第 37 次会议决定，任命王也夫、陈传芳为晋江市人民政府副市长，接受黄少伟、李志强辞去晋江市人民政府副市长职务的请求，报晋江市人民代表大会备案。7 月 26 日，晋江市第十七届人大常委会第 38 次会议决定，接受张淑语、张汉杰辞去晋江市人民政府副市长职务的请求，任命吴志朴、赖有为为晋江市人民政府副市长，报晋江市人民代表大会备案。8 月 10 日，晋江市第十七届人大常委会第 39 次会议决定，接受李自力辞去晋江市人民政府副市长职务的请求，任命陈希、张健龙为晋江市人民政府副市长，报晋江市人民代表大会备案。8 月 19 日，晋江市第十七届人大常委会第 40 次会议决定，任命丁鸿雨为晋江市人民政府副市长，报晋江市人民代表大会备案。11 月 26 日，晋江市第十七届人大常委会第 44 次会议决定，任命张勇为晋江市人民政府副市长，报晋江市人民代表大会备案。

【市监察委员会工作人员任免】 2021 年 7 月 21 日，晋江市第十七届人大常委会第 37 次会议决定，接受许仰东辞去晋江市监察委员会主任职务的请求，庄怀璇代理晋江市监察委员会主任职务，报晋江市人民代表大会备案。

【市法院工作人员任免】 2021 年 7 月 21 日召开的晋江市第十七届人大常委会第 37 次会议决定，接受陈水深辞去晋江市人民法院院长、审判委员会委员、审判员职务的请求，洪志强代理晋江市人民法院院长职务，报晋江市人民代表大会备案。

【市法院人民陪审员任免】 2021 年 4 月 29 日，晋江市第十七届人大常委会第 35 次会议决定，免去郭法利、庄婉如、丁思力晋江市人民法院人民陪审员职务。11 月 26 日，晋江市第十七届人大常委会第 44 次会议决定，任命丁财胜等 60 人为晋江市人民法院人民陪审员，任职期限 5 年。

（吴娟娜）

综 述

【概况】 2021年，晋江市坚持和加强党对经济工作的领导,落实“六稳”（稳就业、稳金融、稳外贸、稳外资、稳投资、稳预期工作）、“六保”（保居民就业、保基本民生、保市场主体、保粮食能源安全、保产业链供应链稳定、保基层运转）、“五促一保一防一控”（促生产、促消费、促项目建设、促外经贸发展、促旅游、保基本、防风险、控疫情）要求，应对新冠肺炎疫情冲击、能耗“双控”和外部环境叠加影响，推动经济发展稳中向好。全年完成地区生产总值2986.41亿元，比上年增长10.5%；一般公共预算总收入256.93亿元，比上年增长12.8%；一般公共预算收入146.20亿元，比上年增长5%；城乡居民人均可支配收入增长9%；规模以上工业增加值增长13.2%。

2021年，晋江市加强政府系统党的建设，抓好意识形态责任制落实。自觉接受人大法律监督和政协民主监督，办好173件人大代表建议、163件政协委员提案，满意率、基本满意率100%。推进基层政务公开标准化规范化省级试点，依法主动公开政府信息。坚持过“紧日子”，压减一般性支出。推动审计监督与巡察监督有机结合，基本完成省审计反馈问题整改。开展行政复议体制改革，获评全省首批法治政府建设示范市。

【“4341”现代经济体系构建】 2021年，晋江市加速构建“4341”现代经济体系（鞋服、纺织、建材、食品四大传统优势产业；信息技术、智能装备、医疗健康三大新兴产业；商贸物流、文体旅游、研发创意、金融服务四大现代服务业；探索布局未来产业），推动传统优势产业高新化、新兴产业集群化、现代服务业专业化发展，纺织、鞋服、建材分别同比增长28.1%、15.2%、16.9%，信息技术产业增长42.4%。实施七大重点产业链长制，开展“我为企业解难题”再落实活动，解决企业困难290项，促成产能协作30亿元，新增企业贷款140亿元，兑现惠企资金23.67亿元，企业降本减负7亿元，新增规模以上工业企业465家、限上商贸企业323家，产值超亿元企业净增141家。在全省县域率先成立市委科创委，谋划建设“一廊两区多平台”（混合型创新创业活力走廊、科创新区、金井产教融合区、推动高校与九大平台优势互补联动提升）全市域科创版图，加快推进国科大智能制造学院建设，福州大学国家大学科技园揭牌启用，北京石墨烯技术研究院落地运营。实施科技创新“四个倍增”计划，组织开展科技赋能技术对接专场活动4场，全年净增高新企业158家，登记技术合同金额实现翻番，入选首批省级科技小巨人企业61家，新增省级以上制造业单项冠军7家、各类高层次人才5245人。“晋江制造”出征太空，安踏入围全省数字经济独角兽企业，百宏成为泉州首家智能标杆工厂。

2021年，晋江市聚焦产业数字化、数字产业化，开展数字经济发展三年行动，引进华为生态圈，推动超300家企业“上云上平台”，超60%规模以上企业应用“数控一代”智能装备技术，入选全国工业互联网发展十强县。对接省大数据集团，策划组建国有大数据公司，培育一批数字产业化、产业数字化园区。坚持“大抓项目、抓大项目”，推进六大“两新”基地（智能装备制造产业基地、集成电路产业基地、人机交互产业基地、智能物流产业基地、新型高端面料产业基地、医疗器械产业基地）比拼建设，策划开展“百大项目攻坚大比拼”和“征迁扫尾清零”行动，掀起项目大干快上热潮，新增策划和签约项目375个、总投资超2300亿元，落地渠梁二期、盛科纳米等96个项目，完成重点项目投资超1000亿元，带动固定资产投资增长7.5%、工业投资增长12.1%。

【改革发展】 2021年，晋江市系统推进集成改革拓展深化。完成全市工业用地调查，启动经济开发区改革，实施2个园区标准化建设试点，产业空间盘活有力破题。开展“营商环境提升年”活动，130个事项实现“一件事”集成，企业开办时限压缩至5个工作小时，二手房交易立等领证，服务事项网上可办率99.2%。深化国有企业改革，完成国有粮企改制重组。获批省级供销社“三位一体”综合合作试点县（市）。

【“产城人”融合发展】 2021年，晋江市对接闽西南协同、泉州环湾发展大局，梯次推进“聚城畅通”系列工程，融入泉州中心市区一体化开发建设。规划“全市一城、一主两辅、双湾双带”总体布局，推动晋东、高铁、紫帽、科创四大新区实施项目84个、完成投资160亿元。分类启动44个老旧小区改造，14个高铁新区安置房项目全面投建。统筹城市发展、产业植入、业态提升、环境艺术、专业设计，推进城乡品质提升项目144个、完成投资109亿元，建成通车城市道路12条。推进常态化文化惠民、集中性文化遗产保护，安平桥、草庵摩尼光佛造像、金交椅山窑址被列入世界遗产名录，新增AAA级旅游景区2个。打好污染防治攻坚战，抓好中央生态环境保护督察反馈问题整改，超额完成“十三五”节能减排任务。深化矿山修复，植树造林346.67公顷，绿化矿山迹地111.27公顷，建成区绿化覆盖率44.03%，城乡绿地率39.97%，人均公园绿地面积13.9平方米。认定第三批市级历史建筑12栋，安海镇入选2021年省重点改善提升历史文化名镇。编制农房建筑立面图集，基本完成58个世中运城市环境品质提升项目建设，完成3441栋裸房整治。建设石窟公园2处，完成红树林生态修复194.13公顷。推行河长制项目绩效考评，深化流域综合治理，完成河道清淤整治45千米，建成标杆河湖4个，新建污水管道370千米、小型污水处理设施53座，农村生活污水管网接户率82%。完成大气治理重点项目29个，全年空气质量优良率保持100%。

【民生事业】 2021年，晋江市财政民生支出77.6%，办好为民实事22件、民生微实事203件，帮扶困难家庭1722户，投入超2000万元善款救助帮扶困难群众5.87万人次，新增城镇就业1.95万人。应对省内突发新冠肺炎疫情，分级分区管控，全域全员核酸检测，阻断新冠肺炎疫情传播风险，城市核酸检测基地建成投用，接种新冠疫苗450.92万针次。对口帮扶龙岩上杭县、长汀县，深化山海协作。推进公共服务提质扩面，上海六院福建医院成为全国县域首个国家区域医疗中心试点，清华附中初中部正式招生，复旦大学上海医学院与市第二医院合作共建，在全省县域率先推行医疗机构“一码通行”，新增优质学位1.24万个、养老床位509张。推进世中运筹办工作，获评福建省全民运动健身模范县。开展安全生产三年行动，推进消防安全综合整治“雷霆”行动，实施安全生产标准化建设，培育78家标杆企业、22个示范片区，生产安全事故起数、亡人数分别下降24.5%、23.1%。深化“六守六无”平安创建，履行粮食和食品安全责任，守牢粮食安全和食品安全底线。开展扫黑除恶专项斗争，打击各类网络犯罪，电信网络诈骗破案率提高18.3个百分点。整镇推进乡村振兴，开展“百企促百村、乡贤促振兴”行动，推广复制乡贤反哺、村企合作等新模式，提档建设“绿盈乡村”257个，培育村集体经营性收入超50万元村（社区）142个。

【城乡人居环境整治】 2021年，晋江市获评全省城乡建设品质提升综合绩效优异县（市），英林镇集镇环境整治项目列入省级集镇环境整治样板。攻坚城乡人居环境整治，出台实施城乡环卫考评结果应用办法，推进环卫保洁、农贸市场等16个专项行动，重点推动市容环境卫生大整治大扫除、老旧小区改造、架空缆线整治、生活污水治理“回头看”、农村基础配套设施等5个专项行动，通过全国文明城市复查。拆除改造石结构及危险房屋2806栋57.54万平方米，实施农房抗震改造试点742户。建设无障碍城市，获评全国无障碍环境达标市。开展房屋结构安全隐患排查整治回头看，处置重大安全隐患房屋704宗。项目建设品质显著提高，第二体育中心场馆项目、福大科教园区一期（启动区）工程分别获中国建设工程鲁班奖和国家优质工程奖。

（晋江市政府办）

重要会议

【市政府全体会议】 2021年12月25日，晋江市政府第一次全体会议在市戏剧中心召开。市长王明元作讲话，强调要闻令而动、定了就干，看清形势，把握任务，细化抓手。同时要求统筹做好指标运行、新冠肺炎疫情防控、安全生产、城乡人居环境整治、帮扶慰问、稳供保价、社会安定稳定等相关工作。

【市政府常务会议】 2021年，晋江市政府召开市政府常务会议19次。其中，第十三届市政府第86次至第94次常务会议由市长张文贤主持；因人事变动，第十三届市政府第95次至第102次常务会议、第十四届市政府第1次至第2次会议由新一任市长王明元主持。

（林齐帆）

2021 年晋江市政府常务会议一览表

表 5

会议名称	召开时间	会议主要内容
第十三届市政府第 86 次常务会议	1 月 4 日	研究 2021 年市委、市政府为民办实事项目、P2019—61 号地块公开出让等有关事宜
第十三届市政府第 87 次常务会议	1 月 7 日	研究《晋江市国民经济和社会发展第十四个五年规划和二〇三五年远景目标纲要（送审稿）》《晋江市人民政府工作报告（送审稿）》《晋江市 2020 年国民经济和社会发展计划执行情况及 2021 年计划草案报告（送审稿）》《晋江市 2020 年预算执行情况及 2021 年预算草案报告（送审稿）》及 2021 年重点项目安排、组建晋江高新产业发展投资基金等有关事宜
第十三届市政府第 89 次常务会议	3 月 3 日	研究《2021 年主要经济指标预期目标分解方案（送审稿）》《重大赛事举办年活动实施方案（送审稿）》《集成改革突破年活动实施方案（送审稿）》《营商环境提升年活动实施方案（送审稿）》《基层治理优化年活动实施方案（送审稿）》《2021 年晋江市城乡建设品质提升实施方案（送审稿》）《晋江市乡村建筑风貌提升行动方案（送审稿）》《晋江市全方位推动住房城乡建设高质量发展超越行动计划（送审稿）》及《晋江市工伤认定工作方案（送审稿）》，晋江市新一轮基准地价修编、晋江市磁灶中心卫生院迁建项目一期 A、B 区工程安装、二次装修及室外工程重大设计变更，晋江市 G2020—21 号、G2021—15 号、G2021—39 号地块公开出让，《关于促进我市现代物流业发展的若干意见（送审稿）》《晋江市拥军购房实施方案（送审稿）》等有关事宜
第十三届市政府第 90 次常务会议	3 月 26 日	研究《晋江市新时代职业教育创新发展若干措施（送审稿）》、晋江市政府与清华附中战略合作、晋江市医院迁建工程一期供配电工程重大设计变更、《晋江市纺织智造（龙湖）工业园项目土地房屋征收补偿实施方案（送审稿）》等有关事宜
第十三届市政府第 91 次常务会议	4 月 2 日	研究《关于规范对市属国有企业资金拨付管理机制的通知（送审稿）》及 P2020—13 号、P2021—28 号地块公开出让等有关事宜
第十三届市政府第 92 次常务会议	4 月 20 日	研究晋江市 G2020—32 号地块公开出让、铨兴存储器模组生产及封测项目等有关事宜
第十三届市政府第 93 次常务会议	5 月 12 日	研究《关于大力推进科技创新能力建设的若干措施（送审稿）》、《关于破解空间要素制约助力经济高质量发展的若干意见（送审稿）》、《关于加快科技创新人才队伍建设的若干措施（送审稿）》及经济发展鼓励扶持政策修订、《晋江市人民政府关于公布 2020 年度行政规范性文件清理结果的通告（草案）》、《晋江市老旧工业区改造项目开展集体经营性建设用地入市试点实施方案（送审稿）》、《晋江市促进民宿规范发展暂行规定（送审稿）》、晋江市 P2021—29 号地块公开出让、泉州市二重环湾快速路（晋江段）新建工程一期工程重大设计变更等有关事宜
第十三届市政府第 94 次常务会议	6 月 11 日	研究《晋江市促进体育产业高质量发展的若干措施（送审稿）》《晋江市人民政府关于进一步规范我市建设项目土地规划审批工作的实施意见（送审稿）》《晋江市电力设施建设补偿标准的实施意见（送审稿）》《推动外经贸促稳提质七条措施（送审稿）》及晋江市 P2021—41 号地块公开出让等有关事宜
第十三届市政府第 95 次常务会议	8 月 19 日	研究《晋江市集聚技能人才的若干措施（送审稿）》《晋江市互联网租赁电动自行车管理（暂行）规定（送审稿）》《晋江市互联网租赁电动自行车管理实施方案（送审稿）》及晋江市 P2020—15 号、P2021—5 号、P2021—46 号、G2021—44 号、G2021—48 号地块公开出让，《金井镇国防项目建设土地征收补偿实施方案（送审稿）》、胜科纳米集成电路专业分析测试平台项目投资协议、《2020 年度机关事业单位年终奖金补贴发放方案（送审稿）》等有关事宜
第十三届市政府第 96 次常务会议	9 月 17 日	研究晋江市 P2020—14 号地块公开出让等有关事宜
第十三届市政府第 97 次常务会	9 月 25 日	研究《晋江市市镇（街道）综合行政执法协调协作联动机制暂行规定（送审稿）》、《晋江市市镇（街道）"属地管理"事项责任清单（送审稿）》、2022 年度城乡居民基本医保参保缴费、《晋江市中心城区教育资源整合提升工作方案（送审稿）》等有关事宜
第十三届市政府第 98 次常务会议	10 月 23 日	研究晋江市 P2018—32 号、P2020—19 号、P2021—9 号、P2021—30 号、P2021—50 号地块公开出让等有关事宜

续表 5

会议名称	召开时间	会议主要内容
第十三届市政府第 99 次常务会议	11 月 1 日	研究《晋江市“十四五”人才发展规划（2021—2025 年）（送审稿）》、提高 2003 年以前离职村主干养老补贴标准、调整村（社区）干部报酬和村务（社区）专职工作者薪酬制度、《推动泉州综合保税区高水平开放六项措施（送审稿）》等有关事宜
第十三届市政府第 100 次常务会议	11 月 5 日	研究晋江市人民政府与树兰（杭州）医院有限公司深化合作、《晋江市河湖长制项目及资金管理规定（送审稿）》、晋江市 P2018—52 号，P2021—6 号、7 号、45 号，G2019—3 号、20 号、21 号、22 号、26 号，G2021—60 号、61 号地块公开出让等有关事宜
第十三届市政府第 101 次常务会议	11 月 19 日	研究《晋江市实施“重龙头、强品牌、铸链条”专项行动方案（送审稿）》《加快建设“海上晋江”推进海洋经济高质量发展实施方案（送审稿）》《2021 年度本级预算调整方案（草案）（送审稿）》，晋江市 G2019—7 号、G2021—57 号、P2021—54 号地块公开出让，《陈埭镇丁氏宗祠周边环境及交通综合整治项目征收补偿安置实施方案（送审稿）》等有关事宜
第十三届市政府第 102 次常务会议	12 月 7 日	研究《晋江市世纪大道南延伸暨北环—龙山寺片区建设项目征收补偿安置实施方案（送审稿）》《晋江市 2022 年国民经济和社会发展主要预期目标建议方案（送审稿）》《2022 年晋江市政府工作报告（送审稿）》《晋江市 2021 年国民经济和社会发展计划执行情况及 2022 年计划草案报告（送审稿）》《晋江市 2021 年预算执行情况及 2022 年预算草案报告（送审稿）》及 2022 年重点项目安排、2022 年市委、市政府为民办实事项目等有关事宜
第十四届市政府第 1 次常务会议	12 月 24 日	研究修订晋江市扶持钢材贸易发展若干措施、《晋江市关于开展全市义务教育阶段学生课后服务工作的指导意见（送审稿）》、晋江广电网络资产划转移交等有关事宜
第十四届市政府第 2 次常务会议	12 月 30 日	研究《晋江市数字经济发展三年行动计划（送审稿）》、《晋江市制造产业数字化转型升级实施意见（送审稿）》、《晋江市绿色数字技改专项行动方案（送审稿）》、《关于在全市开展法治宣传教育的第八个五年规划（2021—2025 年）（送审稿）》、《晋江市全面对接 RCEP 行动计划（送审稿）》、晋江市进一步加快培育集成电路全产业链的若干意见修订、八仙山全民健身中心项目重大设计变更、石墨烯产业研究院运行、《关于进一步促进建筑业发展壮大的补充意见（送审稿）》等有关事宜

为民办实事

【概况】 2021 年，晋江市委、市政府研究确定 22 件为民办实事项目，涉及医疗养老、教育文体、便民服务、宜居环境、关爱困难群体、城市建设管理等领域。完成投资 9.63 亿元。

【民生保障】 2021 年，晋江市重点针对低保、残疾人、“四帮四扶”（帮就业、帮就医、帮就学、帮安居，扶贫困、扶老幼、扶伤残、扶志气）家庭、计生特殊家庭等对象，开展系列精准帮扶活动。投入 300 万元，实施髋膝关节医疗救助精准帮扶工程。经摸底，全市有 28 例符合条件的贫困救助对象，全部免费完成髋膝关节置换手术。有 23 例非贫困对象在项目影响带动下，实施置换手术，医保报销 60%。累计完成 51 例。投入 299.96 万元，实施长期护理保险试点提质增效项目，超过 33 万人参保，覆盖 19 个镇（街道）68 个村（社区），护理服务 674 人次。投入 152.38 万元，开展残疾人帮扶工程，受益 987 人次。投入 2000 万元，帮助 275 户“四帮四扶”对象脱贫解困，其中帮安居 81 户、帮就医 105 户、帮就学 89 户。

【城市管理提升】 2021 年，晋江市重点围绕农贸市场改造提升、共享单车管理、餐厨垃圾处理等群众反映的热点，加快新老基础设施建设。投资 1000 万元，实施 5 个农贸市场改造提升项目，其中 3 个建成投用，2 个进入扫尾阶段。投资 2640 万元，上线共享电单车监管平台，布设实体电子围栏 1357 个，投放电单车 5650 辆。投资 1.6 亿元，建设全市首个餐厨垃圾处理站，投放分类垃圾屋 50 个。投资 3.05 亿元，建成 5G 基站 1200 个。

【“一老一小”保障】 2021 年，晋江市重点聚焦“一老一小”（老人和儿童）两个群体，回应一批群众关注热点。投入 1200 万元，开展“计生特殊家庭”关爱行动，办理养老保险补助 10503 人。投资 2.03 亿元，新改建公办幼儿园 10 所，新增公办幼儿学位 6785 个；建成中小学自办食堂 40 个并投入使用。投入 400 万元，将课后延时服务拓展到全市所有小学。投资 438.69 万元，新改建中小学心理辅导室 38 个，全部完工验收。

【便民服务提升】 2021年，晋江市重点围绕群众便捷就医、交通出行、殡葬服务等需求，实施实事项目5个。投资400万元，建设电子健康卡（医码通）项目一期，实现就医“一码通用市级医院”6家。投资8368万元，建设人行天桥3座，其中年底完工通行2座、完成主体工程1座。投入3970万元，打通“断头路”3条，整治事故多发点10处、易堵点10处。投资1000万元，实施公交服务提升项目，改造提升公交站亭280座，优化公交路线4条。投资907万元，修缮市殡仪馆大门、礼仪厅，购置殡仪服务专用车辆15辆，改造建设社区治丧场所5个。

【宜居环境优化】 2021年，晋江市重点围绕公园绿地、老旧小区改造、文化体育以及传统建筑保护利用等方面，落实实事项目5个。投资2100万元，新建亲子乐园2个及城市街头绿地10处。投资1281万元，实施老旧小区改造示范项目12个，年底全部完工。投入500万元，组织百场文艺精品公益性演出，全年演出89场；投入500万元，补助基层体育设施建设项目30个，年底全部完工投用。投入2024万元，实施乡村古街巷改造示范项目5个，修缮保护利用传统建筑10栋，保护闽南传统文化和乡愁记忆。

（市政府办）

信访工作

【概况】 2021年，晋江市畅通信访渠道，推进“治重化积”专项工作，把信访问题化解在基层，维护群众合法权益、促进社会和谐，全市信访态势总体平稳向好。全年受理信访事项5174件，其中纳入“最多投一次”事项1127件，及时受理率和按期办结率均100%。群众对信访部门满意率91.1%，对责任单位满意率83.7%。

（林春宝）

【难题积案化解】 2021年，晋江市开展治理重复信访、化解信访积案专项工作，实行“双包双挂”（落实属地和属事部门领导挂钩包案责任）工作机制，做好排查梳理、分解交办、跟踪督办，依法依规按政策解决群众的合理合法诉求。治重化积交办件300件，办结化解299件。

2021年，晋江市落实领导干部接访制度。图为11月17日，市委书记张文贤在信访局接访 （晋江市信访局/供）

【涉疫信访问题化解】 2021年，晋江市启动“四个第一时间”（第一时间受理、第一时间处理、第一时间报告、第一时间反馈）和“六个及时”（及时受理、及时办理、及时研判、及时反馈、及时回应群众关切、及时报告重要情况）工作模式，按照分级分类原则，办理涉疫信访事项957件。

（陈金象）

【领导干部接访】 2021年，晋江市联合市委督查室、市政府督查室对市主要领导接访件进行督办落实，提请市主要领导听取办理情况汇报，推动信访事项及时妥善解决。组织开展市领导干部接访群众活动99场，接待群众109批次116人次，受理问题116件，办结率100%。

（杨青秒）

【信访评理】 2021年，晋江市运用上门评理、流动评理、现场评理、提级评理等方式，为群众定纷止争。全市组织开展评理894件，化解884件，化解率98.8%。安海镇秀冬评理室被省信访联席办、省信访局授予“省十佳信访评理室”称号。2月4日，晋江市流动评理工作相关做法在《人民日报》刊发。

（王玲莉）

【“12345”平台信访受理】 2021年，晋江市信访局完善泉州市“12345”平台和市长专线受理、交办、反馈、跟踪等责任链条，形成民意诉求回应闭环。全年接听受理群众来电22713个，办结反馈率99.5%；办理泉州“12345”平台交办件9101件，按时查阅率和反馈率均100%，群众满意率99.71%。

【信访联席会议机制】 2021年，晋江市信访局发挥联席会议综合协调、督促落实作用，由市信访联席办牵头不定期召开重点信访事项会商会，综合施策、攻坚突破，推动化解重点信访事项12件。

（市信访局）

行政服务

【概况】 2021年，晋江市行政服务中心围绕全市集成改革大局，加快推进审批服务“一门、一窗、一网、一事、一次”改革，服务效能持续提升。办事大厅可提供现场办理事项1997项，实现群众“进一扇门，办所有事”。二手房交易、不动产（房屋）抵押、工程建设等领域，实现“一窗受理”。全市行政许可事项平均承诺时限压缩到法定时限的8.4%，即办件占比74.5%，“一趟不用跑”事项占比96.3%。网上可办率99.21%，全流程网办率80.73%。

【市行政服务中心新址启用】 2021年1月，位于罗山街道世纪大道333号晋兴成发大厦的晋江市行政服务中心新址投入使用，总建筑面积2.1万平方米，常驻单位31个、非常驻单位12个，服务窗口200个，工作人员600人。新中心1—3层为办事大厅，设有10个服务区。其中，1楼设公安服务区、社保医保服务区、便民服务区；2楼设税务服务区和婚姻登记服务；3楼设不动产服务区、公证处服务区、投资建设服务区、综合事务服务区以及市场监管服务区。日均接待群众4000人次。

【服务体系建设】 2021年11月，晋江市行政服务中心围绕省、市、县、乡、村五级同一事项无差别审批的要求，梳理完成全市42个市直部门、19个镇（街道）、397个村（社区）所有事项与《标准化目录清单》和《权责清单》的关联绑定。按照统一的政务服务事项，制定相关管理机制、统一服务标准，规范建设镇（街道）综合便民服务中心、村（社区）便民服务站，打造建设晋江市覆盖市、镇、村三级的线上政务服务平台和线下实体政务大厅融合发展的政务服务体系。

【办件模式建设】 2021年11月，晋江市行政服务中心拓展网上办事深度。加大省网上办事大厅应用力度，推动更多事项升级为五星级，实现网上可办率99.21%，全流程网办率80.73%。依托泉州市政务服务“一体化”平台，建设村（居）智助服务系统，向基层延伸服务端口。推行掌上便民服务。加大闽政通App及各部门微信公众号“掌上办”的宣传推广力度和便民应用开发力度，推动更多事项入驻“闽政通”App“i晋江”模块，拓展模块功能。至年底，入驻专题“晋江人社”“晋江民政”“医疗卫生”“城市管理”“医保服务”“电力服务”“便民服务”等，涵盖事项94项，入驻事项总量居泉州各县（市、区）首位。提升自助服务水平。在全市设立2个24小时自助服务区，部署自助设备19台。办事大厅部署自助设备30台，19个镇（街道）便民服务中心各部署1台“e政务”自助机，可提供125项高频事项自助服务。

【监督平台建设】 2021年，晋江市行政服务中心依托泉州政务“一体化”平台，监督窗口人员办事流程，确保办事过程按照福建省办件规范及省网发布办事指南办理。以中心视频监控平台为抓手，落实专人负责视频监控，发挥“电子眼”功能，对行政服务中心工作人员的服务过程、服务质量进行集成音视频录像，系统自动抓拍窗口效能问题，降低现场巡查人力成本。

【“局长走流程”专项活动】 2021年1月，晋江市委办、政府办联合印发《关于开展晋江市审批服务“局长走流程”专项活动的通知》。30个部门主要负责人体验行政审批和公共服务事项54个；查摆存在问题44个，解决39个，推进整改问题5个，提出整改措施41条。

（肖志鹏）

中国人民政治协商会议晋江市委员会

综 述

【概况】 2021年，中国人民政治协商会议晋江市委员会（简称“晋江市政协”）坚持中国共产党的全面领导、坚持“晋江经验”引领、紧贴中心大局，推动政协工作守正创新，政协履职空间更加广阔，“政协身影”活跃在全市各条战线，为高质量发展凝心聚力、贡献政协力量。政协机关获评2021—2023年度省级文明单位。至年底，晋江市有全国政协委员13人、省政协委员46人、泉州市政协委员34人、晋江市政协委员367人。

【思想政治建设】 2021年，晋江市政协把思想政治建设摆在首位，贯彻市第十四次党代会和市委重要会议精神，对标细化103项工作清单，项目化、清单化、责任化做实做成，做到市委部署要求、政协坚决落实。推进“再学习、再调研、再落实”活动，举办政协讲堂、专题讲座21场，组织专题调研27场，组织委员议政建言。落实新时代党建工作要求，完善党员委员党小组活动机制，推动政协“两个全覆盖”的经验做法，在全省市县政协主席工作座谈会上作典型交流。

【委员主体聚焦】 2021年，晋江市政协创设书香政协传习基地5个，组织委员读书活动，在省政协“感悟思想之源、感怀为民初心”网上读书群发表阅读感悟800多篇。实施“委员素质提升计划”，组织诗词吟诵会、书法摄影展、书画精品展等活动，委员参与超800人次。组建“委员小分队”“委员问政团”，开展“我为群众办实事”“我为企业解难题”等活动29场次。

【联络联谊】 2021年，晋江市政协以新方式深化联谊交往。组织晋江、香港、澳门三地交流活动2场次，促进融通发展。践行“两岸一家亲”理念，以“为台胞送春联”为主题，走访在晋江的台胞，丰富台胞物质文化生活。联合市委党史和地方志研究室、市社会科学界联合会，编印《围头记忆》，对外交流文史书籍资料，讲好晋江文化故事。打造“心手相连”活动品牌，开展送医送药、走访慰问、视察调研等活动，增进民族团结、促进宗教和睦。

重要会议

【政协第十四届晋江市委员会第一次会议】 2021年12月20—23日，政协第十四届晋江市委员会第一次会议召开。会议听取和审议政协第十三届晋江市委员会常务委员会工作报告、关于提案工

2021年12月21日，晋江市政协十四届一次会议在晋江戏剧中心开幕

（董严军/摄）

作情况的报告，书面听取政协晋江市第十三届委员会各专委会工作报告，听取提案承办单位代表发言，举行大会发言，听取并讨论晋江市人民法院工作通报和晋江市人民检察院工作通报，列席晋江市第十八届人民代表大会第一次会议的有关议程并听取和讨论晋江市人民政府工作报告、计划报告、预算报告，选举政协第十四届晋江市委员会主席、副主席、秘书长，听取政协第十四届晋江市委员会常务委员会关于十四届一次会议提案初审情况的报告，审议通过政协第十四届晋江市委员会第一次会议决议。泉州市委常委、晋江市委书记张文贤在开幕式上讲话。会议选举许宏程为政协十四届晋江市委员会主席，选举张淑语、张汉杰、洪忠信、吴丽婷为政协十四届晋江市委员会副主席，选举张广德为政协十四届晋江市委员会秘书长，选举丁玉梅等 67 人为政协十四届晋江市委员会常务委员。

【市政协常委会会议】 2021 年 3 月 31 日，晋江市政协主席许宏程主持召开政协第十三届晋江市常委会第二十三次会议，传达学习习近平总书记来闽考察重要讲话精神，各级政协全会精神，以及福建省、泉州市、晋江市党史学习教育有关会议精神。会议听取市委政法委关于平安建设情况通报，通报市政协 2021 年度协商与监督计划，审议通过市政协常委会 2021 年工作要点。

7 月 26 日，晋江市政协主席许宏程主持召开政协第十三届晋江市常委会第二十四次会议，传达学习习近平总书记在庆祝中国共产党成立 100 周年大会上的重要讲话精神；传达学习福建省委十届十二次全会、泉州市委十二届十五次全会精神，2021 年省委和省政府工作检查总结会暨全省上半年经济会议，以及泉州市 2021 年上半年全市经济运行分析视频会主要精神；审议通过有关人事事项。

11 月 1 日，晋江市政协主席许宏程主持召开政协第十三届晋江市常委会第二十五次会议，传达学习习近平总书记在中央民族工作会议上、在党外人士座谈会上的重要讲话精神，全国政协系统党的建设工作经验交流会、全国地方政协提案工作经验交流座谈会、全省市县政协主席工作座谈会精神，泉州市第十三次党代会、晋江市第十四次党代会精神；围绕 2021 年度 3 件重点提案开展协商议政，组织提案办理情况民主评议。

11 月 26 日，政协第十三届晋江市常委会第二十六次会议召开。经会议协商通过，政协第十四届晋江市委员会第一次会议于 12 月 6—9 日召开。会议传达学习中共十九届六中全会精神，通过十三届晋江市政协部分工作机构领导任免名单和政协第十四届晋江市委员会第一次会议有关事项。

12 月 3 日，晋江市政协主席许宏程主持召开政协第十三届晋江市常委会第二十七次会议，传达学习省第十一次党代会、省委十一届一次全会精神，省委书记尹力等省领导在参加省第十一次党代会泉州代表团审议时的讲话精神及泉州市委常委会（扩大）会议、晋江市委常委会（扩大）会议精神。会议审议通过政协第十三届晋江市常委会工作报告（草案）、政协第十三届晋江市常委会关于提案工作情况的报告（草案）、各专委会工作报告（草案）、政协第十四届晋江市委员名单、晋江市政协第十四届一次会议有关文件（草案），以及《关于授权主席会议审议十三届晋江市政协常委会第二十七次会议未尽事宜的决定（草案）》。

【政协主席会议】 2021 年，晋江市政协召开主席会议 12 次。传达学习习近平总书记重要讲话、重要指示、重要批示精神，各级党委全会、政协全会、政协工作会议、纪委全会等会议精神，听取民主生活会、履职报告和委员履职量化考评等情况通报，审议有关文件和人事事项，研究讨论市政协每月重点工作，部署推进市政协机关精神文明建设、党建、提案办理、委员管理服务、信息宣传等工作。

政治协商

【概况】 2021 年，晋江市政协围绕构建“一三一三七”（一个篇章、三个战略目标、一条鲜明主线、“产城人”三者融合、七个着力工作主抓手）发展格局，强化协商主阵地，搭建常态化、机制化的协商平台。全年召开全会协商 1 次，议政性常委会协商 2 次，各类重点协商 9 场，专题调研 11 次，在服务大局中贡献“晋江智慧”。

【“加快老旧工业区改造，拓展产业发展空间”专题协商】 2021 年，晋江市政协围绕“加快老旧工业区改造，拓展产业发展空间”议题，与市委开展专题协商。组织政协参加单位、政协委员提交建言材料 21 篇、建议超 70 条。《关

2021 年 8 月 24 日，市委与市政协开展“加快老旧工业区改造，拓展产业发展空间”专题协商会
（晋江市政协办 / 供）

于加快老旧工业区改造，拓展产业发展空间的建议》政协专报件得到市委主要领导批示。亩均效益评价、闲置土地出清等委员建议转化为政策出台或被列入重要工作内容。

【“大力培育高新技术企业，补齐科技创新短板”专题协商】 2021年，晋江市政协围绕“大力培育高新技术企业，补齐科技创新短板”议题，联合界别组、联络组，以“小课题、多分队”的形式深入调研，形成一批调研成果。召开市政府与晋江市政协专题协商会，紧扣科技创新主题，提出构建产业创新生态圈、推动技术人才集聚、做好高新技术企业认定等建议。

【“完善生育公共服务体系，提高群众生育意愿”对口协商】 2021年，晋江市政协聚焦群众关心关注问题，围绕“完善生育公共服务体系，提高群众生育意愿”议题，召开对口协商会议、专题座谈会议，与有关部门面对面交流，探讨工作中存在的问题和困难，以及推进工作的思路和对策。与会人员围绕协商课题，结合视察调研情况，聚焦“不愿生”“生不起”“养不起”难题，就教育、就业、医疗、社会保障等方面提出意见建议。

【“进一步加强产教融合，精准服务企业发展”对口协商】 2021年，晋江市政协围绕“进一步加强产教融合，精准服务企业发展”议题，组织有关部门、高校、企业负责人和相关界别、联络组委员，召开对口协商会议。与会人员围绕协商主题，立足晋江实际和人才供需现状，协商建言。

【民生关注】 2021年，晋江市政协把“推进康养产业发展”等群众关心关注的问题作为政协协商重要方向，组织召开对口协商会议、专题座谈会议，与部门面对面交流，引起党政部门关注，助推解决群众身边的难事。《加快推进我省康养产业发展的建议》入选省政协远程协商会。

参政议政

【概况】 2021年，晋江市政协夯实合作共事平台，搭好“连心桥”，发挥委员主体作用，形成一批提案、社情民意信息、大会发言材料，助推全方位推进高质量发展超越。全年收到政协提案211件，办复率100%，满意率99.6%；建立社情民意联系点65个，收集社情民意信息44篇。

【提案工作】 2021年，晋江市政协十三届五次会议期间，收到政协提案211件（合并为163号），交由81个承办单位办理，所有提案均在规定时间内办理答复，办复率100%，满意率99.6%，基本满意率0.4%。针对提案质量情况，向44个提案主办单位发出质量评价表，评价“好”等次占88.7%，较往年有所提升。

【社情民意反映】 2021年，晋江市政协制定《晋江市政协社情民意信息工作制度》，设立社情民意信息工作联系点、联络员、信息员，建立65个联系点，确定69名联络员、396名信息员，信息队伍实现全市全覆盖。全年收集到社情民意信息44篇，转送43篇、出刊1篇，助推群众身边的操心事烦心事得到解决。

【建言献策】 2021年，晋江市政协推动议政建言与中心工作有机结合，晋江市政协十四届一次会议期间，提出“晋江市设立‘引才伯乐奖’”“加速发展晋江市鞋服行业工业互联网应用场景建设”“完善我市公共卫生应急管理体系”“充分发挥统一战线力量助推乡村振兴”“传承与发展我市闽南文化”“加强科技创新生态建设”“满足群众教育需求”“打造民营经济健康发展示范区”“打造泳装产业生态链”等建言，部分建言转化为政策落实。

民主监督

【概况】 2021年，晋江市政协完善监督形式，丰富协商内容，围绕“五个年”（“晋江经验”20周年、开放招商科技创新项目落地攻坚年、城市品质提升年、园区标准化建设推进年、世中运举办年）活动开展，组织民主监督活动，深入剖析问题根源，组织政协参加单位、委员提出监督意见。

【委员视察监督】 2021年，晋江市政协重点围绕“高铁新区、科创新区建设情况”“青少年法治教育工作”“宗教组织参与社会公益慈善事业情况”“为民办实事项目开展情况”“土壤和山体生态修复”“社区养老服务”等开展视察监督，提出意见建议50多条，均得到落实。

【重点提案办理监督】 2021年，晋江市政协将“加快发展海洋经济”“激发乡村善治活力”“推动旅游产业发展”分别列为1号、2号、3号重点提案，建立市领导领衔督办重点提案机制，开展“双向评议”，实行办前、办中、办后“三见面”，增进“提”“办”“督”三方的良性互动。建立市政府督查室与提案委定期会商机制，推动承办单位按期做好提案办理工作。市政协常委会对3件重点提案进行民主评议，满意率均超95%。海洋经济、乡村治理、旅游产业等提案反映的热难点问题得到解决。

【新闻舆论监督】 2021年，晋江市政协紧贴教育均衡、基层医疗、养老保障、残疾人精准帮扶、食品药品安全等民生热点问题，联合融媒体平台，组织委员小分队、小团组开展民生观察眼、委员监督团等活动，提出意见建议29条，全部得到市委、市政府的重视和采纳，助推学有优教、病有良医、老有颐养、弱有所扶。

（高希杰）

纪检监察

综 述

【概况】 2021年，晋江市纪委监委坚持无禁区、全覆盖、零容忍，坚持重遏制、强高压、长震慑，坚持行贿受贿一起查，有效惩治腐败。全市立案233件240人，其中乡科级干部涉案20件；给予党纪处分201人次、政务处分28人次、双重处分12人次，处理行贿人员10人。开展政法队伍教育整顿监督执纪执法工作，查处工程建设、执法司法等领域违纪违法案件，主动投案或交代问题32人。

【政治监督】 2021年，晋江市纪委监委聚焦党中央决策部署，对新冠肺炎疫情防控、文化遗产保护、粮食安全、农村乱占耕地建房等重点任务实施精准监督，加快建设“政治监督信息化平台”，保障政令畅通。靠前服务发展大局，围绕全市经济发展、项目攻坚、安全生产等中心任务，分片区开展专项监督。开展营商环境专项治理，采取“专班监督+部门协作”模式，督促整改问题132个，谈话提醒6人次，推动窗口提质增效有关做法在《中国纪检监察报》刊发，“基层纪委书记谈营商环境”获《人民日报》报道。开展文明城市创建专项督查，跟进环卫保洁、农贸市场、老旧小区等16个专项行动，助力晋江市通过全国文明城市复查。开展换届风气巡回督导，审核换届候选人资格9509人次、提出否定意见20人次，快查快结信访举报137件。

【纪检监察队伍建设】 2021年，晋江市纪委监委结合党史学习教育和“再学习、再调研、再落实”活动，开设“立德修身、强基固本”专题读书班、“90后干部讲堂”等特色平台，召开年轻干部座谈会，引导纪检监察干部强化理论学习、提高政治素养。晋江市纪委监委机关蝉联“省级文明单位”，机关党委6个党支部均获评“五星”党支部，1人被授予“泉州市优秀共产党员”称号，特色党建项目《廉洁清风润心田》获泉州市二等奖。深化全员分级分类培训，组织参加各类政治学习和业务培训1180余人次。利用机关学习例会、“在线学习平台”“审查调查流程标准化仿真模拟系统”等载体，组织业务学习、知识测试和经验交流。抽调干部参与审查调查、巡察、信访件办理等196人次，选派2名干部驻村任职第一书记，抽调6名干部奔赴一线参与新冠肺炎疫情防控，推荐33名干部进入泉州市纪委监委审查调查人才库，为干部成长搭建平台。召开全市纪检监察系统警示教育会，开展违规干预行政审批、利用“天价茶”“片仔癀”谋取私利、一人多证以及违规经商办企业等问题自查自纠，全面加强纪检监察干部“八小时”内外监督，开展家访活动238人次、交心谈心483人次。

【市纪委十三届十次全会】 2021年2月8日，中共晋江市纪委十三届十次全会在罗山召开，出席会议的晋江市纪委委员18名。泉州市委常委、晋江市委书记刘文儒出席会议并讲话。晋江市委常委、市纪委书记、市监委主任许仰东代表晋江市纪委常委会作《践行新时代使命推动高质量发展 为奋力谱写全面建设社会主义现代化国家晋江篇章提供坚强纪律保障》工作报告。晋江市领导张文贤、林仁达、许宏程、王明元等出席第一次大会。

执纪监督

【概况】 2021年，晋江市纪委监委巩固涵养良好政治生态。全年查处“四风”问题9起14人；督促整改漠视侵害群众利益问题56个，查处13人次、1个单位；惩治涉黑涉恶腐败和“保护伞”，立案20起20人；运用“四种形态”批评教育帮助和处理1206人次。

【党风政风监督】 2021年，晋江市纪委监委推动中央八项规定精神落实，防止“四风”问题滋生蔓延。落实中央八项规定及其实施细则精神，整治指标减负、过度留痕、指尖上的形式主义等基层反映突出问题，查处联系服务群众消极应付、冷硬横推等群众反映强烈问题，查处有关问题8起13人，给予党纪政务处分4人，诫勉谈话4人，通报批评5人。查处违规收送礼品礼金等顶风违纪行为和“错峰违纪”“不吃公款吃老板”“一桌餐”等隐形变异新表现，整治“天价茶”、炒作片仔癀等背后的“四风”和腐败问题，查处有关问题8起10人，给予党纪政务处分5人，诫勉谈话4人，通报批评5人，通报典型案例2批次。深化运用“1+X”监督机制，健全与职能部门常态化协作机制，定期分析研判“四风”问题线索，开展核查工作。抓住普遍性问题和反复出现问题，督促有关部门建立健全规定办法，强化执行情况监督，增强制度刚性约束力。紧盯关键节点，通报曝光违反中央八项规定精神问题典型案例，督促党员、干部引以为鉴，自觉抵制歪风邪气，以良好的党风政风带动民风社风向上向善。

【民生问题整治】 2021年，晋江市纪委监委实施“群众点题、部门答题、纪委监督、社会评价”工作机制，紧盯教育医疗、生态环保、食品药品安全等19个领域，督促整改漠视侵害群众利益问题56个，查处13人次和1个单位，推动建章立制35项。压实行业监管责任，民办校外培训机构乱象、医疗机构不合理重复检查等问题得到逐步解决。推动村（社区）整改问题合同167份，涉及金额4620.77万元，收回被侵占集体土地3.5公顷。

【涉黑涉恶腐败和“保护伞”惩治】 2021年，晋江市纪委监委完善与执法司法机关线索移送、案情会商、案件办理等协同协作机制，逐案过筛公安机关新侦破的48起涉黑涉恶案件，立案20件20人，给予党纪政务处分16人、组织处理4人，移送司法机关处理4人，强化查处一案、警示一片、治理一域的综合效应，推动群众关注问题长效常治。

【中介市场“窗口腐败”问题治理】 2021年，晋江市纪委监委综合运用明察暗访、查阅群众投诉件、访谈当事人等方式，收集线索，督促职能部门全面梳理窗口服务事项、办事流程、办理周期、制度机制，对刁难办事群众和企业、勾结中介违规办理业务等问题开展系统自查。查处行政服务窗口人员勾结房产中介违规办理房产交易牟利行为为2起18人次。

【信访举报处理】 2021年，晋江市纪委监委深化“纪检监察服务基层化解矛盾”专项行动，围绕市委“强基促稳”三年行动，实施纪委监委班子成员带信下访、包案督导和重点疑难件会商破解机制，推进13件“多年、多层、多头”信访积案全部化解，有关做法成效2次在中央纪委国家监委《华东之窗》刊发，内坑镇纪委化解案例被泉州市纪委监委作为典型推广。

【“四种形态”贯通运用】 2021年，晋江市纪委监委运用“四种形态”批评、教育、帮助和处理1206人次，其中第一、二种形态占比93.28%。按程序向87名被函询人反馈函询采信了结情况，为12名受到失实检举控告的党员干部澄清问题，开展受处分人员回访教育220人次。

【审查调查】 2021年，晋江市纪委监委突出“治未病”、防复发，协同推进办案、整改、治理，做到“查处一个案件，解决一类问题，完善一套制度”。实施巡察监督、专项监督、案件查办“总结复盘”机制，发出纪检监察建议书4份，推动建章立制35项。编发《晋江市教育系统纪检监察工作指南》，举办专题培训班进行政策法规解读。针对监督检查、审查调查发现的问题，督促住建、城管部门建立健全行政自由裁量权细化标准，督促渣土行业规范运输企业和车辆准入管理、日常交叉勤务、违法行为查处等行为，推动交警部门研发公安网络信息综合审计系统，将数字证书1885个、应用系统36个纳入监管，健全制度、堵塞漏洞、完善治理。

从严治党

【“两个责任”落实】 2021年，晋江市纪委监委推动党的政治建设、重大决策部署落实情况等纳入全面从严治党主体责任检查和市委巡察内容，围绕上级主体责任检查交办问题整改，问责3起7人，倒逼责任落实。贯彻《中共中央关于加强对“一把手”和领导班子监督的意见》，向市委提出“一把手”谈话建议对象13人，建立市纪委监委领导政治监督谈话责任制，落实党政“一把手”信访监督制度，全市纪检监察机关主动约谈被监督单位领导班子成员、重点岗位人员942人次，督促各级领导干部发挥“头雁效应”。

【纪检监察体制改革】 2021年，晋江市纪委监委制定《关于深化市纪委监委派驻机构改革的实施意见》《关于推进市管企业纪检监察体制改革的实施意见》。落实《中华人民共和国监察官法》《中华人民共和国监察法实施条例》，全面推进处理检举控告、案件监督管理、审查调查、案件审理工作标准化建设，制定《晋江市纪检监察机关外查取证管控标准化流程》《晋江市纪委监委机关涉案财物管理标准化流程》等制度规范。完善片区协作机制，强化挂钩“室”对片区内“组地”的协调指导，让基层纪检监察干部有更多时间和精力进村入户、发现问题、推动落实。召开晋江市委反腐败协调小组会议，健全完善与公检法司机关的协作机制，全年收到公检法司通报涉嫌违法犯罪党员和公职人员264人，向晋江市纪检监察机关通报171人，其他县（市、区）纪检监察机关通报85人。开展政法队伍建设专项巡查，加强与巡察、组织、政法等单位协同协作，共同分析研判巡察、信访、审计等报告9份、信息2404条，梳理汇总问题110个，共享监督监管成果。运用“制度+科技”模式，依托乡村振兴（扶贫惠民）资金在线监管平台、政府采购全程网上运行平台、城建集团项目管理系统等信息系统，加强对财政专项资金、政府采购、国企资产的全流程监管。配齐配强乡镇纪委班子，引导推动村级纪检委员兼任村务监督委员会主任，占比96.48%。组织纪检监察干部进村入户，走访10452人（户），发现并协调解决问题394个。

【反腐倡廉宣传教育】 2021年，晋江市纪委监委开展同级同类干部警示教育，组织旁听案件庭审2批259人次，开展纪法宣讲12场1126人次、任前廉政知识测试7批100人次，举办年轻干部专题廉政警示教育活动。提升“一镇一孝廉”创建水平，举办“传红色基因 扬时代精神”红色家书征文、廉洁家风经典朗诵比赛等庆祝中国共产党成立100周年系列活动，摄制廉政专题片《党史中的纪律——做政治上的明白人》《筑牢村级三资管理防火墙》，在中央纪委国家监委网站展播。

（吴家添）

巡视巡察

【概况】 2021年，晋江市委巡察工作落实政治巡察要求，开展2批次常规巡察、1次专项巡察、2批次巡察“回头看”，发现问题590个，移交问题线索6条，推动问题整改1092个，建章立制543项，挽回经济损失72.33万元，完成十三届市委巡察全覆盖，启动十四届市委巡察工作，为传承弘扬“晋江经验”提供政治保证。

【十三届市委巡察工作收官】 2021年，晋江市委巡察办对市发改局等14个单位开展优化营商环境专项巡察，发现问题94个，督促解决“边巡边改”问题14个。探索建立巡察“回头看”工作机制，对市供销社等16个单位开展巡察“回头看”，发现巡察整改不到位问题20个、反弹回潮81个、新问题193个，归纳梳理突出问题15个，在全市予以通报。围绕十三届市委巡察全覆盖及“回头看”情况，开展组内、组办复盘7次，提出改进措施19项。采取实地走访、座谈交流等形式，开展村级巡察工作调研，组织拍摄村级巡察工作宣传片，编制村级巡察整改案例汇编，打造东石镇金瓯村巡察样板，形成村级巡察调研报告。晋江市村级巡察经验做法在中央纪委国家监委《华东之窗》、“学习强国”学习平台等刊发，被泉州市宣传推广。立足十三届市委巡察工作圆满收官的实践经验，梳理工作亮点15项，形成市委巡察工作5年综述。围绕“标准更严、效率更高、成效更好”目标要求，对巡察全过程、各环节再梳理、再完善，优化《巡察工作流程图》，更新《巡察政策法规资料库》，健全巡察组内控机制、日常管理制度，完善各类管理台账、报告模板、问题底稿等，构建程序严密、配套完备的巡察工作制度体系。

【十四届市委巡察工作启动】 2021年，晋江市委巡察办坚持全面巡察、突出重点，调整巡察全覆盖对象，制定十四届市委巡察工作安排，确定巡察任务和时间频次，起草十四届市委巡察工作规划。选择工业和信息化局党组、林业和园林绿化局党组、商务局党组作为十四届市委第一轮第一批巡察对象，重点围绕“三个聚焦”（聚焦贯彻落实党的路线方针政策、党中央决策部署及省委、泉州市委、晋江市委工作要求，聚焦群众身边腐败问题和不正之风，聚焦基层党组织和干部队伍建设），紧盯被巡察党组织职能责任，加强领导班子和关键少数特别是“一把手”监督。坚持问题导向和结果导向相结合，以“重点问题”项目化清单化管理，推进“监督、整改、治理”一体融合。巡前，紧扣被巡察单位核心职能责任，排摸突出问题和主要矛盾，做到“带题巡察”。巡中，重点关注关系改革发展的体制机制问题、群众关注的“急难愁盼”问题、权力运行的风险隐患问题等，梳理“重点问题”清单，提出对策建议。巡后，将重点问题及对策建议同步反馈被巡察党组织，全程精准跟进督促，以重点整改推动全面整改，提升巡察整改质效。

【巡察整改】 2021年，晋江市委巡察办强化整改主体责任，反馈巡察情况3批次，同步向分管市领导通报，加大压力传导。加强整改日常监督，综合运用纪检监察机关、组织部门、巡察机构列席专题民主生活会、调研督导、集中会审、察访核验等方式，倒逼被巡察单位推进整改落实。建立“两审一督一核”（会审整改方案、整改报告，开展中期调研督导，核实整改验收情况）整改督办方式，由巡察办、营商监督专班、营商办联合开展会审会商、实地督查，全程跟进优化营商环境巡察整改落实情况。实行“季度报、定期销”整改销号机制，通过发函督办、现场核查，跟踪督促十三届市委巡察整改“挂账”问题销号61个。制定《巡察整改监督工作操作手册》《市委巡察整改监督工作“六步”流程图》，明确各阶段整改责任、整改任务、工作要求和监督重点等。围绕“责任落实、组织实施、问题整改、线索处置、问卷调查”5个方面，修订完善巡察整改工作评估办法，提出考评项目16个、细化考评标准37项，提升整改质效。坚持巡察整改“四跟进一报告”制度，全流程跟进3轮6批次35个单位整改落实情况，梳理整改突出成效31项，形成报告2份，提出意见建议9条。

【巡察整改成果运用】 2021年，晋江市委巡察办紧扣行业领域系统问题，梳理移交巡察发现教育、医疗领域共性问题24个，推动在全市开展教育和医疗领域集中整治、专项治理，规范发放扶贫助学金1171.74万元，解决就医难点堵点问题186个，退回门急诊预缴金819万元、违规收费8.9万元，完善制度141项。针对卫生人才储备不足等问题，推动晋江市在全省率先出台《市直公立医院人员总量控制备案管理暂行办法》，解决长期困扰卫生领域的编制需求。

【联动监督】 2021年，晋江市委巡察办做好省委、泉州市委涉粮问题专项巡察反馈问题整改工作，以巡视巡察联动为契机，推动完善晋江市粮食安全运作机制和监督管理体系。配合泉州市委开展巡察上下联动，在泉州开展生态环境系统巡察“回头看”期间，同步对泉州晋江生态环境局进行延伸巡察。开展政法队伍建设专项巡查，加强巡察与纪检监察、组织、政法等单位协同协作，共同分析研判巡察、信访、审计等报告9份、信息2404条，梳理汇总问题110个。

（高少蓉）

中国国民党革命委员会晋江市委员会

【概况】 2021年，中国国民党革命委员会晋江市委员会（简称“民革晋江市委会”）辖6个支部，有党员140人，平均年龄51.2岁。其中，本科以上学历101人，占72%。拥有中高级职称81人，占57.86%（高级职称32人，占22.86%）。民革晋江市委会围绕晋江加快国际化创新型品质城市建设，创新发展“晋江经验”，加强自身建设，为当好全国县域经济发展典范、中小城市建设样板贡献民革力量。民革晋江市委会第四支部被民革中央授予“全国民革示范支部”称号。

【参政议政】 2021年，民革晋江市委会参加中共晋江市委、市政协组织召开的民主协商会、提案督办会和报告征求会，就“整合我市优质资源，推动旅游产业发展”“推动城乡基本公共服务均等化”“完善生育公共服务体系，提高群众生育意愿”“支持民主党派组织建设”等问题进行协商建言。在晋江市政协十三届五次会议上提交提案10篇、社情民意4篇，《关于加快发展海洋经济，打造晋江发展“蓝色引擎”的建议》被列为晋江市政协十三届五次会议一号重点提案。在晋江市政协十四届一次会议上提交提案9篇、社情民意1篇，委员洪树林代表民革市委会在大会上作《关于加强科技创新生态建设的建议》的发言，副主委洪天姿代表西滨联络组作《关于完善我市公共卫生应急管理体系的建议》的发言。泉州市政协委员、党员张招山《关于为高成长性企业创新创业创造良好发展环境的建议》被列为泉州市十二届五次会议政协重点提案。向民革泉州市委会提交提案5篇，反映社情民意16篇，均被采纳。民革晋江市委会完成年度调研课题3篇，做好2021年全市统战理论调研工作，被民革泉州市委会授予“2020年参政议政先进集体”称号。

【民主监督】 2021年，民革晋江市委会参加“支持民主党派组织建设”“转型升级专题调研”等政党协商活动，参加晋江市2022年政府工作报告征求意见会、市委、市政府民主生活会征求意见会等，在各种督办、协商视察活动以及征求意见会中建言献策。

【社会服务】 2021年，民革晋江市委会开展“一对一”结对帮扶活动。向中共泉州市委统战部“同心安居工程”捐赠1.05万元。参与“海丝春雨”大型社会服务活动，做好困难群众慰问、义诊、科普卫生知识宣传工作。2021年，民革晋江市委会支出助学款15.9万元，资助大学生16人、高中生36人、初中生和小学生各1人。自2018年市委会发出“博爱助学”倡议至2021年，参与捐款民革党员143人次，捐款57.9万元。晋江市妇女联合会对民革晋江市委会助学其对口联系贫困学子行为致谢并颁发捐赠证书。民革晋江市委会继续与灵源街道、磁灶镇结对共建，设立晋江民革图书专柜，开展“同心行”图书捐赠活动，向林口中心幼儿园、磁灶中心小学、磁灶尚志小学捐赠价值3万元的绘本和图书。开展医疗下基层服务，联合灵源街道卫生服务中心开展“齐心跟党走，医心送健康”义诊活动；参与民革泉州市委会在永春县东关镇开展的“三下乡”惠民活动。组建民革晋江市委会志愿者服务队，策划举办“关爱乳腺病友爱心活动”“关爱女性、呵护健康”系列活动2场，联动梧林景区、青阳街道开展急救培训，第四支部联合青阳街道开展文明创城共建活动。联合灵源街道开展新时代文明实践主题活动。

【调查研究】 2021年，民革晋江市委会配合民革福建省委会做好《增强智能制造科技创新，推动民营经济转型升级》专题调研。调研《新时代高校党外知识分子政治态度调查研究》《晋江民营经济高质量发展面临的问题与对策建议》，形成调研报告提交给中共晋江市委。民革晋江市委会第二支部和第六支部联合前往内坑镇黎山村和安海

2021 年 10 月 9 日，民革晋江市委会组织党员在党派楼观看纪念辛亥革命 110 周年大会现场直播（民革晋江市委会 / 供）

镇溪边村开展乡村振兴调研，第五支部组织调研晋江生态观光休闲农业发展情况，第六支部开展《关于推动我市“互联网＋医疗服务”发展的研究》的课题调研。建立社情民意反映长效工作机制，依托各支部活动，定期开展社情民意征集工作。参加民革泉州市委会组织的社情民意资政会，前往清源山、伊斯兰教圣墓、石狮六胜塔、泉港区樟脚村等地进行实地走访调研，并在资政会上发表建议。

【思想建设】 2021 年，民革晋江市委会组织党员学习中共十九届六中全会精神、习近平新时代中国特色社会主义思想、《中国共产党统一战线工作条例》，组织“学习廖俊波，践行为民初心”读书研讨活动等。代表和机关干部参加市直统战系统举办学习有关会议和文件精神的专题讲座。领导班子参加民革泉州市委会主委樊美清主讲的《以党为师，跟党前行》主题宣讲，全体党员观看纪念辛亥革命 110 周年大会现场直播等形式开展学习活动。依托开展常态性学习型机关建设，民革中央主办的“民革 e 家”、晋江市档案馆举行的文献展览等成为学习载体。

【组织建设】 2021 年，民革晋江市委会完成换届工作。5 月，召开民革晋江市委会第五次党员大会，选举产生第五届委员会领导班子，吴丽婷当选为主任委员，李志勇、颜颜、洪天姿、庄舒怀当选为副主任委员，丁奕龙、吴捷克、洪兴世、洪树林、洪振华、蔡庆榕、蔡承英当选为委员。全年发展新党员 6 人，平均年龄 36 岁，均为本科以上学历，其中研究生学历 2 人。主委吴丽婷提任晋江市政协副主席；副主委洪天姿提任晋江市医院院长助理；委员洪兴世响应晋江市政府“燕归巢”优秀人才反哺家乡行动，担任英林镇英林村常务副主任；肖青福提任新塘街道社区卫生服务中心副主任；叶荣培提任青阳街道卫生服务中心主任助理。吴丽婷获民革“全国机关先进个人”称号，洪树林获民革泉州市委会“参政议政先进个人”称号。

2021 年，民革晋江市委会紧盯“四新三好”［“四新”：多党合作要有“新气象”、思想共识要有“新提高”、履职尽责要有“新作为”、参政党要有“新面貌”；“三好”：好参谋、好帮手、好同事］基层组织建设目标，通过学习培训，提升党员素质，促进组织建设。4 月和 5 月，庄舒怀代表市委会先后参加民革泉州市委会中青年骨干党员培训班和中共泉州市委统战部 2021 年泉州市民主党派基层组织骨干培训班；7 月，李志勇、洪兴世、洪振华、蔡庆榕参加中共晋江市委统战部举办的 2021 年党外人士、新生代非公有制经济代表人士教育培训班；11 月，邀请市政协文史委原主任吴明哲为骨干党员进行提案、社情民意撰写培训。

【联谊接待】 2021 年，民革晋江市委会先后接待福建省委会妇青委一行到晋江调研，接待上海交通大学支部主委王立新到民革晋江市委会机关交流，接待民革泉州师范学院支部到晋江共同开展活动，接待民革泉州市委会到晋江调研古村落，接待民革厦门思明区第十一支部到晋江参观调研党员企业和党员之家。先后前往民革泉州市委会法律支部“党员之家”、民革洛江区总支部参观学习“党员之家”建设，前往民革石狮总支部学习示范支部建设。

【对台联谊交流】 2021 年，民革晋江市委会密切与台湾同胞的关系。组织走访台资企业。先后走访万裕达服饰有限公司等台商企业，对接泉州台商企业促进会副会长、晋江市台商企业投资协会

2021 年 2 月 2 日，民革晋江市委会党员走访万裕达服饰有限公司等台商企业。图为与公司有关人员座谈了解台商企业运营情况（民革晋江市委会 / 供）

会长吴志超，了解台商企业运营情况，宣传政府相关政策。

（王雅雯）

中国民主同盟晋江市委员会

【概况】 2021 年，中国民主同盟晋江市委员会（简称“民盟晋江市委会”）下属支部 9 个，盟员 298 人、平均年龄 45 岁。盟员中，高级职称 82 人、中级职称 120 人，中高级职称盟员占总数的 68%。

2021 年 12 月，民盟晋江市委会被民盟中央表彰为“庆祝民盟 80 周年微视频宣传工作优秀集体”，盟市委专职主委张开端获“庆祝民盟 80 周年微视频宣传工作优秀个人”称号。6 月，教育支部和南英支部被民盟泉州市委会评为“先进基层组织”，民盟市委委员、经济科技支部主委尤燕红被民盟中央评为“民盟脱贫攻坚先进个人”，盟员左子娟等 8 人被评为“优秀盟员”，雷翠云被评为“思想政治建设和宣传工作先进个人”，许文林等 3 人被评为“参政议政工作先进个人”，欧阳为行等 3 人被评为“社会服务工作先进个人”。

【组织建设】 2021 年，民盟晋江市委会新发展盟员 10 人。密切联系盟员，开展系列慰问工作。2 月 7—9 日，盟市委组织开展新春送温暖慰问活动。10 月，盟市委开展尊老爱老敬老——民盟晋江市委会重阳节活动，看望慰问老盟员 66 人。11 月 19 日，盟市委主委张开端带队，慰问安海镇龙山寺片区建设项目指挥部统战系统征迁组。开展庆祝中国共产党成立 100 周年、中国民主同盟成立 80 周年等活动，组织引导全市支部组织创新开展各项盟务工作。美术分院开展主题书画活动，举办座谈会、笔会、征稿、书画展、摄影展、共建活动等 7 场，参加的盟员近 250 人次。推进“盟员之家”建设。11 月 12 日，盟市委组织在安海支部盟员黄向东的艺兴教育培训机构召开 2021 年第五次全委扩大会，确定将该机构二楼接待室设立为“盟员之家”，并初步研究建设方案。

【参政议政】 2021 年 1 月，民盟晋江市委会在政协大会上提交的《关于加快发展海洋经济，打造晋江发展“蓝色引擎”的建议》《关于激发乡村善治活力，助力乡村全面振兴的建议》2 篇提案，分别被列为市政协 1 号、2 号重点提案。12 月，在政协晋江市十四届一次会议上，盟市委提交提案 33 篇，其中集体提案 10 篇、个人提案 23 篇；提交大会发言 2 篇，社情民意 12 篇。其中，《关于推进学校“双减”工作的建议》《关于关注高中生心理健康问题的建议》2 篇提案被收录大会发言并汇编成册。盟市委推进提案的办理落实。

【民主监督】 2021 年，民盟晋江市委会参与市委、市政府专题协商会、通报会、民主生活会及听取民主党派意见等 10 多次；参与晋江市政协、中共晋江市委统战部民主协商会等 6 次；参与市人大、市政协议案提案审议意见落实情况跟踪检查 10 多次；参加市人大、市政协常委会会议数十次。8 月 5 日，盟市委主委张开端参加市政协关于“增加高中中职教育学位供给”提案办理情况“回头看”专题协商会。8 月 23 日，张开端参加中共晋江市委与市政协围绕“加快老旧工业区改造，拓展产业发展空间”议题专题协商会议。8 月 25 日，张开端参加市政协“完善生育公共服务体系，提高群众生育意愿”专题协商会。9 月，参加市政协 1 号重点提案“关于加快海洋经济，打造晋江发展蓝色引擎的建议”专题协商会。11 月 19 日，参加市政府与市政协围绕“大力培育高新技术企业，补齐科技创新短板”专题协商会。11 月 29 日，张开端参加政协晋江市第十四届委员会委员初步人选民主协商会。

盟内担任各级人大代表 4 人，政协委员 13 人，特约监察员、行风监督员等特约特聘盟员 27 人，利用人大视察、政协视察、议案提案办理协商会、特约特聘活动等开展民主监督，促进晋江经济发展、社会进步、民主政治建设。

【社会服务】 2021 年，民盟晋江市委会参与核酸采集引导、物资搬运等志愿工作，参与捐资、捐物，创作诗歌作品等助力新冠肺炎疫情防控。11 月，盟市委开展第三轮“教育帮扶”爱心助学活动，报名参加帮扶捐资的盟员 36 人，两次走访全市 8 所中学，帮扶贫困生 36 人。组织盟员“一对一”挂钩帮扶贫困学生 60 人，帮扶助学金 6 万元。通过“教育帮扶”的延伸，盟员吴计划“一对一”帮扶 1 名养正中学 2021 届高中毕业生，解决其未来大学 4 年学费，每年 5000 元。

民盟中央美术院晋江分院参与新春社会服务活动，组织 10 多位书法家开展 3 场迎新春送春联活动。1 月，盟市委志

2021 年 2 月 5 日，民盟晋江市委会与新塘街道党工委开展“‘留晋过年’书赠春联”结对共建活动

（新塘街道 / 供）

愿服务队一行7人赴梧林社区开展文化科技卫生“三下乡”活动。2月2日，盟市委在五店市承办开展第三届“家风传承 我为五店市写春‘廉’”活动，为五店市内100多栋古厝、番仔楼书写春联。2月5日，美术分院在湖格社区承办开展“‘留晋过年’书赠春联”结对共建活动。盟员企业家捐物捐资累计数十万元。盟市委引导全市盟员参与扶贫济困、爱心慈善、社会救助等社会公益活动。7月29日，盟市委响应盟省委“我为特园献爱心”倡议，组织发动盟员捐款3000元。

【调查研究】 2021年，民盟晋江市委会向上级盟组织、晋江市政协、中共晋江市委统战部等有关部门报送社情民意、建议类信息50篇，完成调研、论文12篇。年初，盟市委调研论文《关于支持推动我市各民主党派基层组织建设的建议》获省委统战部三等奖。3月18日，在2021年全市统战工作会议上，盟市委主委张开端在会上作交流发言，盟市委调研文章《关于支持推动我市各民主党派基层组织建设的建议》《疫情之后关于推动线上线下教学有机融合的若干思考与建议》《探索新时代海外统战侨务工作助力“一带一路”建设》获评优秀论文。5月，盟员许文林获评2020年度民盟福建省反映社情民意先进个人。7月，盟市委围绕养老服务体系建设开展调研，9月完成调研成果并报送中共晋江市委统战部。5月13日与8月12日，政协委员、东石支部主委蔡长益代表盟市委，分别参加市政协组织关于“加快发展海洋经济”“加快老旧工业区改造”“完善生育公共服务体系，提高群众生育意愿”专题调研视察活动。9月3日，盟市委主委张开端、东石支部主委蔡长益、季延支部主委林文革，参加市委统战部组织开展的关于“养老服务体系建设”专题调研活动。9月11日，盟市委副主委、南英支部主委欧阳为行组织南英支部盟员一行6人，赴英林镇三欧村开展“乡村振兴”调研活动。11月28日，教育支部和东石支部组织盟员赴东石镇联合开展红色传统文化考察学习，实地调研美丽乡村建设活动。

【交流联谊】 2021年，民盟晋江市委会先后接待民盟福建省委会，民盟泉州市委会、厦门市委会等省内外民盟组织约50人次到晋江市考察交流。7月17日，民盟湖里区文创支部调研组一行25人到晋江开展“闽南红砖古厝文化保护与活化”“企业品牌升级保护与发展”课题考察调研，并与季延支部开展缔结友好组织活动。11月9日，民盟福建省委会老龄工作委员会主任、省委会原专职副主委陈榕率队到晋江开展“邀请专家到福建讲学考察 为本省‘四化’建设服务”课题调研。11月26日，民盟泉州市委会主委陈建通、专职副主委王锦延一行到晋江开展盟务工作调研。

（雷翠云）

中国民主建国会晋江市委员会

【概况】 2021年，中国民主建国会晋江市委员会（简称“民建晋江市委会”）围绕中共晋江市委、市政府的中心工作，发挥民建密切联系经济界的特点和优势，为晋江市“十四五”规划的实施、经济社会发展和构建幸福和谐社会做出贡献。2021年，民建晋江市委会发展会员9人，平均年龄33岁。其中，大学学历7人、研究生学历2人，中级职称2人、高级职称2人。至12月底，民建晋江市委会有8个支部、4个工委会，会员290人。其中，经济界人士218人，占会员总数的75.17%；大专以上文化程度195人，占会员总数的67.24%；具有中、高级职称59人，占会员总数的20.34%；担任各级人大代表、政协委员32人，占会员总数的11.03%；担任副科级以上职务干部15人，占会员总数的5.17%。

【中国民主建国会晋江市第九次代表大会】 2021年5月22日，中国民主建国会晋江市第九次代表大会召开，选举产生民建晋江市第九届委员会，庄伏龙等13人当选为委员。在民建晋江市委九届一次会议上，选举庄伏龙为主任委员，张榕、许紫竹、金宏勃、陈代锋为副主任委员。

【组织建设】 2021年，民建晋江市委会牵头组建民建晋江市青年工作委员会，6月14日，民建晋江市青年工作委员会成立大会召开。加强与会员单位的联系，坚持走访会员及与会员谈心制度。民建晋江市委会携安海一支部、女工委为百岁老会员颜期昭贺寿。民建晋江城区第一、城区第四支部及女工委分别与民建龙岩综合四、综合三及综合二支部开展结对共建。8月，民建晋江城区第四支部联合永和镇党委联合开展“金秋助学”

2021年6月5日，晋江民建城区第四支部与龙岩民建综合三支部在古田会议纪念馆举行结对共建签约仪式
（民建晋江市委会/供）

助学金发放仪式。12 月，民建晋江城区第三支部、中共晋江市新塘街道工作委员会、晋江市新侨中学联合开展“三方结对共建——大统战、汇智力、促教育”共建签约仪式暨图书捐赠活动。

【参政议政】 2021 年，民建晋江市委会实施领导领衔课题制，率队到政府部门和有关村、企等开展调研，增强与上级组织和兄弟党派的调研协同协作，形成调研报告。组织做好会内人大代表的议案建议、政协集体提案和委员个人提案工作。1 月，递交政协集体提案 11 篇，其中被立案采用 8 篇。12 月，在晋江市十四届一次政协大会召开期间，递交政协提案 29 篇，其中集体提案 14 篇（含大会发言）、个人提案 15 篇，立案采用 25 篇；会员吴雷欣代表民建在会上作题为《关于缓解就学升学焦虑，满足群众教育需求的建议》的大会发言，会员蔡嘉陵作题为《关于健全民企预防职务犯罪体系，打造健康发展示范区的建议》的大会发言，会员撰写《关于在我市建设技能人才综合服务产业园的建议》《关于我市大力发展“双元制”职业教育的建议》被收录大会发言汇编。

【民主监督】 2021 年，民建晋江市委会以出席行风评议征求意见座谈会、政府组成各部门绩效评估、社会公共测评会工作及座谈会、参加视察工作会及调研考察活动等形式开展民主监督。7 月 23 日，晋江市政协组织开展“大力培养高新技术企业，补齐科技创新短板”视察活动，民建晋江市委会专职副主委张榕、会员黄玲玲参加。8 月 23 日，晋江市召开市委与市政协专题协商会议，围绕“加快老旧工业区改造，拓展产业发展空间”议题开展专题协商，民建晋江市委会主委庄伏龙参加。11 月 19 日，晋江市召开市政府与市政协专题协商会议，围绕“大力培育高新技术企业，补齐科技创新短板”议题开展专题协商，民建晋江市委会主委庄伏龙参加会议，专职副主委张榕在会上作《关于推动人工智能与传统制造业融合发展，补齐晋江科技创新短板的建议》发言，晋江城区第三支部主委张文钲作《关于“大力培育国家高新技术企业，补齐科技创新短板”的建议》发言。

【社会服务】 2021 年新春期间，民建晋江市委会安海一、二、三支部联合安海邮政分局开展迎新春送春联活动。会员赖新达为其母校养正小学捐赠 230 万元。5 月，安海一、二、三支部联合女工委开展安海坝头小学结对资助爱心回访活动，捐赠六一儿童节大礼包。6 月，城区第二支部组织参加晋江育婴堂六一儿童节活动，会员陈嘉炜捐赠玩具一批，支部主委李玉琴接受爱心牌匾，会员陈艺娟向安海镇妇女儿童促进会捐赠 5 万元；会员谢清裕和洪奕元、张志雄所在会员企业分别捐赠晋江平安行公益基金 200 万元和 100 万元。8 月，民建晋江市青年工作委员会与退役军人事务局联合开展“我为群众办实事、关爱帮扶暖人心”“八一”建军节走访慰问活动。9 月，民建晋江市青年工作委员会携手晋江市陈埭志愿者协会开展第 221 期“爱心早餐”活动。11 月，民建晋江市委会会员谢清裕所在企业捐赠福建省妇女儿童发展基金 30 万元。12 月，民建晋江市委会主委庄伏龙带队前往梅青社区、梅岭街道困难户家中走访慰问，送上慰问金每人 2000 元；会员张金钟向晋江市磁灶教育基金会捐赠 100 万元，陈艺娟捐赠安海侨联爱心公益基金会 30 万元。会员企业利郎集团通过河南慈善总会向灾区人民捐赠现金及生活必备物资共 1000 万元。会员企业七匹狼向河南新乡捐赠价值 1000 万元物资。在新冠肺炎疫情防控中，会员投身战“疫”一线，捐款捐物 33 万余元。

【调查研究】 2021 年，民建晋江市委会安海二支部开展“民族要复兴，乡村必振兴”调研活动，城区第四支部组织前往泉州（晋江）国际人才港开展人才工作专题调研。民建晋江城区第一支部、城区第四支部以及女工委共同组织会员赴龙岩市连城县培田古村落联合开展“守护青山绿水，助力乡村振兴”专题调研活动。6 月 17 日，民建晋江市委会领导庄伏龙、张榕等陪同民建天津市委会主委李文海一行走访考察会员企业——信泰（福建）科技有限公司、海纳机械有限公司。6 月 22—23 日，民建浙江省委会计勇强一行到晋江开展“同心向党庆百年”党史学习教育，寻访习近平总书记在福建的足迹，开展改革开放史现场教学，调研“晋江经验”。7 月 13 日，民建晋江市委会主委庄伏龙组织城区第四支部、女工委一行 15 人调研税务工作。7 月 18—19 日，民建晋江市青年工作委员会学习调研组赴宁德市开展“寻访红色足迹、学习革命精神”学习调研活动。8 月 22 日，民建蚌埠市禹会区企业支部、青工委到晋江开展调研交流，前往会员企业考察。

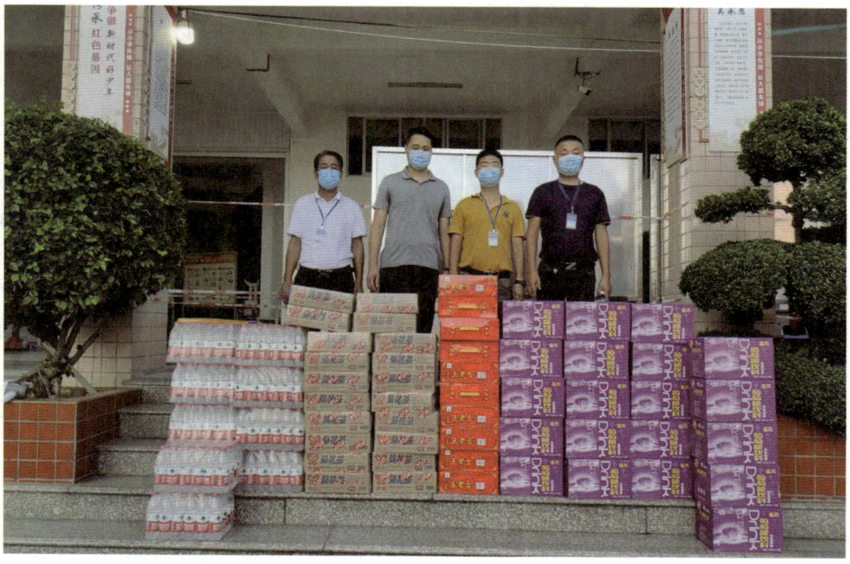

2021 年 9 月，民建晋江市委会为新冠肺炎疫情防控一线人员送去矿泉水、菊花茶等物资
（民建晋江市委会/供）

【学习宣传】 2021年，民建晋江市委会开展习近平总书记在闽讲话精神、《统一战线条例》学习教育。组织会员参加中共晋江市委统战部举办的晋江市党外人士、新生代非公有制经济代表人士教育培训班及民建福建省委第二十八期骨干会员培训班。邀请调研工委会常务副主任高俊仁分享提案撰写技巧。与民盟晋江市委会联合召开"股权投资基金助力产业升级"的讲座。组织开展晋江民建之声讲坛——"人大代表、政协委员履职分享会"，邀请晋江市政协文史委三级调研员吴明哲与民建晋江市委会会员分享如何在任职期间做好参政议政工作以及议案、提案的撰写技巧等。结合中国共产党成立100周年庆祝活动，开展中共党史、民建会史学习教育。优化"晋江民建"微信公众号，推文100多篇，向《泉州民建》《晋江统战》《晋江政协》等平台报送活动信息60余篇。

（叶钰清）

中国民主促进会晋江市总支部委员会

【概况】 2021年，中国民主促进会晋江市总支部委员会（简称"民进晋江市总支部"）参加重点提案"回头看"、晋江市2021年政府工作报告征求意见会等，提交政协提案25篇、人大建议4篇。至年底，有财经、文化、综合、教育4个支部；会员77人，其中当年发展会员4人。会员中，泉州市人大代表1人，晋江市人大代表2人（其中常委1人）；泉州市政协委员1人，晋江市政协委员8人（其中常委3人）。

【组织建设】 2021年，民进晋江市总支部学习贯彻习近平新时代中国特色社会主义思想，学习领会中共十九届五中全会精神，深化"不忘合作初心，继续携手前进"主题教育，提升会员思想认识水平，提高参政议政意识。先后召开3次委员扩大会并建立长效机制。建立人才数据库，加大人才培养锻炼使用力度。推进基层组织科学化、规范化，打造"会员"之家。7月，组织会员吴明、陈建造、蔡明指、罗小玲参加2021年党外人士、新生代非公有制经济代表人士教育培训班。

【建言献策】 2021年，民进晋江市总支部参加民进省委参政议政工作务虚会、中共晋江市委、晋江市政协、中共晋江市委统战部专题调研工作会8次，总支开展课题走访调研工作6次、专题调研讨论会6次。在晋江市政协十四届一次会议上提交政协提案25篇，其中集体提案10篇、个人提案14篇、社情民意1篇。其中，《关于进一步推动台湾青年在晋江就业创业便利化的建议》入选晋江市政协十四届一次会议大会发言材料。在晋江市第十八届人大第一次会议上提交《关于缓解就学升学焦虑，满足群众教育需求的建议》《关于培育"安海—水头"乡村联片发展的建议》《关于中小学新建或迁建主体责任单位由当地政府承担的建议》《关于规范我市民办托育机构管理的提案》4篇建议。

【社会服务】 2021年3月，晋江市拉开新一轮新冠肺炎疫情防控阻击战，民进晋江市总支部联合市作协举办"以诗抗疫"活动，以泉州网络书法展为平台，创作抗疫书法艺术作品，传递正能量。开展"停课不停学"活动，通过网络教学跟进学生学习进度，确保学业、防疫两不误；推出"致最美逆行者，公益暖人心"爱心活动，为一线医务工作者子女提供一对一线上教学服务。发动全体会员深入一线支援，捐赠抗疫物资33.5万元。围绕疫情防控、民生保障等建言献策，撰写社情民意10篇。5月，民进晋江市总支部开展"同心向党 筑梦校园"活动，走进学校捐赠图书300册。

【调查研究】 2021年，民进晋江总支组织开展统战工作调查研究。6月，民进福州市委会专职副主委柴刚丽一行到泉州轻工职业学院调研产业学院建设方面相关内容。10月，民进晋江市总支部综合支部开展长泰桃李春风"医养结合"课题调研活动，了解历史风情、"医养结合"文化，形成调研报告。

【交流联谊】 2021年3月，民进晋江市总支部与晋江市教育局联合举办2021年晋江市教育系统职工第二届"同心杯"羽毛球比赛。4月，与晋江市作家协会共同主办"晋瑟年华"赠书活动，向泉州职业技术大学捐赠图书，这是晋江市作家协会与泉州职业技术大学首次交流活动。6月，民进洛江区总支部一行到民进晋江市总支部结对共建并开展"不忘初心跟党走 继续携手前进"暨庆祝中国共产党成立100周年活动。9月，由主委许维蓄带队组织会员与民进石狮市总支部开展庆祝第37个教师节"尊师

2021年5月18日，民进晋江市总支部走进晋江市锦东华侨学校，开展"同心向党 筑梦校园"活动

（民进晋江市总支部/供）

重教 情满民进”共建活动。12月，重庆大渡口区教育委员会一行12人到晋江开展学习考察交流。

（黄圆阳）

中国农工民主党晋江市委员会

【概况】 2021年，中国农工民主党晋江市委员会（简称“农工党晋江市委会”）立足社会经济发展的新形势，调查研究察实情，团结带领全市农工党员，为助力晋江发展凝聚智慧，贡献力量。6月，被农工党中央评为“脱贫攻坚工作先进集体”。年底，农工党晋江市委会有党员279人。其中，男159人，女120人，医卫界136人，教育界88人，公务员及事业干部41人，其他14人，高级职称81人，中级职称67人。设市直第一支部、市直第二支部、市直第三支部、罗山支部、陈埭支部、安海支部、金井毓英中学支部、金井中心卫生院支部8个支部。

【组织建设】 2021年，农工党晋江市委会召开第八次党员代表大会，选举产生新一届领导班子。推荐10名党员分别当选为泉州市人大代表1人、晋江市人大常委会委员1人、晋江市政协常委2人、晋江市政协委员6人。组织党员学习中共十九大、十九届历次全会精神和习近平新时代中国特色社会主义思想，学习《习近平总书记在庆祝中国共产党成立100周年大会上的重要讲话》《关于新时代加强和改进思想政治工作的建议》《中国共产党统一战线条例》等。组织开展“不忘合作初心，继续携手前进”主题教育。选派1名副主委参加为期2个月的农工党党内监督网络培训班。组织3名骨干分别参加中共泉州市委统战部组织的民主党派基层骨干培训班、中共晋江市委统战部组织的民主党派骨干异地培训班。2021年发展6名新党员，均为中级职称。选拔26名党员加入泉州优秀民主代表人士库。

2021年，农工党晋江市委会组织7名党员分别参加中共泉州市委统战部、

2021年5月2日，中国农工民主党晋江市第八次代表大会在晋江电力荣誉酒店召开 （农工党晋江市委会/供）

中共晋江市委统战部组织的庆祝中国共产党成立100周年书画展，提交并展出4幅书画作品。其中，党员杨伟雄的《邓寅达画像》在农工党中央举办的书画网络展展出。组织5名党员参加中共泉州市委统战部举办的“庆党生日、与党同心同行”——泉州党外人士庆祝中国共产党成立100周年主题征文，其中朱连生撰写的《牵挂》和《不忘初心齐奋进，同心擘画晋江梦》获二等奖，4名党员的作品获三等奖。党员张志明撰写的《凝聚百花香》在庆祝《前进论坛》创刊60周年征文比赛中获三等奖。

【参政议政】 2021年，农工党晋江市委会向晋江市政协十四届一次会议报送大会发言稿3篇，提交政协集体提案10篇、代表个人建议1篇、委员个人提案16篇。其中，集体提案全部获立案，提案《关于加强全市护理队伍建设的建议》被《2021年度晋江市政协提案成果转化选编》收录。蔡长谋、朱连生、施熙等党员分别就《建立县级CIM平台点亮新型智慧城市》《关于养老托幼一体化建设建议》《闽南文化进校园》《关于聘请退伍军人当驻校教官》等进行发言。全年向《泉州农工》投稿32篇。

【民主监督】 2021年，农工党晋江市委会各支部参加党委、政府及有关部门举行的协商会、座谈会和情况通报会等，就经济社会发展、生态环境保护、民生问题等提出意见和建议。党员张志明入选新一届（2020—2025）泉州市人民检察院人民监督员。

【社会服务】 2021年，农工党晋江市委会联合晋江市卫健局、晋江市疾控中心等部门在晋江市万达广场开展“2021年环境与健康宣传周”活动，开展义诊及卫生宣传服务。举办“同心健康行”活动，联合晋江市防艾办以“生命平等终结艾滋健康平等”为主题，组织医生党员参加，通过义诊咨询、发放宣传资料、有奖猜灯谜等形式，普及艾滋病、性病防治等知识。举办“同心助医”活动，组织党员志愿者在青阳街道老年人活动中心开展服务老人进社区义诊活动。市直第一支部医护志愿者服务队参与晋江市医院新生儿科举办的“世界早产儿日”公益活动。陈埭支部联合晋江市第三医院开展以“扶贫济困你我同行”为主题的志愿服务活动。陈埭支部开展“爱心公益”早餐活动，同时走进中乔体育股份有限公司为员工开展健康教育知识讲座。罗山支部坚持在罗山荣宗小学开展“关爱教育·扶助贫困生”捐资助学活动。安海支部前往安海慈静敬老院开展“九九重阳节，爱老敬老”慰问活动。金井中心卫生院支部联合金井镇政府，在毓英中心小学开展同心图书室活动。毓英支部和金井支部联合组成志

愿服务队，为学生社会研学提供医疗保障等。

【调查研究】 2021年，农工党晋江市委会围绕医疗卫生改革、心理健康、教育现状等主题，要求每个支部确定1个课题，开展调研活动。完成《做好医共体资源共建共享，让群众享有优质医疗服务》《关于多方位设立心理咨询室提升市民心理健康的建议》等调研报告4篇。向政党协商、政协专项座谈、重点提案协商、政协常委会等会议报送选题调研5篇。

（洪小玉）

中国致公党晋江市委员会

【概况】 2021年，中国致公党晋江市委员会（简称“致公党晋江市委会”）有青阳支部、梅岭支部、西园支部、安海第一支部、安海第二支部和晋南支部等6个直属支部；党员196人，其中有泉州市人大代表1人、泉州市政协委员1人、晋江市人大代表3人（市人大常委会委员1人）、晋江市政协委员10人（政协常委3人）、永春县人大代表1人。

2021年，致公党晋江市委会学习贯彻中共十九大和十九届历次全会精神，习近平总书记来闽考察重要讲话精神，开展中共党史学习教育和庆祝中国共产党成立100周年系列活动，履行参政党职能，在自身建设、参政议政、民主监督、社会服务和海外联谊等方面取得成绩。全年新发展党员3人，党员夏晋城获评2020年度中国十大社工人物，何棋松获福建省五一劳动奖章，施栋梁被致公党福建省委会评为“2021年调研与提案工作先进个人”，洪爱治被授予“未检慈善形象大使”牌匾。施栋梁《开人间正道 复盛世华章》在泉州党外人士庆祝中国共产党成立100周年主题征文活动中获二等奖。

【中国致公党晋江市委员会第八次党员代表大会】 2021年5月29日，中国致公党晋江市委员会第八次党员代表大会召开。大会选举产生致公党晋江市第八届委员会领导班子，颜虹连任主委，柯吉熊、施丹凝、张谋养、陈芳当选为副主委，蔡晓萌、吴姝娉、林荣周、吕耀山、方慧敏、洪金象、蔡庆荣、施栋梁当选为委员。

【参政议政】 2021年，致公党晋江市委会的提案《加快发展海洋经济，打造晋江发展“蓝色引擎”》被确定为2021年1号重点提案。在晋江市政协第十四届一次会议上，致公党晋江市委会提交集体提案10篇、委员提案20篇，内容涵盖经济建设、产业创新、生态环境、民生福祉、社会治理等方面。会员王德寿在第十四届一次会议上作题为《充分发挥统一战线力量，助推乡村振兴》的大会发言；陈芳、方鸿庆提交的《发展全域旅游，助推共同富裕》作为大会交流材料统一印发。《关于大力发展职业教育的建议》被推选为市人大2021年优秀代表建议。全年反映社情民意26件。其中，施栋梁提出的《关于进一步完善我省城乡小微生产经营单位消防安全服务管理机制的建议》被致公党中央采纳，《关于提振社会婚育意愿的几点建议》等13篇信息被致公党泉州市委会采用。全年报送致公党泉州市委会、中共晋江市委统战部等信息报道35篇。

【民主监督】 2021年，致公党晋江市委会作为主提案单位参加《加快发展海洋经济，打造晋江发展“蓝色引擎”》重点提案协商督办。参加晋江市政协组织的《加快老旧工业区改造，拓展产业发展空间》专题视察，《大力培育国家高新技术企业，补齐科技创新短板》重点提案督办，《完善生育公共服务体系，提高群众生育意愿》专题协商。参加中共晋江市委“支持民主党派组织建设”“转型升级专题调研”等政党协商活动，参加晋江市2021年政府工作报告征求意见会以及市委、市政府民主生活会征求意见会等，在各种督办、协商视察活动及征求意见会中建言献策。

【调查研究】 2021年，致公党晋江市委会各支部均成立调研课题组，组织开展调查研究。成立参政议政工作委员会，制定《致公党晋江市委会参政议政经费使用管理办法》，规范完善社情民意征集反映工作机制。全年向致公党泉州市委会、中共晋江市委统战部报送调研报告16篇。其中，《加快海洋经济布局 打造发展“蓝色引擎”的建议》《关于运用城市营销提升泉州城市竞争力的建议》被致公党福建省委会采纳。关于《加强市区污水管网体系建设 提升城市污水处理能力》《优化机制 精准聚才，打造多层次可持续的城市人才生态圈的建议》被致公党泉州市委会采用。

【社会服务】 2021年春节期间，致

2021年9月20日，致公党晋江市委会成立志愿服务队。图为志愿服务队队员支援社区核酸检测

（致公党晋江市委会／供）

公党晋江市委会及各支部走访慰问各镇（街道）特困归侨、侨眷18户。深化共建共享，践行服务社会理念。青阳支部组织党员前往市直“四点钟学校”开展社区志愿服务，在该学校设立“致公党晋江市青阳支部志愿服务基地”，向亲子阅读服务基地捐赠价值3000元的图书，庄斯雄为孩子们开展牙齿保健讲座。王天准、曾远志参与中共晋江市委统战部开展的“传家风•写春廉”书赠春联活动。梅岭支部前往晋江市特殊教育学校开展关爱慰问活动，洪爱治与致公爱心•公益365共同为学校捐赠价值8000元的读书用品。西园支部开展“爱心腊八粥，共筑同心圆”活动。致公党晋江市委会联合市公安局反诈骗中心、兴业银行青阳支行举办防范新型电信网络诈骗专题讲座。党员企业家曾华青为内坑卫生院捐赠爱心善款10万元等。

【海外联谊】 2021年4月，致公党晋江市委会接待菲律宾中国洪门致公党纳卯支部主席施建法一行。6月，参加菲律宾晋江同乡总会达沃分会、菲律宾达沃晋江商会在线上举行的庆祝成立两周年暨第二届职员就职典礼。7月，参加菲律宾中国洪门致公党总部在线上举行的庆祝成立一百二十一周年暨第一百一十九和一百二十届职员就职典礼。11月，参加菲律宾中国洪门竹林协议总团在线上举行的成立一百周年纪念庆典暨菲律宾中国洪门竹林协议总团第九十九连一百届理监事职员就职典礼，并分别致贺电。

（黄辉雅）

九三学社晋江支社

【概况】 2021年，九三学社晋江支社有社员73人。其中，高级职称36人，占社员总数的49.3%；硕士研究生11人、博士研究生3人，占社员总数的19.2%；有泉州市人大代表1人、泉州市政协委员1人、晋江市政协委员6人，占社员总数的11%；泉州高层次人才5人。在九三学社中央庆祝中国共产党成立100周年主题“五史”知识竞赛活动中，社员王俊宇获优胜个人一等奖，张镇东获优胜个人三等奖。

【组织建设】 2021年，九三学社晋江支社开展机关规范化建设，完善各项规章制度，按照泉州市委会规范化标准对照各项工作。贯彻“人才强社”战略，发展德才兼备的优秀人才，全年发展社员4人。支社于12月召开第四次社员大会，选举产生九三学社晋江支社第四届委员会领导班子。在九三学社泉州市第七次代表大会上，社员王也夫当选为第七届副主任委员，林水龙当选为第七届委员。

【参政议政】 2021年，九三学社晋江支社在泉州市和晋江市政协会议上提交提案25篇，内容涵盖经济发展、生态环保、民生保障、社会治理等方面。主委林水龙《关于加快康养体系建设推进养老服务发展的建议》被泉州市政协采用，委员乔莉梦在泉州市政协第十四届一次会议上作大会发言《关于我市设“引才伯乐奖”的建议》。并完成九三学社泉州市委会举办“九三学社泉州市委员会关于开展庆祝中国共产党成立100周年征文活动”。在2021年晋江市政府换届中，王也夫当选为晋江市政府副市长；乔莉梦当选为磁灶副镇长；许泽润当选为金井镇副镇长；谢少梅被任命为罗山街道司法所所长。

【民主监督】 2021年，九三学社晋江支社领导及社员中的人大代表、政协委员多次参加泉州、晋江两级市委、市政府、市人大、市政协举行的座谈、通报、调研、视察、检查等活动，就政府工作报告等党风政风建设以及群众关心的问题发表意见，提出建议。开展养老服务体系建设专题调研《关于加快康养体系建设 推进养老服务发展的建议》《关于晋江市行政服务中心增设群众休息区的建议》得到市领导批示。

【社会服务】 2021年新冠肺炎疫情防控期间，九三学社晋江支社社员投身战“疫”行动，多名社员奋战在一线采集核酸或捐赠物资。支社参加“海西春雨行动活动”“下乡义诊活动”等慰问帮困活动，参与大型服务社会活动，做好慰问贫困群众与义诊、科普卫生知识宣传工作。走访慰问支社老社员，鼓励他们继续关心九三学社发展，为社会奉献余热。

【学习调研】 2021年，九三学社晋江支社加强社员培训教育。举办“2021年度提案、社情民意撰写培训会”，提升社员撰写提案、社情民意的深度，增强社员履行建言献策、参政议政的能力；

2021年12月，九三学社晋江支社召开第四次社员大会。图为新产生的支社第四届委员会领导班子
（九三学社晋江支社/供）

九三学社晋江支社在中国共产党成立100周年重要节点，与其他民主党派共同举办“不忘初心跟党走书画展、征文活动”；组织骨干社员参加九三学社泉州市委会组织的暑期专题读书班活动，听取学院教授关于中共党史专题讲座，并参观鲤城龙岭爱国主义教育基地；组织3名骨干社员参加2021年党外人士、新生代非公有制经济人士教育培训班等。完成2021年晋江市统一战线理论调研重点课题工作，提交《当前商会组织发展面临的问题与对策建议》为重点调研课题。

（苏芙蓉）

台湾民主自治同盟晋江市支部委员会

【概况】 2021年，台湾民主自治同盟晋江市支部委员会（简称“台盟晋江市支部”）有盟员42人。其中，本科学历及中高级职称以上35人，泉州市人大代表1人、晋江市人大常委会副主任1人，晋江市政协委员4人（其中政协常委1人）。

【参政议政】 2021年，台盟晋江市支部围绕晋江市委、市政府中心工作建言献策、提交会议发言，内容涉及经济建设、民生保障、社会治理、城市管理等方面，为政府相关部门科学决策提供参考，并得到相关单位的重视与反馈。提交盟中央课题调研1篇，提交省台盟课题调研1篇，提交泉州台盟社情民意1篇，提交晋江市政协提案10篇，提交中共晋江市委统战部调研课题1篇。

【民主监督】 2021年，台盟晋江市支部委员参加市政协组织的“增加高中中职教育学位供给”“大力培养高新技术企业，补齐科技创新短板”“完善生育公共服务体系 提高群众生育意愿”“整合我市优质资源，推动旅游产业发展”等专题视察活动，并提出意见和建议。参加市委、市政协围绕“加快老旧工业区改造，拓展产业发展空间”等议题专题协商会议。

【社会服务】 2021年，台盟晋江市支部组织盟员参加台盟泉州市委会与中共泉州市教科所支部委员会联合举行的“学党史·办实事”庆祝中国共产党成立100周年暨乡村振兴送培送教活动，参加中共晋江市委统战部组织的“不忘初心跟党走 携手共画同心圆”庆祝中国共产党成立100周年书画展，盟员洪元程、陈依依书画作品被台盟中央选中参加庆祝中国共产党成立100周年书画展。支部委员许亚文参与晋江市世纪大道南延伸暨北环—龙山寺片区建设项目征迁工作。新冠肺炎疫情防控期间，支部委员许亚文代表安海商会参加安海核酸检测志愿者队伍；支部盟员黄家兴代表灵源街道社区卫生服务中心，参与晋江市灵源街道核酸筛查活动及隔离空间消毒工作。

【学习调研】 2021年，台盟晋江市支部学习贯彻习近平新时代中国特色社会主义思想，通过集中学习、座谈会、交流研讨、自学等形式，深刻领会习近平总书记关于加强和改进统一战线工作的重要论述，巩固拓展“不忘合作初心，继续携手前进”主题教育成果，加强政治引领，凝聚思想共识。组织盟员参加中共晋江市委统战部组织的党外人士、新生代非公有制经济代表人士教育培训班，台盟中央中共党史学习教育系列讲堂、新盟员培训班、青年盟员座谈会、宣传信息工作培训班、民主党派基层组织骨干培训班、“知党史、学盟史、践初心”主题培训班、“学习党史盟史践行合作初心”交流座谈会等，提高盟员的政治素质和参政议政能力。组织盟员前往内坑镇亭顶村“红色粮仓”、砌坑村革命史陈列室开展党史学习教育。11月，台盟中央联络部部长张骏调研组一行到晋江开展调研，参观“晋江经验”馆及五店市传统街区。

【对台联谊】 2021年，台盟晋江市支部加强对台交流，做好对台宣传和联谊工作，为台湾同胞到晋江工作生活创业等提供服务。支部委员春节及重阳节走访慰问老盟员。春节期间，组织前往晋江台企联慰问，向在晋江工作的台商致以新春的问候；主委洪元程与留晋江台商台青小聚吃年夜饭；元宵节前，组织部分在晋江的台胞前往新塘街道梧林传统村落体验闽南祖厝文化，感受闽南华侨先辈的家国情怀。

（苏婷婷）

晋江市工商业联合会

【概况】 2021年，晋江市工商业联合会（简称“晋江市工商联”）十一届执委会有成员407人，会员企业4.8万余家，晋江所属商（协）会68个。

2021年6月19日，台盟晋江市支部组织盟员到内坑镇开展党史学习教育
（台盟晋江市支部/供）

2014—2021年，市工商联连续8年获评全国“五好”县级工商联；2021年被省委、省政府授予“扶贫攻坚先进集体”称号；获评“优秀基层党组织”、一类五星级平安单位。《中华工商时报》多次宣传晋江工商联先进经验做法，《工商联组织建设的“晋江探索”》获全国工商联2021年度组织建设调研成果探索实践奖，《以“四个有机”推动商会改革发展》获2021“创新中国”区县级工商联最佳案例奖。

【政企互动】 2021年，晋江市工商联召开党政商恳谈会暨第十二次、十三次会长会，贯彻落实晋江市委、市政府召开“科技赋能产业升级”企业创新发展大会精神，邀请工信、商务等经济建设主管部门，以“企业点题、党政作答”的形式，汇聚党政商企四方力量破解发展难题。印制1万多册惠企政策读本进企宣传，深入基层商（协）会开展惠企政策说明会，指导企业精准应对新冠肺炎疫情后时代的冲击和国际国内市场的激烈变化，增强发展信心。

【民营经济服务】 2021年，晋江市工商联以商（协）会为平台，引导会员企业采取以大扶小、以强帮弱、共享市场、共享员工等举措，引导企业抱团闯市场、抗风险；组织全市工商企业家学习研讨各级“十四五”规划，用活用好用足各级政策导向和扶持措施，参与国内国际双循环，抢先机，觅商机，晋江民营经济保持快速健康发展态势。整合民营企业、“晋江经验”馆、非公有制企业党建、商（协）会等一系列资源，打造省级理想信念教育基地——“晋江经验”教育基地；针对年轻一代企业家培训创办“启航班”“新生代培训班”，针对创二代接班人、高层次人才培训创办“混沌创新班”等，“领航班”“混沌创新班”由市政协副主席、市工商联主席、市总商会会长洪忠信担任班主任，打造一支高素质、善拼搏的企业家队伍和经营管理团队，抓好“晋江经验”的代际传承。

2021年8月6日，晋江市工商联组织商会、企业前往结对帮扶村开展“回头看、再精准、再帮扶”精准扶贫行 （晋江市工商联／供）

【实施回归工程】 2021年，晋江市工商联服务市领导走长三角、珠三角、粤港澳大湾区、海南自由贸易试验区及武汉、长沙等中原地区的考察招商活动。引导4名在外晋江企业家回乡投资4个项目，投资超26亿元；推进创新“灯塔工程”，组建世界晋江人才数据库，通过向数据库人才推介晋江营商环境，推动项目、人才回归，依托全国异地晋江商会组建全国晋江籍大学生联合会36个，推动博士研究生1人、硕士研究生23人、本科生215人回归晋江。

【商（协）会组织建设】 2021年，晋江市推动当地商（协）会、异地商会组建，实现19个镇（街道）、经济开发区商会全覆盖，国内异地商会26个、晋江异地商会6个、境外商会3个、行业商会13个；在非公有制经济领域坚持党建优先的原则，做到市、镇（街道）两级商（协）会成立党的组织100%，常执委所在企业党建入章100%，党的基层组织规范化建设100%等“3个100%”，所培育的安海商会党委获全国工商联系统“商会党建工作示范单位”，并在全国工商联会议上作典型发言；10多个商（协）会、企业党支部获评省、市、县级先进集体，数十名党员获评各级先进个人。

【履行社会责任】 2021年，晋江市工商联发动商会和企业参与“百企帮百村”和“四帮四扶”，组织16个商会、企业前往20个结对帮扶村开展“回头看”活动，就帮扶项目再对接、再细化、再落实；动员企业家筹集1.08亿元捐助晋江市平安行公益慈善基金，支持“平安晋江”建设工程；闽医“晋江行”活动形成品牌效应，有4个异地商会组织名医回乡开展义诊活动，为5000多名群众免费看病赠药。河南、山西等地遭遇水灾，晋江市企业家捐款捐物超3.5亿元。

【新冠肺炎疫情防控和复工复产助力】 2021年，晋江市工商联动员各商（协）会、广大企业、在外乡亲支持配合新冠肺炎疫情防控。探索创新“共享员工”“暖心专车”“政策礼包”等形式，帮助企业解决复工难、用工难、返岗难等问题；市工商联通过晋江产业直播基地平台，开展近200场品牌企业直播，总成交额近15亿元。新冠肺炎疫情防控期间，晋江商（协）会和企业捐赠超2亿元，2000多人次参加义工活动。晋江市英林商会获评全国工商联“抗击新冠肺炎疫情先进商会组织”。

（黄奖白）

晋江市总工会

【概况】 2021 年，晋江市总工会团结引导广大职工在晋江高质量发展落实赶超中发挥作用。全年推荐评选表彰“全国五一劳动奖状”1 人、“福建省五一劳动奖状”1 人、“福建省工人（五一）先锋号”3 个、福建省五一劳动奖章 5 人，创建并命名劳模工作室、工匠工作室 7 家。年底，全市有 8310 个基层工会、覆盖企业 8916 家，工会会员 59 万余人。有“全国模范职工之家”13 个，“福建省模范职工之家”36 个，“泉州市先进职工之家”67 个。

【职工思想政治引领】 2021 年，晋江市总工会深入学习习近平总书记在庆祝中国共产党成立 100 周年大会上的重要讲话精神及习近平总书记来闽重要讲话精神等，开展专题学习研讨会 13 次。开展劳模主题宣讲、读书分享会等活动，并通过市总工会微信公众号、电子职工书屋等载体开展系列专题宣传。拍摄“心声唱百年”主题 MV，展现职工风采。开展以“晋江新跨越 ‘工’创新时代”为主题的喜迎中国共产党成立 100 周年职工文艺会演活动。在“学习强国”、中工网、《福建日报》、《泉州晚报》等媒体报送信息、图片 80 多篇（幅）。弘扬劳模精神，在晋江电视台、《晋江经济报》和晋江市总工会微信公众号开辟“致敬劳动者”专栏，宣传报道劳模先进事迹，打造“劳模”“工匠”金字招牌。组建党史学习教育劳模宣讲团，在基层开展“讲好百年党史 激发奋进力量”主题宣讲活动。

【职工劳动竞赛】 2021 年，晋江市总工会在各行业开展职工岗位练兵、技能竞赛和经济技术创新活动，承办福建省、泉州市职工职业技能竞赛。全市各基层工会开展劳动技能竞赛 2500 多场次，参加职工 15 万人次，晋升技能等级职工 1900 人。

【职工技术创新】 2021 年，晋江市总工会组织开展“五小·智慧杯”职工创新活动，引导企业职工参与“小革新、小发明、小创造、小设计、小建议”活动，征集“五小”创新项目 425 个、“金点子”项目 80 个。其中，“五小”项目获一等奖 5 项、二等奖 14 项、三等奖 57 项，占泉州市获奖数的 25%；“金点子”项目获一等奖 1 项、二等奖 3 项、三等奖 13 项，占泉州市获奖数的 21%。参加国际和中国发明展，晋江市职工发明创新成果获金奖 4 项、银奖 3 项、铜奖 2 项，获中国发明协会二等奖 1 项。

【职工素质工程】 2021 年，晋江市总工会依托产业工人培训基地，以“求学圆梦计划”“名师带高徒”等项目为抓手，实施职工素质工程。2021 年，“二

2021 年 6 月 4 日，晋江市总工会在晋江电视台演播大厅举行“晋江新跨越 ‘工’创新时代”喜迎建党 100 周年职工文艺汇演 （晋江市总工会/供）

元制”在校生3357人，129人取得全日制毕业文凭；申报、命名泉州市产业工人技能培训基地2家，开展产业工人技能培训87批次，培训员工5897人次；参加职工综合素质提升培训14万余人次；结对师徒1764对，培育选树优秀工匠1834人。

【职工权益维护】 2021年，晋江市总工会创新以职代会为主要形式的民主管理工作，加大对企业民主管理工作的培训力度。9月，市总工会联合经济开发区党工委建设晋江市经济开发区职工法律服务一体化基地，打造“园区枫桥”全链条维权服务新模式。基地设立法律援助站、劳动法庭、茶桌调解室等，形成“一中心、一站、两点、两庭、四室”（职工服务中心，营商环境法律服务站，检察联络点、营商环境监测点，劳动仲裁庭、劳动法庭，职工法援室、调解工作室、职工心理咨询室、产业园区党代表室）服务格局。至年底，基地调处劳动争议案件116起，处理工伤认定申请71起，涉及职工360人次，涉及金额493.85万元，实现矛盾纠纷不出园区。深化预警调处机制建设。晋江市职工法律服务中心联合福建佳汇律师事务所为职工提供免费法律服务，不定期开展法律法规宣传。2021年，接到电话及现场咨询、职工信访24起，涉及职工24人次，涉及欠薪18.63万元，帮助追回欠薪4.65万元。组织职工参加“安康杯”竞赛，开展安全生产宣传咨询日、事故警示教育、应急演练等活动，促进企业加强安全生产管理，增强员工的安全防范意识。做好户外作业及高温一线职工防暑降温慰问活动，依托晋江邮政分公司营业网点改造设立职工爱心驿站27个。

【职工帮扶服务】 2021年，晋江市总工会加强市、镇两级职工服务中心规范化建设，加快市工人文化宫项目建设进度，全年完成投资1.2亿元。与泉州轻工职业学院合作，在该学院建设工会户外拓展基地，为基层工会组织提供户外拓展活动的场地。推进“妈妈小屋”建设，累计在机场、火车站、医院、五店市、商超等地建立“妈妈小屋”26家。做精“春送就业、夏送清凉、金秋助学、

2021年7月5日，晋江市总工会“快乐成长·安心一夏”盼盼职工子女暑托班在安海镇盼盼公司开班 （晋江市总工会／供）

冬送温暖”帮扶品牌。全年慰问困难职工1609人次，发放慰问金124.72万元；全市参与医疗互助活动机关事业单位308个、企业739家、职工15.78万人次，发放医疗互助补助金2332人次、627万元；“金秋助学”活动为165名困难职工子女发放助学金62.45万元；与人社局联合下发《晋江市异地劳务合作站实施方案》，与云南保山及贵州遵义各1家劳务公司签订劳务输送合作协议。推进10个为职工办实事项目。举办职工子女暑托班84个，探索职工子女暑期“安全管护、基本活动，课业辅导、自我成长”的“2+2精准解法”，服务职工子女2383人次。举办职工健康关爱工程系列活动，开通心理关爱热线，建立心灵驿站H5平台，在全市开展心理巡讲活动29场次；帮助环卫工人500人实现“微心愿”。

【基层工会组织建设】 2021年，晋江市总工会拍摄晋江市非公企业工会典型培育工作系列短纪录片，以“一企一亮点、一企一特色”为主线，展现晋江市工会建设典型培育工作的成效。组织全市5家省级以上职工之家开展“结对共建”试点活动。推动新就业形态劳动者入会建会，货车司机、快递行业和其他新就业群体新建会173家，发展会员1.27万余人。录用4名工会专干并分别下派到金井、深沪、龙湖、英林等镇总工会工作。开展晋江市小微企业工会经费全额返还工作，返还124家企业共167.8万元。常态化开展“1+X”专项督查，全年“1+X”督查76家工会、规范化审计32家工会。开展基层工会节日慰问品采购管理专项检查，对238家基层工会开展全面自查，抽取24家基层工会进行专项检查。

（黄晖）

共青团晋江市委员会

【概况】 2021年，共青团晋江市委员会（简称“晋江团市委”）围绕组织青年、引导青年、服务青年、维护青少年合法权益等四项基本职能，助推晋江市国际化创新型品质城市建设。全市团员青年获国家级表彰1人，基层团组织获国家级表彰1个，获省级表彰青年集体称号3个，获省级表彰青年8人。年底，全市有基层团组织2429个，其中团（工）委82个（街道团工委6个、镇团委13个、经济开发区团工委1个、企业团委19个、中学团委21个、市直团工委1个、系统团工委17个、公安局团委1个、驻外团工委2个、社会组织综合团委1个），团总支168个，团支部2179个；有团员3.6万名，少先队员18.9万名。

2021年5月4日，晋江市纪念五四运动102周年暨第十五届晋江青年文化节开幕式举行
（晋江团市委/供）

【青少年思想引领】 2021年，晋江团市委召开二十一届六次全体（扩大）会议，在全团统一部署开展“青年人为什么学党史”党史学习教育第一课；成立全省首个“红领巾党史宣讲团”，把党史故事融入课程内容，以少年儿童喜欢的方式呈现，宣讲11场次；全市各级团组织累计组织党史学习教育专题学习会6380场、团日活动4882次、宣讲座谈270场。打造青年文化节品牌，以纪念五四运动102周年为契机，在“五四”青年节期间举办第十五届晋江青年文化节，涵盖自行车环市骑行、“家国情”梧林传统村落沉浸式戏剧体验、纸玩大赛等活动。活动期间推文浏览量75.38万人次、点赞2.47万人次，推出原创MV《晋江青年强》献礼中国共产党成立100周年，播放超5万人次。构建新媒体宣传矩阵，深化晋江共青团新媒体工作室建设，加强团属“微博+微信+抖音+视频号”新媒体矩阵体系建设，打造青年新媒体覆盖阵地，晋江共青团微信粉丝近23万人，公众号综合影响力长期位居泉州政务类前十、全国基层团组织百强。

【青年创新创优服务】 2021年，晋江团市委组织“创二代”代表参加2021年晋江市“科技赋能产业升级”企业创新发展大会，发出《聚焦科技创新、推动高质量发展——致工商企业界倡议书》。举行“青商面对面——走进公共科技创新平台”活动，组织青商会以集体名义参展第六届国际体育产业博览会。配合市委人才办推动混沌创新班落地晋江，首创“青年企业家+青年党政干部+高层次人才创业者”混合制学员体系。

【青年志愿服务行动】 2021年，晋江团市委助力世中运赛事筹办，举行世中运志愿者风采大赛，召开世中运志愿者口号、昵称发布仪式，举办世中运赛会志愿者通识培训班，组织志愿者保障游泳、田径等世中运项目测试赛，组织赛会志愿者2015人次、服务时长13738小时。深化文明创建，组织青年志愿者常态化开展人居环境整治、巡河护河等志愿服务行动，召开全市共青团助力全国文明城市创建工作推进会，发出《共创文明城 青年当先锋》倡议，集中开展“晋江文明 没我不行”团青在行动系列活动，推动创城工作常态化。

【市委人才战略助力】 2021年，晋江团市委深化“晋江大学生菁英引航工程”，举行晋江市龙头企业2021届毕业生专场云招聘、2021年晋江大学生“返家乡”社会实践活动，选拔优秀返乡大学生到党政机关、国有企业、各大金融机构开展暑期社会实践，打通晋江籍返乡大学生实习就业“最后一公里”。牵头开展晋江“人才杯”系列赛事，做大做优青年人才“朋友圈”。

【团属社工事业建设】 2021年，晋江团市委制定“我为青少年办实事”工作清单，在10个镇（街道）建设基层青少年综合服务平台，打造“团干+社工+志愿者”联动服务模式，从青少年权益保护、新晋江青年融入、青少年参与社会治理3个服务领域着手，开展常态化运作，全年服务青少年2.05万人次。

【青少年困难群体帮扶】 2021年，晋江团市委打造“暖冬行动”活动品牌，引导青年企业家捐款捐物，为困难群体筹集善款物资。改造升级“爱心格子铺·爱心储蓄所”，拓展服务项目，深化“公益微课堂”服务项目运作，加强公益“自我造血”，定期开展捐资助学、结对帮扶等活动。全年帮扶困难青少年89人次，捐赠爱心善款29.1万元。

【青少年校外培训基地】 2021年，晋江市青少年宫开设1055个班次，培训学员1.9万余人次。加快推进青少年活动中心项目建设，项目主体工程及室外工程完工，进行水电工程施工及二次装修工程。

【务工青年关爱】 2021年，晋江团市委推出服务外来务工青年留晋江过年“八个一”措施：“一份倡议”，面向外来务工青年发出留晋江过年的倡议；“一份暖心礼包”，开展“赏梧林风景 忆华侨乡愁”关爱留晋江务工人员活动，组织快递小哥及其家人到梧林欣赏传统古村落，为其送上新春礼包，感受“侨春有福”的闽南年味；“一部热线电话”，开通青少年寒假暖心热线“85812355”，为青少年提供情绪疏导、心理支持、法律维权等方面咨询服务；“一场文娱活动”，组织“我们的节日·文化进万家”——晋江市文化科技卫生“三下乡”志愿服务活动暨晋江市红色文艺轻骑兵文化惠民演出，为外来务工青年送上“文化盛宴”；“一次志愿服务”，联合全国晋江籍大学生联合会举办“迎新春，送祝福”现场书赠春联活动，将新春祝福送给外来务工青年；“一次慰问”，打造“暖冬行动”，组织青年企业家、青年志愿者慰问困难青

2021 年春节期间，晋江团市委开展“暖冬公益行动”。图为 2 月 5 日，团市委组织留晋江过年外来务工青年举办“我在晋江过年”半日游活动（晋江团市委／供）

少年 114 户，送出慰问金 10.7 万元；“一顿年夜饭”，推动各基层团组织为春节期间坚守岗位的一线务工青年送上暖心年夜盒饭；“一对一结对”，发动青年教师、返乡大学生与外来务工青年子女一对一结对，开展作业辅导、关爱陪伴，做好外来务工青年的家属关爱行动。组织基层团（工）委，依据团市委统一工作部署，结合各辖区工作实际，组织年货节、免费观影、趣味运动会等文娱活动，鼓励辖区务工青年留晋江过年。发动青商会企业，采取微信通知、实地走访等方式发动青商企业以发放过节红包礼包、开展企业内部文娱活动等举措，关心关爱留晋江过年务工青年。

【基层团组织建设】　2021 年，晋江团市委以青联列入全国青联改革试点单位为契机，推动青年书画协会、青年文学协会换届选举，引导各团属青年社团规范建立党团组织，完善以青联为枢纽、以团属社团为紧密层的青年组织体系。承办全省共青团基层工作研讨班，召开共青团晋江市第二十二次代表大会，统筹推进市、镇、村三级团组织换届工作，选优配强各级团组织领导班子。抓好“智慧团建”工作，依托“智慧团建”平台开展党史学习教育及毕业生团组织关系转接，至年底，全市团员报到 35978 人。星级团支部创建工作稳步推进，达标以上团支部 1920 个，创建率 91.45%，创建数量位居泉州第一、全省前列。开展团建项目总动员，推动基层团组织培育团建工作品牌 31 个。从严发展和管理团员，调控团学比，推动全市所有中学、中职学校 100% 成立团校；完善学校团干部队伍“专兼”配备机制，实现团委书记按学校中层正职干部配备管理；先后举办“青春·成长·感恩·责任”——晋江市学校共青团主题团日活动、晋江市中学少先队队课教研活动等，加强团队衔接。

【少先队工作】　2021 年，晋江市承办省少先队“先锋队课”观摩研讨活动，省、市、县三级共谋推动《关于全面加强新时代少先队工作的意见》落地。创立全省首支少先队学科教研员队伍，开展少先队主题队课教研活动，密切团教协作。推动全国首个非公企业少工委、全省首个村级少工委落地晋江。配强少先队辅导员队伍，实行少先队总辅导员竞岗聘任机制，举办晋江市 2021 年少先队专题培训。举办晋江市首届少先队辅导员职业技能大赛；推荐 4 人参加泉州市少先队辅导员职业技能大赛，获一等奖 2 人、二等奖 2 人。开展晋江市青少年用英语讲中国故事之晋江故事口语比赛，鼓励青少年宣扬中国文化、晋江精神。举办纪念少先队员建队 72 周年暨“红领巾心向党　争做新时代好队员”主题活动，组织拍摄晋江市庆祝少先队建队 72 周年主题视频《献礼建队节——队旗下的晋江好少年》。召开“红领巾奖章”推进会暨全市少工委主任交流会，规范全市少先队红领巾争章行动。

【晋江市首届少先队辅导员职业技能大赛】　2021 年 1—5 月，晋江市举行首届少先队辅导员职业技能大赛，活动分笔试、观课议课、现场说课及才艺展示 4 个环节。49 名少先队辅导员参加，设置特等奖 1 名、一等奖 2 名、二等奖 3 名、三等奖 4 名。对获得特等奖的选手，授予“晋江市五一劳动奖章”“晋江市五四青年奖章”“晋江市技术能手”“晋江市十佳少先队辅导员”等荣誉称号；对获得一等奖的选手，授予“晋江市五四青年奖章”“晋江市技术能手”和“晋江市十佳少先队辅导员”荣誉称号；对获得二、三等奖的选手授予“晋江市十佳少先队辅导员”称号；对第 11—20 名获奖选手，授予“晋江市优秀少先队辅导员”称号。

（王思思）

晋江市妇女联合会

【概况】　2021 年，晋江市妇女联合会（简称“晋江市妇联”）获全国妇联宣传舆论阵地建设先进单位、省级文明单位称号，全市妇联系统中获国家级荣誉 1 人、集体 3 个，省级荣誉 8 人、集体 10 个，泉州市级荣誉 11 人、集体 4 个。晋江市重点调研文章《关于新兴领域妇联组织建设的思考与研究》在《中国妇运》刊发，市创新基层妇联长效工作机制案例《乘风“破难”正当时　奋企图心谋新篇——看晋江市“县级妇联改革破难行动”如何答卷》入选“福建省深化妇联组织建设改革案例课程”，《晋江市打造“疫情不打烊”“亲情零距离”社区家庭综合服务平台》获泉州市机关体制机制创新优秀案例一等奖。晋江市实施“两纲”（妇女、儿童发展纲要）工作获省妇联发文表扬。省妇联党组书记、主席林叶萍肯定晋江妇联改革成效。获“学习强国”学习平台、《中国妇女报》、《经济日报》等各级主流媒体报道 1120 次。至年底，全市有 19 个镇（街道）妇联和晋江经济开发区妇联，398个村（社区）妇联，76个新兴领域妇联组织、异地晋江商会妇联，50个妇女微家。

【妇女思想政治引领】 2021年，晋江市妇联开展“巾帼心向党”系列活动，拍摄“心声唱百年”音乐视频《党啊，亲爱的妈妈》、巾帼党员微电影《致敬了不起的她》。以纪念“三八”国际妇女节111周年为契机，开展“唱响红歌 向党献礼”线上歌咏比赛、寻找妇女节最特别的晋江“礼物”短视频征集、“三八”维权月暨“平安家庭”创建网上知识问答活动、晋江市科级女干部素质提升专题培训班、“解码财富关系，提升女性财商”“三八”国际妇女节专题沙龙活动、“弘扬孝廉文化，涵养政德清风”古城徒步廉政之旅、民法典之妇女权益保障专题云培训等活动，深化“我们的节日”活动，开展第14届家庭文化节系列活动，全市各级妇联组织开展活动300余场，打造晋江巾帼志愿“16日繁星点亮计划”。强化网上引领，做好抖音、微信公众号、微信视频官方号运营，发布原创抖音作品88个，获赞14.1万人次，粉丝数4.4万人；发布妇联微信公众号信息896篇，粉丝数2.5万人。

【基层妇女组织建设】 2021年，晋江市妇联巩固和深化“会改联”“破难行动”成果，强化基层妇联组织建设，提高各级人大代表、政协委员及人大常委会委员、政协常委的女性比例，在村（社区）“两委”换届中做好女性进班子工作，做好镇、村两级妇联组织换届工作，推动青阳、梅岭、西园、罗山街道妇工委改建妇联工作。在省“县级妇联改革破难行动”试点中，拓展新领域妇联组织、阵地覆盖面，指导成立新兴领域妇联76个、妇女微家50个、妇联执委工作室15个，涉及体育中心、物流、广场健身协会、伞业、鞋业、儿童玩具行业、服装行业、科技创新、新晋江人队伍、巾帼志愿服务队、国企、直播基地、养老院、小区物业、传统文化传承、厨娘、公益慈善等行业领域。

（邱钰婧）

【家庭家风建设】 2021年，晋江市妇联发挥家庭家教家风在基层社会治理中的作用，做好白兰花家庭驿站项目品牌，组建85人的“驿站疫情防控巾帼志愿者应急队伍”，发挥驿站在基层社会治理中的作用，组织“疫情防控 家家行动”系列服务，受益3万余人次。创新开展“她创时代”白兰姐姐创业赛道分享汇、儿童友好社区营造行动，全年驿站服务67186人次。白兰花家庭驿站项目入选“晋江社会工作发展十大新闻事件”，《晋江市打造“疫情不打烊”“亲情零距离”社区家庭综合服务平台》获泉州市机关体制机制创新优秀案例一等奖。

2021年，晋江市妇联在龙湖镇举办2021年晋江市家风家教主题宣传月启动仪式暨“沐家风、颂党恩、守平安、传大爱”孝廉文化现场演诵比赛，来旺良品堂闽南古早味传承基地等被评为闽南家文化体验馆。联合市纪委监委等部门开展晋江市“爱党·爱国·爱家”廉洁家风经典朗诵比赛，联合驻总工会纪检监察组开展“好家风带动好风气”家庭助廉征集活动。开展寻找“最美家庭”活动，推荐获评2021年最美家庭国家级1户、省级3户、泉州市级6户、晋江市级97户。

2021年，晋江市妇联加强立德树人家庭教育指导服务和家庭教育队伍建设，有家教讲师团成员142人，长期深入乡村社区、学校为家长普及科学育儿知识。开展家教优秀论文、微课评选工作，评选出优秀论文50篇并汇编成册，评出优秀微课视频15件。组织优秀家教讲师团成员深入村、社区、学校、企业举办省、泉州、晋江级“家庭教育公益大讲堂”78场和e享家长课堂4场，通过线上或线下参加的家长近2万人次。联合进修学校在宁德市古田县举办晋江市首期家庭教育指导师培训暨晋江市家庭教育骨干培训，晋江市家庭教育讲师团成员、“十佳我最喜爱的老师”以及一线优秀教师共68名学员参加培训。

2021年，晋江市促进家庭服务多元化发展。市妇联面向全市发出《大手拉小手 平安过大年——晋江市妇联邀您留晋过大年》倡议，开展晋江市“定格幸福瞬间”全家福活动，为66组留晋江过年企业职工免费拍摄全家福、发放“留晋大礼包”，联合贵州省安龙县、习水县人社局开展贵州省安龙县、习水县留晋江过年人员慰问，送去“家家幸福安康工程”知识包等，获“学习强国”学习平台、《中国妇女报》、《福建日报》报道。举办“百年礼赞 童心向党”晋江市第三届亲子阅读节、“百年礼赞·少年儿童心向党”庆祝中国共产党成立100周年家庭教育宣传系列活动，依托儿童之家、家长学校开展亲子活动59场，服务2360人次。

（王婷婷）

【妇女权益维护】 2021年，晋江市妇

2021年11月19日，晋江市婚姻家庭纠纷人民调解委员会揭牌仪式举行
（晋江市妇联/供）

联建立市级“婚姻家庭纠纷人民调解委员会”，下设20个镇级婚姻家庭纠纷调解委员会，在全市推行“网格化+婚姻家庭纠纷排查化解”工作新模式，集中排查梳理婚姻家庭矛盾纠纷和妇女儿童权益突出问题，把婚姻家庭矛盾纠纷化解在基层，以家庭平安促进社会平安。联合晋江市民政局实施“幸福起航”婚姻家庭赋能服务项目，聘请婚姻家庭赋能大使、辅导员，发布婚姻家庭赋能课程包。开展“三八”维权月暨“平安家庭”创建网上知识问答活动，参与答题16185人次，问答活动H5访问量51835人次；在市妇联微信公众号上连续推出3期反邪教警示教育片，发动并组织全市广大妇女儿童线上观看学习；组织基层妇联在全市开展“维权面对面，服务心贴心”维权知识宣传，深化“六守六无”宣传和“平安家庭”创建宣传。共接待妇女群众来信来电来访97人，其中来访44人、来电51人、来信信访2人；开展普法宣传活动及讲座103场，受益3万多人次。举办市妇女援助调解员线上和线下培训2期，参训850多人次。11月，组织“晋江市反家暴志愿者宣讲队”深入各镇（街道）、经济开发区开展“反家庭暴力·创平安家庭”巡回普法宣讲活动20场，受益1500多人次。

（李育蓉）

【科技创新巾帼行动】 2021年，晋江市妇联面向广大妇女发出《科技创新建新功 巾帼奋进新征程》倡议，邀请晋江市科技局党组书记、局长、福州大学理学博士蒋家兴做题为《创新引领未来》的专题讲座。组织妇女群众收看省妇联闽姐姐扬帆行动“乡村振兴巾帼科技行”网络课堂6场次，培训近4000人次。

【乡村振兴巾帼行动】 2021年，晋江市妇联实施“她创时代”白兰姐姐创业赛道分享汇、“她说”社会组织综合妇联党史微学堂等7个2021年泉州市妇联“巾帼建功 助力乡村振兴和高质量发展超越八项行动”项目。联合晋江市农业农村局印发晋江市“美丽庭院”建设工作方案，面向全市推动24个省级乡村振兴试点村、实绩突出村先行先试，推荐美丽庭院示范户省级95户、泉州市级240户，围头村被省妇联命名为“闽台姐妹合家园”。举办2021年度晋江市“白兰花家服计划”妇女实用技能培训班，99人参加，其中67人通过婴幼儿早期教育指导专项职业能力考核并申领见证补贴650元/人。

【妇女就业创业】 2021年，晋江市妇联举办晋江首届线上家庭年货节，活动直播带货140余场次，增粉近6万人，直播带货量超60万单，全网销量超411万元；举办2021年妇女儿童家庭公益创投大赛，以创投形式，组织爱心女企业家认领“母亲的房子·摘星计划”等6个优秀公益项目近27万元，并落地实施。推广“巧妇贷”，2021年新增办理10户235.25万元。

【妇女岗位建功】 2021年，晋江市妇联选拔树立各行各业妇女先进典型，获全国巾帼建功标兵1人，福建省级“三八红旗手”4人、“三八红旗集体”1个，获泉州市级“三八红旗手”8人、“三八红旗集体”4个。走访调研各级“巾帼文明岗”，命名晋江市“巾帼文明岗”18个，新增“巾帼文明岗”国家级2个、省级1个、泉州市级4个。承办2021年泉州市“巾帼文明岗”创建工作现场会，晋江市妇联推行“巾帼文明岗”创建“333”（健全3项机制，抓好3个重点，实现3大效益）工作法典型经验获泉州市妇联发文推广。发动全市小学、幼儿园巾帼文明岗，开展“悦读风尚我引领 移风易俗倡文明”巾帼志愿服务活动86场，覆盖市区及基层。联合双拥办在全市范围内开展寻找“最美女军人”“最美军嫂”活动，评选出“最美女军人”5人、“最美军嫂”10人。开展“送奖到基层”活动，组织省级三八红旗手吴秀梨进围头村儿童之家开展“颂建党百年 做时代新人”等活动，营造学习先进、争做先进的氛围。

【巾帼健康行动】 2021年，晋江市妇联举办女性健康大讲堂，普及“两癌”（乳腺癌、子宫癌）防治知识，落实泉州市委、泉州市政府为民办实事项目“持续实施呵护母婴健康工程”，提供30—64岁妇女“两癌”筛查2000人，产前筛查、诊断孕妇1800人。募集母亲健康“1+1”善款超38万元，救助“两癌”贫困妇女省级1批40人17.8万元、晋江市级2批36人14.4万元。加大女性安康保险宣传力度，投入29.22万元为全市2922名低保特困16—65周岁健康妇女购买女性安康保险，个人自费投保1.8万多人次，全年为23名患病妇女兑付252万元理赔款。

（苏雅雅）

【妇女儿童关爱】 2021年，晋江市妇联助力“双减”政策，晋江市儿童之家项目率先转型升级，通过更新内容、整合资源、内涵升级、精准介入和课程开发等聚焦儿童需求服务家庭。依托各儿童之家在全市打造亲子阅读基地。在镇、村、社区、企业、市直机关、学校、军营等领域30个试点开展儿童之家提升服务，累计为2801名小学生提供免费课业辅导、兴趣培养和成长教育等服务，服务13.18万人次。开展“守护童年 悦享暑期”安全教育活动、“海丝梦 家国情”晋江市第四届幼儿园闽南童谣、中小学生闽南语讲故事比赛等活动。开展爱心妈妈与困境儿童结对帮扶活动，结对困境儿童151人。牵线吴栋辉等企业家开展助学活动，全年资助贫困优秀高中生、大学生190人次9.5万元。组织开展“春蕾计划”爱心募集活动，各级妇联执委、妇联系统干部职工募集爱心资金12.22万元。

（王婷婷 李育蓉）

【女企业家联谊会】 2021年，晋江市妇联举行晋江市女企业家联谊会第七次会员大会暨第七届理监事会就职典礼，陈省奎当选新一届理事会会长。泉州市委常委、晋江市委书记张文贤，泉州市妇联领导骆春玲、杨文忠，晋江市四套班子主要领导等出席大会。同步进行晋江市女企业家联谊会兼合式党支部换届，支部委员由陈省奎、林玉芬、庄曼咏、林晓燕、陈培娜5人组成。其中，陈省奎担任支部书记，林玉芬担任支部副书记。指导成立经

2021 年 10 月 27 日，晋江市女企业家联谊会第七次会员大会暨第七届理监事会就职典礼在爱乐国际酒店举行（晋江市妇联／供）

济开发区商会女企业家联谊分会及东石镇、安海镇、罗山街道妇女（儿童）发展促进会。建立健全《婚丧喜庆相关规定》《会长轮值工作制度》等制度，助推女企业家联谊会创新开展服务活动。组织近 30 名女企业家参加泉州市女企业家联谊会举办的“巾帼助力高质量发展”2021 年泉州市女企业家能力提升研修班。举行庆祝中国共产党成立 100 周年公益活动，向妇女儿童爱心基金捐赠 100 万元，发动市女企业家联谊会陈埭镇、池店镇、安海镇、英林镇等联谊小组和常务副会长凌碧霞以及东石镇妇女发展促进会认领 6 个妇女儿童家庭公益创投项目 26.6 万元。慰问全市 25 个新冠疫苗接种点、7 个新冠疫苗接种机动队以及世中运执委办综合行政部、医疗卫生部，看望新冠肺炎疫情防控一线医务工作者，送去慰问品价值 10.2 万元。“六一”儿童节期间，先后走访全市 9 所小学、幼儿园、培训机构开展慰问活动，送上慰问金 9 万元。母亲节期间，市女企业家联谊会联合市慈善总会各出资 10 万元，慰问全市 100 名贫困母亲，每人 2000 元。常务理事李圆圆获福建省优秀女企业家敢拼创业魄力奖，蔡旋旋、陈丽真、林梅获评泉州市 2020 年度“优秀女企业家”称号，《中国妇女报》以《我赶上了一个好时代》为题报道女企业家林梅的创业故事。

（高蓉蓉）

【巾帼志愿服务】 2021 年，晋江市妇联以“巾帼志愿服务 +”为重点，打造晋江巾帼志愿“16 日繁星点亮计划”，创新成立“爱安海”巾帼志愿服务队妇联。市、镇、村三级妇联系统 414 支巾帼志愿服务队开展志愿服务活动 2568 场，重新登记注册的巾帼志愿者 196 人。深入挂钩社区指导开展文明城市创建工作、组织巾帼志愿者开展交通督导、移风易俗、文明祭扫、新冠疫苗接种宣传等志愿服务。

【“两纲”实施】 2021 年 3 月 15—24 日，晋江市妇儿工委办主任、市妇联副主席吴秋品带队，先后走访市卫健局、司法局、残联、检察院、教育局、民政局、梅岭街道、罗山街道等单位的部分考察点，开展“两纲”（《中国妇女发展纲要》《中国儿童发展纲要》）终期评估工作考察点督察工作。4 月 15 日，召开“两纲”省级终期评估验收迎检部署会议。4 月 19 日，晋江市市长张文贤带队调研妇女儿童“两纲”实施情况。4 月 22 日，省级“两纲”终期评估验收第四组组长、省教育厅二级巡视员李燕华率队到晋江开展 2011—2020 年“两纲”终期评估验收工作。市妇儿工委办发挥统筹协调职能，落实“两纲”实施目标责任，2011—2020 年“两纲”终期实施目标顺利完成，受到省“两纲”终期评估验收组的高度评价。11 月底，聘请泉州华侨大学团队为“两纲”编制小组，着手 2021—2030 年“两纲”的编撰和宣传工作。

（李育蓉）

晋江市科学技术协会

【概况】 2021 年，晋江市科学技术协会（简称“晋江市科协”）落实《全民科学素质行动计划纲要》，提高“四服务一加强”（服务科技工作者、服务创新驱动发展战略、服务公民科学素质提高、服务党委政府科学决策，加强自身建设）能力，在助力创新驱动发展、提升全民科学素质上展示新作为，推动科协事业再上新台阶。全年开展线上线下科学普及与宣传活动 60 场次，科技馆接待观众 65632 人次；累计参与服务活动 199 人次、服务 1393 小时；新增、重新认定省级院士工作站及示范站各 2 家、泉州市级院士工作站 3 家，举办“院士专家晋江行”活动 7 场；新增企业科协组织 3 家。9 月 1 日，晋江市获评“2021—2025 年度第一批全国科普示范县（市、区）”称号。11 月 30 日，市科协获评全国“全民科学素质工作”先进集体。年底，晋江市有市直学会（协会、研究会）20 家、镇（街道、开发区）科协 20 家、非公有制企业科协 117 家、学校科协 57 家，登记注册农技协 6 家，国家级科普教育基地 1 个、省级科普教育基地 3 个、泉州市级科普教育基地 5 个，院士专家工作站 19 家，反邪教警示馆 1 个，晋江市级科普示范基地 28 个，学校科学创新实验室 52 个。

【科技馆改造升级】 2021 年，晋江市科协推进科技馆改造升级，投资 360 多万元，以“探索发现”为主题，升级改造一楼常设展厅，更新 4D 动感影院座椅；完成“球趣物语”展厅、科普报告厅、流动科技馆预算上报，完成公开招投标意向公开。

【科学技术普及与宣传】 2021 年，晋江市科协打造原创“科学小剧场”，以科技馆展品为内容摄制原创科普剧 10 部；举办“科大侠”趣味科普钉钉直播秀 4 场，开办公交车载视频终端“晋江科普之窗”栏目；开展刺桐科学传播学者巡讲活动 6 场，利用防灾减灾日、全国食品安全周、世界水日等主题日（周）开展科普宣传活动；先后以“科普推广我先行，共助世中运”“百年华诞心向党，远离邪教享安康”等为主题开展新时代文明实践科普现场志愿服务活动 30 余场，举办“科学实验大玩家”“科学小剧场”等线上科普志愿服务 20 余场，参与科普志愿者近 300 人次；围绕“百年再出发，迈向高水平科技自立自强”主题，策划开展全国科普日重点活动，动员各成员单位和基层科协举办主题活动 80 余场，浏览科普日线上主场活动 58356 人次，观看科普直播课堂 2481 人次，总点赞数突破百万人次。加强科普信息化建设。举办全市镇级科协秘书长及科普中国信息员培训会，推广“互联网 + 科普”理念；依托“科普中国”智慧云平台和 42 个“科普中国 e 站”智慧互动电子大屏，定期发布科普信息；用好融媒体、微信公众号等传播媒介，推送科普视频、电子宣传册，开展“科学防疫”科普知识有奖问答活动，发动科技工作者及科普信息员传播分享科普文章，引导市民科学应对新冠肺炎疫情。

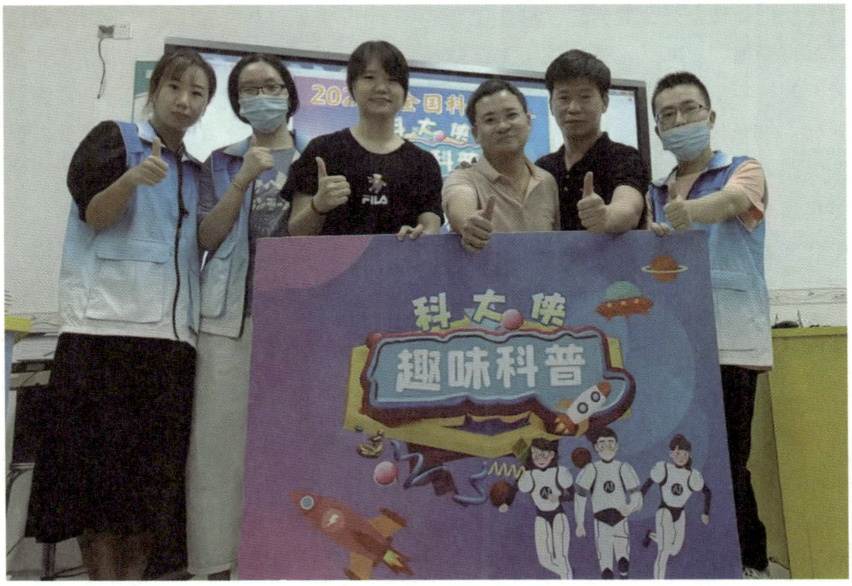

2021 年 9 月 24 日，晋江市举办“科大侠”趣味科普钉钉直播（晋江市科协 / 供）

【青少年科技活动】 2021 年，晋江市科协先后组织电脑机器人、科技创新、创意编程等 3 期科技辅导员培训，举办晋江市第十二届青少年电脑机器人竞赛、第三十七届青少年科技创新大赛、第七届青少年创意编程大赛，遴选优秀选手参加上级竞赛。在第十八届福建省青少年机器人竞赛中，晋江市有 15 支队伍获奖（其中一等奖 6 支队伍），居全省前列；在首届泉州市青少年创意编程与智能设计比赛中获得奖项 113 项（其中一等奖 23 项），位列泉州市第一；在第七届泉州市青少年科学影像作品竞赛中 25 个作品获奖（其中一等奖 5 个）。全市有 11 所学校入选 2021 年全国青少年人工智能活动特色单位。

2021 年，晋江市实施科技馆改造升级工程。图为 11 月 14 日，《海峡都市报》小记者在科技馆参观采访（晋江市科协 / 供）

【科技馆活动】 2021 年，晋江市科协做好场馆免费开放服务。组织科技馆展教人员学习培训，提升业务工作水平，做好新冠肺炎疫情防控期间场馆管控和参观服务工作，全年接待观众 65632 人次。扩展科技馆科教功能。策划组织“科海漫游”科技馆之旅、创客大联盟、“科学实验大玩家”线上工作坊系列活动等多项科技体验活动。用好社会科普资源。与华侨职校、平山中学、90H 志愿者服务队、一心志愿者服务队等建立合作关系；与泉州职业技术大学开展长期志愿服务合作项目，组建科技馆志愿者服务队；与启航社工机构服务点王厝社区、永福里社区白兰花家庭驿站等进行服务合作，共同开展科普志愿服务团进社区活动；与创未来机器人、小齿轮儿童益智中心、坚果科学实验室等联合开展活动。2021 年，市科技馆志愿者累计参与服务活动 199 人次，累计服务 1393 小时。

【企业创新转型升级服务】 2021年，晋江市新增、重新认定省级院士工作站及示范站各2家，获得省级补助资金40万元；重新认定泉州市级院士工作站3家，新增泉州市级专家工作站1家，获得泉州市级补助资金334万元；依托院士（专家）工作站，柔性引进院士（专家）及其团队45人，对接合作项目20项；促进院企交流合作，邀请周济、朱美芳、欧阳钟灿、郑树森等7名院士及其团队开展“院士专家晋江行”活动7场，推动高端智力资源为晋江企业发展出谋划策、助力支持。落实送科技进基层、进企业。深入企业了解技术需求，帮助企业对接中国科协、中国科学院、中国工程院及各级学会等智力资源；先后邀请中国仪器仪表学会、中国环境科学学会、“科创中国”海智专家科技服务团等15批专家团队开展调研考察、洽谈技术攻关项目，促成与3家企业签订战略合作协议。

【行业学会工作】 2021年，晋江市科协推进学会服务创新，加强指导服务。鼓励学会聚集体制内外科技工作者、产业界优秀科技人才，开展人才项目活动申报工作和创新驱动服务站建设，承办第二十一届福建省科协年会、协办第二十一届福建省科协年会专项活动——食品科技高峰论坛。晋江市医院、晋江市中医药学会承办省级继续医学教育项目——福建省中医学术流派泉州留氏针灸研讨会暨面瘫治疗新进展学习班。全市获批国家级学会服务站2家、省级学会服务站1家、泉州市级学会服务站2家。

（陈秋华）

晋江市归国华侨联合会

【概况】 2021年，晋江市归国华侨联合会（简称“晋江市侨联”）凝聚力量推动侨联工作向前发展。晋江市侨联获全国侨联系统“侨胞之家”优秀单位、泉州市“先进基层党组织”称号及泉州市“侨联系统2020年度信息传播工作先进集体一等奖”等称号和荣誉，西园街道、陈埭镇、磁灶镇（街道）侨联获评省级“侨胞之家”，侨联工作得到中国侨联主席万立骏、副主席隋军肯定。至年底，全市有侨联组织453个。其中，市级1个，镇（街道）级19个，村（社区）级396个，重点侨企侨校等37家（所）。

【侨资侨企引导服务】 2021年，晋江市侨联推荐信泰（福建）科技有限公司、向鑫纺织科技有限公司、展志钢铁有限公司等企业的3个新增投资项目代表晋江市参加中国侨商会投资（福建）签约大会。举办首届“云侨汇智班”，通过“线上洽谈”和“线下对接”形式，宣传推介晋江市人才、经贸、科技等方面投资优惠政策，吸引海外人才、资金回乡，共同参与家乡建设。

【联络联谊】 2021年，晋江市侨联建设视频网络会议系统，与海外保持联络联谊与信息交流，传递市委、市政府对旅外侨胞的关心关爱。推动龙湖镇成立侨界青年联合会。定期举办“连心侨•家国情”侨界人才沙龙，交流分享中华人民共和国成立时期、改革开放时期以及新时代等不同阶段晋江华侨、侨胞支持晋江经济、文化、社会发展的故事，为家乡发展建言献策。开通24小时防疫服务热线，了解掌握海外乡亲动态与诉求，并帮助解决实际困难和问题；组织慰问66户滞留晋江的海外重点人士。

【扶侨助侨】 2021年，晋江市侨联关心受新冠肺炎疫情影响的贫困归侨侨眷生活，发放泉州市“黄仲咸助困慰问金”16人共8000元，发放“陈祖昌慰问金” 100人共20万元。举办“进一步完善我国海外侨民保护机制”研讨会，对全国侨联做好新时期侨联工作和海外侨务工作提出意见建议。受理华侨求助信访件4件、寻亲4件，均安排专人办理并给予答复。利用与中国驻菲律宾达沃领事馆党支部结对共建形式，探索为海外侨胞排忧解难办实事新手段。与晋江爱尔眼科医院联合开展“侨爱心光明行”活动，为全市1000多名白内障患者实施手术治疗。

【重点侨情普查】 2021年，晋江市侨联对重要领域的侨情进行重点普查，完善重点侨商的投资情况，重点梳理摸清工商界、科技、产业、文化等重点人士199人、重点社团36个，归侨侨胞身份1099人，征集10多本族谱参与南洋华裔族群寻根谒祖综合服务平台项目建设，补充新冠肺炎疫情防控期间入境留学人员登记信息。

【侨文化传播】 2021年，晋江市侨联举办华裔青少年“亲情中华•为你讲故事”网上夏令营，在“云端”学习中华优秀传统文化，帮助菲律宾、泰国等海外华裔青少年在新冠肺炎疫情防控期间继续学习中文，了解中国国情和家乡情况。联合厦门大学开展《晋江华侨爱国革命百年历程》课题调研，追寻晋江华侨的红色轨迹，展示晋江华侨爱国爱乡的优良传统。

【侨联基层组织建设】 2021年，晋江市侨联组织西园街道、陈埭镇、磁灶镇侨联申报并获评省级“侨胞之家”。新成立侨联泉州职业技术大学、梅岭街道梅岭中心幼儿园、心怡幼儿园3个侨联会，在岭山社区下岭自然村、三光天社区三光天自然村成立自然村侨联小组。推荐一批归侨侨眷当选福建省、泉州市、晋江市政协委员，引导侨界力量围绕经济和社会发展热点、难点等问题参政议政。制定《晋江市2021年村级侨联组织换届工作方案》，指导全市村级侨联与村级组织同步换届，池店、龙湖、安海等镇级侨联完成换届工作。

【“连心侨·家国情”巡礼系列活动】 2021年，晋江市侨联开展“连心侨•家国情”巡礼系列活动。举办一场成果展览，向海内外征集摄影、书法、画作等作品，表达晋江华侨华人和归侨侨眷在海内外生活奋斗的历程、积极建

2021 年 6 月 23 日，以“连心侨 家国情”为主题的晋江市侨联成立 70 周年巡礼系列活动启动。图为启动仪式（晋江市侨联 / 供）

设家乡的家国情怀。制作一本宣传画册，着重反映晋江侨联 70 年间取得的成就和亮点特色，重点突出中共十八大后，在习近平新时代中国特色社会主义思想引领下，晋江侨联做好侨联工作的历程。拍摄一段宣传。举办一场“亲情中华 大美晋江”侨界群众文艺会演，邀请侨界文艺爱好者用歌曲、舞蹈、戏曲、器乐、小品、相声等形式抒发对晋江侨联工作的热爱与支持，展示晋江“侨”文化底蕴。发动一系列侨界群众活动，在微信公众号推出“共和国归侨”专题，选取《共和国归侨（福建卷）》中的晋江籍归侨，纪念、讴歌、反映晋江华侨华人和归侨侨眷在中国革命、建设、改革等各个历史时期所作的突出贡献；深沪镇举办“侨心向党 初心不变”归侨侨眷庆祝中国共产党成立 100 周年暨海内外侨亲关爱抗疫一线医务人员座谈会，提升海内外华侨华人爱党爱国意识；龙湖镇举行礼献中国共产党成立 100 周年侨界人物展揭幕暨来旺良品堂人才驿站授牌仪式；安海镇举行“侨心向党 侨迹寻踪”党史学习教育，学习老一辈华侨与共产党员艰苦奋斗和爱国爱乡精神；东石镇举办“百年华章 红色侨乡”主题书画创作展览，集中展现侨界群众听党话、颂党恩、跟党走的坚定信念；梅岭街道、灵源街道、罗山街道、陈埭镇、内坑镇、磁灶镇、金井镇等通过文艺演出、交流式宣讲、移动式课堂、视频式展播、参观式教育等形式，策划开展以“侨心向党”为主题的系列活动，得到省侨联主席陈式海批示肯定。

（蔡婉婷）

晋江市台湾同胞联谊会

【概况】 2021 年，晋江市台湾同胞联谊会（简称“晋江市台联会”）开展党史学习教育，发动 13 名理论基础好、联络联谊经验丰富的台籍党员及台胞骨干组成台胞党史宣讲小分队，以台胞视角，用台胞语言撰写宣讲稿，以台胞喜闻乐见的方式开展党史宣讲，全年开展“永远跟党走”群众性主题宣讲 12 场次，组织联谊活动 2 场。服务关爱台胞，免费为老年台胞健康体检，宣传青年台胞创业就业历程及爱家爱乡的情怀。

【现场教育活动】 2021 年 4 月 23 日，晋江市台联会同泉州轻工职业学院智能工学院支部赴内坑亭顶村开展“学党史、悟思想、办实事、开新局”主题党日活动，参观红色粮仓、重温入党誓词、听取革命故事、回顾党的历史。5 月 14 日，结合第九届理事会理事培训开展党史宣讲活动，组织全体理事及台联机关党员干部学习习近平总书记在福建考察时的重要讲话精神、习近平总书记在党史学习教育动员大会上的重要讲话精神、《中国共产党统一战线工作条例》，进行涉台用语、礼仪规范培训，开展“与党同心，跟党奋进”主题宣讲与《晋台不了情》“一堂好课”宣讲活动。5 月 17 日，会同泉州市台联、石狮市台联组织机关全体党员干部赴福州开展“学先进、做典型”活动，拜访福建省台联、福州市台联，进行座谈交流并参访台湾会馆，了解福建与台湾的历史渊源。6 月 4 日，赴南安开展“学党史”“庆党百年”主题党日实践活动，参访泉州中心县委旧址。6 月 11 日，与梅岭街道桂山社区支部开展“献礼建党百年 初心传递温暖”关怀困难党员群众活动；“七一”期间，开展慰问全市台胞老党员活动；7 月 21 日，赴泉州博物馆“红色记忆”现场学习中共泉州市委历史文化展并重温入党誓词；8 月 10 日，开展党史学习教育专题组织生活会暨“政治生日 • 初心故事”主题党日活动。

【台胞服务关爱】 2021 年 1 月 20 日，晋江市台联举办“两岸一家亲”为台胞送春联活动，入户为全市 80 个家族的定居台胞送上春联、中国结等。配合有关部门做好台胞台籍身份的认定及台生中考、高考加分等工作，为 14 名台胞中考生出具加分证明手续。8 月，协调晋江电视台宣传、推介富明玩具有限公司经理陈逢裕等台胞的创业故事，以电视采访的方式展现、支持和推介青年台胞的创业就业历程及爱家爱乡情怀。10 月 17 日，连续第六年组织老年台胞到体检中心进行免费健康体检，有 61 名老年台胞参加。10 月 25 日至 11 月 25 日，开展“我为台胞办实事”主题活动，深入台湾创业青年方翊玮等 24 名台胞家中，了解台胞的生活生产情况，听取意见建议，为他们办实事、办好事。11 月 25 日，联合晋江市委台港澳办、晋江市人民检察院，组织 25 名台胞参观泉州（晋江）非公企业法治教育基地，提升台胞台企预防犯罪和保护自身合法权益的意识和能力。

2021 年 2 月 25 日，晋江市组织陈埭片台胞在叶氏台胞家族祖厝中开展“浓浓台胞情 欢乐闹元宵”联谊活动 （晋江市台联／供）

【交流联谊】 2021 年，晋江市台联以“浓浓台胞情 欢乐闹元宵”为主题组织联谊活动 2 场。2 月 25 日，组织陈埭片台胞在叶氏台胞家族祖厝共邀、共尝元宵圆，猜灯谜，并向台胞儿童赠送元宵花灯。2 月 27 日，组织安海片台胞参访梧林传统村落侨批馆，体验传统习俗“攻炮城”、手工花灯制作等。12 月 18 日，与福建省台联、泉州市台联联合开展“乡亲相爱一家人”2021 年在泉台胞联谊活动，组织在泉台胞参观“晋江经验”馆、市第二体育中心、梧林传统村落、卡尔美体育用品有限公司。12 月 31 日，举办晋江市第七届“中华情 两岸缘”新生代台胞联谊结对暨晋江、台湾传统武术体验活动，邀请 24 户晋江、台湾家庭参加联谊结对，活动内容包括传统武术体验课、非遗项目晋江木偶演出与体验等。

（蔡菁）

晋江市文学艺术界联合会

【概况】 2021 年，晋江市文学艺术界联合会（简称“晋江市文联”）以庆祝中国共产党成立 100 周年为主线，传承创新发展“晋江经验”，开展服务“三大战略”（人才强市、新型城镇化、国际化战略）、“三大任务”（实现最高水平全面小康、推进高质量赶超、办好重大赛事）文艺活动，开展文艺交流、文艺创作、文艺惠民、文艺展览等 105 场（项），在省级以上赛事或展览中获奖（入展）60 多人次，1 人被评为全省文联系统先进工作者。

【文艺创作】 2021 年，晋江市文联围绕庆祝中国共产党成立 100 周年和党史学习教育，组织文学、书画、戏剧等文艺创作活动 16 场。组织创作文学作品《中国脚步声》《朱向前的皮卡车》《采橘东篱下》等；举办首届乡村振兴“潮起塔江 风涌虎啸——塔头刘村文化铸魂”征文大赛、晋江市“红色记忆·平安晋江”剪纸艺术作品展暨第四届剪纸大赛、“奋斗·创造”庆祝中国共产党成立 100 周年征文等活动；5 月 19 日至 7 月 19 日，举办庆祝中国共产党成立 100 周年晋江美术精品展；6 月 11—22 日，举办“守初心 担使命”晋江市庆祝中国共产党成立 100 周年百人百幅书法作品展。11 月 12—20 日，举办“榜样的力量”——庆祝中国共产党成立 100 周年百名优秀党员风采摄影展。

以艺战“疫”。8—9 月，晋江市文联先后 2 次发出《致全市文艺工作者的倡议书》，组织文艺工作者创作抗疫专题文艺作品 100 多幅。

助推文明城市创建。2021 年，晋江市文联组织开展文艺公益讲座、展演活动 20 多场次。9 月 28 日，《晋江经济报》整版刊登《以文化人 以艺化俗——创建文明城市的文艺力量》，报道市文联以文艺服务文明城市的做法和经验。

2021 年，晋江市文联拓展世中运宣传推介渠道，配合世中运执委办，面向全球启动“在一起，更出彩”主题文学、书法、摄影、美术等征稿活动。5—7 月，

2021 年 6 月 11—22 日，晋江市文联在晋江博物馆举办“守初心 担使命”晋江市庆祝中国共产党成立 100 周年百人百幅书法作品展。图为 6 月 11 日开幕式 （晋江市文联／供）

征集文学作品160篇、书法作品221件、摄影作品151人2232组（幅）、美术作品175件，其中部分作品来自南非和美国等海外国家。

2021年5月1日至6月1日，晋江市文联在五店市开展“自然的回声——蔡笃取油画艺术展”。图为5月1日开幕式　（晋江市文联／供）

【文艺惠民】　2021年，晋江市文联以“文艺进万家”和“红色文艺轻骑兵”为抓手，开展文艺“三下乡”，文艺进乡村、进社区、进校园等“七进基层”和文艺会演、文艺展示活动40多场次。围绕“文明晋江　幸福过年”“春意相连　温暖过冬”等主题，举办书赠春联系列活动，拍摄17个不同文艺门类短视频在线上传播，在晋江市电视台播出梨园戏、高甲戏、木偶戏等经典剧目，相关视频在公众号及各社团微信传播超10万人次。2月3日，晋江市文联党支部与海峡国际五金机电城党支部签署结对共建协议，补齐市场文化发展短板；晋江籍作家、晋江本土素材的“本土文学作品”先后送进英埔中心小学、某部队、市政府办、海峡国际五金机电城等企事业单位。

【文艺交流】　2021年，晋江市文联以南音、灯谜、书画等为代表，牵头举办或共同承办第十一届校园灯谜赛、第十五届南音演唱节、书法现场笔会等文艺交流会演活动38次。6月11日，举办“苏统谋及其南音学”研讨座谈会，先后开展苏统谋艺术人生成果展暨“南音进校园”活动10场；7—10月，组织音乐、作家、诗词协会等开展“梧林公益原创歌曲”创作活动，创作歌曲12首；11—12月，先后在池店镇、磁灶镇、陈埭镇等基层开展“学习贯彻党的十九届六中全会精神书法现场笔会”活动。

【文艺展览】　2021年，晋江市文联以书画、摄影、书法、剪纸等为代表，开展线上线下艺术展览11场。5月1日至6月1日，举办“自然的回声——蔡笃取油画艺术展”，展出蔡笃取新创作的画作46幅；5月18日至6月8日，“爱拼会赢”纪实摄影图片展开启线上线下齐观展；5月28日至6月12日，举办“大美晋江　魅力文旅”街头文化摄影作品展；8月11日，开展“晋江市第二十三届中小学生美术书法优秀作品展”；9—10月，组织市书画家创作表现、描写晋江题材的中国画和书法作品34幅，以线上线下的形式先后开展机关国庆书画展。

【文艺成果】　2021年，晋江市文联扶持援助文艺项目27个92.05万元，推动文艺精品创作，全年在省级以上赛事或展览中获奖（入展）60多人次。文学书画方面：王常婷的散文《相遇中药》入围中国当代文学最新作品排行榜，为晋江市文学作品首次入围该排行榜；在省级以上书画赛事中入展（入选）或获奖25人次，新增李相华、骆锦恋、王丽新、林静如、尤天相、陈代宫等国家级会员6名。摄影音乐舞蹈方面：苏明再获第七届福建摄影金像奖，许玲玲的作品入展“第十届全国农民摄影大展”，李雅珊在“古琴入选世遗18周年盛会”中获团体、个人独奏2个一等奖。戏曲曲艺方面：陈诗章主创的戏剧作品《亲姆拜年》获评“戏剧中国”2020年度作品推选活动小戏小品类最佳剧本；参加第十五届福建省戏剧水仙花奖比赛8人，获1金4银1铜；组织快板书《畲嫂蓝金妹》《深沪褒歌》参加第四届福建省曲艺丹桂奖大赛，分别获文学奖二等奖、节目奖二等奖。

【基层文联组织建设】　2021年10月22日，晋江市文联召开文艺社团工作会议，并在会上举行兼合式党组织、“红色文艺”轻骑兵授旗仪式。11月19日，召开学习宣传贯彻中共十九届六中全会精神专题会。12月29日，邀请国内著名文艺评论家曾镇南到晋江市作题为《新时代文艺发展工作的根本遵循》的讲座。

延伸文艺载体建设，7月17日，“晋江市文艺采风创作基地”在梧林传统村落揭牌成立。10—11月，分别在博林艺术馆、东石镇“母亲的房子”、安海镇、五店市揭牌成立“文艺两新”工作典型点，工作做法在泉州市“两新”组织工作会上作典型发言。11月27日，在晋江市文化中心挂牌“晋江市文学艺术界联合会”。全年刊印《文联工作通讯》12期、《晋江艺术》2期，编发微信公众号《晋江文艺》144期，在各类刊物上刊发信息10多篇。

（连小妹）

晋江市国际贸易促进委员会

【概况】　晋江市国际贸易促进委员会（简称“晋江市贸促会”）优化法律服务，为进出口企业保驾护航，做好出证认证工作，提高企业防范风险能力。发挥对外联络优势，助力企业拓展内外销渠道，共享“双循环”下全球贸易新机遇。搭建制鞋产业交流平台，助推“中国鞋都·晋江”获评全国“轻工业先进产业集群”。主管全额拨款事业单位晋江市会展经济发展促进中心。全年签发原产地证书9583份、优惠原产地证书1440份，组织跨境电商协会100多人参会。9月，晋江市贸促会获评“全省贸促工作先进集体”。

【商事法律服务】 2021年，晋江市贸促会为企业提供商事法律服务，签发原产地证书9583份、优惠原产地证书1440份，出具国际商事证明书325份，代办领事认证110份。其中，一般原产地证书涉及金额约5.1亿美元；优惠原产地证书涉及金额约0.71亿美元。简化企业办理流程，利用“两证合一”方式注册的新企业54家，节约外贸企业时间成本和交通、耗材等费用。服务企业开展原产地证书自主打印业务的宣传和指导工作，开通自主打印原产地证书业务企业11家。发布涉外经贸摩擦预警信息47期、动态640条，引导企业加强外贸形势调研与应对工作。同时，组织企业参加“涉外商事法律服务八闽行——国际经贸实务（线上）专题活动”、“走进国际商事仲裁交流会”、贸易摩擦应对座谈会等活动。

【对外联络】 2021年，晋江市贸促会发挥对外联络优势，依托鞋博会等展览平台，组织河北、成都、温州、东莞等跨境电商协会100多人参会；举办晋江鞋业跨境电商论坛，由晋江市跨境电子商务协会与成都、温州、宁波、东莞、深圳等全国制鞋基地跨境商协共同发起“中国智鞋产业跨境联盟”，汇聚各方资源，形成产业发展合力，助推中国鞋业企业跨境出海。与20多家国（境）外业界主流媒体、国际社交网络、专业展览公司合作，依托鞋体博会数据库资源，邀请展商客商参加线上博览会，开启线上对接新纪元；邀请境外公司在国内的代理商、贸易商参加线下展会，弥补境外参展商、采购商未能现场参会的不足。

【企业参展】 2021年，晋江市贸促会组织7家企业参加第33届国际玩具及教育产品（深圳）展览会，组织12家企业参加第16届中国（深圳）国际品牌内衣展。4月，组织13家企业参加深圳国际户外运动博览会，展位31个；组织5家企业参加世界食品（深圳）博览会，展位7个。

（林子文）

晋江市残疾人联合会

【概况】 2021年，晋江市委、市政府把残疾人事业纳入经济和社会发展大局，加大残疾人事业保障力度。市委常委会定期听取残联工作汇报，市领导和市直单位挂钩扶助贫困残疾人103人，帮助解决就业、康复、生活困难等问题。9月，省人大常委会党组书记、副主任雷春美到晋江开展《中华人民共和国残疾人保障法》执法检查，对晋江市实施残疾人保障法“一法一办法”成效给予肯定；11月，晋江市残疾人联合会（简称“晋江市残联”）在2021年全省县级残联理事长培训班作基层残联组织建设典型经验交流。残工委单位开展慰问补助、一助一帮扶、举办招聘会、开展无障碍公益宣传及新时代文明实践等扶残助残活动。市人民检察院无障碍公益诉讼入选最高人民检察院典型案例。市残联牵头编撰晋江市“十四五”残疾人事业保障和发展规划。统筹推进新冠肺炎疫情防控和残疾人工作，完善残疾人社会保障和服务体系，提升残疾人获得感、幸福感。2021年，晋江市获评“全国无障碍环境达标市”。

【残疾人社会保障】 2021年，晋江市残联推动泉州、晋江两级市委、市政府2021年为民办实事项目，实施困难残疾人补助工程，发放一户多残的残疾人家庭生活补贴，投入201.37万元为2710名困难残疾人提供保障。实施普惠政策，发放残疾人生活保障金809.22万元，受益残疾人26974人；落实两项补贴制度，配合晋江市民政局做好残疾人两项补贴审核工作，发放1.47万人次2581.4万元。实行社会保险和城乡居民基本医疗保险补助制度，为11484名残疾人参加城乡基本养老保险提供补助，其中重度残疾人补助400元/人、轻度残疾人补助200元/人；为20868名残疾人参加城乡居民基本医疗保险个人参合费给予全额补助。落实残疾人托养照护服务。做好残疾人机构托养和居家托养工作，投入77万元补助620名重度残疾人。

【残疾人康复】 2021年，晋江市残

2021年，晋江市残联全面实施0—17岁残疾儿童少年康复救助工程。图为2021年5月7日，晋江市聋儿语训部教师陈雅玲为听力障碍儿童做康复训练
（晋江市残联/供）

联全面实施0—17岁残疾儿童少年康复救助工程，投入520万元救助残疾儿童452人，减轻残疾儿童家庭负担，提高其生活能力和社会参与能力。组织残疾儿童康复备案机构业务培训3场，开展残疾儿童康复救助事中事后监督，促进残疾儿童康复救助规范化，提升康复机构服务能力。在“全国爱耳日”、世界自闭症日期间，分别联合市医院、青鸟世嘉康复医院开展“保护听力•终身受益”的线上专题讲座、“自闭症家庭融合干预”公益讲座，残疾儿童家长300多人次参加；举办线上线下康复知识专题讲座，开展线上残疾预防知识有奖问答活动，普及残疾预防和康复知识。落实残疾人辅助器具适配补贴制度，将助听器补贴对象年龄由60周岁以下扩大至全年龄段，实现全覆盖。投入118.2万元为334名残疾人发放辅助器具补贴；开展辅助器具适配评估机构备案工作，健全完善晋江市残疾人辅助器具补贴体系。投入19万元为190名困难精神残疾人发放服药补贴。

【残疾人就业创业】 2021年，晋江市残联开展以“就业帮扶•同心圆梦”为主题的晋江市2021年残疾人就业援助系列活动，举办2021年全市残疾人就业网络招聘会、全市残疾人电子商务应用培训班和三六一度（福建）体育用品有限公司专场招聘会等，促成残疾人20多人达成就业意向。扶持辅助性就业机构建设，扶持晋江三院与第三方（泉州梦祥家政公司）签订合作协议，开展医院家政保洁项目，吸纳在医院进行康复的8名精神残疾人就地就业，为精神残疾人康复后融入社会搭建平台。落实残疾人按比例就业制度，全年审核认定按比例安置残疾人用人单位残疾人就业保障金申报52家，奖励超比例安排残疾人就业企业1家，发放奖励金13.76万元。落实社会保险补贴制度，投入30.48万元为73名残疾人发放扶助贫困残疾人就业创业和自主就业创业社会保险补贴。开展高校残疾人毕业生就业需求摸底调查，建立残疾人大学毕业生档案。全年征收残疾人就业保障金6679万元。

【残疾人受教育权利保障】 2021年，晋江市残联开展泉州、晋江两级助学工程，投入66.86万元扶助在校残疾学生及贫困残疾人家庭子女505人就学。开展残疾学生线上教育帮扶，委托福建广电网络集团晋江分公司，投入24.95万元为晋江市594名6—19周岁残疾学生提供广电云平台“线上教育”便利服务。联合晋江市教育局开展残疾学生精准资助工作和35名中考、高考残疾学生登记、考场便利申请现场评估和申请体育免考工作。

【残疾人文体活动】 2021年，晋江市残联通过开展“五个一”（读一本书、看一场电影、游一次园、参观一次展览、参加一次文化活动）文化活动进家庭、参加文艺会演及各类文化展等活动，丰富残疾人文化生活，发现残疾人文体人才。全年组织42户困难重度残疾人开展“五个一”活动。器乐类节目《流浪者之歌》、舞蹈类节目《布偶小狮》和启智类节目《马兰谣》分别获第十一届全省残疾人艺术会演器乐类一等奖、舞蹈类二等奖和启智类二等奖；组织参加泉州市乡镇（街道）残疾人联络员“圆梦颂党恩•助残更尽力”主题演讲比赛，西园街道、永和镇残疾人联络员分别获二等奖和三等奖；举办无障碍图片展及系列活动，倡导全社会形成理解、尊重、关心、帮扶残疾人的风尚。组织开展全市残疾人体育苗子选拔工作，储备残疾人运动员人才，全年选送3名跆拳道、游泳、田径残疾人运动员在省队集训，代表福建队分别参加全国第十一届残疾人运动会暨第八届特殊奥林匹克运动会，获男子跆拳道第五名、女子标枪第七名。承办2021年福建省排舞项目残疾人社会体育指导员培训班。

【残疾人权益维护】 2021年，晋江市残联理事长轮值接听市长热线，倾听残疾人呼声；市残联领导进入政协，反映残疾人诉求；日常接待残疾人来信来访事项20件。开通法律援助网络服务平台、“12345”便民服务平台残疾人便民服务事项，畅通残疾人诉求渠道，维护残疾人合法权益。

【残疾人政府购买服务】 2021年，晋江市残联投入97.05万元，开展政府购买残疾人婚恋辅导、残疾人意外伤害保险、残疾人家庭无障碍改造、基层残疾人联络员培训班、残疾人辅助器具维修、法律咨询顾问、微信公众号等服务，受益残疾人5万多人次。

【第三代残疾人证换发】 2021年，晋江市残联落实每月一窗受理残疾人证服务和入户评残制度，组织入户评残15场、“一窗受理”现场评残活动11场。推进第三代残疾人证电子证照生成工作，完成第三代残疾人证换发26923人。

【残疾人基本状况调查】 2021年，晋江市残联组织400多名村（社区）信息采集员参加残疾人基本状况调查视频培训，完成全市27547名残疾人信息采集和录入工作，完成率100%。

【涉残行政审批】 2021年，晋江市残联残疾人证管理、残疾儿童康复救助、残疾人基本型辅助器具适配补贴、残疾人机动车燃油补贴申请、按比例安排残疾人就业单位认定等5个事项入驻福建省网上办事大厅，其中残疾人证管理入驻市行政服务中心窗口，残疾人证、按比例安排残疾人就业单位认定等事项实现“跨省通办”。

【助残志愿活动】 2021年，晋江市残联建立助残志愿服务常态机制，将助残志愿服务融入业务工作和党建活动，协同市红十字会、中国平安财产保险股份有限公司晋江中心支公司、“片仔癀”晋江店等爱心企业和助残社会组织开展助残志愿活动，为残疾人赠送物资、发放慰问金、义务理发、居家保洁等。全年开展助残志愿服务活动30多场次，服务残疾人2000多人次。

（蔡美玲）

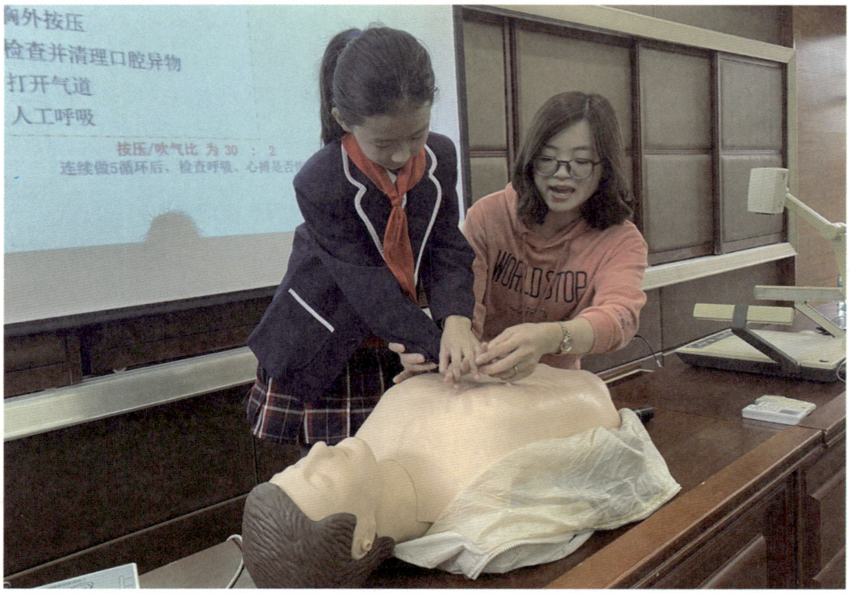

2021 年，晋江市红十字会全面推进应急救护知识“六进”活动。图为 3 月 5 日，红十字志愿者到小学开展急救培训 （晋江市红十字会／供）

晋江市红十字会

【概况】 2021 年，晋江市红十字会开展“我为群众办实事”实践活动，开展应急救护知识“六进”（进社区、进农村、进学校、进企业、进机关、进家庭）活动 264 场，培训 51220 人次；接收红十字捐赠物资价值 136 万余元，全部用于疫情防控；参与献血 16396 人次，献血量 327.93 万毫升；完成器官捐献 1 例、眼角膜捐献 1 例，完成遗体捐献意向登记 16 例。市红十字会获泉州市应急救护技能大赛团体一等奖，被泉州市总工会授予“泉州市工人（五一）先锋号”称号。至年底，全市有红十字基层组织 48 个、红十字会会员 18278 人。

【应急救护培训】 2021 年，晋江市红十字会推进应急救护知识“六进”活动。组织党员志愿服务队深入基层进行“全员式培训”“预约式培训”“公益性培训”“基地式普及”等培训，普及防灾避险、自救互救等应急救护知识与技能。全年开展“六进”活动 264 场，培训 51220 人次。市红十字会应急救护技能体验点将应急技能培训纳入中小学生实践活动的固定科目，全年参加急救培训和体验的中小学生 5 万多人次。

【红十字应急救援】 2021 年，晋江市红十字会海尾江上救援队、围头海上救护队和九十九溪水上义务救援队义务出动船只搜寻水上失踪人员，打捞漂尸 3 具，组织水上救援 52 次、救起落水人员 56 人。组织队员义务值守海边码头，巡视江边。

【红十字组织建设】 2021 年，晋江市红十字会深入镇（街道）和学校宣传发动，发展壮大红十字基层组织。在晋江市拔萃双语学校成立红十字会，中国红十字会总会事业发展中心发贺信对学校红十字会的成立表示祝贺。指导永和镇红十字会做好规范管理，巩固和提升全省红十字基层示范点的各项建设。全市有红十字基层组织 48 个、红十字会会员 18278 人。其中，永和镇红十字会先后组织发动志愿者 60 多批次 400 多人次开展志愿服务，协助镇政府做好核酸检测和新冠疫苗接种等工作。

【“红十字博爱送万家”活动】 2021 年元旦、春节期间，晋江市红十字会筹集救济款物 16 万余元，组织开展“红十字博爱送万家”活动，向生活特困户、残疾人、社会孤寡老人、贫困学生家庭等 309 户送去红十字会的温暖。

【无偿献血】 2021 年，晋江市红十字会参与全市无偿献血的宣传发动工作。组织市红十字志愿者无偿献血服务队，坚持每月 1 次的街头无偿献血活动，推进晋江市无偿献血组织工作由指令计划向公民自愿参加的转变。全年参与献血 16396 人次，献血量 327.93 万毫升，确保晋江市临床医疗用血 100% 来自无偿献血。

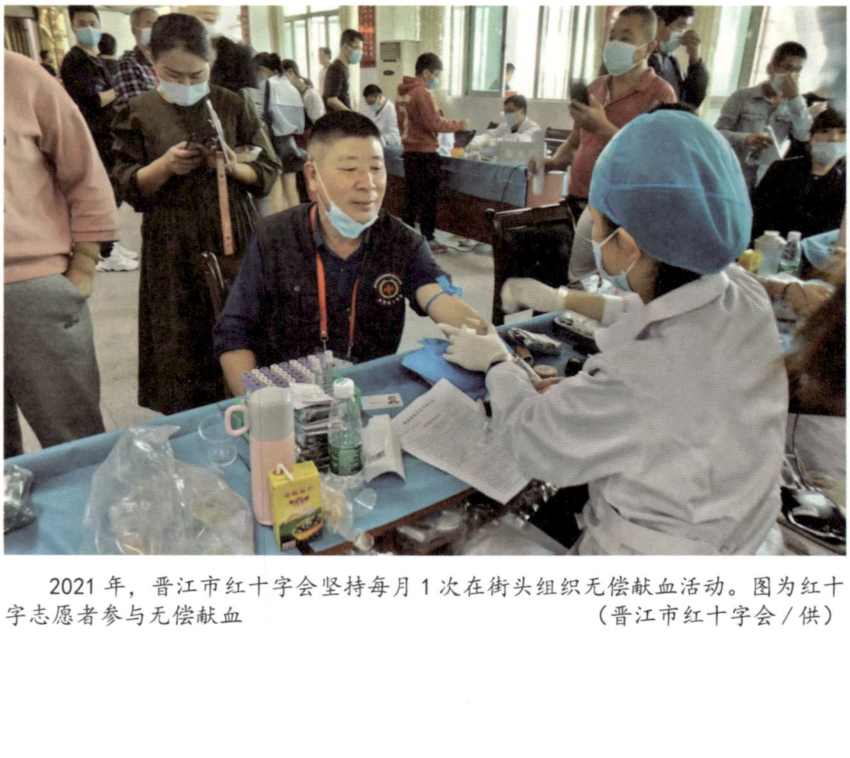

2021 年，晋江市红十字会坚持每月 1 次在街头组织无偿献血活动。图为红十字志愿者参与无偿献血 （晋江市红十字会／供）

【红十字救助】 2021年，晋江市红十字会为全市生活困难的10名重大疾病患者送去救助款3万元。开展“红十字健康天使系列救助行动”，为10名白血病儿童申请“小天使基金”32万元。在“99公益日”活动期间，参与“爱过年·情暖刺桐”项目，帮助困难家庭温暖过年，活动得到社会各界爱心企业、爱心团体、爱心人士的支持，参与项目募捐5296人次，筹集善款94152.4元，其中公众捐款88199.7元、腾讯基金会配捐5832.7元、爱心企业配捐120元。

【疫情防控红十字助力】 2021年，晋江市红十字会与市防控指挥部沟通联系，了解掌握一线紧缺物资，与有意向捐赠的企业做好衔接。全年接收上级发放各类防疫物资价值近23万元，收到5家爱心企业捐赠善款8万元、防疫物资价值113.63万元。市红十字会第一时间清点捐赠物资，并交接至市新冠肺炎疫情防控指挥部统筹使用，实现捐赠物资“零库存”管理，确保各项物资及时分配至疫情防控一线。

【造血干细胞、器官与遗体捐献】 2021年，晋江市红十字会完成器官捐献1例、眼角膜捐献1例，完成遗体捐献意向登记16例。5月14日，市红十字会组织志愿者陪同永和镇红十字志愿者林时勤前往省协和医院完成造血干细胞捐献，为成功抢救1名生命垂危的白血病儿童做出贡献。

【红十字博爱周宣传】 2021年5月8日，晋江市红十字会围绕“关爱生命、救在身边”主题，组织全市红十字会基层组织开展集中宣传活动。与市医院、“120”急救指挥中心联合，在青阳街道青新社区、晋江机场开展应急救护知识进社区活动，为600多名社区群众传授应急救护技能。组织红十字志愿者，在市区阳光广场开展街头无偿献血活动，26人献血1.12万毫升。组织红十字志愿者义诊队在青新社区开展义诊活动，结合开展国际红十字运动知识宣传

2021年，晋江市红十字会联合晋江市老科协、青新社区开展纪念“5·8”世界红十字日义诊系列活动 （晋江市红十字会／供）

活动。当天义诊200多人次，送药价值3500多元，分发红十字知识宣传材料200多份。5月12日，市红十字会与市残联、慧源文化TS8团队联合，开展“关爱生命·爱心助残”公益活动，募集2.5万元，救助市特教学校、聋儿语训部、晨露儿童潜能开发中心、新阳光培训部和市残疾人实践基地等5个扶残助残社会组织残疾儿童50人。

【学校红十字会工作】 2021年，晋江市红十字会举办学校红十字会知识和现场急救讲座16场，传播红十字运动基本知识。5月10日，市红十字会与市教育局等单位联合举办第十个“晋江市学校交通和防溺水安全教育周”，提高学生防灾避险和自救互救的意识和能力。8月，按照省红十字会、省教育厅、省财政厅的要求，在全省率先完成红十字生命教育体验馆的建设工作。春节前夕，内坑中学红十字会开展“情暖回乡路”春运志愿服务活动，组织50名红十字志愿者前往晋江火车站，为还乡的旅客端茶递水、购买车票、搬运行李。

【海上遇险渔民救援】 2021年11月4日，晋江市红十字会获悉：10月23日凌晨，宁德市霞浦县人江某成、江某父子2人驾驶乡镇船舶（已报备尚未发牌）的玻璃钢小船，从晋江市金井镇围头码头前往常规海域（大码头外）留刺网作业，因渔船发动机故障随浪漂到金门岛草屿附近海域翻覆，穿着救生衣在海上漂流，后被金门岛海岸巡逻队救起。经送医院救治后按当地防疫规定，于金门警光会馆实施居检隔离。11月5日，晋江与金门两地红十字组织采取海上定时定点方式交接2名遇险渔民，并按照有关规定落实2人入境后的核酸检测、人员转运及集中隔离等有关新冠肺炎疫情防控措施。

【泉州市应急救护大赛参赛】 2021年12月2—3日，晋江市红十字会组队参加泉州市第四届红十字应急救护大赛，泉州市各县（市、区）红十字会10支队伍70名选手参赛。晋江市红十字会救护师资队获大赛团体一等奖，被泉州市总工会授予“泉州市工人（五一）先锋号”称号。在个人综合奖中，晋江市医院参赛队员谢钦赐获一等奖，张杰龙、吴争晓获二等奖，庄姗获三等奖；在个人单项奖中，晋江市医院参赛队员张杰龙、吴争晓获三等奖。谢钦赐、张杰龙、吴争晓分别被授予“泉州市金牌工人”称号，其中谢钦赐被授予“泉州市五一劳动奖章”。

（杨豪杰）

晋江市计划生育协会

【概况】 2021年，晋江市计划生育协会（简称“晋江市计生协会”）贯彻落实“三孩”生育政策，紧盯促进生育政策和相关经济社会政策配套衔接、加强人口监测预警、发展普惠婴幼儿照护服务、完善计划生育家庭扶助关怀制度等重点工作，深化计划生育服务管理改革，提升计划生育优质服务水平。先后投入400多万元，帮助近700户计生家庭解决住房、上学、医疗等实际困难和精神慰藉需求，被省计生协会评为“计生家庭意外伤害保险工作先进单位”。年底，全市有镇级计生协会19个，村级计生协会398个，国有企业计生协会1个，异地商（协）会计生协会25个。

【生殖健康服务】 2021年，晋江市计生协会依托市生殖健康服务中心，邀请厦门大学附属第一医院生殖健康中心专家坐诊，开展不孕不育症义诊活动，同时落实不孕不育治疗补助政策，帮助有生育意愿的家庭实现生育愿望，先后补助8对夫妻，实现再生育2对。

【母乳喂养倡导宣传】 2021年，晋江市计生协会联合磁灶镇计生协会、磁灶镇妇联和市中西医结合医院，围绕“保护母乳喂养，共同承担责任”主题开展系列宣传活动，倡导和推进家庭、用人单位、医疗机构、政府相关部门及全社会共同承担保护母乳喂养的责任，为哺乳母亲创造支持条件，确保母乳喂养顺利实施。按照省卫健委办公室印发的《关于加快推进母婴设施建设的实施意见》要求，规范新建立的母婴设施点，完善机关、企业、事业等用人单位女职工休息哺乳室等配置设施，建立健全母婴设施运行管理制度，确保母婴设施整洁卫生、功能正常。晋江市明心爱萌托儿所服务有限公司的母婴设施点获省级“我最喜爱的妈妈小屋”称号。

【婴幼儿照护服务】 2021年，晋江市促进3岁以下婴幼儿照护服务，将服务点延伸至社区。全市有3岁以下婴幼儿托位数2712个，其中普惠性托位585个；新建托育机构试点单位7家，其中省级托育试点3家、晋江市级托育试点4家。托位数和试点单位均居泉州首位。

【儿童早期发展工作】 2021年，晋江市计生协会做好新拓展市级儿童发展指导中心建设，开展师资培训、辅导服务、宣传活动等工作。联合安海镇、东石镇、上海晋江商会计生协会，进村入户开展儿童早期发展工作进万家暨暖冬行慰问活动；母亲节期间，开展“与子携手、为爱同行”亲子早教、育儿沙龙和产后瑜伽活动；“六一”儿童节期间，开展“七彩童年、萌动六一”亲子运动会和科学育儿系列活动，邀请感统训练高级指导师开展《解读儿童行为问题背后的秘密》主题讲座等。

2021年5月下旬，晋江市计生协会联合青阳街道计生协会在金融广场开展以“助力儿童发展 普惠生育关怀”为主题的亲子嘉年华活动。图为活动现场
（晋江市计生协会／供）

【青春健康教育行动】 2021年，晋江市计生协会贯彻落实省计生协会等部门关于实施青春健康工作五年行动的意见，指导各镇（街道）组建青春健康俱乐部。开展“书香致远、青春同行”青春健康教育赠书活动，10月，举办泉州市、晋江市青春健康教育师资培训班，全市所有从事青春健康教育的教师和镇级计生协会工作人员参加，市计生协会购买并赠送《成长之道》《沟通之道》教辅书籍，共同促进青少年健康成长，联合梅岭街道在平山中学成立青春健康教育之“至善·家长发展中心”，为家长开设专题讲座《我们了解自己的孩子吗》，探索家庭、学校、社会三位一体的教育模式。青阳街道联合晋江实验中学制订《“珍爱生命·感恩生活”青春健康教育主题活动三年工作计划》，对学生在成长、学习和生活中出现的心理问题给予指导，帮助其排解心理困扰；灵源街道在紫华中学，西园街道在华侨职校，罗山街道在罗山中学，深沪镇在深沪中学设立青春健康服务阵地；龙湖镇联合晋南医院和镇团委在云峰中学建立龙湖镇青春健康俱乐部，普及青少年青春期科学知识；新塘街道利用新侨中学青春健康校园基地开展青春期青少年心理和生理健康教育、生命教育，帮助青少年树立正确的人生观和价值观。

【计生困难家庭慰问救助】 2021年，晋江市计生协会组织开展亲情万家行和“暖冬行”慰问活动，按照每户1000元的标准，组织关怀慰问全市计生困难家庭和计生特殊家庭300户。落实生育关怀紧急救助措施，市、镇两级先后紧急救助遭受严重病灾的计生困难家庭30户，发放补助金12万余元。按照3000

元/户标准慰问计生伤残家庭18户。

【计生帮扶政策落实】 2021年，晋江市计生协会投入313.5万元，采取批地、翻建、购房、修缮和帮助解决建房用地等形式，帮助77户贫困计生家庭改善住房条件。实施第15期幸福工程，投入4.5万元幸福工程救助金，无偿资助9户自主创业计生困难家庭发展生产。帮助9户计生家庭落实小额贴息贷款45万元，帮助扩大经营规模。开展2021年度“金秋奖助学”活动，将24名特别困难的计生家庭女大学生列为福建省、泉州市和晋江市精准助学对象，按照每年5000元的标准连续资助4年；按照每人2000元的标准，资助计生困难家庭女大学生150人。为农村二女户高校毕业生就业创造条件，在村务（社区）专职工作者公开招聘中，同市委组织部协商单列6个岗位，定向招聘农村二女户高校毕业生。组织开展计生家庭意外伤害保险投保工作，全年为3.6万多人投保计生家庭意外伤害险。宣传保险理赔知识，简化理赔流程，全年发生理赔625人、279.11万元。市计生协会被省计生协会评为“2016—2020年计生家庭意外伤害保险工作先进单位”，相关经验做法在省计生家庭保险工作会上做典型交流。

【计生家庭奖励扶助】 2021年，晋江市依法兑现农村计生家庭奖励。实际发放18917人，按政策发放奖励资金4587.6万元；城镇计生家庭实际发放3070人，落实资金按政策发放739.44万元；福建省独生子女死亡或伤残对象228人，落实资金按政策发放273.6万元；晋江市计生特殊低保家庭奖励对象33户，落实资金按政策发放39.6万元；福建省农村部分计划生育家庭贡献奖励对象1158人，落实资金按政策发放41.69万元；上半年晋江市农村部分计划生育家庭节育奖励及贡献奖励对象12378人，落实资金政策发放222.8万元。全年实际发放35784人次，落实总金额5904.73万元，兑现率100%。

【计生家庭养老保障工作】 2021年，晋江市继续在全市推广部分计生家庭养老保障工作。组织各镇（街道）对符合条件并有意向缴交养老保险的对象进行摸底调查，做好预测办保人数和财政投保预算金额。从4月起，市、镇两级均加大宣传力度，将目标人群、申请方法、办理程序等广而告之，向群众解读政策红利。发动村级人口健康助理员帮助年龄偏大的补助对象在网上公众号进行缴费或由镇级工作人员统一到办税窗口办理缴费。全年参保10503人次，兑现市、镇两级补助1200多万元。

【失独家庭关心关爱】 2021年，晋江市计生协会对11户失独家庭按照5000元/户的标准进行慰问。巩固创新失独家庭服务项目，投入18.57万元购买社工专业关怀服务，建立失独家庭个人心理变化档案，制作个人心理图，针对不同心理特征，从心理、健康、人际关系、社会生活和社会康复5个层面，分类分等级开展个性化、精准化服务。全年先后开展5类心理康复服务480余人次；开设养生课堂4场，服务50人次；组织开展身体健康体检10人；对8户失独家庭开展生活照料及家政护理，入户陪伴服务近100人次，传统节日开展活动8场、服务近90人次，帮助120户实现微心愿，帮助失独家庭解决现实困难和问题，排解心理压力和痛苦，引导他们解除心理障碍，正常开展生产生活。

【流动人口服务管理】 2021年，晋江市计生协会抓好流动人口计生协会建设，结合重大节日、纪念日开展相应宣传服务活动。首次在国有企业——晋江城建集团成立计生协会并同步成立生育关怀基金。指导异地商会计生协会按照“方便协会活动、有利国策落实”的原则，开展宣传服务、奖学助学、扶危济困、慈善公益等各项活动。

【计生家庭法律援助】 2021年，晋江市计生协会开展计生家庭法律援助工作，各级开展法律援助宣传活动43场，参与维权志愿者1206人次，接受法律咨询700多人次，受理案件20起，调解民事纠纷14宗，协调维护权益41件，挽回经济损失或争取经济利益1万余元。青阳街道联合司法所、劳务所、妇联等相关部门，在阳光广场、普斯特企业等地方，以法律援助进社区等形式开展法律援助咨询活动2场，现场为计生户家庭提供法律咨询和法律援助。

（周达）

政法委及综治

【概况】 2021年，晋江市围绕“维护国家政治安全、确保社会大局稳定、促进社会公平正义和保障人民安居乐业”的基本任务，以强基促稳、政法队伍教育整顿、扫黑除恶为抓手，维护社会稳定，创新社会治理，开展政法各项工作，推进更高水平平安晋江和法治晋江建设。晋江市平安建设（综治工作）连续13年居泉州市的县（市、区）优秀行列，获评福建省首批法治建设模范示范城市；晋江市委政法委获评全省政法委系统先进集体。

【扫黑除恶专项斗争】 2021年，晋江市贯彻落实常态化推进扫黑除恶专项斗争各项部署，打好打赢信息网络、自然资源、交通运输、工程建设四大行业领域整治攻坚战。全市打掉恶势力犯罪集团2个、恶势力团伙2个，破获九类涉恶典型案件513起，刑事拘留九类涉恶典型案件犯罪嫌疑人856人，查封、冻结、扣押涉黑恶案件财物价值约55.6万元。

【执法司法规范】 2021年，晋江市委政法委与市人大常委会联合在全省首推“法官检察官履职评议”机制，增强监督的约束力和实效性，联合纪委监委建立“线索办理与案件评查”联动机制，提升监督的精准度和威慑力；贯彻执行防止干预司法“三个规定”（《领导干部干预司法活动、插手具体案件处理的记录、通报和责任追究规定》《司法机关内部人员过问案件的记录和责任追究规定》《关于进一步规范司法人员与当事人、律师、特殊关系人、中介组织接触交往行为的若干规定》），率先为全市4258名政法干警及辅助人员设置宣传提示手机彩铃，制定《案件评查工作规定》《执法检查工作规定》等文件，健全重大复杂案件协调机制，厘清政法委执法监督的角色定位，强化权力制约；优化法治化营商环境，组织开展涉企案件资金账户冻结执法专项检查，将企业反映的“问题清单”变成“履职清单”；化解涉法涉诉信访，建立涉法涉诉信访案件会商化解机制，首推“执行+慈善”“未检+慈善”“警务+慈善”等机制，为群众办实事解难题，推动执法司法公平公正。

【政法队伍建设】 2021年，晋江市推进政法队伍教育整顿，通过中央、福建省、泉州市对晋江市教育整顿工作的评估验收。聚焦六大顽瘴痼疾，排摸问题线索291条，查实处理70人次；创新策划实施“四解四化”活动，推出便民利民措施16项，开展“我为群众办实事”650件；开展“四正四树”（正法纪、正约束、正风气、正能量，树典型、树品牌、树英模、树形象）活动，各教育整顿单位修订、制定、立项各类制度机制75项。

【基层平安建设】 2021年，晋江市委政法委开展“六守六无”（守诚无失信、守德无纠纷、守约无陋俗、守规无事故、守法无案件、守廉无贪腐）系列创建，打造平安共同体，评定2020年度平安镇（街道）19个、平安单位91个、平安村（社区）282个、平安企业（社会组织）86个，兑现星级平安村（社区）奖励1900余万元。社会治理创新年活动策划生成“我为群众办实事”项目32个，解决一批群众“急难愁盼”问题。将电信诈骗警情“红黄蓝”榜纳入平安村（社区）考评，电信诈骗案件破案率64.4%。“雪亮工程”、矛盾纠纷多元调解网络、“E通政法”晋江试点提速升级，在全省率先推行“支部+中心+网格+楼户”运行机制，基层社会治理能力不断加强。推行“平安+法治+慈善”，设立“平安行公益慈善基金”，举行晋江市平安行公益慈善基金会第一届理监事会成员就职典礼，募资超亿元，其中“执行+慈善”项目获最高人民法院院长周强批示肯定。

【政法专项整治】 2021年，晋江市委政法委以“信访积案、道路交通安全整治、流动人口服务管理、社会治安突出问题治理”等四大专项攻坚行动为抓手，保持对违法犯罪严打高压态势，推动全市社会治安持续向好。全市立刑事案件7342起，比上年降低6.1%；破案5870起，破案率80%，高出全省平均值15.5个百分点。

【政法宣传】 2021年，晋江市委政法委围绕平安晋江共建日开展第四届“六守六无”系列活动，组织37个单位推出活动40个，构建“社会共治圈”。开展“共学党史·众创平安”集章活动，参与48987人次；举办晋江市法治文化节活动并为西滨镇跃进村“全国民主法治示范村”授牌。组织宣讲团，结合科级领导干部讲党课、模范机关“一堂好课”开展理论宣讲活动，开展基层宣讲活动30余场次。在6个镇（街道）的村（社区）、警务室、企业、景区建设“平安驿站”，拓宽群众参与渠道，让群众近距离了解平安建设工作。东石镇在东石公园设立“六守六无”平安文化园，罗山街道在福建省鸿冠通信工程有限公司设立平安企业示范基地。成立政法融媒体联盟，出台《晋江市政法融媒体联盟运行机制（试行）》，建立新闻发布会、新媒体信息发布、舆情应对等制度，实现政法各单位媒体资源、“媒体人”深度融合发展。全年召开新闻发布会13场，各级媒体对晋江市平安建设工作报道400多篇次。推进“信息采集、新闻策划、采访报道”一体联动，市融媒体中心、《晋江经济报》、晋江新闻网开设“深入开展扫黑除恶专项斗争，晋江在行动”专栏，网络专题页面点击量超52万人次，“以民为本 扫黑除恶”微话题阅读量249.4万人次。

（郭镇蓉）

法治政府建设

【概况】 2021年，晋江市制定出台《法治晋江建设规划（2021—2025年）》，以争创全国法治政府建设示范地区为总抓手，坚持依法治市、依法执政、依法行政共同推进，坚持法治晋江、法治政府、法治社会一体建设，启动实施“八五”普法规划，健全行政复议体制，推进政法队伍教育整顿，开展谈心谈话2轮4676人次、自查4095人次；集中推出便民利民措施16项，为群众办实事50项640余件；完善制度机制75项。晋江市被省委全面依法治省委员会命名为全省首批法治政府建设示范市。

【重大行政决策机制落实】 2021年，晋江市落实《重大行政决策程序暂行条例》，完善重大行政决策公众参与机制，增强行政决策的科学性、民主性、合法性。落实重大决策合法性审查制度，市司法局会同政府法律顾问，推行决策合法性前置审查，公开年度重大行政决策事项目录，提升政府科学、民主、依法决策能力。全年开展拟提交市政府常务会研究事项合法性审查197件。

【规范性文件备案审查】 2021年，晋江市政府向泉州市政府、晋江市人大常委会报备规范性文件28件、29件。根据经济社会发展需要及上位法的立改废，建立定期清理和专项清理规范性文件相结合的长效清理机制。建立合法性审查季度通报制度，将合法性审查工作纳入年度绩效评估工作，维护政府公信力。

【行政执法体制改革】 2021年，晋江市以镇（街道）综合行政执法改革为突破口，围绕“市级专业+镇街综合”改革思路，推进综合行政执法改革。各镇（街道）完成综合执法队建设，成立综合执法协调中心。推行行政执法“三项制度”（公示、记录、审核制度），确保严格规范公正文明执法。重新修订行政执法“三项制度”考评标准，组织人员对各行政执法机关全面推行行政执法“三项制度”的落实情况开展实地检查，通报检查结果并纳入年度绩效考评。深化规范自由裁量权工作，重点对行政处罚、行政征收、行政强制等可予以量化的行政自由裁量权，在细化行使标准的同时予以量化行政自由裁量权幅度。

【政府信息公开】 2021年，晋江市推进决策、执行、管理、服务、结果“五公开”。建立法治政府建设年度报告集中公开制度。完善依法申请公开制度，确保人民群众的知情权和监督权。全年市政府各成员单位、镇（街道）制发公文2074份，主动公开828份。通过政府门户网站发布信息24327条次。

【行政复议与应诉】 2021年，晋江市加强行政争议多元化解工作，维护人民群众的合法权益。市司法局、人社局联合洛江区人民法院共同建立跨区域跨层级联动机制，推动工伤行政争议实质化解。开展行政复议体制改革，制定《晋江市行政复议体制改革实施方案》，实行“集中受理、集中审理、集中决定、集中送达”。全年收到行政复议申请124件，审结107件，法定期限内结案率100%；办理以市政府为被告的行政诉讼案件58件，其中一审案件34件、二审案件24件。定期召开府院联席会议，建立信息共享、工作交流、案件协调机制，发挥司法建议在促进依法行政建设法治政府中的作用。

（庄金虎　黄文炎）

公 安

·刑事犯罪侦查·

【概况】 2021年，晋江市公安局保持对黑恶犯罪、电信网络诈骗犯罪等各类违法犯罪的严打高压态势，维护全市社会治安和谐稳定，提升群众安全感满意度。全市立刑事案件7342起，比上年降低6.1%，破案5870起，破案率80%，破案数高出全省平均值15.5个百分点。其中，现行命案、八类暴力案件、“两抢”（抢夺、抢劫）案件保持100%侦破。

【电信网络诈骗犯罪打击】 2021年，

晋江市公安局推动成立由市委主要领导任组长的领导小组，强化源头治理、综合治理，开展“强基促稳”防范治理电信网络诈骗犯罪专项行动，推进“断卡”行动、“打金主、打蛇头、打黑灰产”专项行动、“百日千人进万家”反诈集中宣传等活动，压降警情，提升打击治理效能。立诈骗案件2928起，同比下降10.5%，破1899起，破案率64.9%，涉案10万元以上和50万元以上的诈骗案件破案率分别为93.2%和100%。

【禁毒工作】 2021年，晋江市公安局提升信息化手段及线索研判能力，强化“警种协作、所队配合”侦查联动机制，推进“飓风肃毒2021”“净边2021”等专项行动，对大要案集中破案攻坚，打击毒品违法犯罪活动的嚣张气焰。破获毒品案件88起，其中部督案件2起、省督案件2起，起诉涉毒嫌疑人148人，查获录入吸毒人员177人，缴获各类毒品201.37克。

【盗抢骗犯罪打击】 2021年，晋江市公安局升级完善小案合成快侦机制，从接处警直至移送检察院起诉，打通所有关节，实现标准化、流程化运作，做到“有警即处、有案即破、有损即挽”，提升传统“盗抢骗”打击破案质效。立传统“盗抢骗”案件1989起，破案1681起，破案率84.5%。

【追赃追逃】 2021年，晋江市公安局强化工作措施，拓宽追赃手段模式，为人民群众挽回损失3100余万元。开展追逃行动，综合采取情报研判、规劝投案等措施，追捕在逃人员，抓获在逃人员1819人，其中故意杀人等命案在逃人员7人。

（郭玉贝）

·经济犯罪侦查·

【涉众型经济犯罪打击】 2021年，晋江市公安局聚焦金融风险，突出打击互联网金融领域非法集资、网络传销犯罪，营造安全稳定的金融秩序。全年抓获非法集资和组织、领导传销活动犯罪嫌疑人10人，破案11起，挽回经济损失3500余万元。

【涉税犯罪打击】 2021年，晋江市公安局围绕特殊领域、群体、行业，强化线索研判和深挖拓线，抓大案、查要案、打串案。抓获涉税犯罪嫌疑人22人，破案34起，挽回税款损失1亿余元。

【“昆仑2021”专项行动】 2021年，晋江市公安局通过“面上+点上”组合打、“网上+网下”同步打、“大案+小案”全面打、“涉内+涉外”整体打，突出源头深挖和下线拓展，打击侵权假冒犯罪。抓获侵犯知识产权犯罪嫌疑人181人，破案155起，发起集群战役3起，破获的假冒北京冬奥会中国国家队队服赞助商安踏品牌运动服案获公安部贺电表扬。

【“歼击2021”专项行动】 2021年，晋江市公安局打击利用离岸公司和地下钱庄向境外转移赃款犯罪，深挖地下钱庄和网络支付平台犯罪链条，斩断为跨境网络赌博、电信诈骗等犯罪提供资金通道。抓获地下钱庄类非法经营犯罪嫌疑人3人，破部督办案件3起；抓获信用卡犯罪嫌疑人46人，破案89起，发起打击信用卡犯罪集群战役3起。

【走私犯罪打击】 2021年，晋江市公安局研究沿海走私活动特点，开展巡逻设卡及蹲点守候，定期开展海上联合巡逻执法，遏制沿海走私态势。查获涉私类案件91起，缴获无合法手续柴油159.72吨，涉案金额63万余元，查处违法船舶59艘次，整改问题26条。

【亲清警企关系】 2021年，晋江市公安局落实《全市公安机关构建“亲清型”警企关系十二举措》，打击涉企经济犯罪活动。破获涉企员工职务犯罪案件42起，抓获犯罪嫌疑人46人。组织开展违法犯罪资金查控平台批量冻结账户专项清理工作，对全市重点实体企业账户被冻结的情况及时甄别核查，解冻银行账户33个，解冻资金300余万元。

（郭玉贝）

·治安管理·

【黄赌打击】 2021年，晋江市公安局深化打击黄赌专项行动，强化专案经营，深挖源头幕后，开展面上治安整治。破获黄赌刑事案件464起、行政案件1479起，刑拘672人；核查跨境赌博线索4条、破获跨境赌博案件131起。

【“食药环”打击】 2021年，晋江市公安局部署开展食安6号行动、“昆仑2021年”行动，对重点目标案件采取“一地主侦、多地协查”、“一地统筹、分别立案”、专案集中打击等模式组织开展侦查工作。破获食品、药品、环境领域刑事案件72起，刑事拘留68人，起诉53人。推动建立镇、村（社区）两级河道警长体系，强化河湖警长巡河制度，围绕食品、印染、纺织、纸浆、鞋模等涉水重点行业，联合河长办、镇（街道）加强重点发案流域排查。开展联合执法行动30余次，查处违法排污行政案件4起、行政拘留处罚4人，破获破坏生态环境案件1起、刑事拘留1人。

【缉枪治爆】 2021年，晋江市公安局推进打击整治枪爆违法犯罪专项行动第二年工作，全面梳理尚未查破的涉枪涉爆案件、线索，逐案经营、逐线深挖。破获涉枪涉爆（含烟花爆竹）案件283起299人，其中刑事案件28起30人，提起公诉21人；收缴非法烟花爆竹5800余件，枪支24把、子弹1800发、炸药70.37千克、黑火药（烟火剂）7268.5千克、管制刀具1121把。

【景区与非景区管理】 2021年，晋江市公安局全面优化“人防+物防+技防+机制防”措施，打造智慧安防“金钟罩”，维护景区与非景区安全。全市设立景点警务室、执勤点，组织巡防队伍60支；在全市A级景区和非景区景点布设智能感知设备，在沿海海岸线建设电子围栏、远距巡防探照灯和视频高清喇叭，整合接入公园、河道、水库等视频资源，接入“平安家园·智能天网”视频监控。

（郭玉贝）

·公安行政管理·

【户政管理】 2021年，晋江市公安局新登记流动人口信息830049人次，注销783065人次，办理居住证55872张。全市出生登记13214人，死亡注销5143人，办理户口迁入28300人、迁出16258人；办理二代身份证80025张、临时居民身份证2478张、港澳台居民居住证3589张。

【出入境及往来港澳台管理】 2021年，晋江市公安局受理内地居民出国（境）申请10944人次，其中护照397人次；往来港澳探亲2012人次，港澳旅游7866人次，港澳定居277人；往来台湾29人次；办理台胞证228人次；办理出入境通行证73人次；换补发港澳居民来往内地通行证1329人次。全市查处“三非”（非法入境、非法居留、非法就业）案件54起85人次，境外人员住宿登记2920人次，受理各类外国人签证证件申请1285件。

【监所管理】 2021年，晋江市看守所、拘留所执行新冠肺炎疫情防控期间勤务封闭管理机制，落实各项疫情防控措施，做好监所安全管理工作，实现新冠肺炎疫情“零感染”、安全“零事故”。拘留所获评公安部一级拘留所。

（郭玉贝）

·交通安全管理·

【概况】 2021年，晋江市公安局紧盯“减量控大”总目标，围绕“人、车、路、企业”推进道路运输安全整治三年行动，严查酒醉驾、“三超一疲劳”（超速、超员、超载和疲劳驾驶）、涉牌涉证和非法营运等重点违法违规行为，遏制交通事故多发态势。查处严重交通违法11.2万起，全市道路交通事故造成死亡90人，比上年下降41.2%。

【道路安全保障】 2021年，晋江市公安局依托道安平台，推动完成省、市为民办实事项目10处，“三小工程”（小山塘、小水池、小水窖）54处，道路管养、桥梁破损隐患整改218处。组织开展酒醉驾、货车摩托车“一大一小”等专项整治行动，查处酒驾2194起、醉驾903起、货车超载3008起。全省首创推动共享单车行业配备安全头盔，在租车平台推出交通安全提示信息。突出重点驾驶员教育培训，加强“两客一危一货”（公路客运、旅游客运、危化品运输车、货运车辆及面包车辆）等重点驾驶人的培训教育，开展“七进”宣传2592场、“两个教育”（满分教育和审验教育）252场，发送短信提醒216.1万条，通过媒体发布专题报道484篇次。

【文明交通出行】 2021年，晋江市公安局采取“首次违法免罚”“轻微违法警告”等人性化执法管理措施，实行民警带队包片责任制度、联合整治行动，加强对主次干道、商业大街等重要区域的巡逻频次。采取应划尽划的原则，挖掘市区停车资源，施划汽车停车位1627个，摩托车、电动车等两轮车辆停车位1807个。在市区主要路口增设8个“电子警察”设备、8个行人闯红灯电子抓拍设备及12个“大喇叭”设备，规范劝导文明交通出行。在12条交通混行严重路段，增设路中、路边隔离设施9585米，完善“各行其道”设施建设，制止车辆穿插混行乱象。

【公安便民服务】 2021年，晋江市公安设立灵源、陈埭机动车驾驶人基层体检站，协调正式运营的2家驾驶人体检医疗机构开展周六驾驶人体检业务。开启老年人车驾管业务办理“绿色通道”，60周岁以上老年人车驾业务办理可由亲友网上代办，并设立优先服务窗口。办理各项车管业务552897笔、受理驾驶人综合业务60720笔。受理简易快处交通事故16556起，受理交通调解案件2207起，协助法院立案921起，达成赔偿协议1987起（含法院），调解成功率90%，涉及调解金额8680万元。

（林伟健）

·森林执法管理·

【涉野生动物案件打击】 2021年，晋江市公安局加强对养殖野生动物的监测和卫生管理，定期深入涉野生动物场所开展野生动物保护执法专项检查工作。清查农贸市场32次，酒店、餐馆28次，巡查野生动物分布区20次，开展宣传教育6次，发放宣传材料、保护野生动物倡议书200多份。

【涉林犯罪打击】 2021年，晋江市公安局开展“清风行动”“昆仑行动”等一系列行动，对各类涉林违法犯罪展开攻势。立危害珍贵濒危野生动物案件13起，抓获犯罪嫌疑人13人，扣押野生动物35只，其中国家一级重点保护野生动物6只、国家二级重点保护野生动物鹦鹉及陆龟29只。

【森林火灾案件查处】 2021年，晋江市公安局开展集中查处森林火灾案件专项行动，对火灾多发区、重点地区，不定期组织民警实行巡逻，执行森林防火期严禁一切野外用火的规定，坚持逢火必查。办理违反“禁火令”违法野外用火治安案件40起，拘留21人，罚款19人。

（林晓兰）

·执法规范化建设·

【执法环节全流程管控】 2021年，晋江市公安局修订《晋江市公安局案件集体研究制度》和《晋江市公安局受理（立案）中心运行规定》，从落实网上办案、加强源头管控、深化流程管理、强化出口审核、发挥监督合力等方面强化执法环节管控，堵塞执法办案各领域、各环节漏洞。

【办案场所闭环式管理】 2021年，晋江市公安局建成包含案件管理区、办案区、涉案财物管理区、合成作战区和服务保障区“五位一体”的执法办案管理中心一期工程，推行执法办案、监督管理、服务保障一体化运行机制，打造规范、高效、安全的执法办案模式。该局执法办案管理中心被省公安厅评为示范单位，11 月通过实地验收。

【执法考评与巡查制度】 2021 年，晋江市公安局每月随机抽取各执法办案单位警情、同步录音录像、案件进行考评，坚持执法质量情况通报，定期开展执法集中培训会。坚持“大数据 + 执法监督”理念，开展网上巡查，实现对办案轨迹全流程跟踪、执法对象全方位管控、执法活动全过程回溯，依托执法监督平台，每天专人对及时处置违法犯罪警情率、涉案财物管理率、风险点处置情况、案件材料扫描情况进行检查通报。

【“E 通政法”项目】 2021 年 10 月，晋江市作为泉州市“E 通政法”（政法网上协同办案平台，由泉州市委政法委主持推广，致力于实现政法部门之间的数据流转、业务协同、信息资源共享等功能）试点县，将“E 通政法”平台与公安警务工作平台（执法办案系统）实现对接，并开展线上测试。

（郭玉贝）

·公安助力疫情防控·

【概况】 2021 年，晋江市公安局坚持“外防输入、内防反弹”总策略和“动态清零”总方针，对标“快、准、严、实、细”五大要求，紧扣“预警、响应、处置”三个环节，突出抓好数据研判、流调溯源、秩序维护、舆情引导等工作，打好疫情防控阻击战防御战，保障人民群众生命安全和社会安定稳定。助力全市取得新冠肺炎疫情防控“零发生”阶段性成效。

【“三公（工）一大”融合协同机制】 2021 年，晋江市公安局牵头建立全市疫情防控“三公（工）一大”（公安、工信、公共卫生，大数据中心）融合协同机制，探索实践形成大数据核查、监测预警、流调溯源、核酸检验秩序维护等经验做法，保障全市新冠肺炎疫情防控形势保持平稳。研判支撑落地查找涉疫人员 11357 人次，推送新冠肺炎疫情中高风险地区入晋江人员 232451 人次。

【“六稳”“六保”工作】 2021 年，晋江市公安局聚焦“六稳”“六保”工作大局，落实构建“亲清型”警企关系十二举措，开展“我为群众办实事”活动，推行“网上办”“预约办”“邮寄办”“承诺办”，护航经济社会发展。依法从严从快查处扰乱医疗秩序和制售假劣药品、医疗器械、医用卫生材料以及囤积居奇、哄抬物价、妨害公务等违法犯罪行为，接报涉新冠肺炎疫情警情 634 起，均第一时间出警处置，满意率 100%。设置舆情管控专班，24 小时巡查主要网络媒体，并及时通报相关部门核查处置，避免舆情发酵升级，处置涉新冠肺炎疫情敏感信息 50 余条。

【社会面管控】 2021 年，晋江市公安局每日出动警力 500 余人次开展巡逻巡查，发现并及时劝散群众聚集现象，严防因群众聚集引发新冠肺炎疫情问题。新冠肺炎疫情期间，在 7 个高速公路出入口、13 个市域主干道设立卡点，协助卫健部门对来自重点地区人员进行测温扫码、登记相关信息，全面开展人车疫情防控，消除风险隐患。

【非法入境防控】 2021 年，晋江市公安局在沿海岸线设立 31 个值守点，24 小时全线设防，综合利用北斗卫星系统、海事雷达、船舶 AIS 定位系统等科技手段，监控、跟踪、筛查晋江海域的船舶，确保海上入境管控“五个 100%”（情报获取率 100%、船舶管控率 100%、村〈居〉防控率 100%、系统开机率 100%、履职到岗率 100%），挡住“境外输入”风险。加大对晋江市各厂企的检查力度，严查从边境地带的省份偷渡入境后至晋江市务工的“三非”人员，查处非法出入境案件 15 起，查处“三非”人员 57 人，未发生从晋江海岸线偷私渡的情况。

（郭玉贝）

检　察

【概况】 2021 年，晋江市人民检察坚持司法为民，贯彻落实宽严相济的司法政策，探索建立未成年人保护救助机制，依法履行刑事检察、民事检察、行政检察、公益诉讼等法律监督职责，审查逮捕各类刑事案件 2094 件 2835 人，审查起诉 3228 件 4180 人，刑事案件办案数占泉州市检察机关的 1/5。

【扫黑除恶专项斗争】 2021 年，晋江市人民检察院提前介入黑恶势力犯罪案件 12 件，批捕 17 件 50 人，起诉 22 件 83 人，涉黑恶案件办案数量位居泉州市首位。聚力“打伞破网”。落实“一案三查”要求，排查黑恶线索 8 条，依法起诉“保护伞”3 人。开展涉黑恶案件财产刑执行专项检察活动，监督处置涉黑恶资产 380 万余元。晋江市人民检察院获评“全省检察机关扫黑除恶专项斗争优秀集体”，2 名干警获评省级扫黑除恶专项斗争先进个人。

【三大攻坚战司法保障】 2021 年，晋江市人民检察院严惩恶意逃废债、金融诈骗、破坏金融管理秩序等经济金融犯罪，防范化解重大金融风险。推进“断卡”行动，批捕各类经济金融犯罪嫌疑人 181 人，起诉 370 人，涉案金额 435 亿余元。第三检察部获评福建省打击洗钱犯罪有功集体，3 名干警获评打击洗钱犯罪有功个人。审查司法救助申请 8 件，发放司法救助金 40 万余元，防止因案致贫返贫。

2021 年，晋江市打击破坏生态环境和资源刑事犯罪，起诉 9 人。召开河湖司法联席会，联合进行河道巡查 13 次，针对侵占、污染河道和违法占地建洗砂场等问题依法发出诉前检察建议 16 件，均督促行政机关整改落实到位。联合相关行政部门制定《河湖水环境损害事件联动处置工作制度》《海上刑事案件诉讼衔接机制》。

【宽严相济刑事司法政策落实】 2021年，晋江市人民检察院转变“构罪即捕”的传统执法理念，落实“宽严相济”“少捕慎诉慎押”的刑事司法政策。严惩危害政治安全、公共安全、民生保障、网络安全等各类犯罪，批捕各类刑事犯罪嫌疑人2078人，起诉3703人。严惩故意杀人、强奸等严重暴力犯罪，起诉140人。打击各类毒品犯罪，起诉52人，办理的胡某贩卖毒品案获评最高人民检察院依法惩治新型毒品犯罪案件典型案例。

2021年，晋江市人民检察院防范“一押到底”问题，开展羁押必要性审查，经审查后变更强制措施44人。落实谦抑慎刑的司法理念，对犯罪情节轻微的，依法不诉237人。贯彻认罪认罚从宽制度，提升诉讼效率、化解社会矛盾，2021年适用率87.89%，量刑建议采纳率99.14%。创新认罪认罚社会服务机制，动员113名认罪认罚的轻刑犯罪嫌疑人自愿参与社会服务，对其中表现良好的109人适用不起诉，对表现不合格的4人依法起诉。

【刑事检察监督】 2021年，晋江市人民检察院监督侦查机关立案16件、撤案24件，依法追捕16人、追诉16人；针对适用强制措施不当等问题向侦查机关提出纠正意见和检察建议63件；提请抗诉7件，获泉州市人民检察院支持2件，泉州市中级人民法院改判2件。加强刑事执行监督。累计制发刑事执行法律监督文书237份，均被采纳。强化刑罚执行监督，核查纠正监外执行罪犯脱漏管15人，监督法院立案执行财产刑案件1803件，监督清理判处实刑未交付执行罪犯92人。

【民事检察监督】 2021年，晋江市人民检察院加强民事诉讼活动、执行活动监督及支持起诉工作。强化生效裁判监督。重点审查合同履行、劳动争议等案件，办理各类民事生效裁判监督案件10件，推动法院再审并改判10件，帮助当事人挽回财产损失310万余元。开展虚假诉讼专项监督活动，推动纠正虚假诉讼案件3件，起诉3件。强化民事执行活动监督。加强与法院协作配合，推动化解执行难问题，提出检察建议65件，督促法院发放执行款6788万余元。强化农民工权益保护。与法院、人社等部门沟通，协助解决农民工讨薪问题，支持民事起诉48件，建议行政执法机关移送拒不支付劳动报酬案件5件8人，均获公安机关立案；起诉拒不支付劳动报酬案件1件1人，帮助讨回125万余元。

【行政检察监督】 2021年，晋江市人民检察院综合运用公开听证、释法说理、督促履职等方式化解行政争议，推动实质性化解2件。加强行政非诉执行监督。依职权定期向法院调阅行政非诉执行卷宗，开展行政非诉执行案件复查工作，重点审查终结该次执行程序、涉企非诉执行案件。全年受理行政执行活动监督55件，提出检察建议54件，法院采纳60件（含跨年度采纳）。开展诉讼活动中涉及行政处罚执法活动法律监督。挖掘民事、刑事案件涉及行政处罚监督线索，依职权排查民事生效判决确认合同无效情形以及刑检部门办案中发现并移送的线索，提出督促行政机关依法履职检察建议12件，行政机关采纳整改回复11件。

【公益诉讼检察监督】 2021年，晋江市人民检察院对涉及生态环境资源、食品药品安全、国有财产保护、个人信息等事关民生的案件，决定立案审查行政公益诉讼案件58件，并依法提出检察建议，相关行政部门均采纳并整改。加大对损害公共利益犯罪行为的打击力度，提起刑事附带民事公益诉讼案件11件，追索赔偿金479万元。围绕上级检察院“服务保障乡村振兴”“公益诉讼守护美好生活”等公益诉讼专项监督活动，推进文物保护和乡村环境整治工作，融入晋江市争创福建省全域生态旅游示范市工作大局，在五店市传统街区、梧林古村落、金井镇围头村等地设立检察联络点，助推晋江乡村产业发展提质增效。办理的无障碍环境建设、“八·二三”炮战遗迹保护等3个案件获评国家级典型案例，1个案件获评省级典型案例，干警吴雅芳获评“全国公益诉讼优秀办案检察官”。

【未成年人关爱呵护】 2021年，晋江市人民检察院突出打击性侵、校园暴力、利用未成年人犯罪、监护侵害等犯罪行为，批捕侵害未成年人犯罪嫌疑人86人，起诉101人。探索未成年被害人专项救助机制。依托晋江“平安行公益慈善基金会”，全国首创“未检+慈善”专项基金项目，筹集资金2000万元，救助8人31.2万元。宽严相济帮扶罪错未成年人。

2021年7月6日，晋江市未成年人慈善基金启动仪式在晋江市人民检察院举行 （晋江市人民检察院/供）

对主观恶性不大、犯罪情节轻微、初犯、偶犯的未成年人和在校生，坚持少捕慎诉少监禁，强化帮教矫治，不捕 61 人，不诉 67 人。落实“一号检察建议”。执行教育行业从业准入审查制度，覆盖学校 840 所，查询从业人员 34934 人次，清退有暴力犯罪前科人员 6 人。

【司法为民】 2021 年，晋江市人民检察院开展“我为群众办实事”活动。落实最高人民检察院“群众信访件件有回复”制度，接收并依法办理各类信访件 538 件，实现“7 日内程序回复、3 个月内实体答复”100% 目标。晋江市人民检察院被授予全国、全省“检察机关文明接待室”称号。做好 24 小时自助检察服务，办理案件信息查询、量刑咨询、电子卷宗快递等业务，全年接待群众来访 500 多人次。《坚持便民利民打造“24 小时自助检察服务中心”》的经验做法被最高人民检察院第十检察厅采用。

【法治宣传教育】 2021 年，晋江市人民检察院开展送法“进校园”“进社区”“进机关”“进企业”等专项活动 34 场次，普法对象 3700 余人次。构建集微信、微博、抖音等平台于一体的宣传矩阵，打造“唐生学法”“五里桥茶馆”等宣传品牌。其中，“唐生学法”系列作品获全国法治动漫微视频评比一等奖，获评全国检察视频作品大赛“最受网友喜爱的作品”、全省政法系统“十佳”新媒体作品，相关漫画作品被中国检察出版社出版 6 辑，在最高人民检察院“检爱同行，共护未来”检察开放日活动中被采用。“五里桥茶馆”系列作品在“学习强国”学习平台《听检察官说法》专栏连载，多次被最高人民检察院的视频号采用。

【民营企业合规建设服务】 2021 年 3 月 16 日，晋江市人民检察院联合市发改局、市场监督管理局、工商联等 25 家单位成立全国首个民营企业合规建设服务联盟。服务联盟先后对盼盼食品集团、三六一度公司、特步集团等 10 家大中型企业开展线下合规体检，对 252 家企业开展线上体检，提出合规管理建议 107 条、风险建议 2979 条。该项工作获评泉州市检察机关 2021 年度“亮点工作”、晋江市 2021 年“我为群众办实事”社会治理创新项目一等奖。第二批“企业合规改革”试点工作开展至 2021 年底，办结涉企刑事合规案件 3 件，占全省的 1/2，其中办理的泉州金涛鞋材有限公司、石狮振兴贸易有限公司、张某香、蔡某户非法制造、销售非法制造的注册商标标识合规整改案例入选福建省第十二批典型案例。对完成合规整改的 3 家涉案企业负责人依法作出不起诉决定，对 1 家涉案企业负责人提出缓刑量刑建议。

2021 年 3 月，晋江市非公有制企业法治教育基地全面升级改造后，常态化对外开放。图为 7 月 14 日，省长王宁（前右一）到基地参观（晋江市人民检察院／供）

【知识产权检察试点工作】 2021 年，晋江市成立知识产权检察办公室，采用“三检合一”（民事、行政、公益诉讼检察）一体化办案模式，集中统一履职。全年批准逮捕知识产权案件 17 件 18 人，提起公诉 52 件 71 人，受理 1 起商标使用许可合同纠纷民事执行监督案件。对 1 起案件存疑不诉后权利人首次提出刑事申诉案件及 1 起涉企案件进行刑事合规整改后拟作相对不起诉案件依法举行公开听证会，邀请人民监督员等各界人士参加。召开知识产权联席会议，联合相关职能部门和厦门大学知识产权研究院共同签署《知识产权合作协议》，共建企业助力、定期会商等机制，形成知识产权保护工作合力。举办知识产权保护论坛，邀请厦门大学知识产权研究院院长、教授林秀芹作专题讲座。

【非公有制企业法治教育基地优化升级】

2021 年，晋江市政府拨款 310 万元，升级改造非公有制企业法治教育基地，引入“全息投影”“环幕影院”等高新科技手段，丰富展馆内容。3 月，基地重新投入使用，至年底接待学习培训 72 场近 3000 人次，共接待 262 场 2.4 万余人次。5 月，基地被确定为“福建省防范经济犯罪宣传基地”。7 月，省长王宁到基地调研时，给予肯定。

（李燕萍）

法院

【概况】 2021 年，晋江市人民法院强化创新意识和服务精神，推进新诉讼服务中心建设，完善跨域诉讼服务，满足群众“一站式”诉讼服务司法需求。落实关于司法助力重点项目“百日攻坚”的工作部署，为项目建设保驾护航；探索“法院＋商会”诉调对接模式，推进要素式审理模式和商事纠纷一站式化解。全年受理各类案件 44658 件，比上年增长 18.1%；办结案件 41440 件，比上年增长 17.7%；员额法官人均结案 455 件，比上年增长 21.7%。“执行+慈善”“法商联动”等机制得到最高人民法院肯定和推广，连续 4 届获评全国文明单位，获全国法院“百优新媒体账号”称号，被人民法院新闻传媒总社授予“司法宣传和通联工作先进单位”称号，7 个集体、7 人获福建省级以上表彰。

【民生案件审判】 2021 年，晋江市人民法院聚焦群众关心的热点问题，提升民生司法保障力度，审结涉及教育、就业、医疗等民生领域案件 1021 件。

【案件执行】 2021 年，晋江市人民法院出台《开展执行案款集中清理活动实施方案》，加大清理执行案款力度，发放案款 2158 笔 5.87 亿元；开展涉民生专项执行行动 11 场次，执行到位涉民生案款 0.73 亿元、涉金融债权案款 10.73 亿元；开展涉薪执行积案清理行动，执结涉薪执行案件 463 件，金额 1166.21 万元；组建“1+3+3+10”（1 名员额法官、3 名法官助理、3 名书记员、10 名外包人员）拍卖团队，推行前中后三段集约管理模式，加速拍卖分配，拍卖成交金额 10 亿元，及时兑现合法债权。

【司法救助】 2021 年，晋江市人民法院为案件当事人申请司法救助款 23 件 125 万元。推进“执行+慈善”救助机制建设，推进“一十百千万”（“一”指创设一项基金，即法院执行慈善基金；“十”指挂钩十个行业协助筛选帮扶企业、执行和解；“百”指协同百家企业为帮助对象提供就业岗位；“千”指帮扶千起案件当事人；“万”指由救助个人惠及万户家庭）帮扶工程，为案件当事人申请慈善救助款 54 件 122.4 万元，梳理登记就业帮扶对象 3 人，促成案件结案 35 件，息诉息访案件近 30 件，相关做法获最高人民法院院长周强 2 次批示肯定并在全国推广。

【家事纠纷多元化解机制】 2021 年，晋江市人民法院审理结婚姻家庭、继承纠纷 1085 件。针对婚姻家庭案件中涉及家庭暴力的情况，加强与公安、妇联、社区居委会等部门的协调，建立合作机制，开出人身安全保护令，维护家庭中弱势群体的合法权益。全年开出人身安全保护令 4 份，签发率 100%。强化部门联动，推动婚姻家庭纠纷多元化解。2021 年 12 月 2 日，晋江市人民法院与晋江市妇女联合会召开共建婚姻家庭纠纷调解联动机制座谈会。在总结提炼组织参与诉源治理实践成果的基础上，联合印发《关于深入推进多元解纷机制建设的实施意见》，致力于构建人民法院和妇联组织分层递进、专群结合、衔接配套的一站式多元解纷机制。该实施意见 12 条，明确双方在联调化解、沟通协调、队伍建设、法治宣传等多方面的工作职责。在家事案件的审判中，贯彻调解优先原则，完善家事纠纷综合协调解决机制，邀请人大代表、政协委员、人民陪审员等担任特邀家事调解员，邀请镇、村两级妇联人员、人大代表、政协委员、基层干部、老人协会等社会人士参与调解工作，构筑多元解纷途径。2021 年审结的家事纠纷案件中，调、撤结案 560 件，调撤率 51.61%。

【未成年人保护和犯罪预防】 2021 年 6 月 1 日，晋江市人民法院成立“少年法庭”，逐步推动未成年人审判专业化发展。在 2021 年审理的 88 件未成年人犯罪案件中，依法充分保障未成年被告人的诉讼权利，均通知法定代理人或合适成年人到庭参加诉讼，对审判时被告人不满 18 周岁的案件依法不公开开庭审理，并保障未成年人获得法律援助的权利等；调查其成长经历，开展庭审帮教；在案件生效后严格落实犯罪记录封存制度。在实体审理方面，坚持教育为主、惩罚为辅的原则，考虑未成年人的因素，宽严相济，体现教育、感化、挽救的理念。1 起案件入选福建省高级人民法院公布的（共 10 起）“福建法院未成年人司法保护典型案例”。

【诉讼制度改革】 2021 年，晋江市人民法院立足晋江民企经济活跃、商会组织强大、乡土氛围浓厚等特点，与商会联合设立法商诉调工作室，探索“法院+商会”诉调对接模式，推行法商“联调·联动·联防”三联工作机制，推动商事纠纷一站式化解，最高人民法院党组书记、院长周强到晋江市人民法院磁灶人民法庭视察时，对“法院+商会”诉调对接模式予以肯定。12 月，出台《关于深入推进“三联”工作机制合力创造良好营商环境的实施方案》，巩固涉商纠纷多元化解机制，打造法商诉调对接晋江样板。在全市设立法商调解工作室，推动“人民法院调解平台”与“工商联

2021 年 2 月 9 日，晋江市人民法院执行局举行执行慈善救助金、执行保险救助金发放仪式。图为慈善救助发放现场 （晋江市人民法院 / 供）

商会调解平台”系统对接，按照“商会推荐、工商联审核、法院认证”模式组建商会调解员队伍，理顺涉商纠纷诉调对接全流程。细化法商联席会议制度，加强调解工作培训指导，建立“人民法院—商会—涉诉企业”司法送达工作机制，探索“会员企业确认法律文书送达地址并承诺相应责任”制度，推行商会协助执行机制，发挥异地商会“人缘、地缘、商缘”优势。健全完善涉众型纠纷示范性判决机制，推动建立企业法律风险预警排查制度，定期开展商事纠纷数据调研分析活动，探索建立专业机构专家证人辅助机制。

【审判机制创新】 2021年，晋江市人民法院推进要素式审理模式，审结金融案件3558件，比上年增长56.9%。建立简易破产案件快速审理机制，审理期限缩短至180天；完善破产案件审理府院联动机制，推动破产处置专项资金管理、“执转破”工作细则落地，移送“执转破”案件38件。建立房地产审判工作机制，集中立案受理15家房地产公司、32批次、454件、涉及金额2.6亿元的合同纠纷案件以及24家物业公司、344件、涉及金额1978万元的合同纠纷案件，平均审理周期缩短28天，调撤率51.4%，福建省高级人民法院和央视一套《今日说法》栏目均专题报道。完善审执机制，提升司法效能，出台《加快办结长期未结诉讼案件实施意见》，促进审判权与审判监督管理权、有序放权和有效监督有机结合。制定《外包送达操作规程》，明确各类送达程序适用规范，提高送达效率、堵塞程序漏洞。

【诉讼服务】 2021年，晋江市人民法院推动商事纠纷一站式化解。牵头成立商事指导中心，推动与晋江市工商联等25个部门共建专业化调解平台，发挥商会、协会等社会组织调解作用，聘任第四批特邀调解员36名，累计有408名特邀调解员参与矛盾纠纷化解工作。成立跨域诉讼中心，联合德化县人民法院制订跨域诉讼服务标准，完善跨域诉讼服务，满足群众“一站式”诉讼服务司法需求。完善现代化诉讼服务。建成新诉讼服务中心，配备智能文书送达平台、诉讼服务自助终端等，加强智慧化运用。在新冠肺炎疫情防控常态化背景下推进诉讼服务现代化，打造跨域诉讼服务3.0版，将一体化诉讼服务嵌入“闽政通”App，组建智慧审判团队并全面推行庭审语音识别、文书智能纠错、类案强制检索等信息化应用，推出预约立案App，设立远程视频审理室。2021年，通过“移动微法院”等平台完成网上立案、调解、开庭等诉讼服务3549件，化解跨域纠纷案件1782件。

2021年4月22日，晋江市人民法院联合晋江市市场监督管理局举行“晋江市知识产权诉调对接工作室”揭牌仪式 （晋江市人民法院／供）

【营商环境法治化】 2021年，晋江市人民法院牵头成立“保护中小投资者及执行合同提升专班”及“办理破产提升专班”，出台2个专班三年工作方案，设立福建省人民法院涉台司法研究中心晋江联络点，召开优化营商环境主题政府、法院联席会议，推进破产清算案件不良债务化解、冻结资产处置和职工权益保护。激发创新活力，全年受理各类知识产权案件1250件，审结1183件，分别比上年增长52%和51.7%，引导社会尊重企业创新创造，严惩知识产权犯罪行为，刑事案件受理数比上年下降28.6%；成立晋江市知识产权诉调对接工作室，联合厦门大学专家教授开展普法讲座、课题调研13次，1起销售假冒注册商标的商品罪附带消费民事公益诉讼案入选“2020年福建法院知识产权司法保护十大案例”。

【生态环境司法保护】 2021年，晋江市人民法院守护“绿色发展”底线，发挥全省生态司法典型示范作用，总结探索“专业＋专家、惩治＋担责、预防＋修复、共建＋共治”的“四加”生态司法保护实践，建成晋江市生态环境宣教基地，选任5名专家担任陪审员，实刑率95.3%，将排污时间长、超标倍数高、污染地点人口集中或生态敏感、脆弱等11种情形纳入“从业禁止”适用范围，增殖放流、补种复绿15件20人。开展重点流域水环境保护专项督导，定期与晋江自然资源局等单位召开工作交流会，以生态保护的“含绿量”提升经济发展的“含金量”。

【法治宣传教育】 2021年，晋江市人民法院到村（社区）、学校开展预防电信网络诈骗等主题普法教育活动20余次；成立民法典宣讲团，与泉州职业技术大学联合共建开设《生活中的法律——解读民法典》民法典主题系列普法讲座，选聘优秀法官授课，完成8期课程；推出《谁是合法继承人》法治宣传案例2集，在央视一套《今日说法》栏目播出。

2021年，晋江市人民法院开展法治

教育进学校活动。选派2名法官分别担任实验小学凤竹校区、季延初级中学的法治副校长。6月，到南侨中学、阳溪中学开展法治讲座，1600余名师生分别通过现场听取或观看转播方式参加。11月，到毓英中学、石圳侨中开展“反诈反欺凌共建和谐校园”普法宣传活动。12月，到晋江市实验小学凤竹校区开展“一起学法、守法，迈向美好未来”主题法治宣传活动；到侨声中学进行“宪法晨读”活动；举办“法庭开放日”活动，邀请晋江市第二实验小学、磁灶镇大埔中心小学师生代表参观法院。

2021年，晋江市人民法院开展法治教育进社区活动。3月，组织到晋江市妇联开展“民法典之妇女权益保障”云培训专题讲座，以线上、线下方式收听800余人次。11月，组织2名干警参与市妇联开展的“反家庭暴力·创平安家庭”巡回普法宣讲活动，分别以“民法典之妇女权益保障”“未成年权益保障”为主题，到罗山街道、陈埭镇、龙湖镇、青阳街道、永和镇开展普法讲座，近250人次参加。多次到五店市、桂山社区等地开展普法宣传活动。

（陈珊珊）

2021年12月4日，晋江市举办国家宪法日法治文化节活动（晋江市司法局/供）

司法行政

【概况】 2021年，晋江市司法局聚焦司法行政主责主业，践行司法为民宗旨，推动晋江市司法行政工作高质量创新发展，为谱写“晋江经验”新篇章提供法治保障。全年受理法律援助案件3501件，解答群众咨询3283人次；调解案件4758起，调解成功4755起；办结各类公证4025件。1月，西滨镇跃进村被命名为第八批“全国民主法治示范村”。

【普法依法治理】 2021年，晋江市司法局谋划推进“八五”普法启动实施，发挥守法普法协调小组作用，做好晋江市“八五”普法规划编制工作。营造“八五”普法启动实施氛围，先后开展“12·4”国家宪法日、“美好生活·民法典相伴”法律进社区活动、“普法‘梧’处不在”主题市集、“六守六无”平安晋江共建日党内法规宣传进乡村等各类法治宣传教育活动621场。实施农村“法律明白人”“法治带头人”双培养工程，培育“法律明白人”2985人、“法治带头人”2083人，为推进基层法治建设提供法治人才保障。推进镇（街道）、村（社区）法治文化阵地建设，10月，市级法治文化阵地——桂华法治文化园建成揭牌。

【人民调解】 2021年，晋江市司法局推行人民调解案件“以案定补”和简易调解案件登记统计，促进全市调解纠纷总量和调解成功率“双提升”。全年调解案件4758起，调解成功4755起，成功率99%。加强调解组织网络建设，先后推动新成立晋江市婚姻家庭纠纷、房地产服务行业2个专业性、行业性人民调解组织；新设立企业调解组织13个，园区调解组织1个；打造“洪自由”“秀冬”“庄烜炜”等3个金牌调解工作室。选优选强村级人民调解员队伍，结合基层换届选举指导各镇（街道）村级人民调解委员会完成换届工作。成立晋江市人民调解员协会，将各类调解组织和调解员队伍纳入协会统一管理，促进全市人民调解工作提档升级。

【社区矫正与安置帮教】 2021年，晋江市司法局加强社区矫正机构和队伍建设，健全完善社区矫正工作监管协作机制，建立社区矫正周通报制度，定期分析矫正工作情况、研判解决重点难点问题。成立市社区矫正工作督导组，定期深入各镇（街道）实地检查督导，及时查摆问题、跟踪整改。全年开展督查活动86次，发出限期整改通知书37份，抽查社区矫正对象215人次。提升矫治教育质量，引进教师、心理咨询师、退役军人等各类专业人才协助开展入矫教育；每月集中组织开展入矫教育活动，全年开展集中教育活动231次，接受教育社区矫正对象1.03万人。落实刑满释放人员安置帮教措施，制定下发《关于开展刑满释放人员“大走访、大排查、大帮教”专项活动的通知》，加大“三无”人员、“三假”人员等重点人群排查力度，预防和减少刑满释放人员重新违法犯罪。全年全市重点帮教对象衔接率100%。

【公共法律服务】 2021年，晋江市司法局打造以实体平台为基础、网络平台为支撑、热线平台为补充的“三台融合”公共法律服务体系。深化村（社区）法律顾问示范点创建，全市新增村（社区）法律顾问示范点36个，累计创建180个，覆盖率45.6%。开展律师、公证员专项整治工作，与晋江市人民法院、晋江市人民检察院建立离任法官、检察官动态管理花名册，提升律师、公证员队伍业务能力和职业道德水平。6月，晋江市司法局“掌上法律顾问”微信小程序正式上线，全年平台注册102426人，服务群众1097人次，回答各类法律咨询问题1176个，为基层群众提供“指尖上”的法律服务。

【公证服务】 2021年，晋江市司法局发挥公证服务效能，推行证明材料清单制，落实公证事项“省内通办”“跨省办理”服务；与晋江市自然资源局签订协议，推出政府购买不动产继承公证服务。市公证处全年办结各类公证4025件，其中涉外公证986件；办理各类证据保全公证189件。优化“最多跑一次”服务，做好公证扫码缴费、邮寄送达、延时服务、绿色通道等便民利民举措，全年市公证处提供延时服务214人次，上门服务24人次、邮寄公证书425份。

【法律援助】 2021年，晋江市成立晋江市法律援助中心驻福建晋江经济开发区职工法律服务一体化基地工作站。加强法律援助案件质量评查，全年法律援助案件回访率10%、旁听率7%。加大法律援助宣传力度，联合泉州市司法局举办《中华人民共和国法律援助法》大型主题活动，提升法律援助群众知晓率和社会影响力。晋江市3件农民工援助案例获评2021年泉州市十佳农民工法律援助案件。全市受理法律援助案件3501件，解答群众咨询3283人次。

（王名乙）

仲 裁

【概况】 2021年，泉州仲裁委员会晋江分会按照“完善仲裁制度，提高仲裁公信力”的总体要求，发挥仲裁法律制度的特点和优势，以依法、公正、便捷、高效、廉洁为标准，开展仲裁工作，维护市场经济秩序和当事人的合法权益。晋江分会受理各类经济合同纠纷案件686件，其中新收667件、旧存19件；涉案总标的额11.51亿元；审结各类纠纷案件583件，未结案件103件，结案率85%，结案总标的额10.77亿元。结案案件中，调解520件，裁决47件，撤回申请15件，不予受理1件。

【仲裁办案】 2021年，泉州仲裁委员会晋江分会把好案件受理立案关。自2021年11月1日起，取消各仲裁办案工作点自行收案、立案的网络专线，改为所有仲裁案件的立案须经分会秘书长初审同意后，由分会统一立案。细化不予立案受理的案件类型和标准，从源头上把好案件质量，防止违反法律规定受理、裁决案件。

【制度建设】 2021年，泉州仲裁委员会晋江分会制定《关于完善仲裁费收退手续等有关问题的规定》，统一印制《泉州仲裁委员会晋江分会预收仲裁费收据》，完善收、退及结转仲裁费的流程和材料。晋江分会修改、完善、健全《泉州仲裁委员会晋江分会仲裁案件质量评查办法（试行）》，为案件质量评查工作提供制度依据，减少和预防违法仲裁和差错案件的发生。

【社会矛盾化解】 2021年，泉州仲裁委员会晋江分会坚持“能调则调”的原则。接案后，通过研究案情，抓住矛盾焦点，找准突破口，采取案前、案中、案后调解方式，做好双方当事人思想工作，引导双方当事人达成和解协议，促进当事双方和平解决争议。全年接案583件，调解成功520件，调解率89.2%。晋江分会驻人民法院诉调中心及驻陈埭法庭的办案点均收到当事人送的锦旗。

（李宗民）

人民武装

【概况】 2021年，晋江市人民武装部（简称“晋江市人武部”）以党史学习教育为主线，围绕动员援战总目标，坚持强军思想发动、练兵备战推动、动员援战驱动、基础建设带动，各项工作落实落细，全面建设提质提效。

【部队思想政治建设】 2021年，晋江市人武部强化听党指挥的政治引领，贯彻落实习近平强军思想，夯实思想政治建设基础；贯彻军委主席负责制，筑牢听党指挥的政治根基。把学习党史同提升思想站位、推动全面工作、强化使命担当结合起来，通过抓实学习教育、拓宽活动渠道、用活驻地资源，增强教育针对性和实效性，强化“不忘初心、牢记使命”意识，牢记共产党员使命担当。参加清明烈士祭扫、军地开展“听、唱、写、寻”共学百年党史、军民共听炮战史共唱炮战歌等活动，并组织讨论交流。

【练兵备战】 2021年，晋江市人武部按照“真建真管用、真打真准备”要求，加强战备基础设施建设。定期开展议战议训、军情研究、日常战备专项整顿，组织防卫目标普查、重要民生目标现地勘察；完成非战争行动方案修订、防汛防台应急预案等方案计划的拟制修订；按照“急时应急、战时应战”要求，狠抓经常化训练、实战化演练，提升民兵应急分队遂行多样化任务的能力。组织参加省军区、军分区专武干部集训、民兵技术骨干培训；组织专武干部、民兵营长集训，重要目标防卫，海上民兵集训，海防哨员集训考核；组织专武干部、民兵干部和基干民众参加实弹射击。提高现役干部指挥能力、专武干部任职能力、专业骨干组训能力以及基干民兵遂行任务能力。

【国防动员】 2021年，晋江市人武部采集调查国防动员潜力数据，对关键数据进行重点核查和现场抽查，确保数据真实精准。针对深化民兵工作调整改革实际，紧贴新任务、新结构、新要求，按照压缩数量规模、优化结构布局、拓展编组领域、创新管理模式，全面展开精细化编组整组，常态化教育管理和精确化快速动员，完成市基干民兵组织和普通民兵组织调整任务。围绕“五保一降”（保质、保量、保廉、保安全、保满意，降低退兵率）目标要求，完成年度征兵工作任务，实现保质争先，受到泉州市征兵领导小组通报表彰。

【依法从严治军】 2021年，晋江市人武部组织“安全大检查”活动要求，结合每天交班，组织全体干部职工学习条令条例和业务法规知识，由现役干部轮流导读讲解，增强教育实效，抓好安全常识学习、安全理论的背记，增强干部职工的保密观念、法纪观念、安全观念、条令意识。落实保密检查、涉密资料出入柜登记、文印室打印审批、武器库查库、重要岗位政治考核等制度，定期开展安全隐患排查、安全形势分析，消除安全隐患。针对“两会”等重点时期，紧盯安全和保密两个关键点，提高思想认识，严格制度落实，加强对干部、文职人员、职工的教育引导，时刻紧绷安全弦。开展涉网、涉财、涉密、涉交往倾向性问题专项整治活动，消除安全隐患。按照省军区下发的保密规范管理实施办法，组织整治规范各类涉密场所。

【优抚优待】 2021年，晋江市人武部帮助随军家属和退役士兵创业就业，联合人社局、退役事务局，组织退役军人返乡欢迎仪式暨现役军人家属和退役士兵专场招聘会4场。走访慰问辖区二等功臣和军龄满30年的军人。联合退役军人事务局，开展退役军人返乡接送活动，营造尊崇军人的社会氛围。与教育部门协调沟通，将现役军人子女入学照顾范围拓展到户籍在晋江的现役军人子女。协调维护现役军人军属合法权益。按照军分区通知要求，做好随军家属随调工作。

（庄文晓）

武警

【概况】 2021年，中国人民武装警察部队泉州支队晋江中队（简称“武警晋江中队”）抓好经常性基础性工作落实，完成以执勤战备为中心的各项任务。坚持用先进文化建队育人，全面建设不断迈向新台阶。注重在加强自身建设和提高“三个能力”上下功夫，建立健全各类组织，落实组织生活制度，在研究重大和敏感问题时，坚持原则，发扬民主，听取群众意见。全年在军报和地方10余家主流媒体及总队微信公众号上发表多篇宣传报道文章。

【官兵思想政治建设】 2021年，武警晋江中队把思想政治建设摆在首位，打牢官兵“永远做党和人民忠诚卫士”思想基础。开展党史学习教育，以“士兵讲堂”的形式提升理论学习成效，确保党的创新理论和上级决策部署落地生根。开展“我为群众办实事”活动，增强党员身份意识。整合部队、家庭、社会三方力量，进行多方联管联控，提升教育质效，形成人人能做思想工作、群众教育群众的局面。团支部开展强军风采系列书评、影评、书法等文体活动；军人委员会发挥民主监督、桥梁纽带作用，对中队建设献计献策。落实每周党团活动及“三互”（互学求进步，互帮共提高，互教同受益）活动，组织“官兵恳谈会”“民主谏言会”等活动，帮助官兵解决实际困难。结合庆祝中国共产党成立100周年，抓好党史、军史学习，通过制作小视频和故事集、阅读党史书籍、组织党史知识竞赛等形式，增强教育的针对性。通过学习新时代卫国戍边英雄群体等事迹，增强民族认同感，坚定官兵服役思想。以中队先进人物事迹为教材，以身边人讲身边事，从点滴渗透启发官兵。建立“主官包干常交流、骨干结对常帮带、家庭社会常联动”模式，让思想工作不留死角。与晋江市第三医院协调，邀请医院心理医生到中队开展心理疏导活动。配合开展读红色书籍、参观红色遗址、重温入党誓词和“战斗力标准大讨论”等活动。

【军事训练】 2021年，武警晋江中队围绕年度军事工作要点，抓军事训练，研究探讨新形势下执勤、处突的新情况、新战法。中队干部骨干统一思想认识，坚持参训议训，跟班作业。按照上级纲要及训练计划，组织施训，做到课前准备、器材保障、动作示范、训练编组、组织指挥和考核验收“六个到位”。定期召开军事训练研究分析会，发现问题，纠正训练中出现的随意性和盲目性等问题。紧贴实际、讲究科学，注重培养训练典型、示范班和训练尖子，针对各科目中出现的个别重点、难点训练问题，进行专门研究，掌握正确的授训方法，确保训练少走弯路，营造“比、学、赶、帮、超”的氛围，提高中队官兵的军事技能和执勤能力。中队官兵在参加上级各项比武竞赛中取得优异成绩。

【战备执勤】 2021年，武警晋江中队在执勤工作中做到“三个经常”（教育经常搞、形势经常分析、动作经常规范）。针对执勤工作面临的严峻形势，召集干部、骨干，利用执勤研究会，分析研究执勤现状和周围敌社情，查找不足，制定整改措施，确保勤务工作正常开展。开展相关课目训练，提高中队官兵执勤水平。通过狠抓执勤正规化建设，确保执勤目标年年安全无事故。每月将议勤列入支部重要议事日程，做到心中有数，有的放矢。坚持理论学习与事例分析相结合，利用相关事故事例，引导官兵深入分析研究、吸取经验教训，提高理论学习效果。方案演练与情况诱导相结合，使受训者在近似实际的条件下，正确运用情况处置原则，学会动作要领和处置方法，提高官兵快速反应能力。与目标单位联系，定期走访，开好联防会议，联合组织安全检查和方案演练。

【部队管理】 2021年，武警晋江中队从抓学习、抓骨干入手，紧盯能打胜仗，强化遂行任务能力，坚持议中心、抓中心、保中心。落实各项制度，确保部队内部安全稳定。贯彻落实上级相关业务培训精神，吸取相关事故案例教训，组织官兵分析执勤形势、观看录像、撰写对照检查材料，提高官兵认识，克服麻痹思想。建立由班长、副班长、安全员组成的骨干防护队伍，把责任制定到正副班长、安全员等层次，要求骨干发挥身在兵中的优势，形成“安全责任大家挑，骨干肩上有指标”的局面。利用“双争”（争创先进连队，争当优秀士兵）、“三互”（互学、互帮、互教）等载体，提高官兵安全意识。把“三互”活动开展情况纳入“双争”，把“双争”贯穿日常工作生活中去，实现一环扣一环、环环不脱节的立体化管理模式；建立各项评比制度，将精神奖励与物质奖励相结合，确保部队“四个秩序”（规范战备秩序，规范训练秩序，规范工作秩序，规范生活秩序）正规有序。 开展条令法规和法纪教育活动，组织条令条例学习、案例剖析和隐患排查。

【后勤保障】 2021年，晋江武警中队大到每个房间、库室的总体设置，小到墙上挂的、柜内摆的、桌上放的、床上铺的物品种类、样式、位置、数量，全面对照要求抓落实，做到架子化、标签化、规范化。把保中心、保生活作为保障重点，协调晋江市政府调拨190余万元，装修改造中队营房、新建室内训练馆，改善官兵在恶劣天气情况下的训练环境。结合安全大检查、执勤隐患排查活动，吸取历年枪弹事故的教训，落实枪支出入库规定，确保枪弹不失控。在施工期间，中队制定《营建期间外来施工人员管理规定》，给外来施工人员配发出入证，要求施工方一同抓好管理，确保部队内部安全稳定。提升后勤保障效益，把保中心、保生活作为保障的重点，深化后勤规范化管理，提高后勤保障能力。通过业务对口培训、专业比武等形式，提高后勤人员的业务水平。坚持支部理财。严守重大经费开支集体研究、报批制度，落实经济民主组每月查账制度，发现和查处问题，堵塞漏洞，做到经费开支公开、收入公开、用途公开。落实伙食管理五项制度，开展“节能宣传”活动，杜绝铺张浪费和“跑”“冒”“滴”“漏”。

（汤飞宇）

海 警

【概况】 2021年，泉州海警局晋江工作站辖区海岸线长约63千米，海域面积957平方千米，沿海乡镇5个（东石、英林、金井、深沪、龙湖），渔村13个，渔船1464艘，渔民13828人，港口29个，码头7个（深沪渔港、深沪商业码头、东石永盛码头、东石良兴码头、东石港务码头、安平码头、围头港务码头），养殖区8个，自然保护区2个（深沪湾海底古森林遗迹自然保护区、石圳海岸动力变质岩自然历史遗迹保护区），台轮停泊点3个（深沪、围头、东石），避风港3个（深沪、围头、东石），海上距离金门最近处5.3海里。辖区具有海岸线漫长复杂，海洋经济类型多，紧贴金门海域，海上矛盾纠纷诱因多等特点，海上治安形势严峻。全年在海警的微信公众号、海警的抖音号及中央、省级、市级等平台刊发外界新闻20篇80余次。

【练兵备战】 2021年，泉州海警局晋江工作站加强海上巡逻管控。对海上船只进行登临检查，排查过往人员和船只及货物的相关证件，规范海上作业手续。加强实战化军事训练。利用海上执勤时机，开展海上搜救、损管、登临检查、靠离漂泊艇、紧急备勤备航等操演训练，强化全艇性协调配合和实战能力，确保部队拉得出、打得赢。组建海上宣讲团，印发宣传册，组织开展“普法到船头”“安全出行警民谈”等活动，对出海船员进行海上法律知识、海上消防常识等方面教育。

【海上综合治理】 2021年，泉州海警局晋江工作站推进海上综合治理新模式，与公检法、烟草专卖局、环境生态局等部门联合签署执法合作协议7份，部署开展海上联合执法专项行动，保持对辖区海域“三无”（无船名船号、无船舶证书、无船籍港）船舶、非法捕捞、走私偷渡等违法犯罪行为高压严打态势。全年接处警37起，办理非法捕捞水产品案3起、无证驾驶机动船舶案1起、实施救助11起、处置走私案2起。破获鳗鱼苗走私案和走私杂货案，查获走私鳗鱼苗15箱、走私杂货187箱，总案值约600余万元。以“海上枫桥”试点建设为抓手，通过晋江工作站海上纠纷人民调解委员会平台，邀请驻地渔业协会调解委员会、乡镇综治负责人、司法救助协会法律工作者、律师等地方人员担任调解委员会委员，协助开展海上矛盾纠纷调解工作。全年调解纠纷10起，调解成功率100%。

【海上网格化监管推行】 2021年，泉州海警局晋江工作站在连续3个月机制探索实践的基础上，提炼形成五大模块，在泉州海警局率先推行辖区“网格化+精准监管”模式，推动“晋江试点”向“泉州模式”展开。将辖区划分为3个责任海区，实行网格化监管，每个网格分别安排1名执法员担任网格长，2名执法员担任网格员，1名战士担任协管员，主要负责网格内基础信息采集和更新、情报线索摸排和秘密力量构建、警情和案事件接处、常态化巡逻等。至年底，网格信息综合采集率95%以上，网格员对所属辖区熟悉率90%以上，建立和完善“海洋环境保护监管”“海域使用监管”等重点领域网格化监管台账和监管档案，实行“一网格一台账”“一项目一档案”，落实“周巡查、月报告”制度，对巡查监管发现的涉嫌违法行为做到“随时发现、随时报告”。

【海警拥政爱民】 2021年，泉州海警局晋江工作站组织官兵自发参加无偿献血31人次。端午节，组织官兵慰问围头村敬老院，为老人送上慰问品，并与老人亲切交谈。派部分优秀官兵去福州大学晋江科教园为大一新生开展国防教育，邀请金井西资岩幼儿园师生到工作站参观，近距离感受军人风采。

（齐梦灵）

人民防空

【概况】 2021年，晋江市人民防空工作把备战打仗作为第一要务，贯彻习近平强军思想，贯彻新时代军事战略方针，坚持“战备为先、防空为要”，对照上级部门任务清单，推进重点项目建设，做好人防“十四五”时期发展规划编制工作，优化营商环境，转变工作作风，探索医疗工程专项演练，推进晋江市人防工作高质量发展。

【人防项目建设】 2021年，晋江市住建局（人防办）加快人防疏散基地建设进度。完成疏散基地标志标识系统建设，会同园林绿化局组织开展疏散基地战备物资库建设项目前期工作，完成设计单位招投标工作。配合做好战时急救医院竣工验收工作。按照工程建设计划，完成晋江市战时急救医院竣工验收并投入使用。

【人防核心能力建设】 2021年，晋江市住建局（人防办）紧抓人防指挥通信核心能力建设，推进市人防指挥平台场所建设进度，完成第二代机动指挥平台设计方案、项目采购招投标、实施建设等工作，12月，基本完成机动指挥平台建设，构建“三位一体”（市级人防基本指挥所、地面指挥中心和机动指挥所）的人防指挥平台体系。加强基本指挥所常态化维护管理，完成省、市、县三级指挥所同步转进演练任务，提升工勤人员的实操能力，强化对通风排风、电力、消控、通信等系统定期运行维护，确保指挥所长期处于良好运行状态。按照上级部门训练计划，每周参加与泉州市人防办、兄弟县市的联调联试工作，保持无线电台、指挥平台等系统通信顺畅，确保能用管用。坚持以训代练，提高专业人员的能力和水平。

【人防工程审批】 2021年，晋江市住建局（人防办）结合晋江市“营商环境提升年”创建活动以及优化营商环境专项巡察工作要求，对人防审批事项、部门权责清单等进行再梳理、再优化，不断优化工作流程，强化审批人员服务意识，确保审批事项高效快捷办理。加强对标先进地区经验做法，完成人防审批服务事项“五级十五同”，配合开展实施“一件事”套餐服务，全面实施“告知承诺制”以及工建项目清单制管理制度，实现一网通办、全部网办。自2021年8月20日起，对于国家投资建设的粮油盐储备库项目的库房设施以及物流企业的新建专业物流仓储设施、未增加项目计容建筑面积的装修工程、工业项目的生产性建筑等三类项目可免予办理人防审批手续。按照《中华人民共和国人民防空法》《福建省人民防空条例》等有关规定，落实人防工程行政审批岗位责任制，简化审批程序，落实人防工程“应建尽建”的法规政策。

【战时急救医院演练】 2021年，晋江市住建局（人防办）与晋江市医院组织开展战时急救医院平战转换，以及人防医疗救护专业队伍医疗救援演练。作为全省首个人防医院战时转进及急救训练示范试点，通过演练探索人防医疗救护工程转进新模式，尝试战时医疗救护实施新程序，拓展人防专项演练新思路，并作为全省人防系统改革创新项目参与全省考评。11月30日，演练活动通过视频联训方式，组织全省人防系统进行观摩学习。演练经验做法供全省各级人防部门学习借鉴。

（黄宏）

退役军人事务

【概况】 2021年，晋江市退役军人事务工作以开展“法律政策落实年”活动为抓手，在健全机制上形成合力、在夯实基层上优化管理、在思想引领上树立导向、在创新管理上做优服务、在化解矛盾上维护权益，各项工作平稳开展、有序推进，取得新的发展。“网格化+退役军人”服务管理运行模式得到退役军人事务部、省退役军人事务厅宣传推广，市退役军人事务局获评2021年度《中国退役军人》宣传工作先进单位。开展烈士纪念设施整治提升专项行动，加强烈士纪念褒扬。发挥烈士纪念设施教育阵地作用，全年接待社会各界瞻仰祭扫、主题教育110批次6455人次。做好国防教育和双拥宣传报道，推出双拥宣传报道395篇次。

【接收安置】 2021年，晋江市做好退役军人及随军家属接收安置。强化政策刚性，推行阳光安置，军转干部全部安置到机关事业单位，符合政府安置工作条件的转业士官全部安置到央企和国企。推出“军人退役一件事”改革，设立退役军人返乡报到专区，推行户籍落户办理、预备役登记、职业技能提升报名、社保关系接续、党员组织关系转接“一站式”服务。

【优待抚恤】 2021年，晋江市重点优抚对象各项抚恤补助标准平均高出省定标准的35%—84%。开展“关爱功臣”行动，为重点优抚对象发放用电补助，减免高清数字电视安装补贴，发放门诊补助和体检补助以及“安居工程”建设补助。在全市公立医疗机构设置优先服务窗口，提供挂号、就诊、检查、缴费、取药、住院等优先优待服务。确定晋江市医院为定点医疗服务合作单位，为重点优抚对象、军休干部开通医疗救治“绿色通道”，开展日常保健宣讲、预约体检等服务。探索建立失能退役军人专业护理供养机制，将全市一至六级残疾军人纳入“长期护理保险”试点工作参保范围。创新商业保险机制，为全市重点优抚对象购买人身意外和重大疾病商业保险。依托市退役军人关爱帮扶慈善基金，关爱帮扶病困退役军人。落实新兵入伍“四尊崇”（欢送仪式、举行座谈、挂光荣牌、拍集体照）、退役返乡“五关爱”（迎接仪式、谈心谈话、宣讲政策、推介岗位、高效办事）、日常关怀“六必访”（退役返乡必访、立功受奖必访、英模典型必访、重要节日必访、遇到困难必访、重大变故必访），新兵入伍期间，举办欢送仪式、座谈会78场。老兵退伍期间，在晋江机场、动车站开设接送服务点，组织退役军人志愿者参与返乡接送活动，为退役军人佩戴胸花绶带。为退役军人和其他优抚对象、现役军人家庭送立功喜报、贴春联年画。结合重大节日开展“大走访、大慰问”活动，走访慰问退役军人。

【褒扬纪念】 2021年，晋江市开展烈

2021年3月26日，晋江市开展“守护·2021清明祭英烈”活动
（晋江市退役军人事务局/供）

士纪念设施整治提升专项行动，对全市33处革命烈士纪念设施进行“一拍、二查、三建档”调查摸底和分类管理。制定《晋江市零散烈士纪念设施修缮管护专项补助经费使用管理办法》，管护经费纳入财政预算。建立晋江市英雄烈士公益保护协作机制，与检察院协同推进英雄烈士公益保护工作。投入180万元推进晋江（安海）烈士陵园整修和金井烈士陵园展馆改造，修缮零散烈士纪念设施25处、集中迁移1处。加强零散烈士纪念设施日常管护，落实属地管理责任，与属地镇（街道）、村（居）和烈属签订三方管护协议书32份，三级管护做法在省退役军人事务厅工作简报与《福建日报》刊发。

2021年，晋江市发挥烈士纪念设施教育阵地作用，加强烈士纪念褒扬。全年接待社会各界瞻仰祭扫、主题教育110批次6455人次。组织开展“守护·2021清明祭英烈”和“烈士纪念日向英雄烈士敬献花篮”活动，推出网上“云祭扫”平台，开展视频远程祭扫和“代祭扫”服务，网上祭扫活动共12万多人次参加，发表祭扫评论22万多条。开展“追寻百年初心·传承红色文化”系列活动，开设“英烈故事”专栏，在全社会营造尊崇英烈的氛围。

【退役军人就业创业】 2021年，晋江市建立市、镇、村三级就业信息采集联动机制，采取专人负责、电话咨询、微信调查和实地核查等方式，做好信息动态跟踪，完善退役军人就业创业台账。对登记有就业意向的退役军人，通过网上招聘平台实行实时响应、岗位推荐、预约面试，帮助其快速就业。组织开展线上线下集中招聘活动4场，166家机关企事业单位提供岗位需求2500个。在微信公众号开通“我为退役军人办实事”招聘求职专区，推送招聘信息41期，108家招聘单位发布岗位436个。

建立“政企校”教育培训合作机制。2021年，晋江市依托泉州职业技术大学、泉州轻工职业学院等院校，开展全员适应性培训以及“定向式”电子商务运营推广培训、无人机驾驶员培训，市情专题培训（军转干部专期）、就业创业大讲堂、就业创业导师轮值等各类培训活动7场，退役军人可享受就业推荐和创业辅导服务。组织退役士兵参加学历提升，退役军人报名2021年高职扩招。采取“灵活培训、政府补贴”的办法，退役士兵参加汽车驾驶培训。

【退役军人先进典型宣传】 2021年，晋江市退役军人事务局在全市挖掘、培养树立一批优秀退役军人先进典范，做好入库筛选及关怀、培育。完善《晋江经济报》“军人故事”专栏，在晋江市退役军人事务局微信公众号开通“老兵风采”专栏，集中报道张清读、施志坚、王宝华、唐晓郎、张佳榕等一批晋江籍优秀退役军人典型事例，引导退役军人争当“晋江经验”的“传承者”，乐于奉献的“暖心人”，乡村振兴的“排头兵”。发挥退役军人志愿服务队作用，组织退役军人参加新冠肺炎疫情防控、文明创城、社会公益、帮扶解困、清明祭扫等志愿服务活动60场。

【退役军人服务保障】 2021年，晋江市退役军人事务局围绕打造“枫桥式退役军人服务站”，投入100万元培育8个镇（街道）、84个村（社区）退役军人服务站示范点，推动镇、村两级服务保障体系建设实现从“有”到“优”的转变。晋江市退役军人服务中心、安海镇退役军人服务站获评省级退役军人服务保障体系建设“五有”（有机构、有编制、有人员、有经费、有保障）先进单位；安海镇退役军人服务站入选全国百家红色退役军人服务站，其宣传视频《爱拼敢赢勇担当》在退役军人事务部官网等平台刊播；金井镇、内坑镇退役军人服务站获评省级百家红色退役军人服务站。做细做实村（社区）、机关企事业单位2个网格化管理体系，全市退役军人被纳入“网格化服务管理台账”。市、镇、村三级服务中心（站）全面组网，协同运行，依托网格员工作队伍，开展退役军人政策宣传、帮扶解困、信息采集、党员管理、就业创业等服务管理保障工作。

【国防教育和双拥宣传】 2021年，晋江市推出双拥宣传报道395篇次，其中被“今日头条”、中国网、中国双拥官网、《解放军报》、“学习强国”等媒体报道采用174篇次。在《晋江经济报》、晋江新闻网和晋江广播电视台开设“双拥宣传和国防教育”“军人故事”专栏，编印《晋江双拥简报》12期，宣传双拥工作政策法规、工作成果和先进事迹。为全市退役军人服务中心及双拥系统工作人员开通“双拥V网”视频彩铃，展示晋江市退役军人及双拥

2021年9月18日，晋江市退役军人志愿服务总队志愿者在晋江第二体育中心协助维护核酸检测秩序。图为志愿者现场合影 （晋江市退役军人事务局/供）

2021 年 6 月 7 日，武警晋江中队前往阿梅中心幼儿园开展国防教育
（晋江市退役军人事务局 / 供）

工作风采。结合春节、清明节、“八一”建军节、烈士纪念日等，组织开展双拥共建及爱国主义教育活动。举办“双拥月”系列活动，共 15 个大项、24 个小项。开展寻找“最美女军人”“最美军嫂”活动，展示现役女军人、军嫂的时代风采和高尚情操。制作双拥文艺视频作品《同唱一首歌 共建双拥城》，开展“双拥心向党 丹青颂党恩”双拥创建 30 周年书画巡回展活动，展现晋江双拥工作取得的各项成果。采编报道灵源街道吴和民拥军事迹《晋江：吴和民，默默坚持拥军 27 载……》，晋江市爱国拥军促进会《3 名“老拥军”凝聚 300+ 爱国拥军力量》，展示晋江人“生命不息，拥军不止”的拥军承诺与初心。加强围头双拥主题公园建设，挖掘支前拥军历史积淀，讲好支前拥军故事，全年围头双拥主题公园接待参观 23 万人次。

【拥军支前保障】 2021 年，晋江市保障部队战备行动。支持部队“两化”（基地化、标准化）建设，置换部队建设用地。完成部队演训、战备执勤保障任务，帮助解决宿营场所、后勤保障等问题，并送去慰问金，收到部队感谢信 9 封、锦旗 4 面。支持驻晋江部队海外执勤购置的文体设施，丰富官兵文体生活。组织东石支前物资供应站开展年度演练。开展科技拥军现场办公，支持部队科技强军项目，支持部队后勤生产、文化建设项目 10 个，“六个一好”（一块好菜地、一个好猪圈、一个好食堂、一个好饮水、一个好澡堂、一个好晾衣间）项目 10 个。制订《晋江市拥军购房实施方案》，解决驻晋江部队官兵住房困难问题。协调解决军人子女就学。

【拥政爱民】 2021 年，驻晋江部队实施输油管道保护性施工 2 次，支持一重环湾、二重环湾、市医院以及刺桐大桥立交改造等 8 个项目建设。配合开展空中景观专项整治，拆除闲置营区老旧搭盖 3700 多平方米。驻晋江部队配合支持文明城市创建，出动官兵整治驻地周边环境。武警中队出动官兵参与重大活动保卫工作。开展“学雷锋”志愿服务活动，帮助驻地群众维修电器、理发、环境整治、参与植树造林、无偿献血等活动。开展“双拥共建 助学兴教”活动，挂钩帮扶晋江一中、陈埭民族中学 10 名品学兼优的贫困学生，派出教官指导驻晋江集训国家羽毛球队运动员体能训练、帮助福州大学晋江科教园区等 10 多所学校开展军训，联系围头敬老院开展“爱老敬老”活动。开展“双拥＋扶贫”“骄子护蕾”助学等活动，挂钩帮扶贫困户 5 户、困难学生 15 人，投入助学兴教资金 5 万元。

【军民共建】 2021 年，晋江市落实结对共建制度。全市 269 对军地共建对子覆盖市直党政机关、企事业单位、中小学校和驻军所有基层单位。坚持思想政治共建和互办实事好事相结合，开展共学党史系列活动 263 场，支持共建部队建设资金 163 万元（含慰问物资）。团市委联合部队开展军地青年联谊活动，31 对男女青年成功牵手。市防控办、市医院组织 2 次“上门”为部队官兵及家属提供新冠疫苗接种服务和核酸检测排查。市公安局与消防、武警中队联合开展第八届警营运动会。

2021 年，晋江市发挥市爱国拥军促进会、市女企业家联谊会和市青年商会的作用，开展双拥共建活动，打亮“两新”组织拥军品牌。市爱国拥军促进会举办“迈向强国新征程 军民共筑强军梦”第二十一个全民国防教育日有奖问答活动，参与 32 万人次；走访慰问困难现役军人和退役军人；支持海警晋江工作站改善官兵生活条件；举办首届“拥军优属联盟单位”家装茶话会，为军人军属提供家庭装修专享服务。

2021 年，军鹏公司先后联合 910 医院开展“军医巡诊心里暖、异地健康过大年”军营义诊活动；耀狮公司连续第 12 年开通“拥军客运专线”，军人军属可免费乘坐；爱尚公司走访慰问部队，为外出驻训官兵送去慰问物资；邮储银行晋江市支行举办“邮说党史百年路、军民共庆忆初心”专题讲座和邮展活动，为广大部队官兵讲述党的百年奋斗历程；市发改局开展“烽火记忆”系列宣传活动；金井围头村每月开展“双拥主题月”活动，与周边驻军互办实事好事。据不完全统计，社会各界全年开展拥军优属、军地联谊、走访慰问等活动 230 多场次。

（王懿心）

外事

【概况】 2021年，晋江市以习近平外交思想和关于地方外事工作重要指示批示精神为指导，以服务国家总体外交战略部署、服务晋江经济社会发展现实需求为导向，推进友城交往、礼宾接待、海外领保等各项工作。全年接待重要外宾到访团组6批次57人次。

【国际交流交往】 2021年3月24日，晋江市接待加拿大不列颠哥伦比亚省中国办事处主任姚承业一行3人参访，并参观安踏公司、恒安集团。4月20日，韩国光州市驻上海办事处首席代表文景楠一行3人到晋江参访，参观晋工机械公司，参加第二十三届中国（晋江）国际鞋业暨第六届国际体育产业博览会。6月21日，菲律宾驻厦门总领事馆代理馆长何怡莲一行9人到晋江参访，到黎刹广场敬献花圈，参观卡尔美公司。9月10日，菲律宾驻华大使罗马纳一行7人到晋江参访，到黎刹广场敬献花圈。11月25日，“外国留学生看福建”代表团一行16人到晋江参访，参观晋江市展馆、五店市传统街区。12月29日，菲律宾驻厦门总领事馆总领事欧莉娜一行19人到晋江参访，到黎刹广场举办纪念扶西·黎刹逝世125周年敬献花圈活动。

【国际友城联谊】 2021年，晋江市与意大利库内奥省、菲律宾达沃市保持常态化联络，探索新冠肺炎疫情背景下国际交流新模式，利用短视频等新媒体互致节日问候，拉近友城人民距离，密切友城往来互动。2月，达沃市市长萨拉·杜特尔特与晋江市市长张文贤通过短视频互致新春祝福；晋江市政府向达沃市政府发去电子贺卡，祝贺达沃市建市84周年。4月，库内奥省省长费德里科·博尔尼亚致信晋江市市长张文贤，对晋江食品协会关联企业订购当地葡萄酒表示感谢。8月，晋江市政府向达沃市政府发去贺电，祝贺达沃市举办第36届卡达雅万节。

【涉外文化活动】 2021年4月30日，晋江市举办“家国情”梧林传统村落沉浸式戏剧体验暨“海外嘉宾晋江文化行”活动，吸引来自9个国家的外籍友人参与体验，展现中国形象，加深外籍友人对闽南传统文化和晋江经济社会发展的了解认识。活动得到人民网、中新社、中新网、《福建日报》等媒体报道，央视新闻客户端、新华社现场云视频号对活动进行现场直播。

【外事管理】 2021年4月30日，晋江市做好APEC（亚太经济合作组织）商务旅行卡审核转报工作。落实“外事为民”理念，发挥外事职能优势，加大APEC商务旅行卡推介力度，提高企业人员商务出行便利度，助力晋江企业走出去拓展海外市场。办理APEC商务旅行卡9批次22人次。做好外国人来华签证邀请函审核转报工作。用好用活外国人来华签证邀请函政策，服务企业发展转型和技术迭代。审核转报企业申办外国人来华签证邀请函28批次92人次，其中专家3人次；获批26批次89人次，居泉州市首位。

【预防性领事保护宣传】 2021年，晋江市深化预防性领事保护宣传。4月，在第23届中国（晋江）国际鞋业暨第六届国际体育产业博览会现场设立宣传专栏，向参展企业和现场群众普及海外领事保护知识，提升海外求助平台热线知晓率，增强晋江市企业、群众海外风险防范意识和能力。

（黄晓芬）

侨务

【概况】 2021年，晋江市融入“一带一路”和“双循环”建设，拓展侨务工作项目，弘扬侨乡文化，提高服务侨胞水平，维护侨胞权益，服务全市经济社会发展大局，全年侨捐项目220个，总额1.25亿元。《晋江市新时代侨务工作实施方案》获泉州市委常委、统战部部长林万明批示肯定，经验成果《晋江市打造“侨+N”模式 凝聚侨务工作合力》在国务院侨办主办的刊物《侨务工作研究》上刊登推广。

【侨乡文化弘扬】 2021年，晋江市开展“侨心向党”活动，紧扣庆祝中国共产党成立100周年主题，组织开展“红色侨乡 百年印记”短视频征集比赛，征集作品52部，弘扬晋江华人华侨爱党爱国爱乡精神和事迹。举办“侨心向党·礼赞百年”主题采访宣传活动，邀请23个国家（地区）的52名侨胞接受采访，视频点击率最高超120万人次。引导各镇（街道）挖掘晋江侨文化资源，策划开展26场“侨心向党”主题系列活动，2场“红色侨史”一堂好课进校园活动。

【惠侨举措落实】 2021年，晋江市关注侨界民生，推动成立晋江市首家涉侨健康管理咨询工作室。走访慰问贫困归侨26人次，为20名归侨离退休职工办理生活补贴。

【涉侨审批服务】 2021年，晋江市简化涉侨审批服务事项办事程序，所涉事项升级为“一趟不用跑”服务事项，帮助因新冠肺炎疫情滞留国内的侨胞回乡落户，提升侨务窗口服务效能。全年开具《出入境记录查询函》310份，为136名华侨办理回国定居手续，为138名国外中国公民出具《不具备华侨身份认定书》，为7名“三侨生”、4名华侨、3名归侨、1名侨眷出具身份证明。

【侨胞权益维护】 2021年，晋江市委统战部走访调查核实信访反映事项12件，处理海外侨胞和归侨侨眷信访诉求。开设“法护侨益 情暖侨心”宣传专栏，开展侨法下乡活动，举办新时期侨务工作专题讲座。

2021年10月29日，晋江市侨乡文化工作推进会在泉州（晋江）国际人才港举行
（晋江市委统战部／供）

【侨乡文化工作推进会召开】 2021年10月29日，晋江市召开侨乡文化工作推进会。会议表彰“红色侨乡 百年印记”短视频征集比赛获奖作品20部，为5个首批晋江市侨乡文化名镇名村、6个首批晋江市镇村侨史馆、41栋首批晋江市华侨历史建筑物授牌，举行“晋江统战”微信视频号开通仪式。

【侨胞捐赠公益事业】 2021年，晋江市委统战部引导海外侨胞捐资兴办公益事业，按照“一季一报”侨捐信息数据采集制度，定期更新、管理侨捐资料库，维护捐赠人合法权益。全年侨捐项目220个，总额1.25亿元，侨捐总额连续12年超亿元。

（吴爽君）

台港澳事务

【概况】 2021年，受新冠肺炎疫情影响，晋江市与台港澳交流交往团组相应减少，办理赴澳门政务交流团组8批次22人次，办理赴澳门商务交流团组2批次2人。第七届闽台（晋江金井·围头）乡村旅游文化节被列为“国台办对台交流重点项目”；第八届晋江市（安海）两岸端午民众旅游文化节被列为“海峡论坛”配套活动。

【晋江与台湾经贸文化交流】 2021年1月10日，台湾知名人士黄智贤一行8人到访五店市。2月27日，东石嘉应庙举办数宫灯活动，32对来自海峡两岸的新人参与挂灯。4月19—22日，第二十三届中国（晋江）国际鞋业暨第六届国际体育产业博览会在晋江举行，有5家台湾鞋机企业参展。6月5日，晋江市集成电路产业青年人才单身派对在晋江人才港举行。6月19—20日，福建福台通信息技术有限公司举办泉台两岸民间青年创业交流，在晋江就业创业的台胞10人参与，活动为两岸创业青年提供财税管理和商标知识课程培训，并组织到梧林传统村落参观。7月16日，第11届海峡两岸中学生闽南文化夏令营开营，闽台学生80人走进五店市传统街区，开展闽南文化研学主题活动。7月17日至8月15日，海峡两岸大学生工业设计营汇集两岸50多所院校147名设计师，进驻晋江市9家制造企业，产出设计成果175件。7月20—22日，第五届海峡两岸食品交易会在晋江举行，交易会设立台湾主题馆，线上参展企业108家、线下30家，标准展位112个，意向成交额3600万元。11月18日，晋江市晋台民间交流协会成立十周年暨第三届理监事会就职典礼举行。12月15日，金井镇围头村举办第七届闽台（晋江金井·围头）乡村旅游文化节，邀请在晋江的台湾同胞共同参与。12月25日，台湾优秀青年人才创业项目声磊琴行在晋江人才港举办台湾青年“时光”公益音乐会，活动邀请台胞青年35人一同参与。12月31日，晋江市台胞联谊会举办第七届“中华情两岸缘”新生代台胞联谊结对活动，活动为期4天。

【晋江与澳门交流交往】 2021年，晋江市办理8批次22人次赴澳门政务交流，办理2人2批次赴澳门商务交流。其中，5月18—21日，晋江市组团赴澳门开展高校交流与合作活动，组织泉州职业技术大学、泉州轻工职业学院与澳门城市大学签订合作意向，受到省委台港澳办主任王玲肯定批示。

【福建法院涉台司法交流研究中心晋江联络点揭牌】 2021年5月26日，晋江市人民法院举行福建法院涉台司法交流研究中心晋江联络点揭牌仪式，福建高级人民法院审委会委员、台办主任、二级高级法官张锦萍，泉州中级人民法院党组成员、副院长潘丰源，泉州中级人民法院民五庭庭长魏献平，晋江市人民法院党组书记、院长陈水深共同为福建法院涉台司法交流研究中心晋江联络点揭牌。晋江市人民法院党组副书记吴庆锥主持仪式。同时，聘任涉台特邀调解员7人并颁发聘书；在晋江市诉调对接特邀调解员协会设立涉台调解分会，由台胞任会长，并召开涉台司法工作座谈会。

【第七届“中华情两岸缘”新生代台胞联谊结对活动】 2021年12月31日，晋江市台胞联谊会第七届“中华情两岸缘”新生代台胞联谊结对活动开幕，晋江与台湾两地24户家庭参与。晋台传统武术交流协会进行武术表演，并向新生代台胞赠送体验教具。除传统武术体验课程外，还安排“亲情脉动”拓展破冰活动、非遗项目晋江木偶演出与体验、传统扎染工艺体验、亲子水饺润饼DIY，以及参访泉州南少林寺、市第二体育中心、台资企业等。

（林伯新 林逸翔）

综 述

【概况】 2021 年，晋江市强化安全生产监管、防灾救灾减灾和应急救援工作，健全现场应急协调备勤处置流程，制定《事故灾难现场应急处置工作方案》《关于进一步健全现场应急协调备勤和改进应急值班值守工作的实施方案》，提高突发事件应对能力。狠抓安全生产大排查大整治和专项整治三年行动。全年发生事故 46 起、死亡 24 人，分别比上年下降 19.3%、11.1%；亿元 GDP 生产安全事故死亡率下降 22.3%。指导全市企事业单位开展生产安全事故和自然灾害应急演练 5000 多场次，组织应急救援技能培训 286 场次。

【应急联络会商联席会议】 2021 年，晋江市应急管理局召集全市 68 个应急联络会商成员单位分管领导和联络员、社会应急救援队伍，召开应急联络会商联席会议 2 次，通报应急救援工作开展情况，分析研判薄弱环节，深化应急联动和交流合作；邀请省、泉州市安全生产应急专家进行应急处置知识授课，提升各联动部门人员理论知识和应急抢险水平。

【应急救援制度机制建设】 2021 年，晋江市通过制订《晋江市应急管理局应急协调备勤和应急值班值守工作方案》《晋江市事故灾难现场应急处置工作方案》等，建立事故分级分类响应程序，明确人员备勤值班和责任分工，提升现场救援协调工作效率。联合公安、消防、电力、燃气、供水、通信等单位组建联调联动微信群及短信推送平台，突发事件第一时间参与处置；依托教育场馆、训练设施等，重点围绕生产安全、防汛防台、火灾扑救、工程抢险等领域开展技能拉练与培训演练活动，提升应急救援实战能力；健全联动单位应急物资储备、大型工程器械储备、产能储备，完善物资应急调用机制，实现各类抢险救援装备迅速到位，提升各相关部门应急协调联动水平，加强各部门应急联动和交流合作。

【应急救援物资储备】 2021 年，晋江市防汛部门集中储备抢险物料、救生器材、设备机具、给排水设备、供水器具五大类防汛抗旱物资。全市配备一定数量的冲锋舟和橡皮艇，补齐应急救援能力和装备短板，推动应急救援跨区域联动，为就近从速调配，紧急驰援救灾提供队伍保障。初步形成以政府储备为主、社会化储备为辅的防汛物资储备模式。采购补充水泵、防护鞋服、面罩等一批救援器材和后勤保障物资储备，及时划拨专项补助资金，协助提高基层队伍建设能力。

【应急预案优化管理】 2021 年，晋江市启动市级应急预案修编工作，修编《晋江市突发事件总体应急救援预案》和《晋江市自然灾害应急救援预案》《晋江市生产安全事故灾难应急救援预案》《晋江市危险化学品生产安全事故应急救援预案》《晋江市烟花爆竹生产安全事故应急救援预案》《晋江市工贸企业生产安全事故应急救援预案》等市级应急预案，编制《晋江市安全风险辨识和评估综述》和《晋江市应急人力资源和重要的应急物资调研报告》。下发《关于加强应急预案管理工作的通知》，会同应急管理专家走访 32 个市直单位和 20 个镇（街道、开发区），调研应急管理职能和应急处置工作，梳理、汇总各镇（街道、开发区）和各部门应急预案、处置方案，形成“晋江市应急预案资源库”。

【应急救援队伍建设】 2021 年，晋江市形成消防救援大队综合应急救援队伍为主干力量，医疗救护、电力、通信、森林消防、交通运输、城镇燃气等相关行业领域专业队伍为基础力量，各行业各领域、各企业兼职救援队伍为前期救援力量，社会应急救援队伍为补充的应急救援队伍体系。各部门和各镇（街道）建立消防、地震救援、防汛救援、森林消防、紧急医疗救援、供电设施抢险、工程抢修等应急救援队伍 53 支 1500 多人。社会救援力量主要有晋江社会义务救援队和蓝天救援队、金刚救援队、围头水上救护队4支民间义务救援队伍，共856人，主要开展应急救援技能培训、应急医疗救护、海上和水上救援、车辆涉水救援、救灾和事故现场秩序维持等方面义务救援活动，为政府救援工作提供专业性辅助支持。市应急管理局设有安全生产和应急管理专家组，共58人，涉及化学化工、消防、道路交通、矿山、职业卫生、建筑、机械、特种设备、机电、电气、燃气、水利、烟花爆竹、民爆、工业等领域，基本涵盖全市安全生产主要行业领域。

（孙伟兴）

安全生产监管

【概况】 2021年，晋江市贯彻落实“安全生产执法年”工作要求，开展安全隐患大排查大整治和安全生产专项整治三年行动，做好安全生产宣传教育工作，全市安全生产形势持续稳定向好。2021年，发生生产安全事故46起、死亡24人，分别比上年下降19.3%、11.1%。

2021年，晋江市应急管理局以强化执法规范化建设和执法监督为抓手，推进行政执法“三项制度”（安全生产监管制度，生产经营单位安全保障制度，生产经营单位负责人安全责任制度）建设。全年办理安全生产行政处罚案件45起，比上年增长5%。其中，工贸和危化领域监管执法类案件31起，增长14.8%。罚没款405.9万元，增长3%。其中，工贸和危化领域罚没款分别为31.95万元、113.75万元，分别同比增长95%、241%；危化领域单个案件罚没款最高68.9万元。

【安全生产责任体系】 2021年，晋江市派员参加省、泉州市组织的各类业务培训，安排人员参与各级各项督查、考评、安全生产事故调查等工作，历练科室干部能力。加强信息建设，按照要求落实互联网+监管、智慧安监信息平台、行政执法公示平台、执法直报系统等信息化平台。在安海、深沪、永和、磁灶、青阳等5个镇（街道）开展有限空间作业专题培训5期，培训485人次。联合3家作业证培训机构，开展特种作业取证培训班5期，培训227人次。其中，电工培训班2期、64人次，焊工培训班2期、137人次，制冷设备运行培训班1期、参训26人次。在西滨农场组织开展1期企业安全基础知识专题培训，农场200多家企业全部参加培训。在深沪镇开展1场有限空间作业预防和科学救援现场讲解，社区工作人员及企业约50人参加现场培训。

【安全隐患大排查大整治】 2021年，晋江市针对火灾事故高发形势，推进消防安全整治攻坚1号行动、2号行动，提前完成评查整改率、出具报告率“两个100%”目标。开展消防安全综合整治“雷霆”行动。至12月31日，全市摸排场所25590处，发现隐患风险问题61786项，整改48088项，限期整改16236家，查封2063家，取缔关闭976家，行政拘留78人。

【重点领域安全专项整治】 2021年，晋江市梳理形成《全市安全生产专项整治三年行动重点任务清单》，规范“六个清单”和“一单位一册”“一企一档”，全市排查整改企业层面安全隐患115183处。制定印发《党政领导干部安全生产责任重点清单》等4张责任清单，实行安全生产暗访督查、消防安全反向约束等责任机制。

【安全生产行政执法】 2021年，晋江市制定出台《晋江市应急管理局重大执法决定法制审核制度》，制作《行政执法决定法制审核意见书》35份，执行重大案件集体讨论制度；组织召开市应急管理局案件集体讨论会议，通过法制审核和集体讨论研究，确保每一起案件行政执法决定主体适格、事实清楚、证据确凿、适用法律正确、裁量适当、符合法定程序、法律文书规范齐备。先后印发《晋江市应急管理局开展规范行政执法专项行动实施方案》《晋江市应急管理局关于印发机关内部人员干预、插手案件办理的记录、通报和责任追究规定的通知》《晋江市应急管理局行政执法过错纠正和责任追究制度》等，加强对行政权力制约和监督，确保发现具体行政决定违反程序规定的能立即纠正，并按规定追究行政过错责任，推动执法行为合法公正文明。列出不予处罚事项清单5项、从轻处罚事项清单11项、从重处罚事项清单35项，明确安全生产不予处罚、从轻或减轻处罚、从重处罚的事项内容、适用情形和法律法规规章依据，并将其纳入重大执法决定法制审核的重要内容加以贯彻执行。制订《晋江市应急管理局2021年行政执法案卷自查互评工作方案》，抽调业务科室骨干力量组成4个评查小组，对2021年办结的行政处罚案卷进行交叉自查互评，排查相关问题20余项，规范安全生产执法行为。8月，市应急管理局组织重新修订权责清单和行政处罚自由裁量权裁量标准。修订后的权责清单事项216项，其中行政许可事项5项、行政处罚事项147项、行政强制事项7项、行政征用事项2项、行政给付事项1项、行政监督检查事项11项、其他行政权力事项5项、公共服务事项5项、其他权责事项33项。

【安全生产社会化服务】 2021年，晋江市逐步将企业购买服务情况纳入全盘统筹，以企业安全生产标准化创建为契机，发挥统筹协调和跟踪督促作用，促进各中介机构和各委托单位完成项目对接和落地实施。推行安全生产专家驻点工作，实行年度专家派驻储备制度，整合和调动各中介机构力量，择优筛选13名专家纳入年度派驻储备库，根据年度重点工作安排和各相关单位的服务需求，统筹做好专家派驻服务工作。强化中介机构培育，吸收11家机构完成报备工作，在晋江市报备的安全生产中介机构累计25家，安全工程师260余人。

【安全生产标准化创建】 2021年，晋江市成立安全生产标准化专项行动领导小组，市政府主要领导任组长，常务副市长具体负责，先后组织召开常委会扩大会议、常务会、季度会、专题会研究部署重点任务、重点问题，将安全生产标准化创建纳入全市“抓项目、促发展”10个专项行动之一。采取分级函告并集中签订承诺书模式，镇、村两级召开会议近100场次，签订自主创建安全生产标准化承诺书 7000 多份；利用安全生产宣教“五进”活动，开展标准化提升专项行动宣贯。针对工业企业安全管理“底子薄”的实际情况，在规模以上企业先行推广“安全管家”托管工作，签订企业超 1300 家，助推规模以上企业安全生产标准化创建能落地、见实效、可持久。按照“试点先行、总结推广”原则，每个镇（街道）筛选 2 家，每个行业筛选 1—2 家条件较好的企业作为标杆培植对象，梳理并重点指导 78 家企业作为标准化创建标杆、22 个园区作为示范园。

【安全生产宣传教育】 2021 年，晋江市组织观看《生命重于泰山》电视专题片以及学习《中华人民共和国刑法修正案（十一）》、新修订的《中华人民共和国安全生产法》，运作“晋江应急管理”和安全生产宣教培训基地 2 个线上、线下宣教平台。组织开展“6·16”安全宣传咨询日等系列宣传活动，参与群众 13.5 万人次。实施安全生产教育培训系统工程和“五进”（进企业、进农村、进社区、进学校、进家庭）活动，开展生产经营单位主要负责人和安全管理人员培训 40 期，培训 5738 人次；入企业宣讲 45 期，受众 1861 人次；组织特种作业从业人员培训 9 期，培训 610 人次。组建“安全红哨”“砥砺锋行、电安火逝”“应急救在身边”3 支党员宣讲团，到基层一线宣讲安全知识和应急技能，累计开展培训 114 场、受众约 6000 人次。“安全红哨”项目获泉州市机关特色党建项目展评优秀奖。

（孙伟兴）

2021 年 6 月 16 日，晋江市在晋江万达广场开展“6·16”安全宣传活动。图为志愿者现场向群众传授应急救护技能 （晋江市应急管理局／供）

防灾减灾

【概况】 2021 年，晋江市加快推进应急管理体系能力和现代化建设，完成 43 个镇级避灾点、3 个市级避灾点检查验收，18 个村（社区）获评“全国综合减灾示范社区”，防灾减灾救灾能力进一步提升，自然灾害事故实现人员“零伤亡”。

2021 年 5 月 12 日，晋江市在罗山街道华泰社区中心广场开展防灾减灾宣传活动 （晋江市应急管理局／供）

【自然灾害避灾点提升】 2021 年，晋江市应急管理局开展全市自然灾害避灾点的坐标位置、内部图片、基本数据等采集工作，历时 6 个月，用电子地图程序标注辖区内 455 个自然灾害避灾点的地理信息，并导入相关信息。利用地图导航功能，能够第一时间引导受灾群众脱离危险区域，就近进入过渡性避灾点内躲避灾害的侵袭。晋江市将自然灾害避灾点提升列入 2021 年为民办实事项目，于 2021 年底完成金井镇新市村、东石镇白沙村等 6 个自然灾害避灾点巩固提升工作。

【农村住房保险与自然灾害及公共责任险投保】 2021 年，晋江市健全和完善自然灾害救助体系，根据《福建省人民政府办公厅关于印发福建省政策性农村住房保险实施方案的通知》精神，与中国人民财产保险股份有限公司晋江市分公司签订 2021 年度农村住房保险与自然灾害及公共责任险，为全市常住人口投保农村住房保险与自然灾害及公共责任险，财政投入 577.19 万元。

【防灾减灾宣传】 2021 年，晋江市组织开展全国防灾减灾日专题活动。5 月

12 日，在罗山街道华泰社区组织开展防灾减灾进社区、进学校宣传及演练活动。

【“全国综合减灾示范社区”建设】 2021 年，晋江市应急管理局指导年度申报“全国综合减灾示范社区”的罗山街道华泰社区及 2018 年取得“全国综合减灾示范社区”的罗山街道兰峰社区迎接省级检查工作。全年督促取得“全国综合减灾示范社区”的 17 个社区按照标准持续提升。

【防汛备汛】 2021 年，晋江市按照《晋江市人民政府防汛抗旱指挥部工作规则（试行）》规范防汛抗旱工作，发挥市级防指牵头抓总，成员单位协同配合作用。汛前完成市、镇（街道）、村（社区）三级防汛责任人 AB 角和全市水利工程防汛“三个责任人”（防汛行政责任人、防汛技术责任人、防汛巡查责任人）等各级各类防汛责任人 1999 人的核查、调整、公示。更新防汛责任人通信信息，通过政务平台、微信群、短信、电话等方式实现预警、调度指挥一竿到底。根据机构改革实际，修订完成《晋江市防汛防台风应急预案》，对监测预警、应急响应、应急保障等工作作具体规定，细化应急处置各项措施；组织全市各级各有关单位修订、修编防汛抗台预案 416 个。完成 28 座小（2）型以上水库 2021 年度汛期防洪调度运用计划和防洪应急抢险预案备案管理工作，确保水库科学调度。校核危旧房屋、地质灾害点、高陡边坡、低洼地带等危险区域受威胁群众 415 户、993 人。摸排晋江市水系、工情、渔船渔排、防汛风险点、物资队伍分布、避灾转移路线等重点决策信息，编制印发市、镇两级防汛指挥图、防汛要素手册，实现基层防汛指挥挂图作战。全市有效防御 4 轮强降雨、5 次台风过程，收到灾情报告水毁海堤 2 处。台风、暴雨防御期间，向台风、暴雨受影响区域镇（街道）防汛责任人、危险区域建档立卡群众发送“点对点”精准预警短信 238041 条次，提醒危险区域群众提前就近转移避险；通过电子政务平台、电话等方式向相关镇（街道）进行点对点预警和工作提醒 152 次。深入一线排查隐患、进村入户指导开展防御台风暴雨工作的干部 9891 人次，转移危险区域群众 1516 人次。

2021 年 8 月 24 日，晋江市防汛办组织开展防汛橡皮艇操作暨基层防汛应急抢险队伍拉练活动 （晋江市防汛办／供）

【自然灾害风险普查工作启动】 2021 年，晋江市普查办启动自然灾害普查工作，组建组织领导机构，成立以市政府分管领导为组长的第一次全市自然灾害综合风险普查领导小组，推进和监督指导全市普查工作。把自然灾害普查工作纳入 2021 年度全市安全生产目标责任制考核项目，推动各行业各部门、各辖区主动开展、积极配合普查工作。市普查办出台工作专班制度、工作进度汇总制度、宣传工作制度、约谈提醒制度等制度，抓落实促成效。

（孙伟兴）

地震应急管理

【概况】 2021 年，晋江市地震办坚持预防为主、防御与救助相结合的方针，提高防震减灾业务能力和水平，推动防震减灾事业高质量发展。晋江市地震办获福建省地震局“2021 年度市县防震减灾工作考核先进单位”称号。

2021 年，晋江及近海地区发生里氏≥1.0 级地震 10 次，均发生在晋江海域。其中，里氏 1.0—1.9 级地震 5 次，里氏 2.0—2.9 级地震 3 次，里氏 3.0—3.9 级地震 1 次，里氏 4.0—4.9 级地震 1 次。最大地震为 2 月 8 日晋江海域里氏 4.0 级地震。

（洪秀又）

2021 年晋江市地震事件一览表

表 6

序号	日期	时间	纬度(°)	经度(°)	深度(千米)	震级(ML)	参考地名
1	1月11日	5时 01分 25.1秒	24.309	118.733	12	1.9	晋江海域

续表 6

序号	日期	时间	纬度(°)	经度(°)	深度(千米)	震级(ML)	参考地名
2	2月8日	23时34分0.9秒	24.32	118.867	17	4	晋江海域
3	2月9日	2时31分5.1秒	24.321	118.86	27	1	晋江海域
4	2月9日	5时25分0.1秒	24.275	118.911	10	1.8	晋江海域
5	2月10日	10时49分53.1秒	24.044	118.762	26	2.2	晋江海域
6	2月21日	24时04分48.4秒	24.329	118.878	22	1	晋江海域
7	7月6日	24时45分44.8秒	24.629	118.452	13	1.5	晋江海域
8	7月20日	12时32分50.1秒	24.228	118.913	20	2.2	晋江海域
9	9月7日	2时07分12.6秒	24.465	118.654	11	2.2	晋江海域
10	11月1日	1时32分3.9秒	24.323	119.016	13	3.2	晋江海域

【地震预警信息发布】 2021年，晋江市地震办通过地震预警终端发布地震预警信息66次，其中蓝色等级预警信息4条（1月9日19时35分，台湾宜兰县附近海域5.8级地震；2月7日1时36分，台湾宜兰县附近海域5.9级地震；3月2日17时22分，台湾恒春县海域5.5级地震；8月5日5时50分，台湾宜兰县海域5.6级地震）、无预警等级震情信息62条。发布地震速报信息1587次，其中国内地震速报信息1067条、国外地震速报信息 520条。

【地震监测台站改造维护】 2021年，晋江市地震办加强3个地下流体监测台、5个地震烈度速报台监测仪器的巡检维修工作，定期对监测仪器进行标定，排查台站安全隐患，确保仪器运行稳定，水位、水温2个主要观测资料质量连续可靠，全年资料齐全。结合高登中学运动场改建，于7月完成易受外部环境干扰影响的高登烈度速报台迁建改造。

【宏观观测网络完善】 2021年2月，晋江市地震办在安海镇联兴农牧有限公司、东石镇东石源远水产研究推广中心各设立1个动物宏观观测点。其中，联兴农牧有限公司饲养生猪，东石源远水产研究推广中心主要养殖花蛤、对虾等水产品。经过3个月试运行，5月，对宏观观测点进行授牌。

（易筠）

【地震观测资料分析应用】 2021年，晋江市地震办做好震情跟踪分析工作，实地核实监测数据异常情况，完成地震趋势月会商、年中会商和年度会商工作，参与上级地震部门组织的会商交流会。青阳、深沪和安海监测井水位数据完整率均为100%，水位固体潮波形光滑，日变形态清晰。青阳监测井水温数据完整率99.98%，全年呈平稳上升形态；深沪监测井水温数据完整率100%，全年呈震荡上升形态；安海监测井水温数据完整率99.98%，全年呈平稳震荡变化形态。5月，在2020年度全省地震监测预报工作质量评比中，深沪、安海监测井水位测项分别获第一、第二名，青阳、深沪监测井水温测项均获第二名。

（洪秀又）

【地震应急避难场所建设管理】 2021年，晋江市地震办落实季度巡查的检查制度，每季度抽查部分地震应急避难场所，对检查中发现的问题，建立问题清单，督促避难场所业主单位限期整改，保障避难场所各项功能设施完备、运行正常。11月，印发《关于进一步做好学校地震应急避难场所建设和管理工作的通知》，明确“十四五”期间晋江市避难场所的建设、升级改造任务以及资金保障等措施。

【地震应急响应与演练】 2021年，晋江市启动应急响应预案3次，向市委、市政府总值班室报告应急信息，并按预案有序开展地震舆情跟踪应对等后续工作，保持社会稳定。“5·12”期间，市抗震救灾指挥部办公室组织人武部、应急局、地震办、卫健局、经济开发区专职消防队、晋江市义务救援协会、蓝天救援队等单位开展多部门联动地震应急演练，泉州市地震局现场工作队参与活动。7月，参加福建省地震局、福建省消防救援总队在晋江联合组织开展的“闽动—2021”地震暨大型综合体跨区域灭火救援实战演练，与泉州市地震局共同配合福建省地震局现场应急工作队，按时完成现场指挥帐篷搭建、预警终端安装、物资保障以

2021 年 11 月 2 日，晋江市地震办在晋江一中开展防震减灾安全教育专题讲座（晋江市地震办／供）

及疫情防控等工作，构建省、市、县三级地震部门上下纵向协作，抗震救灾指挥部相关成员单位横向联动的地震应急响应工作模式，提升紧急状态下开展地震应急工作的能力。

（单洪海）

【地震灾害风险防治能力建设】 2021 年，晋江市地震办推进地震易发区房屋设施加固工程。在金井、深沪 2 个抗震设防 8 度区镇开展房屋设施加固工程试点工作，两个镇共拆除石结构及危旧房屋 96 宗、面积 2.98 万平方米，完成重建 4 栋 0.2 万平方米，完成调查学校、医院、水库大坝共 187 栋建筑物，总面积 24 万平方米，除 2 栋学校建筑需进一步鉴定，其余均符合抗震要求。协调晋江市住建部门和有关镇（街道），开展房屋设施抗震设防信息采集工作，共采集 200 多栋 2020—2021 年新建设房屋抗震设防信息。按晋江市自然灾害普查办统一部署，在全市 1000 多个预警终端和“晋江防震减灾”微信公众号开展灾害风险普查宣传工作。

（张群英）

【防震减灾科普宣传】 2021 年，晋江市地震办在全国防灾减灾日、新生入学等时段，以应急疏散演练、专题讲座等形式开展防震减灾知识宣传进机关、进学校、进社区活动。参与有关部门、镇（街道）组织的宣传活动，向群众发放地震科普宣传资料。全年开展宣传活动 19 场次，1.3 万人次参加。防震减灾科普体验馆全年接待参观 1.2 万人次。指导第二实验小学象山校区、潘径实验小学创建省级防震减灾科普示范学校。12 月，2 所学校通过省地震局的现场核验，获评省级防震减灾科普示范学校。

（张春涛）

消防救援

【概况】 2021 年，晋江市消防救援大队下辖青阳、安海、龙湖、陈埭、陈村、晋华科学园区 6 个消防救援站。全市综合应急救援队伍 1 支，水域、高层事故救援队各 1 支。101 米登高平台车 1 辆，举高平台车 7 辆，灭火机器人 1 台，无人机 2 架，1 部多功能高喷穿刺臂消防车。至 12 月 1 日，大队接警出动 5877 起，其中火灾 2848 起、抢险救援 1098 起、社会救助 1494 起、公务执勤 45 起、虚假警 392 起，出动队伍 6932 队次、车辆 10013 辆次、人员 60209 人次。

2021 年，安海站被消防救援局评为年度执勤训练工作先进消防站、总队年度集体三等功，指挥员曾建华被应急管理部消防局记二等功，1 篇作品在《中国消防》杂志“建党百年”有奖征文中获全国第三名。

【火灾防控体系建设】 2021 年，晋江市消防救援大队提请晋江市政府定期召开全市消防安全会议，安排部署各阶段全市消防安全重点工作、专项整治工作。提请成立以市长为组长的市消防安全委员会，全市 19 个镇（街道）相应成立消防安全委员会；实体化运行消防安全委员会，定期会商、研判消防安全形势，发挥消防安全委员会议事协调平台作用，印发《关于进一步加强多种形式消防队伍建设的通知》、消防安全专项整治工作等。建立责任追究机制。实行“大抽查＋大督查”压实责任，建立实施暗访督查机制，实行消防安全反向约束工作机制，开展明察暗访，打通日常工作体系和消防监管体系的关节，明确事前、事中、事后全过程监管机制。追究火灾事故相关责任人，镇（街道）相关责任人 11 人被追责。在全省率先成立大队融媒体工作室，全面做好大队“119”消防宣传月暨践行训词三周年、典型事迹等宣传。围绕消防安全专项整治三年行动，强化消防安全指导服务，实行“专业＋执法”联动处置，依托全市 13 家中介机构、322 名专家开展技术顾问服务，各镇（街道）至少聘请 1 家中介机构，指导排查、整改消防安全隐患。

【消防安全专项整治】 2021 年，晋江市组织群租房、电气火灾、电动自行车、自建房加工场所、印染加工行业等 10 个重点领域和新材料新业态综合治理，消除消防安全违法行为。全市自建房加工场所 11478 幢，至 12 月 31 日，完成评查评估 9679 幢，取缔关闭 1798 幢。其中，完成评查评估整改 9679 幢，评查整改率 99.99%（含取缔关闭）；经营主体 12986 家，取缔关闭 1902 家，完成评查整改 11083 家，评查整改率 99.99%；出台《关于下发晋江市超限等自建房加工场所部分技术疑难问题评查评估整改意见的通知》，解决超限等自建房加工场所消防安全整改难点堵点问题。聘请专家协助镇（街道）开展出租屋消防安全排查整治，同时组织住建、应急、公安等部门对出租屋消防安全隐患整治情况开展督导检查，重点检查存在单通道隐患的出租屋。全市排查出租屋1401家，发现隐患12605处，整改隐患10263处。协同开展“雷霆”行动，排查各类场所25683家，其中出租分租厂房11561家、小散乱污场所1426家、“三合一”场所558家。发现隐患62078处，其中重大安全隐患753处；整改隐患48523处，其中重大安全隐患526处，整改率78.16%；限期整改16294家，查封2120家，取缔关闭979家，罚款188.19万元，清理“两违”建筑37807平方米，拘留67人。开展为期3个半月的仓库消防安全管理专项整治工作，排查单位806家、发现隐患1785条，整改494家、1043条隐患。吸取2月25日福州市长乐区金峰镇华阳染整有限公司火灾事故教训，全市开展纺织印染行业消防安全专项治理行动，排查156家，发现隐患415处，督促整改398处。开展临时搭盖大整治集中攻坚行动，拆除2996宗、68.89万平方米，遏制未经规划建设审批、无资质设计施工的临时搭盖（铁皮屋）火灾事故的发生。

【社会化消防体系建设】 2021年，晋江市消防救援大队在全市19个镇（街道）和经济开发区建立专职防火队，专职开展消防隐患排查整治和消防宣传，并给予专职防火队每人每年2万元的专项补助经费。推广“三合一”场所打更巡查、暗访督导机制，发挥各镇（街道）基层力量作用；发挥公安派出所委托消防执法的作用，提高消防执法力度及覆盖面，逐步解决末端消防监管薄弱问题。全市公安派出所累计排查“三合一”场所1549家，罚款817.48万元，拘留18人。启动“防消联勤”工作模式，推动全市消防救援站开展轻微火灾调查工作，并结合“六熟悉”工作开展防火检查，结合消防站开放开展宣传工作。向晋江市委编办争取地方事业编制和人员专职从事消防工作，落实陈埭二站事业编制15名，由晋江市应急管理局拟文报市编委会审批。推进陈埭二站和深沪站的选址、立项以及池店、东石、磁灶、永和消防站的改造升级，召开专题协调会，明确项目建设单位、建设进度安排以及资金来源。内坑站进行改造升级；晋华站完成主体工程建设，进入二次装修阶段。升级优化执法服务机制，晋江市消防救援大队被纳入晋江市人民检察院、市人民法院、市发改局、市公安局等22家单位成立全国首个民营企业合规建设服务联盟，助力企业在转型升级的过程中突破瓶颈。

【综合应急救援能力提升】 2021年，晋江市消防救援大队适应“全灾种、大应急”的职能定位，苦练精兵，组建地震（建筑倒塌）救援专业队，开展生命搜索、破拆营救、绳索救助以及医疗救护等科目训练。做好汛期水域救援工作准备，完成支队对大队抗洪抢险救援队人员、车辆和装备配备情况的实战拉动。7月，大队组织骨干力量随同泉州市消防救援支队增援南平防汛救灾工作。成功承办省消防救援总队在晋江举办的“闽动—2021”全省地震救援跨区域演练。加强专职消防队、微型消防站的统一调度指挥和业务指导，落实联勤联训，与晋江市总工会、晋江市人力资源和社会保障局联合开展2021年度晋江市多种形式消防队伍比武竞赛活动。

【重大事件应急救援】 2021年，晋江市消防救援大队完成2月6日晋江西滨建筑坍塌事故、2月19日晋江陈埭五里开发区火灾、11月8日在紫帽镇污水管道中救援工人等急难险重灭火抢险救援任务。其中，在晋江西滨建筑坍塌事故中，抢救出8名被困人员；在紫帽镇工地塌方污水管道内救助1名工人。

（蔡丽萍）

2021年7月20—23日，福建省消防救援总队在晋江市举办“闽动—2021”地震暨大型综合体跨区域灭火救援实战演练。图为7月22日，晋江市消防救援大队演练现场
（晋江市消防救援大队/供）

森林消防

【概况】 2021年，在清明节、“五一”劳动节、国庆节等森林高火险时段，晋江市通过组织开展紫帽山森林火灾驻防专项行动，协调泉州森林消防大队20人的专业队伍，聘用第三方安保人员260人次，强化市、镇、村三级森林设卡检查、防火巡查、火灾扑救等工作，增强重点时段森林资源防护能力。全年处置野外火情46起。

【森林防灭火体系建设】 2021年，晋江市建立森林防灭火24小时专项值班制度，督促各级按照规定时限，做好森林火情的上传下达。采取市领导挂钩督导、驻点督导，压实森林防灭火责任链条，从会议贯彻、设卡检查、节日防控全过程调度指导。通过应急力量联动机制，调度市森林消防大队出警处置各镇（街道）野外火情，统筹消防救援大队、蓝天救援等力量，合理安排救援任务，发挥各方救援力量作用。

2021 年 8 月 25 日，晋江市在西园街道开展森林火灾扑救技能培训。图为参训人员在学习使用灭火器 （晋江市应急管理局/供）

【森林防火巡查管控】 2021 年，晋江市协调林业部门发动市、镇两级专职护林员 100 人，按照网格化管理，不间断巡查各山脉、林地、登山通道、林缘周边等重点部位，利用森林防火视频预警监控系统，设置防火码等举措，对山体及其周边火情、人员信息实行 24 小时监测。指导属地监管部门开设防火隔离带，清理林下可燃物，筑牢重要建筑目标的安全防火墙。在清明、国庆、中秋等节日期间，临时聘用保安人员，充实巡查管控力量，结合市森林消防大队、市专职护林员、镇级联动队，强化市、镇、村三级森林设卡检查、防火巡查等工作。

【森林防灭火宣传教育】 2021 年，晋江市通过在主要进山路口、各镇（街道）、各村（社区）主要路口张贴横幅标语、播放森林防火公益短片、张贴禁火令等方式，加强森林防火宣传。结合干部换届调整的实际情况和培训需求，以森林防火巡查、隐患整改、安全宣传、队伍建设、指挥调度、火案查处等重点内容，组织参与国家级培训 5 场、省级培训 1 场、地市级培训 1 场，参训 200 多人次，培训时长 18 个学时。

（孙伟兴）

卫生应急救援

【概况】 2021 年，晋江市提升卫生应急救援处置能力建设，报告突发公共卫生事件及苗头事件 1 起，报告病种为新型冠状病毒感染，得到及时控制和有效处置。无特重大、重大、较大突发公共卫生事件。

【卫生应急救援处置能力建设】 2021 年，晋江市出台《晋江市卫生健康局关于晋江市卫生应急能力提升工作实施方案》，优化提升市紧急医学救援一队、市紧急医学救援二队、市紧急医学救援三队、市突发急性传染病防控队、市突发中毒事件卫生应急处置队、市核和辐射事故卫生应急处置队、市心理干预队、市卫生监督队，新组建市紧急医学救援二队陈埭分队，提升镇街区域紧急医学救援能力。下拨专项经费 821.35 万元，完善市级应急队伍装备和物资储备，建章立制，及时轮换，确保物资装备处于良好状态。修订《晋江市防汛防台风卫生应急预案》，全市总体和专项卫生应急预案 38 个。市级组织开展重点传染病防控、突发事件心理干预、防汛防台风卫生救援等培训班 12 场次，累计培训 1521 人次；开展新冠肺炎疫情防控处置桌面演练、现场检测和消杀实操等演练 6 场次，累计参加 829 人次；承办预防接种严重异常反应快速处置应急模拟演练。

【考试和赛事医疗保障】 2021 年，晋江市先后完成公务员考试、高考、乒乓球比赛等 89 场医疗保障，派出医护人员 891 人次。

（谢璐）

经济管理

宏观经济管理

【概况】 2021年，晋江市发改工作重点从“参谋助手、改革创新、项目带动、政策争取、转型推动5个方面开展工作，服务经济社会发展大局。晋江市地区生产总值计划增长7.5%，实际完成2986.41亿元，比上年增长10.5%。规模以上工业产值计划增长9.7%，实际完成6926.38亿元，同比增长15.4%。一般公共预算总收入计划增长5%，实际完成256.93亿元，同比增长12.8%，其中一般公共预算收入计划增长5%，实际完成146.20亿元，同比增长5%。全社会固定资产投资计划增长7.5%，实际增长7.6%，其中工业投资计划增长6.5%，实际增长12.1%。实际利用外资计划增长8%，实际完成17亿元，同比增长8.1%。社会消费品零售额计划增长7.5%，实际完成1641亿元，同比增长8.4%，其中限额以上零售总额计划增长11%，实际完成406.9亿元，同比增长12.7%。全体居民人均可支配收入计划增长8%，实际完成48849元，同比增长9%。

【产业结构优化】 2021年，晋江市第一产业增加值完成20.78亿元，比上年下降3.2%，第二产业增加值完成1825.27亿元，比上年增长11.6%，第三产业增加值完成1140.36亿元，比上年增长8.9%。现代农业稳产增效，新增农业产业化省级重点龙头企业6家、无公害农产品认证基地2个、泉州市级家庭农场3家、十佳合作社和十佳家庭农场各1家，“晋江胡萝卜”获评全省十大农产品区域公用品牌，金井塘东鲍鱼入选首批大国好货“一县一品”特色农产品。先进制造业提档升级，新增规模以上企业525家、产值超10亿元企业10家、上市公司1家、海交所挂牌交易6家。四大传统优势产业（鞋服产业、纺织产业、建材产业、食品产业）、三大新兴产业（新一代信息技术产业、智能装备产业、医疗健康产业）分别完成规模以上产值5291亿元和780亿元，分别同比增长15.1%和8.6%。SAP海丝工业互联网（泉州）创新中心、华为（晋江）工业互联网云孵化中心平台落地运营，新增“上云上平台”企业300家、省级新一代信息技术与制造业融合发展典型应用案例企业4家，入围全国工业互联网发展十强县。现代服务业加速集聚，豪信汽车仓储物流、南香闽南特色食品城等13个项目建成营运。鞋纺城、五金机电、豪新食品市场等重大商贸平台招商入驻率分别为92%、92%、95%，快递业务量10.57亿件，占全省份额25.47%，海峡石化线上线下交易额653.98亿元，金融广场获评泉州现代服务业集聚示范区。新增培育限额以上商贸业和规模以上服务业企业307家、AAA级以上物流企业2家，注册三产企业1.12万家。

【重点领域改革】 2021年，晋江市实施“工改工”（将存量低效的工业用地再开发，实现产业的转型升级）改革，启动“三年双万”（三年时间盘活1万亩老旧工业厂房、1万亩闲置工业用地）计划，完成全市工业用地调查，建立工业用地现状数据库，高标准推进园区标准化试点2个，开工建设“工改工”试点2个，清理批而未供和闲置土地281.58公顷。深入国企实体化改革，完成柴油机厂、陶瓷厂、木材公司、水产公司等老国有企业改制，13家粮食企业整合重组为4家新型粮食经营主体；加快国企市场化运营步伐，公共照明、垃圾收运、园林绿化、管网和道路管养等公用事业和公共服务托管运营全面推进，国企资产1700亿元、年营业收入79亿元。推进“全市一区”改革，实施“全市一区+若干专业产业园”功能布局整合，系统启动园区管理、经营运作、土地利用、科技创新、对外开放等领域改革，创新推出“零地增资扩产”和“双零服务”（零距离、零收费服务）举措，试点推行工业用地亩均效益综合评价，园区工业用地容积率提升至3.0，建筑密度上限提升至60%，管理服务居全省开发区第一，综合发展水平连续5年居省级开发区首位。

【区域协调发展】 2021年，晋江市衔接泉州提出的“打造具有全国影响力的海丝名城、制造强市、现代化中心城市”发展定位、“跨江发展、跨域融合”战略布局[illegible]35”（做强6大主导产业，培育3个[illegible]新兴产业，发展5个现代服务业）产[illegible]等规划重点，印发《晋江市国民经[illegible]会发展第十四个五年规划和2035年[illegible]景目标纲要》，在发展定位、战略布局层面形成上下协调的规划体系。8个“聚城畅通”工程项目梯次推进，一重环湾快速路晋江段开工建设，福厦高铁客专晋江段完成工程量的98%。实施新一轮中心城区教育资源整合，建成实验幼儿园拓改、中心小学新校区等项目30个，新增优质学位1.24万个；上海六院晋江创伤骨科医疗中心（市医院罗裳院区）改造等3个项目建成投用，上海六院福建医院跻身国家区域医疗中心试点，成为全国县级首个国家区域医疗中心。

【招商项目策划推介】 2021年，晋江市用准用好招商目录图谱，围绕构建“4341”（4个优势产业：鞋服产业、纺织产业、建材产业、食品产业；3个新兴产业：信息技术产业、智能装备产业、医疗健康产业；4个服务业：商贸物流产业、文体旅游产业、研发创意产业、金融服务产业；1个未来产业孕育体系）现代产业体系，重点策划一批“建链延链补链”项目，全年新增策划产业项目283个，总投资1410.5亿元、年度计划投资99.4亿元，新增入库项目226个、总投资1167.2亿元，推动渠梁二期、胜科纳米等96个“两新”（新型基础设施、新型城镇化）基地项目、强链补链项目先后落地建设。

【创新活力释放】 2021年，晋江市成立科技创新委员会，规划建设“一廊两区多平台”（“一廊”指世纪大道“双创”活力走廊，“两区”指科创新区和金井产教融合区，“多平台”指四大高校、九大平台等公共科技创新平台），新增招引入驻各类科研平台19个，福建中关村中试熟化服务平台建成启用，福州大学国家大学科技园晋江分园、福建省纺织服装供应链协同创新联盟、鞋用弹性体中试实验室落地运营。编制重点产业人才目录图谱，硕博人才倍增行动全面启动，首期青年企业家混沌创新班开班，超高端人才社区建成投用，举办第四届数字中国创新大赛集成电路赛道总决赛、海峡两岸大学生设计营等创新创业品牌赛事，晋江市获评“国家双创示范基地”。新设产业基金3支，总规模10亿元的凯辉基金落地运作，“晋金私募汇”累计注册[illegible]155家（新增52家）、资金规模1[illegible]亿元。推进高企倍增计划，新增国[illegible]专精特新”重点小巨人企业2家、[illegible]单项冠军3家、国家级服务型制造示[illegible]业（项目）2家、省级科技小巨人企业[illegible]家、省级企[illegible]点实验室3家，申[illegible]新技术企业[illegible]家，增长62.3%，5[illegible]业入选全[illegible]营企业研发投入、发[illegible]专利500强[illegible]太古飞机复合材料公司[illegible]成为全省[illegible]一一家技术先进型服务[illegible]福州[illegible]国家技术转移示范机构晋[illegible]术转[illegible]心启动运作，鞋服（食品[illegible]国家[illegible]识产权快速维权中心基本建[illegible]认定登记技术合同130项、成[illegible]亿元，比上年增长136.6%，吸[illegible]术合同300项、合同金额5亿元[illegible]模以上企业研发费用增长29%。[illegible]专利总量2659件，万人发明[illegible]量12.90件。

【开放枢纽创建】 20[illegible]年，晋江[illegible]场临空经济区启动建[illegible]三大航空公司[illegible]时驻场运营，新开[illegible]7个，航线总[illegible]100条，全年完成[illegible]吞吐量600万人次[illegible]货邮吞吐量7.3[illegible]。围头通关中心建成投用，市场采[illegible]贸易实现厦门关区所有口岸一体化通关[illegible]“1210”“9610”等跨境电商通关模[illegible]相继开通运作。泉州综保区、晋江陆[illegible]、晋江国际鞋纺城3个单位入选中国[illegible]州）跨境电子商务综合试验区线下功[illegible]园区，服装[illegible]泳装、鞋类、伞具4个基[illegible]贸转型升级基地。

【政策资源争取】 2021年，晋江市推动医疗、教育、住房、污水处理等领域10个项目获中央、省级补助资金1.77亿元，同比增长295%。推动交通、水利以及市政配套领域7个项目获地方政府专项债券21.43亿元，争取专项债券资金排泉州第四。

【社会信用体系建设】 2021年，晋江市出台《晋江市关于全面建立信用承诺机制的实施方案》，梳理信用承诺事项100项，鼓励企业签署信用承诺，全年签署信用承诺2.1万份。开展“服务业”信易贷试点，全年授信280家企业、放贷2.6亿元。指导1900家（次）企业完成信用修复。

（谢书图　熊俊诚）

【投资项目管理】 2021年，晋江市出台项目攻坚、问题销号督查考评、“征迁扫尾清零”等一系列方案，完善全周期管理、分层级调度、“点穴式”督查、常态化晾晒等四项工作机制，实行“单一窗口”、“三张清单”（责任清单、任务清单、问题清单）管理，推动项目建设提速提效。800个重点项目全年完成投资945亿元、完成年度计划的113.1%。推动顺丰物流等92个项目新开工建设，百宏25万吨工业涤纶丝等114个项目建成或部分建成，投资竞争力居全国百强县第二位。

（蔡蓉婷　陈谷芳）

【省级特色小镇建设】 2021年，晋江市有“芯”小镇、人才梦想小镇、深沪体育小镇等3个省级特色小镇。全年策划特色小镇工程包项目18个，累计完成投资额53.25亿元。其中，“芯”小镇项目10个，完成投资额49.54亿元；深沪体育小镇项目4个，完成投资额1.86亿元；人才梦想小镇项目4个，完成投资额1.85亿元。

（柯婉瑜　饶一兵）

国有资产管理

【概况】 至2021年末，晋江市市属国有独资、全资和绝对控股企业132家，资产总额1700亿元，年资产总量增速10.41%。拉动投资151亿元，约占全市固定资产投资总额的16%。

【资产布局结构优化】 2021年，晋江市通过调整国企之间资源、资产和资本配置，提升资本运营效率。将原13家国有粮食企业整合重组为4家具有一定市场竞争力的国有粮食经营主体，完成商贸系统为主的老国有企业公司制改制和股权划转，为组建工贸集团奠定基础。

【发展动能提升】 2021年，晋江市按照国企改革三年行动要求，承接全市重大战略项目、基础设施、保障和改善民生的投建任务，发挥投资主体作用。同步加快市场化运作步伐，拓展多元化产业投资，深度参与城市建设，增强经营实力和发展活力。

【国资监管联动共治】 2021年，晋江市加快形成管资本为主的国资监管体制，提升国资监管能力。强化国资领域日常监管，以国企实体化改革及运营情况专项审计调查问题整改为抓手，推动国企补短板、强弱项、堵漏洞，规范经营运作。推动城建集团、产业集团党委设立纪委机构。

（翁海勇　庄永速）

财　政

【概况】 2021年，晋江市做好"六稳""六保"工作，统筹推进新冠肺炎疫情防控与经济社会发展，财政运行稳健有序，财政综合实力提升。全市一般公共预算总收入256.93亿元，比上年增长12.8%。其中，地方一般公共预算收入146.20亿元，比上年增长5.0%，财政收入位居全省县域首位。全市一般公共预算支出124.77亿元，比上年同口径增长8.8%。

【财税收入组织】 2021年，晋江市支持实体经济发展，落实减税降费等各项财税惠企政策，全年办理减税降费7亿元、增值税留抵退税8.28亿元、出口退税60.7亿元、制造业中小企业缓税4.4亿元、兑现各级产业扶持资金23.67亿元。强化科技创新引领，投入2.62亿元支持企业创新主体培育、产学研平台建设和人才生态引育，组建高新产业发展投资基金，政府参与出资的产业投资资金规模累计67.52亿元，支持产业创新转型。引导金融服务实体经济，创新实施银企担合作模式，助力中小企业扩大融资，新增政府性融资担保额超6.5亿元，撬动中小微企业新增贷款超100亿元，推进实体经济高质量发展，夯实财源基础。加强财政收入组织，动态分析收入结构，落实财税部门协同

2021年晋江市财政收支情况表

表7　　单位：万元

收入项目	入库数	支出科目	决算数
一、一般预算收入	1462000	一、一般公共服务支出	59931
1.税收收入	1181964	二、外交支出	0
其中：增值税50%	425794	三、公共安全支出	75424
营改增50%	0	四、教育支出	307957
营业税50%	-36	五、科学技术支出	59644
企业所得税40%	221690	六、文化旅游体育与传媒支出	29971
个人所得税40%	198356	七、社会保障和就业支出	132494
城市维护建设税	56121	八、卫生健康支出	120690
契税	69844	九、节能环保支出	7180
耕地占用税	4069	十、城乡社区支出	80970
土地增值税	82017	十一、农林水支出	96064
其他工商各税	124109	十二、交通运输支出	11493
2.非税收入	280036	十三、资源勘探工业信息等支出	115300
（1）专项收入	84289	十四、商业服务业等支出	58167
其中：教育费附加收入	26735	十五、金融支出	4420
其他专项收入	57554	十六、援助其他地区支出	0
（2）行政事业性收费	15807	十七、自然资源海洋气象等支出	3301
（3）罚没收入	34011	十八、住房保障支出	32211
（4）其他收入	145929	十九、粮油物资储备支出	2683
二、中央级收入	1107285	二十、灾害防治及应急管理支出	4401
（1）增值税50%	425794	二十一、其他支出	465
（2）营改增50%	0	二十二、债务付息支出	44824
（3）营业税50%	0	其中：地方政府一般债券付息支出	44824
（4）企业所得税60%	332535	二十三、债务发行费用支出	81
（5）个人所得税60%	297534		
（6）消费税100%	357		
（7）车辆购置税100%	51065		
财政总收入	2569285	财政总支出	1247671

机制，坚持依法强化征管，跟踪服务重点税源，挖掘争取潜在税源，强化非税收入清缴入库，构建财政收入稳定增长体系。

【公共服务供给保障】 2021年，晋江市加大民生投入力度，年度民生支出106.07亿元，比上年增长12.76%，占一般公共预算支出77.57%。教育总投入45.07亿元，实施105个校舍建设及校园环境改造提升项目，新增优质学位1.24万个。卫生健康投入17.52亿元，推进“三大医共体”（市医院医共体、中医院医共体、第二医院医共体）、应急医疗体系和19个医疗卫生项目建设，晋江市医院新院、上海六院福建医院启用；落实新冠肺炎疫情防控资金保障，拨付疫情防控资金2.08亿元，支持居民免费核酸检测、新冠疫苗接种和防疫物资采购、集中隔离医学观察点建设。社会保障投入16.79亿元，实施22件为民办实事和203件民生微实事项目；深化“四帮四扶”，全年帮扶困难群体181户、困难群众12.6万人次。实施乡村振兴战略，统筹11.77亿元支持发展特色现代农业、海洋经济及“美丽乡村”建设；打好污染防治攻坚战，投入10.45亿元推进水资源保护、重点流域水环境综合整治和造林绿化，推进“蓝色海湾”综合治理。发展文旅体育事业和公共安全体系，投入14.39亿元用于世中运赛事筹办、“海丝”史迹文物保护和社会治安、安全生产、防汛抗灾等建设。

【财政资金管理优化】 2021年，晋江市优化财政支出结构，落实政府过紧日子要求，控制一般性和新增支出，兜牢兜实“三保”（保工资、保稳定、保增长）底线。全年安排“三保”支出61.94亿元，占一般公共预算支出的45.30%。深化政府采购制度改革，提升政府采购监管质效，全年组织政府集中采购531批、节约资金3亿元；完善财政投资项目评审办法，全年完成项目预（结）算评审739个、节约资金6.64亿元。实施预算绩效管理，做好665个专项115.18亿元预算绩效目标审核监控管理，试点推开部门整体评价；选取20个项目17亿元开展绩效重点评价，评价结果用于调整2022年预算项目安排12项、金额4.01亿元。开展财政结余结转资金清理，全市收回资金13.08亿元，统筹用于重点领域和关键环节。建立直达资金闭环监控管理机制，全年办理直达资金4.1亿元。

【重点领域和重点项目资金保障】 2021年，晋江市强化项目策划运作，做好重点项目资金拼盘测算，统筹运用财政性资金安排、政府性债券融资、国有企业市场化运作等方式筹集资金，保障重点领域和重点项目资金需求。盘活存量资源资产，加快推动项目形成的土地、安置剩余房源及经营性国有资产处置出让，盘活回笼资金超120亿元。提升债券项目策划质量，聚焦国家、省重点发展战略及晋江市经济社会发展需要，做细做实项目储备和债券申报发行前期工作，全年新增发行地方政府一般及专项债券23.51亿元，支持农村水利、生态环保、社会事业等领域项目建设。发挥国企投资主体作用，引导和推动国企以市场化方式合规承接重点产业项目、基础设施、公共服务和公用事业，形成项目可持续规范运作机制，全年累计实施国企实体化项目114个，完成投资125亿元。

（苏进盘　陈希卓）

税　务

【概况】 2021年，国家税务总局晋江市税务局（简称“晋江市税务局”）深化征管改革、夯实组织收入、优化税收营商环境、强化党风廉政建设、提升干部队伍素质，完成年度各项工作任务。全年组织税费收入283.04亿元、比上年增长27.27%，其中税收收入234.12亿元、比上年增长24.9%；各项非税收入48.92亿元，比上年增长39.7%；同期全市办理出口退税60.78亿元，比上年增长11.9%。截至2021年12月31日，系统登记户数214985户。

【减税降费】 2021年，晋江市税务局兑现税收优惠政策，开展税收宣传辅导工作，推送政策指引，全年新增减税降费6.69亿元，缓解企业资金困难和经营压力，激发市场主体活力和企业创新动力。落实增值税增量留抵退税政策和新冠肺炎疫情防控重点物资生产企业增量留抵退税政策，累计办理增值税留抵退税9.84亿元。落实降低社会保险费率政策等优惠政策，减免企业社会保险费和非税收入2.1亿元。

【依法治税】 2021年，晋江市税务局规范税收执法秩序，落实行政执法公示、执法全过程记录及重大执法决定法制审核“三项制度”。统一自由裁量权，做好政策执行情况反馈，健全内控机制，防控执法风险。落实税收执法责任制，严格执法过错责任追究，促进阳光执法，优化法治环境。落实执法督察制度，开展税务执法典型问题排查整改工作。注重提升干部队伍执法能力，委托国家税务总局税务干部进修学院举办素质提升网络培训班，打造24小时不间断“云课堂”弹性学习模式。推动税务司法合作，与晋江市人民法院建立涉税信息共享及执法协作机制，与晋江市人民检察院等各联盟单位合作成立全国首个民营企业合规建设服务联盟，构建联络共治格局。

【税收风险管理】 2021年，晋江市税务局实行“三三制”（按照风险程度分为三级，实行三级应对）团队风险管理，成立“1+N”数据分析团队，根据税收征管质量5C指标问题数据、各税（费）种疑点和上级局推送的任务进行风险识别，按照风险程度分低风险、中风险和高风险3个等级，始终锚定“低风险预提醒，中高风险严监控”目标，实行三级应对。开展税收基础数据巡察和网格化网络巡察工作，运用大数据对企业能耗、税负率、应税所得率、房产土地等第三方信息进行综合分析，推送风险任务70多批，评估入库税费超3700万元。

【纳税服务体系构建】 2021年，晋江市税务局根据晋江镇（街道）分布、人流密集度等特点，在全市设立1个中心办税厅、2个24小时自助服务室、4个办

2021 年，晋江市税务局开展“便民办税春风行动”，打造晋江税务“纳税服务品牌”。图为 5 月 18 日，工作人员上门宣传税费优惠政策（晋江市税务局 / 供）

税厅延伸点、5 个“闽税通”自助服务室，构建“1+2+4+5+N”的办税服务体系，2021 年 1 月 5 日起进驻行政服务中心办税厅正式对外办公。落实“最多跑一趟”承诺，推广“税事远程帮”“办税一点通”“纳税信用动态提醒服务系统”，设立“一趟办不完、一次办不成”反映专窗。开展“便民办税春风行动”，打造晋江税务“纳税服务品牌”，创新推出“税务体验师”“访谈式直播”“移动办税厅”“晋厅晋级帮”和“扫码即开票”等服务方式。拓展定制服务，制定《大企业个性化定制纳税服务措施》，创新运用企业微信，搭建机关、分局、管理员和纳税人实时联系平台。

【税收征管改革】 2021 年，晋江市税务局推动全省税收征管改革综合试点工作，试点成效被省税务局党委书记林京华肯定为“福建税务的‘晋江’经验”。组织编写《税务分局（所）岗责说明书》和《征管实务手册》，实行分局（所）副职“管事不管户”，推行“网格员制度 + 分类分级管理”，实施规范化、专业化、差异化的税收征管方式，探索形成“1+1”团队管税、多层级岗位设置、“一人多岗和一岗多人”“网格化 + 精细化”、大企业“团队 + 风险”管理等模式，泉州市税收征管改革现场会在陈埭税务分局召开，试点过程中涌现出“红蓝导师”“毛娟文服务团队”等先进典型。

（王远航）

审 计

【概况】 2021 年，晋江市审计局完成审计项目 34 个、结合实施审计任务 8 个，审计发现问题 488 个、涉及金额 10 亿元，下达审计决定 9 份，提出审计建议 130 条，审计督促有关单位立行立改问题金额 8 亿元，推动制定完善规章制度 18 项。全年单位获各级荣誉称号 8 项，继续获评省级文明单位，审计项目、审计统计分析获得省审计厅表彰，保持全省、泉州审计信息宣传工作县（市、区）局第一名，干部个人获评各类先进 13 人次。

【财政审计】 2021 年，晋江市审计局以预算编制为基准，以预算执行为主线，重点从财政资金运转、政策措施落实、重大项目推进等方面入手，揭示公共财

2021 年晋江市税务局组织收入情况表

表 8

项目	2021 年累计（万元）	2020 年累计（万元）	2021 年比上年增加额（万元）	2021 年比上年增长
一、税收收入	2341197	1874005	467192	24.93%
1. 增值税	876126	825394	50732	6.15%
其中：免抵调库	54800	119000	-64200	-53.95%
2. 消费税	357	318	39	12.26%
3. 企业所得税	555220	418560	136660	32.65%
4. 个人所得税	499757	271165	228592	84.30%
5. 资源税	0	-18	18	-100.00%
6. 城市维护建设税	56123	47840	8283	17.31%

续表 8

项目	2021 年累计（万元）	2020 年累计（万元）	2021 年比上年增加额（万元）	2021 年比上年增长
7. 房产税	46811	37392	9419	25.19%
8. 印花税	27370	21248	6122	28.81%
9. 城镇土地使用税	35544	30431	5113	16.80%
10. 土地增值税	82017	76236	5781	7.58%
11. 车船税	13661	14096	-435	-3.09%
12. 耕地占用税	4069	5579	-1510	-27.07%
13. 契税	92115	73933	18182	24.59%
14. 车辆购置税	51065	50842	223	0.44%
15. 环境保护税	1032	1009	23	2.28%
二、非税收入	489177	350105	139072	39.72%

政运行中的风险隐患和薄弱环节。实施市财政组织本级预算执行和市市场监管局、市文旅局等 2 个部门预算执行审计，促进盘活财政存量资金 4.21 亿元、补入库非税收入资金 1.66 亿元、计提土地出让金相关规费 4.19 亿元、清理暂存款 1.07 亿元、追缴应交财政款 69.3 万元。开展建设项目资金决算审计调查，发现工程变更、工程结（决）算等方面共性问题 10 个，提出“进一步健全完善建设项目工程结算工作”建议，得到市委主要领导肯定性批示。围绕深化国企改革，关注国企和市直部门贯彻落实重大政策措施、经营效益及债务风险防范等情况，完成市属国企实体化改革及运营情况专项审计调查，力促相关国企加速盘活闲置资产 349 套、回笼资金 5621 万元，收回租金 5228 万元，补缴国有资本经营收益 3903 万元，促进资产保值增效。组织养老保险基金、高标准农田建设管护、粮食安全保障、体育资金投入使用等民生领域审计项目 6 个，推进清退城乡养老资金 1.76 万元，重新补建高标准农田 46.67 公顷，加快体育资金拨付到位 43.61 万元。

【经济责任审计和自然资源资产离任（任中）审计】 2021 年，晋江市对 11 位领导干部任期经济责任开展审计，首次启动国有企业主要领导经济责任审计，拓展监督覆盖面。审计发现问题 138 个、涉及金额 6521.91 万元，审计期间促进相关单位追回多发放资金 4.31 万元、清理问题资金 75.5 万元。完善“一体两翼”领导干部责任审计制度，对街道党政领导同步开展自然资源资产审计，关注履行自然资源资产管理和生态环境保护责任情况，审计发现问题 6 个。受泉州市审计局委托开展安溪县凤城镇党政领导干部经济责任审计和自然资源资产离任审计。

【固定资产投资审计】 2021 年，晋江市审计局以节约建设资金、规范建设程序、提升建设质量为目标，加大对政府投资建设项目的审计监督力度。在抽审项目选择上兼顾重要性和时效性，抽审市财政投资项目评审中心备案建设项目和在建重点项目，分别关注项目造价审核、立项报批、招投标执行、资金收支、建设进度、现场施工管理、安全质量等内容，完成对平山实验小学、紫帽片区市政道路工程第一标段、东石滞洪区项目（二期）、第八实验小学和晋江经济开发区五里园幼儿园等 4 个工程项目概（预）算执行情况审计，泉州二重环湾快速路（晋江段）、工人文化宫等 2 个项目建设进展情况跟踪审计。审计发现问题 64 个，下达审计决定 5 份，审减多计工程款 956.64 万元。

【民生资金（项目）审计】 2021 年，晋江市审计局围绕推动城市建设品质化，坚持数据先行，了解市区公共停车位运营管理情况，完成市区公共停车位绩效审计，助推解决群众停车难问题；围绕水污染防治、水域岸线管护、水质达标等方面，完成河长制落实情况审计，推动有效治水，强化全市流域水环境保护；完成农村生活污水处理项目审计，寻找项目建设短板，提出建议，推动完善全市污水管网系统工程管理；完成机动渔船油价补贴资金审计和老旧工业区改造提升政策落实跟踪审计，推动资金拨付、政策落实。审计发现问题 90 个，提出审计建议 23 条，下达审计决定 1 份，追回多发放机动渔船油价补贴 4.48 万元，河长制落实情况审计、农村生活污水处理项目审计得到市委、市政府主要领导肯定性批示，由市领导提级召开专题审计整改部署会推动整改。

【企事业单位审计】 2021 年，晋江市审计局按照“强化管理、促进发展”思路，逐步加强对企事业单位的审计监督。完成泉州出口加工区投资管理公司、创新创业创造园开发公司等 2 家国有企业的资产负债损益审计，以及灵源街道教育办公室财务收支审计，发现问题 47 个、涉及金额 1330.8 万元，提出审计建议 12 条。

【内部审计】 2021年，晋江市审计局推行内部审计工作点联系制度，指导部门单位、国有企业等健全内部审计机制、完善内部审计计划，采取跟班学习、“以审代训”等方式，提高内部审计人员业务水平，助力提升单位（企业）内部审计监督能力，强化内部风险防控。全年推动并指导7个机关事业单位和7家国有企业建立健全内部审计机构、组建内部审计人员队伍81个，指导完成内部审计项目86个，发现问题574个、涉及金额496.94万元。

（蔡达因）

统　计

【经济运行监测】 2021年，晋江市统计局建立健全经济运行监测和预警机制，按照“统计部门抓专门指导+职能部门抓行业督导+镇街抓具体落实”原则，每月20日前后收集了解主要经济指标的预计完成情况，及时分析经济运行中存在的问题和潜在的风险点，做好预测预判预警；提请市有关领导召开经济运行调度会议，协调经济运行中存在的困难和问题；健全统计工作指导机制，每月由市领导带队赴各镇域指导经济运行工作。建立日情动态监测机制。在联网直报期间，每日汇总主要指标的报送进度和完成情况，确保各级各部门在第一时间掌握最新动态，及时掌握经济运行中趋势性和苗头性问题。落实部门统计主体责任。对主要经济指标完成情况实行部门和镇（街道）双重考核机制，每月由市委督查室、市政府督查室通报各部门和镇（街道）指标完成情况，全年实现地区生产总值2986.41亿元，同比增长10.5%，增速分别比全国、全省、泉州市高出2.4个百分点、2.5个百分点、2.4个百分点；规模以上工业产值完成6926.38亿元，同比增长15.4%，规模以上工业增加值增长13.5%，增速分别比全国、全省、泉州市高出3.9个百分点、3.6个百分点、4.4个百分点；固定资产投资完成570.55亿元，同比增长7.6%，增速分别比全国、全省、泉州市高出2.7个百分点、1.6个百分点、4.0个百分点；社会消费品零售总额完成1640.96亿元，同比增长8.4%，总量居全国县域首位；居民人均可支配收入48849元，同比增长9.0%，总量分别比全国、全省、泉州市高出13721元、8190元、4518元。

【统计信息服务】 2021年，晋江市统计局强化统计数据资源的开发利用，重点挖掘新常态下晋江市经济增长速度、经济结构、发展动力等方面呈现的新特点。全年撰写各类分析材料50余篇、信息200余条、微信公众号发布文章65篇；政务信息采用得分分别居全市党委、政府系统第九名和第五名。在做好《统计月报》《统计公报》《统计年鉴》等传统刊物的基础上，通过“晋江统计”微信公众号、政府门户网站、《晋江经济报》、“统计之窗”等渠道，强化统计工作动态发布和统计资料展示，为社会公众提供方便快捷的统计咨询服务。搜集整理全国十强县（市）经济社会发展状况，为市委、市政府领导掌握晋江市在全国、全市的站位提供数据参考。

【联网直报工作】 2021年，晋江市统计局做好基本单位名录库建设，为各类常规调查提供基准数据、基本样本框和单位字典库。年底，全市名录库法人单位79129家，产业活动单位5316家，其中“四上”单位（规模以上工业企业、资质等级建筑业企业、限额以上批发零售和住宿餐饮业企业、规模以上服务业）3733家。做好“四上”单位培育工作，把培育壮大“四上”企业规模作为优化存量、提升增量、促进产业提升的重要途径，建立并定期滚动更新“下转上、小升规”企业培育库，加强企业升规纳统全流程服务，确保符合条件的企业全部申报入库。2021年，全市新增规模以上工业企业526家、限上批发零售和住宿餐饮业企业327家、规模以上服务业企业28家，分别同比增长195%、83%、100%。做好数据质量审核把关，提高统计数据质量。指导企业建立规范统计台账，做到统计数据、统计台账、原始数据相统一；坚持人工审核和程序审核相结合，做到“即报即审”，通过增加自定义审核公式和查询模板，加大对数据逻辑性、匹配性的审核，确保源头数据真实可信；通过实地走访和查阅资料相结合的方式，不定期开展统计数据检查、核查，保障统计数据质量。

【基层统计建设】 2021年，晋江市配足配强基层统计力量。各镇域统计工作由副书记或常务副镇长（主任）分管，全部配备首席统计员，建立镇域辖区“一套表”企业数量与统计人员数联动机制。制定《镇域辅助统计调查员绩效考评方案》，对基层辅助统计人员开展绩效考核，通过“以奖代补”方式，提高工作积极性。保障基层统计经费。根据各镇域“一套表”企业数量和上年度固定资产投资总额下拨经费，专项用于开展统计工作；根据经济发展绩效专项考评结果再给予工作经费奖励。深化基层统计规范化建设。制定《晋江市镇域统计工作规范化管理实施细则》，从组织领导、基层基础、统计业务、统计法制等方面强化和规范镇域统计工作，并纳入政府绩效考评，促进基层统计能力和数据质量的提升。6月下旬，按专业分5期开展全市“四上”企业统计人员培训，做到基层统计人员培训全覆盖，提高统计人员综合能力。

【人口普查】 根据第七次全国人口普查显示，2020年底，晋江市常住人口2061551人，与2010年第六次全国人口普查的1986447人相比，10年增加75104人，增长3.78%，年平均增长率0.37%。从性别构成看，男性人口1100438人，占53.38%；女性人口961113人，占46.62%。常住人口性别比（以女性为100，男性对女性的比例）114.50。从常住地看，居住在城镇的人口1416151人，占68.69%；居住在乡村的人口645400人，占31.31%。从年龄结构看，0—14岁人口377872人、占18.33%；15—59岁人口1475380人、占71.57%；60岁及以上人口208299人、占10.10%；其中65岁及以上人口137899人、占6.69%。全市常住人口中，从受教育情况看，拥有大学（指大专及以上）文化程度的人口186970人，拥有高中（含中专）文化程度的人口273548人，拥有初中文化程度的人口790855人，拥有小学文化程度的人口591550人。与2010年第六次全国人口普查相比，每10万人中拥有大学文化程度的人数由3580人上升为9069人，拥有高中文化程度的由11188人上升为13269人，拥有初中文化程度的由47463人下降为38362人，拥有小学文化程度的由29491人下降为28694人。15岁及以上人口的平均受教育年限9.20年，比2010年第六次全国人口普查提高0.62年。文盲人口（15岁及以上不识字的人）46584人，与2010年第六次全国人口普查相比，文盲率由2.67%降为2.26%，下降0.41个百分点。

（郑智政）

2021年3月15日，晋江市市场监督管理局联合晋江市人民检察院赴红日林业举办广告法及网络投诉专题讲座　（晋江市市场监督管理局/供）

市场监督管理

【概况】 2021年，晋江市市场监督管理工作坚持“晋江经验”引领，围绕营造让人民群众安全放心的消费环境、有利于高质量发展的竞争环境和有利于激发市场主体活力的监管环境的目标，加强市场监督管理。全年立案查处市场监督管理领域各类案件2616起，罚没款1462.7万元。其中，民生领域执法办案“铁拳”行动查处违法行为为11类案件67起。

【市场综合监管】 2021年，晋江市市场监督管理局加大对无证无照、虚假违法广告、价格违法、不正当竞争以及网络市场、证照、合同、传销等违法行为的监管力度，配合做好文明城市创建复查整改等工作。开展重点区域消防安全综合整治“雷霆”行动，立足市场监管职能排查风险隐患。开展全市涉企违规收费治理专项行动，减轻企业负担。推进“双随机、一公开”（随机抽取检查对象、随机选派执法检查人员、向社会公示检查模式）监管，开展双随机抽查3批次，共抽查企业2912家。实施企业经营异常名录和个体户异常标注管理，纳入经营异常名录企业9836户次，标注为经营异常状态个体工商户2167户次。牵头做好“国家企业信用信息公示系统（福建）”录入工作，累计归集信息23759条。

【质量监督管理】 2021年，晋江市有17家企业品牌登上2021年中国品牌价值评价上5亿元榜单，1家企业入围第七届省政府质量奖现场评审。开展实施品牌创新奖励申报工作，为52家单位146个项目兑现政策奖励金705万元。鼓励和引导骨干企业、优势企业参与各级标准制修订工作。新获批1个全国专业标准化分技术委员会工作组。全市累计有6家次企业参与5项国际标准、388家次企业参与264项国家标准、431家次企业参与266项行业标准、98家次企业参与34项地方标准、140家次企业参与77项团体标准制修订。推行企业产品和服务标准自我公开声明，累计701家企业公开2833项标准，涉及3225种产品。开展纸尿裤、卫生巾等纸类卫生用品专项整治，儿童和学生用品安全守护行动等行动，加强消防产品、电动自行车、成品油、燃气器具等监督检查，组织抽查塑料制品、成品油、电动自行车等155批次，查处产品质量案件129起。加大对农贸市场、便利店、加油站、眼镜制配店等场所计量器具的监督检查，共检查计量器具1500台（件），查处计量案件107起。强化认证认可与检验检测活动监管，组织71家检验检测机构集中约谈，完成47家机动车检验检测机构全覆盖监督检查，查处案件2起。晋江市质量计量检测所质检实验室顺利通过CMA、CNAS复评审，新扩能力491项；计量实验室新建体温计等3个标准。落实减税降费政策，全年累计减收检定检验费用391.95万元，惠及企业1147家。

【消费者权益保护】 2021年，晋江市市场监督管理局创新维权方式，推进在线纠纷解决（ODR）机制，建立ODR工作联络群，发展ODR企业12家。提升投诉举报数据归集分析能力，定期发布市场监督管理局《投诉举报工作分析报告》，为助力市场监管、服务领导决策提供数据研判支持。2021年度，晋江市市场监督管理局共接收各类投诉、举报、咨询22352件，为消费者挽回经济损失1000.49万元。围绕“‘3·15’国际消费者权益日”，制作发布《“零成本”消费维权秘籍》视频动画短片，开展消费维权知识有奖问答活动，用微信公众号发布《这个“3·15”起，这些线下实体店可以七日无理由退货啦》等内容，普及维权知识，报道工作动态。青阳、永和、磁灶、池店等地结合主题开展主题日现场宣传活动。倡导“七日无理由退货”承诺，首批13家经营者自愿承诺“线下七日无理由退货”。继续以放心消费创建工作为抓手，采取典型示范、稳步推进的方法，开展诚信示范创建工作。以网络购物、汽车消费、美容美发等行业为重点，加强流通领域商品质量监管和有关服务领域消费维权工作，全年晋江市市场监督管理局立案查处消费侵权案件47件，罚没款4.07万元。

【食品药械安全监管】 2021年，晋江市市场监督管理局强化进口冷链食品新冠肺炎疫情防控，开展进口冷链食品集中监管仓建设，组织从业人员进行核酸检测、新冠疫苗接种；立案查处相关违法违规行为为80起。督促餐饮、批发市场、餐饮服务单位、药店落实疫情防控措施。推进“点题整治”工作，严格学校食堂、集体用餐配送单位、“两超一非”、网络餐饮、粮食安全、零售药店、儿童化妆品等监管，全年查处食品安全案件1465起、药械案件161起，其中食品生产环节滥用食品添加剂违法行为10起，吊销食品生产许可证3张。落实涉粮问题专项巡察整改工作。全年完成食品流通、餐饮环节监督抽检6140批次（合格率98.26%），食品生产环节监督抽检798批次（合格率98.5%）、风险监测307批次，药械化妆品监督抽检78批次（化妆品不合格1批次），食品安全快检20.1万批次（合格率99.9%）。实施赛事期间全流程监督检查，完成世中运18场测试赛食品安全保障工作；开展食品安全示范工程建设，指导闽南古早味传统食品文化传承基地创建省级食品小作坊集中加工区示范点。

【特种设备安全监管】 2021年，晋江市市场监督管理局开展特种设备安全隐患“清零”行动，督促整改闭环问题特种设备1172台（部），查处相关案件55起。牵头推进全市锅炉附属压力管道专项整治，通过整治检验办理压力管道使用登记证385家，其中纳入整治406家，整改完成率94.83%。继续开展“土制升降机”专项排查，协同各镇（街道）督促“土制升降机”拆除，排查“土制升降机”619台，完成拆除（或去功能化）510台。组织泉州特检分院、小区、酒店、电梯协会和维保公司等单位开展电梯等特种设备应急救援演练5场。

（黄慧君）

【智慧监管】 2021年，晋江市市场监督管理局推进食品安全“一品一码”追溯体系建设，全市有18256家食品生产经营单位注册、使用食品安全“一品一码”追溯管理系统，上传追溯信息4484.35万批次。强化学校食堂和供校集体配餐企业线上监管，推进“明厨亮灶”建设，全年新增4家福建省级“明厨亮灶”示范单位。利用“食品安全快速检测信息采集管理系统”，汇总分析全市20个食品安全快检室的检测数据，掌握入市食品风险形势，增强监管靶向性。依托“网络订餐智能监控系统”，对网络餐饮服务平台上公示的证照、地址等信息开展大数据监测12期，建立完善搜索比对、实时筛查、及时通报、督促下线的监测信息抄告机制，将监测发现的违法行为线索，通报网络餐饮服务平台，开展自查；发现389家次问题单位线索，下发辖区市场监督管理所，组织开展线下核实处理。

（卢添兴）

海关监管

【概况】 2021年，泉州海关驻晋江办事处接审进出口报关单56679票，货值61.08亿美元，货运总量806万吨，分别比上年增加40.1%、43.8%和18.7%；金门供水633.3万吨，比上年增长16.15%，货值1486万元，比上年增加9.15%。入库税款6.07亿元，比上年增加0.06%。监管进出境快件362.87万件，重9121.04吨，分别比上年减少8.3%、2.3%；金额8.89亿元，征收税款4281.54万元，分别比上年增长1.6%、35.8%。监管出境邮件154.58万件，比上年增长79.6%。1—12月（其中8月起停航）监管出入境航班319架次，进出境人员18956人次。

【海关新冠肺炎疫情防控】 2021年，泉州海关驻晋江办事处建立与地方联防联控机制，推进“2021年泉州晋江机场口岸应对重大疫情卫生检疫设施改造项目”，调配人员支持新冠肺炎疫情防控登临检疫专班，加强内部防护，强化各办公及业务现场安全防护措施落实，全体人员按时开展核酸、抗体检测工作，完成疫苗“应接尽接”目标。

【口岸进出境秩序维护】 2021年，泉州海关驻晋江办事处加强口岸非洲猪瘟、沙漠蝗防控。强化海关安全生产管理，联合边检等部门开展疑似爆炸物和放射性超标涉恐应急处置演练等。加强进出口危化品、机电产品检验监管，全年检出不合格商品13批，初次检验不合格率11.2%。加大侵权物品查缉力度，在陆地港监管现场查获侵权纸尿裤、口罩、服装等5批次808317件，查获出口邮件侵权情事27起、跨境电商出口快件侵权情事28起。

【海关缉私】 2021年，泉州海关驻晋江办事处在旅检渠道查获泉州海关首起“水客”走私案；在快件渠道累计查获移交缉私案件11起，均为含THC（四氢大麻酚）成分的大麻制品。移交刑事案件17起，完成行政案件查发目标数150起，办理“两简”（简单案件和简易程序案件）案件117起，完成海关移交线索目标数167起，办理涉检案件8起。

【海关放管服改革】 2021年，泉州海关驻晋江办事处为晋华项目等省重点项目量身定制监管措施，建立协调联系机制，第一时间做好检验监管工作；深入企业调研指导，帮扶3家水产品企业由初加工向深加工转型。推进新兴业态发展，助力“e邮宝”业务开通运行，全年监管出境邮件154.58万件，比上年增长79.6%；推动市场采购健康发展，全年监管市场采购出口货物报关单3.49万票，货值193.9亿元，货重66.21万吨。压缩通关时间，出口整体通关时间1.01小时，比上年减少23.48%；进口整体通关时间9.29小时，比上年减少40.87%。扶持区内区外保税物流和加工业务发展，泉州综合保税区全年进出口（区）业务总额59.638亿元，比上年增长62.2%。

（罗根照）

海事管理

【概况】 2021年，晋江海事处在做好海上新冠肺炎疫情防控工作同时，强化海上安全监管与服务保障，保障辖区海上交通持续稳定，为晋江港航经济发展保驾护航。辖区全年进出港船舶7133艘次，比上年减少5.9%；港口货物吞吐量1426万吨，比上年下降9.1%；集装箱27万标准箱，比上年下降36.5%；实施船舶安检初查225艘次，查出缺陷1739项，滞留船舶19艘次。全年接到海上遇险报警28起，遇险人员32人，成功救助32人，人命救助成功率100%，挽回直接经济损失约5000万元。

【海上安全监管】 2021年，晋江海事处以水上交通安全专项整治“三年行动”集中攻坚为抓手，做好“冬防”“雾航”、春运、两会、清明节、“五一”节、中秋节、国庆节等重点时段水上安全监管工作，统筹推进“商渔共治2021”、“雷霆2021”、“控事故、保安全、迎建党百年”、涉砂船舶、船舶碰撞桥梁隐患治理、打击危险品瞒报谎报等专项整治，以贯彻新修订的《中华人民共和国海上交通安全法》为契机，开展“严执法、强攻坚、促提升”专项行动，强化重点难点攻坚，管控各类安全风险，打击各类海上违法违规行为，打造安全和谐的水上交通环境。推动晋江市政府出台实施《建立健全水上交通安全工作协调机制》，建言献策，推动晋江市委、市政府搭机构、出方案、健机制，试点推进“四个一”（建议成立“一中心”，解决“谁来管”的问题；促成铺开“一张网”，解决“怎么管”的问题；推动印发“一方案”，解决“长效管”的问题；对接联入“一平台”，解决“实时管”的问题）乡镇船舶综合治理，该项工作得到福建海事局局长徐增福批示肯定。

2021年1月28日春运首日，为保障成功大桥桥区附近水域船舶航行安全，晋江海事处组织执法人员在安海湾水域巡航（晋江海事处/供）

【海上搜救应急保障】 2021年，晋江海事处做好应急管理和海上搜救工作，完成搜救责任海区“两防一救”（防抗热带气旋、防止海洋污染，海上人命搜救救助）任务。针对辖区滨海旅游旺盛，人员溺水、被困岛礁等非传统险情上升趋势，协同推动相关职能部门开展综合治理活动，查封衙口滨海景区非法载客两栖船，推动晋江市政府制订实施《关于加强滨海旅游陆上安全管理工作方案》《2021年滨海旅游陆上安全整治工作方案》，明确以文旅部门牵头的责任体系，建立联合执法、信息共享、问题移交和综合救治等4个工作机制，促进滨海旅游业健康安全发展。加大海上应急队伍建设，推进围头海上义务救援专业队伍进行民政登记，逐步规范管理，并推动市政府在沿海8个乡镇设立“海上海岸安全综合服务中心”，明确属地责任，落实人力和财政保障。

【港航经济服务】 2021年，晋江海事处推行“网上办理”，推动船员换班常态化管理，安全保障703名中国籍船员顺利换班。研究确定7件“我为群众办实事”项目，并全部完成，解决群众反映的通航秩序、滨海旅游安全、窗口服务等困难，针对围头湾8号灯浮附近由于碍航养殖导致险情多发的情况，推动泉州港口发展中心设立2倍代表船型船长的航道保护区并制订专项清障活动方案，协调海警晋江工作站、晋江市农业农村局、金井镇政府等部门，清退航道保护区范围内的碍航养殖渔网、渔具，深化专项整治行动的具体落实方案，维护通航环境，助力“海上泉州”建设。

【海上安全知识宣传】 2021年，晋江海事处宣传海上安全知识，与各相关单位共同搭建安全知识宣教平台。5月10日，会同晋江市委宣传部、市委政法委、教育局、交通运输局、红十字会等13个部门，联合开展“晋江市学校交通和防溺水安全教育周”活动；开展海事安全法律法规进港口企业、进航运公司5次；深入渔村、码头，开展“防止商渔船碰撞”专题安全培训活动，开展“商渔船长面对面”活动4次；深入辖区衙口滨海旅游水域开展安全游泳宣传活动，普及预防溺水常识和开展防溺水安全警示教育宣传活动3次；联合海警开展防溺水安全警示教育活动2次，宣讲水上交通安全知识。

（方威）

农业农村

综述

【概况】 2021年，晋江市实施乡村振兴战略，推进农业农村现代化，加强生态文明建设，推进全市农业农村持续稳定发展。全年全市农林牧渔业总产值41.59亿元，其中农业产值7.70亿元、农林牧渔服务业产值2亿元、渔业产值28.16亿元、牧业产值3.71亿元、林业产值34.61亿元。全年完成粮食播种面积3440公顷，比上年下降0.9%，产量2.35万吨，增长0.5%；蔬菜种植面积8180公顷、增长0.6%，产量19.63万吨、增长0.3%；食用菌产量9466吨，与上年持平；水果产量4552吨，比上年增长1.5%；肉蛋奶总产量1.29万吨，比上年下降0.8%；水产品产量23.91万吨，比上年下降4.27%。

【农技推广补助项目实施】 2021年，晋江市印发《晋江市2021年全国基层农技推广补助项目实施方案》《晋江市农业农村局关于下达2021年基层农技推广体系建设项目资金的通知》。晋江市筛选确定农业科技示范基地4个、农业科技示范户226户，下达补助资金43.3万元，其中4个示范基地32万元、226户示范户11.3万元；支付农技推广费用36.7万元。组织开展农业示范基地项目实施座谈会议2次、现场勘查指导7次，推进农技推广补助项目落实。

【高素质农民培训】 2021年，晋江市举办高素质农民培训27期，培训3762人次，超额完成年度工作任务。刘鸿才、陈茂界、洪良彬3人被授予“2021年泉州市优秀实用人才”称号。培育农业农村具备辐射能力强的农牧渔业经营人才186人。

（陈建福）

【农业安全监管】 2021年，晋江市开展“天通一号”船载卫星设备终端试点示范工作，完成全市236艘大中型海洋渔船配备安装。例行检查渔船713艘次，排查出安全生产隐患117项，全部得到整改。开展海上巡逻行动293次，登临检查船只251艘次，排查人员2316人次，立案调查109起。农药生产方面检查出一般隐患252项并督促抓好整改。畜禽屠宰场方面，对全市7家定点牲畜屠宰企业开展安全生产检查，发现安全问题37个，全部完成整改。饲料及饲料添加剂方面排查问题18起，现场整改8起，限期整改10起，整改率100%。农业机械方面检查农业机械31台套，发现隐患5处并督促整改。

【山海协作对口帮扶】 2021年，泉州市委常委、晋江市委书记张文贤率领党政代表团到龙岩市上杭县、长汀县开展互访活动，签订《晋江市—长汀县2021年度山海协作对口帮扶协议》《晋江市—上杭县2021年度对口帮扶协议》。分别拨付长汀县、上杭县对口帮扶资金2000万元、1500万元，组织舒华、中乔、百宏等6家知名企业赴上杭县参加2021年度退役军人和脱贫人员就业专场招聘会，提供近400个招聘岗位。上杭县选派4名干部到晋江市发改局、住建局、农业农村局、经济开发区挂职。晋江市组织教师、医生团队、新型职业农民到长汀县、上杭县交流学习200人次，组织9个镇与长汀县9个乡镇开展结对帮扶，安排10个镇（街道）、4家国有企业集团与上杭县14个乡镇开展结对帮扶。双方开展党政领导互访交流活动。晋江市对每个帮扶单位拨付不少于20万元帮扶资金，累计拨付帮扶资金460万元。晋江市居民凭有效身份证件、工会会员卡到长汀县、上杭县旅游免收门票。加强慈善事业交流，晋江市旅菲华侨、知名企业家许自福出资5万元资助上杭县贫困大学生。

（吴文振）

【种子储备管理】 2021年，晋江市做好3.75万千克市级粮食安全应急杂交稻储备种子冷库控温日常管理。将2019年购入的2.7万千克储备种转商拍卖。根据2021年上级新调整的2333.33公顷任务，筹备2021年储备种采购事项，确保储备种子“储得住、用得上、保安全”。

（黄伟彬）

【农业龙头企业培育】 2021年，晋江市农业农村局牵头修订《晋江市人民政府关于进一步发展特色现代农业的若干措施》及其配套操作程序，组织开展2021年度扶农项目申报工作。新增1家国家级、增补6家省级农业产业化重点龙头企业。全市国家级农业龙头企业5家，省级农业龙头企业40家。

【特色农业产业打造】 2021年，晋江市出台《晋江市农业产业强镇专项资金管理办法》，加快推进全国农业产业强镇建设工作，新获评1个省级、3个泉州市级“一村一品”示范村，金井镇围头村、南江村获评福建省乡村特色产业亿元强村。推动农产品出村入城，组织全市农业产业化新型经营主体参与“惠农专邮”农产品寄递专项服务，收寄惠农邮件593万件，为农户商家节省邮费约2530万元。

（魏重翼）

【农业“三品一标”认证】 2021年，晋江市新增无公害农产品生产基地4个，新增无公害农产品认证产品4个，有4家企业4个绿色食品认证产品、1家企业10个有机产品上报审核。推进地理标志保护工程，“晋江胡萝卜”获评2021年度福建省十大农产品区域公用品牌。加强食用农产品“一品一码”追溯体系建设，巡查13040家次，赋码11595批次。

（庄艳凤）

种植业

【概况】 2021年，晋江市农作物播种面积15366.67公顷。其中，粮食播种面积3440公顷、产量2.35万吨，经济作物总播种面积11926.67公顷。经济作物中，蔬菜播种面积8173.33公顷、产量19.63万吨，其他农作物播种面积3753.33公顷。

【化肥农药减量增效】 2021年，晋江市开展水稻病虫害绿色防控工作，推广无人机专业化统防统治技术，应用水稻无人机统治农作物病虫害面积1200公顷次，防治效果达到95%以上；建设1个水稻绿色防控示范点，示范面积33.33公顷；实施农作物统防统治7466.67公顷次、统防统治覆盖率46.36%，实施绿色防控面积566.67公顷、辐射推广面积1.1万公顷次、绿色防控覆盖率35.18%。实施测土配方示范30次，测土配方施肥技术覆盖率达95%以上；建立胡萝卜施用商品有机肥示范片6个，示范面积40公顷，推广商品有机肥6666.67公顷。推广水稻机收秸秆还田技术，设置核心示范片4个，示范面积60公顷；带动周边稻作区机械化收割秸秆还田面积400公顷，2021年度化肥使用量减少2.2%，农药使用量减少2.3%。

【作物良种良法技术推广】 2021年，晋江市承担泉州市级粮食高产创建项目，设置百亩高产创建核心示范片2个，包括1个早稻、1个甘薯。经测产，水稻示范片亩产483.6千克，甘薯亩产3517.2千克。承担泉州市级农作物新品种试验示范项目4个，包含2个水稻、2个玉米试验示范项目。经测产，水稻亩产均超500千克，玉米亩产均超1200千克。

【设施农业项目建设】 2021年，晋江市组织验收新建成的1家企业的温室大棚面积22.33公顷，拨付省级补助资金167.45万元；新建成温室大棚18.67公顷。

【种植业保险】 2021年，晋江市组织参与水稻种植保险农户13户，投保面积482公顷（早稻264.07公顷、晚稻217.93公顷），保费10.85万元；马铃薯种植保险投保10户，投保面积95.53公顷，保费7.17万元；胡萝卜种植保险投保17户，投保面积156.06公顷，保费66.48万元；大棚设施及作物投保2户，投保面积16.84公顷，保费41.19万元。全年理赔水稻面积61.8公顷，赔付24.77万元；马铃薯61.8公顷，赔付32.60万元；胡萝卜面积65.90公顷，赔付146.21万元；温室大棚赔付114.06万元。

【水稻规模种植补贴】 2021年，晋江市先后于5月、9月通知各水稻规模种植场户申报水稻规模种植补贴，全市早稻规模种植补贴申报种植场户14户，验收面积269.61公顷。10月，申报晚稻规模种植项目13户，验收面积232.52公顷，补助本级资金300元/亩，兑现补助资金225.96万元。

【耕地地力保护补贴】 2021年，晋江市印发《晋江市2021年耕地地力保护补贴发放工作方案》，开展耕地地力保护补贴发放指导工作，全市补贴面积9413.33公顷。其中，种粮大户补贴面积486.22公顷，补贴100元/亩；其他农户补贴56元/亩。发放专项补贴资金822.69万元。

（黄伟彬）

【高标准农田建设】 2021年，晋江市形成高标准农田建设项目初步设计方案7个，拟实施地块总面积549.33公顷，高效节水灌溉面积93.33公顷，超过上级下达任务数。7个项目均完成招投标并陆续开工建设。

（孙珍凉）

【“晋江胡萝卜”获评全国种植业“三品一标”基地】 晋江胡萝卜是全国冬春季胡萝卜生产和出口优势区，产品销往国内各大城市，畅销日本、韩国、马来西亚等10多个国家。2018年“晋江胡萝卜”被认定为福建第一批特色农产品优势区，2020年获农业农村部农产品地理标志登记保护。2019—2021年，“晋江胡萝卜”产品销量从7.62亿元增加到10.19亿元。

晋江市以东石镇为核心，创建全国农业产业强镇，加强与包括中国农业科学院蔬菜花卉所在内的农业推广机构、农业院校及科研单位对接，成立泉州市首家种子企业（福建省福禧种子有限公司），新增胡萝卜新品种试验基地16.67公顷，胡萝卜种子检测室30平方米，参与试验地新品种筛选试验的胡萝卜新品种（新组合）156个。

2021年，晋江市胡萝卜种植面积4000公顷，年产量超42万吨，年产值约10亿元，获评“泉州市知名农产品区域公用品牌”“福建省十大农产品区域公用品牌”及第一批全国种植业“三品一标”基地。

（庄艳凤）

林 业

【概况】 2021年，晋江市推进造林工作，提高森林质量，全年完成植树造林346.67公顷。全市验收造林项目42个，共补助1225万元。全市林业产业总产值34.61亿元，第一产业涉林产业合计4454万元。晋江市推动林业产业经济持续发展，2021年度林业产业总产值比上年增长5%，产业经济势态良好。

【乡村绿化】 2021年，晋江市完成东石镇檗谷村新安公园景观工程、磁灶镇太昌村岛桥生态公园景观工程、内坑镇土埃村雷公石村级公园改造（一期）3个村级公园和内坑镇五峰公园1个镇级公园建设，完成总投资约1980万元，新增绿化面积13.33公顷。打造内坑镇坑尾村和磁灶镇新垵村2个省级森林村庄。

【林业生态建设】 2021年，晋江市重点对紫帽山、罗裳山等重点山体的山体裸露进行生态修复，完成修复20万平方米，累计完成投资约1000万元。

【重点山体林分修复】 2021年，晋江市实施松林改造87.93公顷，其中择（间）伐抚育改造提升70.4公顷、皆伐改造提升17.53公顷。

【绿民富民产业发展】 2021年，晋江市林业园林局支持绿色富民产业发展，落实各项惠企政策，通过项目奖补、贷款贴息等方式，引导林农因地制宜发展苗圃、花卉等绿色富民产业，促进乡村振兴。引导林业经营主体建章立制、规范管理，加强品牌建设、技术培训，促进规模化、集约化、专业化经营，带动林农增收致富。

【林业品牌创建】 2021年，晋江市林业园林局把培育壮大林业龙头企业作为推动全市林业产业高质量发展的抓手，在项目申报、资金扶持、品牌创建、宣传推介等方面给予支持帮扶，年度新增耀华园林股份有限公司、艺达木雕美术有限公司2家省级林业龙头企业。

2021年，晋江市开展“给晋江充‘植’，共建生态家园”植树活动。图为10月30日，参加活动的亲子家庭在泉州湾河口湿地种下树苗（晋江市林业园林局/供）

【沿海风口防护林建设】 2021年，晋江市实施沿海大通道深沪湾风口地段风障修复及防护林补植工程，修复提升51千米沿海基干林带，新增造林面积246.67公顷，实现沿海大通道陈埭外线及龙湖杆柄至英林埭边段防护林全线闭合，累计完成投资约300万元。

【义务植树】 2021年3月，晋江市林业园林局在紫帽山和灵源山开展党、政、军、民、学义务植树、“为青山添绿，为党献礼”紫帽山植树节、“我的单位，我的家”等3场植树活动，种植香樟、富贵榕等苗木1000株；10月“小阳春”时节，在泉州湾河口湿地开展“给晋江充‘植’，共建生态家园”植树活动，种植红树林、黄槿600株，海马齿2万株。全年累计种植乔木1600株、地被2万株。

（李泽宇）

畜牧业

【概况】 2021年，晋江市完成肉蛋奶产量1.29万吨。其中，肉类产量6011吨，禽蛋产量4273吨，奶类产量2626吨。全市生猪存栏29918头，出栏39397头；牛存栏2394头，出栏3904头；羊存栏5778头，出栏3721头；家禽存栏63.39万羽，出栏143.41万羽；兔存栏23865只，出栏24173只。

【晋江马品种资源保护】 2021年，晋江市经鉴定验收的晋江成年公马15匹、母马39匹，其中公马2000元/匹、母马1000元/匹，兑现补贴资金6.9万元。

【养殖废弃物资源化利用】 2021年，根据农业农村部养殖场直联直报信息平台核算结果，晋江市畜禽粪污综合利用率97.1%，规模养殖场粪污处理设施装备配套率100%，完成上级要求的年度目标任务。

【动物疫病防控】 2021年，晋江市免疫家禽84.6万羽次、牛6786头次、羊14377头次、生猪3.42万头次，应免畜禽免疫密度100%，集中免疫期间抗体合格率80%以上。全年未发生区域性重大动物疫情。

【畜禽遗传资源普查】 2021年，晋江市审核上报畜禽资源种类14个、品种23个、群体数量24191头（只、羽）。其中能繁母畜1770头（只），种公畜391头（只）；蜂资源品种1个，群体数量100箱。

（郭明好）

海洋与渔业

【概况】 2021年，晋江市加快推进省级海洋产业发展示范县创建工作，编制《晋江市“十四五”海洋强市发展专项规划》，起草海洋产业发展示范县项目和资金管理办法。兑现2021年中央渔业发展补助资金（远洋渔船国际履约能力提升项目）1247.1万元。兑现2021年泉州市级海洋经济发展专项资金243.29万元。组织开展2021年省级渔业结构调整专项资金申报工作，新增水产品加工生产线5条。2021年，晋江渔业养殖面积2136公顷，其中海水养殖1916公顷、淡水养殖220公顷，浅海滩涂和陆上工厂化养殖的主要有牡蛎、缢蛏、花蛤、鲍鱼、紫菜、海带、江蓠等。水产加工业产值22亿元。

（魏重翼）

【渔业安全宣传教育】 2021年，晋江市组织重点渔船船东、船长开展安全宣传警示教育会和约谈会，组织渔民集中观看渔业安全生产专题视频，强化渔民“六防”（防碰撞、防落水、防中毒、防火灾、防故障、防越界）教育。举办渔船普通船员免费培训15期、培训2660人次，职务船员培训2期、培训256人次。5月12日，在深沪镇组织全国“5·12”防灾减灾日暨全省海上突发事件应急演练活动，150人参加；5月14日，在金井镇组织“共创渔业安全镇”宣传活动，200余人次参加。开展防范商渔船碰撞警示教育，组织上货船参观学习3期，渔船船长112人与货船船长交流以提高避碰技能。

【涉渔“三无”船舶整治】 2021年，晋江市专门成立晋江市非法采捕红珊瑚船舶和涉渔“三无”（无船名船号、无渔船证书、无船籍港）船舶拆解处置工作小组，查扣没收涉渔“三无”船舶7艘。11月16日，在深沪举行涉渔“三无”船舶集中拆解现场会，现场拆解涉渔“三无”船舶18艘。

（陈宝强）

【水产养殖技术服务】 2021年，晋江市做好水产养殖动植物病害测报工作，完成2个水产监测品种（南美白对虾、鲍鱼）的病害测报，预估全市水产养殖病害发展形势，指导水产养殖户做好相关病害防治措施。开展重点海水养殖区水质环境监测，6—11月，每月到围头湾内养殖区水质抽样2次，掌握重点养殖区水质状况，保障海区养殖安全。开展渔业科技服务，实地走访养殖户30多户，为每位受访户量身定做个性化的指导方案、解忧答疑，为全市水产养殖户解决养殖过程中存在问题。开展水产养殖种质资源普查工作。按照《第一次全国水产养殖种质资源普查实施方案（2021—2023）》的要求，完成全市水产养殖种质资源普查工作。

【增殖放流】 2021年，晋江市开展渔业资源增殖放流活动2次。其中，6月29日，在深沪湾海域放流西施舌苗73万粒、中华鲎苗13万尾；11月19日，在晋阳湖、九十九溪等重点湖泊、水库放流淡水鱼苗鲢鱼32.41万尾、鳙鱼10.36万尾、草鱼10.80万尾。

（黄明哲）

【渔业保险】 2021年，晋江市完成渔船承保220艘，保费1171.6万元；渔工承保3168人，保费637.6万元。养殖台风指数保险75.13万元。全年总保费1884.33万元。全年理赔付80起、赔付金额1117.74万元。其中，渔船渔工销案16起，渔船赔付30起，赔付金额280万元；渔工赔付34起，赔付金额837.74万元。

（曾长沛）

农业机械化

【概况】 2021年，晋江市农机总动力约26.86万千瓦，主要农作物机耕作业面积4346.67公顷，其中水稻480公顷；机插作业面积1826.67公顷，其中水稻380公顷；机收作业面积2686.67公顷，其中水稻466.67公顷。主要农作物综合机械化率64.61%，实现水稻耕种收割、植保全程机械化，水稻综合机械化率90.41%。

【农机购置补贴】 2021年度，晋江市使用农机购置补贴资金472.1万元，其中中央补贴资金243.06万元、省级补贴资金71.93万元、晋江市配套补贴157.11万元。

【新机具和新技术使用】 2021年，晋江市旱地耕作以专业场户为主，花生、马铃薯种植实现耕种收全程机械化，旱地蔬菜种植普遍配套喷灌、滴灌等节水设施，胡萝卜种植实现机械化播种，农业生产实现以机械替代畜力耕作。3月，在晋江市梓源农业有限公司举办福建省胡萝卜生产全程机械化推进活动，开展胡萝卜生产全程机械化作业演示、胡萝卜新品种现场展示、胡萝卜生产专业技术培训等。8月，在晋江市豪泰农业发展有限公司举行花生机械化采收示范现场会。11月，在晋江市陈埭镇芳惠农场举行机械化移栽冬种西兰花现场会。

【“平安农机”示范镇创建】 2021年，东石镇、英林镇配合“平安农机”示范镇创建。12月10日，泉州市农机总站公布示范乡镇名单，东石镇、英林镇完成创建目标任务。

【农机监理】 2021年，晋江市从源头上加强拖拉机牌证管理，严把新车登记和车辆检验关，利用年检排查安全隐患，对不符合技术标准要求和检验不合格，车辆不准办证上牌；对非法改装拼装车责令恢复原状；对不符合拖拉机运行安全技术条件、影响安全的车辆要求修复后再进行年检。全年检验拖拉机407台次，注册上牌130台，驾驶证到期换证5本。

2021年，晋江市组织开展多功能拖拉机安全整治行动。市农业农村局与交警部门开展联合检查行动9次，出动检查人员26人次，检查多功能拖拉机2台。联合行动采取定点与巡查、教育与处罚相结合的方式，重点检查上道路行驶的拖拉机涉牌涉证、非法改装拼装、安全装置不齐、未依法粘贴反光标识、违法载人、酒后驾驶以及到期未报废等违法违规行为。

2021年，晋江市以农机专业合作社、农业农机场户为重点，压实农机所有人安全生产主体责任，开展安全检查、隐患排查、落实整改措施。全年开展检查行动22次，出动检查人员65人次，检查农业机械31台套，发现隐患5处并完成整改。

【农机应急救援演练】 2021年6月28日，晋江市在东石镇绿泰农机专业合作社组织农机应急救援演练，农机监理人员、合作社安全负责人和工作人员、农机操作员等17人参加，现场通过宣传安全知识、演练操作，提高参训人员安全意识和应急处置能力。

【农机安全宣传教育】 2021年，晋江市组织召开农机安全教育培训会1次，近20人参加学习培训。利用短信平台发送到期报废、到期年检提示和安全标语等短信2114条，结合拖拉机检验、驾驶证到期换证、现场检查等工作分发“致拖拉机驾驶员的一封信”、“农机安全生产宣传材料”、《农机安全知识手册》等宣传材料400多份。

（徐学锋）

乡村振兴

【概况】 2021年，晋江市以农村一、二、三产业融合发展为路径，发挥乡村食品供给、生态涵养、休闲体验、文化传承等功能，建设资源独特、设施完备、业态丰富、创新活跃、联农紧密的休闲农业重点县，为乡村全面振兴和农业农村现代化提供支撑。制定《2021年晋江市农业区划工作要点》，加快构建现代乡村产业体系。推进休闲农业示范创建、农业资源可持续利用项目示范、休闲农业与乡村休闲发展规划、都市农业、创意农业研究和农业区划宣传等，发挥农业区划职能作用，促进农业资源高效利用和农业多功能拓展，优化农业产业结构和区域布局。获农业农村部新推荐全国休闲农业和乡村旅游精品线路景点1条，创建福建省美丽休闲乡村1家、省级休闲农业示范点1个，泉州市休闲农业示范点2家，新增休闲农业示范点和精品线路点3家。打造美丽宜人、业兴人和的社会主义新乡村，推进20个省级试点村、21个泉州市级试点村和3条泉州市级乡村振兴示范线、2个省级特色镇建设。

【晋江市乡村振兴局揭牌】 2021年6月8日，晋江市举行中共晋江市委扶贫开发成果巩固与乡村振兴工作领导小组办公室及晋江市乡村振兴局揭牌仪式。晋江市领导王明元、张汉杰共同为市乡村振兴局揭牌。市乡村振兴局牌子加挂在市农业农村局。

【乡村振兴试点村建设】 2021年，晋江市有省级乡村振兴试点村20个、泉州市级试点村21个。完成试点示范项目115个，投资总额5874万元。试点村中培育3.0版（标杆村）10个，2.0版（示范村）20个。紫帽镇紫星村、龙湖镇福林村获评2021年度省级乡村振兴实绩突出村，金井镇围头村、英林镇三欧村、英林镇西埔村获评泉州市级乡村振兴典型示范村（成效显著村），东石镇潘山村、内坑镇黎山村获评2020年度泉州市级乡村振兴实绩突出村，磁灶镇洋宅村、安海镇新店村获评2021年度泉州市级乡村振兴实绩突出村。

【乡村振兴示范线建设】 2021年，晋江市加快泉州市级乡村振兴示范线金井线、英林线、东石线“三无一改”（无裸房、无黑臭水体、无凌乱杆线，改变影响农村人居环境的不良习惯）攻坚和“十百千”（每条示范线新建重点项目10个以上，村集体经营性收入100万元以上，投资规模1000万元以上）工程建设，其中金井线被认定为泉州市第一批乡村振兴精品示范线。启动安海线、内坑线2条泉州市级乡村振兴示范线创建工作。

【省级特色镇建设】 2021年，晋江市省级特色镇有英林、磁灶2个镇，被列入省级特色镇项目库的项目有5个，完成投资额1830万元。推荐英林镇、磁灶镇、紫帽镇作为第一批泉州市乡村振兴整镇推进“五好”（富民产业发展好、乡村建设提升好、乡村文化传承好、治理能力建设好、党建统领发挥好）示范乡镇；组织开展2021年村庄清洁行动，印发农村人居环境整治“门前三包”（包卫生、包绿化、包秩序）责任制，召开晋江市农村人居环境整治交流座谈会。完成市人大常委会开展城乡人居环境整治提升专题询问相关工作，开展农村人居环境整治专题宣传。推进泉州绕城高速（晋江段）沿线环境综合整治工作。晋江市获评全省2021年城乡建设品质提升综合绩效优异县。

（戴斌斌）

【休闲农业和乡村旅游品牌创建】 2021年，晋江市引导、推动休闲农业企业和乡村编制实施休闲农业发展规划，倡导规划先行，科学发展。市农业区划办加大休闲农业区域规划工作，结合晋江市休闲农业企业及相关企事业单位对休闲农业发展的需求，举办“晋江市休闲农业和乡村旅游职业经理人”培训班。加强示范点在运行机制、经营场所、接待设施、内部规章制度、环境保护、服务质量、休闲项目等方面规范管理，引导诚信经营和优质服务，提高服务质量和水平。推荐上报以英林镇湖尾村为主的“赶海妙境·醉鲜湖尾”精品休闲农业与乡村旅游线路。与晋江电视台、《晋江经济报》联合开展晋江休闲软文报道，以点带面形成示范效应，丰富晋江市休闲农业品牌，促进产业融合发展。以节庆活动为契机，借助媒体加强宣传晋江市休闲农业。加大宣传投入和传播力度，与省、市媒体联合开展休闲农业系列专题报道，将休闲农业和乡村旅游开发纳入城乡发展大系统中，扩大产业影响力。加大农业文化遗产的发掘保护传承工作，推动遗产地经济社会可持续发展。英林镇湖尾村2条精品线路（“赶小海”基地渔耕文化体验、“欢太太”体验馆农耕文化体验）获评2021中国美丽乡村休闲旅游行（夏季）精品线路，英林镇湖尾村获评省级美丽休闲乡村、福祥山庄获评省级休闲农业示范点，吉隆园生态体验园、海峡人家休闲农庄获评泉州市级休闲农业示范点。

【农业资源可持续利用示范项目建设】

2021年，晋江市开展农业资源可持续利用示范项目建设，以示范创建为抓手，为具备条件的休闲农业企业或乡村开展休闲农业示范点创建工作出谋划策，充实完善基础要素。开展农业区域规划工作，指导英林镇湖尾村、源山现代农业园进行专项规划，结合晋江市田园风光区域布局提出发展休闲旅游、农家乐和生态旅游的发展思路；引导推荐英林镇湖尾村创建全国休闲农业和乡村旅游精品线路景点、创建福建省美丽休闲乡村，推荐福祥休闲山庄创建省级休闲农业示范点，推荐吉隆园生态体验园、海峡人家休闲农庄创建泉州市级休闲农业示范点。加强农业基础设施建设、提高农业综合生产能力，改善农业生态环境、促进农业企业可持续发展。

【区划研究】 2021年，晋江市聘请泉州华侨大学开展编制“晋江市全域旅游之农业旅游专题研究”课题，优化乡村休闲旅游产业，促进乡村休闲旅游转型升级。联合果蔬协会开展“晋江灵源荔枝的栽培技术及其在休闲农业中的应用研究”，打造“农旅文创一体化”产业集群，形成农业功能拓展的增长点。在源山现代农业园开展灵源荔枝栽培技术研究工作，提高果蔬产业的科技含量。

【四季水果栽培技术研究】 2021年，晋江市农业区划办与果蔬协会在龙湖绿萌农场联合开展四季水果栽培技术研究工作，提高水果产业的科技含量。通过利用既有水果品种园区进行嫁接栽培，调整农业产业结构和农村经济结构，改善农业生产条件和生态环境，提高农业的科技含量。与福建农林大学、泉州师院联合开展研究，建立农场农业资源可持续利用评价指标体系和评价体系，找出影响农业资源可持续利用的症结所在，进而提出切合农场实际的资源可持续利用对策，实现农业生产增产增收、节本增效，保持和恢复当地生态环境，实现富农强场的战略目标。

（林英泼）

农村管理

【农村综合改革】 2021年，晋江市发展新型集体经济，利用农村综合改革释放的政策红利，通过农村集合式住宅小区建设、农村集体经营性建设用地入市等，盘活利用土地资源，落地集体创收项目，增加农村集体资产。推行农村集体资源资产网上交易、公开交易，提高农村集体产权的溢价率。试点通过竞争性谈判、邀标议标等形式将农村集体资源资产委托专业资产管理机构进行运营，在提高农村集体资源资产溢价率的。解决村集体资产“无人运营”和惯性“坐收租金”的问题。晋江市农村产权制度改革工作入选“中国改革2021年度地方全面深化改革典型案例”。

【村级集体经济监督管理】 2021年，晋江市推进农村集体“三资”（资金、资产、资源）监管专项整治和发展壮大村集体经济工作，重点查摆整改“问题合同”、推进发展新型集体经济，推动农村集体“三资”监管专项整治工作向纵深发展。核查经济合同2183份、金额32589.61万元，整改“问题合同”167份、金额4620.77万元，收回村集体资源3宗、3.50公顷，收回长期被拖欠资金24宗、235.67万元，收回村集体资产1宗、价值10万元，为发展壮大新型农村集体经济奠定基础。全年全市村集体经营性收入21152.87万元，所有村（社区）集体经营性收入全部达到20万元以上，其中50万元以上的村（社区）142个，占比37.07%。

【共享驿站建设】 2021年，晋江市导入“共享创业”理念，确定晋江市乡村驿站运营公司作为乡村共享驿站运营方，推动完成运营中心建设，确定池店镇潘湖村、永和镇旦厝村等20多个村（社区）作为第一批试点村。

（尤德文）

【农村创业创新典型推介】 2021年，晋江市推送洪良彬（《打造现代化农业综合服务商 助农增收促振兴》）、黄景煌（《扎根晋江干事业 勇做致富带头人》）2人参加福建省农村实用人才带头人典型案例入围资格竞选。推荐的晋航农业“绿色020生态圈——乡村共享驿站项目”入围泉州区域参赛资格，入围第五届福建省农村创业创新项目创意大赛决赛。经过比拼，洪良彬获第五届福建省农村创业创新项目创意大赛决赛一等奖。

（陈建福）

【农村人居环境整治】 2021年，晋江市开展村庄清洁行动，实施“微改造”示范项目古街巷5条，完成泉州绕城高速（晋江段）沿线农房综合整治676宗，落实农村人居环境整治“门前三包”责任制。在泉州市率先出台《加强三级乡村振兴试点村畜禽散养行为规范和疫病防控实施方案》。创建美丽庭院，评选美丽庭院省级95户、泉州市级120户、晋江市级504户，建设110个乡村微景观，开展农村人居环境整治专题宣传，获评全省城乡建设品质提升综合绩效优异县。

（戴斌斌）

水　利

【概况】 2021年，晋江市水利工作按照“水利工程补短板、水利行业强监管”的总基调，以“建、管、治”并举的方式推动水利建设，发挥水利支持发展、服务民生、修复生态的独特作用，为全市经济社会可持续发展提供水利支撑与保障，全年完成水利投资11.57亿元。

（周良偶）

【水资源管理】 2021年，晋江市落实最严格水资源管理制度，严控“三条红线”（水资源开发利用控制红线、用水效率控制红线、水功能区限制纳污红线），加强水资源节约、配置和保护。落实取水许可、水资源有偿使用制度，全年征收水资源费532万元，其中补征缴水资源费70万元；加强“三库一湖”（东山、溪边、草洪塘、龙湖）饮用水源保护区水质监测工作，在饮用水源地布设监测点，定期开展水质监测，掌握水质变化情况。

（蔡聪语）

【水利工程建设】 2021年，晋江市策划推进水利工程建设项目32个，总投资78.86亿元，年度计划投资11.41亿元。至12月底，完工项目8个、在建项目5个、待开工项目1个、前期项目18个，完成投资11.57亿元。推进山塘修复工程建设，完成劝井、牛头山等山塘修复项目14个。推动大坝溪、九十九溪浦沟支流等河道整治建设项目23个，完成河道清淤整治35.71千米，完成投资4386.3万元。

（李为民）

【水利工程监管】 2021年，晋江市开展水利工程及设施质量安全抽查，检查水利工程38处，排查隐患160项，发放整改通知书38份，落实质量安全隐患整改。坚持“安全第一、预防为主，综合治理”方针，开展多轮次水利行业安全生产大检查，全市水利建设项目和生产经营单位检查率 100%，排查出安全隐患 153 处，其中防汛安全隐患 12 处、其他一般安全隐患 141 处，完成整改 153 处，整改率 100%。

（颜剑南）

福建向金门供水工程龙湖取水口（晋江市水利局／供　摄于 2021 年 4 月 14 日）

【水利工程保护范围划设】 2021 年，晋江市水利局完成全市 21 条主要河流、25 座水库、22 条海堤、12 个市管水闸管理与保护范围划定。10 月，晋江市印发《晋江市人民政府关于划定晋江市河道管理范围和水利工程管理与保护范围的通告》，明确河道和水利工程的管理和保护边界。

（张爱莲）

【生态水域综合治理】 2021 年，晋江市打造梧垵溪、梧桐溪、九十九溪、缺塘溪等标杆河段 4 个，建成 18.92 千米的沿河景观步道和带状公园，成为周边群众休闲游憩的“网红打卡地”。以阳溪为试点，完成流域污染源系统排查工作，为开展流域水环境治理提供技术支撑。加大河湖“四乱”（乱占、乱采、乱堆、乱建）问题及入河排水口排查交办力度和整改销号闭环管理，年度交办完成各类问题整改 1240 个。开展河湖长制“一堂好课”，鼓励发动成立镇级、村级生态公益慈善基金，组建民间护河志愿队伍，推动全市流域生态环境持续向好。

（吴我彬）

【水利行政执法】 2021 年，晋江市加强河湖管理工作，打击非法采砂等破坏水生态环境的行为，确保河道行洪安全和涉水工程安全。出动执法人员 712 人次，巡查水利工程及河道 345 处，当场协调处理各类水事纠纷事件 38 起，立案办理 1 起、罚款 3 万元，清理违章建筑 1220 平方米，处理违法侵占渠道 3 起，常态化推进扫黑除恶专项行动。

（王黎光）

【库区移民管理】 2021 年，晋江市以创建“平安库区”为抓手，加强库区移民村的社会管理，加大后期扶持工作力度。全年移民直补 3081 人，发放直补资金 184.86 万元。推进未完工移民项目建设，完工项目 16 个，在建项目 5 个，因资金结余变更项目 2 个。

（颜剑南）

【“十四五”水利建设专项规划出台】

2021 年，晋江市出台《晋江市“十四五”水利建设专项规划》，按照“三片、三带、十脉、百库（塘）”的总体布局，结合晋北、晋中、晋南三大区域水利协调发展的思路，制定保障水安全、优化水资源、治理水环境、修复水生态、提升水景观文化、智慧水管理等 6 个方面的水建设管理任务，计划实施 24 个重点项目，“十四五”期间计划投入 47.69 亿元。

（孙文集）

梧垵溪生态景观提升工程　（晋江市水利局／供　摄于 2021 年 9 月 28 日）

【金门供水工程】 2021 年，福建向金门供水工程水质实验室 16 项检测指标的标准化、规范化提升建设通过水利部国科司验收。6 月，向金门供水工程暨两岸通水交流中心获批省级对台交流基地。至 2021 年 12 月 31 日，福建向金门供水工程累计安全供水 1245 天，提供优质水 1703 万吨，日均供水约 1.36 万吨。其中，2021 年向金门供水 633.3 万吨，比上年增长 16.15%；日均供水约 1.73 万吨，占金门民生及工业需水量的 73%。为金门乡亲提供清洁、安全、生态的优质水，成为推进“金马四通”的样板和两岸民生领域的合作典范。

（洪佳兴）

工业

综述

【概况】 2021年，晋江市规模以上工业产值完成6926.38亿元，比上年增长15.4%。四大传统优势产业（鞋服、纺织、食品、建材产业）、三大新兴产业（智能装备、新一代信息技术、医疗健康）分别增长15.1%、8.6%，全年规模以上工业单位增加值能耗下降10.3%，工业运行经受住新冠肺炎疫情的短期冲击，保持稳中向好态势。

【工业经济结构】 2021年，晋江市股份制企业完成产值3986.68亿元，增长26.2%；外商及港澳台投资企业完成产值2905.30亿元，比上年增长3.1%；国有企业完成产值4.95亿元，比上年增长158.9%；股份合作制企业完成产值1.30亿元，增长5.8%；其他经济类型企业完成产值28.15亿元，比上年增长34.3%。从企业规模看，全市产值超亿元工业企业1159家，比上年增加134家；完成产值6579.07亿元，增长29.0%。其中，产值超10亿元的企业139家，完成产值3079.59亿元，增长30.9%；产值在5亿—10亿元的企业220家，完成产值1558.65亿元，增长22.9%；产值在2亿—5亿元的企业434家，完成产值1405.72亿元，增长32.8%；产值在1亿—2亿元的企业366家，完成产值535.11亿元，增长27.3%。从行业情况看，全年鞋服产业产值2704.07亿元，比上年增长15.2%；纺织产业产值1194.90亿元，比上年增长28.1%；建材产业产值825.94亿元，比上年增长16.9%；食品产业产值566.19亿元，比上年下降7.1%；医疗健康产业产值394.79亿元，比上年下降1.4%；智能装备产业产值341.98亿元，比上年增长18.9%；新一代信息技术产业产值43.51亿元，比上年增长42.4%。

【工业经济效益】 2021年，晋江市规模以上工业企业实现营业收入5993.81亿元，比上年增长12.3%；利润总额385.86亿元，比上年增长11.9%；每百元营业收入中的成本为86.6元，营业收入利润率6.4%。年末规模以上工业企业资产负债率48.2%，比上年末提升2.6个百分点；“两金”占比（应收账款和产成品库存占流动资产比重）32.4%，比上年末下降4.2个百分点。

【企业发展升级】 2021年，晋江市龙头企业主流市场份额稳步提升，历经多轮行业洗牌后，市场资源加速向优势企业、一线品牌集聚，叠加国潮风推动，进入快速扩张阶段，有安踏、恒安、三六一度等10家龙头企业纳税超亿元，培育省级产业龙头企业59家、泉州市级产业龙头企业98家、晋江市级产业龙头企业115家。

2021年，晋江市中小企业进一步布局细分领域，专业化能力增强，联诚、华泰、凯达、优安纳4家企业产品获省级单项冠军产品称号，港益、华泰、信泰3家企业获工信部单项冠军产品称号，夜光达、向兴、艾派等10家企业获省级“专精特新”中小企业认定，恒毅、华清2家企业获工信部“专精特新”小巨人企业认定。

【企业发展要素保障】 2021年，晋江市助力缓解融资困难，动员中小微企业申报福建省第三、第四期中小微企业纾困资金贷款，对接成功298家，累计放款22.57亿元。组织拉链产业、陶瓷产业、龙湖镇、深沪镇等4场政银企对接会，现场为企业进行惠企政策宣讲，促成农商银行分别为福建省拉链同业公会、晋江市建材陶瓷行业协会授信10亿元，促成晋江农商银行深沪支行、建行深沪支行、光大银行晋江支行分别与通亿、达铨、闽南水产公司签约授信，授信总额6500万元。按照“点片结合、以片为主、以点为辅、试点先行”思路，深化“工改工”试点项目。其中，深沪富联、开发区凤竹、永和侨成、内坑富宇4个项目改造策划方案确认纳入工改盘子，富联项目开工。对接东石、永和、英林等镇，策划连片改造项目。对接工业地产商、各类行业组织，协助各地“工改工”项目策划业态、引进企业。先后组织6家国内知名工业地产商实地踏勘连片改造地块，联系泳装协会、食品协会、印染协会融入参与连片改造项目、打造特色产业主题产业园。加强用能情况监测工作，建立制造业主要行业用能情况月报机制，为经济运行政策决策提供重要依据。2021 年，全市工业用电量 144.3 亿千瓦时，比上年增长 19.62%；工业用气量 97668.79 万立方米，比上年增长 12.95%；工业用气量（晋江热电、福能热电）462.22 万吨，增长 73%。确定有序用电用户名单，执行有序用电措施，确保有序用电和经济稳增长两不误。

【企业服务】 2021 年，晋江市工信局牵头组织兑现 2020 年度晋江市惠企政策，惠及企业 653 家次，梳理修订新一轮经济鼓励政策，制定出台《晋江市引领推动制造业高质量发展的若干措施》及政策操作程序，编制晋江市“重龙头、强品牌、铸链条”专项行动、绿色数字技改专项行动等方案，完善政策体系，提高政策针对性和实效性。全年组织政策宣讲 10 余场，举办“专精特新”企业专场政策培训活动，“党建 + 人才 + 平台 + 政策”助力企业发展。引导龙头企业和中小企业加强协作配套，推动 43 家企业进军品牌供应链，培育百锋、懋达、百怡、东骏、顺和等 5 家 OEM/ODM 标杆企业。在省工信厅的指导下，配合省纺织协会筹备组建福建省纺织服装供应链协同创新联盟，突出产业链供应链循环畅通。7 月中旬，举办福建省纺织服装产业手拉手对接进泉州暨福建省纺织服装产业链协同创新联盟启动仪式，百余家服装上下游企业在现场对接；11 月中旬，指导筹办晋江市泳装协会换届大会，整合资源，创新求变，促进泳装产业协会在品牌嫁接、跨境电商、标准厂房、技术创新、人才培育等领域合作项目签约，推动泳装协会与安踏、三六一度等 6 家品牌企业签订战略合作协议，助推泳装行业高质量发展。承办“海峡 • 福设计”工艺防护口罩设计大赛，征集参赛作品 644 件，评选出特别推荐作品 10 项，金奖 6 项、银奖 10 项、铜奖 12 项，入围作品 60 项。举办 2021 年晋江海峡两岸大学生设计营，9 家企业参与承办，累计创作 175 件作品。启动第八届“海峡杯”工业设计（晋江）大赛，征集作品 15232 件。

【企业经营管理水平提升】 2021 年，晋江市组织百余名鞋业企业家赴莆田双驰公司对标学习个性化定制生产和精益管理经验。指导装备制造协会、泳装协会、工业设计协会等举办“VUCA 时代的企业人才管理与绩效赋能”管理培训班、泳装数字化生产精益培训、“新势来潮”2021 制造业交流峰会（晋江站）暨绿色设计助力体育产业发展论坛，组织 40 余家企业、协会成为“绿色中国制造”联合倡议单位，举办“职业启航班 • 群教育教学模式”研讨会等，引导帮助企业提升经营管理水平。

【行业整治提升】 2021 年，晋江市推动印染行业转型升级工程。举办印染行业规范公告培训班、纺织印染晋江地区印染企业合作交流会、染整协会职业技能竞赛等，新增 2 家印染企业通过印染行业规范公告。围绕节能技改、循环经济、绿色制造体系、能力建设等 4 个方面，组织 17 家企业开展节能循环技术改造，节约能耗约 8.09 万吨标准煤，实施改造 136 台功率 3232.6 千瓦电动机；开展 123 家重点用能单位节能目标责任考核工作。全年规模以上工业单位增加值能耗下降 8.83%。推进落后产能淘汰工程。组织开展“地条钢”非法生产检查工作，联合市场监管局、相关镇（街道）政府（办事处）抽查铸造企业。市、镇两级共检查企业 110 多家次，未发现“中频炉 + 连铸”工艺生产“四轮一带”铸锻类产品企业。

【架空线缆专项整治】 2021 年，晋江市出台《晋江市架空线缆整治专项行动方案》，组织各缆线权属单位先后投入超 25 支工程队，对首批 76 个村（社区）开展整治工作，完成首批全部村（社区）的首轮整治工作。出台《关于大力推进智能充电桩建设、集中开展电瓶车飞线充电整治工作的通知》，组织开展电瓶车智能充电桩建设和飞线充电整治工作。建设充电桩场所 533 处，建成充电桩 8455 个。飞线充电整治排查 1126 宗，整改 1088 宗。

【电力设施保护】 2021 年，晋江市电力执法办在泉州市电力执法机构对标评价中位列 7 个县级执法办第一名。全年消除重大电力设施安全隐患 12 起，依法处理 6 起重大电力设施外破事件；截至 2021 年 10 月 25 日，依法划定全市在运的电力线路保护区 1147 条，其中 110 千伏 106 条、10 千伏 1041 条，占泉州市电力线路保护区总数的 30%，提前 2 个月完成省工信厅制定下达的三年行动指标任务。开展电力设施保护法规宣传。

（王玉芬）

鞋服业

【概况】 晋江鞋服业作为晋江两大千亿产业集群之一，主要集中在陈埭、池店、西滨、英林、金井、经济开发区等区域。2021 年，有规模以上鞋服企业 1247 家，实现规模以上产值 2704.07 亿元，比上年增长 15.2%，占全市规模以上产值比重 39%。鞋服产业加快新动能改造，规模、效益持续提升，发展势头强劲，龙头集聚效果显著，形成搬不走的鞋服产业链优势。

【鞋服品类结构】 2021 年，晋江鞋服产业范围涵盖内衣、运动装、休闲装、正装，童鞋、运动鞋、跑步鞋、拖鞋、凉鞋等为较完整的产品结构，市场竞争力逐步增强。

【鞋服品牌效应】 2021 年，晋江市服装类拥有七匹狼、利郎、柒牌、劲霸等中国休闲服装名牌，成为与广东、浙江等国内区域品牌男装齐名的三大板块之一。七彩狐、号手、达丽等泳装、内衣品牌企业崛起，90% 以上的产品出口东欧、中东、德国、法国、日本等国家和地区。制鞋类拥有安踏、中乔、三六一度等国内知名体育品牌，是国内著名的制鞋产业基地。

【鞋服产业链条】 2021 年，晋江鞋服业形成完整的产业链条，服装业形成化纤、织造、印染、成衣生产为一体的产业体系，鞋业形成鞋成品、鞋机、鞋材、皮革、鞋类化工等完整的鞋产业链条，在市域内可实现一双鞋从原料采购到生产销售的全过程，成为全国配套最齐全、技术水平领先的生产基地。

【鞋服企业发展】 2021年，晋江市鞋服业龙头企业快速扩张，主流市场份额稳步提升，有8家鞋服品牌企业纳税超亿元，晋江市98家入围泉州龙头企业中，鞋服企业有21家、占比21.4%。中型企业差异成长，肯拓、大黄蜂等企业聚焦细分领域，抢滩户外、儿童市场；美明达、名志、华昂等进入全球品牌ODM供应链，获得稳定订单来源；普斯特服饰、智铭鞋业等企业剥离加工环节，聚焦产品开发、渠道铺设，业绩保持稳定增长，获评省级“专精特新”企业。

（王玉芬）

纺织业

【概况】 晋江纺织业作为晋江两大千亿产业集群之一，涵盖化纤、织造染整等系列工艺，产品范围涵盖化纤、机织面料、针织面料、非织造布等，主要集中在龙湖、英林、金井、深沪等镇及经济开发区五里园、安东园等区域。2021年，晋江纺织业有规模以上工业企业267家，实现规模以上产值1194.90亿元，增长28.1%，占全市规模以上产值比重的17.25%。代表性企业有百宏、逸锦、华宇、向兴、福田等企业。

【纺织业区域聚集】 2021年，晋江市经济开发区“一区多园”的建设推动纺织业总体产业布局更加集中，原料运输、上下游企业连接更加紧密，节约成本，带动规模效应，增强整个产业的竞争力。

【纺织业市场覆盖面扩大】 2021年，晋江市机织坯布远销广东、江苏、湖北等地，并延伸到欧洲、东南亚等境外市场。针织产品除就近配套晋江鞋服品牌之外，还成功进入阿迪达斯、斯凯奇、耐克等10多个全球知名品牌供应链。

【纺织业产品竞争力提升】 2021年，晋江市机织企业通过技改提升，引进大量全球高端设备升级换代，拥有一批国内外最前沿生产装备（日本津田驹、丰田、比利时必佳乐、意大利意达、德国多尼尔喷水和喷气织机，德国卡尔迈耶经编机等），坯布处于全球领先地位。针织业专注细分市场，涌现出夜光达（反光功能材料）、华宇（经编）、港益（经编）、信泰（经编网布）、普斯特（飞织横编成型鞋面）、龙之族（生物纺织涂层材料）等一批“专精特新”企业。

（王玉芬）

陶瓷建材业

【概况】 晋江市陶瓷建材业主要集中在磁灶、内坑、紫帽等镇。2021年，陶瓷建材行业规模以上企业149家，陶瓷建材业规模以上工业产值825.94亿元，增长18.14%，占全市规模以上工业总产值11.92%。作为“两高一资”业态，晋江陶瓷建材业历经多次行业规范整治，特别是启动清洁能源替代工程后，整个行业在能源革命带来的成本提升倒逼下，逐步向高端发展。

【陶瓷建材市场拓展】 2021年，晋江市陶瓷企业加快抢占国内市场份额，部分陶瓷企业在巩固国内市场的同时，相继把眼光转向国际市场，通过参加西班牙、阿联酋迪拜、美国奥兰多等国外陶瓷博览会和组建专业进出口公司、委托外贸公司代理等办法，不断开拓境外市场。

【陶瓷建材品牌培育】 2021年，晋江市磁灶镇发挥陶瓷产业优势地位和示范作用，打造区域品牌，“磁灶陶瓷”通过国家地理商标认证。丹豪、华泰、腾达等一批企业着重培育自主品牌，掌控终端销售渠道，部分陶瓷企业在国内多个城市建立终端销售门面。

【陶瓷建材产业升级】 2021年，晋江市陶瓷建材有国家高新技术企业18家，入选2021年省科技小巨人领军企业9家、科技型中小企业20家，以高新技术改造提升传统产业，推动陶瓷产业走上科技创新驱动发展的转型升级道路。

（李丽满）

食品业

【概况】 晋江市食品业主要集中在罗山、新塘、安海等镇域。2021年，有规模以上工业企业83家，实现规模以上企业产值566.19亿元，按现价计算比上年下降7.1%，产销率97.3%。

【食品展会策划】 2021年7月，晋江市在晋江国际会展中心主办第五届海峡两岸食品交易会暨第八届闽台（泉州）食品交易会，参展面积6万平方米，2400个标准展位，吸引全国各省的食品企业包括中国台湾及台企委托代理商、境外企业国内代理商等1012家特色食品企业参展，展会达成意向交易额163.58亿元，比上年增长18.02%。展会期间配套举办2021年海峡两岸食品行业颁奖典礼、海峡两岸名优食品推介会、第三届中国休闲食品工艺技术高峰论坛、全国食品商协会座谈会、阿里巴巴1688超级重点商家食品行业交流会、京东自有品牌代工对接会等活动。继续打造永不落幕的食交会线上交易平台，打破空间时间限制，依托B2B供应链平台，实现线上同步展出。通过线上的特色渠道、特色资源，优化会展服务，提高参展效益，平台有1000多家企业入驻，访问突破10万人次，每天在线活跃厂商约3000人。

【食品企业外出参展】 2021年，晋江市组织食品生产企业抱团参加4月2—6日第104届全国春季（成都）糖酒会，展现晋江食品企业在新冠肺炎疫情影响下的快速复苏和晋江食品行业的综合实力。

【食品行业人才培育】 2021年5月，晋江市食安办、市市场监督管理局、市工业和信息化局、晋江食品协会联合开展全市食品生产企业食品安全管理人员培训考试，为全市食品安全管理人员提供一个相互学习、交流的平台。11月，市工业和信息化局、人力资源和社会保障局、总工会、晋江食品协会联合举办2021年晋江市食品行业职工职业技能竞赛。12月，晋江食品协会、福建省食品企业商会、晋江市委食品行业协会兼合委员会联合举办第四期食品行业核心人才研修班，帮助企业建立现代化管理体系，引导行业加强创新，推动产业发展，促进发展方式转变，帮助企业解决经营管理的难题，同时增进业界人士相互间的情谊及信任。

【食品企业新品拓展】 2021年，雅客跨品类推出维生素果汁汽水，好彩头跨品类上市即饮咖啡，乐隆隆跨品类进军宠物食品，蜡笔小新推出卤制品，阿一波推出冻干银耳，有零有食推出冻干水果，优滋美在复合调味品领域不断拓品。

【食品品牌营销手段创新】 2021年1月，盼盼厚椰乳获小红书2021年“新品牌营销奖”“共生爆品出圈奖”。5月，盼盼食品在北京2022年冬奥会战略发布会上发布全新品牌升级战略，推出品牌形象——PP熊，并冠名认养秦岭大熊猫，举行科技引领营养健康食品战略合作签约仪式，开启盼盼食品体育营销之路。“双11”期间，亲亲食品牵手合作伙伴永璞咖啡，从研发、包装、推广、渠道等层面深度合作，推出新品“亲亲 永璞”咖啡圈。创新经典大IP联名等文创类IP零食，包装、形状的产品趣味性，以创意新品为载体，嵌入小红书、抖音、微博话题、B站等新传播渠道，进行精准推广。好彩头先后牵手《哪吒之魔童降世》、熊本熊、精灵宝可梦等热门IP形象；食在过瘾食品以憨态可掬的卡通北极熊形象作为自有IP“食力小熊”；盼盼食品与国潮IP合作等。

（许逸琳）

智能装备及机械制造业

【概况】 晋江市智能装备及机械制造产业主要集中在安海、东石、永和、罗山、西园等镇（街道）。2021年，有智能装备及机械制造业企业1300多家，其中规模以上企业109家。代表性企业有晋工、佶龙、凯嘉、海纳、盛达等公司。智能装备产业实现规模以上产值341.98亿元，比上年增长18.9%。

【装备制造行业门类及代表】 2021年，晋江装备制造行业门类有纺织机械、制鞋机械、石材机械、工程机械、园林机械、汽车和工程机械配件、锻造铸造基础部件等多个门类。其中，纺织机械企业主要从事经编机、大圆机、电脑提花机、印花机、定型机生产，有少数几家从事经编机、大圆机、喷水织机、喷气织机机针生产的中小型企业。经编机产量居全国前列。制鞋机械企业重点集中在安海一带，主要从事自动化制鞋流水线、鞋底一次成型注射机生产。因国内三胎政策红利，纸制品企业迅速崛起，以纸尿裤机械为主的纸制品机械市场前景良好，带动顺昌、海纳等一批企业崛起。石材机械有安海盛达、和盛等企业，产品包括单柱组合切石机、红外线桥式切边机、电脑仿型线条机、弧形板材切石机、仿型柱座帽切机、龙门切石机、高架桥式切石机、连续抛光机。工程机械形成以晋工公司为龙头，劲牛、威盛、升泰等一批中小型工程整车及配件企业为补充的工程机械产业体系，产品包括装载机、挖掘机、叉装机以及工程机械配件。其中，晋工机械位列国内工程机械前列。园林机械的三力公司是全国规模最大、品种最全的园林机械企业之一，草坪机出口量位居全国首位。汽车配件在晋江装备机械业中拥有的企业数量最多，产品基本涵盖汽车主要总成各个部类。其中，机械基础部件主要集中在安海、东石两镇，包括铸造、锻造、热处理、机件加工、电镀等工序；铸锻造企业主要集中在安海梧山、西畲；电镀企业集中在东石华懋电镀集控区；机件加工企业集中在安海，有4米以上龙门刨床100多台。

【装备制造行业活动】 2021年，晋江市举行“晋取未来 E路前行”晋工新能源产业发布会，发布会上，晋工新能源对外集中亮相潜心研发的智能纯电动装载机、电动轮式挖掘机、超重吨位超大激振力自行式电动压路机、车载式混动绝缘斗臂车、蜘蛛式自行走电动绝缘斗臂车等5款新能源产品。举办2021年晋江市装备制造业电焊工职业技能竞赛，在全市装备行业中征集培育选树优秀工匠50名。举行晋江市首期高技能人才直接认定观摩交流会、“企业精益落地之道——2021实战研修班”、“VUCA时代的企业人才管理与绩效赋能”管理培训班、“晋工杯”质量月职工技能竞赛，晋江市装备制造业人大代表联系群众活动室开展智能制造专题学习调研等活动。晋江市惠企政策解读及人工智能系列成果对接交流会在晋江国际工业设计园举办。

【装备制造企业发展】 2021年，福建省晋江市华宇织造有限公司获评工信部智能制造优秀场景；福建佶龙机械科技股份有限公司、晋江海纳机械有限公司、泉州恒毅机械有限公司、晋江市鑫腾连盛机械有限公司、福建兴翼机械有限公司、福建省威盛机械发展有限公司、泉州巨能机械有限公司、福建晋工机械有限公司8家企业获福建省首台（套）重大技术装备认定；福建省华宝智能科技有限公司、晋江新建兴机械设备有限公司、福建省万物智联科技有限公司3家企业入选2021年省智能制造系统解决方案供应商名单；福建盛达机器股份公司、军鹏特种装备股份公司入选2021年福建省“专精特新”中小企业名单；新增福建省港丰新材料科技有限公司、福建省福地化纤科技有限公司、福建省福能晋南热电有限公司、福建亲亲股份有限公司、泉州市骏程包装用品有限公司8家企业通过泉州市“数字化车间”认定；福建百宏聚纤科技实业有限公司获泉州市“智能化标杆工厂”认定；晋江市海纳机械有限公司、福建晋工机械有限公司、福建泉成机械有限公司3家企业入选2021年度泉州十大智能装备榜单；福建省威盛机械发展有限公司、福建盛达机器股份有限公司、晋江市成达齿轮有限公司、晋江市凯嘉机器制造有限公司、晋江海纳机械有限公司、福建晋工机械有限公司、福建佶龙机械科技股份有限公司等企业入选2021年泉州市产业龙头企业名单。

（蔡育新）

集成电路产业

【概况】 2021年，晋江集成电路产业园区围绕“打造集成电路全产业链生态圈，建设海峡两岸集成电路产业合作试验区，建设全国重要的内存生产基地、封装测试基地，‘十四五’期间打造具有全国影响的千亿数字产业集群”的总体思路，大建设、大招商、大发展，各项事业全面发展，招商引资、项目建设、氛围营造齐头并进，产业集聚态势逐步呈现。

【项目建设】 2021年，晋华项目实现月产能1万片，国产化替代和新世代工艺研发取得突破。渠梁项目2021年产值21亿元，高频宽封装、扇出晶圆级封装技术业内领先，是国内唯一同时在这两项技术上具备量产能力及规模的企业。胜科纳米项目完成投资8000多万元并投产。颖华导光膜项目进入施工招投标程序。中探针弹簧针式电子连接器项目落地金冠小微工业园7500平方米厂房。盛维投射式触控屏产业化项目投入量产，2021年营收超1000万元。三伍微公司完成6000万元A轮融资，信同公司常驻团队50多人，2021年营收超2000万元。科山芯创模拟、射频芯片设计项目2021年营收近1000万元。

【基础设施建设】 2021年，晋江集成电路产业园区加快基础设施建设。科学园，基本完成主要道路建设，府研路8月份竣工，消防站10月竣工，垃圾转运站完成综合楼主体施工。工业园，南天南路下穿高铁段启动施工，跑马路、檗谷南路、景观北路等主干道路完成项目前期工作，组织项目财审。基本完成红树林种植繁育项目施工。加快工业园用海手续报批进程。跑马路、南天南路、檗谷南路、景观北路、安东公路5宗公益用海项目获批。10宗工业用海项目统一委托省海洋研究所编制海域使用论证和海域价值评估，并基本完成方案编制。

【招商引资】 2021年，晋江市结合产业发展实际，与集邦咨询深入探讨集成电路产业招商重点方向和领域，制定2021年招商战略和路线图。聚焦龙头企业配套、产业强链补链环节，坚持产业链思维，制定产业招商图谱，实施精准招商、靶向对接。对接基金平台、行业协会、咨询机构、园区院校等，参与“创芯大赛”、行业展会、专业论坛等活动，累计对接产业链企业及项目团队100多家，其中签约落地项目11个，总投资76亿元，包括渠梁电子集成电路封装测试二期、胜科纳米集成电路专业分析测试平台、盛维投射式触控屏产业化、自聚焦透镜及环形器生产线等项目，集聚做大集成电路产业链。

【投融资服务】 2021年，晋江集成电路产业构建科学投融资体系。增强营运资金管控机制，建立财务统一核算平台，挖掘、整合集成电路母子公司资源，增强整体融资能力，创新融资工具，开展各项融资策划，实现“资源到资产、资产到资本、资本到资金”的转变。推动集成电路产业园区投资引财工作，对接红桥创投、前海创投、迅捷投资、中和元控股等多家行业内知名基金管理公司，寻求合作，推动设立政府引导性基金。与半导体投资行业知名机构以及社会资本方形成战略合作，借助外部力量，互利共赢。

【人才引育】 2021年，晋江市承办2021数字中国创新大赛集成电路赛道暨首届全国集成电路“创芯大赛”系列活动，先后在北京、西安、上海、深圳举办分站赛及晋江总决赛，累计吸引海内外183个项目报名参赛。调整升级人才优待政策、科研鼓励政策。全年新增省引进高层次人才4人、省工科类青年人才82人、泉州市高层次人才320人、晋江市集成电路产业优秀人才350人；发放优秀人才津补贴、培训补贴、优秀人才子女学杂费补贴、购房补贴等1944.81万元，惠及1281人次；兑现科研鼓励政策补助149.42万元。建成象山超高端人才社区人才房，首批入住31人。开展产教融合工作，与泉州信息工程学院推进共建集成电路产业学院开展人才合作。高分通过协同创新院微电子分院年度考核。推动福州大学—晋江微电子研究院建设，投入1668万余元，完成洁净室建设，购置集成电路自动测试系统、硬件仿真器、微波探针台等设备。

【营商环境优化】 2021年，晋江集成电路产业园区深化落地企业“单一窗口”服务保障机制。协助渠梁项目二期顺利通过国家发展改革委“窗口指导”审批，解决项目落地建设、运营过程中遇到的问题，保障晋华、渠梁、中探针、颖华导光膜、胜科纳米等项目开工建设、增资扩产。立足项目落

2021年4月22日，晋江市举办2021数字中国创新大赛集成电路赛道首届全国集成电路“创芯大赛”颁奖仪式暨2021泉州数字产业发展论坛

（晋江集成电路产业园区／供）

地全周期及人才生活全链条需要，完成新一轮产业政策和人才标准修订工作。全年发布新闻信息 204 条，多次在人民网、新华网、中新社以及《科技日报》《工业日报》等刊发。《全国首个“园校企”共建的集成电路产业学院成立》在“学习强国”学习平台、《福建日报》等媒体刊发。通过园区网站、微信公众号等舆论平台，做好舆论回应，注重宣传，摄制集成电路产业园区宣传片、编制新版宣传手册、改版产业展厅等。

（陈钰莹）

工艺美术品制造业

【概况】 2021 年，晋江市工艺美术品制造业主要以木雕、珠宝首饰加工企业为主，另有少数工艺石、工艺礼品、日用工艺陶瓷及其他工艺美术品企业，其中规模以上工艺美术企业 5 家，实现规模以上产值 47.6 亿元，比上年增长 14.4%。1 家工艺美术企业获评泉州市第三产业龙头企业，1 家工艺美术企业获评泉州市“十佳文化企业”。

【工艺美术品牌建设】 2021 年，晋江市城镇集体工业联合社与晋江经济报社合作“树立大师品牌 打造工匠精神”首届晋江市工艺美术大师系列报道，推出报道 9 期。拍摄“工美匠心传 海丝再扬帆——走进晋江工美行业”宣传片在晋江电视台播出。借助《泉州晚报》整版报道晋江市工艺美术发展情况，献礼中国共产党成立 100 周年；借助中国网、国际在线等国家级媒体报道 7 次。以晋江工艺美术馆为平台，举办首届晋江市工艺美术大师优秀作品展、“颂党恩•诗书琴律动”雅集诗词作品展、“美家美饰”工艺美术作品展、“匠心晋江”工艺美术大师技艺分享会等特色主题展览、沙龙活动 4 场，展示晋江工艺美术精品，传播晋江工艺美术文化。

【工艺美术企业服务】 2021 年，晋江市城镇集体工业联合社组团参加第十五届中国（莆田）海峡工艺品博览会、2021 中国（大连）国际文化旅游产业交易博览会、第十九届全国工艺品博览会暨国际珠宝玉石博览会等国家级工艺美术展评会，参展作品获奖项 27 件，其中金奖 6 件，拓展晋江工艺美术企业市场空间。发动工艺美术企业申报晋江市文化产业政策资金，获原创作品奖励企业 10 家、作品 35 件，帮助兑现政策资金 68 万元。

【工艺美术人才培养】 2021 年，晋江市城镇集体工业联合社指导推荐工艺美术匠人参评第四届泉州市工艺美术大师评选，获评泉州市工艺美术大师 2 人，获评泉州市传统手工艺名人 6 人。指导、协助工艺美术人才申报高层次人才，新增泉州市第七层次人才 4 人、晋江市第七层次人才 3 人。依托中国轻工职业能力评价（晋江海峡）直属基地开展工艺美术人才培训，鼓励工艺美术人才继续学习和参与职业等级评价，新增一级（高级技师）工艺品雕刻工 2 人、四级（中级技能）工艺品雕刻工 2 人。

【第四届家装文化节】 2021 年 12 月 20 日，由晋江市城镇集体工业联合社主办，晋江市室内装饰协会、晋江市工艺美术协会承办的晋江市第四届家装文化节在五店市开幕。该届家装文化节以“把文化做到家”为主题，推出“把文化做到家”家装设计文化讲堂、“美家美饰”晋江市工艺美术作品展、“把文化做到家”家装设计分享等活动，引领家装消费新理念。

（苏奕拉慈）

电力工业

·福建晋江天然气发电有限公司·

【概况】 福建晋江天然气发电有限公司（简称“晋江气电”）是福建省能源石化集团所属上市公司福能股份的权属企业。2021 年，晋江气电全年发电量 32.41 亿千瓦时，完成预定计划的 115.1%，其中气电 31.52 亿千瓦时、风电 8726 万千瓦时、光伏发电 174 万千瓦时；上网电量 31.69 亿千瓦时，其中气电完成 30.84 亿千瓦时、风电完成 8482 万千瓦时。获“2020 年度纳税信用 A 级纳税人”“省属企业先进基层党组织”“全国煤炭行业五四红旗团委”、省级“绿色工厂”等称号，连续第四次获评“泉州市龙头企业”。

【安全生产管理】 2021 年，晋江气电全年安全生产 365 天，气电累计连续安全生产 3650 天，风电安全生产 2623 天。迎峰度夏、中国共产党成立 100 周年等重要节点保电期间，按调度要求完成机

2021 年 12 月 20 日，晋江市第四届家装文化节启动仪式在五店市举行
（晋江市城镇集体工业联合社 / 供）

组启停 292 台次；9 月，4 台机组同时启动 21 天，完成调峰保电任务。落实安全生产专项整治三年行动任务，组织防台防汛、燃气等专项检查，构建双重预防机制，组织应急能力建设评估和应急演练，宣传贯彻新《中华人民共和国安全生产法》，提升安全意识。加强现场安全管理，执行检修安全特巡和每日安全巡查机制。实行安全隐患清单式管理，发现并整改 339 条隐患。抓好“两票三制”管理，“两票”执行合格率 100%。组织厂级安全教育 85 场 750 人次，加强环保设施维护，实现危险废物零库存，落实职业健康。拉紧新冠肺炎疫情防控网络，倡导就地过年和新冠疫苗接种，落实适时抽检、三码查验、错峰用餐等常态化防疫措施，实现全年零感染。

【改革创新】 2021 年，晋江气电发布公司国有企业改革三年行动实施方案，提炼 26 项具体工作，完成 70% 的任务。谋划企业发展，开展二期可研报告编制，获福建能化集团同意开展前期批文。提升现代企业制度，印发《简洁管理方案》，修订《管理授权手册》，优化管理流程和权限职责。研究发布《关于实施对标一流管理提升行动方案》，8 项对标一流指标全部完成。优化机组启动操作和设备运行，开展运行小指标竞赛，推进机组经济运行。推进发展高新技术，成立技术研发中心，完成 6 个科研项目，组织 22 项专利申报，累计获得 20 项专利授权。开展产学研合作，与福州大学签订实习基地共建协议，合作策划建设国内第三个国家级海洋环境暴露试验站，与省锅检所合作进行锅炉关键部件安全性能科研交流。

【精益管理】 2021 年，晋江气电完成 3 号机组 C 级检修，解决汽轮机转子弯曲度超标及高中压缸缸体裂纹等重大缺陷，高压缸效率提升 2.5%。进行首次地埋天然气管道焊口检测处理，处理 133 道不合格天然气焊口，消除设备重大隐患。开展技术改造，完成 4 台机组电源管理单元（PMU）升级改造、风机变流器控制器改造等 5 项重点技改，2 个改造项目获福建省总工会 2021 年百万职工“五小”创新大赛三等奖，1 个课题获福建省 2021 年度质量管理小组成果二等奖。扩大自主检修范围和程度，加强设备监管，组织培训提升检修能力。优化生产现场条件，完成余热锅炉烟囱平台、腐蚀构架更换等项目。落实降库增效，库存同比降低 320 万元。开展“7S”［整理（Seiri）、整顿（Seiton）、清扫（Seiso）、清洁（seiketsu）、素养（Shitsuke）、安全（Safety）、节约（Save）］管理再提升活动，完成 15 个精益大课题，打造标准化、专业化管理班组。

（郑诗瑾）

2021 年 4—5 月，晋江气电进行 3 号机组 C 级检修。图为 4 月 6 日检修现场
（晋江气电／供）

·国能神福（晋江）热电有限公司·

【概况】 2021 年，国能神福（晋江）热电有限公司（简称“晋江热电公司”）抓好“安全固本、发展提速、管理提质、经营提效、能力提升、党建创优”六项重点任务，完成上级公司下达的各项经济技术指标，全年发电量 3.54 亿千瓦时，售热量 752.76 万吉焦，供电标煤耗 186.38 克／千瓦时，获泉州市级产业龙头企业称号。

【安全环保】 2021 年，晋江热电公司推进安全生产标准化建设，实现全年安全生产无事故、人身零伤害、环保零违规。以“控非停、树标准、抓整治、强责任、促提升”为安全工作重点，落实安全环保 1 号文，开展安全生产专项整治三年行动，落实高风险作业管控措施，强化“三措两案”（组织措施、技术措施、安全措施，施工方案、应急预案）审核和执行，严格现场作业安全监督管理。完善岗位安全和环保责任清单，落实责任追究。完成脱硫除尘超低排放改造并通过福建省生态环境厅核查认定，全面实现超低排放。组织 2 台机组等级检修，实施空预器改造、油档改造、汽水在线升级改造、DCS 系统防护加固、背压机孤网控制、煤仓防堵煤改造等技术改造重点项目；加强运行管理，优化运行调节，发挥蓄热装置调峰和炉内炉外脱硫设施协同作用，提升背压机发电能力，解决一批影响安全环保和经营效益的突出问题，提高设备可靠性和经济性。基本完成现场安全文明标准化治理工作并通过查评验收，现场跑冒滴漏、噪声粉尘、保温散热、腐蚀锈蚀和设施隐患等得到治理。落实风险隐患双重预防机制，坚持高风险作业安全措施四级审核，人身风险预控分析落到实处、发挥作用。组织春秋检等各类安全检查，发现问题隐患及时整改。加强安全教育、安全技能培训和应急能力建设，常态化开展新冠肺炎疫情防控工作，全年疫情零输入。截至 2021 年末，实现安全生产 4130 天。公司获评省“电力行业安全先进单位”“电力安全宣教活动优秀组织单位”“安康杯优胜单位”“安康杯活动示范单位”等称号。

【项目建设】 2021年，晋江热电公司推进二期扩建工程、光伏项目开发建设和转型发展项目。完成水土保持和接入系统设计等专题工作，项目核准前取得环评批复。通过集团经研院、战规部的审查评估，12月获得集团投资决策批复。实地勘察企业厂房103家和集中式光伏项目场址11个，签订分布式开发合作意向书20份，储备40兆瓦集中式林光互补项目，开工建设10个项目/22.5兆瓦，投产8个项目/10.5兆瓦。结合公司集中供热定位和区域资源禀赋，推进转型发展工作，成立转型发展办公室，组织开展资源和能源需求调查，编制完成2021—2025年转型发展规划，初步明确路线图和时间表。开展贝壳耦合锅炉脱硫应用研究，进行2轮次掺烧试验，项目落地后每年可降低脱硫成本近百万元；开展纺织边角料固体废物燃烧调研和技术研究，按规划推进项目实施。

【企业治理】 2021年，晋江热电公司推进国有企业改革三年行动和三项制度改革任务。推进“法治晋电”建设。制定并实施“八五”普法规划方案，开展民法典“三个一”（举办一期职工民法典专题培训班，组织一次民法典普法进农村活动，参加一次民法典网上专题考试）活动和宪法日主题宣传教育；落实重大合同提级审查，动态管控重大风险，推进合规管理体系建设，开展“学宪法、促合规、践承诺”系列宣传教育活动，降低企业法律风险，提升依法治企水平。推进审计监督工作。开展重大项目专项审计、董事长任中审计和历次审计问题整改“回头看”，抓实审计问题整改，增强审计监督效能。

2021年12月31日，晋江热电公司的8个厂区装机容量10.5兆瓦光伏项目全部一次并网成功。图为庆祝仪式 （晋江热电公司/供）

【企业经营】 2021年，晋江热电公司应对电热保供紧张、煤炭价格暴涨和新冠肺炎疫情持续反复的局面，实现经营效益逆势增长。挖掘蓄热装置和回热系统设备潜能，精细化运行调整，提升最大供热能力至440吨/小时，全年增加供热量8万余吨、发电量3000多万千瓦时，供电煤耗同比下降12克/千瓦时。协调用户错峰和避峰生产，实施错峰、避峰和天然气锅炉顶峰等具体措施，控制两个高峰期负荷，保证供热旺季参数稳定，提高用户满意度。开展“开源节流、增收节支”活动，落实降本创效具体措施。严格预算管理，逐月盘点成本费用开支情况，严控预算外支出。开展修旧利废、运行小指标竞赛、压降财务费用、节约度电滴水等降本提效工作；用活用好国家有关节能减排等政策，获省级节能与循环经济等3个专项资金补助约200万元。

【技能提升和科技创新】 2021年，晋江热电公司组织各类培训1906人次。参加泉州热工自动化岗位技能竞赛5人，获一、二、三等奖各1人，优秀奖2人，其中秦威被授予“泉州市技术能手”称号及泉州市五一劳动奖章，蔡煌达被授予“泉州市金牌工人”称号。参加福建省电力系统“匠心杯”运行值班员技能竞赛2人，分别获二等奖和风采奖，其中吴鸿超被授予“省金牌工人”称号。连能利劳模创新工作室获评审认定；实施《基于大数据预测的人工智能优化控制技术在燃烧自动及机炉协调上的应用》科技创新项目，取得实用新型专利授权4项；《一种用于背压式供热机组顶峰填谷的无扰储热系统和方法》和《一种基于背压机孤网运行切换的控制策略》创新项目分别获省工会“五小”创新大赛一等奖和三等奖。

（吴清珮）

晋江经济开发区

【概况】 晋江经济开发区系省级开发区。2021 年 11 月，晋江市委、市政府启动晋江经济开发区高质量发展体制机制改革，整合全市 14 个工业园区，规划范围拓展至 99.69 平方千米。2021 年，辖区入驻企业 1252 家，其中规模以上企业 388 家、限额以上企业 134 家、上市及上市后备企业 46 家，园区内企业规模率 37%。完成规模以上工业总产值 1364.11 亿元，同比增长 18.18%，超出全年计划 100.7 亿元；限上批发业完成 596.13 亿元，同比增长 28.43%，超出全年计划 64.53 亿元；固定资产投资完成 57.34 亿元，同比增长 14.61%；新增“四上”（规模以上工业企业、资质等级建筑企业、限额以上批零住餐企业、规模以上服务企业）企业 99 家。

2021 年，晋江经济开发区形成鞋服、纺织、食品等主导优势产业，培育装备制造、医疗健康、新材料（集成电路配套材料）等新兴产业和商贸物流业。在全省开发区综合发展水平考核中，开发区连续 5 年位居省级开发区首位。2020 年度居全省 98 家开发区（含国家级、省级）第五位，“管理服务”一级指标居全省首位。2021 年获省循环经济试点单位（第三批）。

【园区基础建设】 2021 年，晋江经济开发区坚持“产城融合、双轮驱动”理念，围绕产业转型升级，推进工业园区标准化建设，腾挪拓展发展空间。坚持“一园区一主导产业”，围绕纺织鞋服补链、集成电路延链、产业装备和休闲食品强链，策划 5 个标准化建设试点园区，总规划面积 1400 公顷，涉及 97 个项目，总投资超 720 亿元。按照“规划先行、示范带动、全面推广”工作思路，抓好“规划、规范、提升、示范、招商”5 个环节，加快布局“两体两中心”（产业综合体、创新综合体，生活邻里中心、综合服务中心），重点推动三创园与专业园联动赋能，加快落地中轻科研板块，创建绿色鞋服、休闲食品产业创新中心，建设国科大智能制造学院、集成电路邻里中心、芯动家园等公共配套，激发园区发展活力。率先推行亩均产值、税收、用能三张热力图，对入园企业可视化辨识评估，并引入大数据技术，建立涵盖税收、产值、投资强度、能耗等指标的综合评价体系，实行差别化资源要素配置。发力教育、医疗、商服等民生领域，发挥晋江市第八实验小学、晋江市第八实验幼儿园辐射带动作用，加快推动养正中学开发区分校、季延中学初中分校、第九实验小学、第九实验幼儿园建设。引进产教融合、商业广场、酒店公寓等配套型服务业项目，策划华宇总部大楼、卫顾山水酒店、产教融合综合体、英塘商住中心、万益广场等 5 个总投资 18.5 亿元项目，其中万益广场项目开工建设，打造宜居宜业的产城人融合新社区。推进园区基础设施配套建设，完善五里园路网，完成灵石路、东山路、英华路、兴灵路等 19 条市政道路建设，灵石路（中华路—社马路）建成通车；安东园路网管网改造逐步提升，综合污水处理厂完成试运行，并委托市水务集团进行日常运营。新塘园、食品园、时尚园规划道路全面贯通，安东园综合污水处理厂建成投用、灵石路（社马路—中华路）拓改通车，加快推进养正中学开发区校区等 3 所学校建设，“3+2+1”（“3”即吃、住、行，“2”即教育、医疗，“1”即文体娱乐）生活配套体系日臻完善。

【经营运作】 2021 年，晋江经济开发区以市场化项目为抓手，探索国企混合所有制改革路径，引入国内知名地产公司共同开发英塘商贸中心自有商住用地，策划晋江开发区绿色高端面料整理微工业园项目。通过司法拍卖，收购福马咪咪部分不良资产，抓好园区土地储备和成片连片运营。加快存量土地开发，通过调整规划、解决征迁问题等方式，盘活存量建设用地，实现由完全依靠财政支持到“反哺”财政的转变。加大盘活闲置资产力度，拍卖五里园阳光苑剩余房源、店面、车位，大山后廉租住房出租率保持 90% 以上，推动国有资产保值升值。

【招商引资】 2021年，晋江经济开发区立足高质量发展，围绕构建全市“4341”（鞋服、纺织、建材、食品4大传统优势产业，信息技术、智能装备、医疗健康3大新兴产业，商贸物流、文体旅游、研发创意、金融服务4大现代服务业，探索布局未来产业）现代产业体系，以壮大传统产业、培育新兴产业、补齐产业短板为招商目标，推行“带土地找项目、带空间去招商”的招商模式，全年引进招商项目17个，总投资41.92亿元。先后引进盈茂食品、安普智新材料等5个项目，总投资6.7亿元；联合市水务集团共建坊源工业污泥处置中心，总投资2亿元。支持伟泰化纤、好林家食品等项目增资扩产，总投资10亿元。利用园区闲置厂房引入胜科纳米集成电路专业分析测试平台及新宇顺纸塑等3个项目，总投资6.2亿元。配合集成电路筹备组引进胜科纳米集成电路专业分析测试平台项目，总投资3.5亿元；引荐石拓信息科技入驻三创园，助力企业数字化升级、智能化改造。引进万益广场商业配套项目，总投资7.7亿元。

【成果转化】 2021年，晋江经济开发区以规划为基础、以空间载体为支撑，从传统产业强链补链、新兴产业培育、企业提容增效、商贸服务配套等方面策划生成项目，一个项目一个专班，快速推进项目落地。结合晋江市建设项目“多评合一模拟审批”方案，服务符合条件企业申请改扩建手续办理，健全项目招引落地、建设、投产经营 “一条龙”服务体系。推动38家公司改扩建，企业建筑面积增量约190万平方米。全年招商引进正式项目14个，在谈项目3个，完成年度计划的280%；总投资35.92亿元，完成年度计划的179.6%。

【项目建设】 2021年，晋江经济开发区开展“百大项目攻坚大比拼”活动，按照开工建设一批，加速建成一批、竣工投产一批的原则、推进98个总投资567.88亿元重点项目建设，全年累计完成投资83.11亿元，完成年度计划112.82%。落实“拔钉清障”攻坚行动，化解“三张清单”（市主要领导调度问题清单、市分管领导调度问题清单、市重点办调度问题清单）内国际企业大道南延伸（侨晖路至围头支线段）工程、晋江南高速出口连接线延伸段工程2个项目涉及4个问题销号。冠和非织造布智能工厂、港益纤维等10个项目新开工，华清电子材料自动化生产线改造项目、信泰集团研发综合办公大楼建设项目等22个项目竣工或部分竣工；新增普达仓储、泉州亲亲安东园扩建项目等6个项目入库省系统。

【“四上”企业培育】 2021年，晋江经济开发区成立新增“四上”企业工作领导小组，联合工商、税务、公安消防、电力等职能部门，联动联管，定期摸排潜力企业纳统，做好“四上”企业培育和纳入企业一套表平台的信息储备。结合“双控”“限电”等政策对企业实施用电资源要素差别化政策，动员符合条件的企业从规模以下转规模以上、限额以下转限额以上。同时，引进专业第三方力量，对相关行业企业进行摸底调查、分析及测算，根据厂房使用面积、生产设备类型及数量、用工人数、用电量、纳税等形成相关转规标准，并以标准为抓手明确培育重点和服务对象，对相关新建投产项目、改扩建技改项目、租赁企业等采取“一企一策”进行指导和跟踪服务。全年开发区新增规模以上企业50家，完成年初计划的357.14%；新增限额以上企业32家，完成年初计划的177.78%。

2021年3月2日，晋江经济开发区举行冠和年产10万吨高端产业用非织造布智能工厂项目开工仪式 （晋江经济开发区管委会/供）

【安全生产】 2021年，晋江经济开发区常态化落实安全生产排查整改，形成以各片（园）区负责网格日常综合监管、专项整治组负责行业业务监管、消防救援队员及消防巡查队员分片挂钩强化日常监管及联合上级行业主管部门开展督查检查的四层监管机制。开展消防安全整治，强化企业安全生产主体责任，完成隐患整治4353条，其中行政处罚“三合一”场所17家。聘请第三方中介机构协助开展丙类以上仓库、制鞋纺织行业等专项整治，检查企业812家次，完成整治隐患2168条。组织生产经营单位主要负责人和安全管理人员培训班5期、电工和焊工特种作业培训班4期、标准化培训班2期，累计参训1340余人次；组织开展消防疏散演练警示活动64场次，累计参加9400余人次。启动食品园安全生产标准化试点园区创建工作，制定制鞋、食品、纺织服装、机械等行业日常防范准则，带动专业园区全面提升标准化水平。

【营商环境】 2021年，晋江经济开发区创新推出“双零”（服务企业零距离、服务项目零收费）服务，开发“亲清店小二”小程序，实行企业报批、报建全事项代办，健全企业项目招引落地、建设、投产经营“一条龙”服务体系。

建成晋江市首个“一体化”职工法律服务平台，通过整合职工维权、劳务纠纷及劳务案件审理的相关职能，为企业、职工解决矛盾纠纷提供法律服务。接访劳动纠纷132起，涉及436人次，涉及金额552.91万元；工伤咨询10起，工伤认定63人，实现小事不出企业、大事不出园区。搭建晋江经济开发区人才交流服务共享中心，建成招聘长廊，以共享员工盘活人力资源为重点，破解制造业“招工难”问题。“双零”服务代表泉州营商环境工作的典型，入选《2021城市营商环境创新报告》。

【园区体制机制创新】 2021年，晋江市聚焦“双零”开发区经济发展、投资服务等主责主业，明确园区规划建设、资金投入、经营运作、招商引资、服务配套事项由管委会统一负责（简称“五统一”），安全生产、生态环保监管职能实行开发区管委会与属地政府“双责任制清单”管理，其他社会事务原则上由市直部门和属地政府承担管理（其中跨镇域园区的安全、环保监管职能和社会事务由开发区管委会为主承担管理，单镇域园区由属地政府为主承担管理）。实行开发区经济指标单列管理、双重考核制度，各园区指标任务由管委会负责分解下达属地政府，跨镇域园区以考核开发区管委会为主，单镇域园区同步考核属地政府和开发区管委会，共抓共享园区指标绩效。

（陈燕瑜）

泉州综合保税区

【概况】 2021年，泉州综合保税区融入泉州跨境电子商务综合试验区大局，加大招商引资，优化营商环境，拓宽业态发展新链条，重点培育跨境电商，推动跨境电商产业集聚，领跑区域跨境电商产业经济发展。泉州综合保税区全年规模以上工业总产值28.04亿元，比上年增长44.18%；限额以上批零销售额4.09亿元，比上年增长40.66%；社会固定资产投资2.97亿元；实际利用外资150万美元；缴纳税金1.2亿元。得益于跨境电商业务发展，园区全年进出口总额54.64亿元，比上年增长270.9%，其中出口额35.47亿元，比上年增长491.8%。

【招商引资】 2021年，泉州综合保税区立足高端高新产业集聚区、产业创新发展引领区的功能定位，引进港盛物流、御金跨境贸易产业园等优质商贸物流项目；引进富盈通纺织、朗朗上口食品、庞珀珞斯鞋服、霞美纤维、浩博新材料等工业项目；引进建设SAP海丝工业互联网（泉州）创新中心，推动泉州区域工业互联网、智能制造的高质量发展。全年对接洽谈招商引资项目16项，签约6个项目，涉及保税研发、保税物流、机械制造、食品基地等产业领域。

【成果转化】 2021年，泉州综合保税区复制推广自贸区与综合保税区相关改革试点经验落地。对园区全部企业落实“四自一简”，全部切换金二账册运行，金关二期特殊区域管理系统累计开出物流账册33份、加工账册14份。落实简化进出区管理，对符合条件的货物、物品均实行卡口登记分类管理。启动“经认证经营者”（AEO）认证，园区有2家航空维修企业办理AEO认证。落实“抽样后即放行”政策，政策执行后通关（待检验结果放行）提速70%以上。推动2家企业开展委托加工业务，与一般纳税人资格试点形成优势互补。推动开展航空维修项目2个、手机检测项目2个。实现货物在H2018保税流转系统和金关二期保税流转系统单证流转，提升卡口智能化运作，实现物流流转24小时无障碍进出区及自行运输。“增值税一般纳税人试点资格”政策红利持续释放，园区有7家企业获批一般纳税人试点资格，区内金鹰（福建）印刷有限公司作为开具全省首张“一般纳税人试点”增值税专用发票的企业，2021年业务成倍快速增长。

【营商环境】 2021年，泉州综合保税区建立重点项目服务专班，关注重点引进项目，提供全程“保姆式”跟踪服务，精准掌握企业需求，从选址、项目规划、入园核准、产业对接等方面提供服务，争取优质企业落户。建立领导干部挂钩服务企业机制，坚持领导干部带队定期走访调研园区企业，关注重点引进项目跟踪，提供全程专人“保姆式”服务，精准掌握企业发展需求，收集企业诉求并协调解决企业困难。建立高质量发展工作专班，深度解读、研究政策，结合发展定位和政策优势，优化惠企政策措施，扶持奖励激励措施。探索创新运行“1210”“9610”通关服务模式，开启泉州跨境电商综试区首单“1210”

2021年10月29日，泉州综合保税区跨境电商监管中心业务启动暨揭牌仪式举行

（泉州综合保税区／供）

业务。投入近2000万元建设“9610”监管查验中心，打造厦门关区首个具备“9610”业务通关能力的综保区。提升报关实效、简化流程、节约通关成本。

（苏达丽）

晋江市创新创业创造园

【概况】 2021年，晋江市创新创业创造园（简称“三创园”）入围年度国家级科技企业孵化器认定拟推荐名单。园区以科技创新、科研孵化为主导，以引进高层次创业创新人才（团队）为核心，以电子信息（集成电路）、“互联网+”、新材料（石墨烯）、新能源、智能制造、节能环保、食品生物科技等产业为重点，建成公共科研平台、科技创新孵化、高端人才创业、大院大所合作、高端商务生活配套等功能专区，打造由苗圃到孵化到加速的全方位的科技创新创业生态圈，致力建成海峡西岸“智岭•慧谷”、福建“中关村”。全年园区完成投资1.04亿元；新引进孵化企业37家，加速企业1家；举办双创活动4场；接待国家、省、市各级参访考察87批，共1749人次。

（郭真真）

【工程项目建设】 2021年，三创园完成投资1.04亿元，完成年度投资计划的103.95%，累计完成投资22.5亿元。苏内地块项目基本闭合，研发设计中心配套项目基本完成。

（叶德明）

【招商引智】 2021年，三创园新引进孵化企业37家，加速企业1家。至年底，有平台11家，孵化企业104家，创客大街接近满负载运营，研发设计中心陆续充盈，在孵企业中市值超亿元企业20家，筹备上市企业8家。注重多元引才育才，落实人才政策，持续优化人才环境，集聚一批领军人才和创新创业团队入园发展，全年新增本科学历以上人才265人，其中博士研究生29人、硕士研究生47人，逐步形成“引进人才—培育企业—催生产业”的链式效应。

晋江市创新创业创造园 （晋江市三创园／供 摄于2021年4月21日）

【双创协同】 2021年，晋江市深度运作以三创园为龙头的“大孵化”联盟，新纳晋江鞋都电商城为联盟成员，重点推动创新人才及成果和产业需求的精准对接，联手联盟成员先后举办双创活动4场，推进共建共享、协同创新。

【宣传推介】 2021年，三创园接待国家、省、市各级参访考察87批、1749人次，其中省级以上考察团13批、211人次。全年在中国网、人民网、青年创业网、中关村在线、今日头条等新闻媒介刊发园区相关主题报道22篇。对照国家级科技企业孵化器认定标准，冲刺“国家级”孵化器申报认定，入围2021年度国家级科技企业孵化器认定拟推荐名单。

（颜璐璐）

【企业服务】 2021年，三创园累计组织开展各类创业培训、交流、对接活动15场，协助4家企业共获融资7.6亿元，促成园区2家企业与当地2家企业达成项目合作，合作金额共1.03亿元。

【成果转化】 2021年，三创园促成3家入园企业实现产业化落地，投资额1800万元，另有9家企业筹备产业化落地，办公及生产面积需求约2.39万平方米，计划总投资2.93亿元；促成35家入园企业与40家国内高校合作45个产学研项目，产生效益2650万元、预估效益1.31亿元；促进54家入园企业与安踏、盼盼、劲霸等133家泉州知名企业和国内外品牌企业合作项目137个，产生效益8168万元、预估效益4.15亿元。全年新增国家高新技术企业10家、福建省科技中小企业23家、未来“独角兽”1家，引导挂牌海交所交易板企业2家，进入泉州、晋江上市后备企业2家，进入泉州市场外挂牌后备企业6家。

（许育胜）

【第六届“海峡杯”（晋江）创新创业大赛】 2021年，三创园筹办第六届“海峡杯”（晋江）创新创业大赛，延续精准专业赛道赛制，聚焦新基建、新材料、大健康三大领域，开展18家晋江市优质企业赛前产业调研工作，摸排全市大中型企业创新研发需求42项，根据需求征集参赛项目及团队，打通大中小企业融通创新通路。报名项目1130多个，2021年完成深圳、上海、青岛、武汉、西安分赛区选拔。

（庄君楠）

晋江市洪山文化创意产业园区

【概况】 2021年，晋江市洪山文化创意产业园区（简称“洪山文创园”）占地约16.2公顷。园区先后推动完成峰安、彬晖、奇峰等7家企业改造建设，

2021 年 10 月 20 日，“海峡杯”第六届福建（晋江）创新创业大赛上海分站赛现场（晋江经济报社 / 供）

建成国际工业设计园、尚之坊创意园、壹佰文创园、华美文创园、明丰创意体验园等多个子园区。全年新增引进企业 26 家。年底，在驻企业、机构 189 家（比上年减少 52 家），其中文化企业 101 家，集聚创新创业人才 2000 多人，整体平稳发展。

【园区基础建设】 2021 年，洪山文创园推进企业自行改造进程，明丰、东安、美达 3 家改造企业完成外装，开始内部装修及电力线路施工。为强化区域规划和招商引才，下半年组织开展园区控制性规划编制调整工作，完成调整初步方案编制和意见征询。

【经营运作】 2021 年，洪山文创园重点推进管理体制改革，按照“先止损，再激活，后创收”的工作原则，在确保园区功能定位不变的情况下，由园区工作领导小组委托晋江文旅集团于 5 月 1 日起统租运营核心平台——晋江国际工业设计园及其拓展区，降低运营成本，减少政府资金投入，推动平台市场化运作。经过招商运营，晋江国际工业设计园及拓展区新进企业 9 家，集聚各类创意人才 700 多人，通过 2021 年“晋江市级文化产业园区”评定。

【招商引资】 2021 年，洪山文创园联合市发改局、商务局、体育局、青阳街道、文旅集团等单位，协助推进园区建设及对接优质项目落地。其中，引入海纳机械在工业设计园建设阿拉丁 -5G 卫品行业工业互联网数字赋能平台；指导推动尚之坊创意园创建泉州市级现代服务业集聚示范基地；推动北京金科集团商业项目与美达项目对接，并签订合作意向；对接成都市体育局、成都体育产业投资集团有限责任公司，拟合作开发建设园区，进入方案讨论阶段。

【成果转化】 2021 年，洪山文创园漫鱼动漫、威兴科技、蒙太奇科技等企业在海峡股权交易中心交易层成功挂牌，威兴科技入选福建省 2021 年第 11 批入库科技型中小企业名单。至年底，园区累计培育国家高新技术企业 8 家（福建纸匠文化科技股份有限公司、福建正扬科技股份有限公司、福建省咕咕文化传播有限公司、泉州市新宏色彩信息科技有限公司、熊仔动漫有限公司、福建省漫鱼动漫科技有限责任公司、泉州蒙太奇科技有限公司、泉州威兴信息科技股份有限公司），国家级动漫企业认定 2 家（熊仔动漫有限公司、福建省咕咕文化传播有限公司），获泉州市级以上的文化产业示范基地称号单位 9 家，入驻中鞋革晋江院、纺织服装检验检疫中心、中轻卫生用品公司 3 个高水平研发平台。

【园区活动】 2021 年 3 月 18 日，“海峡·福设计”工艺防护口罩设计大赛颁奖、新品发布和设计需求对接活动在洪山文创园区举行，该赛事以“‘海峡·福设计’ 聚力疫情防控”为主题，征集参赛作品 644 件。经评选，创新设计组、企业产品组各 14 件作品脱颖而出。通过赛事推广，提高和研发工艺防护口罩创新设计，在满足防护功能的同时，宣传展示福建形象，促进福建省口罩生产企业提质增效，扩大产品出口。依托园区共享空间载体，联合市直部门、机构、行业协会、运营方等，开展中秋线上博饼活动、企业交流会、全民趣味运动会、情暖冬至吃汤圆、2021 企业政策宣讲会、洞见投资趋势分享会等活动 14 场次，吸引近 1500 人次参与。

（王清池）

2021 年 10 月 29 日，晋江市洪山文创园在子园区尚之坊创意园举行“设想未来，筑梦洪山”洪山文创园企业交流会（洪山文创园区办公室 / 供）

公　路

【概况】　2021年，晋江市结合“十四五”时期综合交通运输发展专项规划，对接闽西南协同发展区，融入泉州“一核三湾两带两轴”（构建以厦漳泉都市区为主体、厦漳泉同城化区域为突破口，泉州湾区、厦门湾区、东山湾区为引领，沿海城镇发展带、山区绿色发展带为支撑，厦漳龙、厦泉三发展轴为纽带，其他中小城市为节点的协同发展新格局）发展战略和“一湾两翼三带”（“一湾”即换泉州湾城市新区；“两翼”即北翼湄洲湾南岸地区，南翼环围头湾地区；“三带”即区域功能聚集地带、沿海战略发展带、山林生态保育带）空间布局，推进实施“五通三示范”工程，升级打造快速交通体系，完善“两横一纵两连”高速路网和“三环七射”快速路网，形成枢纽地位更加突出、对外通道快速畅达、城市交通顺畅衔接、客运服务优质便捷、快递物流经济高效、交通发展更可持续的综合立体交通网络。拥有公路里程2429.02千米，其中高速公路80.95千米（互通出入口7个）、国省道117.72千米、县道167.54千米、乡道835.38千米、村道849.64千米，未定级公路377.8千米。按公路技术等级分：高速公路80.95千米、一级公路64.02千米、二级公路457.88千米、三级公路173.57千米、四级公路1343.4千米、等外公路309.21千米，等级道路占87.3%；全市陆域公路网密度374.37千米/百平方千米，是全国公路密度网平均水平的7.4倍，位居全国前列。全年完成旅客周转量9750.46万人千米，公路运输总周转量72.12亿吨千米。

【公路在建项目】　2021年，晋江市交通公路建设项目17个，年计划投资33.12亿元，实际完成投资约31.16亿元，占年计划投资的94.08%；完成交通项目固定资产投资约33.23亿元，占年度计划的100.7%。晋江南高速出口连接线延伸段工程，桩基完成60%、承台完成39%、墩柱完成27.7%、雨水管道完成27.7%、污水管道完成43.1%。国际企业大道南延伸（侨晖路至围头支线段）工程，完成道路路基土方开挖、回填，道路工程完成38%，雨水工程完成93%，污水工程完成95%，电力工程完成90%，交信工程完成35%，桥梁工程完成95%，改河工程完成100%。泉州市二重环湾快速路（晋江段）新建工程一期工程，路基工程完成85%，桥梁工程完成82%，市政管线工程完成24%。晋江市东部城市快速通道一期工程，路基工程完成59.6%，桥涵工程完成56.0%，市政工程完成17.3%，隧道工程完成60.5%。

（施志荣）

【道路交通基础设施建设】　2021年，晋江集成电路产业园区公交首末站及晋江市医院首末站相继投入使用，全市有11座公交首末站、7座公交换乘枢纽站、347个公交标准化站亭点。建成公交充电站19处，可同时为350辆公交车充电。全市有纯电动公交车422辆、气电混合公交车50辆、LNG清洁能源公交车59辆。全市候车亭修缮247座、新建改造72座，完成动车站、宝龙广场站、英林枢纽站等场内候车亭改造升级，助力晋江市构建国际化新型品质城市的目标。更换公益广告版面公交站台1146张，出租车扬招站198张，公交车车身公益广告版面143张。

（倪耀）

【道路旅客运输】　2021年，晋江市道路旅客运输业以国有、民营和股份制等多种经济成分并存，经营分类为班车客运、旅游包车客运、公共交通客运、出租汽车客运等，基本满足广大市民出行商旅需要。全市拥有从事营业性客运企业6家、客运车辆121辆、4418个座位，其中旅游包车客运企业4家、客运车辆55辆。全市汽车客运站5个，其中一级站1个、三级站1个、便捷站3个，分布在市区及部分镇（街道）。

客运线路分为省际、市际、县际等。客运站营运线路省际30条，通达9个省市；市际6条，通达5个地市；县际5条。全年完成旅客运输量156.13万人次，比2020年的187.48万人次降低16.72%；完成旅客周转量9750.46万人千米，比2020年的7667.55万人千米增长27.17%。

2021年，晋江市有顺通出租汽车有限公司1家出租车企业，拥有出租汽车动力指标200辆，实有出租车105辆，全年出车班次41151次，出车率82.9%，载客量约81.7万人次。全年新增公交线路3条：梧林传统村落至宝龙城市广场的47路、安海公交站至安平停车场的Z9路安海微循环公交线路、安海公交站至深沪公交站的44路。延伸优化6路、8路、10路、16路、19路、20路、34路、42路、45路、46路、新塘园区专线等11条公交线路。开通安海、英林、内坑、金井、深沪、永和、陈埭、东石、磁灶等镇区的微循环公交线路，村村通公交工作得到发展。至年底，全市有公交线路57条，线路长度1116.54千米，覆盖293个行政村，覆盖率100%。全年公交发车118.7万班次，运营总里程2539万千米，客运量1266万人次。

【道路货物运输】 2021年，晋江市道路货物运输以个人独资和合资股份制的民营企业为经营主体，规模普遍为小型企业。晋江市政府出台《晋江市促进服务业发展的若干措施》等优惠税费政策，简化相关审批手续，推动运输企业发展。许可泉州市闽运兴物流股份有限公司、晋江飞畅网络科技有限公司等7家网络货运企业运营。泉州市闽运兴物流股份有限公司依托龙易配智慧物流平台，实现“线上交易+线下服务、物流金融+技术赋能”的现代物流服务模式，基本实现全国大部分地区的加盟站点覆盖，发展有效车辆会员数超10万辆，物流经营户7524户，缩短货车配货时间，为客户提供一站式智能配载服务，推动传统物流增效降本。执行晋江市交通物流行业优惠政策，落实各级优惠政策，2021年，全市参加道路质量信誉考核的运输企业155家。其中，获AAA级客运企业5家，AA级客运企业1家；AA级货运企业119家，A级货运企业6家，B级货运企业24家。新审批许可运输企业39家，新增营业性车辆927辆，总吨位14565.75吨；公路运输总周转量72.12亿吨千米，同比增长16.6%。

（赖荣裕）

【道路运输审批】 2021年，晋江市根据省政府、泉州市政府三级纵向权力清单的公布，结合晋江市审改办的工作部署，对行政权力清单、公共服务事项清单和责任清单进行动态调整，编制“权责清单”416项，并在晋江市人民政府网站上公布；推进“多证合一”，按照市委、市政府统一要求，涉及交通运输行业的货运代理（代办）备案、货物运输配载备案等3项行政服务事项统一整合到营业执照上；按照“五级十五同”要求重新梳理交通窗口涉及群众办理事项的144项“办事指南”，按照法律、法规、规章及上级出台的规范性文件动态调整交通“办事指南”的办理条件、办理流程、申请材料、办理时限等，并上报市行政服务中心在省网上办事大厅、市行政服务中心网站上公布，打造规范服务平台，推进行政审批服务“阳光化”，做到信息公开透明。交通窗口全年受理办件12509件，其中行政审批服务事项承诺件82件，行政审批服务事项即办件12427件，主要包括从业资格业务3504件、新增道路运输车辆727辆、道路运输车辆过户31辆、道路运输车辆迁入76辆、道路运输车辆换证85辆、道路运输车辆年审6586辆、道路运输车辆补证94辆、道路运输车辆迁出233辆、道路运输车辆注销346辆、道路运输车辆复驶110辆、道路运输车辆报停136辆、网络预约出租车证办理389辆、教学车辆办理110辆。

（苏松茂）

【机动车维修业】 2021年，晋江市机动车维修业均为个人独资和合资股份制的民营企业。至年底，全市拥有机动车维修企业73家，其中一类14家、二类32家、三类27家，分布在全市各镇（街道）、工业园区。

【机动车驾驶员培训】 2021年，晋江市机动车驾驶员培训行业以个人独资和合资股份制为经营主体，为社会提供有偿驾驶培训服务。落实《机动车驾驶员培训机构资格条件》《机动车驾驶员培训教练场技术要求》两项国家标准，规范培训学时管理系统使用。全市拥有机动车驾驶员培训机构33家，教学车辆1326辆，驾驶操作教练员1398人，理论教练员150人，2021年度结业学员35503人。

（倪耀）

【道路交通综合执法】 2021年，晋江市交通综合行政执法大队开展交通运输安全“打非治违”工作，组织“两客一危一货”“打击非运客运”“联合治超”等专项整治行动，加强客货源头重点领域及重点路段时段的安全执法监管力度。出动10560人次，立案查处违法行为1814起，罚款137.78万元，其中客车95辆、出租车40辆（网约车21辆）、非法客运36辆、教练车54辆、货车1483辆（联合公安交警查处违法超限超载货车1072辆）、危货18辆、货运物流55家、维修企业21家，查纠涉路违法行为12起。

（许海堤）

【农村道路养护】 2021年，晋江市委托市路桥公司实施市域骨干道路及桥梁养护工作。全年管养公路22条，总里程129.73千米；管养桥梁92座。完成对市域骨干及部分镇域桥梁养护技术状况系统性检测，保障桥梁通车运行安全。修复雨污水井盖146套、破损雨水篦184个、钢管警示反光柱159根、道路热熔型涂料标线585.83平方米，新增单柱式交通标志1套，安装PVC钢护栏1014.6米，中央水泥隔离墩21米，更换橡胶减速带841.35米，水泥混凝土路面修复面积131.1平方米，沥青混凝土路面修复面积1722.8平方米。道路巡查期间及时发现私开路口、涉路施工66处，恢复私开路口2处。开展安海镇鸿江中路、内坑镇长铺村环村路“白改黑”等34个农村公路养护专项工程，累计投资约4160.55万元，补助金额1094万元；完成安海镇庄头桥危病桥梁改造，投资94.74万元。

（杨斌斌）

【国道养护与管理】 2021年，晋江公路分中心负责管养晋江境内国道228线、国道324线、国道358线共117.72千米路程。投入1500万元开展小修养护，投资1042万元实施专案工号7个。养护路段综合好路率、干线好路率均100%。

2021年，晋江公路分中心全面开展日常养护，每天组织7部扫路车、120余名工人在各条线路进行保洁作业。接受泉州、晋江两级城乡卫生考评中心抽查127次，其中考评得分90分以上68次。组织工程技术人员对重点桥梁隧道、高边坡、混合交通路段进行检查，督促各公路站完成路面上新出现的坑槽、沉陷等病害1600余平方米，修复井盖周边路面下沉26处，修补路面啃边800余米；更新完善轮廓标156根、道口标柱110根，增设指示标志39面、警告标志28面，维修中间护栏320米，修复钢护栏136米，更新完善减速带490余米。配合开展第44届世界遗产大会活动，对涉及的国道324线磁灶段开展环境综合整治，完成边沟严重淤积疏通清理及边沟除草，修复水泥路面破碎板450平方米，修补路面坑洞、破损等1700平方米，清洗及刷新全路段中间水泥混凝土隔离墩约6500米，修缮全路段交通安全设施。落实桥涵管养责任制，组织开展桥梁检查与病害处治，完善“一桥一档”档案。检查桥梁隧道737座次、涵洞170余道次；累计清除桥涵淤积900余立方米，零星维修桥涵调治构造损坏5处；完成69座桥梁、4座隧道信息牌及部分限载标志更新。完成G358线金井段、G324线磁灶段及G228线、G358线零星地段路面清灌缝及裂缝处治，共14.2万延长米。重新梳理《专养公路防汛防台风应急预案》，开展防汛应急演练，充实抢险物资储备，落实值班值守，做好公路应急准备。开展易积水路段排查整治，完成清理雨水井1100余座，修复雨水及检查井盖72个，清理涵洞淤积1700余立方米，疏通清理4150余米，边沟除草10余千米。

2021年，晋江公路分中心推进管养机械化、信息化建设，添置绿篱机、割草机、高空清洗机等一批绿化养护机械和小型设备，满足养护生产机械化需求；采购灌缝料10吨、冷补料120吨，满足日常小修养护需要。完善设备巡检、应急报备等制度，落实路网中心24小时值班值守制度，开展网络安全应急演练，提高突发事件处置能力。全年完成泉州“12345”平台反馈信息1条，晋江“12345”平台反馈信息87条，晋江数字城管系统平台反馈信息18条。

2021年，晋江公路分中心计划养护专案工程7个。其中，完成2020年提办项目2个，分别为G324线磁灶镇井边至新垵段中央开口交通安全隐患整治工程，结算金额39.64万元；G228线深沪镇、东石镇2处交通安全隐患整治工程，结算金额13.9万元；完成施工项目2个，分别为G228线K5069+600—K5069+770路段路基边坡修复工程和G228、G358线部分桥梁涵洞病害处治工程，待委托第三方中介单位审核工程结算及竣工财务结算；尚在施工阶段项目3个，G228线六原大桥等11座桥梁护栏改造工程、G228线K5085+700—K5087+220段沥青砼路面修复工程和G228、G324、G358线部分路段交通安全设施修复工程。

【路产路权保护】 2021年，晋江市开展联合执法，调查整治侵害公路产权行为、危及公路设施与安全通行的隐患，开展公路平交道口、桥下空间、危化管线、涉路工程设施、公路限高限宽设施、违法设置的广告牌等隐患排查整治，着重摸排处置专养公路沿线垃圾桶占用行车道、马路市场、危化管线悬挂桥梁、绿化物生长过于茂盛遮挡行车道等安全隐患。开展路政宣传，提高民众爱路护路意识。全年组织路政巡查441人次、174车次，现场劝止违法搭接平交道口、污染公路、毁坏公路设施等行为134起，开展联合行动7次，清理堆积物5处、550平方米，拆除违章5处、100平方米，办理路政案件13起，收取公路赔（补）偿费18670元。

【公路交通安全生产】 2021年，晋江市组织开展国省道专养公路运行安全风险隐患排查整治专项行动、大货车“远离风险”专项行动、行人交通安全守护专项行动、学生及校园周边交通安全专项整治活动及道路交通事故高发乡镇（街道）专项整治行动等，累计排查整治117.22千米，占100%。全年投入交通安全设施整治资金90余万元。开展专

2021年4月13日，晋江公路分中心联合市交通局、交警大队、教育局，到荆山小学开展“交通安全宣传进校园”活动 （晋江公路分中心／供）

养公路问题井盖调查整治，排查雨水井盖3955个，整治井盖缺失、破损、歪斜、响动等问题130余个。组织召开安全会议13场；制作宣传标语52条、宣传板报7块；举办安全生产教育培训5场；开展交通安全宣传进校园活动2场；组织开展防汛应急演练1场；组织开展消防演练1场。开展日常安全检查15次，发现安全隐患22项，发出整改通知书14份，整改率100%；组织安全生产大排查大整治专项活动，发现并整改各类安全隐患65处。抓好新冠肺炎疫情防控工作，确保疫情发生期间生产工作正常开展。

（张丹）

铁 路

【概况】 2021年，晋江市境内铁路线路1条，为杭深线，横跨浙江、福建、广东三省，设有火车站1个（晋江动车站）。2021年年客流量基本与2020年持平，客运吞吐量438万人次，其中发送旅客229万人次，日均发送旅客6254人次；客运收入2.6亿元，日均客运收入71.54万元。

【铁路旅客服务】 2021年，晋江动车站统筹做好新冠肺炎疫情防控和铁路旅客运输工作，打造“平安、有序、温馨”的出行环境，提高铁路服务质量。推行电子客票，旅客不用再取纸质票，通过购票时使用的有效身份证件即可验证检票进站，减少旅客售票窗口排队等候和聚集。联合地方政府配置2台身份证扫码智能终端到出站口，助力旅客快速通行，减少旅客接触和聚集，打造安全放心乘车环境。根据国内新冠肺炎疫情动态和客流需求，加强分析研判，采取“一日一图”方式安排高铁动车停运、加开；完善“换乘”“急客”中转组织引导服务和重点旅客关爱服务，满足旅客出行需要。

【铁路运输经营】 2021年，晋江动车站在落实属地防疫政策的前提下，强化客流预判分析，按照“长途客流盯方向，短途客流盯区段”的思路，围绕抓好“节假日运输组织、周中周末客流组织、服务质量提升”等工作重点，落实“两个精准”，强化客流调查、分析及运能提报，有效实现客流、客发恢复。清明节、劳动节、端午节期间，日均发送旅客1.2万人次，高峰为14701人；到达旅客日均1.1万人次，高峰为14064人；日均客运收入129.6万元。

【铁路运输安全管理】 2021年，晋江动车站抓实安全双重预防机制建设，组织修订《安全风险一览表》《安全风险库》《全员安全生产责任制》，并编制风险管控措施，细化到每月安全监督履职计划，推动安全双重预防机制真转实转。紧盯现实安全风险防控管控，对铁路沿线500米范围轻飘浮物排查整治3处，建立一事一档，抓好落实整改，并做好整改后日常巡视巡查，防止反复；落实站场外部环境巡查制度，发挥路地联席会议、“双段长”工作机制作用，强化路外安全管理，防止行人、轻飘浮物入网，守住政治红线和职业底线，确保高铁和旅客列车安全。

（唐一茂）

水 路

【概况】 晋江围头、深沪两港区是国家对外开放口岸、晋江市主要出海通道。其中，2号泊位长441米，前沿水深15.3米，可减载靠泊7万吨级船舶。2021年，围头港区有内外贸航线10多条，内贸航线覆盖北至环渤海湾、南至广西北部湾以及长江沿岸主要港口；外贸航线直达菲律宾及中国香港、中国台湾、金门、厦门（内支线），形成层次分明、密集有序的集装箱运输网络。深沪港区是泉州地区大宗件杂货的重要集散地，主要开展建材、钢铁、化工原料、荒料石、水泥等散杂货的装卸、储存业务。2021年，围头港区完成集装箱吞吐量32.3万标箱，深沪港区完成散杂货吞吐量226.3万吨。水路运输总周转量208184.98万吨千米，同比增长26.7%。

【水上运输业务】 2021年，晋江太平洋港口发展有限公司在内贸箱业务方面，做好与上海泛亚的协调，恢复在围头港的航线及运力；3月，引进深圳大铲湾机制砂“散改集”机制砂项目，增加港口内贸箱量；引导FAX1营口航线挂靠围头港区，增加箱量；利用区域兄弟码头的协作优势，精准营销，开拓新业务，不断谋“转”；围头作业区第四季度接卸钢材船4艘近9万吨。推进外贸箱业务，恢复金门航线，协调推进围头港区市场采购业务。受新冠肺炎疫情影响，外贸箱量整体大幅下降。散杂货方面，在稳定水泥、乙二醇和白碎石等基础货源的同时，结合当地货种的变化，拓展散砂业务、毛石料业务。5月，深沪港区完成吞吐量313296吨，为建港后月吞吐量首次突破30万吨。全年深沪港区完成散杂货226.3万吨。

【港口安全管理】 2021年，晋江太平洋港口发展有限公司结合季节特点，重点开展防台风、防暑降温、防强风、冬防等季节性安全工作和现场生产安全监督，开展安全隐患排查和整改，营造安全作业环境；组织安全生产月、消防安全月活动和中国共产党成立100周年等重点节日期间安全工作；完成两港区安全生产管理“双体系”建设；加强安全投入。公司安全生产形势总体良好，无发生一般等级以上的安全生产事故。落实有关新冠肺炎疫情防控工作决策部署，做好疫情常态化防控工作，按照“外防输入、内防反弹”及强化“人物同防”的原则，落实进港人员“三码联查”，体温检测和登记，确保信息可追溯；设立外贸专班作业，对作业前的专班人员进行新冠肺炎疫情防控知识培训，加强外贸船舶梯口值守和警戒，强化上船作业防护措施落实和“三区两通道”的消杀；落实全员第三剂新冠疫苗接种工作；按作业岗位风险分为“2天、3天、7天及14天一检”等4个检测周期。

（洪鹤鸣）

民用航空

【概况】 2021年，泉州晋江国际机场完成总体规划修编评审，启动扩能改造工程建设，谋划“十四五”开篇布局，建设“活力足、品质优、效益好”的新时代海丝商贸空港。受新冠肺炎疫情影响，全年完成航班起降5.2万架次、比上年增长4.1%，旅客吞吐量598.4万人次、同比增长6.5%，货邮吞吐量7.3万吨、同比下降5.6%，在全国235个民用航空机场中分别位列第56位、第41位和第36位；有37家国内外航空公司驻场运营，通航航点80个（国内69个、国际地区11个），完成总营收6.89亿元。建设项目投资3.14亿元，停机位增至34个。泉州晋江国际机场党委被福建省委授予“全省先进基层党组织”称号。实现第26个航空安全年。

【航空旅客服务】 2021年，泉州晋江国际机场开展航班宣传，与泉州市文旅局合作召开推介会，出台“世遗泉州+航空旅游”航空旅客免景区门票政策；与泉州广播电台、泉州移动合作直播换季推介会。以“人文机场”建设为抓手，打造“泉心为您晋情飞”服务品牌，开展环境提升工程，结合闽南特色文化，将“申遗”元素融入机场景观改造，讲好泉州故事，海丝之翼景观雕塑成为网红打卡点，建设候机厅世遗文化墙、“母亲的房子”图书馆机场分馆，丰富人文机场内涵。开通爱心服务热线，推出“失物找失主”等特色服务，被《中国民航报》等媒体刊发推广，社会评价和满意度大幅提升。优化运行环境，建立航班保障联合运行平台，提高对不正常航班保障环节的预警，健全航班正常性管理措施。推进管制方式转变，提升空域资源利用率和运行安全品质。

【航空运输经营】 2021年，泉州晋江国际机场在发挥基地航空公司稳增长作用的基础上，首次引进幸福航、天津货航、多彩贵州航执行航班。拓展国际全货机航线。开通天津—无锡货运航线，深化与顺丰公司合作，启动顺丰速运配送中心扩容项目。探索非航业务升级。立足城市重要展示窗口定位，挖掘流量经济，与地方特色产业相结合，创建“一齐飞”商业平台，采用“线上商城+线下展销+直播带货”销售模式，为地方“好货”作航空高品质代言，助推地方知名品牌“飞”出泉州、“销”往各地，在优化营商环境、助力民营经济高质量发展中展现国企担当；实行专业化运作，广告运营整体对外承包，广告营收同比增长176%。建立业务拓展激励机制，确定物业公司为内部分配制度改革试点、食品公司为中长期激励政策试点、空港旅行社为混改试点等，与中航油合资公司正式运营；制定权属公司任期制和契约化管理办法，以及权属公司负责人薪酬管理、经营业绩管理等制度，完成聘任协议和责任书的签订，健全市场化经营机制，拓宽商旅合作渠道，完成11家新楼冠名厅合同签订，拓展物业市场，新增3家物业服务单位。

【航空安全生产】 2021年，泉州晋江国际机场落实安全主体责任，健全安全双预防机制，做好新冠肺炎疫情防控，安全形势总体平稳。获评民航华东地区“平安民航”创建二类机场第一名，福建省“闽盾2021”攻防演练三等奖、泉州市网络安全攻防演练第一名等。按照“三管三必须”（管行业必须管安全、管业务必须管安全、管生产经营必须管安全和谁主管谁负责）要求，落实安全生产主体责任，细化分级管控负面清单和各层级安全生产责任考核指标，把系统安全要求落实到具体行动、转化为务实举措，在福建辖区率先建立危险品航空货物信用管理体系。结合民航安全平稳可控26条措施，聚焦安全生产的难点和堵点，成立安全专家团队，健全安全风险预警机制，针对空管、机坪运行、消防用电、不停航施工、危险品运输、危化品存储、净空鸟击等重点环节，制发安全风险提示单，狠抓无后果违章，强化核心风险管控和隐患排查治理，打好“问题隐患清零”歼灭战。全年自查发现问题298项，落实整改治理，消除民航安全隐患。推行安全质量控制管理，强化质控管理队伍建设，通过行业案例分析和培训交流，提升基层质控人员素质，增强质控综合管理能力。深化航空安保体系建设，实施安保检查93次、安保测试14次、反恐专项检查4次，修订应急救援方格网图，开展应急演练85次。落实“外防输入、内防反弹、人物同防”的总体防控策略，筑牢新冠肺炎疫情防线，8月25日，机场自主研制“一齐飞·防控智行安全管理系统”投用。全年排查国内中高风险所在城市入泉航班979架次、旅客81391人次，排查28天内有境外旅居史旅客11256人次，移交7351人次。启用旅客排查分流中心和固定核酸采样点，建设出入口健康码自助查验闸机通道24条，启用“健康空港信息管理系统”。实行一线员工3天一次核酸检测，加快新冠疫苗接种，筑起人群免疫屏障。2021年，实现第26个航空安全年。

【地面运行保障】 2021年，泉州晋江国际机场健全航班正常性管理措施，建立联合运行平台，执行每日运行提示单制度，发布航班预警6237次，提升航班预判水平，错过民航协同决策系统（CDM）航班比上年减少50%。推进管制方式转变，优化飞行程序。泉州晋江进近管制室6月份揭牌，PBN优化程序生效运行，委托专业单位完成晋江机场空域需求及飞行程序初步方案编制。开展ADS—B管制安全评估和扇区最低高度引导图设计，谋划与厦门新机场“同空域两机场”共存共赢差异化发展方式。全年航班正常率83.07%、放行正常率83.39%。

【航线航班】 2021年，厦门航空、深圳航空、东方航空、西部航空等37家航空公司在泉州晋江国际机场运营国内外航线，通航国内外航点80个，包括国内航点69个和国际、地区航点11个，优化干线航班网络，推广中转联程业务，提高航班密度，实现省会城市（南昌、福州除外）和主要千万级机场全覆盖，新增湛江、万州、西双版纳、宜宾、郴州、吉安（井冈山）、琼海7个航点；加密北京首都、成都天府等干线航班。坚持“客货并举”，深化与顺丰公司、晋江陆地港合作，开通国际“客改货”航班，天津货航新开国内全货机航班。每天进出港航班248架次。

【“智慧机场”建设】 2021年，泉州晋江国际机场与华为公司签订《战略合作框架协议》，加强信息化建设顶层设计，综合办公信息平台启动建设；加强自主研发创新，建立机场科研中心，投入研发费用1403万元，自主开发安检通道反恐智能应急联动装置、“智慧机场”防控智行安全管理系统和民用机场货物行李智能全方位消毒装置等产品，获自主产权2项，获省工会创新一等奖1项、二等奖1项，三等奖2项。

【机场扩能改造工程】 2021年6月30日，福建省、泉州市重点项目——泉州晋江国际机场扩能改造工程开工建设，至年底完成计划投资1.5亿元，完成一期扩建国内航站楼A1区域首层钢梁、钢柱吊装、B3区完成地下室顶板浇筑50%，同步开展A区塔台施工、B区扩建国际航站楼前期准备、D1区供强弱电管道敷设、民航设施设备招投标及弱电工程预算送审等工作。

【泉州空港油料有限公司投入运营】 2021年5月25日，泉州空港油料有限公司投运仪式在泉州空港油料公司广场举行，该公司是泉州晋江国际机场与中国航空油料有限责任公司合资。机场油库及航空加油站迁建项目于2020年1月正式动工，同年12月竣工，项目总投资1.2亿元，建设内容包括迁建油库和航空加油站及配套设施，其中油库占地3.33公顷，建设3个3000立方米油罐、业务用房、化验室等设施，新建库站间输油管线4.2千米，是福建地区自动化设备较完善、信息化水平较高的现代化油库之一。

【泉州晋江进近管制室揭牌】 2021年6月11日，泉州晋江进近管制室揭牌成立，标志着泉州晋江国际机场成为华东地区第三家启用进近管制的地方机场，也是国内为数不多推进ADS—B/雷达监视管制工作的中小机场。泉州晋江进近管制室的获批成立，实现晋江进近管制区域内所有民航航班由晋江进近直接指挥，提高空域资源利用率和运行安全品质，提升空管保障水平，为实现从程序管制转变为监视管制奠定基础。

【“红色引擎·一齐飞”党建基地建成投用】 2021年6月23日，泉州晋江国际机场“红色引擎·一齐飞”党建基地揭牌仪式在机场地下展厅举行并成立泉州空港临空产业党建联盟。泉州晋江国际机场党委以“充分发挥党建引领作用，将党建与中心工作有效融合”为目标，策划国企党建共建共享共进“红色引擎·一齐飞”党建项目，打造“红色引擎·一齐飞”党建基地。机场“红色引擎·一齐飞”党建基地通过打造“一个平台”（“一齐飞”党建+商业孵化平台），成立“两个中心”（融媒体中心、空港人才中心），创建“三大阵地”（机场党校、一齐飞·大讲堂、“母亲的房子”图书馆机场馆）和建设“四个基地”（爱国主义教育基地、泉州空港临空产业党建联盟、泉州空港党建联盟、党群服务中心·职工家园），发挥党建引领作用，利用各领域党建优势，与各系统共建，整合资源、交流经验、资源共享和优势互补，建设“同一个空港”，以务实协作推动深度融合。

（杨培晓）

2021年，晋江国际机场“红色引擎·一齐飞”党建基地建成投用。图为6月23日举行的揭牌仪式
（晋江机场 /供）

邮 政

【概况】 2021年，晋江市邮政业保持“稳中有进”的发展态势，全市邮政业业务总量完成96.85亿元，同比增幅40.67%。其中，快递业务量10.57亿件，同比增幅24.98%。全年快递业务量首次超10亿件，业务体量占全省的四分之一，占泉州的近二分之一；跨境快递业务量首次超1000万件。全市有49家邮政快递企业，近500家末端服务网点，1.1万多名从业人员。晋江邮政管理局坚持树立综合治理理念，持续推进行业高质量发展，牢固树立安全红线意识，内外联动，保持监管高压态势，行业运行总体平稳，风险可控，全年未发生重大安全责任事故。

2021年，中国邮政集团有限公司晋江市邮政分公司（含寄递事业部）（简称“晋江市邮政分公司”）实现业务收入4.15亿元，其中寄递业务收入2.43亿元、代理金融业务收入1.28亿元、邮务业务收入3363万元；全市26个代理邮政储蓄网点金融存款余额规模75.15亿元，规模保持全省县（市）邮政第一；人均产能44.76万元，保持全区县（市）邮政公司第一。

【邮政监管】 2021年，晋江市邮政管理局开展64次执法检查，检查快递企业138家次，排查整改224个安全隐患，办理7起行政处罚案件，行业安全生产形势总体稳定。

【邮政网点建设】 2021年，晋江市邮政分公司下辖20个分（支）局、26个金融网点、64台自助终端设备（ATM）、21个EMS揽投站、270个便民服务站，EMS营运车辆51部，揽投段道150段，普邮段道235段，实现全市各乡镇（街道）、农村全覆盖。

【寄递业务】 2021年，晋江市邮政分公司寄递业务完成收入19997万元，规模列全区第一，完成泉州市公司收入预算进度的83.84%；考虑审计冲减收入，实际完成收入24319万元，完成年初预算进度的101.97%。国内特快通过抢夺现费市场、优化寄递网络、发力同城配送、深耕政务市场、开拓电商特快、聚焦商企客户、金融保险、通信市场等措施，全年创收4302万元，居全市第一，比上年增收445万元，同比增长11.53%；考虑审计冲减收入，实际完成收入5033万元，完成年初预算进度的101.97%。快递包裹通过成立晋江鞋服、食品等行业项目组，打造品牌客户拓展模式；推进发展“轻小件+集包”模式，拓展轻小件市场；推进“众创众享”，创新营业部经营方式，强化营揽投队伍和营销团队建设。累计创收13765万元，同比增收5539万元，同比增长67.33%，占全区增量的34.03%，完成泉州市公司收入预算进度的133.59%；收寄量6937万件，比上年增长182.07%，业务量居全区第一。快递包裹日平台自5月起突破21万件，峰值36.9万件，提前71天完成全年预算目标，收入规模居全省第一。国际业务通过加强邮企合作、校企合作、挖掘国际邮件互换局功能，加大资源开发、储备、整合，拓展邮雁、联递等“9610”项目客户，依托海运渠道发展固德海外仓，创收1871万元，考虑审计冲减收入，实际完成收入5463万元。

【传统邮务】 2021年，晋江市邮政分公司传统邮务实现收入3363万元，完成泉州市公司收入预算进度的88.05%，完成率居全区第二；考虑审计冲减收入，实际完成收入3991万元，完成年初预算进度的104.48%，收入规模全区第一，函件、报刊、集邮实际均百分百完成任务指标。集邮专业立足邮票发行，加大项目营销力度，开拓文创产品市场，累计创收526万元。其中，币钞类、金银类藏品销售额超590万元，2021年生肖贺岁季实现创收725万元、完成率132%。争取到2022年发行晋江史上第一枚纪念邮票——以安海为题材的《中国古镇（四）》邮票。函件专业拓展新媒体业务，推进有声图书馆、车优保、中邮文创品等业务，强化活动策划经营，全年创收747万元。其中，新媒体业务成功拓展党建有声图书馆客户60个，创收超180万元；“大美晋江”文化惠民演出创收198.78万元；招投标类项目创收142万元。报刊专业推进转型发展，扩大校园报刊规模，拓展政务市场，推动图书巡展，创收1226万元。其中，2021年度一次性报刊大收订流转额5286.49万元，销售政务图书2.17万册，创收86.71万元；开展图书巡展19场，销售图书280万元，销售校园报刊302.7万元。

【代理金融】 2021年，晋江市邮政分公司代理金融实现收入12762万元，全区占比27.89%，比上年增收655万元，同比增幅5.4%。获省分公司2020—2021年跨年度竞赛十强县第六名。以“增规模、调结构、获新客”为发展主线，通过项目+活动，搭建寺庙、商超、菜场等智慧行业场景，推动全市余额规模突破75亿元，年月均净增突破10亿元，实现两个“10亿”奋斗目标。中间业务快速增长，保险业务通过“抓短期、抢收入”“做长期、补收入”等措施，全年实收保费16667万元，累计创收1294万元。推进制定100个达标邮储村计划，确定建设目标29个，支撑农村金融稳定发展。邮储金融生态圈建设项目获泉州市分公司2021年项目创新奖，是县级公司唯一入围单位。开展进企、进校、进社区等宣传和服务活动，新增代发企业103家，实现新增上账金额23.68亿元，新增客户实现月日均沉淀金额9.21亿元。

【农村电商】 2021年，晋江市邮政分公司联合市农业农村局为农户打造“运营有模式、山海有结合，推进有力度，项目有成效”的惠农平台，针对惠农

2021年2月3日，晋江市邮政分公司联合晋江市农业农村局举办“惠农专邮”新闻发布会
（晋江市邮政分公司／供）

产品寄递需求，推出惠农标准箱业务，与104家农业市场客户合作，收寄量607.6万件，日均寄递1.76万件，创收1280万元，超额完成既定目标（688万元），完成率186.04%；与市农业农村局、晋江乡村驿站电子商务有限公司联合启动建设乡村驿站，构建邮储村生态圈，发展会员569户，带来余额5687万元，保险131户；与市农业农村局共同打造优质农产品示范基地，助力晋江优质农产品走向全国各地，实现农产品交易额243万元。

2021年11月25日，中共晋江市快递行业委员会成立大会在福建中通快递有限公司举行。图为授牌仪式　（晋江市邮政管理局／供）

【社会服务】　2021年1月，晋江市邮政分公司助力晋江市文化旅游局“大美晋江”惠民文化工程，策划上海歌剧院交响乐团新年音乐会、中外经典电影视听新年音乐会；晋江市邮政分公司联合交警部门在晋江动车站开展“平安春运、交警同行”主题推广活动。2月，晋江市邮政分公司联合晋江市农业农村局举办“惠农专邮”新闻发布会，通过推出“量大价优”的惠农易邮箱、“高额度、期限长、利率低”惠农贷款产品以及邮政“线上+线下”销售渠道，解决广大农户“物流难、融资难、销售难”的问题。3月，晋江市邮政分公司携手晋江交警依托安海、深沪、洋埭邮政营业厅开办“警医邮”合作服务窗口。4月，晋江市邮政分公司助力晋江当地企事业单位打造“有声图书馆”党建文化室，构建“全天候、开放式、菜单式、便携式”的学习服务平台；助力晋江市委国安办、晋江市国家安全局、晋江市司法局举办“4·15”全民国家安全教育日晚会；联合晋江市农业农村局、晋江乡村驿站电子商务有限公司签订乡村共享驿站合作框架协议；联手晋江市人民法院建成“法院+邮政”联动机制，实现司法集约送达服务在全市落地。5月，晋江市邮政分公司联合泉州市委宣传部、泉州市委党史和地方志研究室启动“方寸映春华　党史‘邮’我说”党史主题邮展活动，在全市巡回展览。7月，晋江市邮政分公司助力行政服务中心教师资格证申报认定工作开展，实现“最多跑一趟”便民服务落地。8月，晋江市邮政分公司开发的掌上“交警电动车寄递登记系统”助力晋江交警大队开展电动车业务办理，提高业务效率；晋江市邮政分公司安海邮政支局开展关爱高温户外劳动者活动，邀请环卫工、巡逻队员、辅警等户外劳动者到场领取防暑降温礼包，到访800余人次。11月，晋江市邮政分公司携手新塘街道办开展“无诈社区”“无诈企业”“无诈校园”启动仪式暨“筑牢反诈防线、共建平安校园”亲子知识竞赛活动，宣传反诈骗基本常识；携手深沪镇政府开展“六守六无，放飞梦想”深沪镇风筝节平安建设宣传活动；策划执行涉渔“三无”船舶拆解观摩活动，保护渔业资源和捕捞产业健康发展，提高海洋渔船管控水平；助力永和镇政府开展2021年“119”消防宣传月相关宣传活动。

【全省首个县级市快递行业党委成立】　2021年11月25日，晋江市快递行业党委成立大会在福建中通快递有限公司举行，晋江邮政管理局局长徐家森任党委书记。泉州市委组织部副部长杨远志，泉州市邮政管理局局长林勇森，晋江市领导陈友爱、丁鸿雨参加大会。晋江市快递行业党委为全省首个县级市快递行业党委。

（周伟疆　庄子瑜）

信息通信业

综 述

【概况】 2021年，晋江市信息通信行业保持平稳发展。以5G为重点的通信基础设施建设不断完善，信息化技术在数字政府、数字社会等领域落地应用，支撑数字晋江高质量发展。信息技术在传统产业产品研发、生产制造、营销服务、企业管理等关键环节的深度应用，激发传统产业创新发展活力。软件与信息技术服务业、动漫产业的平稳发展，为晋江市数字经济发展注入崭新动力。

【产业数字化】 2021年，晋江市加快SAP创新中心、华为工业互联网平台落地运营，其中华为云孵化中心先后在英林镇、陈埭镇等镇（街道）开展数字赋能沙龙活动10余场，并与30余家企业达成实质合作签约。编制实施《晋江市数字经济发展三年行动计划》《晋江市制造产业数字化转型升级实施意见》；加快推动企业上云上平台，全年新增上云上平台企业超300家。实施工业互联网应用项目，推荐4家企业获评2021年福建省新一代信息技术与制造业融合发展典型应用案例。组织相关企业前往九牧、柒牌、华宇等5G智慧标杆工厂现场观摩学习，引领更多企业融入参与数字化改造。

【政务平台建设】 2021年，晋江市加强政务数据汇聚共享，汇聚本级政务数据237张表，累计数据2.09亿条。启动“闽政通—泉服务—i晋江”便民服务小程序开发工作，聚合健康晋江、人才招聘、城市管理等便民服务事项25项，提升群众服务渠道的便捷性。推动本级政务OA服务项目投入使用。

【智慧城市建设】 2021年，晋江市修订出台《晋江市市级财政性投资信息化项目管理规定》，进一步加强对信息化项目建设的前置审核，累计审核财政投资信息化项目143个，节省投资1.26亿元。统筹全市智慧城市项目建设、运维，谋划相关国企重组方案，开展医疗云、智慧消防、智慧交通等项目建设前期准备工作。

【重大赛事信息通信保障】 2021年，晋江市组织各大运营商做好重大赛事信息通信保障，配合做好世中运竞赛信息系统建设工作，各项目结合5月和7月的测试赛全面投入使用，相关保障工作开展情况良好。

（陈振华）

5G 建设

【概况】 2021年，晋江市坚持共建共享原则，科学规划站点定位，加快推进5G基站建设布局，基本实现城乡主要区域5G信号全覆盖。全年新建成5G基站1457个，其中开通1208个。至年底全市有5G用户91.96万户。

【政策支撑】 2021年，晋江市编制并完成《晋江市移动通信基础设施专项规划补充册（5G部分）》批复，出台通信铁塔建设豁免审批的政策文件，实现通信建设合理合规。

【5G基站建设】 2021年，晋江市将“5G建设项目”纳入“为民办实事项目”和重点项目清单，并纳入市委、市政府督办工作，加快推动5G建设工作。协调解决5G基站建设过程中的困难，出台《晋江市人民政府办公室关于加快推进晋江市第二批5G网络建设有关事项的通知》，加快推动全市5G网络建设。至12月，新增建设开通5G基站1208个。

（陈振华）

数字化建设

【概况】 2021年，“数字晋江”建设稳步推进，各部门智慧化应用工程在各领域落地应用，数据的获取、整合、应用等环节加速沉淀、互联互通、迭代拓展，产业数字化、数字产业化两轮协同推进晋江高质量发展、高品质生活、高效能治理、高颜值生态4个维度持续深入，为塑造“晋江经验”以及晋江当好机制活、产业优、百姓富、生态美“新福建”建设的县域排头兵作出重要贡献。

【信息化基础设施】 2021年，晋江市初步构建市区云数据中心和乡镇（工业园区）边缘计算节点相结合的算力和通信基础设施，为重点园区和行业企业提供就近入网和上云服务；建成全省首个县级智慧城市运营管理中心，累计向全市各部门提供虚拟服务器322台，部署业务系统148个。晋江市信息化基础设施建设水平位居全省前列，具备支撑数字晋江高质量发展超越的基础设施能力。

【智慧城市基本格局形成】 2021年，晋江智慧城市建设在“数字晋江”顶层规划的总体指导下稳步推进，形成“基础平台+具体应用”相结合的智慧城市应用体系。通过建设数字晋江地理空间框架，形成覆盖全市649平方千米、十五大类的高精度地理信息数据库和公共地理空间框架，向上支撑“综治网格化平台”“城市地下管网综合信息管理系统”“‘多规合一’信息平台”“晋江智慧停车”“晋江市数字化城市管理平台”“智慧渔港”“智慧水务”等众多智慧化应用。建成本级村（社区）网格化服务管理平台和城市网格化管理平台。推进“雪亮工程”建设，部署高清视频监控探头，完成全市视频高速专网架设。平台实现与市农业农村局、市政园林局、国土资源局、教育局、水利局、物联网安防小区、学校及重点单位一键报警等部门及系统间的资源共享；视频大数据应用平台初步建成，实现车辆信息、物联网资源、视频识别等大数据功能整合。传感终端应用不断延伸，生态环境、河道监测、应急管理、城市管理等各业务领域均出现基于运营商4G、5G、NB-IOT传输网络部署的专用传感系统，在城市治理、自然资源管理、治安防控、便民服务等方面取得良好应用效果。晋江智慧城市的基本格局形成，各项智慧化应用得到落地推广，推动晋江市新型城镇化发展。

【数字政府建设】 2021年，晋江市推进“互联网+政务服务”建设，依托泉州市“互联网+政务服务”一体化平台，提供智能政务、数据信息管理、绩效考评管理、行政办公管理、“微”服务应用、绿色通道等服务，“最多跑一趟”“一趟不用跑”网上可办事项提高至93%。推动政务服务掌上办，完成“闽政通—泉服务—i晋江”便民服务小程序开发工作，汇聚健康晋江便民服务、人才招聘、晋力帮、晋江人社、城市管理等 25项便民服务事项。电子证照系统加快推广应用，推动可信电子文件互认，累计新增电子证照704621份，存量证照转换1904670份；有707个审批事项762项材料支持电子证照应用工作。启动晋江市本级政务信息资源目录编制和虚拟数据交换平台建设工作，完成45个业务信息系统数据汇聚对接，累计汇聚237张表约2.26亿条数据，累计为各部门提供118个共享数据接口应用，推动政务数据资源共享，深化政务数据共享应用。

【数字经济发展】 2021年，晋江市抢抓数字经济发展机遇，聚焦产业数字化、数字产业化，协同推动数字经济高质量发展。产业数字化方面，把数字赋能作为产业转型的主攻方向，引领推动企业对接外部技术资源，实施数字化改造升级。全市新增400余家企业上云上平台，有1个项目入选工信部工业互联网App优秀解决方案， 4家企业获评省级新一代信息技术与制造业融合发展典型应用案例，5家企业获评2021年省级新一代信息技术与制造业融合发展新模式新业态标杆企业，5个项目获评2021年泉州十佳5G应用项目。2021年第四届数字中国建设峰会上，晋江入选全国工业互联网发展十强县。数字产业化方面，围绕晋华、渠梁等重大项目和集成电路产业园“三园一区”空间载体，初步形成集“芯片设计—制造—封装测试—装备与材料—配套及终端应用”于一体的全产业链生态圈。同时，依托本土产业生态，落地华为（晋江）工业互联网云孵化中心、SAP海丝工业互联网（泉州）创新中心。

【大数据发展应用】 2021年，晋江市以纺织鞋服为试点行业，筹划建设产业大数据平台，推动建设晋江市级产业大数据平台建设和运营。突出平台服务企业数字化转型、推动纺织鞋服产业链上下游信息化协同、强化政府服务能力的三大功能，构建以产业大数据中心为核心，协同服务平台、企业供需对接平台、金融服务平台、惠企服务平台、数据交易平台、企业大数据管理平台、智能决策支持平台7个外延应用平台为支撑的“一中心七平台”架构，重点针对行业生产经营中涉及的供应、设计、研发、生产、销售、物流、征信、金融服务等环节，梳理产业应用服务菜单，并结合多源融合的大数据分析，形成面向纺织鞋服产业的供需对接、线上选购、知识图谱、案例库、惠企服务、供应链金融服务、数据交易等产业数据应用服务，并辅助行业主管部门实施行业规范监管，辅助经济管理部门开展产业运行分析，为各级领导战略决策提供基础数据参考。

（谢培金）

软件和信息技术服务业

【概况】 晋江市软件和信息技术服务业主要集中在青阳街道、梅岭街道。2021年，全市软件和信息技术服务企业规模以上企业10家，营业收入约3.8亿元，与2020年基本持平。

【软件和信息业发展】 2021年，晋江市依托本土市场和智慧城市建设，培育伟志、万维、诺伊曼等一批以集成服务为主导、商业模式灵活、创新能力强的传统软件和信息技术服务产业。围绕完善产业生态、企业数字化转型，培育一品嘉、鞋创云、龙易配等供应链协同平台。采取以商招商办法，引进落地环思智慧科技股份有限公司、厦门维尔思信息科技有限公司等信息系统服务商。

【工业云平台建设】 2021年，晋江市先后引进SAP海丝工业互联网（泉州）创新、华为（晋江）工业互联网云孵化中心，借助华为、SAP在品牌、技术、工业互联网产业链资源的能力，推进信息化基础较为薄弱的中小企业将自身生产与工业互联网相结合，打造工业互联网解决方案，助推晋江产业转型升级。支持有条件的企业剥离信息化业务，输出数字转型服务，推动信泰公司建立万物智联物联网平台、海纳公司建立5G卫品工业互联网平台、新建兴公司建立陶瓷云5G智能设备平台。

【动漫产业】 2021年，晋江市动漫产业处于起步发展阶段，随着动漫产业的发展，涌现出熊仔、爵士兔、咕咕豆、漫鱼等一批动漫领军企业。领军企业通过聘请优秀的团队制作自主动画片，在央视播出后实现带动自身食品、鞋服、玩具等产业的发展，促进企业快速发展。通过动漫文化注入助推传统产业转型升级，利用实体经济的连接助推动漫产业的扩展增效，形成动漫产业与传统产业互相促进、共同发展的共赢格局。

（陈振华）

电信业

【概况】 至2021年，晋江市部署4G基站8000余座、5G基站2700多座，4G通信网络全市覆盖率99%，城区家庭宽带接入能力1000Mbps，光纤网络覆盖率98%以上，实现全市行政村全覆盖，100M以上用户占比80%以上；无线WiFi网络在交通枢纽、商业集中区、公共活动中心基本实现全覆盖，信息化基础设施的各项指标均居全省前列。

（陈振华）

【中国电信股份有限公司晋江分公司】 2021年，中国电信股份有限公司晋江分公司（简称“晋江电信”）下辖7个部室、4个中心、22个分局，全口径员工超700名，是全省电信系统规模最大的县级分公司。晋江电信融入地方经济建设，开展基础网络建设和信息化建设，满足晋江广大市民的智慧生活需求，配合文明办开展便民志愿服务，连续7次获“省级文明单位”称号。至年底，完成全业务收入73903万元，比上年增长4.85%。有天翼用户63.99万户、宽带用户53.99万户、5G用户35.76万户。

2021年，晋江电信创新5G行业应用模式。联合晋江海纳机械有限公司共建“全球卫品服务网——5G+卫品行业工业互联网数字赋能平台”，提供涵盖技术、生产、市场、销售等领域的一站式数字化服务，提升智能化远程运维能力和会员客户服务质量。助力永固纺织科技有限公司打造5G智慧生产园区，集合织机MES管理系统、物联网平台、智慧校方综合管理平台三大信息化系统，实现安全生产、透明管理，提升企业智能制造水平。借助政府“上云补贴”政策、对接泉州优秀商（协）会巡回采风活动，为鞋服纺织、体育用品、食品、酒店等行业提供应用上云服务，降低企业信息化升级成本，缩短采购流程、减少内部运维压力，实现外联内通，促进企业提质降本增效。加快推进智慧消防建设，通过物联网+智慧安全生产管理平台，对智慧用电、智能烟感、智慧音响和智能视频进行“一张图”综合服务管理，助力西滨镇政府智慧消防综合管理的全面升级。智慧警务护航世中运，建设“一中心、两系统”（公安系统异地备份交换控制中心，三载波一体化基站及室内外定位系统、飞行器快速建模系统）的警用数字集群通信系统，全面提升世中运安保指挥调度能力。打造“七个系统一体化”（教育人事信息管理系统、中小学招生报名系统、幼儿园办园行为评估系统、规范办学监测系统、民办教育体系智慧监控系统、学校德育管理系统、校园安全管理系统）的智慧教育大数据应用软件平台，提升晋江市教育管理能力及教学学习效率。

2021年，晋江电信响应网络强国战略，深化网络建设，完成5G二期、三期工程建设开通任务，累计开通1129个5G室外站、148个室分热点，初步实现市区、主要乡镇（街道）、商业广场、重要政企客户5G信号覆盖，为“新基建”发展筑牢基础。全面提升光宽质量，坚持将光衰整治作为重点工作，推进电源配套改造升级；推进网络价值运营，加快推进退铜退网、站点转改直等工作，优化网络结构，盘活设备资源，实现降本增效。

2021年，晋江电信开展总经理服务接待日活动，倾听用户心声、改善用户体验。立足提升客户服务感知，规范各触点服务行为，巩固客户服务基础管理工作，全年未发生“三强”（强开、强关和强捆）、群体申诉和人为差错引发的客户强感知服务事件。强化装维“当日修”要求，落实线路查障支撑，提升用户感知，修障及时率99.14%。夯实网络信息安全基础管理工作，建立健全防诈专班机制，落实断卡行动，提升网信安全工作成效。组织推进互联网暴露面压降及“三无七边”（“三无”：无人管理，无人使用，无人防护情况的业务、网站、系统、平台；“七边”：测试系统、试验平台、退网未离网系统、工程已上线加载业务但未正式交维系统、与合作伙伴共同运营的业务或系统、责任交接不清的系统、处于衰退期的系统）清查整治工作，创新性绑定所有内网终端IP及MAC，对现网视频监控风险点进行ACL限源，保障数据安全。

2021年，晋江电信对接党政机关、卫生管理部门、疾控中心等单位，协助开展新冠疫苗接种、新冠肺炎疫情防控工作，新冠肺炎疫情防控期间，累计向全市天翼用户发送防疫提醒公益短信超160

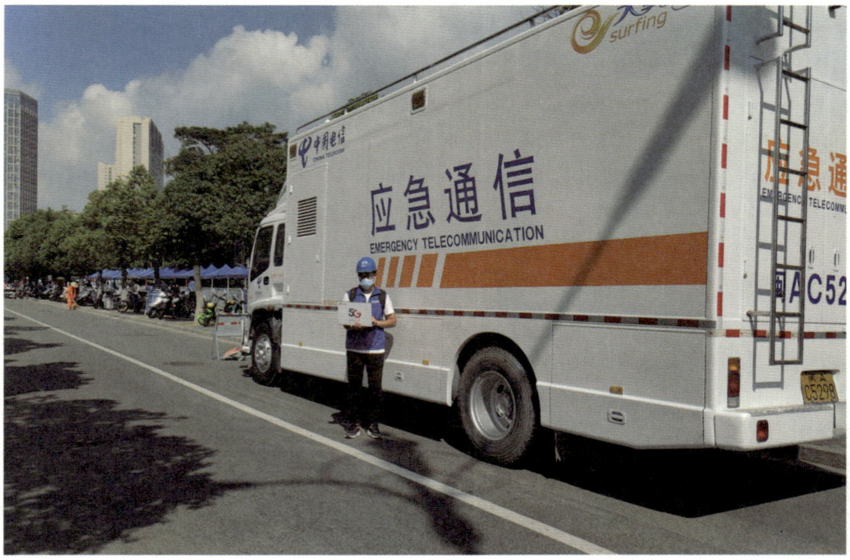

2021年8月26日，晋江电信为梅岭大规模核酸检测提供通信保障

（晋江电信／供）

万条，出动技术团队 537 人次支撑核酸检测点 110 个，助力完成近 36 万人次的核酸样本采集，完成封控区、核酸检测点通信保障任务。做好 2021 年五店市元宵灯会、梧林古村落元宵灯会、国际家装建材博览会、第二十三届中国（晋江）国际鞋业暨第六届国际体育产业博览会、第五届海峡两岸食品交易会暨第八届闽台（泉州）食品交易会、‘闽动—2021’地震暨大型综合体跨区域灭火救援实战演练等 37 场重大活动的通信保障工作。

（施聪颖）

【中国移动福建公司晋江分公司】 2021 年，中国移动福建公司晋江分公司（简称“晋江移动”）建成 5G 基站超 600 个，宽带端口新增近 10 万个，行政村覆盖率 100%。推进“银发服务”落地，服务老年客户 5 万余人次。晋江移动设 4 个部门，员工超 280 名。

2021 年，晋江移动实现 5G 基站主城区连片覆盖，发达乡镇区域业务热点、工业园区及龙头行业 5G 应用针对性覆盖，为晋江数字经济注入新动能。全年宽带端口新增近 10 万个，行政村覆盖率 100%。针对陈埭区域网络质量提升进行专项攻坚，改善网络环境。

2021 年，晋江移动发挥信息服务综合优势，打造“数字晋江”。面向家庭推出多形态智能家居终端设备，推进晋江家居迈向智能化；面向个人提供百款 5G 终端，推出多款创新应用软件；聚焦区域产业集群，助力晋江 5G+ 工业互联网和产业数字化发展。在行业信息化应用上，为各行业提供生产、销售、物流、仓储、安全、通信、上云等信息化服务，助推行业转型升级。其中，为百琪物流公司建设 5G 智能仓储系统，系国内首个鞋服类电商仓储 5G 货箱到人自动化项目，实现货物自动搬运、拣选到人、快速出入库，拣选效率较传统方式提升 80%，成本压降 30%。

2021 年，晋江移动每季度开展一场客户接待日、一场书记服务流程穿越，编制岗位服务工作手册。推进“银发服务”落地，制作适老服务宣传小视频，联合老年大学、社区按月举办智能应用讲堂，服务老年客户 5 万余人次。

（蔡宣宣）

2021 年 3 月 15 日，晋江移动与晋江市老年大学联合举办老年人智能手机使用培训班。图为工作人员手把手教老年人使用智能手机（晋江移动／供）

【中国联合网络通信有限公司晋江市分公司】 2021 年，中国联合网络通信有限公司晋江市分公司（简称“晋江联通”）主营收入 3.5 亿元，实现主营收入连续 4 年正增长。晋江联通获泉州市 2017—2019 年度文明单位称号；2021 年 7 月获泉州市第十三轮（2018—2021 年）创建“五好”党支部活动先进“五好”党支部标兵称号。

2021 年底，晋江联通有 5G 站点 1456 个，实现市区及各乡镇（街道）主要区域的连续覆盖，人口覆盖率 93.99%；4G 站点 3966 个，乡镇覆盖率 100%，行政村覆盖率 100%。千兆光网服务能力持续提升，宽带端口 25.34 万个，其中千兆端口占比 94%。光缆线路总长度约 1.25 万皮长千米，管道资源约 1864.6 孔千米。政企精品网覆盖持续完善。通过构建覆盖所有乡镇关键节点的政企精品网络，打造优质的升级组网服务，提供低时延、高带宽、高可靠、广覆盖的智能网络。立足企业及各类园区的实际需要，推出“联通云犀”“联通云聚”等创新产品，为用户提供云录音、云转写、云质检、云名片、云定位、云识别等解决方案。

2021 年，晋江联通以云网融合创新技术赋能千行百业，推动数字产业化和产业数字化高质量发展。推动企业上云上平台。晋江联通依托 1 个中心云池 +8 个下沉边缘云池构筑云网底座，打造“两张网、一平台、一朵云”的生态产品体系，赋能企业转型升级。助力智慧社会建设。中国联通东南研究院自主研发智慧河湖长制平台、矛盾纠纷多元化解平台、智慧社区平台、数字乡村平台等，为生态水利、公检法、社区、乡村等提供现代科技手段，建设集视频监控、平台管理、报告分析等系统为一体的综合管控中心。助力数字经济蓬勃发展。晋江联通利用 5G 专网、MEC 边缘云、5G 切片等技术与实际应用场景相互融合赋能消防、能源、纺织服装等制造业企业，深入 300 多家企业调研，助推各行各业数字化转型升级，提高经济质量效益和核心竞争力。

（张秋煌）

综　述

【概况】　2021年，晋江市出台《促进服务业提升发展的若干措施》，培育限上主体，鼓励引导商贸企业升规纳统、做大做强。全市社会消费品零售总额1640.96亿元，比上年增长8.4%。其中，限额以上消费品零售额406.85亿元，同比增长12.7%；限额以下消费品零售额1234.11亿元，同比增长7.1%。全年新增限上批零企业307家。

【商贸流通渠道拓宽】　2021年，晋江市创新探索线上线下“双线”办展。引导第四届中国（晋江）国际家装博览会、第五届海峡两岸食品交易会暨第八届闽台（泉州）食品交易会、第二十三届中国（晋江）国际鞋业暨第六届国际体育产业博览会“双线”办展。全年实现网络零售额359.8亿元。“6·18”网购节期间，全市网络零售额22.45亿元，位居泉州第三。“双11”期间，晋江企业全网全渠道销售额突破120亿元，增长40%。

【外贸出口】　2021年，晋江市培育外贸新业态。市场采购试点实现厦门关区所有口岸通关一体化，新增围头港试点口岸，全年出口34295票，出口货值190.33亿元。综保区跨境电商保税进口（“1210”）首单业务于5月申报，“9610”首票业务于10月13日通关。国际邮件互换局全年出口邮件159.43万件，同比增长81.42%。Lazada分拨中心全年揽收包裹超780万件。拓展外贸出口通道。支持航空公司以“客改货”释放航空运能，协调“泉州—马尼拉”“泉州—哥打基纳巴卢”国际客改货航线执飞81架次。拓展海外市场。组织152家企业参加第129届网上广交会，举办外贸云展会推介会，通过视频连线的方式与跨国采购团体开展网上洽谈。

【服务水平提升】　2021年，晋江市优化口岸通关机制。强化口岸部门间的协同配合，协调解决口岸工作的困难和问题。推广使用“单一窗口”系统，优化服务流程，出口、进口整体通关时间分别比2020年缩短24.8%和41.6%。提升行政审批服务。推进审批标准化建设，推进审批服务事项“五级十五同”，做到同一事项无差别受理、同标准办理。率先将审批权限100%下放至审批窗口，缩减办事时限，行政许可事项的办理时限平均压缩92%，即办率80%。推进电子证照生成应用，方便企业办理业务。推进“为民办实事”项目。完成7个农贸市场改建，其中灵水、黄墩、洋埭等农贸市场投入使用。

【副食品基地建设】　2021年，晋江市新增泉州市级蔬菜副食品基地2个、2021年省级重点调控基地2个，2家生猪基地被列入重要“菜篮子”储备基地，15家副食品基地被列入优化“菜篮子”基地项目。落实抗疫保供措施。强化商场（超市）、集贸市场等重点场所督促检查，落实防控措施。细化应急保障预案，协调指导农产品批发市场、主要农贸市场和大型商超加强日常供应保障。为商贸运输车辆提供通行管理服务，优先保障新冠肺炎疫情防控期间日常生活物资运输车辆的通行。落实安全生产责任。强化成品油、报废汽车回收、再生资源回收等重点商务领域“双随机、一公开”监管，加大隐患排查整治力度。牵头开展再生资源回收专项整治，建立问题隐患和整改责任清单，滚动跟踪、对账销号。

【对台港澳经贸与技术合作】　2021年，晋江市与台湾经贸往来总额46.17亿元。其中，自台湾购入23.46亿元；销往台湾22.71亿元，比上年增长38.78%。与香港经贸往来总额10.72亿元。其中，销往香港10.19亿元；自香港购入5257.69万元，同比增长2863.25%。销往澳门总额4.47亿元。新设立台资企业19家，投资总额1054万美元，合同资金912万美元；新设立港澳企业118家，投资总额9951万美元，合同资金7514

万美元。

（张景辉）

【招商引资】 2021年，晋江市签约项目123个，总投资987.7亿元。出台《招商工作闭环管理“五定三评三调度”实施细则》，绘制招商工作流程图，建立市领导挂帅督导、市招商办综合统筹、招商分局和各招商责任单位协同推进的工作机制，形成“内外一体化、条块协同化、队伍专业化”的招商合力，组织开展2021年晋江市产业链招商季行动和“百大项目攻坚大比拼”招商策划专项攻坚活动。从全市遴选8名招商分局长，抽调8名招商助理，充实招商选资队伍，并进行专题培训。市委、市政府主要领导先后7次带队前往京津冀、长三角、珠三角等地区开展招商活动。组织参加省民营企业发展大会、“9•8”投洽会、泉州市招商大会等经贸活动，举办晋江市（长三角）招商推介活动，精准对接目标客商。推动山姆会员商店综合体、上工晋江缝制设备集成安装基地、胜科纳米集成电路专业分析测试平台等项目签约落地。

（倪侨瑜 王美蓉）

批发和零售

【概况】 2021年，晋江市限额以上批发和零售业企业有1221家，全年实现销售额4570.96亿元，比上年增长32.4%。其中，销售额超亿元企业659家，实现销售额4358.74亿元，比上年增长44.5%。全市限额以上批发和零售业企业商品零售额中，五金电料类增长71.3%，家具类增长34.5%，中西药品类增长33.6%，建筑及装潢材料类增长31.9%，服装鞋帽针纺织品类增长28.2%，石油及制品类增长25.7%，家用电器和音像制品类增长16.9%，日用品类增长9.3%，体育娱乐用品类增长3.6%，汽车类增长2.2%，粮油食品类增长2.2%。

【消费促进】 2021年，晋江市开展“全闽乐购”、“国货之光、潮动全城”第五届晋江购物节等促消费活动，鼓励商圈街区、专业市场、品牌鞋服、住宿餐饮等利用元旦、春节、“五一”等消费旺季开展线上线下促消费活动。2021年春节、“五一”黄金周期间，全市重点零售企业销售额分别达1.56亿元、1.13亿元，分别增长115%、92%。市商务局获“全闽乐购”优秀组织奖。

【企业订货会】 2021年，晋江市结合新冠肺炎疫情防控形势变化，重新调整企业订货会服务工作专班，指导品牌鞋服企业采取线上线下结合、分期分批召开订货会，稳定市场订单。指导安踏、利郎等17家企业举办43场订货会。

【商贸平台培育】 2021年，晋江市专业市场融市加快，海峡石化产品交易中心实现线下交易额500亿元、线上交易额153.98亿元，分别增长92.3%、119.5%。鞋纺城入驻商户1000户，全年实现销售额80亿元。豪新食品入驻商户480多家。

（张景辉）

电子商务

【概况】 2021年，晋江市网络零售额359.8亿元，比上年增长2.9%。“6•18”期间全市网络零售额22.45亿元，居泉州市第三。“双11”期间全市网络销售额27亿元，居泉州市第二。培育淘宝镇13个、淘宝村77个，形成全省最大的淘宝村集群。

【电商平台建设】 2021年，晋江市推动知名平台到晋江开展业务。引进福建首个淘宝天猫（泉州）商家运营中心落地晋江市滨江商务区，阿里巴巴国际站跨境电商孵化中心落地晋江跨境电商洪山园，链接抖音和豪新食品市场合作，引导企业新的线上销售业态。支持本土电商平台发展。推动一品嘉平台拓展服务功能，平台累计服务客户8000余家，全年交易额54.89亿元。支持鞋都电商园打造线上产业园商城“鞋库网”，平台约130万双鞋靴商品库，注册会员超12万人次，日活跃会员超1万人次，每日下载数据包近5万人次。

【电商群落培育】 2021年，晋江市吸引、推动各类优质服务资源向电商园区聚集，以园区为载体，辐射带动周边制造企业触网升级。鞋都电商园集聚中小型鞋服供应商和电商上下游企业近400家，入驻率99%，与厦门亿丰商学院、SHOPLINE独立站等机构合作开展培训、交流活动26期；晋江云裳小镇互联网经济产业园入驻企业25家，入驻率100%，开展培训、交流活动9期；晋江跨境电商洪山园入驻企业（商协会）34家，推动协会、企业、服务商聚集发展，打造跨境电商企业孵化平台。

【跨境电商建设】 2021年，晋江市推动晋江跨境电商协会、福建省微电商行业协会、晋江市网商等7个商协会联合创立“出口电商孵化联盟”，推动行业抱团发展。推动开展各类跨境电商主题活动20多场次，涉及业务培训、产销对接、趋势分析、企业沙龙等类型活动，服务企业超过1200家次。推动泉州综保区、晋江陆地港、晋江国际鞋纺城列入泉州市跨境电商综试区线下功能园区，其中泉州综保区开通“1210”“9610”业务；晋江陆地港跨境服务口岸2021年报关单量1262.75万件，比上年增长20%；晋江国际鞋纺城2021年市场采购贸易出口货值190.33亿元。支持设立中国跨境电商交易会晋江专区，专区首日接待客户超过6000家，初步达成合作意向约400个，涉及订单金额约2500万元。

【新型电商业态培育】 2021年，晋江市推动直播电商发展，入选《直播电商区域发展指数研究报告》全国百强县，先后培育汇拍产业直播基地、蜂子会、太子岁等直播中心。举办晋江首届线上家庭年货节直播带货活动，恒安、劲霸等36家晋江市知名品牌企业参加，全网销量突破400万元。“双11”当日，全市直播11188场，占泉州市的32.8%，场次排名泉州第一。推动社区电商发展，支持慧买买、靠谱邻居等社区电商企业发展，提供的无接触消费服务在新冠肺炎疫情防控期间发挥重要作用。

（郭寅）

对外经贸与技术合作

【概况】 2021年，晋江市融入“一带一路”发展大局，实施国际市场多元化战略，兴业态、拓市场，外贸出口稳增快转。全市实现进出口总值1009.01亿元，同比增长59.3%。其中，出口890.21亿元，同比增长71.2%，占泉州市出口总量的43.7%；进口118.8亿元，同比增长4.8%。

【境外投资】 2021年，晋江市引导企业出海增资扩营，加快推进国际产能合作。百宏、信泰、名志等晋江市企业经备案到境外投资设点，其中福建百宏聚纤科技实业有限公司越南年产70万吨聚酯工程项目投产。

【外贸新业态培育】 2021年3月2日，晋江国际鞋纺城市场采购贸易方式试点启动。4月2日，实现厦门关区所有口岸通关一体化。12月，围头港完成市场采购贸易海关监管场所建设并开通市场采购贸易业务。2021年，晋江国际鞋纺城市场采购贸易方式试点出口34295票，出口货值190.33亿元（29.49亿美元），占全市出口总额21.4%，拉动全市出口增长36.6个百分点。主要出口货物涉及日用百货、建材类、鞋类、机器/机械类制品、纺织服装类等12类商品，出口155个国家和地区。

【外贸管理规范化】 2021年，晋江市聚焦市场采购贸易试点查验率高、制约试点体量扩容的问题，围绕完善市场采购贸易的交易模式，会同海关、税务、市场监督管理、外汇管理等多个部门不断完善管理机制，磋商修订16份配套管理办法，健全市场信用监管评价、知识产权保护、商品认定、商品溯源、价格标准等综合监管体系，确保实现风险可控、源头可溯、责任可究。组织市场采购经营者集中开展业务培训和政策解读10余场次，强化市场采购经营者主体责任，提高市场采购规范化水平。

【外贸通关便利化】 2021年，晋江市聚焦贸易物流成本偏高，“买全国、卖全球”通路待优化的问题，围绕市场采购贸易主体便利通关和降低企业出口成本需求，通过现场座谈、专题调研等形式，摸排市场采购贸易试点运行过程中的痛点和堵点，启用厦门关区通关一体化模式，通过共享平台与“单一窗口”无缝对接，实施出口提前报关、简化申报，实现市场采购报关单“秒审”“秒放”，解决传统模式下转关出口多次装卸、耗时长、成本高等问题。同时，以服务市场采购贸易为核心，推进完成围头港海关监管场所建设，推动围头港开展市场采购贸易业务，初步形成“陆地港+围头港”双港联动发展体系，支持当地企业通过当地双口岸通关出口，提升贸易便利化水平。

【外贸服务平台化】 2021年，晋江市以数字化、智慧化贸易开辟中小企业跨境贸易新通道，完成市场采购贸易联网信息平台建设，搭建综合管理平台，承载各项政策落地与实施。依托联网信息平台实行全流程操作和监管，实现涵盖主体备案管理、市场采购商品认定、交易登记、组货装箱、通关申报、免税备案、外汇结算等“一站式”综合服务。比照先进地区做法，引入第三方商品价格库，在全国第五批17个试点中率先推行出口商品价格监管体系，建立事前价格参考、事中价格审核处置、价格监测反馈等机制。优化升级平台功能，动态更新出口商品退税率文库，对“两高一资”（高耗能、高污染，资源性）零退税商品申报进行征税提示。打通政策链，推动特色化发展。聚焦产业集群效应发挥不明显的问题，围绕提高专业市场外向度和当地企业国际竞争力，推动市场主体由内贸型向内外贸结合型转变，注重试点差异化发展，依托晋江纺织鞋服及原辅材料等特色产业，发挥晋江货源地和大型专业市场集群优势，深挖当地专业市场和特色产业贸易潜力，宣传市场采购贸易便利化政策，鼓励更多内贸主体开展外贸，引导商户从鞋行业向日用百货、陶瓷建材、五金机电、泳装、伞具等多领域辐射，提升当地产品出口比例。至年底，晋江特色产品出口占比80%以上。

【外贸经营主体培育】 2021年，晋江市外贸出口企业总数超过1700家，三力机车、冠达星、舒华等13个品牌被列入省重点培育和发展的国际知名品牌。市场采购贸易联网信息平台备案主体4572家，其中采购商4143家、供货商155家、外贸公司163家、组货公司24家、报关代理87家。

【市场拓展】 2021年，晋江市组织61家企业、100多家跨境电商卖家参加首届中国跨境电商交易会，对接订单总额超过6600万元。组织152家企业参加第129届网上广交会，组织64家企业参加福建、泉州外贸云展会，为企业搭建线上平台开拓国际市场。

（倪侨瑜　王美蓉）

会展业

【概况】 2021年，晋江市引导第四届中国（晋江）国际家装博览会、第五届海峡两岸食品交易会暨第八届闽台（泉州）食品交易会、第二十三届中国（晋江）国际鞋业暨第六届国际体育产业博览会线上线下“双线”办展，分别达成意向成交额66.18亿元、163.58亿元、287.6亿元，较上一届分别增长25.3%、52%、20.7%。晋江会展业逐渐形成以鞋（体）博会为龙头，闽台食品交易会、家装建材博览会、汽车展、纺织机械展等一批与晋江产业结合紧密的成熟品牌展会为代表、众多中小型展会并存的局面。

【第四届中国（晋江）国际家装建材博览会】 2021年4月1—3日，晋江市在晋江市国际会展中心举办第四届中国（晋江）国际家装建材博览会，吸引国内33个省份（地区）的专业采购团体以及10个国家驻华采购代表到场观展、采购。展会期间客流量57132人次，较上一届增长23.7%；达成意向交易额66.18亿元，较上一届增长25.3%。该届博览会展览面积2万平方米，设置国际标准展位1007个，规划岩板展区、潮流家设计展区、个性化定制展区、机械及新材料展区、“磁灶窑”陶瓷文化长廊、安溪工艺家居馆、德化陶瓷馆、综合服务贸易馆等特色展区，匹配VR线上办展等创新服务举措，并设立税收志愿服务专区，实现展馆与展会“双升级”。

【第23届中国（晋江）国际鞋业博览会暨中国（晋江）国际体育产业博览会】 2021年4月19—22日，第23届中国（晋江）国际鞋业博览会暨中国（晋江）第六届国际体育产业博览会在晋江国际会展中心举行。该届博览会由中国国际贸易促进委员会、中国轻工业联合会、中国体育用品业联合会共同主办，线下与会人员10.3万人次，意向成交额287.6亿元，较上一届增长20.7%；线上参展企业469家，意向订单额15.6亿元；网站总浏览量27万人次。该届展会采取线上、线下“双线融合”的方式办展，展示体育市场最新产品、最新设备、最新技术。线上高位嫁接VR、云服务、大数据、直播电商等新模式、新技术，搭建线上云展会平台，吸引意大利、菲律宾、南非等70多个国家和地区的客商在线参展。线下以晋江国际会展中心为主会场，设立鞋类成品/体育用品、鞋纺材料、机械设备三大主体展区，设置科技创新馆、鞋业指数馆、青商会展区和台湾鞋机馆等10多个特色馆，展览面积6万平方米，国际标准展位超2300个。

【第五届海峡两岸食品交易会暨第八届闽台（泉州）食品交易会】 2021年7月20—22日，晋江市举办第五届海峡两岸食品交易会暨第八届闽台（泉州）食品交易会。该届食交会达成意向交易额163.58亿元，较上一届增长52%。作为中国最大的休闲食品专业展会之一，该届食交会集产品展示、技术共享、贸易投资、文化交流于一体，设有台湾馆、进口馆、晋江及石狮伴手礼馆、潮州名优食品馆等特色展区，展出面积6万平方米，吸引海峡两岸食品业界以及德国、英国、马来西亚等国家和地区1000多家企业参展，参展规模及企业数量创新高。

【泉州（晋江）汽车展览会】 2021年5月1—4日，晋江市国际会展中心举办第29届泉州（晋江）汽车展览会。该展会由晋江市政府支持，晋江市贸促会主办，泉州市环亚展览策划承办，是晋江市重点培育的市场化运作的专业性、商务性活动，连续举办18年，是福建省三大专业汽车展览之一。该届展会展览总面积逾4万平方米，吸引参展商140多家。现场订售及预订车辆超7100台，成交金额近17.2亿元。

11月11—14日，晋江国际会展中心举办第30届泉州（晋江）国际车展。该届车展规划展览总面积逾3.5万平方米，吸引参展商130多家。现场订售及预订车辆6200台，成交金额近12亿元。受汽车芯片短缺影响，该届汽车展90%的品牌以厂家形象展具展出。

（张景辉 林子文）

粮油贸易

【粮油保供稳价】 2021年新冠肺炎疫情防控期间，晋江市每天实时监测30家粮油应急供应网点和4家粮油应急加工企业的粮食购、销、存情况，形成每日粮情动态并报市新冠肺炎防控工作指挥部物资保障专班。分析研判形势，采取增设应急供应网点（实现市区域镇、街道全覆盖）、增拓引粮入晋渠道、协助提升粮企生产经营能力等措施，加强疫情防控期间粮食保供稳价工作。

【政策性粮食库存管理】 2021年，晋江市组织储备粮原粮轮换，确保市级储备粮数量真实、质量良好。落实应急成品粮油的储备工作。开展政策性粮食库存安全检查，落实粮食安全主体责任，确保政策性储粮安全，粮情稳定，品质良好。

【粮库建设】 2021年，晋江市粮食储备库主要采用智能化储粮技术，从粮食入库、储粮管理到粮食出库全部采用机械化、智能化管理。库区有4条入库输送设备和2条出库输送设备，提高出入库时效，缩短粮食轮换周期。粮库储粮稳步推进“四合一储藏技术”（粮情检测、机械通风、环流熏蒸和谷物冷却储粮技术的综合运用）和“双低储藏技术”（低氧、低药量密闭储粮），采用“智慧粮库”储粮系统，实现省级粮食管理平台监控在线率100%。

【市场粮食供应】 2021年，晋江市粮食行政管理部门分别与江西省景德镇、赣州宁都、黎川（稻谷）和江苏省（小麦）等产粮区粮食行政管理部门签订粮食流通产销合作框架协议，双方企业之间签订具体购销合同。6月18日，组织粮食企业至福州参加第十七届粮食产销协作洽谈会，引粮入晋江。全市增加“粮食应急供应网点”认定，确定30家粮油经营企业为“粮食应急供应网点”。

【粮油专项粮食流通市场监督检查】 2021年，晋江市加强对政策性粮食购销活动的监督检查，开展粮食流通执法督查57次，检查企业67家次。其中，开展餐桌污染抽检24批次，质量合格率100%。开展储备粮出入库抽检53批次，合格率100%。

【奖励资金申报和兑现】 2021年，晋江市组织企业向上级申报奖励政策，有2家粮食企业获粮食安全专项补助资金261.89万元。兑现本级产业经济发展鼓励扶持政策。奖励获评“全国放心粮油示范加工企业”的晋江市振盛米业实业有限公司3万元。

【救灾物资储备管理】 2021年，晋江

2021年11月2日，晋江市供销社“三农”服务队深入田间地头，开展田间问诊
（晋江市供销社/供）

市由瑞谷仓储公司公开招标采购年度救灾物资，品种13类，总价496950元（当年9月入库）。储备有晋江市民政局移交、2020年度、2021年度自行采购的3项物资，合计品种27类，价值98.25万元（不含第一批晋江市民政局移交物资）。

（蔡志坚 许星炜）

供销合作

【概况】 2021年，晋江市供销合作社紧扣“三农”工作新形势、新任务和新要求，筹划年度工作安排，制定任务分解目标，实现年度目标任务。全年实现商品销售总额28亿元，比上年增长20.47%。利润总额118.52万元，增长64.56%。其中，电子商务销售额75895万元，增长25.15%。

【“三农”服务】 2021年，晋江市制定下发《晋江市供销社关于全力做好2021年服务春耕生产工作的通知》，组建供销社系统“三农”服务队，组织“庄稼医院”开展坐诊咨询、田间问诊、预约出诊等活动，培训为农服务骨干128人次，为农民群众提供农业技术咨询服务5300多人次。联合多部门组织开展“多社融合同聚力、乡村振兴开新局”农资科技金融下乡活动，全年组织科技下乡进村12场次，现场接受农民咨询问诊1200多人次，免费维修农机器械800台件，发放科普农业技术知识3600册，赠送有机肥40吨。

【供销基层网点建设】 2021年，晋江市研究制定《晋江市供销合作社联合社关于强化农村基层服务网点建设的指导意见》，年度新建连锁经营网点8个，农村综合服务社3个，东石供销社“庄稼医院”改造提升项目通过泉州市供销社验收，并被省供销社评为“省级示范庄稼医院”。先后推动6个基层供销社升级改造。其中，深沪供销社半岛酒店重新装修营业，新增营收78万元；池店供销社增设农副产品信息服务站，受益农民近百户。

【供销服务网络构建】 2021年，晋江市制定《晋江市供销合作社联合社建设乡镇惠农综合服务中心实施方案》，确定首批建设5个乡镇惠农综合服务中心，被纳入市政府“我为群众办实事”计划。整合“4+N”为农服务功能，设立供销党员先锋岗，拓展优化经营服务领域，畅通为农服务“最后一公里”，全年受益群众超1000人次，帮助农民群众解决现实问题86件。

【农资储备】 2021年，晋江市制定下发《2021年度农资储备方案》，市农资公司、各基层供销社深入田间地头，加强市场调查研究，开展需求分析研判，明确细化储备种类和数量，确保全市农用物资供应不断档、不脱销。年底，供销社系统库存农资化肥4620吨、农药23吨、农膜10吨，超额完成上级下达的化肥冬储任务。

【供销项目建设】 2021年，晋江市成立供销社创新发展工作领导小组，组建资产盘活提升、企业经营运作、服务“三农”发展3个工作专班，开展“项目兴社”活动，推动“一企一策”“一社一品”建设，策划生成兴社项目8个、“一社一品”7个、自主经营门店7家。其中，石墨烯供销鞋、食堂果蔬配送、冻干果蔬产供销联合体、供销优品连锁经营、农产品冷链物流产业园等项目取得阶段性进展。

【供销系统改革】 2021年，晋江市获批省级供销社生产、供销、信用“三位一体”试点县市（泉州市唯一），晋江市供销社与晋江农商银行签订《全面战略合作框架协议》，推动首批9个基层单位入股农商银行，探索“产供销、金贸媒”供销发展新思路。晋江市供销社联手农商银行向各类新型农业经营主体授信1.2亿元，有4家农民专业合作社、33家农业场户获批使用资金1580万元。启动运营供销社系统会计核算中心和资产管理数据化系统，用电算化、网络化和数据化等现代信息技术手段，规范基层供销社财务管理、资产管理，完善企业经营管理机制。

【“菜篮子”工程】 2021年，晋江市供销社首次联合农民专业合作社、蔬菜基地和农产品龙头企业，依托供销社系统自有经营服务网络，在市区及各镇（街道）中心设立13个春节蔬菜物资供应点，采取全系统发动、全过程自营、全品系保障、全域性优惠等办法，直接畅通产销两端，以低于市场20%—30%的价格销售，确保全市农副产品质优价廉、供给充足。

（詹雅芬）

烟草专卖

【概况】 2021年，晋江市烟草专卖实现税利比上年增长1.46%，销售卷烟同比增长1.01%，卷烟条均价同比增长1.21%。全年查处涉烟违法案件301起，其中5万元以上案件63起。查获各类违规卷烟1885.96件，比上年增加197.83件。其中，假烟475.84件，走私烟7.5件，异动真烟1402.62件，总案值1880万元。陈埭所部获评全国青年文明号。

【卷烟打假打私】 2021年，晋江市烟草专卖局联合海警、打私办等单位开展“反走私”法治教育集中宣传及活动走访，并在沿海港口、码头、渔村等重点部位设立5块打假打私定点宣传牌，公布举报奖励政策及举报电话，加强防范和打击海上涉烟违法犯罪活动。落实省烟草专卖局打假思路，全年查处假私案件33起，捣毁制假窝点1个，破获“国标”重大案件4起，其中一级案件1起。移送公安机关立案侦查14起（其中“省督”案件2起），刑拘36人，逮捕19人，判刑45人。“4·30”生产、销售伪劣产品案获评“全省十佳专卖精品案件”。

【真烟异常流动治理】 2021年，晋江市加强对卷烟市场借套证等行为监管。查处违规案件38起，其中“双30”（单案案值在30万元或数量在30万支以上）案件12起，“双80”（单案案值在80万元或数量在80万支以上）案件2起，查获违规卷烟932.58件，总案值790万元。取缔“黑名单”大户9户。紧盯物流、寄递运输环节，检查物流货运场站、快递分拨中心、网点900余家次，发放举报小卡片3000张，查处非法运输真烟案件70起，查获异常流动真烟279.74件，全部予以没收处理，总货值255万元。晋江真烟查获量比上年增加111.93件，同比增长8.67%；外流量比上年减少21.5件，同比降幅48.4%。

【“数字”监管应用】 2021年，晋江市完善专卖“五要素”（运用订足率、订足面、市场价格、社会库存、商业存销比）进行数据关联分析模型应用，优化各项指标和分析维度，运行4期“五要素”专卖市场监管模型指令，检查重点零售户558户次，发现异常经营或轻微违规行为169户次，查处违法案件33起，查获终端违规卷烟22.94件，总案值22.51万元。“五要素”模型应用总体命中率30.29%，成案率5.91%。加强三线协同，落实《零售客户异常经营行为认定及处置管理规定》，开展异常客户核查1069户次；运用“标签化”管理手段，排查清理借套证户115户、虚假户300户、投机户29户，停减供415户次，诚信扣分450户次，收回许可证279本。

【卷烟品牌培育】 2021年，晋江市探索优化卷烟品牌服务关键流程，推动重点培育品牌做实做优。“线上”“线下”双管齐下，开展卷烟圈层营销活动。线上运用“e福通”精准画像圈定目标消费者，借助门店粉丝计划和中烟直播平台等进行有效传播增加宣传力度；线下利用集盒换礼、宴席推广、派送意见领袖品吸烟等活动吸引客源。至12月，开展优品会41场，专项市场调研座谈会5场，高端卷烟调研会6场，参与客户399户次。协同四川中烟举办雪茄品鉴会，并召开雪茄烟知识培训会，全市15家雪茄烟专业店店主参与培训。

【非烟商品经营】 2021年，晋江市打造非烟销售大户、开展大宗订购洽谈。12月中旬，召开厚工坊品鉴会，为其他产品定点销售运作模式提供借鉴。把销售作为起点，在客户订货后，由工作小组到店定期跟进库存消化情况，通过专场品鉴会、产品体验日、终端陈列、名品进名企等活动方式，帮助客户下柜引流。至12月，完成年度非烟销售总进度的101%。

【卷烟零售终端建设】 2021年，晋江市加强卷烟现代终端建设，优化客户分布结构。依照“海丝新晟”建设实施方案，选取优质客户，量身打造5家海丝新晟流通品牌，其中，烟云好礼日用品商行为泉州首家。至12月，新增现代终端761户，其中农网现代终端247户，占比32.5%。制定年度新零售建设工作方案，加强“e福通”推广，推进“e福通”1015户，占客户总数的10%，平均活跃率保持在95%。制作短视频助力信用体系建设宣传，成立共建诚信互助小组698个，参与客户9761户，客户覆盖率97.4%。

（陈猛）

食盐专营

【概况】 2021年，晋江盐务局依照《食盐专营办法》，参与维护盐业市场秩序，保障合格“闽盐”牌系列品牌碘盐供给，确保消费者用盐安全。全局人员15人，设置2个盐政辅助管理中队，两大营销区域，A类碘盐配送网点17个，B、C类碘盐配送网点28个。全市碘盐合格率、碘盐覆盖率、碘盐食用率均在95%以上。

【食盐供应及售后服务】 2021年，晋江盐务局将全市分为2个区域，各设2名业务员，负责食盐供应及售后服务工作。小配送为主服务的客户为各社区超市和餐饮公司，跟进各餐饮公司，加强餐饮用盐市场的管理和服务。掌握客户的经营现状。与配送网点客户签订《盐产品配送协议书》，理顺各级配送关系，敦促食盐配送网点遵守盐业法规。完善碘盐商网网格化建设，遵循“合理布局、方便群众、便于管理”的原则，做好网格化资料采集和录入工作，完善销售网络服务。了解市场、细分市场，实现精细化营销。根据市场情况制定相应客户资料管理计划，细化并量化相应的资料收集工作，完善客户、配送商及竞品信息等相关资料，为市场网格化管理信息工作奠定基础。引导和服务电商，使之成为闽盐推进占领市场的生力军。针对小包装碘盐网点的分布和运作情况，增设距离间隔近的小网点，规范食盐市场管理。加强对用盐厂家和季节用盐厂家的监管，规范各品种食盐、小工业盐的供应秩序。盐政辅助管理人员加强与客户经理的分工协作和联系，走访食品加工用盐厂家，掌握用盐动态，做好用盐厂家的跟踪管理和对小工业用盐厂家的监控。探索盐产品升级换代，改变盐产品品种单调性，利用大、中型商超、社区商超等平台，推广低钠海盐、福建贡盐、美味海盐、福盐一品等中高端品种，形成多层次、多品种、多价位的盐产品结构。针对甲亢患者，设置不加碘盐供应网点。加强与市场监管部门联系和配合，规范食品生产企业的进货渠道，防范工业盐或非法食用盐流入食盐市场。重申《晋江市食盐市场异常波动应急工作预案》，加强对各大碘盐销售网点的管理，建设地方贮备盐仓，增加食盐库存量，应对疫情等引发抢盐风波的发生，确保辖区内群众的食用盐安全和保障供应。

【食盐安全宣传教育】 2021年，晋江盐务局开展宣传活动132场次461人次，分发宣传材料15200多份。通过现场分发适量多品种盐和宣传单，向群众讲解闽盐与外省盐口感对比等，提高群众对闽盐认识。讲解科学、合理、健康的用盐知识，介绍盐产品的其他用途，提高消费者对健康绿色食盐的了解。向消费者宣传国家食盐专营政策，详细解答“不是放开专营而是进一步完善专营”政策，宣传展示闽盐品种，讲解食用加碘盐的好处及识别真假加碘盐的方法。

【盐政辅助执法】 2021年，晋江盐务局设2个盐政管理中队，与所在辖区进行挂钩、采取量化考核，提高盐政执法的职能转变。全年盐政出动617次、3286人次，检查各类商企26225家（饮食店15697家、食杂零售店10506家、加工用户22家），发现省外违规盐案件208起，发现省外违规盐小包装6.53吨，移交市场监管部门14起。

（吴培铨）

住宿餐饮

【概况】 2021年，晋江市有食品经营单位41511家，其中餐饮服务经营单位19330家；集体用餐配送单位20家。14家星级酒店完成营业额88970.6万元，比上年增长37.3%；完成零售额53699.6万元，比上年增长31.2%。

（柯辉跃）

【食品安全监管】 2021年，晋江市引入第三方对全市学校、养老机构、较大规模企业食堂开展食品安全风险隐患排查，对排查发现的问题，逐家列出问题清单，跟踪指导食堂限期整改。强化食品安全风险隐患排查治理能力。

【餐饮从业人员健康管理】 2021年，晋江市督促餐饮服务单位建立员工健康档案，执行每日动态登记制度，掌握员工健康信息。按各阶段核酸检测“应检尽检”频次要求，组织餐饮从业人员开展常态化核酸检测，并督促经营者组织从业人员接种新冠疫苗，做到“应接尽接”。

【餐饮服务操作规范】 2021年，晋江市督促餐饮服务单位落实进货查验及索证索票制度，确保食材来源可追溯。规范食品贮存、加工制作、供餐、餐饮具清洗消毒等各环节操作，确保菜肴烧熟煮透，生熟食品分开加工和存放，避免交叉污染。执行《福建省餐饮服务从业人员佩戴口罩的规定》，对检查发现直接接触入口食品工作的餐饮服务从业人员未按规定佩戴口罩的，依法予以处理。

【聚集性餐饮活动管控】 2021年，晋江市引导外烩经营者或者集体聚餐举办者将集体聚餐活动向村（社区）食品安全协管员报告。组织对外烩经营者开展集中约谈、培训，督促落实食品安全和疫情防控主体责任，并开展辖区餐饮外烩从业人员摸底建档，建立外烩从业人员数据库并及时更新。

（卢添兴）

【星级饭店】 2021年，晋江市荣誉国际酒店、晋江市金玛国际酒店、晋江鸿福酒店、金井万佳国际酒店和晋江深沪半岛酒店5家星级酒店通过年度星级旅游饭店评定性复核检查。督促星级酒店按照文明城市复查整改要求，落实行业规范、公益广告、控烟工作、残障设施、服务质量、“一米线”、文明餐桌、垃圾分类、消防安全和停车秩序等各项要求。执行“三码联验、测温、戴口罩”、通风消毒、控制聚集人数等各项新冠肺炎疫情防控措施，组织员工参加核酸检测和疫苗接种。指导相关星级酒店做好新冠肺炎疫情防控期间订货会的疫情防控工作。

（施毓葳）

综 述

【概况】 2021年，晋江市推进《晋江市全域旅游发展总体规划（2021—2035）》编制，修订《晋江市促进旅游产业加快发展的若干措施》《晋江市关于促进民宿规范发展暂行规定》，兑现上年度旅游扶持政策资金522.8万元。推进“三个一批”（签约一批，开工一批，投产一批）项目，招商1家、签约3家、开工2家。全年接待国内游客1142.58万人次，比上年同期增长10.6%；国内旅游收入145.83亿元，比上年同期增长15.5%。晋江市入选“2021年全国县域旅游综合实力百强县”。

【旅游资源】 截至2021年12月31日，晋江市有国家A级旅游景区7家（AAAA级景区2家、AAA级景区5家），全国乡村旅游重点村2个，中国乡村旅游模范村1家、中国乡村旅游金牌农家乐4家，国家工业旅游创新单位1家，中国乡村旅游创客示范基地1家，全国休闲农业与乡村旅游三星级示范企业（园区）2家；福建省旅游休闲街区1家，福建省特色旅游景观名镇2家，福建省旅游度假区1家，福建省乡村旅游特色村9家，福建省金牌旅游村2家，福建省观光工厂5家，福建省工业旅游示范基地1家，福建省（三钻）智慧旅游景区1家，福建省乡村旅游经营单位2家；泉州市特色文化旅游示范基地2家，泉州市旅游村1家；晋江市农业旅游示范点7家，晋江市级观光工厂5家，晋江市级工业旅游示范点20家。泉州市特色伴手礼21种，晋江伴手礼54家58种、晋江伴手礼专卖店5家（专柜1个）。

【旅游产业复苏】 2021年，晋江市打造“古早味”品牌产业。5月，举办“航空美食 晋江好味道”一齐飞评选活动，入选航空配餐和候机楼展销产品商家各15家、15个品类。7—9月，开展晋江伴手礼复核及新评，40家商家44种产品及1家专卖店通过复核，新评晋江伴手礼14种，认定晋江伴手礼专卖店4家、晋江伴手礼专柜1个。9月，晋江旅游商品在2021年中国特色旅游商品大赛上获1金1铜，其中侨乡手工面线获得金奖。通过星级旅游饭店评定性复核检查酒店5家。2021年，全市14家星级酒店完成营业额88970.6万元，比上年同期增长37.3%；完成零售额53699.6万元，比上年同期增长31.2%。全年新增旅行社3家，民宿1家。

【文创产业】 2021年，晋江市培育福建省文旅产业融合发展示范区1家，泉州市文旅产业融合发展示范区3家，获批晋江市文化产业园区2家，侨乡手工面线等3个项目获得中国旅游商品大赛、中国特色旅游商品大赛奖项，“晋江经验”红色游等8个项目获得“第二届最美福建·文化旅游创意设计大赛”最佳人气奖等。举办“创见未来·晋尚晋美”晋江市图书馆文创作品大赛。

【旅游精品线路打造】 2021年，“福建发展·晋江经验”精品线路入选文旅部、中宣部、中央党史和文献研究院、国家发改委联合发布“建党百年红色旅游百条精品线路”的第62条“走近大国重器、感受中国力量”主题类别。安踏（中国）有限公司、恒安集团公司、晋江市创意创业创新园、利郎集团公司、晋江市第二体育中心、三六一度集团公司、金门供水工程、七匹狼集团、围头战地文化渔村、梧林传统村落等10个项目入选“福建省建党百年红色旅游精品线路”。组织优秀人才、各级媒体、党员、旅行商代表开展红色之旅踩线活动3场，首次通过“航空+旅游”模式，调动多种渠道和模式开展红色旅游推广活动。

（留美婉）

旅游景区建设

【概况】 2021年，晋江市加强旅游公共服务建设，新增国家AAA级旅游景区 2 家（梧林传统村落、“晋江经验”馆），全国乡村旅游重点村 1 家（梧林社区），福建省旅游休闲街区 1 家（五店市传统文化旅游区），泉州市特色文化旅游示范基地 1 家（来旺良品堂闽南古早味传承基地）。兑现旅游扶持资金 344.7 万元，用于支持上年 5 家 A 级旅游景区项目提升及 4 座 A 级旅游厕所建设。

2021 年“五一”节期间，梧林传统村落携手乌龙剧团打造“梧林梦游爱丽丝”跨界主题活动。图为 5 月 2 日的“仙境梦游爱丽丝巡演” （陈巧玲 / 摄）

【景区公共服务建设】 2021 年，晋江市新增景区外部旅游交通标识牌 48 套，完成内部标识牌更新 A 级景区 7 家。新认定 AAA 级旅游厕所 2 座，其中 1 座为泉州市示范性旅游厕所。

【五店市传统文化旅游区】 2021 年，五店市传统文化旅游区获评福建省级旅游休闲街区、首批福建省特色步行街、福建省 2018—2020 年度文明风景旅游区、福建省诚信经营示范街区，完成智慧消防预警系统、历史建筑二维码查阅系统，改造提升来仪堂展演环境，更新完善景区二级导视、地下停车场系统、旅游厕所等。系 2021 年福建省春节联欢晚会晋江分会场录制现场，分别举办“红砖厝里过大年”“趣·五店市”“传承新生·潮见未来”等系列文旅活动。全年，接待游客 321.83 万人次，旅游总收入 3007.45 万元。

【安平桥（五里桥）景区】 2021 年，安平桥（五里桥）景区完成景区绿化景观提升、安全护栏及警示标识设置、休憩座椅改造以及旅游公厕修缮等。全年接待游客 143.8 万人次，旅游总收入 265 万元。

【灵源山风景区】 2021 年，灵源山风景区增设景区视频监控等项目。全年接待游客 31.46 万人次，旅游总收入 85 万元。

【围头战地文化渔村】 围头战地文化渔村景区入选农业农村部“2010—2017 年中国美丽休闲乡村监测合格单位”、泉州市“乡村记忆文化”示范点。2021 年，完成“新民村”文化休闲广场、烈士陵园双拥广场、红色教育墙体文化等工程，设置安全警示标识及应急设施，修缮停车场、旅游厕所自来水管道等。12 月，举办第七届闽台（金井·围头）乡村旅游文化节活动。全年接待游客 102.23 万人次，旅游总收入 269.5 万元。

【七匹狼男装博物馆】 2021 年，七匹狼男装博物馆接待游客 4.13 万人次，旅游总收入 739.43 万元，获全国“巾帼文明岗”称号，完成园区夜景工程、云游男博旅游系统及中英文双语在线讲解等项目建设。

2021 年 2 月 13 日，五店市开展“红砖厝里过大年”文旅活动。图为高甲戏表演 （晋江市文旅局 / 供）

【梧林传统村落】 2021 年，梧林传统村落景区接待游客 52.97 万人次，旅游总收入 950.26 万元。获评国家 AAA 级景区、第三批全国乡村旅游重点村、晋江市爱国主义教育基地。全年投入 2000 万元用于景区内部建设，完成智能生态停车场 2 座、停车位 700 个、中英双语标识标牌 186 块、游客休息点休闲石椅 41 处、AAA 级旅游厕所 2 座等项目。2 月，举办春节“侨春有禧”闽南年主题活动，占据抖音晋江市热门景区第一名，抖音视频总阅读量超过 150 万人次，游客自发发布抖音打卡视频阅读量超过 550 万人次；举办“梧林梦游爱丽丝”“侨村赶圩”“百年梧林正芳华”等活动。

【“晋江经验”馆】 2021年，“晋江经验”馆接待游客14.6万人次，旅游总收入96.2万元，获评国家AAA级旅游景区、福建省爱国主义教育基地、福建省党史学习教育参观学习点，入选国家、省“建党百年红色旅游百条精品线路”，完成游客中心、标识系统、旅游厕所等项目改造提升，开展党史类爱国主义教育活动及中小学生研学实践项目。

（留美婉）

旅游市场开发

【概况】 2021年，晋江市文化和旅游局坚持推动品牌形象宣传和客源市场拓展，打造大美晋江旅游形象和“全福游有全福·海丝泉州·大美晋江”旅游品牌，举办晋江市2021年文化旅游节，举行十大主题48个项目200多场（次）活动。

【旅游宣传】 2021年，晋江市文化和旅游局推出《来去晋江》宣传片、专刊及折页。利用新浪微博开通“晋江文化旅游节”微话题，累计阅读量24万人次。利用央视频移动网进行“航空美食哪家好？晋江旅游推荐官带你品鉴晋江好味道！”直播，吸引超32万人关注。利用抖音平台发布宣传视频晋江的正确打开方式话题，播放165.3万次。组织重点景区参加福建省广播影视集团旅游频道开展的“春节旅游景区2021活力大拜年”“春节名家带你逛景区”活动。

【旅游推介】 2021年5月19—20日，晋江市文化和旅游局邀请新华网、中新网等20多家新闻媒体走进晋江开展“晋江经验”红色之旅采风活动。5月23日，举办优秀人才“悦·游”之“晋江经验”红色之旅活动，邀请30多名晋江优秀人才免费体验。6月18—20日，组织五店市、晋江伴手礼等旅游企业参加第十七届海峡旅游博览会暨2021第七届中国（厦门）国际休闲旅游博览会。6月19—20日，开展旅行商“晋江经验”红色之旅踩线活动，邀请知名旅行社代表实地参观“晋江经验”馆、草庵、五店市传统街区、围头战地文化渔村等景区（点），并举行晋江旅游主题推介会。7月20—22日，组织五店市传统街区、梧林传统村落等重点景区及金井镇、安海镇等重点乡镇参加第五届海峡两岸食品交易会暨第八届闽台（泉州）食品交易会并进行文旅资源现场推介。10月22—25日，与晋江市城镇集体工业联合社组织晋江市工艺美术协会、晋江市旅游商品协会、五店市传统街区、梧林传统村落、来旺良品堂、晋江伴手礼商家等相关人员前往大连参加第三届中国（大连）国际文化旅游产业交易博览会。10月27—29日，与泉州晋江国际机场举办“走进世遗泉州”2021年民航冬航季换季交流会暨航空旅游踩线活动。

【文旅系列活动】 2021年春节期间，晋江市文化和旅游局联合有关单位在梧林传统村落举办“侨春有禧”春节主题活动，活动期间，日均游客量超2万人次；“五一”节期间，在梧林传统村落举办“百年梧林 家国情怀”——梧林沉浸式文旅体验系列活动；5—6月，市委宣传部、晋江市文化和旅游局举办“赋能文旅融合 共享美好生活”晋江市2021年文化旅游节，策划十大主题48个项目200多场（次）活动，于5月19日在晋江市文化中心广场举行文旅节启动仪式；举办2021年晋江市文旅消费季系列活动。

（留美婉）

特色旅游

【概况】 2021年，晋江市文化和旅游局整合全市文旅资源，打造乡村旅游、“晋江经验”红色游、“海丝人文”体验游、“惬意休闲”度假游、“亲子研学”陪伴游、“大美晋江”深度游等不同主题的旅游线路。9月，新塘街道梧林社区获评第三批全国乡村旅游重点村。

【乡村旅游】 2021年7月，英林镇湖尾村“赶海妙境·醉鲜湖尾”乡村旅游线路和“赶小海”基地渔耕文化体验、“欢太太”体验馆农耕文化体验2个景点分别入选农业农村部2021年中国美丽乡村休闲旅游行（夏季）推介活动——夏季精品线路和精品景点。

【“晋江经验”红色游】 2021年，晋江市以“晋江经验”馆入选国家、省“建党百年红色旅游百条精品线路”为契机，策划“晋江经验”红色游一日游和二日游2条线路，其中一日游线路包含“晋江经验”馆、五店市传统街区、七匹狼中国男装博物馆、围头战地文化渔村4个景区。二日游包含“晋江经验”馆、三六一度文化馆、利郎文创园、五店市传统街区、晋江市第二体育中心、梧林传统村落、来旺良品堂闽南古早味传承基地、七匹狼中国男装博物馆等。

【“海丝人文”体验游】 2021年，晋江市以世界遗产点为核心，打造“海丝人文”体验游线路，包含一日游和二日游2条线路。一日游线路主要包含安平桥景区、龙山寺、草庵、五店市传统街区、梧林传统村落、来旺良品堂闽南古早味传承基地。二日游在一日游线路基础上增加七匹狼中国男装博物馆和围头战地文化渔村。

【“惬意休闲”度假游】 2021年，晋江市融合文化体育旅游，打造“惬意休闲”度假游线路，包含一日游和二日游2条线路。一日游线路包含围头战地文化渔村、来旺良品堂闽南古早味传承基地、梧林传统村落、五店市传统街区。二日游线路在一日游基础上增加灵源山风景区、紫星村、紫帽山旅游度假区、九十九溪田园风光。

【“亲子研学”陪伴游】 2021年，晋江市打造“亲子研学”陪伴游线路，融合景区和研学基地，包含一日游和二日游2条线路。一日游线路含五店市传统街区、来旺良品堂闽南古早味传承基地、七匹狼中国男装博物馆、围头战地文化渔村。二日游在一日游基础上增加“晋江经验”馆、九十九溪田园风光、梧林传统村落等。来旺良品堂闽南古早味传承基地获评泉州市特色文化旅游示范基地。

【“大美晋江”深度游】 2021年，晋江市整合世纪大道沿线资源，融合文化体育旅游，串联“晋江经验”馆、晋江市第二体育中心、三六一度文化馆、来旺良品堂闽南古早味传承基地、梧林传统村落 、安踏品牌博物馆、利郎文创园、七匹狼中国男装博物馆、围头战地文化渔村等，开发大美晋江深度游。

（留美婉）

旅游行业监管

【概况】 2021年，晋江市加大旅游行业市场监管力度，出动检查人员357人次，检查星级酒店和旅行社119家次；以筹备世中运为契机，全面提升星级酒店服务能力和硬件标准。倡导文明旅游、制止餐饮浪费，做好新冠肺炎疫情防控工作和安全管理。

（吕彩贝）

【旅游行业专项整治】 2021年，晋江市开展旅游市场专项整治行动、景区和非景区景点安全管理专项整治、安全生产检查。落实道路运输安全生产专项整治三年行动，督导旅行社合法租赁有资质的旅游车辆，与有旅游客运资质的客运公司签订旅游客运包车合同。出动检查人员357人次，检查星级酒店和旅行社119家次，通过“12301”全国旅游服务监管平台、福建省“12315”旅游投诉服务平台、晋江便民热线“12345”和电话投诉等共受理旅游投诉9件，按时办结率100%。

【文明旅游宣传引导】 2021年，晋江市将文明旅游工作、制止餐饮浪费、新冠肺炎疫情防控工作同安排同部署。加强公益广告发布管理，各星级酒店在大堂等显著位置常态化发布公益广告，内容包括文明旅游、文明城市创建和新冠肺炎疫情防控等。餐厅均设置“文明餐桌”“光盘行动”“节俭养德”等公益广告。结合文化旅游节启动仪式现场开展文明旅游和普法宣传，分发文明旅游宣传手册。

【酒店服务优化】 2021年，晋江市组织星级饭店高管参加全省星级饭店管理人员培训班。以筹备世中运为契机全面提升星级酒店服务能力和硬件标准。制定印发世中运酒店设备设施标准手册，内容包含酒店客房前厅设施设备、酒店餐饮设施设备、酒店公共系统设施设备、酒店语言语音导视系统优化标准。完成48期世中运接待酒店英语线上学习课程推送。举办世中运接待酒店第一阶段主要接待骨干服务技能提升培训。编印分发《接待酒店涉外接待礼仪知识速查手册》《接待酒店服务英语 Easy Talk 知识读本》。

【旅行社】 2021年，晋江市新增4家旅行社，累计有旅行社33家。组织旅行社管理人员参加高级管理人员培训班、晋江市文旅产业人才培训班。推荐旅行社参与文明旅游示范单位评定。晋江市文化和旅游局联合市人社局、市总工会、团市委举办“晋江市第二届十佳导游选拔赛”。

【民宿发展】 2021年，晋江市修订出台《晋江市关于促进民宿规范发展暂行规定》，引导和推动民宿行业规范发展。选取五店市传统街区、梧林传统村落、紫帽镇紫星村等13个村（社区）和景区作为试点。成立晋江市民宿管理工作领导小组，完善联合核验机制。位于梧林传统村落的青普文化行馆民宿通过联审对外营业。至年底，全市有民宿5家。

（施毓箴）

【旅游突发事件应急管理】 2021年，晋江市制定《晋江市旅游突发事件应急管理体制（征求意见稿）》《晋江市文化和旅游局A级景区防汛防台风工作应急预案》文件。组织文旅企事业单位开展多场消防应急演练、水上应急演练等。

（蔡婉玲）

综 述

【概况】 2021年，晋江市金融工作局（简称“市金融局”）聚焦实体经济需求，引导银企融资对接，加快资本市场建设，防控金融风险，为实现晋江市经济社会发展稳定提供金融保障。全市金融业增加值119.65亿元，比上年提高4.0%。金融系统本外币存贷款余额比上年增长10.71%；全市金融机构本外币各项存款余额2413.86亿元，比年初增加266.12亿元，同比增长12.39%；本外币各项贷款余额1824.45亿元，比年初增加143.9亿元，同比增长8.56%。保险业总保费收入57.43亿元，其中财险收入21.23亿元、寿险收入36.20亿元。证券交易总额6092.19亿元，同比增长44.83%，超出9%的目标值。

【金融机构】 2021年末，晋江市辖内有银行业金融机构22家（政策性银行1家，大型国有银行6家，股份制商业银行8家，城市商业银行4家，农村商业银行2家，财务公司1家），网点281个，银行从业人员4058人。辖内有保险业金融机构51家，从业人员10038人。其中，财产保险机构17家，从业人员2475人，全年保费收入18.8亿元，赔付支出10.65亿元；人身保险机构20家，从业人员7314人，全年保费收入38.53亿元，赔付支出3.4亿元；保险中介机构14家，从业人员249人。

【金融保障】 2021年，晋江市完善金融保障，创优金融营商环境。召开全市金融工作会，部署2021年金融工作，制定金融工作各项措施及目标，合力推进金融工作开展。制定《“开门红”金融保障工作方案》，发挥政、银、企多方积极性，组织政银企对接会，加大纾困贷款对接力度，深化企业融资服务。开展《关于加快资本市场和金融业发展的若干意见》政策梳理修订工作，配套梳理解读材料、申报流程等，制定《金融业政策兑现内部操作流程》，强化政策导向作用；组织2021年金融业务及资本市场奖励申报，累计兑现政策资金1925.02万元。加大金融招商力度，对接泰隆银行调研，引入晋江住房置业融资担保公司；年度新增引入建设银行晋江行政服务中心支行、厦门银行安海支行；协同做好金融广场招商工作，通过出台扶持政策、分享金融机构招引信息，致力于打造金融集聚区。制定营商环境2021年工作计划及三年行动方案，聚焦中小企业运行情况，提高企业获得信贷便利度。

【资本市场建设】 2021年，晋江市新

2021年3月16日，久久王食品国际有限公司在晋江佰翔世纪酒店举行敲钟仪式，正式在香港主板挂牌上市，成为晋江市第50家上市企业（晋江市金融局/供）

增上市公司1家（久久王食品国际有限公司）。全市上市公司累计50家，首发融资金额累计超205亿元，再融资超580亿元，并购重组交易额近600亿元，上市公司总市值超3900亿元；“新三板”累计挂牌15家；新增海交所挂牌交易16家，累计挂牌交易23家。推进后备梯队建设，完成福建省、泉州市、晋江市三级后备企业滚动工作，2021年推动29家企业纳入福建省重点上市后备企业名单，占泉州市入围数的50.88%；82家企业纳入泉州市上市挂牌后备，占比超30%；84家企业纳入晋江市上市挂牌后备企业，新增32家，比上年增长58.49%。

【非法金融整治】 2021年，晋江市组织开展联合排查整治行动，组织对万达、滨江商务区等进行非法金融活动排查，发现涉及虚拟货币、传销等7条涉非法金融活动线索并移交公安、市场监管部门进一步处置；组织防范非法集资抖音挑战赛，利用周末在商超开展4场现场宣传活动，发放宣传材料近2000份，接受群众咨询100余次。

（吴鸿荣）

【金融服务创新】 2021年，晋江市推动金融创新，服务实体经济。支持银行机构开展供应链金融，通过线上供应链、中征应收账款融资服务平台等渠道，推动兴业银行创新“一品嘉信用贷”，服务核心企业上下游中小微企业融资，至12月末，供应链融资余额49.28亿元，惠及小微企业193家。推进知识产权质押融资业务，支持创新型、科技型企业发展，12月末，全市银行知识产权质押融资余额2.94亿元，比上年增长0.82%。强化新冠肺炎疫情金融保障，引导晋江农商行创新推出“应急·小微易贷”，升级线上金融产品，“信e贷”“医护贷”获泉州金融创新奖。联合人行开展民营和小微企业首贷培植行动，推动小微首贷户、小微信用贷等普惠金融增户扩面。至12月末，新增首贷企业1046户、新增投放21.74亿元；小微企业信用贷款余额43.30亿元，比上年增长6.93%，比年初增加2.63亿元。衔接农业银行晋江支行、建设银行晋江分行、浦发银行泉州分行、泉州银行晋江支行4家银行机构推出“上市贷”“挂牌贷”“后备贷”等金融创新产品，为后备企业提供增值服务，全年累计放贷超15亿元。

2021年，建设银行晋江分行创新推进投行资管业务服务，为符合条件企业提供直接融资服务，降低企业融资成本，成功帮助企业发行债券12亿元。兴业银行晋江支行推动福建省技术改造投资基金业务落地，符合条件的重点技术改造项目科技型企业支付年化利率3%的债权融资成本，即可获得较长期限、远低于企业中长期贷款利率水平的资金支持，降低企业融资成本，支持科技型企业加快技术改造、转型升级、提高市场竞争力。至12月末，该行技改贷余额9.7亿元。

（吴鸿荣 陈燕娜）

【民营企业金融支持】 2021年，晋江银保监管组督促指导晋江银行业保险业金融机构贯彻落实党中央、国务院和银保监会关于新冠肺炎疫情防控和支持民营经济发展的各项决策部署，优化营商环境，纾解中小微民营企业经营困难，推动企业有序复工复产，提高金融服务的针对性、有效性。会同检察院、税务局等21家单位成立民营企业合规建设服务中心，免费为民营企业开展“合规体检”，相关做法在《八闽快讯》刊发。参与召开企业融资对接会、优化营商环境工作推进会、提升企业融资便利度专班工作推进会、“信易贷”宣传推介会等民企金融服务工作会30余场次，提升金融服务民企质效，破解民企小微企业融资难题。推动银行机构加大产品创新力度。推动晋江农商行配套蓝色金融产品“福海·信用船”“福海·鲍鱼贷”“福海·渔业养殖贷”等特色化海洋经济金融产品；推动工行晋江分行授信10亿元支持绿色、可循环经济发展。

（陈进发）

【货币政策执行】 2021年，中国人民银行晋江支行（简称“人行晋江市支行”）传导落实稳健货币政策要求，助推高质量发展。推动利率市场化改革，引导法人机构贯彻落实存款利率定价形式转变及约定的存款利率加点数。逐步提升金融机构贷款定价能力，疏通LPR向实体经济尤其是小微企业融资利率传导的渠道。强化准备金政策的调控功能与监测管理。加强对地方法人金融机构流动性状况的日常监测，引导和督促其加强流动性管理、坚持稳健经营。鼓励地方法人银行机构探索创新型资本补充工具，提高信贷投放和风险抵御能力。

2021年，人行晋江市支行推动稳企业保就业各项政策落地实施。至12月末，人行晋江市支行向地方法人银行发放16笔再贷款，其中15笔支小再贷款，金额28.15亿元，收回9笔，金额13.95亿元，余额14.2亿元；支农贷款1笔，金额1亿元，余额1亿元；年度新增发放6笔，金额14.2亿元。向地方法人银行分17个批次累计提供普惠小微企业贷款延期支持工具激励资金3319.15万元，支持延期本金33.19亿元，惠及小微企业3754户；分6批次累计提供普惠小微企业信用贷款支持计划额度5.9亿元，支持银行发放普惠小微企业信用贷款14.76亿元，惠及小微企业8431户。

【国库管理】 2021年，人行晋江市支行执行国库规章制度，确保政府预算收支任务顺利完成。至12月末，办理国库预算收入266.38万笔，金额435.2亿元；预算支出3.02万笔，金额335.07亿元；预算收入退付11.4万笔，金额78.4亿元。优化国库服务，强化国库监管。贯彻落实国家减税降费政策，至12月末，办理减税降费业务2355笔，金额275.8万元。深化“服务立库”理念，做好财政直达资金拨付与监督等相关工作，保障直达资金精准落地。至12月末，办理财政直达资金750笔，金额2.37亿元。通过柜面监督发现并纠正不合规业务。优化国债管理与服务。开展“送国债下乡 助乡村振兴”便民活动，组织开展到期储蓄国债催兑工作，做好国债发行期现场巡查工作。

【小微企业首贷培植行动】 2021年，人行晋江市支行推动市政府出台首贷户奖励政策，搭建银企对接，联系市政府相关部门下发3批次无贷户培植企业名单，推动召开30多场银企融资对接活动。引导商业银行完善管理机制，提升管理效能，缓解不敢贷、不愿贷、不会贷等问题。至12月末，全市小微企业贷款余额633.26亿元。1—12月，全市新增民营和小微企业法人首贷户1045户，发放贷款21.65亿元，完成户数任务（800户）的130.63%，其中367户企业共获信用首贷2.72亿元，完成数居泉州辖区各县市前列。

【信贷直通车】 2021年，人行晋江市支行引导辖内商业银行建立责任、任务和反馈清单，第一时间将民营和中小微企业贷款需求传达至辖内商业银行。做好按周监测，约谈完成不好的商业银行，推进“信贷直通车”业务。至12月末，全市通过“信贷直通车”贷款的中小微企业126户共2.7亿元。民营和中小微企业通过“信贷直通车”平台发起贷款需求申请在泉州辖内商业银行中排名第一。

【供应链金融与科技金融发展】 2021年，人行晋江市支行指导辖内金融机构创新供应链产品，推进“e信通”等网络供应链融资产品，带动龙头企业上下游“双小”客户发展。调研科技型企业的信贷需求，通过走访市科技局、电商协会等单位，探索开发适合科技企业“轻资产”特点的结构性、复合型金融产品。推进知识产权质押融资业务。丰富科技信贷产品种类，辖内多家银行推出“科技贷”“科创贷”等产品，满足科技企业融资需求。推动“不动产+金融”服务点全覆盖。推动各银行机构设立不动产登记便民服务点，不动产登记抵押贷款和抵押登记一并申请、一窗受理，办理时限压缩至半个工作日，9月末实现全覆盖。

【绿色金融】 2021年，人行晋江市支行助力实现“双碳”（碳达峰、碳中和）目标。加强窗口指导，做好地方法人金融机构绿色信贷业绩评价，引导金融机构创新绿色金融产品，运用现有信贷产品支持企业绿色升级，探索碳金融业务，推动绿色资金投向多样化，支持农田设施改造、田园风光建设、新能源公交车等项目。至12月末，全市金融机构绿色贷款余额47.97亿元，比年初增加20.15亿元，比上年同期增长72.42%，占本外币各项贷款余额的2.63%。

【普惠金融】 2021年，人行晋江市支行开展2021年“贷动小生意、服务大民生”金融支持个体工商户发展专项活动，引导金融机构创新产品和服务模式，提高对个体工商户金融服务水平。推动银行机构整合行内数据和税收、工商、电力等信息资源，研发全流程线上操作、系统自动识别风险、评分审批的贷款产品，推动做大“小微快贷”“云税贷”“农e贷”等产品业务。继续推动银行做好无还本续贷业务。加强乡村振兴金融服务，做好辖区农村普惠产品推广运用工作，支持银行机构继续探索开展农村集体经济组织股权、宅基地、农村土地承包经营权等质押贷款“农田贷”“信用船”等产品。引导银行拓展优质涉农项目及客户，充实涉农项目储备，强化信贷投放支持。引导银行利用专项产品做好扶贫小额信贷工作，支持商业银行利用“光伏贷”、创业担保贷等模式。

【金融数据统计研究】 2021年，人行晋江市支行贯彻落实2021年金融统计制度，加强金融统计数据管控，提升统计数据质量。加强对地方性法人金融机构金融统计标准化工作的指导与督促，抓好金融业综合统计工作。做好各项制度性调查和统计及监测分析，向上级行反映基层经济金融运行中的热点、难点和苗头性问题。开展特色研究工作，形成信息和调研材料。支行获评“2020年度泉州市人民银行系统调研工作先进集体”“2020年度中国人民银行泉州市中心支行优秀信息工作集体”，课题《基于SWOT分析的金融支持现代服务业发展研究——以福建晋江市为例》获2020年度泉州市人民银行系统重点研究课题一等奖，与泉州市中支合作1篇调研文章获省行领导批示。

（吴振辉）

金融监管

【金融风险防控】 2021年，晋江银保监管组督促各银行业机构与上级沟通，争取资源，处置不良贷款。全年辖区银行业处置不良贷款67.2亿元；年末，辖区不良贷款余额18.54亿元，不良占比1.02%，两项数据均为2015—2021年间最低水平。加强风险研判。每季度分析撰写《晋江市信贷运行情况调查及信贷风险状况分析报告》《区域性风险分析报告》等，预判辖内风险状况，做好各项应对措施；相关风险分析报告得到晋江市委、市政府领导的重视及肯定。参与政府研究锦兴（福建）化纤纺织实业有限公司、泉州世界贸易中心有限公司等重点风险户的化解处置工作；走访辖内银行机构、企业，了解经营运转情况、了解服务小微、风险防控等情况；配合政府召开防控化解工作会21场，走访银行企业42家次。

【法人监管】 至2021年末，晋江市辖内有晋江农商行1家法人银行机构，该行总资产542.4亿元，比年初增加40.7亿元；总负债500.96亿元，比年初增加38.3亿元。各项贷款306.6亿元，比年初增加51.1亿元；各项存款447亿元，比年初增加41.6亿元，存贷款比例68.6%，比年初增加5.6个百分点。

2021年，晋江银保监管组强化法人机构监管工作，开展年度监管会谈、审慎会谈、三方会谈及对班子成员约谈12次，提出包括压降户均贷款、加强不良问责、强化表外清收、审慎发放大额、优化公司治理、做好股金分红、强化经营贷用途监测、严格高管离任审计等20多条监管意见。督导开展案件防控、员工行为、新增不良责任认定等内部审计检查，重点梳理员工行为禁止性规定并从严把控。强化风险防控，全年晋江农商行处置不良贷款9.65亿元；年末，不良贷款余额5.09亿元，不良率1.66%，分别比上年减少0.5亿元，下降1.16个百分点，连续两年实现不良“双降”，且两个数据均为2016—2021年间新低。围绕内控合规管理、金融乱象治理、金融知识宣传等热点、难点问题，进行入社23次，跟进问题整改落实。强化内审联动。收集整理晋江农商行从业人员违规问题库，为做好监管评级、高管履职评价打下基础。强化重点指标跟踪。优化拨备覆盖率，年末指标值320%，比上年增加150个百分点；督促完成小微、涉农贷款目标；完成房地产集中度指标优化等。

【现场及非现场监管】 2021年，晋江银保监管组配合省银保监局、分局对福建海峡银行、海西金融租赁公司、安溪农商银行、泉州农商银行、永春漳农商村镇银行、泰康人寿泉州中支、平安财险晋江支公司7家银行保险机构开展现场检查。重点检查抽查辖区银行保险机构开展“健康码扫码应用工作”“排查重点楼宇金融违规服务”“安保巡查”“防范非法集资风险宣传”等现场巡查及金融宣传工作。完成辖区银行业季度总体运行情况分析报告及法人机构月度、季度分析报告、1104报表及其他专项报表等调查、分析和审核上报工作。开展辖区数据报送质量座谈会，与21家银行机构、1家财务公司的报表经办人员开展面对面座谈，传达统计要求，提示注意事项。

（陈进发）

【金融稳定维护】 2021年，人行晋江市支行贯彻落实宏观审慎管理要求，防范化解金融风险。贯彻执行房地产宏观审慎管理政策，加大对地方法人银行房地产贷款集中度管理，确保在年底前增速向全市房地产贷款平均水平回归并逐步向全国平均水平收敛。至2021年8月，晋江农商行房地产贷款占比13.30%、个人住房贷款占比12.49%，提前3年5个月达到地方法人银行业金融机构房地产贷款集中度管理指标要求。做好地方法人金融机构的窗口指导，指导法人金融机构科学、合理、稳健规划信贷业务增量，加强日常监测与宏观审慎管理（MPA）评估工作。处置金融风险。履行属地管理职责，贯彻“货币政策+宏观审慎政策+央行评级”三位一体的管理方式，提升金融机构防范化解金融风险能力。做好辖区法人银行存款保险投保指导工作，督促投保机构及时、足额交纳保费，并强化风险监测和预警工作。开展辖区法人投保机构年度初始评级和存保核查，提高评级工作质量，确保对法人投保机构评级准确、适用费率适当。加强对辖区法人银行机构监督管理，强化法人金融机构宏观审慎管理，强化流动性风险监测。健全金融风险防控体系。加强对辖区金融风险的监测和动态排查，落实重大事项报告，将防范和化解金融风险放到重要位置，重点加强大型重点企业资金链断裂、不良贷款、地方政府性债务、房地产业、互联网金融等风险高发领域以及银行机构保险理财、表外业务、同业业务等跨行业、交叉性金融产品的风险研判和排查。

【外汇管理】 2021年，人行晋江市支行深化外汇管理“放管服”改革，促进贸易投融资便利化。指导中国银行为兴业皮革科技股份有限公司办理货物贸易外汇收汇，实现全市首笔贸易政策便利化试点新政业务落地。指导办理全省首笔利用“境内完税后薪资转入资本金”业务，推动跨境投融资更便利。推广应用跨境金融区块链平台，至12月末，通过平台办理出口应收账款融资业务1.2亿美元；办理服务贸易对外支付税务备案信息网上核验业务超2.54亿美元。推进外汇资金池业务办理。1—12月，通过外汇资金池办理收支6笔、金额4635.86万美元。

聚焦重点领域外汇服务，支持辖区涉外经济高质量发展。2021年，人行晋江市支行开展汇率风险中性宣传与避险产品推介活动，首次将“外汇套保比率”与银行外汇考核挂钩，1—12月，晋江企业套保比例12.1%，同比上升3.6个百分点。推进晋江国际鞋纺城采购贸易出口试点，1—12月，试点完成34296票，出口货值29.5亿美元，收汇11.33亿美元。提升个人外汇业务便利化和服务质量。推动银行建立个人经常项目特殊外汇业务处置制度，通过特殊业务处置制度为辖区6名客户办理重疾险业务。做好直接投资存量权益登记工作。做好2021年度银行外汇业务合规与审慎经营评估培训与考核工作。

完善跨境资金流动管理体系，维护辖区外汇市场稳定。2021年，人行晋江市支行加强对个人分拆购汇业务的监测，对“陈某兴分拆购付汇79.95万美元”的线索移案晋江公安部门，该案在进一步侦查中。加强货物贸易监测。2021年非现场核查率100%。注销306家连续2年未发生进出口和收付汇业务企业名录，登记467家申请开展外贸业务企业名录。配合中支开展监测核查，及时发现异常交易和可疑线索。

【支付结算管理】 2021年，人行晋江市支行创新开展适老金融服务创建活动。制定出台《晋江市“晚霞驿站”老年人支付服务示范点创建方案》，拍摄“晚霞驿站服务举措及经验介绍”微课程，在辖内打造一批“老年人支付服务”示范银行网点，提升适老金融服务水平。推进移动支付便民示范工程。走访银行、召开协调会、开展宣传活动，加快推进移动支付在农村地区的普及应用，推动移动支付覆盖景区、校园等场景。优化企业开销户服务。提高开户服务意识，在风险可控前提下，推行小微企业简易开户服务。通过暗访等，引导银行优化账户服务、适当降低小微企业的支付手续费。特事特办，简化开户流程，做好与新冠肺炎疫情防控相关的人民币单位银行账户服务工作。推动农村支付环境建设。至12月末，助农取款服务普及度得到提升，助农取款服务3341笔，业务金额89.8万元。防范打击电信网络新型违法犯罪。按季通报辖内各银行涉案账户情况，“断卡”行动共约谈涉案账户较多的银行网点人员86次，实地督导暗访银行网点38次，督促辖内18个涉案银行卡较多的网点暂停新开户业务。推进辖内各银行创新做法堵截可疑开户。摸排涉案账户和可疑账户，织牢安全防线。指导拍摄反诈微电影，创新宣传形式。

【货币金银工作】 2021年，人行晋江市支行推动地方政府集中开展整治拒收现金行动，排查核实处置拒收现金投诉案件3起。按月做好辖区假人民币收缴工作。至12月末，辖区银行业金融机构及公安局共收缴假人民币4142张，面额37.78万元。指导辖区金融机构做好残损人民币收兑工作。至12月末，指导辖区金融机构回收上缴残损人民币8.5亿元。践行“我为群众办实事”，督导和协调晋江中行、晋江建行及泉州建行为群众办理1起数额巨大的残损币兑换，金额49.6万元。落实现金常态化消毒制度，优化现金服务。开展整洁度监测工作，推进硬币自循环及全额清

2021年6月25日，人行晋江市支行组织到金融广场开展金融宣传活动
（人行晋江市支行／供）

分工作常态化管理。开展人民币小面额暗访工作，做到机构全覆盖，累计暗访营业网点33个。继续做好常态化新冠肺炎疫情防控下现金供应，指导辖区银行设立现金集中消毒点20个，对辖区5家银行网点开展非现场检查。撰写信息《晋江市支行未雨绸缪完成全辖银行业金融机构现金集中消毒点设立》在《福建货币金银工作简报》刊发。开展纪念币、贺年币、使用人民币图样巡查和排查工作。

【征信服务与管理】 2021年，人行晋江市支行做好人民银行征信中心动产融资统一登记公示系统，加强常用户现场审核管理，紧抓审核质量，筑牢风险防线，确保平台用户的真实性和合法性；加强动产融资服务理念和登记公示系统的宣传推用，提升为民利企服务水平。抓制度建设与落实，确保征信业务系统和自助查询机安全运行，提升征信查询服务水平。加强征信合规和信息安全管理工作，开展征信接入机构分（支）机构的考核评级工作；开展异常查询数据核查及异议处理工作。加大征信宣传力度，提高民众信用意识，开展征信及社会信用体系一系列宣传活动，普及征信知识。推动地方法人金融机构、供应链核心企业对接中征平台，引导银行业金融机构利用中征平台加快应收账款融资服务创新。

【反洗钱工作】 2021年，人行晋江市支行与晋江市人民检察院建立"自洗钱"入罪会商机制，加强联席部门的线索会商，接收重点可疑交易线索10条，移送公安9条，立案4起，破案3起。配合检察部门推动5起洗钱罪案件的判决，包括李某盗刷信用卡并利用他人POS机转移非法所得的福建省首起"自洗钱"案。开展辖内法人机构反洗钱风险自评估工作，先后约见辖内3家保险代理公司调研指导反洗钱自评估工作。对2家保险公司开展监管走访。根据《2021年全省进一步强化证券（期货）、保险行业反洗钱监管实施工作方案》，指导辖内保险业、证券（期货）业金融机构做好行业洗钱风险专项排查工作。排查保险业金融机构37家，发现问题15家；排查证券（期货）业金融机构20家，发现问题1家。支行营业室和工作人员获福建省人民银行系统打击洗钱犯罪有功集体和个人。

【金融消费者权益保护】 2021年，人行晋江市支行组织开展"3·15"金融消费者权益保护、"普及金融知识，守住'钱袋子'"、"国家安全教育日"、"美好生活·民法典相伴"、"宪法宣传周"以及防范非法集资宣传月等宣传活动，开展2021年消费者金融素养问卷调查等工作。全年接到上级转交的投诉23条，处理回复23条，投诉回访9条，要求相关银行针对所投诉的问题认真核实回复。将信访局发送的信访件转交相关股室办理，做好协调办结。

（吴振辉）

银 行

·中国银行晋江分行·

【概况】 2021年，中国银行晋江分行（简称"中行晋江分行"）全年无案件事故发生。年末，本外币存款余额125.15亿元，比年初增2.86亿元。其中，人民币存款余额121.47亿元，比年初增加3.03亿元；外币存款余额5778万美元，比年初下降131万美元。本外币贷款余额96.88亿元，比年初增加1.91亿元。其中，公司金融贷款余额46.46亿元，比年初下降5.47亿元；个人金融贷款余额50.42亿元，比年初增加7.39亿元。实现营业收入3.71亿元，完成拨备前利润2.90亿元，同比增加6737万元，增幅30.32%。

【行政事业客户拓展】 2021年，中行晋江分行加大行政事业客户拓展力度，以取得晋江市财政局国库支付代理银行资格为契机，营销镇街政府和幼儿园等预算单位账户，新增一批客户，行政事业存款大幅提升，营销土地拍卖保证金累计15.08亿元。至12月末，行政事业客户存款日均余额12.1亿元，比年初增加2.72亿元。

【投行业务拓展】 2021年，中行晋江分行加大投行业务拓展，债券承销保持四大行第一，全年承销债券累计46.3亿元，其中城投中票32.9亿元、恒安超短10亿元、产投PPN3.4亿元，贡献度排名泉州中行辖内第一。

【客户维护】 2021年12月末，中行晋江分行存量对公结算账户9312户，占四大行市场份额15.01%，比年初提升0.9个百分点；净增基础客户1175户，占泉州中行20.34%，贡献度排名泉州中行全辖第一。网络金融有效活跃客户4990户，占泉州中行贡献度 21.93%，排名泉州中行全辖第一；个人手机银行月均活跃客户 44764 户，较上年同期增长 34.58%；信用卡新增有效客户 1498 户，新客平均月活率 60.01%，排名泉州中行全辖第一；存量客户平均月活同比增长 1.12%，排名泉州中行全辖第二；三代社保卡开户 7442 户，占泉州中行全部辖区总开卡数的 17.79%，排名泉州中行全辖第一。

【普惠金融】 2021 年，中行晋江分行拓宽服务对象，宣传普惠金融产品，通过普惠金融与准钻团队联动，加强公私结合，推动普惠金融提质增速扩面，至 12 月末，银保监口径普惠金融重点贷款余额 9.97 亿元，比年初增加 3.72 亿元，增量居泉州中行辖内机构第一。其中，对公普惠金融贷款新增 2.67 亿元，增量排名泉州中行辖内第二，户数排名泉州中行辖内第一；线上融资余额 1.37 亿元，信贷完成率 155%，增量排名泉州中行辖内第二。

【不良贷款管控】 2021 年，中行晋江分行推进大户核销转让工作，至 12 月末，实现不良资产处置 6.5 亿元，其中核销小微企业 188.95 万元、批量转让 6.48 亿元。不良贷款余额 2419 万元，比年初下降 1.57 亿元，不良率 0.36%。其中，公司板块不良贷款清零，比年初下降 1.5 亿元。

【合规经营】 2021 年，中行晋江分行采用制度教育与特色活动相结合，提升案防警示教育效果，推进落实员工异常行为排查，消除潜在隐患，全面防范案件风险，全年未发生案件。开展案防警示教育，鼓励员工撰写合规心得体会，开展“闽南四句话合规”视频竞赛。开展员工异常行为排查，结合银保监专项审计，深入排查，发现问题及时处理问责。召开内控工作会议，约谈运营内控管理薄弱网点，分析内控工作中存在问题，倾听基层声音，提高内控安防水平。结合“内控合规建设年”“三防行动”，组织开展突击检查和网点负责人代职检查，根据护航行动“大反思”“大讨论”工作要求，组织开展内控案防大讨论活动，重塑合规文化。强化反洗钱业务指导和培训，提升反洗钱质效，落实涉案账户管控，防范风险；加强与监管部门沟通与联系，搜集反洗钱可疑线索并提交可疑交易报告；组织人员“进企业”“进社区”“进学校”开展反洗钱现场宣传活动，履行反洗钱义务。

（胡传龙）

2021 年 7 月 9 日，中国银行晋江分行组织员工参观警示教育基地
（中行晋江分行／供）

·中国建设银行股份有限公司晋江分行·

【概况】 2021 年末，中国建设银行股份有限公司晋江分行（简称“建行晋江分行”）各项存款日均余额 389.97 亿元，四大行占比 35.2%，居四大行第一位；日均新增 60.7 亿元，四大行占比 36.56%，居四大行第二位。各项贷款、对公贷款、个人贷款（含信用卡）余额分别为 281.12 亿元、144.04 亿元、137.09 亿元，四大行占比分别为 31.92%、31.86%、31.98%，分居四大行第一位、第二位、第一位。不良额、不良率均比年初实现大幅双降、四大行排名实现双升。

2021 年，建行晋江分行在晋江市 2021 年度银行外汇业务合规与审慎经营评估中被评定为 A 类等级行。先后获全省建行旺季存款新增先锋奖、旺季个人客户拓展先锋奖、对公业务“红五月”营销活动第三名、私人银行业务旺季劳动竞赛组织奖三等奖、私人银行业务旺季营销客户保有优胜奖、龙财富高价值客户拓展先锋奖、建信人寿母子联动协同先锋奖、对公长尾客户营销竞赛活动乙组第一名。分行营业部营业室获总行 2021 年度“五星级网点”称号。

【地方经济服务】 2021 年，建行晋江分行实现绿色信贷余额 5.57 亿元，比年初新增 4.24 亿元，同比增长 318.59%；绿色贷款客户 12 户，比年初新增 9 户。基础设施贷款余额 17.18 亿元，比年初新增 2.63 亿元。战略性新兴产业贷款余额 1.34 亿元，较年初新增 1.33 亿元，增幅居全省系统第一位。办理全省建行首笔跨境汇入全额到账业务，成功落地全省建行首笔非投资性外商投资企业使用人民币资本金进行境内再投资的便利化业务。为市属国企累计承销发行中期票据 21 亿元、私募债 1.2 亿元。全年投放纾困贷款 46 户、投放 3.45 亿元；为 3935 家小微企业涉及 31.79 亿元贷款降低贷款利率。

【业务拓展】 2021 年，建行晋江分行人行口径普惠金融贷款余额 40.07 亿元，比年初新增 8.54 亿元，完成全年任务的 106.72%。普惠贷款增速高于全行各项贷款增速 22.09 个百分点，客户 4057 户，比年初新增 809 户。全年通过住房租赁平台转化新增获客 6254 户，新增签

2021 年 3 月 29 日，建行晋江分行与安海镇政府签订银企对接战略合作协议。图为签约仪式（建行晋江分行／供）

约房源 593 套，“CCB 建融家园”新增注册用户 1.39 万户。市住建局上线“智慧物业”系统，投放全省建行首笔住房租赁购买贷款 6000 万元。在全省和同业创新上线 E 托保“购房在线认筹系统”全流程线上应用项目。在全省率先上线 STM 智慧柜员机的金融机构抵押登记查询和个人家庭已登记不动产查询功能。创新增加公维金业主个人自主查询功能，助力晋江市住建局成为全省首家实现公维金业主自主查询的单位。制定乡村振兴战略实施方案，以“大普惠＋大渠道”两翼联动服务乡村振兴，全年签约上线 17 个自然村智慧村务平台。

【金融风险防控】 2021 年，建行晋江分行加强不良项目会诊工作，综合运用司法催收、贷款重组、呆账核销、批量转让、现金回收等处置方法，提升处置效果，全年累计处置不良贷款 30.34 亿元。先后举办信贷文化宣讲活动 12 期，特邀总审计室、省分行风险管理部专家开展专题培训及信贷合规文化交流。制定对公信贷业务全面检查、银行承兑汇票业务专项检查、大中型授信客户专项审计方案，实现全功能网点检查覆盖率 100%。推进“内控合规管理建设年”活动，组织签订《员工从业行为承诺书》460 份。全年举办案例警示教育 6 期、案防风险分析会 12 期、业务培训 22 期，培训 3620 人次，各级网格管理员开展员工警示教育 2878 人次。履行反洗钱核心义务。加强客户身份信息识别和完善工作，全行对私客户身份信息补录完整率 99.97%、对公客户身份信息补录完整率 99.84%，向当地人行报送重点可疑交易线索 1 条。

（王真真）

·工商银行晋江分行·

【概况】 2021 年，工商银行晋江分行（简称“工行晋江分行”）统筹做好新冠肺炎疫情防控与经营发展，加强风险防控，做好疫情防控金融服务，支持地方复工复产，提高服务实体经济质效。至年末，存款余额 303.71 亿元，比年初增加 32.98 亿元。

【地方经济支持】 2021 年，工行晋江分行优化信贷投向，重点支持项目、制造业、民营、普惠、数字产业、绿色金融、个贷等实体领域，利用银政企合作渠道，加强与经信、发改、工商、科技、商务等政府部门对接，强化实体金融服务，全年累计新投放制造业贷款 17.05 亿元，为制造业企业办理贴现 26.48 亿元，绿色信贷余额 8.21 亿元，较年初增加 1.92 亿元。普惠贷款余额 18.15 亿元，比年初增加 8.54 亿元；联合经济开发区举办政银企对接会、参加晋江市银企纾困对接需求会、中国（晋江）国际家装建材博览会、中小企业信贷推介直播活动。6 月，参加晋江市金融服务实体经济擂台赛推介普惠产品，累计发放“园区 e 贷”5900 万元，突破并新增“国担快贷”审批客户 6 户，提款 2064 万元；实现 e 企快贷提款客户 12 户，金额 7553 万元；为 31 家企业发放纾困贷款 24258 万元，助力中小微企业复工复产；落地深沪内衣、陈埭鞋材两个特色产业集群融资方案，集群内制造业企业用信 2 亿元；新拓首贷客户 61 户，金额 2.99 亿元。将制造业作为支持实体经济、服务供给侧结构性改革、推动转型发展的重

2021 年 11 月 17 日，工行晋江分行举办“企业家加油站”启动仪式（工行晋江分行／供）

要手段，创新服务方式，挖掘有效客户，扩大金融服务供给。扶持民营经济发展，揭牌“企业家加油站”，加强对优质民营企业日常运营资金需求的对接支持，推进短融中票、ABS 等投行创新手段的运用，为优质民企提供新式融资渠道，降低融资成本。营销拓展七匹狼实业、普达仓储、大龙投资、宝舒体育、好兄弟体育用品等一批优质民营企业，投放民营企业贷款 31.23 亿元。

【金融产品创新】 2021 年，工行晋江分行创新打造业内首个教育培训资金监管平台。配合晋江市总工会发放就地过年职工补贴，办理泉工惠卡 24553 张，同时配套工行三融产品、信用卡产品、推广幸福分期、房抵 e 分期等金融服务；推进线上征信授权金融服务，通过网点进行宣传，引导客户自行通过手机银行或微信公众号进行线上征信授权，提高业务办理效率；升级客户等级评定系统，开展客户权益与积分回馈活动，根据客户星级制定营销模式，为客户提供更加优质的金融服务；深化融 e 购商户合作，对积分专区商户及扶贫商户提供专属宣传推广服务、营销资源支持及客户资源支持，提高合作商户市场份额。5 月，为某集团发行 10 亿元熊猫债。6 月 24 日，由工行晋江分行审批投放、泉州市中小企业融资担保有限责任公司提供担保、福建省闽投融资再担保有限责任公司等自动提供再担保的 2 笔“国担快贷”业务在晋江落地，融资 900 万元。

【便民渠道升级】 2021 年，工行晋江分行优化网点渠道建设，做好 ATM 日常监测以及运营维护，合理制定装卸钞计划，加强自动柜员机应急装卸钞项目实施和推广应用，保障节假日、社保发薪日等特殊加钞周期存取款服务；督导设备供应商、服务商处理解决 ATM 运行的问题，确保 ATM 运营稳定。落实“全行做普惠”工作部署，开展“网点 + 普惠”工作，推进旗舰、标杆、普及三类网点建设，发挥网点普惠金融职能。6 月底，在营业部设立首贷中心，开设首贷窗口、开通首贷热线。实施线上线下运营流程落实工作，做好柜面注册手机银行、线上个人资信证明、借记卡换卡不换号、个人历史明细打印、外币预约取现等业务场景的对客服务，保障客户业务需求。提升网点服务安全，减轻网点服务压力，改善客户体验。优化个人征信查询服务工作，工行晋江分行首台个人信用报告自助查询机在晋江分行营业部投入使用。

【地方民生服务】 2021 年，工行晋江分行结合“百名行长进企业”“百行进万企”等活动，聚焦核心企业供应链上下游客户、产业集群客户、工业园区等客群，为 31 家企业发放纾困贷款 24258 万元。落实减费让利政策，免收部分票据业务手续费、降低借记卡刷卡收单业务服务费等。根据企业的运营金融需求及相关利导政策，降低单位结算账户开户手续费、降低人民币对公转账汇款手续费、降低企业网上银行年费、按不高于成本价收取电子银行安全认证工具工本费等相关优惠政策，引导客户办理相关优惠业务类别，实现与客户互惠共利。借助总行投入的消费者权益资源，通过直营外呼、阵地宣传、外拓营销等精准促活消费，提升市民用卡率。拓展消费场景，将省行满减资源等投入晋江当地的高端消费场所、家居建材、大型餐饮酒店等商户中，提升市民消费。强化乡镇市场金融服务。开拓创新客群维护机制，通过线上微沙龙、现场活动、常态化外呼等方式，对各类客群进行批量维护。全年外拓 704 场次，外拓中心联动外拓 301 场，外拓配套代发工资、商户开卡 4895 张，三代社保卡 15321 张，信用卡 1832 张。

（张　扬）

·农业银行晋江市支行·

【概况】 2021 年，农业银行晋江市支行（简称“农行晋江支行”）强化乡村振兴重点金融服务，加大县域信贷投放。先后获评福建省文明单位、农行福建分行小微企业金融服务示范支行、农行福建分行“三农”对公业务先进集体等。年末，本外币各项存款余额 313.21 亿元，比年初增加 14.9 亿元，增量位居全省农行一级支行前列；本外币各项贷款余额 263.63 亿元，比年初增加 14.12 亿元，贷款增量位居全省农行一级支行前列。全行不良贷款余额 1.6 亿元，不良率 0.61%，比年初下降 0.78%。

【实体经济服务】 至 2021 年末，农行晋江支行为支持国产品牌及品牌上下游、产业相关企业，发放贷款 83.36 亿元。立足晋江国家级市场采购贸易试点契机，紧抓市场采购经济新业态发展时机，服务纺织、鞋材企业相关进出口贸易企业。2021 年，晋江市场采购通过该行结售汇量 8.31 亿美元，在晋江辖内银行收汇占比 85%；在市场采购平台

2021 年 5 月 25 日，农行晋江支行与晋江市季延中学、晋江市季延初级中学举行“智慧校园”项目合作签约仪式　（农行晋江支行/供）

备案且有出口的外贸客户有 50 家在农行开立账户，占比 57.47%；其中出口量超 1 亿美元的企业有 12 家。该行加速推进“互联网 + 不动产抵押登记”，加大与晋江登记部门沟通对接，完善不动产直连系统抵押查询功能，上线不动产备案系统，启用“不动产登记证明”电子证照，提高信贷运作效率，提升客户服务能力；开展智慧场景项目建设工作，以智慧校园建设为切入点，为校方提供智慧缴费、智慧食堂、智慧安防、智慧教学、智慧宿管等金融与非金融特色场景服务，推动智慧校园场景建设。

【普惠金融】 2021 年，农行晋江支行逐步构建起以“微捷贷”“抵押 e 贷”等线上融资产品为重点的“小微 e 贷”服务体系，提升服务客户的产品覆盖面。贯彻上级行发展普惠金融的经营战略，帮助晋江小微企业解决融资难、融资贵问题。至年底，全行普惠贷款余额总量及增量均居福建农行系统一级支行第一；普惠法人贷款余额总量及增量居福建农行系统一级支行首位；纾困贷款、信易贷两项指标总量均居泉州农行系统第一。2021 年 6 月，农行福建晋江金井支行与“中国海峡第一村”——金井镇围头村进行金融服务签约，打造“党建 + 金融”特色品牌，为围头村乡村旅游提供金融支持，解决乡村振兴的资金难题。年底，该行服务乡村振兴“惠农 e 贷”余额突破 20 亿元，总量位居福建农行系统一级支行前列，支持和帮助近 3000 户农户解决生产资金问题。

（苏炳秋）

·交通银行泉州晋江支行·

【概况】 2021 年，交通银行泉州晋江支行（简称“交行晋江支行”）设营运条线、公司条线和零售条线等 3 个运营团队，开设 2 个现金柜台、1 个非现金柜台，开设有在行式自助 ATM 机 3 台。该行围绕转型发展及风险防控的工作方针，坚持“一手抓风控，一手抓发展”。至 12 月末，有存款余额 4.89 亿元，比年初增加 13601 万元，同比增长 38.5%；贷款总额 81916 万元，比年初增加 4429 万元，同比增长 5.72%。

2021 年 4 月 29 日，交通银行泉州晋江支行党支部与晋江市罗山街道汽车市场党支部开展联学联建活动 （交行晋江支行／供）

【业务拓展】 2021 年，交行晋江支行加大新客户的拓展力度，坚持严控风险，做大客户群体，境内外联动，体现该行离岸业务牌照优势，带动区域内进出口业务的发展。零售业务方面，重视个金两增和房贷业务，发挥个贷中心与经营单位组合优势，推动个金两增口径贷款增长。利用总行惠民贷、线上快抵贷等产品，推进个人消费业务及个体工商户的资金需求，加快业务办理时效，降低贷款成本，解决客户的需求点，各类零售业务指标多元化发展。公司业务方面，该行加大对政府和国企的拓展力度和交流沟通，营销开展授信合作，通过走访接洽，拓展泉州晋江国际机场、晋江鞋坊城、晋江水务集团和晋江产投的合作关系。拓展和加强同当地民营企业的授信合作，为企业提供优质的金融服务。恒安集团、协龙集团、顺美集团等辖内优质民营龙头企业均与该行建立银企合作关系。

【风险防控】 2021 年，交行晋江支行加强客户服务经理及厅堂合规管理、强化风险防控，控制差错，在日常内控管理工作中细化各项工作，加强痕迹管理，开展监控及现场检查，规范柜面合规操作，确保及时发现业务操作环节潜在风险隐患以及加大对屡查屡犯问题的清查与处理力度，加强对现金、凭证、印章、账户管理、重要物品等日常管理和操作的管理监督等。

（庄永士）

·中国农业发展银行晋江市支行·

【概况】 2021 年，中国农业发展银行晋江市支行（简称“晋江市农发行”）开展“大营销 大走访”活动，当项目行长，走访地方党政部门和国企集团主要负责人，宣传推介信贷产品和支农成效。建立完善“信贷部门按日汇报、支行按周点评、政银企按月会商调度”的项目评审推进机制。改进和强化服务实体经济的能力，强化补短板、强弱项，做好安置房、生态建设等大文章。至年末，各项贷款余额 96.6 亿元，比年初增加 19.84 亿元，同比增长 25.85%。

【履行社会责任】 2021 年，晋江市农发行深化“品牌客户 + 造血扶贫”模式，实现巩固拓展脱贫攻坚成果同乡村振兴有效衔接，带动国定贫困人口 260 余人脱贫致富。组织采购消费扶贫产品 4845 元。巩固拓展“万企帮万村”成果，响应晋江市工商联“万企兴万村”的号召，采用“贷款支持企业，企业帮扶村落”的方式，引导企业巩固脱贫攻坚成果、助力乡村振兴，累计公益帮扶 7 万元。成立“晋青创”服务队，开展“衣暖人心 让爱循环”学雷锋志愿活动，组织服务队进社区进行防范电信诈骗、防范非法集资、反假币、反洗钱等金融宣传 6 次，悬挂、播放宣传标语 30 余条，受益群众 300 余人次。

【客户服务】 2021年，晋江市农发行强化员工专业素养，强化服务意识，打造“三心”（省心、舒心、贴心）服务窗口，升级完善营业场所，实现服务增效。实施“2+1”（客户经理与柜面人员双人组成服务队，实施“一对一”上门服务）服务模式，开展客户满意度回访，让客户感受“农发行温度”。开展小微企业和个体工商户减费让利工作，将优惠政策落实到企业，减轻企业经营成本负担。

【风险防控】 2021年，晋江市农发行完善、细化内控工作要求，组织员工参加市分行“合规经营 稳健发展”主题辩论赛，观看以《从一则小故事说合规》为主题的合规文化小课堂直播。以业务流程和操作环节为主抓手，推进合规风险管理，提升全行员工合规工作水平。推动业务高质量发展，降低案件风险隐患，对合规风险持“零容忍”态度。落实监督责任，完善监督管理体系，发挥“三合一”专员（农发行县级支行专职从事纪检、内控合规、风险防控等监督工作的人员）“监督员”“观察员”职能，强化经营管理和内部控制，加强在信贷、财会运营、选人用人等重点领域坚持“三不”（不敢腐、不能腐、不想腐）一体推进。支行连续25年保持资产质量零不良。

（林嘉嘉）

2021年6月3日，晋江市农发行志愿服务队进社区开展预防电信诈骗宣传
（晋江市农发行/供）

·兴业银行股份有限公司晋江支行·

【概况】 2021年，兴业银行股份有限公司晋江支行（简称“兴业银行晋江支行”）服务晋江实体经济发展，把握市场机遇，明确思路和目标，调整经营策略，提升区域的业务推进能力和风险管控水平，业务规模稳步增长，市场份额继续巩固，客户基础进一步夯实，业务总体上保持平稳发展态势。至年末，晋江区域各项存款余额253.76亿元、各项贷款余额181.13亿元。

【金融业务创新】 2021年，兴业银行晋江支行开发个性化线上融资产品、打造“一品嘉”线上拳头产品等方式实现批量获客，抓住优质核心企业，在其产业链和供应链上进行延伸获客，推动民营投放及普惠贷款落地，撬动商行收益。通过“商行+投行”，共同助力实体经济发展。依托数字化转型契机，探索践行普惠金融途径，有数十家小微民营企业通过“一品嘉信用贷”平台同兴业银行晋江支行建立业务联系。健全完善绿色金融体制机制，加强考核激励，推进业务创新，加大对绿色发展重点领域、节能环保产业和绿色金融重点客户（项目）的支持力度。业务覆盖低碳经济、循环经济和生态经济三大领域，涵盖污水处理、清洁能源、集中供热、能效提高、新能源与可再生能源开发利用、污染防治、固体废弃物循环利用等项目类型，主要分布水资源、能源、交通、环保、化工、造纸等行业。重点支持晋江公交新能源公交车采购项目、晋江市自来水生产和供应等项目。落地首笔工业厂房屋顶分布式光伏项目贷款，助力企业投资分布式光伏项目建设，践行制造业领域“双碳”绿色转型战略。为光伏电站建设企业发放光伏项目贷款100万元。至年末，绿色贷款余额14.39亿元。获批“一品嘉信用贷”小微企业授信金额10027万元，落地金额9322.05万元。“金服云”平台“晋江专区”放款250户，信贷投放170286.24万元。供应链融资余额超40亿元，供应链融资业务累计受惠小微企业超100家，占分行供应链融资规模超90%。办理“连连贷”31户，贷款余额3.42亿元；办理自助循环贷7户，贷款余额2262万元。办理“科技贷”科技型企业4家，贷款余额6550万元。

【乡村发展金融服务】 2021年，兴业银行晋江支行推进乡村金融服务，提高乡镇网点和行政村基础金融服务覆盖率，加快金融创新，优化服务方式，在有效防控风险的前提下，确保全年涉农信贷投放持续增长。截至12月末，涉农贷款余额96.49亿元。开通“绿色通道”，为农户提供“农村两权抵押贷款”（农村承包土地经营权和农民住房财产权抵押贷）业务，1—2天就完成审批，并配有专项贷款规模。至12月末，晋江区域农村“两权”贷款余额361.24万元。

【金融知识宣传】 2021年，兴业银行晋江支行开展线上专项金融知识宣传活动，提高社会公众的法律金融知识和风险防范意识。在日常金融服务与营销工作中，通过进企业、进社区、进商区驻点等方式，发放宣传折页，驻点咨询金融知识。开展金融知识进万家、防范电信诈骗、整治拒收人民币现金、“3·15”金融消费者权益日、反假币、存款保险知识、国家网络安全宣传等活动，保障金融消费者权益。至年底，兴业银行晋江支行累计开展各类宣传活动40余次，发放宣传资料2.3万份。

【风险防控】 2021年，兴业银行晋江支行采取“一企一策”加快处置风险项目，对于还款意愿较强的风险企业，通过给予续贷、转化业务品种、降低利率等方法维持企业还款意愿，通过重组续作等方式化解不良贷款；对于经营无法为继或逃废银行债务的企业，通过司法途径主张债权，同时通过以资抵债、核销、转让等方式处置不良贷款。

【合规管理】 2021年，兴业银行晋江支行重点加强客户经理队伍素质，提升专业营销能力，加强员工合规经营意识，提升团队的战斗力。加强内部管理，做到“层层落实，守土有责”，杜绝不作为、乱作为的工作作风。防控道德风险和操作风险，加强客户经理尽职履责管理，执行周例会、学习例会、晨会制度。组织员工落实总、分行各项内控制度以及操作过程，实施一把手负责制，筛查员工参与民间借贷以及非法融资行为，提高员工合规经营意识和自我保护意识；通过组织训练和加强业务流程监控管理，提升员工队伍素质，防范操作风险，推动晋江区域业务稳健有序运营。

（李双玲）

·中国邮政储蓄银行股份有限公司晋江市支行·

【概况】 2021年，中国邮政储蓄银行股份有限公司晋江市支行（简称“邮储银行晋江支行”）落实国家战略和支持现代化经济体系建设；坚持服务社区、服务中小企业、服务“三农”的大型零售银行战略定位，承担“普之城乡、惠之于民”的社会责任；化解风险隐患，做好污染防治和精准脱贫工作，助力全面打赢三大攻坚战。至12月末，各项存款余额91.47亿元，各项贷款余额45.45亿元。全年累计实现营业收入16920.21万元，全省排名第二；实现利润13810.72万元，全省排名第一；不良贷款率0.72%，比年初压降0.76个百分点。票据贴现突破22.37亿元，贴现量、完成率均居全省第一；国际结算发生额8297万美元。成为泉州分行首家通过招投标获得国库收付代理资格的支行。

【实体经济金融服务】 2021年，邮储银行晋江支行加强对小微企业、“三农”的金融服务，服务实体经济发展。全年累计向实体经济投放贷款10.46亿元。至12月末，投向实体经济贷款结余22.67亿元。其中，小企业贷款结余9.08亿元，比年初增加1.76亿元；个人经营性贷款结余13.59亿元，比年初增加1.4亿元。

【普惠金融】 2021年，邮储银行晋江支行加大普惠金融领域的信贷投放和乡村振兴战略的服务力度，与晋江市农业农村局、邮政集团晋江分公司联合开展晋江市“惠农专邮”新闻发布会，与晋江市农业农村局携手推进乡村治理积分制及乡村治理体系建设，践行普惠金融，助推乡村振兴。

【绿色金融】 2021年，邮储银行晋江支行对接绿色制造、清洁能源及节能环保等行业客户，推广污水处理收益权质押贷款、节能环保贷款等绿色金融产品，先后为污水处理行业客户、节能环保行业客户提供信贷支持3100万元。执行绿色信贷政策，全面排查客户能耗、排污、安全生产等情况，审慎介入环保要求不达标企业。

【纾困贷款】 2021年，邮储银行晋江支行用好福建省中小微企业纾困专项资金贷款和存量抗疫贷款客户转贷政策，全年累计授信纾困贷款客户44户，放款28861万元。摸清客户需求并制订执行“一户一策”转贷方案，存量抗疫贷款客户1户转为抵押贷款1300万元，1户500万元因本金逾期2次而主动退出，其余5户1850万元以信用贷款方式继续提供融资支持。

【金融风险防范化解】 2021年，邮储银行晋江支行把好新增入口、存量管控、不良处置“三道闸口”，压实防范化解金融风险的主体责任，至12月末，不良贷款率0.72%，资产质量在辖区主要银行金融机构中名列前茅。开展新冠肺炎疫情专项风险排查和大额客户重点排查，对可能出现风险隐患或风险预警的客户提前采取应对措施，提升风险防控能力。

（朱培榕）

·中国民生银行股份有限公司泉州晋江支行·

【概况】 2021年，中国民生银行股份有限公司泉州晋江支行（简称“民生银行晋江支行”）坚持依法合规经营，加大力度支持民营企业，服务实体经济。年末，支行本外币各项存款余额26.68亿元，各项贷款余额25.9亿元。

【企业授信放贷】 2021年，民生银行晋江支行加强与传统制造业及新兴产业等服务业企业的对接联系，提供足额信贷资源，落实利率优惠政策，减费让利支持企业渡过难关。为支持企业复工复产授信或放贷6.5亿元，减费让利0.05亿元。

【小微企业金融服务】 2021年，民生银行晋江支行利用小微企业信贷政策优惠的窗口期，宣传小微企业信贷投放的相关政策。优先保障小微企业的信贷额度供给，对小微贷款增量进行创利补贴，鼓励员工加大小微企业信贷支持力度。加大特色产品推广应用。重视校付通等结算产品的拓展，全年新增校付通15户，累计拓展校付通客户38户，其中34户为活跃有效户，2021年5月入围总行“校付通标杆支行”。推广无还本续贷模式，全年为15家企业提供无还本续贷共0.43亿元，为客户提供额度内转期业务。

【“懂你的银行”打造】 2021年，民生银行晋江支行打造“懂你的银行”全新零售银行品牌，日均接待客户150人以上，厅堂团队成员推广手机银行、网上银行、微信银行、远程银行等电子服务渠道，为客户提供更便捷的选择，并设有硬币兑换机、多台综合智能柜员机和客户回单打印机，供客户进行自助服务。

（刘清清 吴家平）

·招商银行泉州晋江支行·

【概况】 2021年，招商银行泉州晋江

支行（简称“招商银行晋江支行”）在晋江设立分支机构3家。践行“以客户为中心,为客户创造价值”的服务理念，以3.0模式打造大财富管理价值循环链在晋江区域的战略落地。加强数据建设，实现从融“资”到融“智”的转变。紧随分行风险管理体系，构建支行风险合规管理文化。年底，招商银行晋江地区各项贷款余额40.59亿元，各项存款余额63.98亿元。

【金融科技服务】 2021年，招商银行晋江支行围绕客户需求，坚持招行3.0业务发展模式，提升服务能力。聚焦打造“大财富管理平台”，运用金融科技，结合地域特色，发挥招商银行的平台优势，提供优质的本地化服务。借助招商银行数字化平台优势，提供线上线下一体化的客户服务，提升客户服务体验。提高本地企业数字化运用能力及数字化转型。坚持科技驱动，抓好向云转型，加强数据建设。坚持稳健经营。

【金融知识宣传】 2021年，招商银行晋江支行开展金葵花少儿绘画大赛、小小银行家体验课程、“六一”儿童节万达嘉年华系列主题活动等特色活动200多场，涉及8万人次。利用节日时点走进企业，开展写春联、反洗钱、反假币及个人征信保护等宣传活动，增进群众对金融知识的了解。开展反诈骗现场直播、市民广场公益宣传。招商银行晋江支行被晋江市反诈骗中心授予“宣传防范电信诈骗先进单位”称号。

（庄远玲）

·平安银行股份有限公司泉州晋江支行·

【概况】 2021年，平安银行股份有限公司泉州晋江支行（简称“平安银行晋江支行”）通过“综合金融+互联网”和“互联网+综合金融”模式，整合客户和产业链上下游资源，向客户提供一站式、多样化的金融服务。截至12月31日，平安银行晋江支行各项存款余额27.64亿元，其中公司存款余额12.06亿元、个人存款余额15.57亿元。各项贷款余额11.05亿元，其中短期贷款23202万元、长期贷款87331万元。

【业务办理】 2021年，平安银行晋江支行支持小微企业发展，为晋江中小企业及零售客户提供多款金融产品。为中小企业提供经营周转资金，缓解中小企业融资困难，降低企业融资成本。在零售业务方面服务晋江区域广大的个人客户，提供便利的个人结算，结合中国平安的综合金融平台优势，提供理财产品。

【业务创新】 2021年，平安银行晋江支行新门店以提供“一个客户、一个账户、多个产品、一站式综合金融服务”为目标，打造“全产品、共享式”零售门店，可以同时办理投资理财、信用卡、消费信贷、汽车金融等银行零售业务。设立“综合金融服务区”，承载平安集团综合金融业务，客户扫二维码即可了解产品详情，并进行产品咨询或购买。推出全零售统一客户级审批平台Apollo，将授信由彼此独立的产品级授信走向统一的客户级授信，并在该平台搭建宙斯盾统一反欺诈系统。支行新门店90%的业务均可以通过自助业务办理区快速完成，该区域布放智能化设备可以支持七大类30余种银行业务的自助办理。

（杜明谊）

·泉州银行股份有限公司晋江支行·

【概况】 2021年，泉州银行股份有限公司晋江支行（简称“泉州银行晋江支行”）推进“产品优化创新、服务实体经济、扎根社区金融、企业文化建设”等工作，整体指标稳中有进。截至12月31日，泉州银行晋江支行各项存款余额164.22亿元，比年初增加12.14亿元，居同业第六；各项贷款余额86.92亿元，比年初增加8.88亿元，年度增量居同业第五。

【产品优化创新】 2021年，泉州银行晋江支行在加快发展步伐的同时，强化产品和服务优化创新，产品体系覆盖公司、普惠、零售、金融市场等板块，逐步构建起特色化的新型营销模式。“泉行快贷”线上产品以“信用、小额道义担保、政策性担保公司担保、抵押”等担保方式，满足不同层次客户融资需求；同时借助互联网等现代信息技术手段，创新产品和服务渠道，实现标准化、低成本的产品，提升服务可获得性，培育普惠金融服务新动能。

2021年，泉州银行晋江支行率先落地晋江首笔个人创业担保贷，支持农村自主创业人士、高校毕业大学生、网络商户等11类人群的创业资金；以“普惠无间”为切入点，根据地域特色，针对小微企业客户梳理出“一三五”产品体系，涵盖农林渔牧、衣食住行等民生弱周期行业，主推“惠渔贷”“惠农贷”“惠民贷”三类金融产品。

2021年，泉州银行晋江支行致力于为客户提供涵盖个人信贷、储蓄结算和财富产品等零售金融服务，创新启动个人微贷业务，延伸社区银行服务触角。通过金鲤贷、公务（超能）卡、贷生活、个人经营贷等产品，打造零售核心信贷产品新形象；在客户财富管理和生活需求方面，泉州银行晋江支行响应“普惠金融”政策推广大额存单、“惠生活”等产品，运用“福利汇”“工惠联盟”“权益商城”等线上工具，为客户提供金融服务便利。

【实体经济服务】 2021年，泉州银行“无还本续贷”被推广至全国，在金融服务实体经济、助力企业复工复产中发挥重要作用。自2013年推出无间贷至2021年末，泉州银行晋江支行办理无间贷3423笔、金额99.27亿元，累计为客户节约转贷成本10423万元。其中，2021年办理无间贷646笔、金额21.91亿元；至年末，无间贷贷款余额19.61亿元。

2021年，泉州银行晋江支行支持“泉州制造2025”“数控一代”企业，将高端装备制造业纳入泉州银行行业信贷指引中的优先支持类。信贷投放重点为晋江当地普惠型小微客户、民营制造业等重点实体经济领域，至12月末，泉州银行晋江支行制造业（银监口径）贷款余额28.58亿元，比年初减少0.8亿元；其中绿色信贷余额8421万元。

【社区金融】 2021年，泉州银行晋江支行在晋江主城区和成熟商圈周边设立社区银行网点8家。联合开展儿童朗读赛、国学礼仪夏令营、“福佑善缘”礼佛、公益讲座、义诊等活动，并以儿童多样化课程体系为核心，打造辖内首家儿童主题银行——晋江宝龙国际社区支行。

（庄金燕）

·福建晋江农村商业银行股份有限公司·

【概况】 福建晋江农村商业银行股份有限公司（简称“晋江农商银行”）设有公司业务部、个人金融部、金融市场部等16个职能部门，下辖101个营业网点，在岗从业人员857人，在辖区内布设自助设备229台，在三明大田、泰宁、龙岩新罗和泉州台商投资区发起设立4家村镇银行。至2021年末，全行各项存款余额447亿元，存款市场份额连续多年保持晋江市银行业机构首位；各项贷款余额306.6亿元，市场份额首个年度跃居首位；2021年缴纳税金1.76亿元。五级不良贷款余额5.09亿元，占比1.66%，比上年底减少0.77亿元，下降0.64个百分点；关注类贷款余额15.93亿元，占比5.20%，比上年底减少1.65亿元，下降1.68个百分点。连续多年被晋江市政府评为纳税大户企业、经济发展先进企业、行风评议“好”的金融单位。

【实体经济服务】 2021年，晋江农商银行加强与辖内党政部门、行业协会、企业等沟通协调，利用“党建+金融助理+多社融合”服务新模式，建立合作关系，服务实体经济发展。运用纾困专项资金贷款及支小贷款政策，至2021年末，累计发放纾困贷款314户、11.92亿元；发放支小贷款授信、用信1438户、14.20亿元；普惠小微贷款180.52亿元，普惠小微贷款增速51.51%，比各项贷款增速高31.30个百分点，普惠小微贷款户数36036户，比年初增加11262户，实现普惠小微贷款“两增两控”。

【乡村振兴助力】 2021年，晋江农商银行以“整村授信”活动、信用工程建设为抓手，提高申贷获得率和授信覆盖面，为乡村振兴注入金融新活力。11月30日，安海镇溪边村、福建省力豪现代农业发展有限公司首批2处“再贷款支持乡村振兴示范点”揭牌。至年末，全行贷款总用信90793户，比上年末增加10121户；个人贷款覆盖面27.34%，比上年末增加2.99个百分点；农户覆盖面23.79%，比上年末增加1.77个百分点。涉农贷款余额276.84亿元，比年初增加47.94亿元，比上年末增长20.94%。

2021年11月30日，人民银行晋江市支行行长苏亚民（左二）、晋江农商银行董事长史桐融（左一）为福建省力豪现代农业发展有限公司“再贷款支持乡村振兴示范点”揭牌（晋江农商银行/供）

【普惠产品创新】 2021年，晋江农商银行创新推广农民住房所有权及所占宅基地使用权抵押贷款“农房乐”、渔船抵押贷款“信用船”、无还本续贷“年审贷”等特色产品。至2021年末，“农房乐”授信436户、3.21亿元；“信用船”授信130户、4.34亿元，用信余额4.08亿元。加强与晋江市利农融资担保有限公司、晋江市厚信融资担保有限公司2家政策性融资担保机构合作，拓宽企业融资新渠道，2家公司在该行担保余额突破5.2亿元。

【服务渠道建设】 2021年，晋江农商银行设立自助银行101个，累计投放自助设备229台；银医通合作医院14家，投放机具63台；与晋江公交开展“智慧公交”合作项目，开通线路57条，支持“智慧公交”移动支付服务公交车531辆；微信缴费平台上线项目82个，累计交易204.81万笔、9493.71万元。推出“线上贷款”业务，打造线上“进件系统”，提高办贷效率。至2021年末，申请线上普惠卡及贷记卡共通过11053笔，累计授信6.44亿元、用信2.63亿元。其中，公务卡通过1689笔，授信3.43亿元，用信1.31亿元；商户卡通过842笔，授信9972.1万元，用信6743.93万元；薪e卡通过29笔，授信257万元，用信165.45万元；信用卡通过8493笔，授信1.98亿元，用信6281.21万元。

【品牌形象提升】 2021年，晋江农商银行选派乡村振兴金融助理293人打造“党建+金融助理+多社融合”模式，发挥109名乡村振兴信息员人熟、地熟、事熟的优势。对接辖内财政局、农业农村局、民政局、供销社、发改局等单位，与21家单位签订战略合作协议，共同探索构建“信息共享、资源互补、风险共担”的合作机制，推动金融助理每周5个半天驻村入社区，密切与地方村两委联系，至2021年末，启动174个村居“整村授信”项目，解决金融服务“最后一米”。

（李振华）

2021 年 5 月 26 日，太平洋产险晋江中支组织到缺塘社区开展“专属服务，在你身边”长辈服务主题活动　（太平洋产险晋江中支／供）

保　险

·中国太平洋财产保险股份有限公司晋江中心支公司·

【概况】　2021 年，中国太平洋财产保险股份有限公司晋江中心支公司（简称“太平洋产险晋江中支”）下辖石狮支公司和晋南、安海、福埔、紫帽 4 家营销服务部，有员工 122 名，经营险种包括机动车辆保险、财产保险、责任保险、意外伤害保险以及船舶险等 1000 多个主险和 5900 多个附加险。太平洋产险晋江中支创新保险产品和服务，提升客户体验，为客户提供风险保障服务。全年实现保费收入 2.79 亿元，综合赔付率 57.99%，综合成本率 87.75%；缴纳税额 2955.75 万元，其中车船税 2156.93 万元。

【温室大棚保险】　2021 年，太平洋产险晋江中支为当地 4 家农户承保温室大棚种植保险，承保区域为晋江市内坑镇、深沪镇、金井镇，总承保面积 30.33 公顷，涉及辣椒、西红柿、火龙果、黄瓜、西葫芦等农作物，为农户提供风险保障 3424 万元。10 月 9—12 日，受台风“圆规”影响，多家农户大棚发生严重损失。太平洋产险晋江中支为受灾农户支付 70.99 万元的赔款，助力其尽快恢复农业生产。

【履行社会责任】　2021 年，太平洋产险晋江中支总经理室组织 6 个慰问小组，走访慰问晋江市 5 个街道、12 个镇相对困难家庭 250 户，送上大米、食用油等慰问品。与陈埭镇海美小学联合走进临贫学生家庭，开展“在一起，向美好”走访慰问活动。走进晋江市缺塘社区，开展“专属服务，在你身边”长辈服务主题活动。走进晋江市缺塘社区敬老院开展公益活动。参加“金融理财节活动”，向群众讲解保险相关知识。与泉州中支联合冠名“太平洋保险杯·泉州 2021 文明交通好司机评选”活动。

（洪鸳鸯）

·中国人寿保险股份有限公司晋江市支公司·

【概况】　2021 年，中国人寿保险股份有限公司晋江市支公司（简称“国寿晋江支公司”）创出“大美县域”“乡村振兴”发展之路。全年实现总保费收入 19.19 亿元，比上年增长 5.61%。长期险首年标准保费 17547.38 万元，完成率 130%；首年期交保费 3.84 亿元，完成率 118%；10 年期及以上期交保费 2.05 亿元，完成率 139%，其中保障型期交 12689.01 万元；短期险保费 8206.31 万元，完成率 105%；寿险代理产险业务完成 5138.1 万元。

【业务发展】　2021 年，国寿晋江支公司以 10 年期交保费作为推动目标，开展系列业务竞赛活动，提升保单的价值含量，达成标保年度考核目标。个险期交对标比值 270%，人力对标比值 213%。银保渠道确立全年经营目标——冲刺全省规模第一支、公司，打造全国银保综合实力强县，优化团队架构，实现差异管理，打造“高素质、高绩效、高收入”的三高团队。团险渠道把握省公司“上规模、调结构、增效益”的总基调，拓展意外

2021 年 7 月 9 日，国寿晋江支公司组织开展反洗钱宣传活动
（国寿晋江支公司／供）

险业务，调整业务结构。参与晋江市政府启动的多项民生工程。营销队伍拓展短期险业务，该项业务呈逐年增长的态势。

【科技营销】 2021 年，国寿晋江支公司运用科技国寿赋能科技营销，部署线上展业运营，固化“后疫情时代线上经营管理系统”，实现数字化职场经营和线上展业常态化。第一、二季度月保费平台突破 2100 万元，举办线上“微创会”700 多场，增员近千人，全司职场开通云助理群聊占比 100%，实现自动报表全覆盖，线上经营客户总量居全省第一，主要经营指标快速增长。

【客户服务】 2021 年，国寿晋江支公司加大对云助理、云桌面、云视频、国寿 E 店、国寿 App 等科技应用推广，优化客户体验，提升服务品质，提高服务效率。践行“镇镇有网点、村村有专员、服务在身边”的服务承诺，将柜面一体化终端前移配置到网点，并协同总公司、省公司业管和客服部门将 30 多项保全服务权限下放到网点。在乡镇农村网点就近为客户办理业务，解决客户服务“最后一公里”的问题。

【合规经营】 2021 年，国寿晋江支公司提高经营风险的防控能力，防范化解重大风险，保持业务持续快速发展和队伍建设健康稳定。做好风险排查，对非正常退保、销售误导、非法集资、客户投诉、反洗钱、舆情监控等重点风险常抓不懈，通过销售人员大早会、公司员工学习例会、司务会和案件防范分析会，以及各渠道部门例会等，宣传法律法规及公司各项管理制度，形成上下联动、齐抓共管的工作机制。

（刘毅）

·中国人民财产保险股份有限公司晋江市分公司·

【概况】 中国人民财产保险股份有限公司晋江市分公司（简称“人保财险晋江市分公司”） 直属省公司管理，辖区覆盖晋江、石狮、泉州经济技术开发区，下设县公司级分支机构 6 个，员工 1000 余人，服务网点遍布辖区城乡。2021 年，实现保费收入 8.79 亿元，承担社会风险责任 13367.48 亿元，缴纳地方税收 10316.91 万元，支付赔款 45661 万元。人保财险晋江市分公司获中国人民保险集团“卓越团队”称号及人保财险福建省分公司 2021 年度综合经营管理三等奖、车险经营管理精英铜奖、服务标兵单位三等奖、系统先进办公室三等奖、信息宣传工作先进单位二等奖、法律追偿管理奖三等奖等，所辖石狮支公司、普照营销服务部、龙湖支公司分获人保财险福建省分公司 2021 年度经营管理先进单位一、二、三等奖。

【经营管理】 2021 年，人保财险晋江市分公司从承保、理赔、运营端口提升经营效益，压缩整体人员编制数，精简县区班子职数配置。关注承保、理赔关键环节，开展“雷霆行动”，谨守合规底线，强化应收日常督导。改良服务，在“警保联动”、提高非车理赔效率、对外合作共建、落实基石工程等多方面发力。自主开发多个系统，提升办公、展业效率。加强政企互动，利用系统督导，全年参与互动 2500 人次。

【品牌服务】 2021 年，人保财险晋江市分公司在销售端提升线上工具使用人数、范围和频次，服务端借助系统开展多样化的增值服务，理赔端优化线上查、定、结一体化流程，运营端加强各类系统的开发，辅助提高工作效率。强化市场热点研究，鼓励系统上下在产品、服务、营销等方面积极创新，激活发展动能。推动投诉管理向前端溯源和责任认定延伸；整合服务资源，扩展线上服务，推进理赔提速、缩短案件周期，提高服务水平。

（连文兰）

证 券

【概况】 2021 年，晋江市辖内证券机构 13 家，营业部 14 个。全年辖内证券交易总额约 6092.19 亿元，比上年增长 44.83%。其中，股票 5254.75 亿元，基金 310.89 亿元，债券 526.54 亿元，分别增长 41.54%、242.03%、30.71%。排名前三位的分别为兴业证券、长城国瑞证券及中金财富证券。

·兴业证券股份有限公司晋江崇德路证券营业部·

【概况】 2021 年，兴业证券股份有限公司晋江崇德路证券营业部（简称“兴业证券晋江营业部”）加大创新力度，加快转型步伐，控制经营风险，加大对人员队伍的培训力度，提升理财顾问专业素养，增强业务竞争力。至 2021 年底，总客户数 63345 户，客户总资产 73.53 亿元；当年 A 股和基金累计成交额 1121.74 亿元；有正式员工 21 人。

【拓展创新服务】 2021 年，兴业证券晋江营业部拓展创新型业务，定价服务、股票、理财产品、港股业务、融资融券、科创板、机构业务、金融衍生品等多元化全业务经营，实现收入的多元化，推进转型。通过各项业务的协调发展，形成较为完善的业务结构，减少盈利波动性，增强自身抵抗风险的能力。

【合规经营】 2021 年，兴业证券晋江营业部遵照执行分公司《分公司反洗钱工作管理办法（2021 年 6 月修订）》等流程和制度。坚持稳健经营，规范发展的原则，加强内部风险管理，落实公司各项制度措施，加强从业人员对行业、公司各种规章制度的学习和执行，发展各类业务。加强创新业务的研究，做好创新业务的资格审批工作，完善业务流程和风险控制。要求员工进行合规专项业务学习，定期开展合规专项自查工作，消除风险隐患，全年未发生重大违规事件。

【理性投资宣传】 2021 年，兴业证券晋江营业部在营业部现场通过 LED 显示屏滚动播放理性投资的宣传标语，向社会公众和广大投资者进行宣传；播放投资者教育动漫宣传片《带你了解场外配资》；编制和订制理性投资知识手册、宣传手册、宣传单，摆放在营业部展架上，供社会公众和广大投资者领取，并向办理业务的客户进行发放。通过公司统一技术平台、短信平台向客户提供提醒服

2021 年 4 月 27 日，华福证券晋江营业部组织全国各地营业部负责人参访晋江城市馆
（华福证券晋江营业部／供）

务。向社会公众和广大投资者宣传公民反洗钱配合义务及防诈识骗知识，增强反洗钱意识，防范洗钱风险，保护自身安全。

（吴松松）

· 华福证券有限责任公司晋江崇德路营业部 ·

【概况】 2021 年，华福证券有限责任公司晋江崇德路营业部（简称“华福证券晋江营业部”）总客户累计 6 万余户，管理资产近 30 亿元。

【培训与学习】 2021 年 4 月 23—27 日，华福证券晋江营业部举办 2021 年第一期“网点动力”营业部总经理培训，全国各地营业部负责人 41 人参加，引导参训营业部总经理实地学习泉州分公司优秀营业部的做法，通过团队群策群力汲取可复制推广的管理经验，同时组织学员参访晋江城市展馆和安踏集团总部，学习和体会习近平总书记总结的“晋江经验”，在坚持务实发展、注重品牌建设的成功经验中体悟“敢为天下先”“爱拼才会赢”的精神。

【服务后备企业】 2021 年 11 月 30 日，华福证券晋江营业部与晋江市金融局在晋江金融广场举行战略合作签约仪式，为公司与晋江市上市挂牌后备企业“一对一”挂钩服务，助力企业高质量发展，打造华福专业服务品牌。

（王辉乐）

· 中金财富证券有限公司晋江世纪大道证券营业部 ·

【概况】 2021 年，中国中金财富证券有限公司晋江世纪大道证券营业部（简称“中金财富证券晋江营业部”）加强财富管理转型，做好客户资产配置，推动公司品牌投顾产品“中国 50”“微 50”“公募 50”以及“股票 50”等，满足客户财富管理增值的理财需求。9 月，中金财富证券晋江营业部完成同城迁址工作，新址位于晋江市宝龙中心写字楼 13 层。

【增值服务】 2021 年，中金财富证券晋江营业部推广公司品牌活动，举办文化艺术、生活方式及生活方式主题活动，通过线上线下推广举办公司系列的“中国 50”研值行、财富与美、投资策略会、增值沙龙等类别活动，为客户提供增值服务。

【内控制度建设】 2021 年，中金财富证券晋江营业部建立健全内控制度，排除员工合规风险；防范日常客户服务风险事项，及时解决客户问题意见；加强与相关监管部门的沟通，配合相关活动要求。把防范和化解金融风险作为重要任务，落实各项监管要求，将合规问题立于运营之上，从高层做起贯穿至每位员工，逐步建立、完善合规管理的长效机制，贯穿于各项业务流程和工作环节，落实员工合规风险意识，落实客户服务工作。9 月，营业部通过线下模式不定期开展投资者教育活动，对广大投资者进行风险警示宣传。通过公司统一的技术平台、短信平台向客户提供提醒服务，同时确立投资者教育目标、工作计划和实施方案，明确各成员在投资者教育工作中的具体职责，做好投资者教育，保护投资者利益。

（蔡昌远）

中金财富证券晋江营业部新址前厅
（中金财富证券晋江营业部／供　摄于 2021 年 9 月 27 日）

城乡规划

【概况】 2021年，晋江市抓好规划引领，突出规划刚性约束，在全市国土空间总体规划指导下，科学编制（调整）控制性详细规划、专项规划、村庄规划等。至12月底，形成国土空间总体规划编制初步成果，完成控制性详细规划评审107宗、批复74宗，批复应编“多规合一”村庄规划75个，完成市级以上乡村振兴试点村村庄规划编制32个。

（魏智文）

【国土空间规划编制】 2021年，晋江市坚持“全市规划全市做”，通过各镇（街道）及单位协助专责小组统筹专项规划、市人大调研检验阶段性成果、聘请规划咨询顾问团队提供辅助支撑等方式，推进国土空间总体规划编制，向上争取各项空间指标，为晋江市发展留足发展空间。至12月底，形成规划编制初步成果，完成“三线”（城镇开发边界、永久基本农田保护红线、生态保护红线三条控制线）初步划定、产业布局、空间战略、陆海统筹、国土整治专题等专题研究成果、主报告成果、部分镇（街道）、部门大纲等内容，形成市镇统筹、部门联动、上下结合的规划编制有序运转机制。

（翁信托）

【城乡规划编制】 2021年，晋江市完善网上规划方案评审机制，梳理摸排全市控制性详细规划成果，上传入库控制性详细规划数据库206个。试行地块控制性详细规划图则编制，保障无控制性详细规划地块落地需求。启动村庄规划编制三年行动，批复应编“多规合一”村庄规划75个，完成市级以上乡村振兴试点村村庄规划编制32个。将城市设计与控制性详细规划编制、专项规划同步开展，完成控制性详细规划评审107宗、批复控制性详细规划74宗。选取中心城市南片等区域开展“三旧”（旧城镇、旧厂房、旧村庄）改造规划编制试点工作，提升区域土地利用效率。

（陈志平）

【城市品质提升】 2021年，晋江市落实“新城建”理念，成立城建策划专班，调整城建领导小组及其办公室，建立运作机制，理顺项目策划机制、要素保障机制、工作报告机制、属地负责机制、考核督导机制等配套制度，完善工作程序。重点聚焦城市发展痛点，在重点片区、产业社区、活力街区、现代小区、聚城畅通、产业提质升级、城市节点、新型基础设施等领域策划一批城市发展需要、业态丰富需要、高品质生活需求、城市繁荣需要的城建项目213个，推动区域协同发展。加快城市设计，以高铁新区、科创新区、晋东新区、紫帽片区等核心片区为侧重、以土地出让和利用等关键节点为抓手，将城市设计贯穿于控制性详细规划、修建性详细规划、村庄规划等规划编制工作线全链条，同步考虑、统筹兼顾地块与周边建成区、协调沿街景观风貌和城市天际线，明确建筑风格、色彩标识等控制要求，“区—点—线”一体，提升城乡建筑风貌。协助完成城际轨道R1线晋江段选线选站论证，完成涉及“聚城畅通”工程前期规划、晋江南岸片区交通互联互通方案、骨架路网规划编制及“十四五”时期城乡基础设施建设专项规划，启动综合交通体系规划，重构快速路网体系，以“一线一点一景”打造完成集生态、田园、公园等锚固节点一体相承的生态连绵带。

（翁信托 陈志平 杨平生）

【规划审批规范】 2021年，晋江市自然资源局牵头制定《晋江市人民政府关于进一步规范晋江市建设项目土地规划审批工作的实施意见》，通过严明土地出让前置条件、加强土地出让合同履行监管、严格建设工程规划许可审批、严格规范不动产统一登记、严格划拨用地使用管理5个方面提出15条规范建设工程土地规划审批举措。出台《晋江市自然资源局关于印发〈晋江市简化办理工业用地改扩建项目规划审批手续操作细则（试行）〉的通知》，明确六类适用范围及办理程序。拟定《农村宅基地建房乡村建设规划许可证下放实施细则》《房建类建设工程规划许可批后监督管理“双随机”检查实施方案》，修编《晋江市城乡规划管理技术规定》。

（许天注）

城市建设

【概况】 2021年，晋江市出台《晋江市全方位推动住房城乡建设高质量发展超越行动计划》《2021年晋江市城乡建设品质提升实施方案》等文件，策划生成项目114个，总投资441.16亿元，年度计划投资109.01亿元，实际完成投资117.11亿元，完成107.43%；其中省级城乡建设品质提升项目96个，总投资381.7亿元，年度计划投资106.78亿元，实际完成投资114.74亿元，完成107.45%。晋江市被评为2021年全省城乡建设品质提升综合绩效优异的县（市、区）。

【迎接世中运城市环境品质提升项目】

至2021年底，晋江市迎接世中运城市环境品质提升项目58个，其中完成整治45个、基本完成13个。累计完成房屋整治3846宗，完成三拆一清整治任务3945宗，完成零星绿化、道路设施维修、道路划线等其他整治任务2520宗，完成绿化提升约132万平方米。

【老旧小区改造】 2021年，晋江市分类启动老旧小区改造项目44个，计划总投资4518.62万元。其中改造条件较为成熟的桂园人家、党校宿舍楼等10个老旧小区改造项目纳入市2021年“为民办实事”项目。老旧小区改造项目44个，完工12个（含10个“为民办实事”项目）；完成方案联审项目32个，其中完成施工招标3个。

【无障碍城市建设】 2021年，晋江市住建局牵头相关部门推动道路、公共交通设施、公共建筑、居住建筑、信息交流等无障碍环境建设工作。2月，住建部等5个部门联合印发《关于表彰全国无障碍环境市县村镇的决定》，授予晋江市“创建全国无障碍环境达标市”称号。

（黄宏）

【民生基础设施建设】 至2021年，晋江市“厕所革命”三年行动共投资7500万元，新（改）建公厕360座，拆除所有未纳入改建计划的农村旱厕、简易厕所，基本实现消灭旱厕的目标。增设公厕指示牌160面。引导沿街党政机关、事业单位（涉密单位除外），以及酒店、商场等公共服务企业厕所对外开放，第一批有62个单位对外开放公厕。

【中心市区交通建设】 至2021年，晋江市规划5332个路面停车泊位（含无障碍机动车停车位100多个），涵盖晋江市中心及周边部分乡镇的主要道路，泊位日均停车约3.5万次，日使用率40%以上。

（黄嘉俊）

村镇建设

【特色村镇建设】 2021年，晋江市按照《泉州市人民政府关于培育发展泉州特色村镇的意见》《泉州市人民政府办公室关于印发〈泉州市培育发展特色村镇试点工作方案〉的通知》等文件精神，推进金井海丝人才梦想小镇、英林泳装时尚小镇、梧林特色乡村等3个特色村镇创建工作，打造产业特色鲜明、体制机制灵活、人文气息浓厚、生态环境优美、多功能叠加、宜居宜业宜游的特色村镇样板。金井海丝人才梦想小镇重点实施福州大学晋江科教园3#和5#宿舍楼、恒禾海景酒店等4个项目，总投资4.18亿元，年度计划投资1.84亿元，累计完成投资1.85亿元，完成年度计划的100.54%；英林泳装时尚小镇重点实施瑞华包装用品厂区建设、劲派经编面料生产、经济开发区英林园商住配套（一期）等13个项目，总投资23.11亿元，年度计划投资2.79亿元，累计完成投资2.99亿元，完成年度任务的107.17%；梧林特色乡村重点实施梧林古村落核心区建筑修缮、梧林古村落周边景观提升配套、梧林二期坑仔堀片区开发建设等3个项目，总投资3.9亿元，年度计划投资1.05亿元，累计完成投资1.13亿元，完成年度任务的107.62%。

【历史文化名镇名村和传统村落保护】

2021年，晋江市认定公布第三批市级历史建筑12栋，完成161栋历史建筑挂牌、测绘建档、保护图则编制。制定《晋江市历史文化名镇名村传统村落和历史建筑保护利用工作方案》，进一步明确历史文化名镇名村传统村落和历史建筑保护措施、活化利用办法。推进安海历史文化名镇保护发展规划及安海镇瑶前村、东石镇檗谷村传统村落保护发展规划编制，完成规划评审。组织安海镇申报2021年重点改善提升历史文化名镇，获得福建省、泉州市级补助资金850万元；安海镇策划生成重点改善提升项目5个，总投资2.14亿元，年度计划投资1.1亿元，累计完成投资1.315亿元，完成年度任务的119.55%。国家级传统村落新塘街道梧林社区固态保护、活化传承、业态引入工作被《人民日报》报道。

【房屋安全隐患排查整治】 2021年，晋江市住建局开展房屋结构安全隐患排查整治“回头看”，巩固全市整治成效。在原来采取拆除、加固、物理隔离封房等分类处置的基础上，督促进一步有效处置，全市排查并录入省房屋安全信息管理系统的重大安全隐患房屋704宗，全部处置完成，提前实现全面“清零”行动目标。推进农村自建房安全隐患排查整治“回头看”，督促各镇（街道）完成农村自建房的重点复核，复核录入218160栋，完成率100%。组织10个督导组赴镇（街道）开展房屋结构安全专项治理工作一线督导，对已物理隔离重大安全隐患房屋处置、农村自建房“回头看”、钢结构房屋专项处置等工作开展专项督导。

【乡村建筑风貌提升行动】 2021年，晋江市实施乡村建筑风貌提升行动，编制《晋江市农房建筑立面图集》，全市裸房整治开工3441栋，完工3441栋，完成率100%。

【城乡人居环境整治】 2021年，晋江市住建局聚焦市人大专题调研交办问题，开展专项行动，推动市容环境卫生大整治大扫除专项行动、老旧小区改造专项行动、架空线缆整治专项行动、生活污水治理“回头看”专项行动、农村基础配套设施专项行动取得实效。英林镇集镇环境整治项目被列入省级集镇环境整治十大样板。

【危旧房屋改造】 2021年，晋江市累计拆除改造石结构及危险房屋2806栋、建筑面积57.54万平方米，重点推进安海镇溪边村、东石镇洪塘村、深沪镇南寮片区等成片改造项目。实行危旧房屋改造带图审批制度，开展农房抗震改造试点工作，提高地震高烈度设防地区农房抗震能力。全市开工742户，竣工742户，完工率100%。

（黄宏）

新型城镇化建设

【概况】 2021年，晋江市推动城镇化建设。城镇化率提升至69.3%，中心城区建成区面积115平方千米。

【产城融合】 2021年，晋江市培育2个超千亿集群、5个超百亿产业集群，城市投资潜力、营商环境位列全国县域第二。建成现代小区92个，改造老旧小区35个，投用保障性住房1.6万套，推动“工改工”改革。全年盘活批而未供和闲置土地1193.33公顷、老旧工业厂房98.67公顷。

【现代化治理与文明水平提升】 2021年，晋江市在全省率先实行市、镇、村三级网格化管理，全市网格化管理试点村覆盖率98.5%。全面推行河湖长制，打响蓝天碧水净土保卫战，流域水质持续向好，连续5年超额完成节能减排任务，空气优良率连续2年100%。全面推进乡村振兴战略，村均集体经营性收入实现翻番，新增3家国家农业产业化龙头企业，创建3个全国“一村一品”示范村、2个省级乡村振兴特色镇、20个省级乡村试点。

【公共服务体系建设】 2021年，晋江市在全省率先实行居住证管理制度，全面放开落户限制，自城镇化推进至2021年，累计办理居住证300多万张，落户9.95万人。每千人医疗机构开放床位增至3.13张，每千名老人养老床位增至41.1张。清华附中晋江学校、泉州五中桥南校区、复旦大学上海医学院等高端资源接续落地，上海六院福建医院成为全国县域首个国家区域医疗中心试点。

【体制机制改革多元化】 2021年，晋江市新增国家级改革试点15项，成为全省首批集成改革试点县（市），完成“三块地”（城镇规划区内建设用地、农村耕地和乡村建设用地）等19项试点任务，多项首创成果被国家采纳。

（柯婉瑜 饶一兵）

市政公用事业

·市政设施管理·

【概况】 2021年，晋江市推进路灯工程、世中运夜景提升项目建设，规范管理共享电单车和公共自行车。全市路灯亮灯率98%以上，夜景亮灯率95%以上，建设实体电子围栏1357个、投放电单车5650辆，公共自行车日均租用量4512人次。

【路灯设施建设维护】 2021年，晋江市竣工路灯工程5个：晋江市东石连接线路灯工程、晋江市龙狮路龙湖段路灯工程、海峡花卉高新研发基地项目市政配套道路路灯工程、梅岭路（心养小学—西环路）市政道路路灯工程、党校路北延伸段道路（二期）路灯工程。在路灯设施维护方面，排除线路故障1631次，修复普通路灯2560盏，修复景观节能灯8065盏，保证路灯设施完好率达97%以上，亮灯率98%以上。

【夜景照明工程】 2021年，晋江市完成世中运夜景提升项目，涵盖晋阳湖公园、双龙路—机场连接线、宝龙—金融广场商圈、江滨南路等范围，补充提升市区原有夜景缺失。在夜景设施维护方面，消除缺陷424次，更换夜景灯具6413盏，更换开关电源981个，全市夜景亮灯率95%以上。

【城市共享电单车管理】 2021年，晋江市启动共享电单车监管平台建设，围绕中心城区统筹规划建设实体电子围栏，实现共享电单车的“入栏管理”和平台统一监管。共享电单车监管平台竣工验收，全市建设实体电子围栏1357个，7家车企共投放电单车5650辆。

【公用自行车管理】 至2021年，晋江市投建公用自行车站点251个、投放自

2021年5月18日，泉州五中晋江分校世中运赛事场馆夜景照明工程启用

（晋江市城市管理局/供）

行车6000部、锁止器8000个，覆盖陈埭镇、池店镇、青阳镇、罗山镇、西园街道等片区，北至泉州市正骨医院、南至季延中学、东至民族中学、西至轻工学院。年度公共自行车日均租用量4512人次，全年累计1651392次。

（黄嘉俊）

·供　水·

【概况】　2021年，晋江市做好日常水质监测，重点推动老旧供水管网改造、住宅小区二次供水改造等工作，全年完成工程类投资5209万元。编制完成晋江市城乡供水一体化规划并通过市政府批复，以规划为指导，以水务集团为主体，加快涉水资源整合，在全市范围内重新布局规模化水厂，逐步实现全市供水同水同价同质同服务。

【自来水水质保障】　2021年，晋江市开展集中式供水单位全分析检测1次（106项）、每季度开展常规指标检测1次，相关监测数据按期在政府公开网、《晋江经济报》、晋江卫计监督公众号进行公示。抽查结果显示，全年各自来水厂出厂水抽样40份，合格38份，合格率95.0%；管网末梢水抽样280份，277份合格，合格率98.9%。全市水厂年度106项全化验均达标。

【老旧供水管网改造】　2021年，晋江市出台改造老旧供水管网实施方案，制定改造计划，明确职责分工，完成新塘街道塘市社区、罗山街道梧桐社区等社区老旧供水管网改造33.11千米，总投资909万元。

【住宅小区二次供水改造】　2021年，晋江市完成锦洲瑞苑、金丘紫金城等老旧住宅小区二次供水改造，改造用水户4600户，完成投资约3100万元。加强二次供水管理监督检查，组织抽检30个尚未改造的住宅小区和8个学校、医院、公共场所的二次供水管理情况，发现问题59处，全部完成整改。

【城乡供水一体化】　2021年，晋江市完成泉安南路供水管网扩容工程、紫帽方向供水工程等项目建设，新建供水管网7.6千米，完成投资1200万元，实现市自来水公司和安平水厂、磁灶华源水厂供水管网互联互通，强化安海、内坑、磁灶等镇供水保障。

（周文从）

【智慧水务】　晋江智慧水务平台建设项目总投资约6500万元。2021年，智慧水务一期建设全面铺开，智慧平台及应用系统建设基本完成，完成11个泵站的硬件、信息化设备改造和厂站PLC数据采集及上传，完成30个管网区域监测设备、50个农村污水处理站视频监控安装及数据采集对接，完成10个易涝点地埋式液位计及视频监控安装，实现分点远程实时数据在线监测、预警，科技赋能水务管理取得初步成果。

（柯天玺）

·排　水·

【污水处理】　2021年，晋江市中心城区城市生活污水集中收集率71%，污水处理厂进水BOD浓度值81.26毫克/升，其中城市生活污水集中收集率位列全省县级市第一。建成南港污水处理厂二期扩建工程（5万吨/日）、晋南污水处理厂二期扩建工程（2万吨/日）、泉荣远东污水处理厂一级A提标改造工程和安平污水处理厂改提升泵站工程。年底，全市有污水处理厂7座（仙石、南港、晋南、深沪、泉荣远东、安东园、西北），实现全市域生活污水处理厂全覆盖，污水处理总规模49.5万吨/日，2021年日均处理36.9万吨，日产污泥218吨。完成泉荣远东污水处理厂排海工程（陆域段）和深沪污水处理厂排海工程（林贤路至海域段）建设，推进深沪污水处理厂、泉荣远东污水处理厂排海工程（海域段）前期工作，完成新选入海排污口备案和项目建议书批复。

【排污项目建设】　2021年，晋江市计划实施污水处理厂及配套管网项目63个，其中污水厂改造3个、“断头管”项目60个。截至12月底，完工36个，在建16个，完成年度投资2.56亿元，埋设污水管网83千米。建成深沪镇1号污水提升泵站配套管网（含滨溪北路）、2号污水提升泵站及压力管道工程和3号污水提升泵站及压力管道工程等污水“断头管”项目，深沪污水处理厂负荷率由年初不足50%提升至94%。

【排水管网普查与管养】　2021年，晋江市完成市政管网排查702.3千米，其中市区污水管网497.07千米，68个小区管网193.5千米。继续推行市区排水管网管养市场化运行，委托水务集团进行管养。全年清理雨箅19011座，清理雨污水管道及箱涵约27千米，完成雨污水管网改造26处。

【农村生活污水治理】　截至2021年12月底，晋江市395个村（社区）实现行政村农村生活污水治理设施全覆盖，完成污水治理村（社区）367个（其中通过片区改造完成35个、完工332个），在建28个，完成初验153个、终验25个，建成农村污水管道4595千米、小型污水处理站94座、村级污水提升泵站61座，完成投资19.07亿元。其中，2021年新增完工29个，初验79个，终验10个。新建污水管道370千米、小型污水处理设施53座，年度投资2.27亿元，接户率由71.5%提高至82.2%。

（李培波）

·燃　气·

【天然气基础建设】　2021年，晋江新奥燃气有限公司完成天然气中压管道建设36.64千米，新增通气居民用户1.4万户，新增工商业用户127户，新增用气规模16.7万立方米/日。

【供气用气】　截至2021年底，晋江新奥燃气有限公司有工商业用户/福利户1947户、居民用户10.86万户使用管道天然气，全市天然气最高用气规模350万立方米/日，中低压管网总长1620千米，天然气管网实现镇镇通。

（林雪琪）

【燃气安全监管】　2021年，晋江新奥燃气有限公司开展燃气行业专项整治。开展全市燃气经营全覆盖检查，聘请行业专家226人次，检查燃气场站233场次，排查隐患459条。打击瓶装液化石油气市场非法经营“黑气点”，查处“黑气点”88家，扣押钢瓶2157个。组织各镇（街道）开展燃气安全检查，检查单位和场所3159家，排查隐患5529处。开展管道燃气安全检查，组织排查天然气管网1437千米，发现问题11处，全部整改到位。

（黄嘉俊）

·园林绿化·

【概况】 2021年，晋江市林业园林局围绕“城市品质提升”主线，提高节点、廊道、区域园林景观效果，打造更多让群众看得见、走得进的绿色生态休闲空间。全年推进林业园林绿化建设项目53个，其中完工13个、在建23个，全年累计完成投资约2.7亿元。建成区绿化覆盖率44.03%，城乡绿地率39.97%，人均公园绿地面积13.9平方米。

【市政公园建设管理】 2021年，晋江市推进八仙山八仙阁、人民公园、崎山山地自行车公园、晋阳湖公园、“一山”慢行系统等公园工程建设，启动紫帽山景区项目建设，完成紫帽山郊野公园启动区、南岸生态公园亲子园、罗裳山生态公园配套公厕、世纪公园喷泉广场改造、敏月公园亲子园改造等项目，全年工程建设完成投资1.1亿元。市林业园林局负责敏月公园、世纪公园、八仙山公园、“一山”慢行系统、“一水”慢行系统等25处公园、广场和绿地日常管养，面积约463公顷，全年日常管理累计投资约3000万元，其中绿化养护保洁约2200万元（含鲜时花、肥料、水电费等）、安保服务及监控系统方面约450万元、各项零星维修维护约350万元。

【市政园林景观绿化】 2021年，晋江市林业园林局推进市政道路园林景观建设，完成晋新路仙石至鹏头段两侧各50米绿化慢行道工程、晋江市江滨南路道路旁绿地景观提升、快速通道东石连接线绿化和龙狮路绿化等市政园林景观工程，年度完成总投资约4900万元，完成绿化面积约22.6万平方米。

【市政道路绿化管养】 2021年，晋江市林业园林局以常态化创城为抓手，推进道路绿化养护精细化管理提升，实施道路绿化养护及硬地保洁服务面积477万平方米，日均投入养护作业人员993人次，年度完成养护资金投入5022万元。

【市区鲜时花摆放种植】 2021年，晋江市配合重大活动，在元旦、春节、五一节、国庆节等节假日及重大活动期间，利用广场、各主要交通节点、街头绿地等空地，摆放、种植鲜时花，完成道路鲜时花种植约121万株，年度完成投资约130万元。

【城市绿化景观提升】 2021年，晋江市林业园林局推进世中运景观提升工程和市区21条重要通道绿化提升，改造绿化面积约18万平方米，年度完成投资约1500万元。

（李泽宇）

八仙山八仙阁　（晋江市林业园林局／供　摄于2021年11月21日）

城市管理

【概况】 2021年，晋江市以深入推进城市精细化管理和“两违”（违法占地行为、违法建设行为）综合治理为重点，统筹推进城市管理各项工作。致力“数字城管”建设，提高城市管理水平，推进生活垃圾分类。全年排查“两违”766宗，查处违法违规车辆215部，排查天然气管网1437千米。在泉州市城乡人居环境考评中，晋江市年度成绩87.85分，居各县（市、区）第十位。

【“数字城管”建设】 2021年，晋江市布局新基建，提高科技赋能，推进“智慧城管”大数据综合管理平台（四期）项目建设，建设城市管理大数据一张图。城市管理指挥中心受理立案145092件，处置结案143670件，结案率99.02%。

【城市管理提升】 2021年，晋江市智慧环卫系统正式投用，系统可对环卫保洁人员在岗在位情况、环卫车辆运行情况实时监管，可实现对环卫保洁力量的合理调度，根据实际需求，调整保洁力量到相应点位。制定“门前三包”责任书并下发至各镇（街道）、经济开发区，由各镇（街道）、经济开发区结合样板街区创建，要求沿街商户签订“门前三包”（包绿化、包卫生、包秩序）责任书，并制作1600份“门前三包”责任牌在样板街区沿街商户门前公示。制定《临时占道（出店）经营划线定位导则》，按照不影响交通、不影响市容、不影响环境、不影响安全、不影响稳定的原则，统一划定蓝色热熔标线，按照统一线内经营、统一经营时间、统一配置垃圾收集容器、做好周边环卫保洁的要求，规范管理占道经营。

【“两违”综合治理】 2021年，晋江市强化“两违”网格巡查监管，排查“两违”766宗，其中违法占地575宗、违法建设191宗，全部完成处置。强化卫片图斑核查销号，下发7期图斑，图斑总数11509宗，销号11433宗，销号率

99.34%。强化集中攻坚拆违整治，以拆违治危、临时搭盖等为主题，开展“两违”综合治理集中攻坚行动，拆除“两违”建设110宗，面积28963.28平方米；拆除临时搭盖2996宗，拆除面积68.89万平方米。

【渣土车整治】 2021年，晋江市规范建筑渣土全链条管理，对产生、运输、处置全流程核准，全面掌握渣土运输动态，审批建筑垃圾核准103宗，全市累计查处“滴洒漏”、未经核准等违法违规车辆215辆，罚款58.6万元。

【户外广告管理】 2021年，晋江市组织开展小广告专项整治，重点查处违规张贴、散发小广告行为，立案查处违规张贴小广告339宗，曝光105宗，报送停机311个，罚款17.9万元，组织清理小广告2.5万张。

【城市生活垃圾处理】 2021年，晋江市制定《生活垃圾桶分类设置导则》，通过划线、定位、喷图，规范设置生活垃圾分类桶，规范设置更换13178个垃圾分类桶。建设晋江市餐厨垃圾处理设施，项目于2020年11月开工建设，处理规模150吨/日，2021年12月31日试运行。完成垃圾焚烧厂提标改建，项目于2018年启动生活垃圾焚烧厂提标改建，新建2台750吨/日的垃圾焚烧炉，投资8.8亿元，2020年11月试运行，2021年6月正式运行。

【城乡环境卫生整治】 2021年，晋江市落实村级保洁经费市、镇、村三级保障机制，上级财政下达经费7485.876万元，由镇（街道）统筹用于村（社区）环卫保洁。按比例“双随机”（随机选取检查对象，随机派出检查执法人员）抽评镇（街道），发现环境卫生问题10985处，整改10723处、整改率97.6%；每月督促各镇（街道）落实泉州市城乡人居环境考评发现问题的整改，累计整改6563处。建立保洁应急制度。组建3支环卫应急队伍，每支队伍8—10人，配备相应的作业工具和车辆，及时处理保洁区域内突发环境卫生问题；根据环委办发布的天气污染情况，适时启动应急方案，调整洒水车、抑尘车车辆作业时间。

2021年12月31日，餐厨垃圾处理设施项目在垃圾焚烧发电厂西南侧完成试运行。图为第一车餐厨垃圾进厂 （晋江市城市管理局/供）

【城乡环卫考评】 2021年，泉州市、晋江市两级考评中心累计考评1261个村（社区、园区），发现市容和环境卫生问题13730处，整改13553处，整改率98.7%。其中，9月因泉州市发生新冠肺炎疫情，未完成考评；12月晋江市改变城乡环卫考评方式，由市城市管理综合考评中心联合市创城办、第三方（高校大学生）对晋江市19个镇（街道）、经济开发区及城市管理局负责保洁管理的中心市区主要道路开展环境卫生巡查考评。晋江市在泉州市城乡人居环境考评中年度成绩87.85分，列全县（市、区）第十位。

（黄嘉俊）

建筑业

【概况】 2021年，晋江市完成建筑业产值106.9亿元，比上年增长12%。办理53家企业资质申请及增项，48家企业安全生产许可证申报；帮扶3家企业晋升总承包一级资质、7家企业晋升专业承包一级资质、2家企业晋升监理甲级资质。全市建筑企业资质门类逐步齐全，包含施工总承包9类、专业承包18类和施工劳务，全市取得资质建筑企业343家，其中总承包企业159家、仅专业承包企业119家、仅施工劳务企业65家。开展18期农村建筑工匠培训，累计培训、登记农村建筑工匠1389人。

【土地市场】 2021年，晋江市出让用地113宗，面积287.17公顷，出让价款117.9亿元。其中，组织公开出让经营性项目用地42宗，面积151.39公顷，出让价款111.81亿元；挂牌出让工业用地66宗，面积132.49公顷，出让价款59091万元；其他项目用地5宗，面积3.29公顷，出让价款1741.72万元。

（洪晓明）

【建筑市场监管】 2021年，晋江市强化建筑市场行为监管，开展建筑市场专项执法检查，打击串通投标、弄虚作假投标、违法发包和转包、违法分包等建筑市场违法违规行为，保持建筑市场秩序平稳有序。立案查处建筑市场违法违规案件20起，共处罚款101万元。执行全省统一的房建市政施工项目招投标机制，并运用福建省公共资源交易电子行政监督平台开展招投标监管，维护“便捷、高效、公开、透明”的招投标环境。全年累计招投标项目178个，招标控制总价约44.25亿元，中标总价约41.11亿元，节约资金约3.14亿元，节资率约7.1%。

【绿色建筑建设】 2021年，晋江市累计71个项目按照绿色建筑标准进行设计并进入实施阶段，总建筑面积近594.2万平方米；竣工绿色建筑面积占竣工民用建筑面积的97.4%。推动将装配式建设要求纳入建设项目土地出让合同及规划设计条件，全市新出让建设用地、总建筑面积2万平方米以上的商品住宅项目，设定装配式建筑面积应不低于商品住宅项目总建筑面积的20%。2021年，中南雍锦院、正荣一号等22个装配式项目启动实施，全市装配式建筑面积57万余平方米。

【建筑企业扶持】 2021年，晋江市兑现建筑业企业扶持资金，出台《进一步促进建筑业发展壮大若干措施操作程序》，明确扶持资金申请材料及流程，完成2020年度扶持资金审核，涉及企业97家、扶持资金2425万元。

【建设工程质量安全】 2021年，晋江市住建局对全市在建建筑工地工程质量安全实行全覆盖动态考评，加大信用惩戒力度。全年发出质量安全整改通知书389份，督促企业完成整改并闭环销号安全隐患1155条，对存在违规行为的责任主体及个人动态记21659分，对10个项目9家施工企业、4家监理企业Mi值共记17分。将日常检查隐患较多、被通报批评或处罚的41个项目及14家企业纳入差异化监管对象，向社会公示，加大监督检查频次和力度。项目建设品质显著提高，晋江市第二体育中心场馆项目、福州大学科教园区一期（启动区）工程分别获2021年中国建设工程“鲁班奖”和“国家优质工程奖”。

【农村在建房屋安全清查整治专项行动】 2021年，晋江市住建局组织各镇（街道）清查整治在建农房1602栋。先后部署开展违法违规在建房屋建筑工程排查、在建农村自建房专项检查，立案调查未办理施工许可违法违规项目8宗。出台《晋江市人民政府关于进一步加强房屋建筑工程建设活动监管的实施意见》《晋江市房屋建筑工程“网格化”管理暂行办法》，牵头建立违法违规行为部门抄告制度和零星工程报备制度，将零星工程纳入网格化监管督导范围，全面建立条块结合、以块为主的房屋建筑工程网格化巡查管理制度。

（黄宏）

房地产业

【概况】 2021年，晋江市房地产市场呈现量涨价稳，继续保持平稳健康的发展态势。中南、万科相继以12.8亿元、13.3亿元拍得池店镇浯潭村、青阳街道洪宅垵社区等热点区域商住用地，定名中南玺院、万科金域国际，其中万科金域国际一开盘即基本售罄。全市房地产累计完成投资188.3亿元，比上年上升2.9%；批准商品房预售许可面积201.28万平方米；商品房销售面积448.45万平方米，比上年上升12.6%。

【存量房交易】 2021年，晋江市住建局贯彻落实上级房地产调控政策，规范房地产市场交易秩序，保障房地产市场健康发展。全年办理二手房转让备案9945宗，比上年减少4.83%；建筑面积124.04万平方米，比上年减少2.5%。与市行政服务中心、不动产登记中心和税务部门沟通对接，把房产交易收件环节整合到同一个“窗口”，实行统一受理、一次性收件，后台“并联审核”，建立“一套材料、一窗收件、联审联办、内部流转”的工作模式，简化办事环节，缩短服务时间，方便群众。继续推进房产交易“一窗式”联审服务改革，做到流程更优、环节更少、时限更短，提升办事群众的便捷度，存量房转让合同网签备案实现“当日即办”。

【商住用地出让】 2021年，晋江市累计出让商住用地20幅，出让面积94.58万平方米，总成交价92.62亿元，均价652.85万元/亩，比上年上升23.26%。最高成交楼面价首次突破12089元/平方米。

【商品房销售】 2021年，晋江市批准商品房预售许可面积201.28万平方米，其中住宅面积152.89万平方米，占比75.96%。2021年全市房地产累计完成投资188.30亿元，比上年上升2.9%；商品房销售面积448.45万平方米、比上年上升12.6%，其中住宅销售面积321.80万平方米、比上年上升3.7%，新建住宅均价10474.36元/平方米、比上年上升6.36%。

【商品房去库存化】 2021年，晋江市商品房交付项目266个，建筑面积4144.59万平方米。至12月底，全市累计办理预售尚未出售商品房面积189.42万平方米，去化周期7.80个月。其中，住宅面积约86.48万平方米，去化周期4.06个月；非住宅（不含车位和企业自持）面积约102.94万平方米，去化周期34.89个月。

【物业管理】 2021年，晋江市新增交付的物业小区项目30个，合计交付使用29511套房屋，建筑面积539.5万平方米。百捷·中央公园御府和福捷·上悦府2个物业管理项目获泉州市物业管理示范达标项目。通过精细化管理考评144个物业小区，评定五星级小区15个、四星级31个。

（黄宏）

【住房公积金管理】 2021年，晋江市有5395个单位141438名职工缴纳住房公积金，其中年度新增住房公积金归集单位943个、9578人，新增归集住房公积金17.17亿元；住房公积金余额45.13亿元。累计批准202970人次提取住房公积金13.46亿元。全市新增住房公积金贷款1918户，发放个人住房公积金贷款85856.6万元，期末贷款余额50.89亿元，住房公积金个人贷款使用率112.77%。

（张晓光）

自然资源管理

综 述

【概况】 2021年，晋江市在编（已编）成片开发方案46个、面积1367.93公顷，农用地转用和土地征收项目用地获批267.73公顷、出让项目用地287.07公顷、出让总额117.9亿元，报批量、出让量位居泉州各县（市、区）第一。完成批而未供和闲置土地清理处置316.2公顷，超额完成省下达的年度处置任务，处置面积居全省前列。晋江市盘活低效用地，激发高质量发展新动能经验做法获省自然资源厅推广，信息化建设成效、蓝色海湾综合整治行动项目做法、海洋综合管理示范区工作成效分别获省自然资源厅、自然资源部东海局主要领导批示肯定。在安海、金井等镇级综合便民服务中心设立二手房交易登记服务，二手房交易登记立等取证。在70家金融机构（涵盖全市22家商业银行）设立抵押直连便民服务点，实现抵押"一站式"办结；受理不动产登记业务13.48万宗、服务抵押金额592亿元。推行工程建设项目设计方案"多评合一模拟审批"，将方案审查与其他前期手续并行推进，实现工程规划许可证快速办理，压缩审批时间。被自然资源部授予"全国自然资源系统'七五'普法工作中成绩突出的集体"称号。编制完成废弃矿山地质环境恢复治理十年规划，组织整治废弃石窟6处、迹地绿化20公顷，超额完成泉州市下达任务。

（魏智文）

【资源资产清查】 2021年，晋江市推进工业用地调查，制定《晋江市工业用地调查工作方案》，成立市级领导小组、工作专班，指导镇（街道）信息收集、系统录入，调查工作初步完成并将调查成果录入泉州市工业用地调查系统，入库7113.33公顷工业用地。加快推进第二批全民所有自然资源资产清查和首批全民所有自然资源资产平衡表编制国家级试点，建立领导小组统筹、部门联席会商、技术队伍业务支撑、省内外专家指导一体机制，初步完成实物量清查等试点工作。

（洪晓明）

【自然资源执法监察】 2021年，晋江市强化日常"两违"监管，推进全市农村乱占耕地建房整治，出台《整治新增农村乱占耕地建房问题工作实施方案》，将图斑整改纳入全市"两违"综合治理考核，新增农村乱占耕地建房问题中自行摸排11宗、省级下发确属"顶风违建"图斑12宗全部处置到位。推进自然资源督察整改，2019年耕地保护督察整改、2020年土地例行督察整改取得基本成效。配合2021年耕地保护督察迎检，对国家自然资源督察上海局下发疑似图斑逐宗开展外业核查。推进自然资源部、省自然资源厅卫片执法整改，推进省"天地网"动态执法下发的疑似违法用地图斑整改，整改到位率86.44%。开展违法用地专项清理整治，印发《晋江市违法用地专项清理整治工作方案》，逐一分解责任、倒排时限推进整改。加强海域执法案件和疑点疑区图斑处置，下发16宗海域使用疑点疑区、疑似违法图斑，完成处置15宗。联合公安、海警、沿海镇等执法力量开展海域辖区巡逻和海上巡查，出动执法人员304人次、车辆及执法船艇94辆（艘）次，开展陆域及海上执法巡查95次，重点巡查金门供水管道周边海域、海洋生态敏感区、沿海沙滩等区域。海洋专项督察、耕地保护督察整改工作顺利过关。

（陈辉煌 庄铭栋 王开新 张文福）

【统一调查监测体系】 2021年，晋江市完成全市293个行政村地籍和房屋调查工作，调查成果经福建省测绘产品质量监督检验站验收，65个行政村通过地市级验收、125个行政村完成县级互检、104个行政村调查成果提交泉州市自然资源和规划局第三方备检。全市农业地质调查工作完成验收，通过1∶5万及1∶1万农业地质调查评价，查明全市耕地质量状况，为区域土地利用规划、土地开发、农产品种植结构调整及高标准农田建设提供科学依据。完成新一轮基准地价修编工作。完成全市养殖调查工作，完成开放式养殖调查521宗、面积4442公顷，围海养殖6宗、面积219.8公顷。

（张金前 王玉志 洪晓明 张文福）

【自然资源普法宣传】 2021年，晋江市以“4·22”世界地球日、“6·25”全国土地日、“8·29”测绘日、“12·4”宪法宣传日为契机，创新制作耕地保护动漫宣传片供镇村宣传播放，分发新《中华人民共和国土地管理法》、耕地保护、国土空间规划、不动产登记等宣传图册5000份、宣传彩页1万张，解答群众关注的热点问题，提升政民互动宣传效果，增强全员法治意识。在电子公告牌、公交车载广告设置安全生产宣传标语，在微信公众号上刊发安全生产宣传片，通过举办地质灾害防治培训会、订购分发800册地质灾害宣传手册、2000张宣传单页，进社区、进学校开展地质灾害防治宣传。获“晋江市平安单位”称号。

（叶明佳）

【自然资源信息化建设】 2021年，晋江市围绕自然资源信息化总体目标，加强上下联动、互联互通，开展“一张网、一张图、一平台、N应用”的自然资源信息化建设，加快业务数据整合，实现基础地理信息广泛共享和社会化服务，构建“批、供、用、补、查”一体联动监管机制，助力基础测绘成果生产、更新、入库的信息化管理，提高“网上办”“掌上办”政务服务效能，提升自然资源治理能力。建设用地审批数据核对、入库信息化服务项目通过验收。

（吴琳琪）

【自然资源测绘管理】 2021年，晋江市开展新一轮测绘中介机构登记备案管理，全市28家测绘中介机构完成登记备案，其中符合“多测合一”资质的19家中介机构入驻“多测合一”信息平台。晋江市自然资源局测绘队完成测绘资质复审换证，获乙级测绘资质证书，新增工程测量、海洋测绘等专业资质。

【危旧房翻建】 2021年，晋江市推进无权属来源危旧房改建权属认定，按照《晋江市人民政府办公室关于印发无权属来源证明危旧房就地改建土地权属认定工作规程的通知》要求，受理并审核无权属来源证明的个人危旧房翻建补办用地手续313宗，解决“四帮四扶”“二女户”等住房困难群众无权属来源危旧房翻建困难。

（张金前）

【不动产登记】 2021年，晋江市创新“交地（房）即交证”服务模式，办结“交地即交证”项目7宗、“交房即交证”2个项目50套房屋。在安海、金井等镇级综合便民服务中心设立二手房交易登记服务，推进二手房交易登记事项前移。提供不动产继承转移登记公证免费服务，免费为群众办理6宗、节省费用2.4万元。建立不动产登记责任保险制度，以购买商业保险的方式，实现登记错误赔偿和追溯机制。实现“二手房交易登记即办+公共服务事项联办”，二手房交易登记立等取证，推行“不动产登记+水电气广电过户”集成联办。在70家金融机构（涵盖全市22家商业银行）设立抵押直连便民服务点，实现抵押“一站式”办结；在建设银行87台智慧柜员机上线不动产登记查询功能，“一站式”提供查询服务。实行查控一体化，服务泉州市域法院网上查询查封。受理不动产登记业务13.48万宗、服务抵押金额592亿元。

（陈永宣 王金娜 李振声）

【废弃矿山生态修复】 2021年，晋江市编制完成废弃矿山地质环境恢复治理十年规划，组织整治废弃石窟6处、迹地绿化20公顷，超额完成泉州市下达任务。重点修复永和镇巴厝村、西坑村废弃石窟，涉及面积12.6公顷，投资2800万元打造石窟公园项目。

【地质灾害防治】 2021年，晋江市完成全市地质灾害专业调查，启动1∶5万地质灾害风险调查评价及地质灾害防

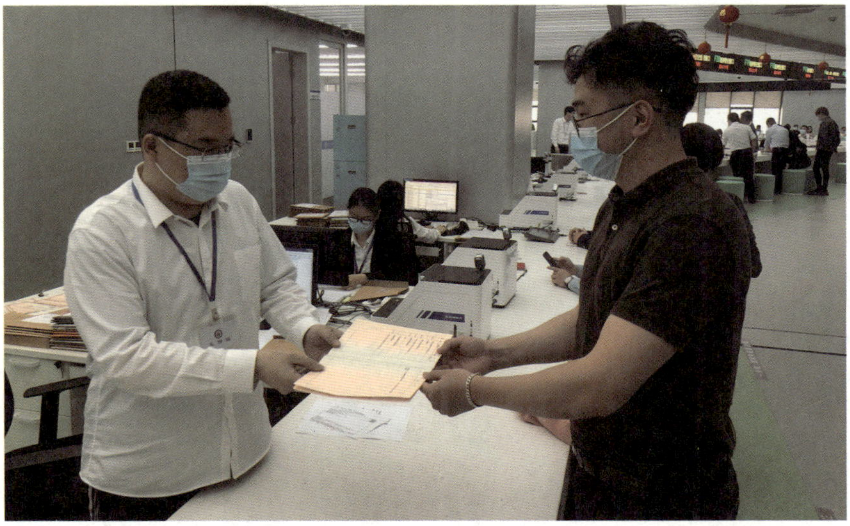

2021年，晋江市创新“交地（房）即交证”服务模式。图为3月17日，在晋江市不动产登记中心领证窗口，工作人员为晋江市房屋建设开发有限公司颁发晋江市首本“交地即交证”不动产权证书 （晋江市自然资源管理局/供）

治规划编制，摸清地质灾害点位等数据，组织全市地质灾害隐患排查 1479 人次，未发现新增地质灾害隐患。试行地质灾害监测系统，发布地质灾害预警信息 6 条。开展治理的 10 处地质灾害隐患点及高陡边坡中，完成工程验收 3 处，完成销号 1 处。

（赖永贵）

【污染源排查整治】 2021 年，晋江市落实外曾溪流域保障，抓好污染源头排查整治，对销号的污染源组织“回头看”，防止死灰复燃。不定期组织污染源排查，将新排查发现的污染源纳入管理，逐一对账销号，重点抓沈海高速朴里服务区生活污水处理以及南安跨境污染行为。推进河道整治工程，外曾溪下游河道整治工作方案编制完成，安海装备制造基地整治工程完成施工图并移交安海镇实施，安海段、内坑段相关农村生活污水管网和小型处理站部分完工并投入使用。

（王玉志）

土地资源管理

【用地审批】 2021 年，晋江市完成农用地转用和土地征收，获批 45 个批次 66 个项目，面积 267.73 公顷。其中，经营性项目 9 个、面积 47.29 公顷，工业项目 11 个、面积 41.82 公顷，公建民生项目 46 个、面积 178.62 公顷。超额完成泉州市下达的224.53公顷年度报批任务，比上年增长 103%。

【耕地保护与开发】 2021 年，晋江市将耕地保护工作列入镇（街道）领导任期目标责任制，明确各镇（街道）主要领导为耕地保护第一责任人，逐级签订耕地保护目标责任书，确保全市 1.45 万公顷耕地保有量和 8293.33 公顷永久基本农田实现总量不减少、质量有提高。联合市农业农村局、城市管理局开展镇（街道）年度耕地保护目标责任考核，考核结果作为镇（街道）年度绩效考核主要指标，遏制耕地“非农化”，防止耕地“非粮化”。通过“十三五”政府耕地保护责任目标考核，完成补充耕地任务 37.2 公顷、补充水田 33.61 公顷，完成泉州下达任务。

（林福凉）

【规划报建审批模式优化】 2021 年，晋江市简化改扩建审批程序，采取“变串联审批为并联审批”“整体设计 + 分期实施”“编制论证公示三同步”等方式，为 25 宗工业用地办理提高容积率手续，涉及工业用地 116.2 公顷、现状建筑面积 100 万平方米，即提高容积率后零地新增建筑面积 213 万平方米或零地再造 247.53 公顷工业用地，推动工业企业增资扩产提容增效、促进土地节约集约利用。

（许天注）

【老旧工业区改造提升】 2021 年，晋江市加快集成改革及老旧工业区改造提升工作，出台改造项目试点集体经营性建设用地入市机制，推进企业自主申报改造项目，推进东石、英林连片改造项目破题，纳入市级老旧工业区改造项目，可享受“工业物业分割转让”“集体经营性建设用地入市”“土地置换”等多项政策福利。晋江市盘活低效用地激发高质量发展新动能经验做法获省自然资源厅推广，并在全省自然资源工作会议上作书面典型发言。

（詹嘉明）

【存量土地盘点】 2021 年，晋江市在原有存量土地盘点的基础上，对全市存量工业用地及经营性用地细化梳理，对各属地上报的工业用地及存量经营性用地图件、数据、表格等相关材料逐宗过细分析，多轮复核，按照存量用地的报批情况、补偿情况、区域分布等信息分门别类统计，摸清存量家底，为提升利用空间提供数据支撑。

（赖永贵）

【土地变更调查】 2021 年，晋江市在第三次全国国土调查统一时点调查成果基础上，首次开展年度全要素变更调查，对全市国家提取、国家跟踪的 9341 个图斑进行变更，对 4476 个图斑进行实地举证，逐个核实地类、面积、权属、属性等信息，全面反映 2020 年度晋江市全域各地类利用变化情况。2020 年度国土变更调查与遥感监测基本完成。

（张金前）

海洋资源保护

【概况】 2021 年，晋江市推进海洋管理各项工作，服务项目用海要素保障，获批项目海域使用权面积 299.53 公顷。自然岸线保有率 52.06%，高于“十三五”时期既定目标。完成首次海洋灾害普查。晋江市政府与自然资源部东海局厦门海洋环境监测中心站签订协议，共建晋江海洋综合管理示范区。

（魏智文）

【用海要素保障】 2021 年，晋江市获批项目海域使用权面积 299.53 公顷，其中省政府批复用海项目面积 38.33 公顷，占泉州市获批项目的 5/6，保障集成电路产业园区（工业园）南天南路、泉州湾“蓝色海湾”整治工程等省、市重点项目需求，同步推进经济开发区安东园 26 宗历史围填海用海项目、西南片区污水处理厂尾水深海排放工程深海管道手续办理。

（张文福）

【海湾治理】 2021 年，晋江市加速推进泉州湾“蓝色海湾”综合整治行动项目，一期工程完成验收，完成互花米草整治 335.07 公顷、红树林生态修复

194.14 公顷、滩涂高程改造 253.33 公顷。二期工程进场施工。泉州湾“蓝色海湾”综合整治行动项目工作成效获省自然资源厅主要领导批示肯定。启动海岸带修复规划编制，完成野外调查，指导全市海岸带生态整治修复保护工作。推进历史围填海项目生态修复工作，完成龙舌尾海域填海土清理 4.96 公顷，修复岸线 1.2 千米，完成 37 万余尾鲈鱼及黄鳍鲷鱼鱼苗的增殖放流工作，红树林恢复与繁育项目组织进场施工。

（王玉志）

深沪湾港口　（秦越／摄于 2021 年 12 月 22 日）

【海洋灾害普查】　2021 年，晋江市自然资源局牵头成立晋江市海洋灾害风险普查专项小组，与技术承担单位、各相关部门对接，组织开展晋江市历史灾害调查、主要海洋灾害致灾因子调查、承灾体调查、重点隐患调查，形成数据、图件与报告成果 419 项并填报全国海洋灾害普查系统，完成晋江市第一次海洋灾害普查。普查发现晋江市海岸防护工程隐患 6 处、滨海旅游区隐患 2 处。通过普查摸清晋江市海洋灾害基本情况，完成承灾体风险隐患排查，为政府开展海洋灾害的防御和应急管理工作提供数据支撑和科学决策依据。

【晋江市海洋综合管理示范区共建协议签订】　2021 年，晋江市政府与自然资源部东海局厦门海洋环境监测中心站签订《共建晋江市海洋综合管理示范区框架协议》，“部地协作”共建模式及成效获自然资源部东海局主要领导批示肯定。

（张文福）

【海上巡航执法管理】　2021 年，晋江市开展海上巡逻行动 290 次，出动执法人员 1209 人次，巡逻里程 3215 海里，登临检查船只 217 艘次，排查人员 2085 人次。

【伏季休渔监管】　2021 年，晋江市政府印发《晋江市 2021 年海洋伏季休渔工作方案》，成立晋江市伏季休渔工作领导小组，明确责任分工；印发《关于开展 2021 年度海洋伏季休渔监管执法工作的通知》，明确监管任务。设计晋江市伏季休渔动画短片，在晋江电视台播出，同时利用《晋江经济报》、晋江新闻网、“晋江三农”等媒体公众号刊登伏休制度，利用在重要渔业港口、渔村主要道路两侧拉横幅、张贴公告、发放传单以及村广播宣传等形式，宣传休渔法律、政策。加强渔船伏休期间安全管控，结合伏季休渔几个重要时间节点以及不定期开展港口渔船清点，做好钓具渔船管控。一线渔港中队利用执法船艇、无人机等设备加强伏休渔船动态点验，确保伏休制度顺利实施。

（陈宝强）

综 述

【概况】 2021 年，晋江市生态环境质量持续改善，空气质量优良率连续 2 年保持 100%；小流域考核断面九十九溪乌边港桥水质监测达到Ⅴ类水质标准，国控晋江流域鲟埔断面水质达到Ⅲ类水标准；集中式饮用水源地水质达标率 100%，地下水环境质量保持稳定；受污染耕地安全利用率 93% 以上，危险废物处置利用率 96.3%，医疗废物安全处置率 100%。完成湖漏溪消除劣Ⅴ类、第二轮中央生态环境保护督察交办信访件、泉荣远东污水处理厂提标改建及安平污水处理厂泵站改造等突出生态环境问题销号。生态云指挥中心建成运行，信息化建设水平与非现场执法监管能力得到提升，运用非现场执法手段精准发现线索查办违法排放水污染物案获生态环境部通报表扬、经验做法获福建省生态环境厅发文推广。2021 年，晋江市党政领导生态环境保护目标责任书连续 4 年获评优秀，泉州市晋江生态环境局在全国环境执法大练兵中连续 3 年获表彰，获评生态环境部"表现优异集体"，承办的某建材公司倾倒污泥生态环境损害赔偿案被福建省推荐参评全国 2021 年生态环境损害赔偿磋商十大典型案例。

【生态环境审批服务】 2021 年，晋江市对 126 个重点项目提前介入、靠前服务、开辟绿色通道，并逐家发放抓紧完善环评手续的通知。截至 12 月底，重点项目完成环评审批 69 个，完成率 54.8%；受理审批环评材料 145 件、午（夜）间作业施工许可 123 份。印发《泉州市晋江生态环境局关于印发开展中介机构"提质增效"工作方案的通知》，召开晋江市生态环境领域"优化营商环境"中介机构工作会议并签订"八项承诺"（遵守法纪；优质服务；诚实守信；廉洁自律；资源共享；公平竞争；规范收费；严守秘密）从业责任书，加强对环评机构的日常管理和考核力度。对 13 家环评单位和编制主持人作出通报批评和失信记分处理。印发《晋江市环评与排污许可监管行动计划（2021—2023 年）》《晋江市 2021 年度环评与排污许可监管工作方案》，核发及变更全国统一编码排污许可证 262 份，开展 30 家已核发排污许可证审批"双随机"检查，布置开展 1 万多家排污登记合法合规检查。完成 129 家限期整改类企业的排污许可证办理，关停取缔、责令停产 11 家不予核发排污许可证企业。继续做好总量服务。审核确认各企业新建、扩（改）建项目新增主要污染物总量控制指标，审核出具新增主要污染物总量指标确认意见 51 份。

【环境安全整治】 2021 年，晋江市开展企业落实环境安全主体责任三年行动专题执法检查，全面检查辖区内环境风险防控落实情况，遏制生产安全事故引发次生环境事件。全年检查企业 92 家次，责令整改 63 家。开展核技术利用单位辐射系统申报整改，督促企业落实个人剂量、年度自查报告等整改工作。修订出台《晋江市集中式饮用水水源地突发环境事件应急预案》《晋江市辐射事故应急预案》，开展 2021 年泉州市晋江辐射事故应急演练。制定"以案促建 提升环境应急能力"专项活动方案，形成突发环境事件案例剖析报告和问题清单。督促企业做好应急预案备案，全年完成备案企业 79 家。

【环境监察】 2021 年，晋江市办理环境行政处罚案件 198 件、累计罚款 1124 万元，其中查封扣押 42 起、限制生产 8 起、移送行政拘留 20 起、移送污染环境刑事案件 1 起，移送法院强制执行 49 件。利用福建省移动执法云平台，做好污染源日常环境监管随机抽查动态数据库建立，至年底，晋江市列入动态数据库企业 3311 家，随机抽查企业 928 家次。制定《泉州市晋江生态环境局进一步加强生态环境信访增质减量工作实施方案》，落实"四个第一时间"信访办理、重复信访件滚动销号、信访件星级管理、领导包案销号等工作机制。开展"静夜守护"城市夜间噪声污染整治专项行动。以网格化调度（配置 425 名三、四级网格员定期巡查）、实时化调度（信访件生态云"线上"调度、回访）、清单化调度（建立重复信访件清单滚动销号）为抓手，压实信访化解销号责任。2021年，“12369”平台信访427件，比上年下降18.82%；重复信访22件，重复投诉率5.4%。

【环境监测】 2021年，晋江市做好市区3座空气自动站运维及空气预报、日报、月报、季报等工作，完成县级饮用水源地、小流域省控断面以及“三库一湖”（东山、溪边、草洪塘水库和龙湖）、降水、21家农村污水处理设施出口、农村县域河流湖库5个点位的监测和采样分析工作，组织开展2021年3家直排海企业和43家重点污染源企业执法监测，出具监测报告单197份。开展环境管理、环境监察相关监测，提供技术支持，开展1300多个样品监测，提供4200多个数据。做好2021年自行监测监督和检查，完成331家企业自行监测方案录入、变更审核工作，708家自行监测企业监测年报填报，44家企业监督性检查。

【污染物总量减排】 2021年，晋江市下发《晋江市减排办关于加快推进燃煤锅炉环保提升整治工作的通知》，采取“先易后难、先近后远”的工作思路，推进10蒸吨以下燃煤锅炉淘汰工作。根据燃煤锅炉提升整治整体工作的开展情况，及时通报，并督促相关镇（街道）及相关单位采取措施，确保燃煤锅炉整治工作按时序完成。针对燃煤锅炉提升工作滞后的企业，由泉州市晋江生态环境局联合相关镇（街道）对其进行约谈，促其采取措施，按时序完成。全年淘汰10蒸吨以下燃煤锅炉85台，完成10蒸吨以上燃煤、燃生物质锅炉在线监控安装20台。

【生态环境突出问题整改】 2021年，晋江市在落实上级交办55项突出环境问题整改的基础上，排摸晋江市生态环境问题，策划生成各镇（街道）76项问题清单，建立晋江市生态环境问题“一本账”清单，每月调度、滚动销号。发挥环委办督查督办职责，出台《晋江市生态环境保护问题整改督查督办规定（试行）》，运用告知、提醒、预警、警示、专项督办、挂牌督办等方式推动工作。2021年向市有关单位发函督促

2021年6月5日，泉州市晋江生态环境局组织亲子家庭参观福建凤竹环保有限公司环保公益展馆 （泉州市晋江生态环境局／供）

51份，纳入市政府督查室重点工作督查范畴重点生态环境问题8个。定期向晋江市党委、政府汇报全市突出环境问题进展情况，提出可能存在的环境风险点，由党委、政府各分管领导对滞后项目逐一协调解决；针对重点疑难项目，推动党委、政府指定1名市领导具体负责、主抓落实。

【环保信息化建设】 2021年，晋江市建成运行生态云指挥中心，初步搭建起晋江大气、水、土壤智能管控“一张图”基本框架。对809家重点行业企业2616个点位（陶瓷企业干燥塔烟气、印染行业定型机生产工序、制鞋企业刷胶工序等）实施污染源自动监控、用电监控、视频监控等智能管控措施。对接市河长办、公安局，将17套河道水质自动监控站点、392个河道和流域视频监控数据，以及晋江社会治理视频、城市安全数据（约6万多个探头）接入生态云指挥中心，实现数据共享，确保环境执法精准追溯。健全智控数据处置应用机制，对监控数据异常预警信息试行分类分级管理，实现智控数据预警快速办理目标。综合运用各类智能管控手段依法查处“非现场执法”案件27件，其中“利用烟气自动监控数据查处陶瓷企业超标排污案件”“运用‘河道哨兵’精准发现线索查处违法排放水污染物案”2个案件入选生态环境部优化执法方式典型案例。

【环保宣传教育】 2021年，晋江市以媒体为载体，把准舆论导向，在报纸、局微信公众号等宣传工作成效。全年在主流媒体发表宣传报道40多篇，在“晋江生态环境”微信公众号推送信息706篇，其中获生态环境部两微转载2篇，获福建省生态环境厅微信公众号转载8篇，获泉州市生态环境局微信公众号转载10多篇。组织晋江市生态环境普法讲师团到党政机关、企业、学校开展宣讲7场；与晋江经济报社、泉州晚报社等主流媒体合作，结合行业治理特点，曝光生态环保领域违法典型案例、刊登环境违法企业的环保承诺书。在福建凤竹环保有限公司举行“6•5”环境日主场活动，组织24个亲子家庭参观瀚蓝（晋江）固体废物处理有限公司、福建凤竹环保有限公司环保公益展馆；通过举办主题绘画比赛、社区宣传活动、刊登环境违法企业环保承诺书、播放宣传公益广告片等推进环保宣传进镇（街道）、企业、校园、社区。

（王丹妮）

环境治理

【大气污染防治】 2021年，晋江市完成大气治理重点项目30个，其中颗粒物治理项目15个、有机废气治理项目14个、

脱硝改造项目1个。开展陶瓷企业露天堆场整治，55家露天堆场建陶企业完成10家进仓入库改造，剩余45家落实“三防”（防雨、防扬散、防流失）并完成视频监控安装和联网生态云。开展柴油货车尾气联合路检及入户抽测工作，检查32辆车，查处尾气排放超标车辆7辆，罚款1400元；入户抽测车辆73辆，查处尾气超标车辆10辆，并督促限期完成整改。开展安东园区及振东工业区皮革、印染、电镀企业有机废气提升治理，改善园区及周边环境。

【水环境综合整治】 2021年，晋江市落实小河长办职责。推动建立阳溪、湖漏溪月例会制度，做到整治项目化、项目清单化、清单责任化，全年召开例会或现场会17次，形成整改任务47项，截至12月底完成整改31项。分批完成21条流域周边333家涉水工业企业尾水纳管工作。创新开展企业尾水精细纳管工作，按照“雨污分流、污水入管、明沟明管、全程可视”原则，在完成14家试点企业改造的基础上，动员部署1000多家企业启动尾水精细纳管改造工作。印发《2021年晋江市流域水质提升“碧水清源”专项行动实施方案》，实施流域精准治理减排项目8个，2021年累计投资6.4亿元，完工项目7个，基本完工项目1个。开展入河排污口整治，泉州市交办入河排污口150个，完成整治147个；九十九溪入河排污口186个，完成整治98个；湖漏溪入河排水口68个，全部完成整治。组织开展龙湖饮用水源地专项排查和分类整治，“三库一渠”勘界定标成果完成备案，龙湖勘界定标成果通过泉州市级评审。开展污水管网建管养现状调研，探索推动全市“一支管”统一管理。每月开展海岸带环卫考评，组织开展海域海滩海岸垃圾攻坚整治行动，全年共清理海漂垃圾5800吨。推动落实海漂垃圾治理“一县一公司”要求，与晋江市绿城环境服务有限公司签订海上环卫保洁作业服务项目框架协议，统一开展晋江市海漂垃圾保洁工作。委托第三方机构完成晋江市入海排口的摸排，启动20个入海排污口试点整治。

【土壤污染防治】 2021年，晋江市开展涉镉重点企业排查整治。部署开展土壤重点企业隐患排查和自行监测，福建隆上超纤有限公司、福建华源纤维有限公司污染地块调查报告通过泉州市生态环境局备案。加强固体（危险）废物管理。开展危险废物排查整治三年行动，全面检查辖区内危险废物产生单位和经营单位的危险废物环境管理制度落实情况，检查企业92家，责令整改82家。制定废包装桶专项整治方案，通过源头减量、加强返厂管控、开展收集试点等措施，开展废包装桶整治工作。制定2021年生态振兴工作要点，完成初级版“绿盈乡村”评定65个、中级版“绿盈乡村”17个，向上申报高级版“绿盈乡村”10个。

（王丹妮）

水土保持

【概况】 2021年，晋江市落实水土保持“三同时” 制度（依法应当编制水土保持方案的生产建设项目中的水土保持设施，应当与主体工程同时设计、同时施工、同时投产使用），加强水土保持方案审批。全年征收水土保持补偿费647.78万元，查处违规图斑 12个，办理水土保持自主验收生产建设项目 46个，开展水土保持宣传教育 40余场次。

【水土保持审批】 2021年，晋江市提高水土保持方案审批效率。全年办理各类水土保持方案112件，征收水土保持补偿费647.78万元。

【水土保持监管】 2021年，晋江市加强水土保持监督管理，年度复核项目扰动图斑159个，查处违规图斑12个，办理水土保持自主验收生产建设项目46个，水土保持“三同时”制度落到实处。

【水土保持宣传】 2021年，晋江市坚持水土保持宣传“六进”［进机关、进校园、进企业、进村（社区）、进工地、进田头］。结合水土流失综合治理、水土保持“三同时”制度落实监督检查等，开展水土保持科普宣传活动。依托水土保持科普示范校、“水韵晋江”等平台，结合水土保持宣传日、植树节、世界水日、世界环境日等时机，开展水土保持宣传教育。2021年开展水土保持宣传教育40余场次，发放宣传材料和小礼品4000余份，被水利部采纳信息3篇、被省级媒体采纳信息1篇。

（吴晓明）

河长制工作

【概况】 2021年，晋江市河长制工作以推动河湖长“有名有实”到“有能有为”为主线，从责任落实、水质提升、污染攻坚、标杆示范、全民治水等方面，推进河湖治理保护，全市综合治水项目完成年度投资78236万元，完成河湖问题整治1294个，开展爱河护河活动88次、专题宣传活动57次。在全省首创成立青少年河长制宣教中心、河长制云展馆，率先挂牌成立镇、村两级“河湖警长联络室”，以党建为引领开展河长制“一堂好课”进基层，建立“河长制”党建创新实践基地，建成九十九溪浦沟支流滨江公园、湖盘溪园坂村段泉山公园等河长制主题公园9个，完成市级及9个镇级河长办标准化建设。在泉州市河长制考核中获优秀等次。

【河长制责任落实】 2021年，晋江市修订完善《晋江市河道专管员聘用管理规定》《晋江市河湖长制项目及资金管理规定》《河湖水环境损害事件联动处置工作制度》等3项制度，深化河湖警长制，实行河长制正向激励制度。完成市级、镇级河湖长调整153人次；完成市河长办、12条市级流域河长办主任等人员调整补充；创新河长巡河履职提醒，采取发送信息、电话联系、提醒函等方式提醒河长巡河，各级河长巡河App平均使用率97.41%；督促履行治水责任，全年解决问题60余件。

【河湖保护管理】 2021年，晋江市完成全市21条主要河流、25座水库、22

磁灶镇河长制主题公园　　（高荣斌／摄于 2021 年 11 月 5 日）

条海堤、12 个市管水闸管理与保护范围划定，并向社会公告。通过河道专管员现场巡河、卫星图斑比对、第三方“徒步 + 无人机”巡查、河长办视频巡查等方式，构建立体化河湖管理监管体系，强化涉水问题交办、督办制度，完成河湖问题整治 1294 个，其中完成“四乱”问题整治 774 个。开展水葫芦整治专项行动，清理 22 个河段水葫芦约 3.16 万平方米。启动各流域入河排污口摸排行动，对各入河排污口的位置、类型等登记入册，常态监督管理，绘制形成解决源头问题流域地图 13 幅。

【河湖执法监管】　2021 年，晋江市将河湖警长河长制视频监控点使用权限下沉到镇（街道）一级，依托各地环保中队、综合执法中队、河湖警长等力量，强化涉水违法行为打击，协调处理各类水事纠纷事件 38 起，关闭清退散养家禽 95 家，关停取缔非法加工点 61 个，查处各类环境违法案件 198 件、罚款 1124 万元，查封扣押 42 件，限制生产 8 件，移送行政拘留 20 件，移送法院强制执行 51 件。

【污水治理】　2021 年，晋江市策划实施河长制工程项目 114 个、年度计划投资 8.79 亿元，项目涵括河道整治、断头管、农村生活污水、清淤疏浚、污水管网及配套项目等。截至 12 月底，累计完成投资 7.82 亿元。针对水质短板问题，重点推动污水收集治理。全市 398 个村（社区）农村生活污水治理工程完工 365 个（含初验项目 144 个、终验项目 25 个），建成管道 4595 千米，污水管道平均接户率 81.7%，其中 2021 年新增基本完成项目 27 个，新增初验项目 70 个、终验项目 9 个，新建埋设管道 370 千米。策划启动“断头管”攻坚项目 63 个，完工项目 36 个，庄头溪截污工程、安海镇可慕村排水节点改造工程、英林 2 号泵站至晋南污水厂压力管道工程、深沪镇 3 号泵站及压力管道工程等一批问题得到解决。完成南港二期、晋南二期 2 个项目扩容改建工程，新增污水处理能力 7 万吨／天，基本解决中心城区、晋南片区污水处理能力不足问题，全市污水处理规模达到 49.5 万吨／天。完成泉荣远东污水处理厂一级 A 提标改造，实现全市城镇生活污水处理厂处理排放全面达到一级 A 标准。完成污水管网平台建设，加快污水管网普查，排查管线 1102 千米。完成市区 71 个物业小区管网排查，排查管线 180 千米。推动排水管网管养市场化运作，清理污水管道及箱涵 24.45 千米，确保雨污分流。完成华洲渠周边 14 个小区 32 处雨污水管网错接问题整改。完成坝头溪流域五里园 3 号泵站至安海南环路 3.8 千米主干管网的清淤修复。

【河长制宣传】　2021 年，晋江市在第三届“守护美丽河湖”全国短视频公益大赛获 4 个奖项，在第二届“节水在身边”全国短视频公益大赛获主赛事优秀奖，晋江市人民检察院、晋江市人民法院、泉州市晋江生态环境局各有 1 个涉水案例入选省级以上典型案（事）例。在中央、省、泉州市、晋江市本级媒体及微信公众号推送河长制工作报道 993 篇，以世界水日、世界环境日、泉州市河长日等重要节日和热点话题为契机，开展摄影比赛、绘画比赛、护水公益接力、节水挑战、线上有奖问答、线上巡河、钉钉直播、自行车环城等护河宣传行动。举办第四届“环保情　晋江梦”朗诵比赛、第二届“绿水情　家园梦”小剧场比赛。聘任 20 名人大代表担任河长，常态化开展巡河、问河、督河、宣传等工作；依托近 40 支 300 多人的护河队伍，引导发动党员、青年、巾帼、“河小禹”、企业河长、教师河长等团体累计开展爱河护河活动 88 次、专题宣传活动 57 次，推动河长制村规民约、爱河护河理念深入一线基层。

（张源昌　吴我彬　林伟铭）

林业资源保护和管理

【概况】　2021 年，晋江市成功申报“十四五”时期森林采伐限额 16422 立方米，为“十三五”时期的 331.7%，保障重要山体绿化工作需求。落实森林督察违法图斑整改工作，全年下发违法图斑 43 个，核实 2 宗，完成整改 1 宗。市林业园林局加强林业普法宣传，组织开展“爱鸟周”主题宣传、野生动植物执法救助、古树名木保护等工作。

【森林资源管护】　2021 年，晋江市林业园林局完成年度森林资源管理“一张图”更新，全市林地面积 8241 公顷，森林覆盖率 14.50%，森林蓄积量 35.35 万立方米，完成上级对晋江市的考核指标要求。开展森林督查自查和森林资源监测巡查，查处涉林案件 12 起，答复处理涉林信访件 6 起。

【林业行政审批】　2021 年，晋江市林

2021 年，泉州市推进蓝色海湾综合整治行动项目。图为晋江南岸江树林
（晋江市林业园林局／供）

业园林局继续简化优化林业行政审批服务，推进“放管服”工作，梳理互联网监管涉及的检查清单，开展行政监督检查事项的“双随机、一公开”检查工作，落实行政许可、行政处罚“双公示”制度。全年办理审批 81 件，其中森林植物检疫审批 11 件、林木采伐许可 37 件；优化林地审批统筹组合，采取网上调取法人资质、项目批复文件等电子证照，实现林地申报“最多跑一趟”，保障百宏年产 99 万吨功能性聚酯薄膜项目、晋江市刺桐大桥—江滨南路节点改造工程项目、深沪园运动袜织袜基地、福地年产 8 万吨 ES 复合短纤维项目、鹏德纺织年产 8000 万米化纤面料项目、港益纤维制品生产项目等重点项目的用林需求，全年获批 33 宗，总面积约 29.53 公顷。

【森林火灾隐患整治】 2021 年，晋江市林业园林局做好春季、秋冬季森林防火宣传月活动，全年发放宣传资料 35 万份，发出信息提醒 100 万条，发布宣传文章 20 余篇。强化森林火灾隐患排查整治，联合相关部门重点开展输配电设施火灾隐患专项治理；开展林区野外火源治理和查处违规用火行为专项行动，查处违法违规行为 39 起；启用“福建林业巡护”App，强化对护林员监管，加强 100 个巡查网格管理；推进森林火灾风险普查，完成森林火灾风险普查减灾能力调查 11 项、野外火源调查 5 项和历史火灾调查等资料的收集、建档及系统填报，全面摸清晋江市森林火灾风险隐患底数，并形成普查初步成果。

【林业有害生物防治】 2021 年，晋江市加强松材线虫等林业有害生物综合防控，通过采取清理枯死木、挂设诱捕器、喷施绿僵菌防治等综合防控措施，遏制森林疫情扩散。全年完成挂设诱捕器 200 套，完成以菌治虫（绿僵菌）1177.87 公顷，清理松枯死木 2.2 万株。

【自然保护地及湿地保护】 2021 年，晋江市林业园林局加强日常巡查和联合执法，6 月、12 月，先后联合市自然资源局、水利局、农业农村局、生态环境局、陈埭镇集中开展湿地联合巡查执法。推进自然保护地“两违”（违法用地和违法建设行为）整治行动，制定整治攻坚专项行动方案，落实单位巡查监管责任，发现问题并将违法违规问题消灭在萌芽状态。加大生态整治修复力度，全面推进泉州市蓝色海湾综合整治行动项目，2021 年完成一期工程互花米草整治 335.07 公顷、红树林种植 181.47 公顷、原有红树林修复 12.67 公顷、鸟类栖息地修复 24.93 公顷，二期工程海岸生态化改造工程 12 公顷，现场红树林成活成片。

【野生动物保护】 2021 年，晋江市成立全市首支大学生野生动物保护志愿队“泉州职业技术大学志愿者社团”和全国首支村级保护海上（陆生）野生动物志愿队“围头村保护海上（陆生）野生动物志愿队”，签约围头村为“共建爱鸟护鸟文明乡村”。强化野生动物保护宣传，开展联合执法检查行动，组织野生动物保护宣传活动 10 场，开展保护野生动物联合执法检查 4 次、“清风行动”1 次。在南岸生态公园发现国家一级保护鸟类“东方白鹳”，为泉州首次监测。2021 年，接到民众野生动物救护报警 365 起，救护野生动物 163 只（头），其中国家二级保护动物 48 只（头）；放生野生动物 116 只（头）。

（李泽宇）

深沪湾海底古森林遗迹保护

【概况】 福建深沪湾海底古森林遗迹

深沪湾海底古森林遗迹自然保护区航拍图 （深沪湾保护区管理处／供 摄于 2021 年 12 月 9 日）

自然保护区（简称“深沪湾保护区”）属自然历史遗迹自然保护区，以保护海底古森林遗迹为核心，包括海湾内的古牡蛎礁和海岸自然地质地貌、名胜古迹、防护林带等。2021 年，深沪湾保护区管理处加强巡查管护，为研究古海洋、古气候、古植物，研究台湾海峡地质构造，海平面升降运动，研究泉州古港海外交通史等提供科学依据。

深沪湾海洋科普馆内景 （深沪湾保护区管理处 / 供　摄于 2021 年 6 月 8 日）

【保护区巡查管护】　2021 年，深沪湾保护区管理处建立专职巡查队伍，加强日常巡查和核心区值勤，发现和制止保护区内违法违规行为，向相关主管部门通报巡查情况。与市生态环境局、林业园林局、农业农村局、自然资源局、水利局、龙湖镇、深沪镇等部门开展保护区联合巡查活动，对深沪湾保护区“绿盾”问题清单整治情况进行“回头看”，巩固整改成果，加大对违规行为查处力度，保护生态环境。联合相关职能部门和属地政府开展 2020 年度国家级保护区卫星遥感监测实地核查和整改工作。2021 年，累计巡逻 317 次，巡查路程 8780 千米；清退违规养殖 10 公顷，制止村民非法采沙 7 起；开展“零点联合行动”1 次；查获三轮车 2 辆及一批采沙工具。

【保护区海洋环境监测】　2021 年，深沪湾保护区管理处建有信息管理系统和智慧高空监控系统 2 个信息化管理平台。借助互联网大数据、物联网、5G 等科学技术，设置包含 GIS 地理信息管理、海岸重载云台、区域巡查管理、水文气象监测、远程视频监控、可视化应用和文档归集管理 6 个应用层的信息管理系统，初步搭建管护监测一体化平台，提升保护区信息化管理水平。利用保护区海岸线通信基站高塔，建设由 5 个内置人工智能芯片的高空高清球形摄像头组成的智慧高空监控系统，对安装点周围 2 千米范围内的区域进行视频记录，通过人工智能 AI 技术视频分析，实现人类活动和自然灾害的识别并进行预警、报警，提升巡查力度和成效。为进一步加强对海洋生态环境的保护，委托专业机构根据保护区功能区划，结合实地勘察情况，综合考虑不同功能区代表性与水质、沉积物和生物质量调查规范要求，在保护区范围内海域设置 7 个海洋水质站位、4 个沉积物站位、6 个生物质量站位，根据《海洋调查规范》和《海洋监测规范》的执行标准对深沪湾保护区海域的各个要求进行取样分析，开展春季大小潮海洋生态环境质量监测 2 次。监测结果显示，深沪湾保护区范围内总体海水水质指标良好、沉积物质量良好。

【保护区生态环境保护】　2021 年，深沪湾保护区管理处开展环境绿化修复工作，对保护区首峰沙地进行补植补种，提升成林率。配合市林业园林局对防护林带风障进行修复和植被补植补种。加强海漂垃圾治理，通过外包的方式，聘请专业保洁公司，建立日常保洁长效机制，全年清理海漂垃圾 534 次，清理垃圾约 136.8 吨。保护区海岸带环境卫生得到改善，在泉州、晋江两级海岸带环境卫生考评工作中考评成绩保持前列。

【科普宣传】　2021 年，深沪湾保护区管理处与泉州观鸟协会共同举办主题为“保护海洋生物多样性　人与自然和谐共生”的“6·8”世界海洋日宣传暨深沪湾海洋科普馆揭牌活动。参加晋江市开展的“6·5”世界环境日活动，深沪湾海洋科普馆在活动中被授予“晋江市首批 8 家生态环境宣教基地”称号。

（吴世恩）

教育

综述

【概况】 2021年，晋江市以办好人民满意的教育为目标，以狠抓工作落实为主基调，推进党风廉政、制度建设、内涵提升、改革创新等各项工作，完成年度各项目标任务。全市有基础教育学校691所（不含分园分校）。其中，职校4所，高中19所（含十二年一贯制学校2所、高级中学1所、完全中学16所），37所初中（含32所初级中学、5所九年一贯制学校），独立小学269所，特教学校1所，幼儿园430所（不含69个附设班）。基础教育在校生数398135人。2021年秋季，教职工编制数22609名，在编教职工14367人，编外合同教师5210人。

【教育投入】 2021年，晋江市一般公共预算教育经费34.9亿元，比2020年增加1.22亿元，增长3.62%。其中，本级教育经费投入33.09亿元，上级转移支付1.81亿元；其他一般公共预算安排的教育经费7.52亿元。

【义务教育经费保障】 2021年，晋江市义务教育生均公用经费拨款标准均不低于省定标准，每生每年小学750元、初中950元。增补全市小规模学校的生均公用经费，补助办法为“不足200生的小学，按200生的标准增补生均公用经费；不足300生的初中校，按300生的标准增补生均公用经费”，全年增补小规模学校生均公用经费201.4万元。

【教育扶贫工作】 2021年，晋江市规范中小学校资助管理人员队伍建设，提升资助工作队伍的业务技能，助推全市教育扶贫精准资助工作的开展。启用晋江市智慧资助云平台，形成全市数据系统，落实学生资助精准管理工作，实现精准资助。全年完成24551人次助学金的申请审核工作，发放1260.01万元。其中，普通高中国家助学金，受助学生1880人次共243.07万元；中职国家助学金，受助学生1554人次共155.4万元；学前教育政府助学金，受助学生3424人次共336.95万元；少数民族国家助学金，受助学生95人次共5.74万元；义务教育阶段家庭经济困难学生生活补助，受助学生17598人次共518.85万元。

【教育资源整合提升】 2021年，晋江市制定中心城区教育资源整合提升工作方案。依据晋江市城市总体规划修编、

安海镇养正中心小学新校区 （晋江市教育局/供 摄于2021年11月9日）

中心城区中小学幼儿园专项规划图则（2018—2030年），以及科创新区、罗裳片区、高铁新区、晋东新区、紫帽片区等片区的建设和国家生育政策的调整，产业转型升级、城镇化提速，人口向市区聚集，中心城区生源“挤”、农村基层学校生源“缩”等情况，编制《晋江市中心城区教育资源整合提升工作方案（2021—2025年）》。整合教育资源，优化教育资源配置，停办罗山街道梧桐小学、英林镇外来工子弟学校等小规模学校，将安海镇培基小学纳入安海中小学管理，将东石镇金山小学升格为东石镇金山中心小学；加快学校新项目建设，秋季，晋江市第二实验小学梅岭校区、晋江市青阳中和中心小学新校区、安海镇养正中心小学新校区投入使用。整合撤并陶英中学，2021年秋季起并入晋江市第五中学，并利用校舍举办晋兴职校，满足晋江职业教育需求。

【校舍建设】 2021年，晋江市重点实施105个教育补短板建设项目（2020—2025年），2021年建成33个项目，建筑面积26.63万平方米，新增学位11875个，完成投资60949.7万元。紫帽片区清华附中晋江学校小学部、晋兴职校陶英校区、晋江职校新校区等陆续投用，完成为民办实事项目——新改扩建10所公办幼儿园项目建设任务和40所中小学校自办食堂改造任务。池店南片区晋江一中池店校区、季延中学新塘校区、养正中学阳光校区等在建设阶段。

【教育装备配套】 2021年，晋江市制订《晋江市义务教育薄弱环节改善与能力提升工作项目规划（2021—2025年）》，规划投资1878.19万元（其中中央资金1817万元），着重补助相对薄弱的学校（小学37所、初中7所）的7个基建项目、37个学校设备采购项目（计算机、信息技术及教学仪器设备等6000余件，其他配套设备设施1000余件）。其中，2021年补助4所初中和19所小学设施设备，累计投资374.19万元。

【中小学心理辅导室建设】 2021年，晋江市委、市政府将“新建或改建38个中小学心理辅导室”项目纳入为民办实事项目，该项目入选泉州市第一批“我为群众办实事”实践活动项目清单，由晋江市财政划拨200万元专项经费扶持建设。晋江市教育局会同晋江市教师进修学校制定项目建设方案，按照“一镇（街道）各安排一中学一小学”推荐原则，遴选确认、督促指导磁灶中学等38所承建校，推动晋江市城乡中小学心理辅导室建设，推进全市学校心理健康教育水平提升。完成磁灶中学等38所“新建或改建38个中小学心理辅导室”承建校项目建设。

【学生心理健康与生命安全教育】 2021年，晋江市教育局牵头成立晋江市学校心理健康教育工作领导小组，明确部门职责，制订《晋江市学校心理健康教育工作方案》，开通心理咨询热线和网络心理辅导平台，指导学校做好学生心理健康状况的调查摸底和“一生一档”管理。会同市教师进修学校，组织全市学校班主任、专兼职心理教师、学生管理人员举行线上心理专题培训，举办初高中毕业班考前心理健康教育视频专题讲座，邀请“英林心·上海站”心理专家到学校举行“因爱成长·为心护航”专题教育，利用心理健康教育宣传月、公益九月等重要时段，组织开展“珍爱生命 健康成长”“阳光心灵 快乐成长”等主题巡讲活动。联合晋江市融媒体中心开设“心理老师对您说”专栏，组织举办12期心理专题教育直播活动。

【劳动教育】 2021年，晋江市教育局组织各学校开展劳动教育理论研究和实践探索，加强在学科教学中劳动教育观念和技能的培养，举办劳动与技术教育的研讨活动、征集劳动教育论文、开发地方和校本课程，分期分批安排全市中小学生到晋江中小学生示范性综合实践基地参加劳动实践体验，依托学校周边的教育资源，建立各类劳动教育实践基地和联系点，组织学生参加志愿服务进校园、进社区、进机场、进车站等爱心劳动服务活动。参与泉州市教育局、泉州市教科研所举办的各项劳动教育专项评选活动。灵源街道群峰小学、晋兴职业中专学校、晋江市第六实验小学、内坑中学4所学校的劳动教育实践项目入选泉州市第二批中小学劳动教育特色项目，并获2020年基础教育质量提升专项资金各1万元；晋江市安海镇鸿江盆景植物园、福建省百匠文化传播有限公司（来旺良品堂）入选泉州市中小学劳动教育实践基地；10名小学教师和10名中学教师分获2021年泉州市中学劳动教育微课一、二、三等奖；10名小学教师和6名中学教师分获2021年泉州市中学劳动教育优秀论文一、二、三等奖；15名小学生和20名中学生分获泉州市大中小学生“我与劳动者同行”主题征文评选活动一、二、三等奖。

【实践教育】 2021年，晋江市教育局继续组织安排晋江市中小学生分期分批到晋江中小学生示范性综合实践基地（含石圳基地、紫帽基地）参加实践活动，全年有40400名中小学生参加社会实践、研学实践、劳动实践和思政教育，组织开展“三节三爱”（节水、节电、节粮，爱学习、爱劳动、爱祖国）专题体验活动，举办的“童心向党 寻踪海丝”特教学校专场公益研学活动，受到“新福建”等媒体的关注报道。组织遴选确认福建省力豪现代农业有限公司、晋江市磁灶镇岭畔陶艺传习基地、泉州晋江空港商旅服务有限公司3个单位为晋江市第四批中小学生研学实践教育基地，紫帽基地获评“泉州市初中综合实践活动学科教学研究基地学校”，石圳基地获评“晋江市生态环境宣教基地”，“晋江经验”馆入选福建省第四批中小学生研学实践教育基地。

【家校合力教育】 2021年，晋江市教育局联合市纪委监委、市妇联等部门和单位组织举办晋江市“爱党·爱国·爱家”廉洁家风经典朗诵活动、“争做合格家长 培养合格人才”家庭教育主题宣传实践活动和第九届（2021年度）晋江市家庭教育优秀论文、微课评选活动，组织学校参加泉州市教育局举办的“赋

能和谐家庭 构建良好亲子关系”家庭教育网络公益讲堂活动，组织做好2021年度寻找晋江市“最美家庭”活动暨泉州市“最美家庭”推荐工作。在新冠肺炎疫情防控期间，通过教育局微信公众号向家长推送“阳光家庭 你我共同关注”专题视频家庭讲座，联合中国电信公司晋江分公司定期向家长推送“健康心理温馨提示”心理专题手机预警信息。子江中学、晋江市第二实验幼儿园的家庭教育案例获评泉州市家庭教育典型案例，晋江市第二实验小学、晋江市第六实验小学、晋江市实验幼儿园、晋江市第八实验幼儿园入选泉州市家庭教育特色学校（园）。

【学校思想政治工作】 2021年，晋江市教育局组织举办庆祝中国共产党成立100周年系列主题教育实践活动，通过组织开展“百年光辉历程 全面建成小康”第28届全国青少年爱国主义读书教育活动、“奋斗百年路 启航新征程”校园微拍大赛、“童心向党·唱支红歌给党听”歌咏比赛、“家乡红馆我代言”微视频大赛、“从小学党史 永远跟党走”等主题教育实践活动，激励广大学生自觉把个人理想追求融入国家和民族的事业中，厚植爱党、爱国、爱社会主义情感，做社会主义核心价值观的坚定信仰者、积极传播者和模范践行者。晋江第五实验小学李睿代表泉州市参加“全国青少年爱国主义读书教育夏令营”活动。在春节、元宵节、清明节、端午节、中秋节、重阳节期间，组织学生参与“我们的节日”主题实践活动，联合相关部门举办晋江市“新时代好少年”评选表彰、“祖国在我心中”经典诵读、晋江市第四届幼儿园闽南童谣、中小学生闽南语讲故事比赛等活动，用优秀传统文化教育推进学生核心素养提升。晋江市第二实验小学林嘉莹等20人获评“晋江市新时代好少年”，晋江一中苏子尧获评“福建省新时代好少年”。

【学校体育教育】 2021年，晋江市配合做好2021年世界中学生运动会工作，全面实施《国家学生体质健康标准》，开展“阳光体育”运动，各类学校结合“两操两锻炼”（“两操”为广播操和眼保健操，“两锻炼”为两节体育锻炼，确保每天1小时的体育活动时间）、中小学“体育、艺术2+1项目”等活动的开展，确保在校学生每天参加锻炼1小时。组织开展晋江市第五十八届中小学生田径运动会、第十五届“SM杯”校园三人篮球对抗赛、晋江市第十五届中小学生幼儿围棋赛、晋江市中小学生“泉州南少林五祖拳健身操”会操比赛、篮球赛、足球赛、游泳赛，小学生排球赛和乒乓球赛等赛事，推动校园体育活动的开展，提升全市学生体育竞技水平。2021年，在泉州市中小学生田径联赛中，晋江市代表队包揽小学组、初中组和高中组团体总分3个集体项目冠军。以36所足球特色学校创建为重点，做好竞赛组织及场地配套设施提升等相关工作。以“世界杯”“亚洲杯”大学生足球赛在晋江比赛为契机，以全国青少年校园足球试点县（区）和“满天星”训练营为抓手，组织开展校园足球“小学—初中—高中”三级联赛、举办培训和参加上级相关活动等形式，推动足球运动在全市青少年学生中的普及与提高。在泉州市教育局开展的中小学足球赛（沿海片区）中，晋江市男女组均获第一名。4月17日至5月5日，举行2021年晋江市体育中考，参加考生21678人，合格率96.28%。

【学校艺术教育】 2021年，晋江市开展全国中小学艺术素质测评示范区创建工作，完善艺术素质测评指标、内容和相关配套政策，发挥10所实验学校的示范带动作用，创建大数据支撑下的智能化学生艺术素养测评体系，探索制定学生艺术素养评价标准、测评指标和教学现场与网络联动的实操规则，落实艺术素质测评纳入学生综合素质评价体系。召开晋江市中小学艺术素质测评实验工作推进会，加快开发晋江智慧美育平台。注重以课外延伸为抓手，面向全体学生开展艺术教育活动。先后组织开展晋江市第二十二届中小学生美术书法现场比赛、晋江市第十四届“水保杯”校园歌手大赛、晋江市第六届校园舞蹈大赛、“青春共成长 助力世中运”晋江市第三十八届少儿文艺会演、晋江市第二十届中小学生器乐独奏比赛等艺术比赛和活动，吸引广大中小学生参与，涌现出一批优秀的艺术人才和团队。举办晋江市第十一届校园灯谜赛、晋江市第二十五届中小学生南音演唱演奏比赛等艺术活动比赛，传承和弘扬闽南文化，全面推进素质教育的实施。组织参加泉州市教育局系统庆祝中国共产党成立100周年暨2021年泉州市中小学生艺术节舞蹈戏剧现场展演、“在阳光下说唱——庆祝中国共产党成立100周年”第四届福建省曲艺“丹桂奖”少儿大赛泉州市选拔赛等。有82个节目和作品入围福建省第七届中小学生艺术节。在泉州市第三届青少年书画摄影大赛中，晋江市有125件作品获奖，斩获四分之一奖项；在泉州市第三十一届中小学生南音比赛中，有8人次获奖；在泉州市第二十六届“贤銮杯”中小学生西洋乐器（弦乐类）独奏比赛中，有17人次获奖。

【“双减”工作】 2021年，晋江市出台《晋江市教育局关于进一步加强中小学生睡眠管理工作的通知》《关于加强义务教育学校作业管理的通知》《关于加强和改进小学作业设计与实施的指导意见》和《小学各学科作业设计指导意见（样例）》，帮助基层迅速掌握政策要点和方向。开设“‘双减’JIN距离”栏目，总结推广作业管理、课后服务实践中的典型经验和鲜活案例。利用《晋江经济报》、电视台及微信公众号、“局长在线”访谈等形式，推进“双减”走深走实。12月28—29日，先后迎接泉州市教育局、福建省教育厅到晋江市开展“双减”工作专项督导。

课后延时服务。2021年9月1日，晋江市全面启动“5+2”模式课后服务，全市义务教育阶段324所学校（269所小学、55所中学）响应。其中，小学生192949人，参加中午、下午延时服务的分别为184466人、183697人，参与教师

2021 年 9 月 2 日，参加课后服务的晋江市实验小学五年级学生在教室里做作业
（董严军 / 摄）

10077 人。中学生 64759 人（不含民办校），参与中午、下午延时服务的分别为 63555 人、62707 人，参与教师 4434 人。每周参加 5 天课后服务的学生占比 96% 以上，教师参与率近 99%，实现义务教育学校全覆盖，有需要的学生全覆盖。

校外培训机构治理。2021 年，晋江市全面摸底全市学科类培训机构，探索委托第三方金融机构对证照齐全的校外培训机构（115 家）资金进行监管服务的新模式。把握“原则不开、易转则转、难转则销”的思路，动员学科类培训机构举办者转型，对转型困难的稳妥注销。至 12 月 27 日，全市 102 家学科类培训机构中，压减 78 家，其中转非学科类 65 家、关停 13 家，压减率 76.47%。有 8 家培训机构申请转为非学科类培训机构。7 月至年底，排查校外培训机构 320 家，其中证照不齐或无证无照的 216 家给予关停处理。

【全国计算机等级考试】 2021 年 3 月 27—29 日，举行全国计算机等级考试。晋江市设晋江职校、泉州职业技术大学（晋江校区）2 个考点，设 6 个机房作为考场，参考考生 2045 人。12 月 4—6 日，举行全国计算机等级考试。晋江市设有晋兴职校（旧校区）、泉州职业技术大学（晋江校区）2 个考点，设 8 个机房作为考场，参考考生 3945 人。

【全国大学英语四、六级考试】 2021 年 6 月 12 日，举行上半年全国大学英语四、六级考试（CET）。晋江市设泉州职业技术大学、泉州轻工职业学院、福州大学晋江校区 3 个考点。其中，四级设 59 个考场，参考考生 1749 人；六级设 21 个考场，参考考生 593 人。12 月 18 日，举行下半年全国大学英语四、六级考试（CET）。晋江市设泉州职业技术大学、泉州轻工职业学院、福州大学晋江校区 3 个考点。其中，四级设 95 个考场，参考考生 2819 人；六级设 31 个考场，参考考生 888 人。

（王洁清）

教师队伍

【概况】 2021 年，晋江市有基础教育专任教师 23471 人。其中，女 18194 人，男 5277 人；中学 6988 人，小学 10589 人，幼儿园 5764 人，特教 130 人；24—29 岁 8532 人，30—39 岁 7955 人，40—49 岁 5354 人，50—59 岁 1605 人，60 岁以上 25 人；博士研究生学历 3 人，硕士研究生学历 569 人，本科学历 15451 人，专科学历 5690 人，高中阶段 1730 人，高中阶段以下 28 人；正高级 8 人，副高级 1853 人，中级 7530 人，助理级 3624 人，员级 217 人，未定职级 10239 人；城区 11850 人，镇区 6743 人，乡村 4878 人。有中等职业教育专任教师 886 人。其中，女 506 人，男 380 人；29 岁以下 165 人，30—39 岁 382 人，40—49 岁 259 人，50—59 岁 79 人，60—64 岁 1 人；硕士研究生学历 56 人，本科学历 789 人，专科学历 30 人，高中阶段以下 11 人学历；正高级 2 人，副高级 197 人，中级 363 人，初级 90 人，未定职级 234 人。

【教育人才引育】 2021 年，晋江市做好教育人才引进，组织业务考核 1 场，确定拟引进骨干人才 4 人。组织开展引进人才考核和认定工作，确认各层次人才 78 人，拟发放人才资金 226.94 万元。通过全省统考招聘、组织专项招聘、招聘公费师范生，招聘补充教师 391 人。其中，研究生学历 141 人、部属师范院校公费师范生 14 人，省公费师范生 27 人，国内“双一流”高校毕业生 48 人（含“双一流”高校硕士毕业生 29 人）。市教育局获 2020 年度人才工作目标责任制考评“优秀”等次。

【教师团队建设】 2021 年，晋江市组织调整全市 176 个工作室（名师孵化工作室 44 个、名校长孵化工作室 5 个、“1+3+N”名教师工作团队 127 个）和工作团队成员，经年度考核，全员合格。各工作室、工作团队开展活动 1505 场，其中公开课 4735 节、讲座 1152 场。

【教师队伍干部培养】 2021 年，晋江市加强教师队伍干部实践性培养，开展晋江市骨干校长、中青年管理干部高级研修班等核心班次培训，选派 75 名优秀后备干部挂职校长（园长）助理，选派第二十批 24 名干部到市教育局、市进修学校挂职锻炼。

【赛训结合】 2021 年，晋江市加大教师全员培训，重点推进新教师培养机制。组织开展适岗期教师教学常规培训班集中培训，培训 137 人；适岗期教师教学技能提升培训班校本研修活动，培训 623

人。开展学科教师培训、乡村助力工程、信息能力提升工程等专项培训，提升培训的针对性和实效性。督促各校校本教研、校本培训制度的完善和落实。强化名教师及青年教师挂钩结对子练兵技能，组织第三届教师技能大赛，报名选手1605人，其中教龄在8年以下的青年教师817人，占比超过50%。

【教师管理改革】 2021年，晋江市出台《中共晋江市教育局党组关于进一步规范学校中层干部选拔聘任和管理工作的意见》，完成中学（职校）第二轮、市直小学幼儿园首轮中层干部聘任工作，全市市直学校聘任中层干部890人，其中中学职校643人、市直小学幼儿园247人。推进教师“县管校聘”管理体制改革，统筹分配各校教职工编制和岗位数量，开展镇级教育机制改革专项调研工作，组织2021年教师支教交流671人，其中骨干教师交流占22.9%。开展合同教师分级管理等级考评，评定一级合同教师272人、二级合同教师539人。

【师德师风建设】 2021年，晋江市完善教师关爱保障机制，定期组织教师体检，加强心理健康知识培训，解决教师职业倦怠、心理问题。落实义务教育教师工资水平不低于公务员，教师奖励性绩效工资总量追加标准由人均1.1万元/年提高到1.7万元/年，教师综治平安奖由财政给予保障。坚持正面宣传师德楷模，挖掘先进事迹，树立正确师德师风导向，以师风带学风养校风。有9户家庭获评泉州市“教育世家”，南侨中学教师谭辉被授予福建省第六届“杰出人民教师”称号。实施师德档案制度、师德提醒制度，修订完善相关规章制度，实现师德要求具体化、规范化。出台《晋江市教育系统师德专题教育实施方案》，成立晋江市教育系统师德专题教育领导小组，对师德专题教育工作进行总体部署，保障教育各方主体的合法权益，让师德要求有规可依、有章可循。面向晋江在职在岗的一线教师进行“我最喜爱的老师”寻访，并在《晋江经济报》等媒体上进行风采展示，为广大教师树立身边榜样。

【教育科研】 2021年，晋江市策划开展市级教研活动143场、市级教科研评选活动78场、高中教学协作活动63场，常规视导活动200次；立项教育科研课题484项，其中晋江市级课题336项、泉州市级课题24项、省级课题93项，教育部重点课题1项；纳入进修学校教科培业务管理平台，全市名教师3243人，泉州市级名师孵化工作室8个，开展晋江市第三届教师教学技能大赛，选拔出一等奖189人，再角逐出特等奖10人。

2021年，晋江市中学教研建立教学视导机制，关注常态课堂教学效率；建立全学段期末考试统一阅卷工作机制；加强教研工作的反思与总结，提出“点面结合、关注兜底、直面痛点、任务驱动、成果物化”的教研总要求。小学教研坚持“点上突破、线性推进、面上覆盖、立体营造”的教研策略，重点打造主题研讨活动平台、研训赛平台、教研基地平台、帮扶平台、成果展示平台五大活动平台，通过市级学科研究成果展示活动，锻造学科名片，提升教学教研质量。学前教育教研建立三个教研机制（“市、镇、片、园”层级联动教研机制）、“片区+园际”龙头带动教研机制、“公民办结对”示范推动教研机制，构建三大教研共同体（领域园际教研、片区教研组、游戏教研组），搭建三个教研平台（片区互动、园际联盟、公民结对的教研平台），逐步实现对各级各类幼儿园指导与服务的全覆盖，促进全市学前教育公平、均衡发展。

【中小学教师资格考试】 2021年10月30日，举行福建省中小学教师资格考试（笔试）。晋江市设2个考点、85个考场；另增设备用考场2个、隔离考场8个；参考考生2550人。

2021年上半年中小学教师资格考试面试，晋江市报名确认考生744人，其中报考幼儿园类别157人、小学类别395人、初中类别101人、高中类别90人、中职类别1人。下半年中小学教师资格考试面试，全市报名确认考生1218人，其中报考幼儿园类别314人、小学类别588人、初中类别142人、高中类别174人。

（王洁清）

学前教育

【概况】 2021年，晋江市突出“建设公办园、规范民办园、扶持普惠园、创建示范园”的发展思路，学前教育普及普惠工作得到长足发展。全市幼儿园430所，普惠性幼儿园覆盖率占比88.54%，其中公办园77所（不含17所分园）、民办园181所。在园幼儿85429人，比上年增加3026人，增幅3.67%。其中，到晋江务工人员子女38037人（占44.52%），比上年增加785人，增幅2.1%。在公办园入学的幼儿50516人、在民办园就读的幼儿园34913人，公办和公办性质幼儿园在园幼儿占比59.13%。全市学前三年入园率99.27%；学前一年入园率99.82%。

【示范园优质学位增加】 2021年，晋江市第八实验幼儿园通过省级示范性幼儿园评估验收；东石钻石海岸幼儿园、池店滨江幼儿园、池店海丝幼儿园、晋江实幼龙湖嘉天下分园4所幼儿园通过泉州市示范园验收；龙湖镇恢斋中心幼儿园、龙湖圣德幼儿园、内坑晨星幼儿园等5所幼儿园通过晋江市级评估验收，全市各级示范性幼儿园106所，示范幼儿园在园幼儿3.63万人，占在园幼儿总数的42.53%。

【学前教育普及普惠】 2021年，晋江市改造陈埭江头、英林港塔、内坑土垵、龙湖阳溪4所集体办幼儿园转制升格公办园；移交实幼嘉天下第二分园、池店百信、福捷上悦府、磁灶云玺、金井毓

2021 年 5 月 18 日，晋江市 2021 年学前教育宣传月启动仪式暨 2021 年福建省示范性幼儿园开放活动在东石镇中心幼儿园举行　（晋江市教育局/供）

英金龙分园、紫帽二中心 6 所小区配套幼儿园；新建投用第五实验幼儿园、潘径实验幼儿园 2 所市直幼儿园。全市公办幼儿园 94 所（含 17 所分园），在园幼儿 2.79 万人，占比 32.67%，比上年提高 1.59 个百分点。落实普惠性幼儿园的申报、公示、认定工作。2021 年秋季，全市实行普惠收费幼儿园 402 所，占全市幼儿园数的 89.93%；在园幼儿 8.54 万人，普惠性幼儿园覆盖率 88.54%。

【学前教育宣传月活动】　2021 年，晋江市开展“砥砺十年　奠基未来”学前教育宣传月活动。开辟“晋江市学前教育改革发展十年”专栏，展示学前教育普及普惠发展成果、推进幼儿园科学保教的新实践、新经验。福建省教育厅、泉州教育局相继以《政府主导　协同推进　加大扩大普惠性学前教育资源》《“普惠公益”晋江学前教育经验》为题，报道晋江市学前教育十年发展历程。

（王洁清）

义务教育

【概况】　2021 年，晋江市有小学 269 所（不含 11 个分校区及 7 所一贯制学校）；初中校 55 所，其中 32 所独立初中学校；九年一贯制学校 5 所（晋江学校、慎中实验学校、锦东华侨学校、弘徽学校、荆茂学校）；十二年一贯制学校 2 所（晋江拔萃双语学校、泉州中远学校）。全市小学在校学生 19.29 万人，比上年增加 3810 人，增幅 2.01%。其中，到晋江务工人员子女 9.93 万人，占比 51.45%，比上年减少 3295 人，减幅 3.21%。全市小学适龄儿童入学率 100%。当年，小学一年级招生 3.35 万人，比上年增加 713 人，增幅 2.17%。在校初中学生 74162 人，其中晋江户籍生 36787 人、到晋江务工人员子女 37375 人。共 1490 个班级。初一年 26595 人，530 个班级；初二年 24882 人，498 个班级；初三年 22685 人，462 个班级。2021 年应届初中毕业生升入高中的升学率 98.29%。

【省义务教育管理标准化学校创建】　2021 年 12 月 27 日，省教育厅确认晋江市子江中学等 6 所中学、晋江市第三实验小学等 18 所小学为“福建省义务教育管理标准化学校”。至 2021 年年底，全市有 37 所中学通过福建省义务教育管理标准化学校的认定，占全市义务教育阶段学校 71.15%；176 所小学通过福建省义务教育管理标准化学校的认定，占全市小学总数的 65.42%。永和重华中心小学等 12 所小学通过“福建省义务教育管理标准化学校”市级评估。

【“送教上门”服务】　2021 年 9 月 16 日，晋江市教育局下发《晋江市教育局关于开展 2021 年秋季义务教育阶段适龄中重度残疾儿童少年“送教上门”服务工作的通知》。根据晋江市实际，制定《晋江市义务教育阶段适龄中重度残疾儿童少年“送教上门”服务工作实施方案》，指导各校组织实施。2021 年秋季，全市 29 所中学、41 所小学分别为 119 名长期居住在晋江市，经落实确实不能到学校接受教育，但基本具有接受教育能力的义务教育阶段 6—14 周岁中重度残疾儿童少年提供“送教上门”服务工作。

【幼儿园与小学科学衔接探索】　2021 年 6 月 28—29 日，福建省幼儿园与小学科学衔接专题研讨班在晋江市举行，省内外专家学者、各设区市教育局分管领导、业务科室负责人、教研部门负责人、小学幼儿园的部分领导代表 70 多人参与现场活动。10 月，晋江市被定为福建省教育幼小衔接实验区，第二实验幼儿园、第六实验小学、第三实验幼儿园、第二实验小学、安海实验幼儿园、安海中心小学被确定为省幼小衔接试点校（园）。

【小学升初中免试就近入学】　2021 年，晋江市公办初中学校实施初中单校划片对口直升及电脑随机派位录取的招生办法，所有符合入学条件的小学毕业生（含随迁子女）均免试升入初中。2021 年秋，初一年招生 26595 人，初三毕业生 21679 人，净增长 4916 人。

【优质教育资源引进】　2021 年 3 月 29 日，晋江市与清华大学附属中学签订区域教育质量提升战略合作协议，双方建立联盟合作关系，由清华附中对晋江市的基础教育给予全方位的指导和帮扶。

2021 年 3 月 29 日，晋江市与清华大学附属中学签订区域教育质量提升战略合作协议（晋江市教育局/供）

2021 年秋季，与清华附中联办的紫帽片区晋江学校如期招收初一新生 6 个班、226 人。

【民办初中招生】 2021 年 5 月 22—23 日，晋江市完成民办初中招生报名资格审核、照顾对象资格审核、公示及录入。5 月 25—28 日，网上注册填报志愿，6 月 19 日，进行电脑派位，完成全市第一批民办学校的派位录取工作，7262 名学生参加电脑派位，根据志愿派位录取 2509 名学生到相应民办学校。6 月 29 日，泉州市教育局组织 2021 年泉州市民办初中第二批招生电脑随机派位，晋江市拔萃双语学校第二批招生计划 209 人，有 32 人报名参加摇号，未超招生计划全部录取。

【随迁子女同等享受招生录取政策】 2021 年，晋江市健全以居住证为主要依据的随迁子女义务教育入学政策，解决随迁子女入学问题。秋季，全市初一招收到晋江务工人员子女 13004 人，占比 48.9%，比 2020 年秋季 12421 人增加 583 人，增幅 4.5%。

2021 年，晋江市执行“非泉州户籍的进城务工人员随迁子女可以在现学籍就读学校报名参加中考中招，并在普通高中招生录取时与泉州户籍的考生一视同仁。在晋江市同等享受高中免学费”政策。2021 年秋，晋江市初中升高中 10735 人，比 2020 年秋 10307 人增加 428 人，增幅 4.15%。其中，到晋江务工人员子女 5411 人，占比 50.4%。

【中考和会考】 2021 年 6 月 25—27 日，晋江市举行中考，全市参加中考 21679 人，考点 22 个、考场 734 个。6 月 27 日下午，举行初二会考，全市参加会考 22881 人，考点 22 个、考场 774 个。地理学科合格率 99.60%，生物学科合格率 99.07%。

（王洁清）

普通高中教育

【概况】 2021 年，晋江市共有普通高中 19 所，其中完全中学 16 所、高级中学（荆丰中学）1 所、十二年一贯制学校 2 所（晋江拔萃双语学校、泉州中远学校）。15 所公办高中校进入省级达标中学行列，其中省一级达标 8 所、省二级达标 7 所。省示范性普通高级中学 2 所（养正中学、晋江一中）。全市在校高中学生 30793 人，其中晋江户籍生 15418 人、到晋江务工人员子女 15375 人；共 628 个班级。高一年级 10735 人，217 个班级；高二年级 10214 人，209 个班级；高三年级 9844 人，202 个班级。7 月 15—26 日，晋江市组织 11 所达标高中共 70 名优秀学子前往清华大学参加“筑梦清华”夏令营活动。11 月 16 日，省评估专家和监督员一行 8 人，对陈埭民族中学新申报一级达标晋级学校进行现场考察。

【学科竞赛】 2021 年，晋江一中 6 名学生入选 2021 年福建省中学生“英才计划”。入选学生在厦门大学教授陈健敏等 24 位导师的指导下进行为期一年的培养。2021 年第 38 届全国中学生物理竞赛泉州赛区，晋江市 73 名学生获市级奖励。其中，一等奖 11 人，占 22%；二等奖 29 人，占 40.3%；三等奖 33 人，占 27.05%。

【高中教学质量】 2021 年高考，晋江市投档分 600 分以上考生 562 人，其中文史类 115 人、理工类 447 人；特殊类型招生录取控制分数线（视为原本一）上线 2418 人（不含体音美），上线率 29.84%；本二批及以上上线人数 6342 人，本科总上线率 78.27%。被清华大学和北京大学录取共 9 人。

【新高考适应性考试】 2021 年 1 月 23—25 日，新高考适应性考试，晋江市设晋江一中、养正中学、季延中学、南侨中学、毓英中学、侨声中学、子江中学、平山中学 8 个考点，329 个考场。另设备用考场 16 个、隔离考场 29 个。8450 名考生参加。

【高考】 2021 年，晋江市普通高考报考 8460 人，比上年增加 109 人，增幅 1.31%；高职院校分类考试招生（简称“高职分类”）报考 4311 人，比上年增加 723 人，增幅 20.15%；高职扩招报考 237 人，比上年减少 40 人，减幅 14.44%。

6 月 7—9 日，举行普通高等学校招生全国统一考试（简称“普通高考”）。晋江市设晋江一中、养正中学、季延中学、侨声中学、南侨中学、毓英中学、平山中学、子江中学8个考点，328个考场，比上年增加44个考场。考生8460人，比上年增加109人。另设16个备用考场、29个隔离考场；参考考生8384人，其中英语考生8164人、日语考生220人。

【普通高中学业水平考试】 2021年1月16—18日，福建省普通高中学业水平合格性考试（简称“高中学考”）举行。晋江市19所学校、66553人次参加。其中，文化科笔试设9个考点、2252个考场，参考考生66485人次；信息技术考试设1个考点、2个考场，参考考生68人次。6月19—22日，全市19所学校、61252人次参加高中学科考试。其中，文化科笔试设9个考点、1897个考场，参考考生55734人次；信息技术考试设10个考点，参考考生5516人次；体育与健康（笔试）设1个考点，参考考生2人。高中物理、化学、生物、通用技术4门科目实验（实践）操作合格性测试设19个考点，参考考生56840人次；音乐考试设19个考点，参考考生2025人；美术考生设19个考点，参考考生7871人；体育与健康考试设17个考点，参考考生8806人。

（王洁清）

特殊教育

【概况】 2021年，晋江市有1所特殊教育学校，在校学生472人，其中学前7人、职高35人；12个特殊教育辅读班，辅读班学生85人，普通小学随班就读227人，初中随班就读110人，1个市级特殊教育资源中心、1个镇级特殊教育指导中心，4个随班就读基地校，2个省级特殊教育融合试点校，2个市级特殊教育融合试点校（园）。全市6—14周岁三类残疾儿童入学率100%。

【特殊教育体系完善】 2021年，晋江市特殊教育学校被评为福建省特殊教育（自闭症教育）改革试点校，晋江市加强特殊教育资源中心建设，完善特殊教育体系建设，加强与民政、残联的信息共享与协调工作，为44名特殊孩子做入户鉴定，并提出就学安置建议，为61名小学生、58名初中生开展“送教上门”工作，保障适龄残疾儿童少年接受义务教育。同意英林镇达德小学增设特殊教育辅读班。

【普特融合教育】 2021年秋季，全市普通小学开设12个特教辅读班，在班学生85名，在普通小学随班就读特殊学生227名。4月，安海镇水头小学和内坑镇三民中心小学被评为福建省融合教育试点校。全市依托安海镇水头小学、三民中心小学等普特融合教育试点校，推进多种形式普特融合教育。其中，安海镇水头小学普特融合工作经验在泉州特教工作会议上作为典型进行经验分享。

（王洁清）

职业教育

·中等职业教育·

【概况】 2021年，晋江市有晋江职校、华侨职校、安海职校和晋兴职校等4所中职学校。中职在校生14928人，比2020年增长3.98%。其中，到晋江务工人员子女8072人，比2020年减少0.09%。在全省高职分类招考中，在全省报考人数增加15338人、招生计划数不变的情况下，晋江市4所职校本科达线人数354人，比上年增加68.6%；有46人在各专业类别考试成绩中排名进前十。专科上线率100%。

【高水平中职学校（专业）建设】 2021年6月，在福建省教育厅、福建省财政厅《关于公布“福建省高水平职业院校和专业建设计划”立项建设单位名单的通知》中，晋江市4所中职学校全部入选福建省“高水平中职学校A类建设校”，4所中职学校所报送的8个专业群全部被确定为福建省“高水平专业群”建设项目。

【职业教育发展】 2021年9月9日，晋江市政府办公室下发《关于促进新时代职业教育创新发展若干措施》的通知，根据该通知精神，制定8份操作细则，助推晋江市职业教育的发展。完成晋兴职校部分专业搬迁工作，2021年秋季首批搬迁完成，共1000多名师生进驻陶英校区。

【师生技能竞赛】 2021年，晋江市获福建省技能竞赛一等奖项目14个、二等奖项目17个、三等奖项目19个。国家级竞赛方面，取得1金4银2铜。参加全国学生创新创业大赛，获一等奖1项（中华职业教育创新创业大赛全国总决赛第一名），获三等奖1项；福建省互联网+大学生创新创业大赛（中职组）获5金2银4铜。

2021年，在教师教学能力比赛中，晋江中职学校教师获全国三等奖1项。省赛中获一等奖2项、二等奖2项、三等奖2项。班主任能力大赛中，获全国三等奖1项，全省一等奖和三等奖各1项。

【职业教育活动周】 2021年5月24日，晋江市职业教育活动周启动仪式在全民健身中心举行，开展福建省示范性现代高等职业院校和福建省示范性现代中等职业学校授牌、高职国家奖学金表彰、中职国家奖学金学生表彰仪式、全国职业院校技能大赛学生表彰等仪式。6月14日，晋江市职业教育成果展在晋江市五店市举办。

【教学教研活动】 2021年，晋江市4所中职学校开展晋江市中职学校公开教学周和学科（专业）市级研讨活动。涉及4所学校25个专业、59名教师。活动搭建校际教师交流研讨平台，共同研究省学考的应对策略。7月，晋江职业中专学校教师陈雄寅编著的“十三五”时期职业教育国家规划教材《物流设备应用》（电子工业出版社出版），获首届全国优秀教材（职业教育与继续教育类）一等奖。

【产教学研融合】 2021年，晋江市4所中职学校开展现代学徒制的培养，有15个专业开展现代学徒制人才培养模式。与18家企业开展校企合作，建设产教融合基地15个。

【闽宁中职教育对口帮扶交流】 2021年6月22—25日，华侨职校赴宁夏回族自治区盐池县职业技术学校交流探讨协作。7月12日，晋江职业中专学校教师李园园完成为期一年的援宁支教任务。11月22日，宁夏盐池职业中学到晋江华侨职校参观及接洽合作事宜。

【中等职业学校学业水平考试】 2021年6月19—21日，福建省中等职业学校学业水平考试举行。晋江市设晋江职校、华侨职校、安海职校、晋兴职校4个考点、157个考场，另增设4个备用考场、14个隔离考场。参考考生8977人，其中文化科笔试参考考生4231人（卷Ⅰ 4231人、卷Ⅱ 4196人）、计算机应用基础上机考试参考考生4746人。

（王洁清）

·高等职业教育·

【概况】 2021年，晋江市有泉州职业技术大学（本科）、泉州轻工职业学院（专科）2所高等职业教育学校。其中，泉州职业技术大学设10个二级学院、6个书院，开设15个职业本科专业、13个专科专业，有普通全日制在校生10242人、教职工606人；泉州轻工职业学院设智慧制造学院、健康生活学院、建筑学院、文创学院、商学院、教育学院6个二级学院，开设29个专业，全日制在校生9145人（其中“二元制”3396人），教职工348人。

【高职院校产教学融合发展】 2021年，泉州职业技术大学依据职业岗位，重构课程体系，组建科技特派员团队，搭建安踏电商服务产业学院，开展产业需求对接，全年签订横向课题、实现成果转化8项；泉州轻工职业学院深化“三教”（教师、教材、教法）改革，实现课堂教学与企业实践相结合，行业企业典型生产任务进课堂，学校建有“1+X”证书制度专业10个，是福建省首批技能等级鉴定试点单位，依托企业和科研院所高端技能培训体系开设“职业启航班”，2021年开设10个班，培养规模300人。

【高等职业教育质量提升】 2021年，泉州职业技术大学加快高水平师资引进和科研平台建设，优化教师队伍，办好职业本科试点。学校本科专业新增1个。泉州轻工职业学院为福建省示范性现代职业院校，2021年继续优化专业设置，深化产教融合、校企合作育人“轻工模式”，学校通过教育部现代学徒制试点验收，入选福建省“双高校”（福建省高水平职业院校和专业建设计划）立项建设单位、第46届世界技能大赛中国集训基地（时装技术项目）；泉州市高教中心办聘请泉州师范学院规划处专家制定晋江市“十四五”时期高等教育发展规划，确定“十四五”期间晋江市高教的发展方向和主要任务，提出建设大学城、职教园的建议。

【职业教育对口支援合作】 2021年，泉州职业技术大学实施对西藏昌都市职业技术学校首个对口支援项目——云课堂，推动昌都市职业技术学校教学信息化、共享化。与宁夏职业技术学院、宁夏工商职业技术学院签订职业教育对口支援协议，在专业建设、培训交流和资源共享等方面开展合作。与澳门城市大学签署合作备忘录，联合开展项目研究、师生交流、联合培养人才等。与马来西亚尊孔独立中学签订联合招生合作协议，与泰国格乐大学开展硕士学历学位研修项目（28人），与菲律宾亚当森大学开展硕、博学历学位研修项目（14人）。承办3期亲情中华·为你讲故事——网上夏令营活动。

2021年，泉州轻工职业学院在非洲国家实施“TOT”（Teaching of Teachers培训教师的培训）项目，培养非洲“工匠之师”；与马来西亚师范大学、马六甲科技大学等高校签署合作协议，贯通留学生升学渠道；开展海外华裔青少年“寻根之旅”冬、夏令营活动，搭建海内外华人华侨沟通桥梁；加大海外青少年招生力度，学院有留学生100人。

【职业技能赛事获奖】 2021年，泉州职业技术大学组织学生参加各级各类职业技能赛事，获泉州市级以上竞赛奖项179项，其中国家级39项、省级134项、泉州市级6项。第七届全国高校毕业设计创新大赛总决赛A赛项—BIM土建建模比赛获全国特等奖，第七届“鲁班杯”全国高校BIM毕业设计作品大赛获全国一等奖7项、全国二等奖2项、全国三等奖1项，获评院校参赛团队“成绩最佳院校”；全国大学生数学建模竞赛获国家级二等奖1项、省一等奖1项、省二等奖4项；2021年福建省职业院校技能竞赛获二等奖1项、三等奖13项；第七届福建省“互联网+”大学生创新创业大赛获银奖4项、铜奖5项，学校获评“优秀组织奖”；第七届海峡两岸大学生职业技能大赛获二等奖1项、三等奖2项；第十五届“挑战杯”福建省大学生课外学术科技作品竞赛获三等奖7项等。

2021年，泉州轻工职业学院学生参加技能竞赛获得国家级奖项36项、省级奖项75项。在2021年福建省鞋类设计师行业职业技能竞赛（省一类赛）中，教师杨程渊获全省第七名、学生曾宪禹获一等奖；在第八届海峡两岸大学生职业技能大赛网络赛“外贸营销业务”赛项中，取得个人赛项二等奖和三等奖；在第八届海峡两岸大学生职业技能大赛国际贸易经营实战沙盘赛项获一等奖，在福建省总工会百万职工“五小”创新大赛上获二等奖1项、三等奖3项；2021年“ITMC杯”全国跨境电子商务技能大赛中，获学生组全国二等奖、三等奖各1项，教师组全国二等奖1项；“2021年全国行业职业技能竞赛——全国工业设计职业大赛”总决赛“鞋类设计师赛项”（职工组）获三等奖。

（许玉查）

继续教育

·成人教育·

【自学考试】 2021年4月，晋江市自学考试报名新生499人、往年考生937人，报考3777科次。上半年集中受理1次自考毕业申请，毕业31人。10月，自考报名新生640人、往年考生1008人，报考4719科次。下半年集中受理1次自考毕业申请，毕业38人。

【成人高考】 2021年，福建省成人高等学校招生全国统一考试（简称“成人高考”）首次启用网上信息确认，并取消高起本报考批次。晋江市成人高考报名确认3317人，比上年增加1680人，增幅102.62%。其中，专升本1721人，比上年增加768人，增幅80.58%；高起专1596人，比上年增加924人，增幅137.5%。2021年成人高考于10月23—24日举行。晋江市设有2个专升本考点、1个高起专考点，共115个考场，参考考生3317人。

【终身教育】 2021年10月20日，“学习强国”学习平台海峡教育报强国号以《晋江职业中专学校：重阳节志愿服务活动走进敬老院》为题，报道晋江职业中专学校团委、青年志愿者协会组织的“智慧养老，健康生活”重阳节敬老院志愿服务活动。该活动相关情况在福建省职教中心主办的“福建职业教育”微信公众号刊发。

2021年12月，安海职校到安海镇老干部活动中心开展智慧助老志愿培训，学校教师编制并印发《智能手机简易使用操作手册》，《晋江经济报》、福建职业教育微信公众号和新福建等媒体予以报道。

【电大教育】 2021年，福建开放大学晋江市工作站开放教育毕业生195人，招收学员199人。助推泉州电大实施乡村振兴人才学历提升计划，全市村务工作人员570人参加学历提升教育。落实各项助学政策。全年招收学前教育本专科学员53人，共减免学费1.06万元；面向全市政法系统和城乡妇女招收学员7人，提供学费补助1000元／人；对符合福建省电大“求学圆梦计划”的学员72人，上级电大提供学费补助3000元／人；12名泉州籍退役士兵学员免交三年学费。

（王洁清）

·老年大学·

【概况】 2021年，晋江市老年大学围绕庆祝中国共产党成立100周年、建校30周年统筹推进各项工作，巩固提升省高水平示范性老年大学创建成果，获评“全国老年大学信息化建设优秀单位”，获“乡村振兴与5G智慧校园同行”展示活动最美老年大学（学校）明星校园奖。10月23日，《晋江老年教育及晋江市老年大学发展报告》作为基层老年教育案例被收录到第八届老年教育国际研讨会发布的《老年教育蓝皮书：中国老年教育发展研究报告（2018—2020）》。在中国老年大学协会教学工作委员会组织开展的全国老年大学第三轮教材推优工作中，《手机摄影入门教程》《诗词曲联知识》《灯谜入门基础知识》《二十四式太极拳》4本教材入选全国优秀校本教材。学校有1个兼合式党总支，12个兼合式党支部，9个专业学会，1个艺术团，1支志愿服务队，1个校董会。

【课程设置与教学】 2021年，晋江市老年大学有9个系，开设45门课程，在校学员近6000人次。开展线上线下智能技术培训课，安排9门线上直（录）播课程，组织17场培训，线上授课37场，收看总数超2.5万人次。其中，二胡班《小花鼓》、腰鼓班《腰鼓花样鼓点》直播课吸引近1500人次观看。

【老年文娱活动】 2021年，晋江市老年大学结合年度教学成果展示，以“我们的校园”为主题举办第十九届校园文化艺术节，检验教学成果，活跃校园文化。以“百炼成钢——建党百年辉煌历

2021年5月21日，晋江市老年大学联合市文旅局走进龙泉书院、“晋江经验”馆，开展“学党史 看发展 颂党恩”体验实践暨党史学习教育。图为学员在“晋江经验”馆重温入党誓词

（庄天民／摄）

程”为主题，组织庆祝中国共产党成立100周年系列活动。开展“人人唱经典，班班有歌声——课前十分钟红歌”活动。先后举办“丹青歌盛世 翰墨颂党恩”书画笔会，“夕阳无限好 追梦晚晴歌”诗词吟诵，“奋斗百年路 启航新征程”书画、摄影、诗词、剪纸优秀作品展，讴歌新时代，点赞新发展。创编节目参加各级各部门文艺活动，展示夕阳美，传播正能量。

【“智慧校园”建设】 2021年，晋江市老年大学探索“互联网+老年教育”办学模式，分期推进“智慧校园”建设。首期投入近百万元，包括电子班牌、智慧教室、虚拟演播室等项目全部完成并投入使用。探索开发校园综合信息管理系统，实现“三个全覆盖”，即学员、班级、教师、资产等信息录入全覆盖，学员报名缴费、师生考勤、课时统计、党建活动、志愿服务等过程管理全覆盖，师生年龄结构、身份信息、文化程度、课程设置等智能分析全覆盖。开发“晋江市老年大学”微信小程序，报名信息上传至数据库、一键同步电子班牌，精简工作流程，提升工作效率。

（高斌娜）

驻晋江高校

·福州大学晋江科教园·

【概况】 2021年，福州大学晋江科教园秋季招收研究生新生307人。教育教学改革持续深化，南音、高甲戏等优秀传统文化入课堂，增强美育熏陶，强化劳动教育。福州大学晋江科教园获批福建省闽台合作专项科研项目1项，学校研究生教改项目3项、本科教育教改项目1项，组织晋江科教园首次教改项目立项4项（重点2项、一般2项）。

【闽台合作办学】 2021年，福州大学晋江科教园招收闽台高校联合人才培养本科新生315人，招生规模同比增加50%，在校本科生979人，首次在省外招收“4+0”培养模式学生。受新冠肺炎疫情影响，2021年调整培养方案24门次，聘请台湾合作高校教师24人开展线上授课。2021年闽台高校联合培养人才项目获评省级示范项目，闽台合作办学全省领先地位进一步得到巩固。搭建晋江气电厂、泉州晋江国际机场等实习实训基地，协助组织学校8批次共100多名学生赴晋江企业开展实习实训。

【高素质人才培养】 2021年，福州大学晋江科教园创建福州大学晋江校区大学生创新创业实践中心、全国大学生电子竞赛福州大学晋江校区赛点，承办学术交流、学科竞赛。注重学生身心健康发展，支持学生心理健康建设，组织开展篮球赛、环校跑等活动，强健学生体魄，培养全面高素质人才。园区学子获第九届中国大学生数字媒体科技作品及创意竞赛全国总决赛一等奖等国家级奖项28项、福建省大学生电子设计竞赛一等奖等省部级奖项58项。

【志愿服务】 2021年，福州大学晋江科教园完成世中运测试赛志愿服务工作，获评志愿服务一等奖。参与晋江文明城市创建志愿服务、净海行动。组建大学生志愿宣讲队，前往晋江首峰、英林等中学宣讲。乡村振兴党史精神调研实践队成为“请党放心 强国有我”2021全国大学生“千校千项”网络展示的2个志愿服务活动之一。园区志愿服务活动获《人民日报》、《福建日报》、“学习强国”学习平台、人民网客户端、中国新闻网等媒体宣传报道。

【高层次人才工作】 2021年，福州大学晋江科教园完善人才引进体制机制，高层次人才队伍逐步壮大。打破校地合作办学体制壁垒，协调晋江市政府有关部门解决晋江编制人才职称评聘等问题。园区有各类硕士生导师195人，副高及以上职称占比83%，博士及以上学历占比94%。2021年度新引进具有博士学位专任教师10人。其中，福州大学编制3人、晋江编制7人，晋升正高级职称1人、副高级职称1人。园区高层次全职专任教师23人。年内新认定泉州市、晋江市高层次人才102人次。

【科学研究与社会服务】 2021年，福州大学晋江科教园科技园一期建成投用，9个科研平台、1个校企共建平台、1个公共服务平台（测试中心）完成入驻。获福建省科学技术奖二等奖1项，获批纵向项目立项17项（其中国家级2项、省部级6项），获得科研经费1608万元。组织“专家教授企业行”，服务晋江当地产业转型升级，签约横向项目24项，合同金额709.4万元。申请专利73项，其中发明专利62项、实用新型11项、授权5项。

【配套设施建设】 2021年，福州大学晋江科教园优化整合原有实验室，投入近3700万元进行实验室建设及设备采购，完成公共机房改造、阶梯教室升级，满足学生课程和实验需求；图书馆影视音乐欣赏区建成，高品质艺术视听服务领先省内高校。学生公寓3号楼、5号楼动工建设，食堂装修升级改造、商业街店铺种类增多、开放各类文体场馆、添置各类设施设备。

【校地校企合作】 2021年，福州大学晋江科教园召开晋江科教园第二届理事会第一次会议，审议通过事关园区发展的一系列事项，为园区发展提供保障。开启非学历继续教育，承接“数字经济高研班”等培训项目3项，构建晋江人终身学习的“课堂”。加强校地沟通与配合，打赢新冠肺炎疫情防控攻坚战。加强校门管控和重点场所管理，强化物资储备，开展全员核酸检测，做好人员健康管理。有序推进返校开学工作。常态化防控新冠肺炎疫情，组织完成16批次3513人次核酸检测，配合安排19

2021 年 11 月，福州大学晋江科教园区一期获国家优质工程奖。图为晨光中的校园
（许兆凯/摄）

人次在校外集中医学观察、159 人次居校健康观察，实现校园“零疫情”。选派 3 名教师支援一线抗疫。

【福州大学晋江科教园区一期获国家优质工程奖】 2021 年 11 月，福州大学晋江科教园区一期获得 2020—2021 年度第二批国家优质工程奖。

2015 年 11 月，福州大学与晋江市人民政府签约共建福州大学晋江科教园区，一期工程于 2018 年 4 月起陆续交付使用。福州大学晋江科教园区一期工程选取并融合闽南建筑特有元素，采用闽南村落合院式建筑布局，以“红砖白石”作为建筑的主基调，借鉴“燕尾脊”构造双曲面屋面形成错落有致的天际线，点缀烟炙砖花墙、小青瓦花墙等传统元素，“红砖白石，出砖燕尾”，突出建筑的地域性及文化传承。

工程推广应用建筑业 10 项新技术中的八大项 16 个子项的新技术，技术攻关项目 5 个。自主技术创新项目 3 个，分别为：外墙面出砖入石装饰施工技术、出砖入石花池施工技术、琉璃瓦屋面弧形避雷支撑架施工技术。利用旧砖、瓦堆叠成饰面层，墙内设置构造柱及圈梁作为主受力结构，把闽南传统工艺“出砖入石”成功融入现代构造。

【福州大学国家大学科技园晋江分园投用】 2021 年 5 月 13 日，由福州大学、晋江市人民政府共同主办的福州大学国家大学科技园晋江分园（简称“晋江分园”）揭幕并举行科技成果对接活动。

福州大学国家大学科技园是福建省属高校唯一一家获科技部、教育部联合认定的国家大学科技园，建设有全链条式创新创业孵化服务体系，是福州大学贯彻落实“双创”精神的“前沿哨所”。晋江分园是福州大学服务晋江市及周边区域经济建设发展的主要平台和重要窗口，将以“公共服务、公共实验、信息化、技术转移”为平台，依托福州大学科研、人才、实验设备优势，为入驻科研平台及企业提供成果转化及人才培养服务，促进产学研合作发展。

晋江分园按照校地双方共同引导、市场化运作、社会资本参与的模式，建设成为开放性“校政企”产学研合作平台。根据晋江产业发展需要，福州大学部分优质科技创新资源向晋江转移，至 2021 年，建成涵盖智能制造、电子信息、新材料、海洋生物工程、食品工程等领域的科技创新平台，完成入驻科研平台 9 个、校企共建平台 1 个、公共服务平台（测试中心）1 个。

（洪珊雅）

·中国科学院大学福建学院智能制造学院·

【概况】 中国科学院大学福建学院智能制造学院（简称“智能制造学院”）是隶属中国科学院大学福建学院的专业学院，以泉州装备制造研究所为依托，秉承科教融合理念，围绕“智能制造”领域开展高层次创新创业人才培养，促进科技创新和成果转化，为地方经济社会高质量发展提供高质量科技与人才支撑。2021 年智能制造学院被列为省重点项目。

【招生工作】 智能制造学院以研究生培养为主，研究方向为电力电子、机械工程、人工智能、通信、大数据等，目标规模为在学研究生等各类学生（员）规模达到 3000 人。2021 年各类在学研究生 270 多人。

【学位点申请】 2021 年，智能制造学院获批增列中国科学院大学控制科学与工程一级学科学术型博士和硕士点。同时拥有中国科学院大学电子信息工程硕士点，拥有较为完备的博士、硕士和博士后培养条件。

（伊芳芳）

科技项目与成果

【概况】 2021年，晋江市财政对科技的投入占财政一般预算支出的比例4.04%。全年下达市级科技经费55200万元。获福建省中科院STS计划项目立项4项。全年获得上级资金支持15800万元，实施各级各类科技项目34项 1702万元，完成项目验收 14 项。

【科研项目与经费】 2021年，晋江市新增泉州市级及以上科技计划项目45项，其中省级“揭榜挂帅”项目1个（全省有3家）、泉州市级“揭榜挂帅”项目1个（泉州市有2家）。组织推荐18个项目申报2021年度泉州市人才领域科研项目，其中8个项目获2021年度泉州市人才领域科研项目立项，获上级补助资金360万元；科山芯创（福建）科技有限公司承担的“面向‘泛在电力物联网’的多频多模射频收发芯片研发与产业化”和晋江三伍微电子有限公司承担的“2.4G/5.8G WIFI6射频前端模组”获第五批泉州市引进高层次人才团队项目立项，获上级补助资金200万元。

【科技成果与转化】 2021年，晋江市3项科技成果获2020年度福建省科学技术奖。其中，晋江福大鲍鱼水产有限公司参与完成的《鲍远缘杂交育种技术与产业化应用》获科技进步奖一等奖，福建品鉴食品有限公司参与完成的《高品质燕窝制品加工关键技术及装备的创新与应用》及福州大学先进制造学院院长向红亮作为第一发明人参与完成的《高品质氮合金化不锈钢板带产品开发及产业化》获科技进步奖二等奖。全年全市企业转化各类科技成果300项，项目金额近5亿元。

【“晋江制造”跻身尖端航天装备】 2021年6月17日，由晋江品牌浔兴SBS生产的航天服拉链随同航天员搭乘神舟十二号飞船飞天，应用在航天服的拉链由浔兴自主研发，材料、工艺等各方面都经历无数次试验和改进，每个细节都历经超百次测试。7月4日，央视新闻对中国空间站视频直播中，一名航天员脚上穿着安踏的“氢跑鞋3.0”，该跑鞋参考航空超轻材料原理研发，男款41码单只鞋重99克，是世界上“最轻”的慢跑鞋，拥有世界纪录认证。

科技创新与服务

【概况】 2021年，晋江市重新修订出台《晋江市大力推进科技创新能力建设的若干措施》，从鼓励企业加大研发投入、深化产学研协同协作、营造创新创业氛围、促进成果转移转化、强化知识产权创造保护应用5个方面，提出16项扶持措施，加大企业与高校开展产学研合作、共建实验室等领域的扶持力度。全年兑现各级惠企政策资金1.3亿元，推动270家企业享受研发费用加计扣除金额10.2亿元，比上年增长29.1%。安踏、百宏、信泰等5家企业入选全国民营企业研发投入、发明专利500强。新增8家泉州市级新型研发机构，3家省级企业重点实验室通过验收并正式授牌。至2021年底，累计建成泉州市级以上企业研发机构72家。

【国家创新型县（市）创建】 2021年，晋江市对照《晋江建设国家创新型县（市）实施方案》提出的23项指标，推进国家创新型县（市）创建工作，科技创新指标持续增速增长，市级以上科技特派员数量、高技术产业主营业务收入占工业主营业务收入的比重、规模以上工业企业发明专利申请数等16项指标完成预期目标150%以上，入选国家第三批“双创”示范基地，综合创新实力居全国科技创新百强县第八位。

【新型研发机构建设】 2021年，晋江市新增泉州市级新型研发机构8家。企业获评省级新型研发机构各级一次性奖励130万元，设备购置补助最高1000万元；企业获泉州市级新型研发机构泉州最高奖励50万元。至12月31日，晋江市有省级新型研发机构4家、泉州市级新型研发机构12家。

【众创空间和孵化器建设】 2021年，晋江市“九十九创业园”“晋江安东园创客中心”“海峡青年人才社区”等3个单位被认定为泉州市众创空间；“海峡创客工场”“九十九创业园”2个单位被认定为福建省级众创空间。晋江市对新认定国家级、省级、泉州市级科技企业孵化器的运营主体，分别给予150万元、50万元、10万元的奖励；对新认定为国家级、省级、泉州市级众创空间的运营主体，分别给予50万元、30万元、5万元的奖励。

【科技企业培育】 2021年，晋江市发挥高新技术企业奖励叠加政策，壮大科技型企业群体，逐步形成科技型中小企业、科技小巨人企业、高新技术企业等创新型企业梯队体系。新增省级科技小巨人企业61家、科技型中小企业218家。认定国家高新技术企业207家，高新技术企业有效数409家、占泉州总量的1/4，比上年增长62%。太古飞机入选全省唯一技术先进型服务企业。全年实现高新技术产业产值1659.7亿元，占规模以上工业产值比重24%，比上年提高1.9个百分点。

【科技金融】 2021年，晋江市新投放“科技贷”4550万元。新设立晋江高新产业发展投资基金、泉州知识产权基金等3支科技基金，投资15个项目、金额2.42亿元。

【科技人才】 2021年，晋江市高新技术企业中的从业人员（一般泛指参与企业研发人员）48269人。其中，博士研究生55人，占从业人员总数的0.11%；硕士研究生260人，占从业人员总数的0.54%；本科3955人，占从业人员总数的8.19%。晋江市组织20家高新技术企业开展2020年度高新技术企业人才自主认定，自主认定人才54人。

【科技特派员工作】 2021年，晋江市认定省、泉州市科技特派员（团队、工作站）164人。年底，全市有科技特派员（团队、法人、工作站）348人，其中省级科技特派员（团队）180人、泉州市级科技特派员（团队、法人、工作站）168人。获2021年度泉州市科技局奖励的科技特派员正向激励工作经费50万元；获省科技特派员后补助项目、省星创天地建设后补助项目各1项，补助经费共60万元；新认定省星创天地2家、泉州市星创天地1家，奖励科技特派员、配套科技特派员项目扶持资金536万元。

【晋江市委科技创新委员会成立】 2021年10月22日，晋江市在全省县域率先成立科技创新委员会，由泉州市委常委、晋江市委书记张文贤任主任，晋江市委副书记、市政府市长王明元任副主任。市委科技创新委员会负责全市科技创新重大工作的总体设计、统筹协调、整体推进、督促落实等重大事项。同步出台《中共晋江市委科技创新委员会议事规则》《中共晋江市委科技创新委员会办公室工作规则》等相关文件。

公共科研平台

【中国科学院海西研究院泉州装备制造研究所】 2021年，中国科学院海西研究院泉州装备制造研究所（简称“泉州装备所”）重点面向区域纺织鞋服、工程机械、电子信息等传统产业提升，聚焦人工智能、5G、工业互联网等新基建、新业态，以市场应用为导向，推动工程产业化和产学研合作及成果转移转化工作方面取得成效。通过委托（合作）开发、技术咨询/服务、专利许可/转让等模式，新增服务企业80余家，累计合作服务企业超300家；新增横向合同63项，比上年增长38.9%，累计组织实施产研横向合作项目151项。与柒牌科技公司围绕“面向鞋服大规模生产的物流仓储智能优化”启动“基于5G+AR的智能仓储系统研发”，通过亮灯拣货、AR室内导航等创新方式解决找货难、盘点难等痛点，推动面辅料仓实现信息化和智能化；与国际领军企业宁德时代（CATL），开展双绕组电机系统和大功率SiC电机控制器等前沿科技攻关，做大做强“电机驱动与功率电子国家地方联合工程研究中心”；合作开发“远距离手机无线充电系统”，助推诺斯顿新产品打入日韩大型商超。累计推动200多项高技术成果实现转移转化。2021年，派出省、市科技特派员56人次，助推福建环宇通信息科技股份公司、福建柒牌时装科技股份有限公司、福建鸿泰达科技有限责任公司、峰安皮业股份有限公司等公司获福建省中科院STS计划配套院省合作等各级各类创新项目支持。

2021年，泉州装备所新组建1个课题组，新引进科研人员14人，其中博士研究生2人，有创新团队18个。1名引进人才获评2021年福建省百千万人才工程，2名引进人才获批海西院“春苗”

人才计划。累计170多人次入选各级人才计划；新增2名博导、3名硕导，累计博导6名、硕导21名。2021年1月，泉州装备所获批增列中国科学院大学“控制科学与工程”一级学科博士与硕士学位培养点。首次增加福建师范大学和福建农林大学等省内高校招生指标，招生规模超110人，在学研究生200余人。拓展研究生培养国际化，强化与德国慕尼黑工业大学等国外院校联合培养研究生，首次招收国际留学生。有控制科学与工程一级学科博士点、电子信息工程硕士点2个学位点。配合地方政府推进智能制造学院建设。完成土地征迁，进行建筑设计和建设报批等。

2021年，泉州装备所在电机驱动与电力电子模型预测控制方面继续保持国际先进水平，开展高可靠预测模型、优化设计目标函数等创新研究，提升系统抗干扰能力、权重系数计算能力；针对人工智能复杂感知难题，构建几何机器学习模型和基于几何流形的非凸优化算法，解决大规模机器感知数据的结构化特征表示问题；在机器人交互控制行人检测方面，提出一种基于条件随机场信息传播机制的无锚深度学习行人检测框架（MPAF-Net），在国际公认的CrowdHuman数据库上展现与国际先进方法相比的优越性。该成果发表在计算机信息系统著名期刊《Information Sciences》。聚焦制造强国等国家重大战略需求，以重大创新工程为抓手组织策划国家、省市级及中科院级项目立项48项，同比增长10%。累计获批各类科技创新项目242项。2021年新增论文52篇，其中SCI论文28篇（SCI一区论文16篇）。累计发表创新论文331篇，其中SCI一区论文55篇；新增授权专利19件，其中发明专利7件；新增软件著作权4件。累计授权专利161件，其中发明专利58件。取得多项科技奖励，其中包括福建省科技进步三等奖、云南省科技进步二等奖、第十六届福建省青年科技奖等。取得科技奖及各类赛事奖项合计26项。创新平台管理。获批工信部第四批产业技术基础公共服务平台，是福建省首家入选信息服务类产业技术基础公共服务平台；电机驱动与功率电子国家地方联合工程研究中心、福建省工业互联网智能感知与决策工程研究中心2个创新平台建设在2021年省发改委组织专家评价中均获得优秀奖励。累计获批省级及以上创新平台14个。与海西院学科融合发展。以海西院“十四五”时期重大规划和结构化学国家重点实验室重组为契机，组织泉州装备所团队与国重室、制造中心、材料中心等对接，探索人工智能基本方法在结构化学、晶体材料等基础学科研发范式创新应用，促进特色学科相互支撑、协同发展。

【福州大学—晋江微电子研究院】 福州大学—晋江微电子研究院由福州大学和晋江市政府合作共建，2020年4月立项，项目总投资超1亿元，第一期建设时间5年（2019—2024年），建设地点位于福州大学晋江科教园区。研究院在晋江科教园拥有实验场地约1150平方米，建成百级洁净室150平方米、千级洁净室250平方米、万级洁净室475平方米，完成近3200万元的微纳加工设备采购。研究院主要开展新型存储器、后摩尔时代器件、传感器芯片等核心技术研发与关键技术突破，主要面向国家产业布局和创新发展需求，完善政学企协同创新模式，服务区域经济建设与发展，共建世界一流水平的微电子研究院。

【中轻（晋江）卫生用品研究有限公司】 中轻（晋江）卫生用品研究有限公司（简称“中轻卫品”）是晋江市政府引进的卫生用品产业公共服务平台，由中国制浆造纸研究院控股，与福建恒安集团有限公司、维达护理用品（中国）有限公司、爹地宝贝股份有限公司、雀氏（福建）实业发展有限公司、美佳爽（中国）有限公司、厦门延江新材料股份有限公司、福建琦峰科技有限公司等卫生用品及原材料龙头企业共同出资，于2018年10月15日注册成立，位于晋江市洪山文创园奇峰电子商务园，建筑面积7000多平方米。中轻卫品依托中国制浆造纸研究院有限公司在造纸行业中品牌、人才、研发、信息资源的优势，结合晋江及周边区域卫生用品产业的集中优势和发展需求，以检测、标准、研发、培训为主要功能，立足晋江、辐射泉州、福建以及广东、浙江等地区，为企业创新发展提供技术支持和人才支撑。

【海西纺织新材料工业技术晋江研究院】 中国纺织科学研究院海西分院（海西纺织新材料工业技术晋江研究院）为晋江市政府与中国纺织科学研究院有限公司合作共建的纺织行业区域性公共服务平台。2021年，有职工21人，其中中高级职称9人，并有中纺院专家20多人不定期在泉开展研发及服务，2021年R&D经费651万元；海西分院主要从事纺织及医用新材料研发、“四技服务”（技术开发、技术转让、技术咨询、技术服务）、成果推广等工作。内设检验检测、织造染整、新材料开发3个业务中心；下设全资子公司晋江海纺新材料科技有限公司，转化成果累计收入1000余万元；为“新三板”上市公司中纺标检验认证股份有限公司的股东；成功孵化具有国家级检测资质的中纺标（福建）检测有限公司，有检测人员36人，为泉州提供5万余批次权威检测。

【中国皮革和制鞋工业研究院（晋江）有限公司】 中国皮革和制鞋工业研究院（晋江）有限公司（简称“中鞋革晋江院”）由晋江市政府引进、中国皮革制鞋研究院控股并运营，是“研究院+公司”模式的科研机构、科研服务平台。获得“福建省皮革制鞋产业技术公共服务平台”“福建省新型研发机构”“福建省院士工作站”“卢秉恒院士工作站”“福建省技术转移机构”等10多个国家级、省部级项目支持，是CNAS（中国合格评定国家认可委员会）和CMA（检验检测机构资质认定标志）资质认可机构，同时是“全国体育用品标准化技术委员会运动鞋标准工作组”“全国制鞋标准化技术委员会鞋底专业工作组”成立机构。至2021年底，中鞋革晋江院总建设面积1万平方米，建有先进鞋用弹性体研究中心、功能性鞋材研究中心、鞋类3D设计开发中心、鞋类数字化制造中心、标准检测中心、产业化应用推广中心、人才交流培训中心等7个中心。拥有员工50多人（其中高级职称8人、中级职称18人），拥有研发、检测仪器设备220多台套，具备第三方检验检测资质，可为企业提供研发、培训、标准、检测、信息等综合性技术服务。

【晋江—哈工大机器人研发中心】 晋江—哈工大机器人研发中心由晋江市政府与哈尔滨工业大学于2012年合作成立建设，旨在推动哈工大高端技术人才的培养及输送、哈工大机器人成果的技术转化及扩大晋江和哈工大其他技术专业的合作，推动晋江企业生产设备的智能化改造及应用。

【福建海峡石墨烯产业技术研究院】 福建海峡石墨烯产业技术研究院（简称“石墨烯研究院”）是由晋江市政府投资主办的具有独立法人资格的事业单位，同时设立国有性质的企业运营平台——福建海峡石墨烯产业技术研究院有限公司，实验及办公面积4000平方米。2021年12月，引进北京石墨烯技术研究院有限公司管理运营石墨烯研究院及有限公司。

（吴维炜）

知识产权保护

【概况】 2021年，晋江市引导规范重点市场，开展知识产权合规体检，加强知识产权保护。为66家企业实现专利质押融资贷款超9.5亿元，办理知识产权案件273起、人民调解知识产权纠纷1起。全市专利授权量12201件。全年有2家机构被列入“省级知识产权信息公共服务网点名单”。4月，晋江市获中国县域知识产权竞争力百强榜单第3名。

【专利授权】 2021年，晋江市专利授权量12201件，比2020年增长10.0%；其中发明专利授权量497件，比2020年增长54.83%。每万人口发明专利拥有量12.9件。全市2个项目获中国专利优秀奖，9个项目获泉州市政府专利奖。

【商标注册】 2021年，晋江市每万户市场主体拥有有效注册商标6184件。全市有驰名商标46件、马德里国际注册商标375件、地理标志商标12件。

【知识产权公共服务】 2021年，晋江市市场监督管理局主导编制《晋江市“十四五”知识产权发展专项规划》。基本完成中国晋江（鞋服和食品）知识产权快速维权中心建设，构建知识产权公共服务平台。同晋江市人民法院、晋江市人民检察院、晋江市公安局建立知识产权司法保护联席会议制度，同中国人保晋江分公司签署知识产权战略合作协议。推动知识产权质押融资，全市累计66家企业实现专利质押融资贷款超9.5亿元。

【知识产权执法】 2021年，晋江市加强对青华鞋服市场涉嫌商标侵权和制售假冒伪劣商品违法行为的监管；开展打击非正常专利申请专项行动，对被国家知识产权局认定的涉嫌非正常专利申请的申请件逐件进行核实；打击商标恶意抢注行为，对辖区内涉嫌恶意商标抢注行为的案件线索开展排查；与晋江市人民法院联合成立晋江市知识产权诉调对接工作室；开展知识产权合规体检。全市组织开展“铁拳”“蓝天”等知识产权保护专项行动，全年办理知识产权案件273起、人民调解知识产权纠纷1起，其中商标案件130起、专利假冒案件88起、专利侵权纠纷案件55起，案件数量位居泉州市首位。2起案件被推荐为泉州市十大知识产权典型案件。

（施晖程）

气象科技

【概况】 2021年，晋江市气象局完善综合气象观测站网，建设网格化气象预报服务系统，为世中运测试赛提供更加精准的天气预报和气象服务支撑。提升灾害性天气预报预警能力和精细化服务水平，保障晋江经济社会稳定发展。深化晋江养正中学“全国气象科普基地—校园示范站”建设，提升气象科普能力。2021年1月，晋江市气象局获得“2020年福建省重大气象服务先进集体”称号。

（杨舒琳）

【气象观测】 2021年，晋江市年平均气温22℃，比常年偏高0.8℃，比2020年高0.2℃，破1961年以来历史纪录。年极端最高气温38.7℃（7月25日），年极端最低气温2.2℃（1月9日）；全年气温≥35℃高温日数18天。

2021年，晋江市年降水量691.6毫米，为1981年以来第二少（仅次于2020年），比常年偏少589毫米，比2020年多18.7毫米，属异常偏少。出现大雨及以上的日数为10天，出现暴雨日数2天，无大暴雨。日最大雨量63.5毫米，出现在8月5日。

2021年，晋江市年日照时数2213.6小时，比常年偏少158小时，比2020年多231.9小时，属正常。

（陈泓滨）

【气象观测站建设】 2021年，晋江市气象局完成现代化提升工程项目建设，对养正中学、龙湖镇、三民中学、尚志中学、洪塘小学5个区域自动站进行落地升级改造。在原有32个自动站的基础上，增设6个自动站，分别为在晋江第二体育中心、福州大学科教园场馆区增设2套标准区域自动站，在金井镇触角沙滩、草庵寺、梧林古村落和五店市景区等文化旅游区增设4套自动站，在金井围头码头布设一套海温监测站，构建更为精密的综合监测预警站网，为灾害性天气过程及重大活动保障提供气象保障服务支撑。

（王聪晓）

养正中学气象科普走廊　（晋江市气象局/供　摄于2021年10月14日）

【气象灾害监测预警】　2021年，晋江市气象局对标“监测精密、预报精准、服务精细”，加强气象灾害监测预警。修订完善气象灾害应急预案，汛期服务准备“六到位”，预警信息实现靶向发布。履行灾害监测，预报预警和信息发布职责，及时做好决策气象服务和公众气象服务。全年启动重大气象灾害应急响应11次，发布重要天气预警报告37期，重要气象信息专报52期，短时强天气报告29期，灾害性天气预警信号334期，更新全市预警信息服务人员近3000人次，为各职能部门提供汛期强降水过程的雨量、落区、时段、防御措施建议等精细化预报服务，为晋江市党委、政府防汛抗灾工作提供决策依据。

【气象保障服务】　2021年，晋江市气象局发布专题气象服务36期，为第23届中国（晋江）国际鞋业博览会暨中国（晋江）国际体育产业博览会、第四届中国（晋江）国际家装建材博览会、世中运测试赛、高考、中考专题、第五届海峡两岸食品交易会暨第八届闽台（泉州）食品交易会等重大社会活动提供气象服务保障。在第五届海峡两岸食品交易会期间，晋江市气象局精准预报、精细服务，为晋江展会活动开展保驾护航，获得主办单位赠送锦旗及感谢信。市气象局修订完善《世中运气象保障服务方案》《测试赛气象服务方案》，细化完成38项工作任务清单，推进世中运网格化气象服务平台建设、创新研发世中运微信小程序。在世中运测试赛期间，对接世中运赛事筹办工作，为每个场馆、每个赛事项目提供精细化专题天气预报服务。

【气象科普】　2021年，晋江市气象局加强晋江养正中学“全国气象科普基地—校园示范站”建设，新增5种下垫面气温观测传感器，打造校园气象科普走廊，增加闪电定位仪和称重式降水传感器等现代化气象观测设备。在“3·23”世界气象日、“5·12”防灾减灾日，通过气象科普进校园、进社区、科普讲座等形式，宣传气象防灾减灾科普知识，提高公众防范气象灾害的能力。

（杨舒琳）

综 述

【概况】 2021年，晋江市巩固提升国家公共文化服务体系示范区创建成果。打造公共文化服务的“晋江样板”，突出文化品牌建设、数字化建设、文艺精品建设，提升城市文化软实力。开展文化进万家活动500多场次，创新实施“戏剧展演节”“国学讲堂”“艺术讲堂”“‘悦’读节”及“南音演唱节”等文化品牌活动，挖掘沉浸式文化活动，推动图书馆文创等系列“文化+”活动。围绕“中国共产党成立100周年”“晋江经验”“世中运”等主题，组织创作一批文学、戏曲、美术、书法、摄影等文艺精品。

【公共文化服务体系建设】 2021年，晋江市完善提升市级公共文化场馆、镇（街道）综合文化站、村（社区）综合文化站三级联动公共文化服务体系。文化中心（文化馆）、博物馆、图书馆、戏剧中心（高甲、木偶剧团）坐落于世纪大道两侧，均建成并投入使用，市区“15分钟文化生活圈”布局基本完善。文化馆、图书馆均达到国家一级馆标准。通过盘活存量、调整置换、集中利用等方式推动镇（街道）综合文化站建设，建成19个镇（街道）综合文化站，设置率100%。通过阵地资源整合、提升等方式，村（社区）综合性文化服务中心覆盖率达到95%。推进图书馆总分馆建设，全市建成24小时城市书房11家、图书流通点24个、分馆18家及24小时街区自助图书馆35座，图书公共文化服务点88个。晋江市总藏书量217.79万册，人均1册（辖区常住人口211.1万人）。文化馆常年开展童声合唱、音乐素养及歌唱、钢琴、南音等各类培训班，满足群众文化需求。

（吴丽佳）

【文化交流与合作】 2021年4月，晋江市掌中木偶艺术保护传承中心应邀赴深圳华夏艺术中心参加“偶遇华夏——‘偶’遇晋江掌中木偶”讲演活动。6月1—3日，高甲传承版《新骑驴探亲》受邀参加中央广播电视总台戏曲频道《一鸣惊人》节目录制。7月29日至8月4日，泉州晋江与新疆昌吉开展“丝路泉昌情　同心颂党恩”合唱展演交流活动。12月14—17日，高甲小戏《公子游》赴北京参加中央广播电视总台戏曲频道2022年元宵戏曲晚会的录制演出。

（谢艺芳 蔡碰梅）

【线上文化活动】 2021年1月3日，晋江市举办上海歌剧院交响乐团新年音乐会线上直播，入围央视移动网精选栏目首页，吸引5.4万人在线观看。2021年春节期间，晋江市组织群众文化活动10场次，线下参与5396人次，线上参与9462人次。市图书馆到馆5556人次，线上服务5440人次；市文化馆线上服务3.6万人次。12月13日，在由福建省人民政府主办，福建省文化和旅游厅、省广播电视局、省文联、省广播影视集团、福州市人民政府承办的“第八届福建艺术节 第二十八届全省戏剧会演”上，晋江市掌中木偶艺术保护传承中心大型新编传统布袋戏《衣衫换江山》分别在福建省文化和旅游厅（抖音平台）、福建省艺术研究院（抖音平台）直播，浏览量约3万人次。

【文化惠民项目】 2021年，晋江市文艺精品百场公益性演出作为2021年晋江市为民办实事项目，全年演出108场，其中“大美晋江”惠民舞台演出27场，进村（社区）、校园演出81场。东石镇梅塘村综合文化服务中心、金井镇福全村综合文化服务中心被列入泉州市为民办实事项目，11月、12月相继完成改造提升。

【文艺创作与成果】 2021年，晋江市大型多媒体动漫木偶剧《金星花——小萝卜头》入围2021年全国红色旅游创意产品和红色旅游演艺创新成果名单。紧扣新冠肺炎疫情防控、中国共产党成立100周年等主题，创排《掌中“逐”

疫》《英雄赞歌》《青春心向党 喜迎党代会》《闽海箫音》等文艺作品。4月，组织晋江市高甲柯派表演艺术中心、晋江市掌中木偶艺术保护传承中心参加第十五届福建省戏剧“水仙花奖”比赛，获1金4银1铜。8月，由福建省美术家协会主办的“庆祝中国共产党成立100周年——福建省第七届漆画大展”在福州画院展出，市文化馆漆画培训班7幅作品入选。晋江市创排高甲现代戏《许书记借金记》、掌中木偶戏《衣衫换江山》参加泉州市第三十四届戏剧会演、省第八届艺术节暨第二十八届戏剧会演，并获省第八届艺术节暨第二十八届戏剧会演一等奖3项、二等奖4项、三等奖2项。《衣衫换江山》获泉州市第三十四届戏剧会演编剧奖、优秀音乐设计奖、优秀灯光设计奖、优秀道具设计奖、服装造型设计（偶形设计）奖，同时获演员一等奖1人、演员二等奖2人、演员三等奖1人。《许书记借金记》获泉州市第三十四届戏剧会演编剧奖、优秀音乐设计奖，同时获演员一等奖1人、演员二等奖1人、演员三等奖1人。

【文化空间共享】 2021年，晋江市13个公共文化场馆为党政机关、企事业单位提供场地空间支持，举办公益活动81场。

（吴丽佳）

2021年7月3日，晋江市少年图书馆“今日我当班”开营仪式（晋江市图书馆/供）

【公共图书馆服务】 2021年，晋江市图书馆馆藏纸质文献143.7万余册，数字资源馆藏量57.6TB（太字节），电子图书87.8万册。年新增藏书18207种106398册，其中普通文献105068册、地方文献411册、台湾文献786册、外文文献133册；订购期刊1165种，报纸128种；采购更新8个数据库，数字资源访问量550.36万人次；接收61个单位和个人赠书381种1070册。12月，派员参加第十七届海峡两岸图书交易会，针对馆藏建设需求，采选1000余册优质图书列入馆藏。

2021年，晋江市图书馆开拓公共阅读推广服务，为晋江市中小学生准备生动有趣的“第二课堂”，举办晋江市少儿“一生阅读计划”、诗文知识大赛、非遗传习活动之传统灯谜培训班进校园、线上朗读专题等少儿阅读活动，开展少儿故事会、家庭阅读指导、身心健康教育讲座（沙龙）。全年开展各类线下活动132场，参与2489人次；开展“百年星火燎原、童心童声颂祖国”的“快闪”转发、“文津图书奖”获奖图书双馆联展等6场多种主题线上打卡，3.8万人次参与。

2021年，晋江市图书馆打造公共文化服务平台，在打通阅读推广、教育培训、关爱帮扶等途径的同时，发挥文化育人、志愿奉献的志愿作用。利用寒暑假，开展“志愿我先行”活动；少儿馆推出“今日我当班”活动，按照年龄层次招收志愿者。全年有107名13周岁以上志愿者参与，累计服务时长2454.5小时。

（郑小娇）

2021年5月19日，晋江美术精品展暨晋江市美术馆开馆仪式在晋江文化中心举行（晋江市文化馆/供）

【文化活动】 2021年1月，晋江市举办民族乐团新年音乐会、2021晋江市新年合唱音乐会、2021晋江市新年古琴音乐会及中外经典电影视听音乐会、上海歌剧院交响乐团新年音乐会，推出中国美术学院美术中心“美苑画室”名家优秀作品展、“清隽雅洁·沈益群工笔花鸟小品展”，开展“晋享中国年 民俗潮好玩”五店市·闽南年民俗文化节。春节期间，组织高甲、木偶、舞狮、舞龙、木版年画、陶瓷技艺、黑金推•沥金画、灯谜等10个非遗项目50多名街头艺人，在五店市传统街道、梧林传统村落进行街头文化表演和展示。4月27日，晋江市纪委监委、市文化和旅游局等共同主办“传红色基因 扬时代精神”红色家书征文活动。5月19日，晋江市委宣传部、晋江市文化和旅游局、晋江市文联主办庆祝中国共产党成立100周年——晋江美术精品展暨晋江市美术馆揭牌仪式。该次展览展出晋江美术家创作的代表性作品100余件，涵盖中国画、油画、漆画、钢笔画、水彩等画种。7月，晋江市文化和旅游局推出“庆祝中国共产党成立100周年”主题文化活动，举办庆祝中国共产党成立100周年文艺演出。12月，市掌中木偶艺术传承保护中心参加由晋江市委宣传部、晋江市文联、晋江市文化和旅游局联合举办的学习宣传贯彻习近平总书记在中国文联第十一次全国代表大会暨中国作协第十次全国代表大会开幕式上重要讲话的活动。

（吴丽佳）

晋江市第十一届“悦”读节

【概况】 2021年，晋江市举办晋江市第十一届“悦”读节活动，围绕“基层阅读”“时政阅读”“传统文化阅读”三大阅读主题开展系列活动，包括“悦读新春乐满城”系列、“爱阅读爱晋江”“4•23”世界读书日系列、晋江市“百年党史百日学”党史学习暨知识竞赛、“悦读风尚我引领 移风易俗倡文明”志愿者服务走基层、“英你而FUN”嘉年华、“世遗泉州 寻宝晋江”线上游戏酷跑等。共举办活动451场次，参与读者16.3万人次。

【基层阅读活动】 2021年，晋江市图书馆开展基层阅读活动95场次，参与2000余人次。开展“悦读风尚我引领 移风易俗倡文明”晋江市志愿者服务走基层活动，深入金井镇岱峰中心小学、磁灶镇岭畔村及延泽社区、紫帽镇儿童之家、灵源街道林格社区、龙湖镇三福公司、晋江市金鸡公司等学校、村（社区）、企业单位开展活动42场次，参与568人次。走进图书馆内坑分馆、青阳街道文体服务中心开展烽火学堂、亲子读书会；在青阳街道青华幼儿园开展“做智慧父母•给孩子心理营养”读书沙龙；走进社区开展“与春共读，阅见好时光”活动等。

【世界读书日“悦”读活动】 2021年“4•23”世界读书日期间，晋江市图书馆推出各类阅读活动73场次，参与读者9300人次，推动全民阅读，共建书香城市。开展“我家有书香”社区（家庭）读书系列活动，面向晋江市“悦”读进基层定点合作单位青阳街道青华社区、梅岭街道碧山社区200个爱读书的家庭开展为期9个月的家庭图书漂流活动。与晋江市实验幼儿园、青阳街道青华幼儿园、罗山街道华泰实验小学联合开展校园世界读书日活动，举办“红色经典‘签’动你我”——亲子书签展暨创意书签现场制作比赛、“诵读红色经典•传承爱国精神”红色故事分享会等。推出“环球之旅•阅读看世界”光影读书会、“一起读•共成长”阅读策略训练营等阅读指导活动。

【传统文化传承活动】 2021年，晋江市在传承传统节日、古典诗文、艺术文化等方面开展相关活动。开展新春系列活动。融合元旦、春节、元宵节等节日主题开展“健康过大年，名医来支招”少儿健康讲座系列、“翰墨飘香春意浓”名家春联线上秒抢、“悦读有你就有礼”6000份红包发放、新年故事会暨晋江市巾帼志愿服务系列等活动，参与1.3万人次。开展古诗文推广活动。举办“传承红色基因 厚植家国情怀——‘读吧！福建’第四届‘正谊杯’诗文知识大赛”，展出“诗韵悠扬——诗经文化图文展”“中国连环画百年历史展”大型展览等。开展艺术文化培训活动。在晋江第二实验小学开展“星星点灯 非遗之光”非遗传习活动之传统灯谜培训班进校园活动，邀请灯谜专业教师授课，举办13期，参与学生540人次；面向广大读者开展古琴培训亲子班14期，邀请专业教师授课，参与224人次。

【晋江本土文化推广活动】 2021年，晋江市图书馆以晋江市2021年文化旅游节、晋江3处遗产点入选“世遗”为契机，开展晋江旅游文化、非遗文化、闽南语文化等主题活动，参与4万余人次。1—2月，开展“窥道之径”2021晋江写生作品展系列宣传。3—6月，开展闽南讲古成人培训班及进阶班活动，参与约6000人次。开展“读享文化•悠游晋江”晋江文化旅游主题宣传活动。5月19日起，利用晋江市图书馆微信平台等渠道推送晋江代表性景点的历史文化及自驾旅游路线；以互动有礼的方式，邀市民打卡推介旅游景点，为晋江旅游代言；举办旅游专题图书推荐等活动，其中晋江旅游景点文化推文阅读量1.6万人次。开展“世遗泉州 寻宝晋江”线上游戏酷跑活动。在国庆期间，通过微信小程序引导参与趣味线上互动项目，参与1.8万人次。

【庆祝中国共产党成立100周年系列活动】 2021年3—7月，晋江市举办“百年党史百日学”党史学习暨知识竞赛系列活动，由晋江市委党史学习教育领导小组办公室主办，晋江市纪律检查委员会、晋江市委宣传部、晋江市监察委员会、晋江市文化和旅游局、晋江市新闻出版广电局承办，晋江市图书馆执行开展。活动包含党史学习暨千人线上竞答活动、党史知识百人对抗赛、《党史上的今天——每天一本小人书》红色绘本故事推送、“建党百年 峥嵘岁月”21天讲座打卡计划4个子项目，以“学习+竞赛”“线上+线下”的形式开展，约1万人次参与。

【英语嘉年华系列活动】 2021年7—12月，晋江市以“第18届世界中学生运动会”为主题，开展“英你而FUN”英语嘉年华系列，包括“英语前行者”英语演讲比赛、“FUN马过来”英语舞台剧快闪及校园英语趣味沙龙3场、国际英语沙龙3场。7月，“英语前行者”英语演讲比赛面向广大中学生开赛。“FUN马过来”英语舞台剧快闪由晋江市实验中学、晋江市拔萃双语学校师生创作，并于晋江市五店市传统街区面向社会公众演出。校内英语趣味沙龙在晋江市实验中学、季延中学、陈埭民族中学3所学校开展。

【晋江市图书馆微信订阅号影响力全国靠前】 截至2021年底，晋江市图书馆微信公众号平台粉丝量10.56万人，全年微信推文量527条，微信客服接待35795人次。据山东省图书馆参考咨询部统计的《全国公共图书馆微信微博监测月报》，2021年全国县级公共图书馆微信订阅号影响力排行榜中，晋江市图书馆连续12个月居福建省第一，9个月全国排名前十。

【获阅读推广奖项】 2021年，晋江市图书馆阅读推广工作获3个阅读推广奖项，分别为福建省文化和旅游厅、福建省广播影视集团颁发的“百年风华正青春”、第三届福建省“读中华经典 诵时代华章”诵读比赛优秀组织奖，“读吧！福建”第四届福建文学好书榜评选及阅读推广活动优秀组织单位，被泉州市图书馆学会评为“2021年新媒体运营工作先进单位和集体”。

（林瑞凰）

2021年6月11—29日，第十五届南音演唱节首场演出在晋江文化中心祖昌音乐厅举行。图为在祖昌音乐厅南音演出 （晋江市文化馆／供）

群众文化

【概况】 2021年，晋江市举办群众文化活动500场次，吸引20万人次参与。在春节、元宵节、中秋节、国庆节等传统节日，围绕中国共产党成立100周年、非物质文化遗产日等重要时间节点，开展群众主题文化活动。晋江市文化馆举办公益培训、书画展览、品牌活动、艺术讲堂、惠民演出、讲座、节庆文化活动等线上线下文化惠民活动171场。组织线上活动共战新冠肺炎疫情，在春节、中国共产党成立100周年等节点，发布演出云展播、灯谜云展猜、书画云展览等114场。年底，晋江市文化馆微信公众号平台粉丝15512人，全年微信推文168条。

【节庆文化】 2021年6月11日，晋江市新时代文明实践中心、晋江市文化和旅游局等单位主办“守初心 担使命”晋江市庆祝中国共产党成立100周年百人百幅书法作品展。6月26日，晋江市委宣传部、晋江市文化和旅游局、晋江市融媒体中心主办的“永远跟党走 舞动中国梦”广场舞展演在晋江市文化中心演出。12月，举办2022年晋江市新年合唱音乐会。

【群众文艺活动】 2021年，晋江市文化馆开展“南音进基层·文化共传承”活动，走进11个村居、校园。6月，举办南音交流会、《苏统谋艺术人生摄影展》巡回展与“苏统谋及其南音学研究”赠书仪式。举办第十五届南音演唱节首场演出暨“人民的非遗 人民共享”南音专场音乐会。开设晋江市文化馆春季、暑期、秋季公益培训班，每期涉及少儿舞蹈、钢琴、声乐、合唱、绘画、南音、灯谜和成人钢琴、古琴、洞箫等20个班级，吸引约1500人次参与；举办艺术讲堂“童心永向党”——培养少年儿童幸福力的三个秘密主题分享会，为广大群众提供学习和走进艺术的平台。扶持晋江南音艺术团、晋江市合唱协会焕之声合唱团、晋江市民族乐团、晋江市文化馆少儿合唱团等本土文艺社团。

【线上群众文化展演】 2021年春节期间，微信公众号发布晋江市文化馆云展播超过50场，访问量总计超过4万人次，通过短视频、微展等形式，涵盖合唱、民乐、古琴、书法、美术、灯谜、南音等艺术门类。3月8日，举办“巾帼墨韵”晋江市女书法家书法作品网络展。8月20日起，晋江市文化馆、晋江市灯谜协会联合在公众号发布“猜灯谜、学党史、悟初心”主题展猜活动10期。9月2日起，发布“永远跟党走”文艺作品线上展示15期。10月1日起，公众号发布“翰墨飘香”贺国庆晋江市书法作品网络展10期。

【传统文化品牌活动】 2021年5月9日、5月16日，晋江市第十一届校园灯谜赛个人比猜、团体电控竞猜先后在安海镇松熹中学举行。6月11—29日，第十五届南音演唱节在祖昌音乐厅举行。6月16日，第二十五届中小学南音演唱演奏比赛在东石举行。8月8—19日，晋江市文化馆线上举办第三十四届戏剧展演节。12月26日，第三十一届（西园）侨乡谜会在泉州轻工职业学院落幕。

（江柠薇）

文化场馆

【概况】 2021年，晋江市建成一批公共文化场馆，包括市文化馆（文化中心）、市博物馆、市图书馆、晋江戏剧中心（市高甲柯派表演艺术中心、市掌中木偶艺术保护传承中心），建筑总面积 8.6 万平方米。全年公共文化场馆举办群众性文体活动 1000 多场次，参与 20 多万人次。

（吴丽佳）

【文化馆】 2021 年，晋江市文化馆在全国文化馆评估中蝉联一级馆。全年举办群众文化活动 171 场，其中线下活动 57 场、线上活动 114 场，线上线下累计服务超过 12.3 万人次。2021 年，市级重点项目晋江美术馆项目建设完成。晋江美术馆占地 1600 多平方米，是一个集展示、研究、交流等功能为一体的综合性市级美术馆。

（江柠薇）

【博物馆】 2021 年，晋江市博物馆举办展览 27 场，其中临时展览 / 交流展 12 场，对外交流展 2 场，线上云展览 6 场，巡回展览 7 场。举办线下社教活动 15 场、线上社教活动 14 场、线上活动 45 场。2021 年，微信公众号访问 165578 次，微信公众号关注量 12006 人次。开展志愿服务工作，提交文明主题博客 360 篇、文明主题微博 360 篇；在福建志愿服务网站发布志愿活动 53 项，累计志愿服务时长 273.65 小时。开展藏品征集和保护工作，至 12 月，征集藏品 945 件（套），接受社会捐赠藏品 686 件（套）。完成第一阶段的藏品数字化保护和利用项目。10 月，完成晋江市博物馆可移动文物预防性保护实施方案招投标工作，采购展示通柜及相关检测设备仪器等。开展馆藏《清康熙三十六年封赠黄赠什祖父母圣旨》的修复及仿制工作。

【文物保护中心】 2021 年，晋江市文物保护中心依托龙泉书院及泉州古代外销陶瓷博物馆，开展各级文物点保护和修缮工作，开展文物安全检查，举办“119 消防安全月”活动、文物管理员消防安全知识培训，开展科普基地教育、研学教育、陶吧体验等活动，成立晋江市申遗点志愿讲解员队伍，并通过“文化和自然遗产日”等一系列文化活动，阐释“泉州：宋元中国的世界海洋商贸中心”。2021 年上半年申遗期间，文旅部党组成员、故宫博物院院长王旭东一行在省人大常委会副主任雷春美、省文物局局长傅柒生的陪同下，到晋江调研申遗工作。省委常委、省纪委书记、省监委主任李仰哲考察晋江申遗工作。国家文物局文物保护与考古司副司长张磊一行到晋江考察，调研和指导晋江申遗和文物保护工作。

（孙淑华）

【图书馆】 2021 年，晋江市图书馆接待读者 743444 人次，其中各基层服务点累计总流通 491193 人次，日均到馆读者 2375 人次。新增借书证 12338 张，比上年增长 83.9%，至 12 月 31 日，总有效持证 128140 张；全年文献外借 1774302 册次，其中各基层服务点文献外借 1023100 册次；接收新书 103504 册，预借图书 7096 册；物流配送 5199 次，721679 册；全年举办阅读推广 451 场次，参与读者 16.3 万人次；图书编目加工 18207 种 106398 册；数字资源平台访问量 5503618 人次。晋江市图书馆对中心馆原一楼大厅进行区域升级改造，增设外语埠、童书台、畅读阁、新书亭、晋江著述展示区等新区域 5 处，配置畅销书、精品书等 2.9 万余册。改造后的“沉浸式阅读体验区”有别于传统意义上的图书馆，成为晋江市第一个集阅读、休闲、公共教育功能于一体的公共文化场所。

2021 年，晋江市新增岭山小学分馆 1 家学校分馆和龙湖镇党群活动服务中心、海防某部队 56 分队、英林派出所等 3 个流通点。截至 12 月 31 日，建成图书馆分馆 17 个，城市书房 11 个，24 小时城市街区自助图书馆 35 座，以及 24 个图书流通点、408 个文化信息资源共享工程基层服务点。

（郑小娇）

【高甲柯派表演艺术中心】 2021 年，晋江市高甲柯派表演艺术中心下基层开展公益性演出 71 场，业务演出 78 场。定期在五店市、梧林古村落开展沉浸式高甲戏演出 70 场。参加中央广播电视总台戏曲频道《一鸣惊人》节目录制、庆祝泉州申遗成功文艺演出、第五届海峡两岸食品交易会晋江文旅宣传推介活动开幕式演出、中央广播电视总台戏曲频道 2022 年元宵戏曲晚会录制演出，参与《世中运》《围头新娘》《来去晋江》主题片的拍摄。获第十五届福建省戏剧水仙花奖组织奖及专业组表演奖一等奖 1 项、专业组表演奖二等奖 1 项、优秀辅导教师奖 1 项。

（蔡碰梅）

【掌中木偶艺术保护传承中心】 2021 年，掌中木偶艺术保护传承中心开展传统木偶艺术进校园演出 24 场、进基层企业演出 17 场。大型人偶剧《小美人

晋江市图书馆一楼改造后的阅读体验区——畅读阁。图为 2021 年 10 月 8 日，读者在畅读阁读书

（晋江市图书馆 / 供）

鱼——爱丽儿》《美女与野兽》赴江西南昌、九江，福建宁德福安等地巡回演出8场，红色题材大型木偶剧《金星花——小萝卜头》参加庆祝中国共产党成立100周年系列演出9场。开展常态化演出25场。应邀赴深圳华夏艺术中心参加“偶遇华夏——‘偶’遇晋江掌中木偶”讲演活动，参加晋江市第四届家装文化节活动、学习宣传贯彻全国文代会精神文艺活动、第八届福建艺术节闭幕式暨汇报演出等，参加“文旅消费季”非遗表演进景区活动演出78场，全年累计演出220场。

（谢艺芳）

历史文化遗产保护

【概况】　至2021年底，晋江市有国家级非物质文化遗产（简称“非遗”）项目7项、世界级4项；国家级非遗传承人5人。南音、布袋木偶戏、水密隔舱福船制造技艺、送王船——有关人与海洋可持续联系的仪式及相关实践分别列入联合国教科文非遗四大名录。各级文物保护单位153处（179个文物点），其中国家级9处（13个文物点）、省级15处（31个文物点）、市保单位129处（135个文物点）；2021年，安平桥、草庵摩尼光佛造像、磁灶窑址（金交椅山窑址）被纳入“泉州：宋元中国的世界海洋商贸中心”世界文化遗产点。

【重要陈列展览】　2021年1月26日至3月9日，晋江市博物馆举办牛转乾坤——辛丑新春生肖文物图片联展。2月2日至3月3日，举办原创展牛气冲天——全国十一省市剪纸艺术家作品联展。5月18日至6月8日，举办“爱拼会赢”晋江纪实摄影展览。5月18日至7月18日，举办东方华彩——明清花卉纹饰外销瓷展。6月11—22日，举办晋江市庆祝中国共产党成立100周年“守初心　担使命”百人百幅书法作品展。7月20日至8月31日，举办八闽丰碑——福建革命英烈事迹展。8月27日至9月15日，举办“童心向党　乐绘世遗”作品展。11月12—20日，举办“榜样的力量”——晋江市百名优秀党员风采摄影展。12月4—10日，举办草根墨痕——杨水声“大美晋江”百米长卷书法作品展。12月25日起，举办为期45天的白毫墨涛——张瑞图书法特展。

（洪淑燕）

【文物保护】　2021年，晋江市做好不可移动革命文物调查。3月，晋江市省级文物保护单位围头“八·二三”炮战遗址8个点被列入福建省第一批革命文物名录。做好省文物保护单位修缮保护：围头“八·二三”炮战遗迹之毓秀楼、达屋楼抢险加固工程完成技术验收，消除房屋安全隐患；钱头村吴鲁故居的“状元第”和宅院、长顺建筑群启动保护修缮工程；完成省文物保护单位东石玉记商行建筑群玉记巷7号、玉记巷14号、海路13号的保护修缮工程；优化玉记巷6号、玉记巷8号及海路7号保护修缮工程设计方案；古檗山庄石刻保护修缮工程通过省文物局验收；福全所城的保护工程及环境整治设计方案经省文物局审批同意。

【全国重点文物保护单位保护】　2021年，晋江市委托清华大学建筑设计研究院编制安海龙山寺环境整治方案，启动项目的征迁工作。西资寺石佛造像附属建筑西资寺大殿抢险加固工程完成技术初验。启动南天寺石佛造像和摩崖石刻附属建筑自在佛殿修缮工程。南天寺石佛造像和摩崖石刻保护、西资寺石佛造像保护等2个项目被纳入福建省“十四五”时期文化保护传承利用工程储备项目库。

（陈瑜）

【文化遗产开发利用】　2021年，晋江市举办庆祝申遗成功系列活动，启动3处申遗点数字化建设和网上展示，推出中英文语音讲解，融入泉州古城旅游路线。组建晋江市遗产点志愿讲解员队伍，举办文物管理员培训，3个世遗点全年接待考察团、研学团等976场次。

【非物质文化遗产保护】　2021年，晋江市获评“第五批省级非物质文化遗产代表性传承人”2人，分别为尤天相［木偶戏（晋江布袋木偶戏）］、卢文雄［高甲戏（柯派）］；获评“第八批泉州市级非物质文化遗产代表性传承人”7人。“磁灶窑陶瓷烧制技艺”项目获评“第七批省级非物质文化遗产代表性项目”。获评“第三批泉州市级非物质文化遗产传习所”非遗项目9个。

（孙淑华　骆锦恋）

社科研究

【概况】　2021年，晋江市社会科学界联合会（简称“晋江市社科联”）以开展社科研究和普及宣传为主线，以传承创新发展“晋江经验”为重点，制定社科论坛、讲座、研讨会等阵地管理实施细则，落实审批和备案制度，把牢党对意识形态工作的领导权。指导社科社团和社科普及基地做好社会科学界各项工作。全年策划开展百年泉州（晋江）文教史话座谈会；完成智库项目《晋江蓝皮书：2020年晋江经济社会发展报告》出版工作；举办年度社科普及宣传周活动，发动全市同步开展社科普及活动48项；创办《晋江社科》内部工作简报。

【社会科学学术交流】　2021年，晋江市社科联联合泉州市社科联、泉州市孔子学会，策划开展百年泉州（晋江）文教史话座谈会，并将泉州、晋江文史专家27篇论文汇编成册。围绕市委“产城人”融合发展战略部署，聚焦传承创新发展“晋江经验”，策划开展“人文晋江巡礼”大型主题系列活动，通过走镇（街道）、进企业、看项目、访学校的方式，挖掘和整理晋江各个领域人文历史底蕴和时代精神风貌。联合梧林项目办、华侨大学，策划开设“梧林讲习所·社科新讲坛”，讲好梧林故事，传播社科知识，传承闽南文化，每月开设1期。联合东石镇举办首届乡村

2021年12月27日，“人文晋江巡礼”大型主题系列活动启动。图为参加活动人员合影 （晋江市社科联／供）

振兴“潮起塔江 风涌虎啸——塔头刘村文化铸魂”征文比赛。联合驻市委宣传部纪检监察组开展廉政文化研究，宣传晋江市优良党风政风、良好社风民风和美好家风。资助晋江市戏剧家协会出版视听图文书籍《掌中木偶戏传统剧目选编》，推动木偶戏的保护与传承。协助中国社会科学院社会学研究所到晋江市开展慈善发展调研，协助做好福建社会科学院在晋江市召开的“华侨华人与中国高质量发展研讨会”有关工作。

【社会科学普及宣传】 2021年，晋江市社科联召开全市社科普及工作联席会议，举办年度社科普及宣传周活动，发动全市同步开展社科普及活动48项。召开全市社科普及工作联席（扩大）会议，分享联席会成员单位、社科社团、社科普及基地的经验做法，加强联席会成员单位的互动，推动相关社科普及资源整合、资源共享。落实《福建省社会科学普及条例》，策划和组织2021年社科普及宣传周活动。12月，晋江市委宣传部、社科联在五店市举办普及周启动仪式，征集和发动各镇（街道）、部门、社团同步举办党史学习教育、非遗传承、研学活动、理论宣讲等社科活动七大类48项。与市融媒体中心联合，在电视台推出社科普及周系列报道5期，并开通网上社科知识竞答平台。晋江市社科普及宣传周活动项目被泉州市社科联推荐为省重点奖励的泉州2个项目之一。组织的全省庆祝中国共产党成立100周年网上有奖竞答活动被省社科联授予“优秀组织奖”。

【社会科学研究成果】 2021年，晋江市社科联完成智库项目《晋江蓝皮书：2020年晋江经济社会发展报告》出版工作。该书由福建省高校特色新型智库民营经济发展研究院教授刘义圣担任主编，收录专家学者撰写的有关晋江经济金融、社会文化分析论文30篇。主编出版晋江人文社科丛书“苏统谋及其南音学研究”，推动国家非遗南音的弘扬与传播；主编出版晋江人文社科丛书“围头地情研究”，资助出版《围头记忆》，助推社科普及基地围头村在对台交流、红色文化、乡村振兴、海洋经济等方面加强探索研究；主编出版晋江人文社科丛书“许谋清论续编”，通过对晋江本土作家作品的研究，聚焦晋江改革与发展历程。支持社科普及基地新店村出版《新店人家》，协助老年大学编撰《晋江市老年大学建校30周年纪实文集》，协助老促会组稿《晋江·百年沧桑话老区》，发挥社科联资源整合优势。配合开展市慈善馆筹建，联合晋江市民政局开展理论研究，论文《创新社会治理视野下的晋江市慈善发展研究》获民政部评选的2021年民政政策理论研究成果三等奖。

【社团服务创新】 2021年，晋江市社科联加强社科社团协调工作。建立“社科之家”，增设红色文化和理论创新孵化基地成果展示区、社科界功能宣传墙、社科社团组织文化墙、社科工作者活动室等，为全市11个社科社团提供座谈交流、讲座学习场所。自6月开始，创办《晋江社科》内部工作简报，每月1期，每月选编最新社科政策和理论文摘，汇集各社团、社科普及基地开展的工作动态、社科活动、荣誉成果等。

（洪国泰）

文化产业

【概况】 2021年，晋江市通过政策扶持、典型培育、平台搭建、交流合作等，助推文化产业发展，打造配套完善、要素齐全的文化产业生态圈。全年文化产业增加值99.58亿元（错年值），居泉州市第一位，约占泉州市文化产业增加值总量的1/5。

【文化产业政策扶持】 2021年，晋江市重新修订出台晋江市文化产业政策，印发配套操作程序，加大对社会力量进入文化产业领域扶持力度。组织2020年第二批、2021年第一批晋江市文化产业政策资金申报，兑现资金383.78万元，惠及项目106个。

【文化产业典型培育】 2021年，晋江市指导推荐4个项目入选2021年泉州市文化产业重点项目，3个项目申报2021年福建文化产业招商项目，2家企业获评2019—2020年度泉州市“文化产业发展十佳企业”并获奖励各10万元，1家企业获2021年度泉州市文化产业专项资金20万元。

【文化产业平台搭建】 2021年，晋江

市重新组织认定国际工业设计园、尚之坊文创园、五店市传统街区、梧林传统村落、报业大厦等晋江市级文化产业园区，促进园区资源集聚，完善孵化平台。举办2021年晋江市文化创意和艺术节，开展八大专场活动，搭建宣传展示平台。

【文化产业交流合作】 2021年，晋江市组织文化企业赴深圳、大连、厦门、泉州等地参加文化产业博览会（交易会）、文创市集、文创设计大赛等展会赛事，推动文创企业和项目交流对接。

（肖海阳）

【广播电影】 2021年，晋江市以全市16家电影放映经营单位“电影放映经营许可证”年检为契机，督促所有电影放映经营单位开展安全生产自查整改。争取上级政策资金扶持，获中央补助地方国家电影专项资金51万元，惠及万达影城、大地影城、中影华艺影城等电影放映机构16家；推荐泉州时空文化传媒有限公司、福建省优一影视有限公司获得晋江市文化产业政策资金4.5万元。推进乡村振兴，全年放映农村公益电影3516场、社区公益392场，实现“一村一月一场电影”的电影放映工作目标，落实农村电影放映“2131”工程（21世纪广大农村每月至少放一场电影）。完成“村村响”应急广播市级综合平台建设，以紫帽镇为试点推进13个镇级平台建设，运用利旧和新建相结合的方式，完成54个村终端建设。

（周夏萍）

【新闻出版和电影行业监管】 2021年，晋江市新闻出版广电局会同第三方安全生产机构专家组成员开展新闻出版和电影行业安全生产隐患专项检查，出具安全检查记录和《隐患整改指导书》300余份，排查隐患近3400条，均反馈企业及所在镇（街道）落实整改，运用检查结果对企业开展4级安全生产等级评价。出台《晋江市新闻出版和电影行业安全生产监管规定（暂行）》和记分规则，建立联席会议制度、信息反馈制度、综合执法制度、安全生产等级评价制度、正反向激励约束制度等5项制度，明确新闻出版和电影行业安全生产监管责任，压实“部门、镇（街道）、企业”各方责任，形成安全生产风险闭环管理，全年各镇（街道）开展印刷行业安全生产大整治大排查，出动人员1000余人次。

（肖海阳 周夏萍 庄树坤）

【晋江市文化创意和艺术节】 2021年12月25日，由晋江市委、市政府主办的2021年晋江市文化创意和艺术节举办启动仪式。该届文化创意和艺术节以“文启海丝·艺荟晋江”为主题，通过线上举办抖音嘉年华、文化创意设计大赛，线下开展张瑞图书法特展、城市音乐节、文化惠民演出等八大专场活动，搭建宣传展示和合作交流平台。其中，张瑞图书法特展展出书法作品及碑刻67件，涵盖张瑞图各个时期书法精品，为晋江首次对张瑞图书法作品进行系统汇总和全面展示，并配套举办研讨会和系列讲座，邀请书法文博界专家学者走进晋江，通过线下线上结合形式面向公众开放，吸引众多市民群众及书法艺术爱好者参加；晋江市文化创意设计大赛，主要围绕晋江世遗点和非物质文化遗产项目等7个代表性文化IP进行设计，保护、传承和弘扬晋江文化遗产，促进晋江文化创造性转化、创新性发展；举办“美丽中国”电影剧作家走进晋江活动，活动包括第二届“美丽中国”青少年电影剧本征集终评总结会、推优盛典大会、海峡两岸电影题材研讨会、“晋江经验”题材电影创作研讨会、电影剧作家走进晋江创作采风5部分内容，合力助推晋江影视产业发展；“晋善晋美”抖音嘉年华暨福建“美好推荐官”抖音创作者聚享会活动，以梧林传统村落为沉浸式的舞台，通过邀请抖音达人开展互动、现场推介晋江文旅资源，将大赛推向抖音全网聚焦，并形成抖音热点，打造晋江文旅IP，其中抖音话题“晋善晋美好生活”播放量超2亿次。

（肖海阳）

图书经销

【概况】 2021年，福建新华发行集团晋江分公司（简称“新华晋江分公司”）发挥主渠道作用，服务晋江全市中小学教学用书发行，保障“课前到书，人手一册”。与晋江市有关部门合作举办各类“书香”阅读活动，参与晋江市第十一届“悦”读节，发扬新华书店优良传统，创新活动组织方式，搭建各类读书平台，向全社会传播科学技术和文

2021年12月25日，“白毫墨涛 张瑞图书法特展”在晋江市博物馆开展

（晋江市委宣传部/供）

化知识，助推“书香晋江”建设，为晋江发展提供道德支撑、智力支撑和文化支撑。2021 年，新华晋江分公司实现营业收入 10717.9 万元，比 2020 年实际完成的 9891.82 万元增加 826.08 万元，同比增长 8.35%。其中，教材教辅（含大中专教材）实现营业收入 8453.1 万元，卖场营业收入 2238.9 万元（其中一般图书发行营业收入 1882.33 万元）；多元产业实现营业收入 356.57 万元。

【政治读物发行】 2021 年，新华晋江分公司政治理论读物发行主要为服务党史学习教育需求，即《论中国共产党历史》《毛泽东邓小平江泽民胡锦涛关于中国共产党历史论述摘编》《习近平新时代中国特色社会主义思想学习问答》《中国共产党简史》4 本党史学习教育“指定书目”发行工作。新华晋江分公司做好宣传征订及配送等工作，为晋江市党史学习教育做好主题图书的保供服务。全年党史学习教育 4 本“指定书目”发行 125437 册，其中《论中国共产党历史》41330 册、《毛泽东邓小平江泽民胡锦涛关于中国共产党历史论述摘编》3315 册、《习近平新时代中国特色社会主义思想学习问答》40135 册、《中国共产党简史》40657 册，晋江市党员征订覆盖率超 80%。新华晋江分公司打造 1 处“新华·党建读物空间”、2 处党建读物专柜，同时要求每个门店必须将党建读物专柜陈列。围绕党史学习教育和“四史”宣传教育，组织包括党史、新中国史、领袖著作、福建党史特色教材、理论读物等上百种图书，满足广大党员干部群众的学习需要。通过各卖场“新华·党建空间”、阅读分享空间，吸引机关事业单位、社会团体在各图书卖场开展党史阅读分享活动。2021 年陆续开展“奋斗百年路 启航新征程”专题图书展、“党史知识问答”、“党史宣讲活动”、“童心向党”教育实践活动、“走近领袖 读懂领袖 热爱领袖”系列采访实录品读宣讲会等活动 20 场。

【学校“课前到书”保障】 2021 年，新华晋江分公司做好准时配送，春、秋季服务晋江市中小学 330 所，完成中小学教材“课前到书 人手一册”的政治任务。与教育部门、学校联系沟通，制定个性化配送方案，安排专人做到教材产品随到随卸，配送到校，为教材及时发放提供保障。做好分发后印装质量管理，执行《中小学教科书用纸、印制质量要求和检验方法》标准，第一时间更换个别有印装问题的教材，保证晋江市中小学生收到高质量的教材产品。执行国家教材核定价格标准，确保免费教科书按时、按质、按量、免费分发到晋江市中小学生手上，在规定时间内做好中小学免费教科书核算工作。贯彻落实国家、省、市关于义务教育免费教科书有关规定，维护正常教育教学秩序，落实国家惠民政策。

2021 年，新华晋江分公司举办庆祝中国共产党成立 100 周年、党史学习教育专题图书展。图为 4 月 19 日，2 名读者在展台前认真阅读（新华晋江分公司／供）

【线上图书销售引流】 2021 年，新华晋江分公司举行线上营销活动 145 场，其中线上故事会 54 期、晋江新华讲堂 43 期、秒杀 24 场、阅读打卡 3 次、网络直播 5 场、线上促销 16 场次。新华晋江分公司利用线上引流，为学校学生的图书团购业务通过微店设置相应学校的专项链接，由老师发布给家长到微店自助下单，通过后台统计整理数据，以班级为单位打包配送。开展“双 11”等网络热门营销活动，通过进行探店直播，在线观看 458 人次，点赞数超过 4 万次，同时段直播排名位居第四。在原有新华在线商城、微店 2 个网店的基础上，2021 年新增“饿了么”平台配送渠道，实现图书半小时到家的服务目标。全年微店销售码洋 23.98 万元，微商城销售码洋 11.66 万元。

【全民阅读活动】 2021 年，新华晋江分公司各图书卖场开放服务时间均超过 4300 小时。晋江书城开放更多阅读空间，吸引到店参与阅读读者 6 万多人。全年开展“迎新年书香润八闽· 贺新春新华享乐购”“新华新春天天乐”“‘4·23’世界读书日 第七届海峡读者节”“新华研学”“全民读书月 新华悦读季”等全民阅读活动，其间获福建新华发行集团春节专题短视频大赛三等奖、营销活动评比奖项 12 个，相关活动获媒体报道 16 次。2021 年举办线下阅读分享 49 场次，活动主题覆盖传统节日、世中运、“闽南童谣”等阅读活动。重点开展“小小图书管理员”职业体验活动，组织小读者参观书店，了解书店的过去和现在；通过整理上架书籍、打包图书、摆造型等趣味赛，让小读者体会工作的艰辛，教育其爱惜图书，热爱阅读。联合福建少年儿童出版社携手为晋江本土作家苏达娜出版《娜里的童谣》一书，7 月 15 日在晋江市图书

2021 年 10 月 31 日，新华晋江分公司开展“小小图书管理员”职业体验活动。图为参加体验活动的“管理员”整装准备上岗　　（新华晋江分公司／供）

馆举办“新书首发式”。

（庄嘉宏）

文化市场管理

【概况】　2021 年，晋江市有互联网服务经营场所 96 家、文化娱乐场所 82 家。晋江市文旅局坚持“一手抓繁荣，一手抓管理”的工作方针，落实主管部门职责，牢固树立安全发展理念，防范杜绝文化市场重特大事故发生。维护全市文化经营市场平稳发展。

（高燕）

【行政审批服务优化】　2021 年，晋江市文旅局通过提升政务服务标准化、信息化、便利化水平，优化营商环境，提升企业办事便利度，2021 年办理行政许可 103 件。其中，审批办理“印刷经营许可证”22 件、“出版物经营许可证”26 件，受理审批印刷经营单位和出版物经营单位变更法人、经营地址、经济类型等事项 20 件，受理广电领域审批件 8 件。新闻出版广电领域 65 个审批事项全部实现“最多跑一趟”，其中 63 个事项实现“一趟都不用跑”。做好审批靠前服务和容缺受理，推行延时服务、双休日预约服务、24 小时咨询服务。进一步压缩审批时限，36 个行政许可事项平均承诺时限缩短 90.21%；梳理“一趟不用跑”事项 48 项，全流程网办事项 30 项，占事项总数的 62.5%；即办件占比 72.22%。6 个高频事项被纳入“一件事”集成套餐服务，实现“一件事”线上线下“一次办”。落实简化跨地区巡演审批程序，为演出行业减负，激发演出市场活力。

（林蔚萍）

【文化市场监管】　2021 年，晋江市文旅局加强普法宣传，召开管理工作会议，加强相关法律法规解读。强化市场整治，开展游戏游艺设备电子标识管理工作。多部门联合开展娱乐场所接纳未成年人整治专项行动、“静夜守护”城市夜间噪声污染整治专项行动等。畅通信访举报渠道。抓好重点场所联防联控工作。

【文化市场综合执法】　2021 年，晋江市文化市场综合执法大队依法行政、文明执法、规范市场，打击各种违法违规经营活动，晋江市文化市场综合执法大队被评为“第九届全国服务农民、服务基层文化建设先进集体”。整顿规范文化市场秩序与新冠肺炎疫情防控及安全生产检查工作相结合，加强内容监管，维护市场秩序。2021 年，晋江市文化市场综合执法大队巡查文化娱乐生产经营单位 563 家次，依法关停证照不齐的文化娱乐单位 14 家，立案查处 8 起，当场处罚 9 起。

（蔡云鹰）

【“扫黄打非”】　2021 年，晋江市组织开展“扫黄打非·新风 2021”“扫黄打非·正道 2021”等集中行动。其中，组织开展“护苗·网络安全进课堂”授课 600 余次，受众超 30 万人次；建立学校“护苗”工作站 10 个、基层文化中心 3 个，组建“护苗”志愿服务队伍；开展校园周边出版物市场检查 150 家次，整治未经许可销售出版物行为 3 宗；开展流动摊点检查 970 个，整治售卖出版物 9 宗；对全市营业网吧进行拉网式检查，检查网吧 106 家次，整治违规网吧 3 家；配合上级查处涉黄涉非转办案件 7 起，关停涉黄网站 6 个，自办涉黄涉非案件 4 起。

（肖海阳　庄树坤）

媒体融合

·融媒体中心·

【概况】　2021 年，晋江市融媒体中心融合管理时政、财经、民生新闻、方言、少儿、综艺、专题等七大类，9 个电视自办栏目（日播节目 4 个：《晋江新闻》《新闻天天报》《新视线》《老闽南》，周播节目 5 个：《热点观察室》《晋江财经报道》《老闽南——说法》《欢乐侨乡》《彩虹桥》）、10 档广播节目、1 份四版周刊报纸《晋江乡讯》，以及官方网站、微信公众号，并入驻快手、抖音、头条号、《人民日报》、新华社、央视频、海博 TV 等网络渠道平台。中心拥有 2 个现代化高清演播室、600 平方米演播大厅，拥有 1 台数字高清电视转播车。

【新闻宣传报道】　2021 年，晋江市融媒体中心统筹全媒体资源，开设“在习近平新时代中国特色社会主义思想指引下——新时代新使命新担当”“走在习习春风里”新闻专栏，开设《讲习之声》《驻村书记面对面》广播节目，在网站开设“再学习、再调研、再落实”板块。集中优势打造“拳头栏目”，先后停办《感动晋江》《创业者》《聚焦晋江》等多档节目，加快“晋江新闻”“晋江财经报道”“老闽南”栏目优化改版，开设“午间快报”“新视线”“微动晋江”等全新栏目。做好各级党代会、两会等重要会议精神宣传阐释。开展“防控疫情 晋江在行动”“全面小康”“消防安全整治”“项目大比拼”“科技赋能”“产城人融合”等重点宣传报道，聚焦奋战在一线的党员干部群众。

【中国共产党成立100周年宣传】 2021年，晋江市融媒体中心结合党史学习教育，策划推出“奋斗百年路 启航新征程”大型全媒体宣传，重点推出“六个一”：推出一批重磅新闻专题专栏。立足晋江实际，开设《学党史 悟思想 办实事 开新局》专栏和《百年风华 晋江记忆》《初心》《光荣在党五十年》等系列专题报道；推出一批优质纪录片：从6个不同角度，制作《一首歌的峥嵘岁月》《一曲南音一生情》《老兵新传》《为了“能救人的衣服”》《老党员讲党史》《一件航空衣》纪录片；推出一批特色广播节目：深挖“晋江经验”内涵，制作广播剧《江海扬帆》，开播《晋江党史故事开讲》《红色讲解员讲故事》《红色歌曲大家唱》等专栏；推出一批大型活动。策划开展“心声唱百年”音乐视频展播活动、“家国情”梧林沉浸式戏剧体验活动，承办晋江市庆祝中国共产党成立100周年文艺演出；推出一部网络电影《围头新娘》；推出一系列融媒传播。策划开展“追寻红色足迹”“初心之光”“新时代 新晋江”“侨心向党”等大型融媒传播。

【作品创优】 2021年，晋江市融媒体中心电视新闻专题《解密晋江30天建成医用防护物资产业链》获福建新闻奖一等奖，获年度福建省广播电视艺术奖项作品15件，其中《国际大体联足球世界杯宣传片》获省广播电视艺术奖一等奖（创新奖）。电视新闻专题《解密晋江30天建成医用防护物资产业链》、广播节目《晋江，奔流向海》等4个优秀节目被国家广电总局列为季度推优或重点项目，晋江乡讯社的《福建晋江侨批馆：家书背后的爱国故事》获全国县级融媒体中心优秀作品“双月赛”三等奖。

【融媒体建设】 2021年，晋江市融媒体中心搭建“晋江电视台”“晋江人民广播电台”“老闽南”“财富晋江”“晋江乡讯”微信矩阵。深度经营抖音号、快手号，加强与腾讯视频、今日头条和央视新闻移动网、新华社现场云等全国性平台的合作，拓宽宣传渠道。连续2年获评全省优秀县级融媒体中心，2021年晋江电视台微信公众号推文和视频号短视频浏览量超10万人次的均达到30条，其中单条浏览量最高突破100万人次，微信公众号传播力长期位居福建县域融媒体第一；承办的“晋善晋美好生活”抖音短视频大赛浏览量近1亿人次。

【福建晋江融媒发展有限责任公司注册成立】 2021年3月29日，经晋江市政府批准，福建晋江融媒发展有限责任公司注册成立，为晋江市融媒体中心下属国有企业，接受晋江市融媒体中心党委和晋江市国有企业党工委双重管理。5月11日，福建晋江融媒发展有限责任公司正式发起对晋江新闻网有限公司的商业收购。8月16日，福建晋江融媒发展有限责任公司与福建省晋江文旅集团有限公司签订国有企业股权无偿划转协议，文旅集团将持有中桥文化传媒（福建）股份有限公司51%国有股权无偿转让给福建晋江融媒发展有限责任公司。福建晋江融媒发展有限责任公司成为中桥文化传媒（福建）股份公司控股股东。10月21日，福建晋江融媒发展有限责任公司正式与福建省晋江文旅集团有限公司签订股权转让协议，文旅集团将持有晋江经济报发展有限责任公司6%的股权，按账面实际出资额120万元转让给福建晋江融媒发展有限责任公司。

【晋江乡讯】 2021年，《晋江乡讯》经多次改版提升后，发展成集报纸、公众号、头条号三位一体的全方位媒体。主要设置“时政要闻”“乡音乡讯”“侨批故事”“侨批研究”“华侨往事”“乡贤访谈录”“侨乡印记”“古街老巷”“百年侨校”“文艺副刊”“老闽南”“人文人文乡土”“侨法宣传”“说文别字”和侨乡文化系列报道“侨厝风情”“侨史风采”“侨乡风韵”等栏目，报纸全年出版24期。主要赠阅给海内外华人华侨，台港澳同胞，闽（晋）籍在外商会及晋江市委、人大常委会、政府、政协领导，晋江市各单位部门，镇（街道），侨联，学校，规模企业，省、泉州涉侨涉外部门等特定群体；公众号推文900期3000条；头条号推文1800条。

（陈燕）

·晋江经济报社·

【概况】 2021年，晋江经济报社围绕党史学习教育、中国共产党成立100周年、习近平总书记“七一”重要讲话精神等开展宣传。常设“我为群众办实事”栏目，展示晋江党员干部以实际行动为群众创造更高品质生活的担当作为。根据福建日报·新福建客户端与清博指数联合出品发布的《福建微信影响力指数榜》，《晋江经济报》在全省20家县级媒体中稳居前三名。

【主题宣传】 2021年，晋江经济报社做好“牢记初心使命 争取更大光荣——认真学习贯彻习近平总书记‘七一’重要讲话精神”“学习贯彻党的十九届六中全会精神”“关注全国两会”等主题宣传。围绕晋江市中心工作，开辟“再学习 再调研 再落实”“大抓项目 抓大项目”“常态化创建全国文明城市”

等栏目。其中，推出的《红绿灯下紧急让出生命通道》系列文图 + 视频报道，获全国各大媒体转载；在晋江文明城市复评关键时期，推出晋江交警“大红盆”系列报道；中央文明办确认晋江市保留“全国文明城市”称号后，又推出系列宣传报道。在晋江市党代会期间，首次重磅推出八连版特刊，以图片的形式集中展示晋江发展成就，成为党代会的一大亮点。在晋江组织世中运 18 个项目的测试赛前后，围绕筹备、亮点、动态、后勤补给、志愿服务、幕后等方面对赛事进行宣传报道。

【中国共产党成立 100 周年宣传】 2021 年，晋江经济报社策划做好中国共产党成立 100 周年宣传，推出“奋斗百年路 启航新征程”栏目。推出年度重磅策划“百年党史 • 晋江故事”，下设“追寻晋江红色印记”“寻找百年党龄家庭讲述平凡初心故事”等子栏目，通过图文、视频等形式，报道中国共产党成立 100 年间的晋江故事。7 月 1 日，推出中国共产党成立 100 周年 72 版特刊，展示晋江发展成就。

【媒体融合创新】 2021 年 3 月，晋江市上线“新福建”客户端爱晋江频道、“学习强国”县级融媒体号等，为讲好晋江好故事、传递晋江好声音、提升晋江形象提供更多窗口。4 月 19 日，在创刊 15 周年之际，正式改版《晋江经济报》，优化报纸版式，突出新媒体和纸媒的融合，实现稿件 + 二维码的立体阅读体验，做到“有版必有码”。聚力打造集融媒体指挥、协调、调度于一体的“神经中枢”，通过统一指挥、有序调度，实现“一次采访、多元生成、多渠道传播”的全媒体宣传目标。把优质的图文、视听内容通过移动端首发，实现文字、图片、音视频等信息的多维度呈现，新闻生产力和产品竞争力快速提升。全年有 29 条推文阅读量超 10 万人次，多条推文在人民日报客户端、新华社客户端、新华网、学习强国、《福建日报》等推送。

【新媒体爆款打造】 2021 年春节前夕，晋江经济报社推出《引无数晋江儿女泪奔！送给不回家的你！》，抓住“留晋过年”的新闻热点，策划“家书朗读者”活动，组织新晋江人前往晋江图书馆朗读亭录制家书并制作视频在各平台推送，引起一拨拨留言点赞转发。视频点击量突破 5 万人次。策划暑期防溺水系列报道，联合市长专线、晋江教育局出品防溺水条漫《转发接力！孩子的安全，我们共同守护》。条漫以闽南人流传的“水鬼”为切入点，用漫画的形式呈现并普及溺水施救法等，深受网友喜欢并点赞、转发，阅读量超 10 万人次。致力原创视频、音频栏目。其中，策划推出视频《灯火里的晋江》，选取晋江 13 个拍摄点，邀请 20 多位晋江大咖隔空参与录制，展示晋江发展变化，凸显晋江夜经济活力，并在晋江市党代会期间发布，成为晋江首个夜景大片。点击量超 10 万人次，留言、点赞、转发突破 5000 人次。在七夕到来之际，推出访谈节目《# 晋江 # 七夕 “狗粮”？没有的！爱情是你说，走，一起回家吃饭去……》，围绕“老一辈的爱”，选择 4 对老年人展开原生态的采访拍摄。该作品真实感人，凸显闽南情怀，通过老歌、老照片的组合引发读者深度共鸣。该视频推出第一天，点击量突破 10 万人次，累计收获转评赞超 1 万人次，点击量突破 22 万人次。

【疫情防控策划宣传】 2021 年，晋江经济报社助力新冠肺炎疫情防控，在注重服务性的同时，推出多个策划和专题，形成舆论宣传氛围。推出“我是党员，我在战疫一线”系列报道，凸显基层党员先锋作用，激发各战线战“疫”热情，提高战“疫”责任感、使命感。策划推出“中秋夜，我在抗疫一线”专题报道，通过采写中秋团圆夜晋江基层干群（家庭）的抗疫故事，凸显共克时艰、战“疫”必胜、舍小家为大家的家国情怀。战“疫”报道中，镇（街道）专版系列策划推出 13 个专题共 12 个整版，聚焦晋江基层新冠肺炎疫情防控工作，形成专版效应。

【国际宣传】 2021 年，晋江经济报社立足海外版优势，除在菲律宾版讲好晋江故事之外，联动“菲商网”等海外平台，宣传推介晋江本土重要事件，拓展国际传播的广度和深度。结合晋江推进新冠疫苗接种工作，推出“外国人接种疫苗”特别策划。通过采访不同国家不同类型的外籍人士在晋江接种情况，挖掘他们在晋江工作生活的故事，向外展示晋江新冠疫苗接种工作的便捷有序，宣传中国疫苗的安全性。该系列策划获《中国日报》英文版关注报道。

（晋江经济报社）

竞技体育

【概况】 2021 年，晋江市创新线上、线下办赛形式，成功举办全国赛事 9 个、省级赛事 12 个、市级赛事 24 个。竞技体育国际国内大赛捷报频传。全年在全国性体育赛事中获奖 7 人次。有 20 名运动员参加全运会，获 3 金 3 银，金牌数、奖牌数、参赛人数均为历史之最。少体校承接国家羽毛球队、省击剑队集训，成为中国田径协会训练和比赛基地。

（李世雄）

【全国性竞技体育获奖】 2021 年，晋江市运动员在全国性体育赛事中 7 人次获得奖项。其中，林超攀获全国体操锦标赛暨东京奥运会选拔赛全能季军、单杠亚军、双杠季军，第十四届全运会体操男子单杠第二名；陈情缘获女子花剑世界杯暨奥运积分赛女子花剑个人第二名，2020—2021 赛季全国击剑冠军赛（分站赛）暨第十四届全运会预赛第一站女子花剑个人第二名、女子花剑团体赛第二名；陈芳佳获全国锦标赛男子划艇冠军、全国冠军赛男子划艇冠军；何云杰获全国跆拳道精英赛男子 54 公斤级第二名；吴彬彬获中华人民共和国第十四届学生运动会女子中学组跳远第一名；施嘉洛获全国击剑锦标赛男子花剑团体冠军、全国击剑总决赛男子花剑团体冠军；张云辉获 2021 年全国田径锦标赛 4×400 米接力第五名。

（周达莉）

【青少年体育】 2021 年，晋江市青少年体育工作训练备战有序推进，晋江市青少年获省级及以上比赛奖牌 54 金 31 银 50 铜，紫峰中学蝉联省中学生篮球锦标赛高中女子组第一，实现“七连冠”。组织晋江市优秀青少年运动员参加福建省青少年三人篮球锦标赛（初中组）夺得冠军。5 名运动员参加福建省青少年举重锦标赛比赛，获 3 项（单项）第一。在泉州市“体彩杯”少年儿童武术套路锦标赛中，晋江市派出 40 名运动员参赛并获 4 金 12 银 12 铜及男女团体总分第二。在 2021 年福建省青少年击剑锦标赛暨 2020 世中运测试赛中，晋江市代表队派出 34 人参加比赛，获 14 金 4 银 5 铜。完成中小学幼儿围棋赛、小学生排球赛、中小学生游泳赛以及各类小学生球类比赛等青少年体育赛事。

【体育后备人才培养】 2021 年，晋江市优化体育项目布局，加大体育后备人才培养力度，筹备创建“国家重点高水平体育后备人才基地”，全年向福建省级和泉州市级体训单位输送人才 56 人，高考录取到北京体育大学、南昌大学等本科和大专院校 26 人，录取率 100%。高质量配合完成 18 个世中运测试赛任务，包括游泳、篮球、跆拳道等 18 个项目，吸引来自全国各地的运动员 4365 人、技术官员 1153 人参与测试。

（李世雄）

2021 年 6 月 28 日，安海镇太极拳协会在安平桥景区举行“庆祝中国共产党百年华诞”百人太极拳会演（晋江市体育局/供）

群众体育

【概况】 2021年，晋江市体育局落实市委、市政府关于建设“体育城市”决策部署，以举办世中运等国际性重大赛事为契机，开展全民健身活动，举办各类赛事活动超200项。推进国家级全民运动健身模范县创建工作，获评第一届福建省全民运动健身模范县（市、区）。

【全民健身活动】 2021年，晋江市举办全民健身运动会、晋江市第十一届老年人健身大会、晋江市篮球协会首届常青组篮球联赛等群众性体育赛事。开展“人才杯”系列活动、元旦迎新登高等全民健身活动。各乡镇体育协会举办太极拳、篮球赛、广场舞等群众性比赛。

【公共体育服务】 2021年，晋江市扩大公共体育服务供给，推动市体育中心、全民健身中心、第二体育中心等一批公共体育场馆对外免费或低收费开放。做好青少年校外活动中心面向社会开放等工作。暑期开办足球、射箭等公益体育夏令营，累计服务中小学生近700人。

【传统体育项目】 2021年，晋江市注重挖掘和发展传统体育项目。11月，安海“水上掠鸭”入选国家体育总局体育文化发展中心“中华体育文化优秀项目”。陈埭民族中学获批“泉州市少数民族传统体育项目训练基地”。

【社会体育指导员队伍建设】 2021年，晋江市创新社会体育指导员培训方法，采用分散培训方式，培训院校三级社会体育指导员30人，促进社会体育指导员队伍建设。年底，全市体育社会组织114个，社会体育指导员4496人。

（李世雄）

体育产业

【概况】 2021年，晋江市体育产业规模持续增长，全市体育产业产值2255.57亿元，比上年增长10.54%。完善体育产业发展政策，制定出台《关于促进全民健身和体育消费推动体育产业高质量发展的实施意见》《晋江市赛事活动三年计划》等政策。体育彩票销量稳步提升，全年体育彩票销售额5.19亿元。

【体育用品制造业】 2021年，晋江市体育用品制造业加快转型升级，安踏成为2022年冬奥会和冬残奥会官方体育服装合作伙伴，舒华为冬奥会和冬残奥会官方健身器材供应商，盼盼获北京2022年冬奥会和冬残奥会官方赞助商，卡尔美赞助第十四届全运会体育服装和亚足联赛事，晋江恒盛玩具被选为北京冬奥会吉祥物毛绒玩偶制造商、特许商品生产商。卡尔美、中乔体育分别获批国家、省级体育产业示范单位，晋江市获批国家级示范单位数量居全省第一。

【体育场馆服务业】 2021年，晋江市体育场馆服务业克服新冠肺炎疫情少体校承接国家羽毛球队、省击剑队集训，成为中国田径协会训练和比赛基地。第二体育中心对外开放并将成为跳水项目“省队县办”“市队县办”基地。全民健身中心出租率超90%，场馆利用趋于饱和。

【体育赛事品牌打造】 2021年，晋江市举办2021年中国击剑俱乐部联赛、王者荣耀全国大赛（晋江站）等赛事，继续支持浔兴、众腾等职业俱乐部征战CBA、WCBA联赛，国际大体联足球世界杯系列赛事获评“中国体育旅游精品赛事”。

（陈小兵）

体育设施

【概况】 截至2021年底，晋江市建成各类体育设施4398个，体育场地面积520.42万平方米，位居泉州市第一；人均场地面积2.52平方米。补齐民生领域短板，连续11年将基层体育场地设施建设纳入“为民办实事”项目，2021年建成全民健身场地设施42个，超额完成30个的预定目标。

【体育场馆建设】 2021年，晋江市30个世中运场馆如期建成并投入使用，市第二体育中心获建筑工程最高奖项“鲁班奖”，省级为民办实事项目——晋江市首个智慧体育公园完工。推进体育设施多样化，增加“一老一小”体育设施建设，推进口袋健身公园、社会足球场地、健身步道等建设任务。

【新疆维吾尔自治区体育局南方训练基地开工】 2021年4月8日，新疆维吾尔自治区体育局南方训练基地在晋江市开工。该项目总投资7800万元，总用地面积44252.2平方米，建设面积8682平方米，建设内容包括标准跑道田径场、射箭场、航模跑道、沙排球场、航模训练场地、室内篮球、拳击、摔柔、体能训练馆及其配套设施。

（景欢欢）

晋江市第二体育中心　（吴宝烨／摄于2021年）

综 述

【概况】 2021年，晋江市围绕“健康晋江”建设目标，全面深化医疗卫生体制改革，卫生健康服务体系更加完善，公共卫生重大疫情防控能力显著增强，医疗卫生事业实现又好又快发展。上海六院、复旦大学上海医学院等国内顶级医疗资源落地晋江；树兰医疗集团与晋江再续5年合作；建成智慧卫生信息平台，群众在线即可享受健康档案调阅、检查图像、预约挂号等便民功能，在线调查群众满意度98%。

2021年，晋江市有医疗卫生机构1151家。三级公立医疗机构3家（市医院为三级综合医院、中医院为三级甲等中医院、晋江市安海医院〈晋江市第二医院〉），二级公立医疗机构6家（其中妇幼保健院为二级甲等妇幼保健院，晋江市医院晋南分院为二级甲等综合医院，陈埭中心卫生院、磁灶中心卫生院、东石中心卫生院、英墩华侨医院为二级乙等综合医院），其他镇卫生院9家，街道社区卫生服务中心6家，晋江经济开发区卫生服务中心1家，第三医院（精神卫生中心）1家，市疾控中心1家，卫计执法大队1家，卫生进修学校1家，急救中心1家，市口腔医院1家（未定级），血透中心1家，镇卫生院分院3家（磁灶中心卫生院张林分院、池店镇卫生院桥南分院、英林中心卫生院下伍堡分院）。民营医疗机构456家（2021年新设置145家），其中医院20家、门诊部55家、个体诊所381家。社区卫生服务站110家，村卫生所550家。编制床位5214张，实有床位8144张，开放床位6961张。各类卫技人员8218人（不含乡村医生）。其中，执业（助理）医师3381人，注册护士3132人，药剂师503人，技师（含检验人员）491人，卫生监督员22人，其他卫生技术人员683人。每千人卫技人员3.97人，每千人床位数3.38张。2021年，全市门急诊702.25万人次、住院10.72万人次，其中基层门急诊410.94万人次。

【新冠肺炎疫情防控】 2021年，晋江市做好新冠肺炎疫情防控工作，细化1600个网格，按照“四长五包干”（片区长、网格长、街长、楼长，包宣传、包监督、包排查、包防控、包服务）的要求，配齐驻村干部、村（社区）两委、巡逻队、片警、公卫人员、村医和健康管理员，实行大数据+网络化排查，第一时间进行人员摸排，做到全查清、见到人、管到位、责到岗。市疾控中心抽调20名专业人员组建流行病学调查队，通过科学分班、强化培训和“以老带新”等方式，提升流调水平，每组均能独立开展流调、消毒、标本采集及密切接触者判定追踪等工作，确保第一时间掌握疑似病人活动轨迹。组建采样队4334人，复采应急队80人，标本转运队320人，累计开展“应检尽检”“适时抽检”核酸检测524.45万人次；全市8家核酸检测实验室（不含疾控中心）24小时检测能力达到2.09万份；城市核酸检测基地建成投用，日均检测量3万份；采购18台扩增仪，提高全市核酸日检测能力。设置定点收治医院6家，设置单间隔离病床215张，方舱医院可转化床位538张；规范建设发热门诊8家、发热诊室6家；全市启用市级集中隔离场所2处，可使用隔离房间1270间，分别为林格健康驿站隔离房间1219间、集成电路产业园健康服务中心隔离房间51间；市级储备反恐防暴训练基地集中医学观察点房间151间、喜得龙集中隔离医学观察点隔离房间172间，镇级储备隔离场所25处、房间2577间。设置新冠疫苗接种点25个、机动队伍7支、接种台272个，日最大接种量达到4.08万剂以上。截至12月30日，全市3岁以上目标人口累计接种450.92万针次。强化医疗机构新冠肺炎疫情防控。出台《晋江市医疗卫生机构医院感染及新冠肺炎疫情防控记分管理与反向约束机制（暂行）》《关于强化卫健系统安全生产和疫情防控挂钩督导工作机制的通知》等文件，成立新冠肺炎疫情督导专班，开展多层次、全覆盖的监督执法检查，并对小型医疗机构启动电子监控措施，针对医疗机构新冠肺炎疫情防控开展专项督导16轮次，累计记分258家、1598分，停业整顿35家。

【医疗为民办实事项目】 2021年，晋江市财政投入2590万元，实施3个医疗方面的为民办实事项目：建设电子健康卡（医码通）项目一期、实施髋膝关节医疗救助精准帮扶工程、补助部分计划生育家庭参加基本养老保险，全部按期完成。

【卫生项目建设】 2021年，晋江市规划卫生建设项目15个，其中上海六院晋江创伤骨科医疗中心（市医院罗裳院区）改造工程、罗山街道社区卫生服务中心等3个项目建成投用；晋江市医院晋南分院二期综合楼项目、晋江市第三医院扩建项目、百大妇产医院项目（民营）等12个项目抓紧推进。智慧卫生信息工程一、二期项目建成投用，上线“健康晋江便民服务平台”微信公众号，全市26家医疗卫生机构接入平台，群众在手机上即可享受健康档案调阅、检查图像、预约挂号等便民功能，群众满意度98%。推进“医码通”项目建设，整体投用后可在全市27家公立医疗单位实现一码全流程就医。

【医疗技术水平提升】 2021年，上海六院福建医院（晋江市医院）成为全国县域首个国家区域医疗中心试点，复旦大学上海医学院落地晋江，深化与树兰医疗集团合作，依托中医院，推动与福建中医药大学开展校地合作，安踏集团捐赠20亿元助力上海六院福建医院建设。全市设立院士工作站、名医工作室28个，新增填补全市空白的新技术、新业务超百项，其中15项国内领先技术填补福建省技术空白。

（郑玲燕）

医药卫生体制改革

【现代医院管理制度建设】 2021年，晋江市在市医院等5家试点医院深化现代医院管理制度建设，提升医院精细化管理水平。5家试点医院制定医院章程，组建7—11个医院专业委员会，完善医疗服务与质量等13项制度，推动“章程管院、专家治院”。选派3名总会计师进驻市医院等3家总院，推行公立医院党政主要负责人、总会计师目标年薪制，转变医院主要领导、总会计师角色定位。智慧卫生信息工程一、二期项目完成验收并投入使用，全市26家医疗卫生机构依托基础交互平台和数据中心，区域影像、病理系统、区域检验、双向转诊、智能健康提醒系统等全面投用，实现全市医疗机构数据互联互通、调阅共享。紧盯医改重点监测指标，针对滞后指标和环比下降指标组织专题分析，发挥总会计师管理优势，明确职责分工和责任人员，提出整改提升措施并进行落实，对晋江市2021年40项医改监测指标（23项重点监测指标和17项重要关联指标）进行监测分析。其中，医疗服务性收入占比37.41%，规范实施临床路径管理的出院人数占比76.42%，门（急）诊每人次药品费用比上年下降13.89%，出院者平均住院日6.28天，基本药物使用率45.52%，Ⅲ、Ⅳ手术人次占比52.56%。

【紧密型医共体建设】 2021年，晋江市出台《晋江市紧密型医疗卫生共同体建设实施方案》，明确医共体建设的远景规划、具体目标及运作标准、实施细则。将医共体建设纳入院长年薪制和医保打包支付年度考核重要内容，挂牌成立晋江市医院、晋江市中医院、晋江市安海医院（晋江市第二医院）3个医共体总院和21家成员单位。根据全市区域规划和医共体成员单位实际，按照“良性竞争、差异发展”的思路，科学定位医共体成员单位发展。其中，梅岭院区设立慢病门诊、日间化疗中心，推动病人下沉基层；市中医院成立慢病管理中心，引导慢病患者到基层单位就诊等。注重政策业务培训，先后举办5期以医共体重要政策文件、纪检监察、党务和先进地区经验分享等为主题的医共体业务专题培训会，邀请三明市将乐县总医院、宁波市第一医院知名院长专家和泉州市委党校教师进行授课，累计培训1400多人次。聚焦关键环节，探索行政管理、人力资源管理、财务管理、医疗质量管理、药械管理、信息管理、医防融合“七个一体化”紧密型医共体建设任务，细化72项工作清单，建立紧密型医共体工作推进机制，实行挂图作战、定期例会等制度，推动医共体建设工作落到实处。实行大部制改革，3家医共体压缩调整行政职能部门，配套出台医疗卫生单位中层干部管理指导意见。组建3家医共体财务管理中心，遴选3名总会计师派驻总院，抽调核算员集中办公，上线财务管理一体化信息系统，统一医共体内资金审核、支付等流程，确保资金安全、合理使用。出台医疗质量管理一体化管理工作方案、双向转诊管理办法和对口帮扶、巡逻、远程会诊等配套机制体系，推动医务、护理、院感、科教、公卫、药事“六大中心”建设。设置统一的药械采购账户，制定医共体内部药品目录，以医共体为单位落实药品和耗材集中带量采购和使用工作。统一医共体信息系统运维管理，将全市26家医疗卫生机构介入基础交互平台和数据中心，全面投用区域影像、病历系统、区域检验、双向转诊、智能健康提醒等系统，实行全市医疗机构数据互联互通、调阅共享。实施智慧卫生信息工程，联通整合各成员单位应用系统，实行同库同质化管理，共享公共卫生信息系统与居民电子健康档案，通过智慧卫生平台和全景分析平台多渠道收集分析医共体成员单位运行数据。探索建立公卫机构与医共体分工协作机制，由3个医共体牵头，分别划定区域统筹核酸采集、阳性病例转运、医疗物资配送、医务人员，以及集中隔离点医疗服务等工作。成立医共体医防融合一体化管理中心，推行家庭医生签约服务健康管理新模式，重点做好慢病患者、老年人、孕产妇等人群健康管理工作，组织总院专业团队深入各成员单位开展“医防融合暨医疗服务质量双提升”医共体巡讲、成员单位经验分享等活动，指导村卫生所加强制度、流程等建设，筑牢基层服务网底基础。至12月，紧密型医共体72项具体项目完成67项，完成率93%。

【“三医联动”改革】 2021年，晋江市建立卫健、医保等部门联席会议机制，推进药品耗材采购改革，县域松散型医用耗材采购联盟成员单位从17家增至114家，医用耗材单品价格累计平均降幅56.62%，打造泉州版医疗“淘宝”平台。推进按病种收付费为主的多元复合式支付，在全市公立医疗机构实行按病种收付费改革，分5批推出449个病种，群众报销比例提高11个百分点，医院通过控费医务性收入得到大幅增加。推进医保基金总额预算管理工作，2021年，核定县域打包支付金额10.28亿元，提升医院主动控费意识，推动以“治病为中心”转向以“健康为中心”。以“点题整治”为契机实施专项治理，开展医保监管领域“假病人、假病情、假票据”恶性欺诈骗保行为专项整治行动，全年检查定点医药机构371家次，约谈1家次，拒付医保基金135.13万元（其中116.87万元由定点单位自查退回）。

【人事薪酬制度改革】 2021年，晋江市探索卫技人员“市管镇用”用人机制，出台《晋江市市直公立医院人员总量控制备案管理暂行办法》。重新核定全市公立医院人员控制总量10190名，全市医疗卫生单位有人员5954名，尚有4236名总量可使用，从根本上解决长期困扰晋江卫生领域的编制需求。实施医院人员规模总量控制后，晋江市加大卫生类工作人员招聘力度，各成员单位以医共体名义统一进行公开招聘，引进、调配至医共体成员单位，充实卫技人员队伍。设立晋江市基层卫技人员管理服务中心，统筹全市卫技人力资源；实行紧密型医共体内的人力资源由牵头医院统筹管理、统一调配使用，加强医共体专业技术职称评聘管理，由总院统筹调配各成员单位职数设置，并向基层一线人员倾斜，推动医共体牵头医院实施名医专家、管理骨干、高年资医师三类优质资源下沉，促进医共体成员单位之间人员合理流动，提升基层医疗卫生单位管理服务能力。在晋江市医院等5家公立医院试点院长年薪制和工资总额管理，建立“院长—副院长—职能科室负责人”三级目标分配、绩效考核机制；在晋江市医院晋南分院开展全员年薪制试点，按照“以收定支、按岗定薪、同工同酬”原则确定各个岗位年薪标准，配套绩效考核办法，推动医院管理能力提升。探索公共卫生机构薪酬改革，出台《晋江市推进“一类保障、二类管理”薪酬制度改革工作方案》，在妇幼保健院、第三医院试点“一类保障、二类管理”薪酬制度改革，实行“多劳多得、优绩优酬”，调动医务人员积极性。

【医防协同机制改革】 2021年，晋江市创新新冠肺炎疫情防控机制，把全市细化成1600个网格，配齐新冠肺炎疫情防控专组，实行大数据+网络化排查，做到全查清、见到人、管到位、责到岗。组建流行病学调查队，规范开展流调、消毒、标本采集及密切接触者判定追踪等工作，确保第一时间掌握疑似病人活动轨迹。抽调组建264人采样队伍，在市医院等8家医疗卫生机构实验室常态化开展核酸检测。落实预检分诊、“一患一陪护”等制度，划出专门区域设置传染病区，建设、改造隔离病房124间，床位165张，建设负压病房2间，增加传染病床位数和从业人员数，提升传染病医疗救治能力。

【经费投入长效机制建立】 2021年，晋江市一般公共预算安排卫生健康事业支出13.02亿元（不含上级转移支付），比上年增长4.1%，占一般公共预算总支出10.20%。设立卫生健康人才素质提升专项资金（2000万元），重点实施“525”（领军型人才5人、培养型人才20人、实用型人才50人）医技人才孵化工程。2021年，全市规划建设项目15个，累计投资3.83亿元，争取上级资金2.3亿元。上海六院晋江创伤骨科医疗中心（市医院罗裳院区）改造工程等3个项目建成投用。成立泉州市首个镇级卫生健康人才发展基金——磁灶卫生健康人才发展基金，社会各界累计捐资880万元；筹备设立和敏健康医疗发展基金会，推动卫生健康事业良性发展。

（黄金娜）

公共卫生

【概况】 2021年，晋江市制定《2021年晋江市基本公共卫生服务项目实施方案》和《2021年晋江市基本公共卫生服务项目绩效考核方案》，明确职责分工和年度目标任务，市、镇、村三级纵横联动机制顺畅，季度督导和指导落实到位，问题反馈和整改机制基本落实。市专业公共卫生机构全面参与项目工作，发挥公共卫生指导团队的技术支撑作用。各基层单位均结合实际细化实施方案，制订工作计划，完善多部门沟通协调机制；推进家庭医生签约服务工作，全科团队日趋完善；深化卫计整合内涵，整合镇、村计生服务资源，优化人口健康员职责，提升基本公共卫生服务力量；加强业务指导工作，明确镇、村两级职责，量化村卫生室考核内容，加强村级督导管理；绩效考核稳步推进，考核奖惩逐步兑现，项目质量和群众满意度均有较大提升。设置健康教育宣传栏，向居民提供健康教育宣传材料、健康教育咨询和讲座服务。

2021年，晋江市7家基层医疗卫生单位承担泉州市居民健康素养监测工作，工作人员深入社区（村）开展健康素养调查，收回有效问卷700份，调查结果表明晋江市健康素养水平为22.1%。

【精神卫生工作】 2021年，晋江市推进市第三医院（简称“三院”）建设，优化就诊环境。晋江市第三医院扩建项目建筑占地面积6290平方米，建筑面积40827平方米，建设内容包含门诊综合楼、地下室及配电室、绿化景观、道路、车位等配套设施，并对既有建筑进行功能性改造。扩建后，总床位可达600张。各镇（街道）设专（兼）职社区精神卫生防治人员，完善分片挂钩协调制度，由各镇（街道）综治办、派出所、三院精神专科医生、各基层医疗卫生单位组成日常工作沟通小组，建立“纵向到底、横向到边、上下联动”的责任网络，实现社区精神卫生工作全覆盖；设立精神障碍患者服务管理系统的网格专网，全面覆盖市综治、公安、卫健、三院、19个镇（街道）、27个公安（边防）派出所以及19家基层医疗卫生单位，实现患者信息共享和“一历五单”的系统流转，确保患者情况“三清楚”（住院病历清楚、出院流向清楚、日常管理服务对接清楚），形成工作有记录、过程留痕迹、结果可追溯的衔接管理模式。依托互联网等媒体，加强精神卫生宣传。开设“德育心育”学科网、未成年心理健康辅导网，健康晋江、晋江心理辅导等微信公众号，“南山静水”心理教研与心理辅导通讯等网络平台，在《晋江经济报》开辟卫生健康专栏，开展健康宣传和心理健康指导；组建心理援助和心理危机干预队伍，开通公益性心理热线电话和职工心理健康服务热线，向公众提供心理健康辅导服务。

【食品卫生监测】 2021 年，晋江市制定《2021 年食品安全风险监测方案》，并组织采集检测各类相关食品。全年配合泉州市采样监测各类食品样品任务 196 份，实际完成监测 196 份，监测完成率 100%，检出不合格样品 11 份，合格率 94.2%。晋江市本级监测消毒餐饮具、碘盐、学校直饮水、饮用水 4 类监测任务 1000 份，实际监测 1007 份，监测完成率 107%，合格 949 份，合格率 94.2%。制定《晋江市 2021 年度食源性疾病监测工作方案》，在全市 24 家哨点医院食源性疾病病例监测审核上报 2035 例，要求报告任务 1515 例，完成率 134.3%。晋江市医院食源性疾病病例标本采集任务 150 例，实际采集 178 例，其中检出阳性标本 11 份，阳性检出率 6.2%。晋江市根据《食品安全事故流行病学调查技术指南》（2012 年版）要求，调查疑似食物中毒事件 15 宗，调查完成率 100%，原因查明率基本达到 100%，确认食物中毒事件 3 起。

【环境卫生监测】 2021 年，晋江市开展公共场所健康危害因素监测。10 月，按照上级要求完成辖区内住宿场所 3 家、商场超市 1 家、美容美发场所 3 家、候车室 1 家、游泳场所 1 家等 5 类 9 家公共场所的健康危害因素监测与调查任务。

【饮用水卫生监测】 2021 年，晋江市开展市政供水末梢水监测。根据《2021 年晋江市治理餐桌污染建设食品放心工程工作方案》的要求，对市政供水末梢水 10 个固定点监测 120 份，合格率 100%；对城区二次供水监测 57 份，合格率 82.5%。国家项目监测，重新核实 10 个自来水厂的基本情况，明确晋江市生活饮用水的提供方式、制水工艺、饮用水卫生培训，消毒方式、水质检测安全、卫生安全隐患，实验室检测能力等。晋江市项目监测，抽检辖区内 10 家集中式供水单位的出厂水和末梢水。监测出厂水 40 份，合格率 95%；监测末梢水 280 份，合格率 98.9%。出厂水和末梢水均符合生活饮用水卫生标准要求。

（洪晓东）

基层医疗卫生

【概况】 2021 年末，晋江市有村级医疗卫生机构（含个体诊所）960 个，卫技人员 1887 人。全市村级卫技人员中，执业医师 555 人，占 29.41%；执业助理医师 222 人，占 11.76%；乡村医生 467 人，占 24.75%；其他人员 643 人，占 34.08%。

【乡村医生规范培训】 2021 年 4—11 月，晋江市开展乡村医生规范培训，提高乡村医生业务技术水平。乡村医生规范培训分视频教学、网络直播授课和技能考试、临床跟班学习等三部分。

【乡村医生补偿机制】 2021 年，晋江市按照国家卫健委要求，乡村医生养老保障补助提升至 10 元/户籍人口，全年基层医疗单位对村级医疗机构实施基本药物零差率销售制度专项补助 1182.12 万元。完善乡村医生养老保障制度，把建立乡村医生养老保障制度作为推进医改工作的一种先行探索和实践，全年发放养老补助 220.14 万元。落实乡村医生岗位津贴补助政策，对年满 60 周岁乡村医生（不含执业满 40 年乡村医生）、原享受乡医津贴空白村的乡村医生、取得执业助理医师及以上资格或承担基本公共卫生任务且工作积极主动配合的乡村医生发放乡医津贴。2021 年发放岗位津贴 44.54 万元。村卫生所（社区卫生服务站）承担基本公共卫生服务补助按照促进基本公共卫生服务均等化人均标准，根据考核结果量化给予基本公共卫生服务补助。建立乡村医生医疗风险化解机制，为村级医疗机构从业人员 1063 人购买团体意外险。

【优质服务基层行】 2021 年，晋江市提高全市基层医疗卫生服务能力水平，加快推进全市基层医疗卫生事业发展，通过开展“优质服务基层行”活动，完善基层医疗卫生单位服务功能，改进服务质量，突出服务特色，保障医疗安全，提高服务能力，提升群众对基层医疗卫生单位的利用率和获得感。至 2021 年 12 月，有 6 家镇（中心）卫生院、街道社区卫生服务中心“推荐标准”评审，9 家镇（中心）卫生院、街道社区卫生服务中心达到“基本标准”，为建立分级诊疗制度和健康晋江建设奠定基础。

（蔡美玲）

妇幼保健

【概况】 2021 年，晋江市妇幼卫生工作优化服务模式，拓展服务领域，规范妇幼卫生工作 0—6 岁儿童健康管理、孕产妇健康管理“两个系统”管理，公共卫生项目有序推进，服务能力持续提升，较好地完成各项工作目标任务。全年全市有产妇 9259 人，住院分娩率 100%；孕产妇系统管理率 92.31%，产前检查率 97.74%，产后访视率 94.91%；孕产妇死亡率 10.72/10 万；5 岁以下儿童死亡率 2.57‰；婴儿死亡率 1.5‰。各项妇幼卫生指标均达到或超过年初制定的目标要求。落实预防艾滋病、梅毒、乙肝母婴传播项目任务，2021 年孕产期免费接受艾滋病、梅毒、乙肝检测均超过 1.8 万人，产妇检测率 100%，艾滋病孕产妇抗病毒用药率 100%，梅毒感染孕产妇治疗率 98.11%，活产儿乙肝免疫球蛋白注射率 99.91%。免费发放叶酸 9357 人。

【妇幼卫生项目培训】 2021 年，晋江市针对妇幼项目开展培训班 15 场次，参训 7384 人次，内容涵盖妇幼重大公共卫生项目、妇幼信息、三网监测、健康教育、产科适宜技术等。各基层卫生单位抓好村级孕管员网底培训。

【助产技术服务机构监督管理】 2021

年，晋江市加强母婴保健法律证件管理。通过“易联众—基层卫生信息系统”规范“出生医学证明”的管理、签发，协助公安部门核查“出生医学证明”。8月、12月，结合助产技术执法检查，先后对全市助产机构出生医学证明管理工作进行督查。加强母婴保健技术服务机构和人员监管，组织开展2021年晋江市母婴保健技术服务人员理论及技能考核，于6月16日组织第十六期母婴保健技术服务理论合格人员进行技能考核，均获得母婴保健技术助产服务资格。分别于7月、8月组织市围产保健协作组成员、市妇幼保健相关人员参与会议，总结抢救工作经验与教训。继续巩固爱婴医院工作成效，全市11家助产机构通过省级爱婴医院的复核，获得“爱婴医院”的称号。结合妇幼卫生工作考核，进行一年两次的爱婴医院工作督导。

【优生与婚检整合】 2021年，晋江市将免费孕前优生健康检查项目和地中海贫血防控项目工作纳入各镇（街道）基本公共卫生考核，各医疗卫生单位整合资源、优化流程，实现孕前优生检查、地中海贫血防控与婚前医学检查的有机结合，让群众一次检查享受到三种服务。同时，在基层医疗单位全面铺开孕前优生检查免费服务。2021年，全市婚检5704人次，婚检率51.92%，检出疾病914人次，疾病检出率16.02%；孕前优生健康检查6004人（其中男性3001人、女性3003人）；实施地中海贫血防控筛查3182对，检出地中海贫血基因携带者57人。

【妇女病普查普治】 2021年，晋江市通过降低收费标准、主动上门服务等措施，定期开展妇科病普查普治。推进“两癌”筛查、产前筛查项目，全面完成国家项目和泉州为民办实事项目。2021年完成宫颈癌检查8800人、乳腺癌检查8800人，完成率100%。发现宫颈低级别病变35人、宫颈高级别病变15人，确诊宫颈癌3人、乳腺纤维瘤26人、乳腺导管内乳头状瘤1人、乳腺癌10人，均接受进一步治疗。根据预约情况合理安排全市女干部、女职工妇女病普查时间，避免拥堵情况。通过邮寄报告单、电话告知异常等形式服务被检人员。2021年，妇女病普查2659人，检出妇科病526人。

【艾滋病、梅毒、乙肝母婴传播预防工作】 2021年，晋江市确诊HIV阳性孕产妇3例，其中采取人工流产1人、分娩1人、孕期在访1人。随访艾滋病感染产妇所生儿童10人，其中2020年续管6人、新增4人（外省分娩后转入3人）。10人全部为流动人口，其中阻断成功7人，转出1人（回户籍地），在访2人；在管儿童体检情况良好，随时保持联系中，按时接种疫苗及儿童常规保健，定期赠送奶粉，所有经管儿童产后均有服用抗阻断药，均有做早期诊断（送广东省疾控中心），结果均阴性。

2021年，晋江市梅毒阳性产妇所生儿童在访122例，其中65例满1岁，1岁内随访率84.6%（55/65）；1例1岁内未进行血液检测（未检测原因包括失访及家属经过多次动员均拒绝检测），29例在年度内结案转为正常儿童管理，年度内2例先天梅毒（1例母亲孕期规范两个疗程治疗；1例怀孕未产检，临产时发现母亲阳性临产用药），10例失访结案。

2021年，晋江市乙肝阳性产妇所生婴儿1169人。其中，1例新生儿死亡；其余均注射乙肝免疫球蛋白，并分辖区进行随访，在12月龄内检测乙肝表面抗原和表面抗体。

【妇幼健康技能水平提升】 2021年，晋江市通过选派上级进修学习、举办晋江市业务培训等形式逐级拓展培训，提升业务人员素质。各基层卫生单位抓好村级孕管员培训，增强村级网底功能。对接高端医疗保健资源，继续巩固和规范儿童生长发育、心理行为、疾病防治和集体儿童保健门诊。与厦门市仙岳医院建立协作关系，发展儿童心理行为门诊，建设区域儿童保健中心。继续巩固与晋江市实验小学及晋江市第二实验小学、晋江市养正中学的共建协议，为学校提供心理保健服务。9月14日，晋江市妇幼保健院携手北京师范大学签订“围产期因素下儿童脑智发育多中心数据库课题”协议，启动晋江市3—12岁儿童神经发展性障碍发育课题研究，10所幼儿园、2所小学共1.5万多名学生及家长参与第一阶段的初筛。12月15日起，进行第二阶段儿童神经发展性障碍发育运动力、注意力、学习力的进一步详细评估，幼儿园293人、小学生263人参与。该项目填补晋江市儿童神经发展性障碍发育障碍评估与训练空白。加强儿童近视防控，市妇幼保健院及基层医疗卫生机构常规开展眼保健服务，为7岁以下儿童每年免费进行视力检查并建立视力健康档案，宣传近视防控知识，新冠肺炎疫情防控期间，采取线上钉钉、腾讯会议等方式进行近视防控宣教。加强儿童口腔疾病防治，晋江市妇幼保健院带领全市基层儿保人员，全面铺开儿童口腔健康教育、健康检查、口腔氟化泡沫等口腔保健工作。

【医疗机构服务内涵拓展】 2021年，晋江市各医疗单位更新产后保健、产后康复等基础设备，满足广大育龄妇女的需求，全市多家单位先后引进磁刺激治疗仪、生物刺激反馈仪、伊美德儿MDT产后整体康复等先进仪器和康复治疗理念，提高女性健康保健水平和生活品质。推动基层医疗机构盆底康复特色科室的建设、规范诊疗路径、加快盆底康复适宜技术普及，举办全市基层医院盆底康复适宜技术应用与运营实践研讨会。

【儿童早期发展项目实施】 2021年，晋江市被省妇儿工委、省卫健委列为儿童早期综合发展项目市，晋江市妇幼保健院被授予“福建省儿童早期发展示范基地”。市妇幼保健院作为实施机构，完善工作机制，加强科技创新，落实干预措施，服务能力不断拓展和提升；开展全市儿童早期发展示范基地工作，向基层医疗单位推广。灵源街道卫生服务中心和磁灶中心卫生院被评为“晋江市儿童早期发展示范基地”，其中磁灶中心卫生院为泉州市第一批儿童早期综合发展示范点；第一实验幼儿园、第二实验幼儿园、第三实验幼儿园、灵源中心幼儿园、东石中心幼儿园设为晋江市儿童早教基地。

2021年，晋江市结合新冠肺炎疫情防控，通过开展候诊课堂、线上空中课堂（每周一次）、早教相关课题、育儿专题对话等宣传活动，提高群众早教意识；整合社会资源，普及心理健康知识，逐步将项目拓展覆盖到校园，实现《健康中国行动（2019—2030）》关于儿童青少年心理健康相关指标，协助家长与教师解决学生成长过程中的心理困扰，搭建学校、家庭、医疗卫生机构联动心理健康服务模式，促进儿童青少年心理健康和全面素质发展，与晋江市实验小学、晋江市第二实验小学、养正中学继续保持卫生保健合作关系；儿童保健科通过线上线下相结合方式的课堂，以新冠肺炎疫情防控期间生长发育和视力防控为抓手，与多家学校、幼儿园建立线上授课和互动问答模式，全年举办医校联合讲座6场次，包括“近视防控科普”“生长发育专题讲座”“幼儿园眼保健”“与多动症面对面”“秋天如何保健”等主题线上活动，参与35955人次。

【妇幼保健宣传教育】 2021年，晋江市推广“健康晋江便民服务平台”，实现预约诊疗、智能导诊、数据查询等服务，安排经验丰富的医生为妇女儿童提供在线问诊和保健服务，实现“非必须、零到院”，减少患者聚集；探索“云上妇幼”服务模式，依托微信公众号、线上课堂、《晋江经济报》等平台，提供健康宣传教育、咨询指导、远程培训等服务，实时推送妇幼健康知识、政策及新冠肺炎疫情防护指南；全年编印地中海贫血宣传折页、宣传手册、防治读本共1200份，婚前保健宣传折页2900份，其他婚检宣传单1700份，“健康孕育、护佑新生——出生缺陷主题宣传册”5000份，发放至各医疗卫生单位。开展出生缺陷、预防艾滋病母婴传播主题宣传H5有奖问答知识宣传，访问量63115人次，参与答题用户13945人，参与分享19581人。

（洪晓东）

疾病预防控制

【概况】 2021年，晋江市公立医疗卫生机构的传染病网络直报率100%，传染病及时报告率100%，报卡审核及时率100%。法定传染病报告发病率402.43/10万，比上年上升16.56%；死亡率1.27/10万，同比上升38.89%；病死率0.26%，上升44.44%。全年无甲类传染病报告，报告新冠肺炎确诊病例2例；报告乙类13种5044例，丙类5种2926例。

【霍乱防治】 2021年，晋江市霍乱监测项目中，外环境和食品采检水样210份、海水产品420份、哨点监测单位腹泻病人肠道标本615份，检验结果均为阴性；6—7月，开展强化监测肠道标本52份、外环境海水产品125份、水体25份，结果均为阴性。全市各医疗卫生单位疫情监测均未发现霍乱确诊病例、疑似病例及病原携带者。

【手足口病防治】 2021年，晋江市加强哨点医院手足口病监测工作技术指导，哨点医院实验室监测采集手足口病标本172份，其中111份阳性检测结果均及时反馈报告。开展业务培训，加大宣传工作，提高医务人员手足口病防控意识和水平。7月，组织开展医疗机构手足口病等肠道传染病防控工作督导，对督导中发现的问题、存在的隐患逐一整改到位。

【诺如病毒感染防治】 2021年，晋江市开展诺如病毒肠道感染性腹泻病监测，哨点医院实验室监测采集158份，其中126份阳性检测结果均及时反馈报告。全年调查处置疑似诺如聚集性疫情7起，均得到控制。

【鼠疫防控】 2021年，晋江市在西园、新塘、罗山、灵源、池店等镇（街道）布放鼠笼3042笼次，捕获鼠类342只，总捕获率11.24%，检测鼠类标本397份，结果均为阴性。贮备更新防控工作所需药品、器械。开展全市各医疗卫生单位临床及公共卫生业务骨干鼠疫防控知识培训，提升诊疗、报告等防控意识和能力。开展群众鼠疫防控知识调查工作，收集有效问卷485份，鼠防知识知晓率88.87%。结合相关宣传活动开展6场次鼠疫防治知识宣传活动，通过开展健康讲座、出版教育专栏、发布网络宣教推文、发放鼠疫防控传单及礼品等方式，对群众进行鼠疫防控知识教育，提高群众的自我保健意识，宣传普及鼠疫防控“三不”（不私自捕猎疫源动物、不剥食疫源动物、不私自携带疫源动物及产品出疫区）、“三报”（报告病死鼠、报告疑似鼠疫患者、报告不明原因的高热患者和急死患者）制度，逐步构建群众性防御屏障。根据国家卫健委文件要求，组织专家开展2021年晋江市鼠疫疫情专题风险评估，评估认为晋江市发生鼠疫疫情概率低，但不排除国内外疫情输入传播的风险，建议坚持科学开展鼠疫监测工作、加强灭鼠为主的爱国卫生运动、提高医疗机构规范诊疗能力、强化健康教育和健康促进、强化区域和部门间联防联控、做好疫情监测预警等综合防控措施。

【出血热防控】 2021年，晋江市调查处置19起出血热散发疫情，其中晋江市医疗机构报告10例，均及时做好病例流调、主动搜索、病原消杀灭、健康教育、宿主动物监测等疫点处置工作，阻止疫情扩散。开展相关单位及人员业务培训及群众防治知识宣传教育。

【布鲁氏菌病防控】 2021年，晋江市制定《2021年晋江市布鲁氏菌病防控项目实施方案》，提高全市医疗机构布鲁氏菌病疫情监测及处置能力，及时发现报告布鲁氏菌病现症病例，控制人间布鲁氏菌病疫情扩散和蔓延。全年调查处置布鲁氏菌病散发疫情9起，均及时做好病例流调、主动搜索、环境消杀灭、健康教育等疫点处置工作。对全市3家牲畜屠宰场及畜肉加工厂职业人群（牲畜饲养、屠宰、畜肉加工人员等）采样检测103人，其中1份阳性及时反馈报告；2家哨点综合医院送检可疑发热病人血样44份，检测结果均为阴性。开展布鲁氏病防治知识宣传活动。开展布鲁氏病等重点传染病防控师资培训班，提升晋江市布鲁氏病防治水平。

【流感和人感染H7N9流感防控】 2021年，晋江市制定《晋江市2021年职业暴露人群和环境禽流感监测实施方案》，通过哨点医院流感样病例和外环境人感染禽流感病原学监测，及时掌握晋江市人感染禽流感病毒活动强度，了解外环境污染情况，排查人感染禽流感病例，指导临床用药。在紫帽农贸市场、内坑古山菜市场、西园赖厝菜市场、英林综合菜市场外围、新塘沙塘菜市场等活禽交易市场和池店御犇活禽调运站开展职业暴露人群血清流行病学监测，采集活禽屠宰/经营从业人员血液标本10份，经泉州市疾控中心检测均为阴性。开展5轮外环境监测，采集活禽交易市场135份禽类外环境标本，经市疾控中心实验室检测，其中2份H5N1病毒阴性；对监测阳性摊档及市场及时开展停业整改、环境消杀、人员监测等应急处置措施，防止人间疫情发生。在哨点医院流感样病例采集标本277份，经实验室检测，流感病毒阳性标本183份，阳性率66.06%。

【登革热防控】 2021年，晋江市未报告登革热病例；在各镇（街道）常态化开展病媒生物监测，掌握病媒生物季节消长规律变化，为防控登革热提供基础数据支持。3—12月，每月在各镇（街道）和医疗卫生单位开展布雷图指数监测，监测9次，入户调查18297户，将监测结果通报相关单位，要求监测不达标的镇（街道）和医疗卫生单位限期整改。

【艾滋病防治】 2021年，晋江市结合“艾滋病综合防治示范区”工作，落实宣传教育、预防干预、监测检测、抗病毒治疗管理、关怀救助、职业暴露防控等措施，保障艾滋病防控工作任务完成。拓展宣传教育面。多部门合作，通过“三下乡”“进社区、进公共场所、进企业、进学校”及卫生宣传日开展社区居民、外来务工人员、妇女、青年学生、医务人员的宣传教育活动185场，发放宣传材料约1.91万份。开展高危人群干预。干预暗娼人群7114人次；发放艾滋病宣传单、小册子2.4万份，安全套7.9万个，检测1102人次；开展多次针对MSM人群的防艾宣传活动，被干预人数2.4万人次，发放宣传材料2323份、安全套1.2万个，检测243人；干预吸毒人群2677人次，发放宣传材料5354份；面对面宣传干预性病门诊就诊者1.2万次，并开展艾滋病病毒检测，检测率100%，发放安全套1.4万个、性病服务包1.2万个；开展老年人群干预75场次，干预7009人次，发放艾滋病宣传单、小册子7014份。加强艾滋病病例随访管理。加强感染者和病人的管理，对所有存活、住址在晋江的AIDS/HIV做到定期随访和关怀，每月定期通知未完成检测人员及时到医疗机构进行检测。2021年，晋江市艾滋病疫情报告质量良好，HIV/AIDS7病例随访检测率93.3%，结核筛查率97.9%，配偶检测率94.6%。

【梅毒等性病防治】 2021年，晋江市每月定期向泉州市疾控中心报告梅毒病例报告订正情况，查询审核全市梅毒报告质量。组织开展2021年性病病例报告质量核查工作，深入市医院、中医院、第二医院、妇幼保健院、市医院晋南分院、陈埭中心卫生院6家性病报告单位，现场复核梅毒、淋病、生殖道沙眼衣原体感染报告质量准确性，抽查报告卡，开展性病漏报检查工作，督促整改核查发现的问题。

【麻风病防控】 2021年，晋江市麻风病发病率控制在1/10万以下，达到基本消灭麻风病的目标。4月，举办麻风病防治知识培训班，培训村医182人；调查现症麻风病人密切接触者20人，对磁灶镇井边村麻风病疫点开展疫源地调查，均未发现可疑新发麻风患者；发现1例输入性菌阳麻风病人，输入地为湖南省吉首市，病人在泉州市皮肤病防治院接受随访治疗。

【免疫规划疫苗接种】 2021年，晋江市按照疫苗免疫程序对所有适龄儿童开展国家免疫规划疫苗的常规免疫工作，加强管理，规范接种，按中国免疫规划信息管理系统统计晋江市适龄儿童疫苗预防接种率（基础苗）：卡介苗99.90%、脊髓灰质炎疫苗99.71%、百白破疫苗97.62%、含麻类第一针疫苗99.87%、乙肝疫苗99.85%（乙肝疫苗及时率98.09%）、乙脑疫苗第一针99.68%、A群流脑疫苗99.58%、甲肝疫苗99.84%。疫苗加强针接种率：脊髓灰质炎疫苗（第四针）99.37%、百白破疫苗（第四针）99.70%、白破疫苗99.11%、含麻类第二针疫苗99.76%、A+C群疫苗99.36%、乙脑疫苗第二针99.77%。

【新冠疫苗接种】 2021年，晋江市设立25个固定新冠疫苗接种点及7支移动接种队，完成所有新冠疫苗接种点编码维护工作，并与国家平台完成对接。举办11期新冠疫苗师资培训班，培训并发症2125人。市疾控中心免规科负责每日报送新冠疫苗接种情况疫苗报表，定期处理既往录入的异常数据，定期合并重卡，定期新冠疫苗接种个案错误数据订正，定期汇总收集全市新冠疫苗损耗及质量问题报废情况并统计费用。组织开展6轮全市新冠疫苗接种点、方舱接种点专题督导工作，发现问题均督促及时落实整改。2021年，全市接种新冠疫苗450.92万人次。

【疑似预防接种异常反应监测与处理】

2021年，晋江市开展疑似预防接种异常反应（简称“AEFI”）监测，定期对全市医疗卫生单位上报AEFI进行网上审核，各接种门诊AEFI监测疫苗种类覆盖提供接种服务的所有疫苗。全市报告疑似预防接种异常反应个案报告88例，乡级覆盖率100%；48小时内报告率100%；需调查个案21例，48小时内调查率100%；3日内调查表报告率100%，个案调查表完整率100%；AEFI分类率97.73%（86/88），均达到全国监测方案指标要求。88例AEFI中，一般反应68例，占77.27%；异常反应8例，占9.09%；偶合证6例，占6.82%；心因性反应4例，占4.55%；待定2例，占2.27%。无疫苗质量、实施差错事故及群体性AEFI情况发生。召开泉州市、晋江市AEFI专家联合诊断会9场次，对年内报告的16例AEFI待定病例进行讨论分析，给出调查诊断结论，形成预防接种异常反应调查诊断书，最后判定为属于/不排除预防接种异常反应的6例，排除10例，均在规定时限内将预防接种异常反应调查诊断书送达受种方。

【重点免疫规划疫苗针对传染病防治】

2021年，晋江市报告疑似急性弛缓性麻痹（AFP）病例12例，其中AFP病例8例、排除4例，无脊髓灰质炎确诊病例、临床符合病例。全市15岁以下人口AFP病例报告发病率2.50/10万，达到全年1/10万的报告发病率指标要求。48小时内调查率100%，14天内合格标本采集率100%。7天内标本送达省疾控率100%。75天内及时随访率100%。8例病例均服苗3剂次以上，最多接种5剂次脊灰疫苗；采集双份粪便标本16份，截至12月30日，根据福建省疾控中心检测结果，8例病例粪便标本脊灰病毒均为阴性。

2021年，晋江市报告风疹麻疹疑似病例51例，均按要求及时开展流行病学调查并录入麻疹专病系统，48小时个案调查率100%，调查后48小时内录入个案率100%。血清标本及鼻咽拭子标本采集率均100%，达到《全国麻疹监测方案》90%的采血指标要求。经泉州市疾控中心实验室检测，51例均为其他疾病，全市排除麻疹风疹病例报告发病率2.42/10万，达到2/10万的疾控要求。2021年，全市无确诊麻疹病例发生，报告有1例疫苗株引起的麻疹IgM抗体阳性病例，因该病例刚接种完麻腮风疫苗7—14天，经最长潜伏期后无引起其他续发病例，经请示上级疾控中心后考虑为疫苗株引起的。做好该病例疫点处置及密切接触者的应急接种工作。

2021年，晋江市报告乙肝病例终审卡975例，所有报告病例均开展ALT检测，检测率100%，附卡填写完整率100%。对未能明确为慢性乙肝的病例，及时根据每月报告的检测结果开展流行病学调查并进行个案录入，同时将数据库上报省疾控中心。按要求每月上报乙肝监测项目开展情况。

2021年，晋江市制发乙肝疫情评估技术及乙肝流行病学效果评价工作方案通知，继续做好泉州PVST婴幼儿乙肝疫苗全程免疫后血清流行病学监测及15岁以下乙肝调查课题工作。

2021年，晋江市按照新生儿破伤风、乙脑、流脑等疾病监测方案和上级要求开展疫情监测，密切关注疫情动态，报告百日咳散发病例7例，无新生儿破伤风、白喉、流脑和乙脑病例发生。

【慢性非传染性疾病防控】 2021年，晋江市推进慢性非传染性疾病综合防控示范区工作，确保慢性非传染性疾病综合防控示范区工作稳步、长效开展，巩固示范区建设成果。开展慢性非传染性疾病监测工作，加强高血压、糖尿病患者的登记及管理工作，开展“三减三健”（减盐、减油、减糖，健康口腔、健康体重、健康骨骼）专项行动，推动控烟工作，全面建设无烟党政机关、无烟企事业单位、无烟医疗卫生机构、无烟学校，构建全方位的健康检测服务，提供个体化健康指导。全市报告死亡个案7560例，报告死亡率366.72/10万。报告数据统计分析显示，年内晋江市居民死因顺位前五位从高到低分别是恶性肿瘤、脑血管病、心脏病、损伤及中毒、呼吸系统疾病。全市各医疗机构报告恶性肿瘤患者2977例，高血压、糖尿病患者分别建档9.1万份、3.6万份。开展35周岁以上慢性病（高血压、糖尿病）高危人群的早期筛查登记报告工作，完善慢性病防治一体化工作。开展国家心血管病高危人群早期筛查与综合干预项目、慢性阻塞性肺部疾病监测工作项目；按照国家项目组的要求，承接2021年度国家级心血管病高危人群早期筛查与综合干预项目工作任务、慢性阻塞性肺部疾病监测工作任务。

【结核病防治】 2021年，晋江市推行市疾控中心、市医院、基层医疗卫生机构分工明确、协调配合的结核病“防、治、管”综合防治服务体系，初诊可疑肺结核患者3468人，确诊并建档治疗810人，结核病人转诊到位率35.2%，追踪到位率99.1%，总体到位率99.4%。调查涂阳肺结核病人密切接触者548人，未发现涂阴肺结核患者；筛查可疑耐药者54例，对19例耐多药患者按照耐多药项目要求进行随访管理。3月，在晋兴职校开展宣传活动，利用“健康晋江”等微信公众号发出结核病防治核心信息，开展“世界防治结核病日有奖知识问答”。举行学校结核病防治专题讲座。基层医疗卫生机构开展“世界防治结核病日”宣传及日常宣传活动。4月，召开2021年结核病工作会议并举办结核病防治知识培训班，培训村医227人。制订学校结核病防控工作计划，开展学校结核病疫情监测。全年对基层医疗卫生单位开展督导76次，访视患者151人次。

【地方病和寄生虫病防治】 2021年，晋江市开展8—10岁儿童盐碘监测，采集碘盐219份，按照国家规定的碘盐含量18—33毫克/千克（福建省限值）进行判定分析，其中碘盐204份、非碘盐15份，碘盐覆盖率93.2%。开展孕妇盐碘含量监测，采集孕妇盐109份，按照国家规定的碘盐含量18—33毫克/千克（福建省限值）进行判定分析，其中碘盐103份、非碘盐6份，碘盐覆盖率94.5%，监测结果显示，晋江市合格碘盐食用率保持在较高水平。甲状腺检查情况分析，检查8—10岁儿童219名，其中甲状腺肿大3人，甲状腺肿大率1.37%，达到甲状腺肿大率小于5%的消除水平。

2021年，晋江市制定消除疟疾后监测方案，保持疟疾防治工作能力，巩固防治成果，防止输入性疟疾引起继发传播。全年未发现输入性疟疾病人。4月，在晋江市乔丹体育公司开展疟疾防治宣传活动。举办寄生虫病防治培训班，培训各医疗卫生单位人员132人次。全年各医疗卫生单位报送“三热”（指发热在38.5℃以上的临床诊断为疟疾、疑似疟疾、不明发热原因者）病人血检片318人份，完成“三热”病人血检任务，未发现阳性片。未发现血吸虫、丝虫病例，无其他寄生虫病暴发疫情。

【职业病防治】 2021年，晋江市根据泉州市《关于做好2021年职业性尘肺病患者随访调查的通知》要求，对全市81例职业性尘肺病患者基本情况做进一步核查调查，调查任务完成率100%。根据泉州市《2021年工作场所职业病危害因素监测工作方案》要求，完成工作场所职业病危害因素监测企业109家，监测任务完成率100%。

（洪晓东）

中医药事业

【概况】 2021年，晋江市发挥福建中医药大学在中医药教学、医疗领域的整体优势，通过重点学科建设、制剂中心建设、人才培养、科研教学等项目，依托对晋江市中医院（福建中医药大学非直属附属医院）的建设投入，提升中医院作为全市中医药龙头单位的中医药服务能力，签署校地合作框架协议。推进中医药医共体建设。统筹市医共体成员单位人员招聘，将优质资源下沉到成员单位。成立医共体财务管理中心，制定中医院医共体医疗质量同质化管理办法，建设临床心电中心、影像中心，检验病理中心、远程医学中心、消毒洗涤供应中心、临床模拟实训中心，为基层单位开展消毒供应18.4万包次、心电诊断4563次、影像诊断25824次，促进医共体协同服务和成本控制。

【中医特色诊疗服务】 2021年，晋江市建立国家级肝病专家李芹名医工作室，省康复医院蔡树河名医工作室，福建省中医药科学院睡眠研究中心黄俊山名医工作室，拓展痛风门诊、针刀门诊、睡眠障碍门诊等特色门诊，加强中医特色专科建设。设立动物咬（蜇）伤科，为区域性动物致伤规范化救治培训基地、全国黄氏蛇伤学术流派传承工作室二级工作站。组织开发出4个协定中医药处方包，为市民提供新冠感染中医药预防处方等在线配送服务。借力互联网创新思维，免费配送中医药。实现基层医疗机构中药饮片处方的信息化传输，中医院审方、调剂、代煎及配送。2021年通过互联网免费配送中药56542人次、279609帖。

【中医药传承】 2021年，晋江市做好中医药“传承精华、守正创新”工作，落实名老中医师传承带徒政策，选派青年中医骨干师承名老中医。鼓励以师承方式学习传统医学或者经多年传统医学临床实践医术确有专长的人员，参加医师资格考试。

【中医药文化建设】 2021年，晋江营造中医药文化建设氛围，在医院LED屏幕上滚动播放中医药宣传片，制作《中华人民共和国中医药法》宣传海报、展架、折页等宣传材料；同时通过网络、微信公众号等宣传中医药法的精神。启动中医药文化惠民工程。通过进乡村、进社区、进家庭、进企业、进机关、进学校“六进”活动，让中医药文化惠及更多晋江百姓。为广大群众提供健康咨询、刮痧、伏贴、针灸等免费中医药服务。结合基层公共卫生服务，抽调中医骨干为慢性病患者进行体质辨识，指导其疾病的用药、生活方式、心理卫生保健知识。

【新冠肺炎疫情防控中医药助力】 2021年，晋江市中医药部门结合新冠感染确诊、疑似病例、医学观察、愈后康复等不同对象的实际情况，制定差异化中医药救治方案，推动中医药全程参与新冠感染相关病例救治。邀请中国中医科学院院士陈可冀和晋江市郭为汀、蔡文墨等专家针对2021年新冠肺炎感染发病情况及当地气候条件，拟定中医药方剂，供闽南地区人员预防新冠肺炎使用，并适时调整。印发《晋江市新冠肺炎健康管理中心和集中医学观察点中医保健方案》《晋江市新冠肺炎中医药预防方案》普及中医预防保健知识，做好集中医学观察点和健康管理中心观察对象，交通、宗教、医疗、商超、口岸、进口冷链等公众人员聚集场所及其他居家人员中医预防保健工作。采用微信、网络等形式，宣传中医药在新冠肺炎疫情防控中的作用，制作香囊、香袋让医务人员随身佩戴，或悬挂在墙上，医院在各个角落熏蒸艾绒或艾炷达到预防作用，推荐艾灸足三里、大椎穴，推广八段锦、太极拳，通过锻炼增强免疫力，拟定推广中医药方供医务人员、职工亲属等人群预防使用。

（陈金桂）

医政管理

【概况】 2021年，晋江市卫健局健全医疗质量控制体系，成立晋江市临床检验质量控制中心、临床用药质量控制中心，指导、督促各医疗卫生机构落实医疗质量关键环节、重点部门管理标准与措施，防范、控制医疗风险，发现医疗质量和安全隐患，整改到位，提升医疗安全水平。构建和谐医患关系，开展医疗系统行风整治，科学安排和实施献血计划和任务。全年通过引导鉴定、调解等方式，处置各类医疗纠纷23起；投资56.45万元，为全市公立医院7056名医务人员购买医疗意外险；全市参与无偿献血人员超过8000人次，无偿献血总量超过320万毫升。

【医疗卫生管理服务水平提升】 2021年，晋江市医院、中医院、第二医院等13家医疗卫生单位与复旦大学上海医学院、福建中医药大学、浙江树兰医疗集团、上海六院福建医院、复旦大学附属儿科医院等41家省内外知名院校和医院建立紧密协作关系，通过合作共建国家区域医疗中心、成立院士工作站、名医工作室、设立iMDT会诊等形式，借助上级优质资源、先进医疗技术和管理理念，提升医疗卫生管理服务水平。全市医疗卫生单位加入各类专科联盟、医联体理事单位等56家次。全市各医疗卫生单位建设有省级重点（特色）专科4个，地市级6个。晋江市医院设立1个院士工作站、17个名医工作室，神经外科、重症医学科、心血管内科、普通外科与病理科5个专科高分入选福建省县级医院临床重点专科建设单位。国家发改委、卫健委、中医药局联合发文将上海六院福建医院项目列入第二批区域医疗中心试点名单。在2020年度全省二级以上公立医院满意度调查中，晋江市平均得分91.86分，位居全省和泉州前列。其中，安海医院93.18分，位列全省第五、泉州第一；晋江市医院晋南分院92.61分，位列全省第十四、泉州第四。

【无偿献血】 2021年，晋江市加强组织协调和宣传发动，除组织常规的献血活动外，还组织公安、晋江机场、泉州轻工职业学院、利郎公司、供电公司等单位开展专场献血活动，每月定期在晋江万达广场开设献血专场，确保晋江市临床医疗急救和突发公共事件应急用血需求。2021年，晋江市参与无偿献血人员超过8000人次，无偿献血总量超过320万毫升，任务完成率超过100%。

【医疗系统行风整治】 2021年，晋

2021 年，晋江市卫健系统开展创建“无红包”医院活动。图为“无红包医院”——晋江市中医院（晋江市卫健局／供）

江市制定印发《晋江市卫健系统创建无“红包”医院活动工作方案》，全市 27 家公立医疗卫生机构开展创建无“红包”医院活动，发布《致广大市民朋友的一封公开信》，公布投诉举报电话，接受社会监督。2021 年，全市医疗卫生单位开展医德医风教育培训 70 场次，参训 9341 人次；法治教育培训 25 场次，参训 3102 人次；从业人员入职前培训 37 场次，参训 751 人次；拒收或上交清退“红包”192 次，涉及金额 15.8 万元；开展出院回访 66103 人次，未发现医务人员收受“红包”现象。整治医疗机构不合理的重复检查问题，印发《晋江市卫生健康局等 6 部门关于进一步规范医疗行为促进合理医疗检查的通知》，制定实施《晋江市卫生健康局关于进一步推进医疗机构检查检验结果互认工作的通知》，全市 27 家公立医疗机构依托智慧卫生信息平台上的智能协同系统可共享全市检查检验结果，实现 60 天内同类检查检验提醒。2021 年，全市医疗卫生单位完成检查检验结果互认 112144 条，为群众节约资金 792.59 万元。

（林清火）

卫生监督执法

【概况】　2021 年，晋江市健全完善卫生监督体系，落实省卫生健康监督所推行的日常综合监督“一门通查”制度。开展全市医疗机构新冠肺炎疫情常态化防控暨综合卫生监督检查，完成医疗机构首轮驻点监督工作。组织全市医疗卫生、职业健康、公共卫生监督执法工作。市卫生计生执法大队（晋江市卫生监督所）被福建省人力资源和社会保障厅、福建省卫生健康委员会授予“全省卫生健康系统先进集体（2016—2019 年度）”称号。晋江市卫生计生执法大队女子特别中队被晋江市妇女联合会命名为 2021 年晋江市“巾帼文明岗”。晋江市卫生计生执法大队推送卫生监督工作简讯、微信公众号宣传文章共 37 篇，其中被省卫生健康监督所采用 17 篇次，居全省县级卫生监督机构首位。

【卫生监督体系建设】　2021 年，晋江市对医疗机构的新冠肺炎疫情防控专项监督检查和世中运接待酒店、比赛场馆的卫生监督检查，均实行多科室多专业联合监督检查，实现进一次门完成不同监督内容的监督检查。结合 2021 年国家“双随机”抽查任务与世中运保障要求，统筹开展卫生监督各项工作。按照泉州市卫健行政处罚自由裁量权基准（试行第一版），细化、量化行政处罚裁量标准，规范裁量范围、种类、幅度，确保执法人员实施自由裁量规范操作。实施执法公示制度。开展执法职责和权限公示，在晋江市政府网站公示晋江市卫健局行政许可、行政处罚、权责清单等信息，同时公示执法人员执法资格，以及“双随机、一公开”实现事项清单、依据、程序等，规范事前公示。加强卫生监督执法信息化建设。制定行政执法全过程记录制度，明确要求执法人员通过文字、音像记录等方式对执法程序、调查取证、审查决定、送达执行、归档管理等行政执法过程进行全程记录。健全卫生监督协管考核机制，加强基层医疗卫生机构卫生监督协管信息化建设。8 月，为全市卫生监督协管员采购全过程执法设备 32 套，每套包括手持执法终端、执法记录仪、便捷式打印机等装备，新增投入约 48 万元。11 月，完成公安部门“村村通”视频共享系统接入项目建设，依托公安部门“村村通”视频共享系统，加强对非法行医等重点线索监督执法。开展重大行政执法决定法制审核制度。晋江市卫健局成立重大行政执法决定法制审核小组。邀请市卫健局法律顾问参与，集体审议重大行政执法案件。

【医疗卫生监督】　2021 年，晋江市开展全市医疗机构新冠肺炎疫情常态化防控暨综合卫生监督检查，组织全市预防性健康检查医疗机构、预防接种点、发热门诊等专项监督执法。做好查处无证无照经营工作，在全市范围开展打击校园周边非法行医“利箭·护苗”专项整治行动，助力晋江市全国文明城市创建复查整改工作。开展医疗机构传染病防治分类监督综合评价工作。2021 年度，全市一级以上医疗机构评价覆盖率 100%，未定级医疗机构评价覆盖率 15%。抽调市院感质控中心、市直医院药剂科等专家，分成 4 个驻点监督组。通过驻点监督对医疗机构进行精准“体检”，排查医疗执业过程中可能存在的违法违规行为，督促医疗机构依法执业、规范执业。2021 年，完成公立医疗机构驻点监督 16 家，公立医疗机构驻点覆盖率 50%。

【职业卫生监督】　2021 年，晋江市开展医疗机构新冠感染放射卫生综合监督执法，加强医疗机构放射卫生现场踏勘审查工作。采取即时考核和派员考核相结合的考核方式，组织全市放射用人单位放射工作人员培训合格后的考核工作，并编制晋江市放射工作人员考核题库。2021年，组织放射工作人员考核18期，考核通过率95.43%。

【公共卫生监督】 2021年，晋江市做好池店、紫帽镇公共场所“四小”（小歌舞厅、小美容美发店、小旅店、小浴室）场所的卫生监督执法，为泉州市创建国家卫生城市提供保障。开展公共场所通风专项卫生监督检查，加强新冠肺炎疫情常态化防控期间公共场所通风系统及室内空气的卫生监督。开展托育园新冠肺炎疫情防控专项督导，联合教育部门开展春季开学学校传染病防控监督检查，助力学校顺利开学。做好公务员考试、中考、高考等各类考试卫生监督保障。联合水利、住建部门开展城镇二次供水设施管理专项排查整治工作，做好晋江市二次供水设施竣工验收；配合福建省卫生监督所对晋江市涉水产品生产企业进行现场审核。每季度开展餐饮具集中消毒服务单位监督抽检，配合省、泉州市开展晋江市消毒产品生产企业卫生监督检查。协助制定《第18届世界中学生夏季运动会公共场所、生活饮用水卫生监督监测保障工作实施方案（试行）》及工作手册，做好世中运测试赛各类比赛场馆、住宿场所的卫生监督保障。

、

【随机监督抽查】 2021年，晋江市完成国家随机监督抽查任务，晋江市辖区抽查各类被监督单位488家（含幼儿园18家、校外培训机构7家），各专业总体任务完成率85.28%，监督完成及任务完结率100%。行政处罚13家，罚款0.8万元。

【卫生行政处罚】 2021年度，晋江市推进卫健行政执法透明、规范、合法、公正，结合新冠肺炎疫情防控等工作，对医疗机构、医学隔离观察点、公共场所、学校等重点场所开展监督执法检查。晋江市卫健局办理行政处罚案件324件，比2020年度增加38.46%，占泉州37.37%，占全省的9%；罚没款503.54万元，比2020年度增加16.20%。移送公安机关案件7件，申请法院强制执行29件，抄告市场监管、水利等部门17件。

（黄臻涛）

老龄健康

【医养结合推进】 2021年，晋江市举办老年健康宣传周系列活动，普及老年健康知识。开设“医养结合康养护理师高级班”培训班； 建立“村级医疗机构每周巡诊+镇级医疗机构每月坐诊”制度，建成医养结合巡诊服务点25个，创建老年友善医疗机构16家，提升基层医疗服务养老事业能力。培育医养结合机构3家。规范医养结合签约服务，全市有敬老院及居家养老服务机构401家，推进医疗机构与养老机构签约服务341家，其中设立或下设医疗机构的34家。全市8家二级以上公立医疗机构均设置老年病科、康复科，提供老年常见病诊治服务；17家镇卫生院（街道社区卫生服务中心）设立中医馆，其中9家设立康复室，为老年人提供康复医疗服务；所有公立医疗机构均设立老年人优先窗口，为老年人挂号、就诊提供绿色通道。开通养老机构与医疗机构的预约就诊绿色通道，方便养老机构老年人就医。举办2021年老年健康宣传周老年口腔宣教义诊活动，提升老年人健康素养。

【老年人服务与优待】 2021年，晋江市作为全省唯一试点，启动老年人失能（失智）预防干预项目。开展失能老年人健康评估与服务工作，对全市122名老年人开展健康评估与入户服务工作。落实老年福利事业，为70周岁及以上老年人免费购买人身意外险，为65周岁及以上老年人提供免费公交搭乘服务。老年人优待证办理实现常态化，全年办理“福建省老年人优待证”634张。

【基层老年协会建设】 2021年，晋江市完成全市村（社区）老年协会换届工作。用好老年协会专项扶持资金，下拨391个老年协会基本运转经费195.73万元，为老年协会订阅《福建老年报》，为会长统一办理意外保险。创建竹园社区为全国示范性老年友好社区。

（洪建庭）

爱国卫生运动

【环境卫生整治】 2021年，晋江市组织开展城乡环境卫生整治、除“四害”活动。在全市开展爱国卫生和健康教育，普及流行性出血热、登革热、人感染禽流感等防控知识，倡导科学、文明、健康生活方式，提升群众的健康意识和健康素养。

【卫生防病知识宣传】 2021年，晋江市结合各种卫生宣传日（周）开展卫生防病知识宣传，利用世界卫生日、全国预防接种日、世界艾滋病日和职业病防治宣传周，分别在广场、车站等场所开展大型主题宣传活动。印制卫生防病宣传材料，通过卫生、妇联和老年网络，发放到群众手中，宣传倡导健康生活方式、除“四害”和禁烟等爱国卫生知识。利用有线电视和报刊、公交车车载电视等传媒，进行爱国卫生健康教育和健康促进宣传活动。4月19日，启动第33个“爱国卫生月”暨文明健康绿色环保生活方式主题宣传活动，活动现场举行“文明健康始于心”科普活动，通过开展义诊、健康咨询、发放宣传材料、摆放宣传展板、有奖问答等形式，宣传爱国卫生运动、健康防疫科普、春季蚊虫消杀等知识。

【公共场所控烟】 2021年6月1日，晋江市以“拒吸第一支烟，共享无烟环境”为主题，在南侨中学开展“世界无烟日”暨“5·20”中国学生营养日宣传活动。6月3日，晋江市以“承诺戒烟，共享无烟环境”为主题，在晋江市世纪公园开展“世界无烟日”宣传活动，并组织5支社会志愿服务团队开展“晋江市文明、没我不行——烟头不落地、晋江市更美丽”志愿服务活动。动员广大市民参与控烟行动，共同营造一个无烟、健康的公共环境。

【改水改厕】 2021年，晋江市通过电视、广播等媒介宣传改水改厕好处，深入各镇、村进行改水改厕宣传教育。全市农村无害化厕所普及率100%。

（洪晓东）

劳动就业

【招聘用工平台搭建】 2021年，晋江市举办“春风行动”等线上线下招聘会55场，参会企业2378家，提供招聘岗位5万多个，达成就业意向1.05万人。组织5批次71家知名企业赴云南、贵州、甘肃、河南等地开展招工引才活动，达成就业意向近3000人。举办毕业生就业创业系列服务活动，重点开展就业指导进校园活动、大中专毕业生就业对接会、校园巡回招聘会，参会企业190家，提供就业岗位3184个，企业与毕业生达成就业意向500多人。会同省教育厅、财政厅联合举办2021年福建省人工智能行业暨晋江知名企业专场招聘会，组织三六一度、百宏、凤竹等30家知名企业赴榕招聘，提供就业岗位3649个，达成初步就业意向200多人。举办用人单位与人力资源服务机构对接活动2场。召集130多家用人单位与35家人力资源服务机构、省外驻晋江劳务服务站现场对接，达成合作意向近20个。

【创业就业扶持带动】 2021年，晋江市遴选一批创新创业项目给予资金扶持，推荐泉州市科盼文化传媒有限公司等10个高校毕业生创业项目申报福建省级、泉州市级毕业生创业资助项目评审，发放7个获评项目资助金额17万元。其中，泉州市科盼文化传媒有限公司列入福建省级资助项目，增加资助3万元。落实创业带动就业补贴申报工作，36家初创三年企业申请带动就业173人获补贴17.3万元。发放2家企业一次性创业补贴1万元，高校毕业生就业创业扶持资金约41.75万元。

【重点群体就业服务】 2021年，晋江市加强公益性岗位以及政府购买公共管理和社会服务岗位开发，向19个镇（街道）及市直有关部门征集公益性岗位50个，政府购买基层公共管理和社会服务岗31人。开展精准帮扶网络招聘周活动，向重点群体提供54家企业1385个招聘岗位，平台求职浏览总量585人次，在线投递124份简历，达成初步求职意向65人次。配合民政部门开展“四帮四扶”工程，走访全市374户帮扶对象，梳理“帮扶就业”人员名单。通过“私人定制”服务模式，对重点群体实施一对一帮扶，特别为21名重点对象开展为期一周的职业指导、简历诊断、政策解读、法律援助等就业服务。落实特困务工人员和当地贫困人员帮扶政策，为在晋江务工的特困人员100人发放一次性慰问金20万元。

【人力资源服务业】 2021年，晋江市经营性人力资源服务机构（含劳务派遣）82家。其中，2021年新增劳务派遣机构32家，备案2家；新增职业中介机构20家，备案2家。深化“放管服”改革，优化机构申报人力资源服务许可办理流程，贯彻“双随机、一公开”监管工作要求，强化事中事后监管。全年开展机构安全生产检查110家次，本级“双随机”检查12家，泉州市“双随机”检查3家。实施人力资源管理人员素质提升行动，依托中国海峡（晋江）人才市场、泉州市（晋江）人力资源服务产业园，建设人力资源管理人员培养基地，举办“人力资源服务业从业者素质提升培训班”2期，吸引当地51家人力资源机构参训。

【援企稳岗政策落实】 2021年，晋江市人社局牵头出台《鼓励新晋江人留晋过年九条措施》，联合多部门实施惠企利民政策，减少“两节”期间人员流动，帮助企业稳岗留工（据调查统计，规模以上企业留晋江过年员工比例超50%），为企业节后迅速投产、实现开门红奠定基础。落实降低企业用工成本优惠政策。开展稳岗补贴工作，实施普惠性失业保险稳岗返还政策，采用“免申即享”方式发放8941家企业普惠性稳岗补贴资金889.97万元，惠及企业职工7.17万人。落实就业补助资金促进就业创业作用，全年支出1469.63万元，惠及企业460家。

（林伟江）

【职业技能培训】 2021年，晋江市开

展线上线下相结合职业技能提升培训班341期，覆盖制鞋工、缝纫工、包装工等贴近当地产业培训职业（工种），培训50362人次（含以工代训28560人次），完成年计划数1.3万人次的387.4%。兑现职业技能培训补贴3301.44万元，培训人数和培训补贴均居泉州市首位。兑现失业保险基金支持技能提升培训补贴477人86万元；兑现职业培训“见证补贴”2615人263.29万元。为933家符合2020年以工代训的困难企业发放以工代训补贴5021.75万元。深化产教融合，加强校企合作，推进企业新型学徒制，开展新型学徒制培训4期，培训中级制鞋工、中级服装制版师525人。

【职业技能人才培养载体构建】 2021年，晋江市修订出台《晋江市集聚技能人才若干措施》及《操作规程》，发挥政策在技能人才队伍建设的推动作用，带动技能人才队伍素质整体提升。组织评选晋江市技能大师工作室4家、产业实训基地3家。

（陈碧华）

【劳动普法宣传】 2021年，晋江市人社局开展和谐劳动关系宣传活动，宣传民法典、劳动法、劳动合同法、《保障农民工工资支付条例》等法律法规政策。组织开展“学《保障农民工工资支付条例》维护农民工劳动报酬权益”“根治欠薪法治宣传暨集中接访日”等宣传活动15场，印制分发宣传材料4万多份。深入项目工地一线就建筑劳务实名信息化管理和项目台账规范化管理等措施进行集中宣传，分7批次召集全市各个项目的负责人和劳资专管员到维权中心参加建设项目规范用工管理“七个台账”专题讲座，推动《保障农民工工资支付条例》落地落实。

【和谐劳动关系示范区创建】 2021年，晋江市探索打造和谐劳动关系“晋江样本”，推进劳动关系“和谐同行”能力提升三年行动计划。贯彻上级关于维护新就业形态劳动者劳动保障权益的指导意见，加强同公安、市场监管、邮政、医保等部门的沟通配合，做好新就业形态劳动者劳动权益保障工作。推动劳动保障诚信体系建设，组织评价2020年度劳动保障守法诚信A级企业53家、C级6家；工资支付行为守信单位58家、严重失信单位4家，公布重大劳动保障违法行为6起。深化“无欠薪项目部”创建活动，推动在建工程项目农民工实名制管理、工资专户管理等工资支付保障制度实现基本覆盖，验收认定“无欠薪标杆项目”4个。3月，晋江市获“福建省首批和谐劳动关系示范区”称号。

【根治欠薪工作】 2021年，晋江市抓实各项根治欠薪工作措施，保障农民工工资支付工作取得成效，劳动关系保持总体平稳可控，全年未发生影响面大的群体性欠薪事件。完善市、镇、村、企四级调处网络，协调指导镇（街道）做好属地劳动争议排查化解工作，全市劳动争议调解率85%以上。年底召开全市劳资纠纷处置工作会，部署开展根治欠薪冬季专项行动，在年底劳资纠纷高发期启动市处理劳动争议应急案件领导小组办公室，抽调相关部门人员集中办公，联合处置10人以上劳动争议40余起。强化部门联动配合，综合运用督办、联合约谈、失信联合惩戒、司法机关提前介入、法院强制执行等措施，打击恶意欠薪行为，2021年向公安机关移送拒不支付劳动报酬罪案件5起，涉及金额187.35万元。

（吴英贤）

人力资源管理

【公开招考和人事调配】 2021年，晋江市事业单位招聘84人；做好2021年医学人才招聘工作，招聘卫技人员265人；做好2021年晋江市公立学校公开招聘工作，招聘新教师385人；组织晋江市福州大学科教园区发展中心公开招聘工作，招聘硕博研究生13人。办理调动手续干部职工200人。

【学历更改】 2021年，晋江市规范学历更改程序，审核申请对象的学籍档案、学历学位证书等材料，为70名干部职工办理学历更改审批手续。

（许秋停）

【职称评审管理】 2021年，晋江市做好专业技术人员（即“职称”）任职资格申报推荐、资格确认和公布。把好职称资格推荐评审关口，全年出具委托评审函267份，申报高级评审520人、中级评审336人。办理确认初级职称资格1140人，公布中级职称资格810人、高级职称资格443人。完成高级卫生专业技术职务实践技能考试申报初审，有188名卫计人才通过初审，完成2021年度967人卫生专业技术资格考试报名初审工作；组织55名全市机关事业单位工勤人员报名参加技能等级岗位（职务）升级考核。组织开展1期中小学（幼儿园）教师初级专业技术职务评审、1期非公有制企业初级职称评审。抓好专技和工勤人员的继续教育培训工作。发动专技（工勤）人员按要求参加继续教育培训。

（谢培清）

社会保障

【概况】 2021年，晋江市分类引导应参未参人员参加相应的基本养老保险。全市参加基本养老保险46.65万人，其中新增7.95万人；参加工伤保险30.29万人，其中新增1.73万人。参加失业保险20.19万人，其中新增2.48万人。参加社会保险机关事业单位505个、在职干部职工2.4万人。参加城乡居民基本养老保险63.72万人。参加被征地人员养老保障236个村（社区）14.84万人，达龄领取11.35万人。

【社保信息化建设】 2021年，晋江市推出人社业务“打包办”服务，启动“社银合作”项目，以池店邮储银行试点建设为切入口，借助银行网点优势，将社保服务延伸至各银行网点。推出“掌上办”，上线闽政通App、“晋江人社”小程序，用户只要打开闽政通App，点击“泉服务”“i晋江”“晋江人社”就可以办理业务。实现“零跑动、零材料、零等候”，全年“掌上办”业务量累计1.63万笔。

（吴春阳）

【企业养老保险】 2021年，晋江市参加企业养老保险55918个单位、46.64万人，征收入库保险费17.25亿元。享受待遇11535人，支出33750.53万元。2021年1月起，提高退休人员养老金水平，人均月增资129.68元，调整后月人均养老金2497.10元，受益11266人。

（阮菊香）

【城乡居民基本养老保险】 2021年，晋江市参加城乡居民基本养老保险617128人，征收入库保险费11738万元。享受养老保险待遇166743人，支出41268万元。

（吴春阳）

【机关事业单位离退休人员基本养老】 2021年，晋江市连续第6年同步调增机关事业单位离退休人员基本养老金待遇标准，基本养老金年均增幅4.41%。落实全省统一的政策规定、业务经办流程和信息管理系统，与财政部门做好工作对接，确保养老金按时足额发放到位。至年底，2021年，全市有机关事业单位离退休人员6749人。

【失业保险】 2021年，晋江市失业保险费征收入库6177.88万元，发放失业保险金9047人次1115.92万元。实施失业保险稳岗补贴，优惠减免失业保险费12355.36万元（以法定总费率3%为基准），惠及企业18473家。

（杨小萍）

【工伤保险】 2021年，晋江市工伤保险费征收入库5801.47万元，工伤保险理赔支付4451人次、9506.2万元。优惠减免工伤保险费4813.94万元（扣除建安工伤团体险987.53万元），惠及企业21359家。

（阮菊香）

【医保参保提质扩面】 2021年，晋江市坚持和完善覆盖全民、依法参加的基本医保制度，立足新的口径，有序清理重复参保，夯实底数，加强基本医保参保登记工作，参保新增人数居泉州市前列。晋江市城乡居民基本医保筹资标准由2020年的800元/人提高至870元/人，

2021年5月27日，晋江市举行长期护理保险辅助器具服务启动仪式

（泉州市医保局晋江分局/供）

其中个人缴费由250元/人提高至290元/人，各级财政补助由550元/人提高至580元/人。至2021年12月，城乡居民基本医保参保989176人，比上年增加7777人，基金征缴收入88802万元；职工基本医保参保213651人，比上年增加16825人，基金征缴收入99512万元；生育保险参保190897人，比上年增加18565人，基金征缴收入4633万元（基金征缴收入以财务数据为统计口径）。

【脱贫攻坚医保助力】 2021年，晋江市落实医疗保障助力乡村振兴战略工作。健全重特大疾病医疗保险和救助制度，加强医疗救助托底保障，做好综合保障服务。推进医疗救助与医保一体化经办、一体化服务。全年资助医疗救助对象参保18178人、金额527.16万元，全年医疗救助资金支出1580.05万元。

【医疗保障体系建设】 2021年，晋江市实施基本医保、大病保险、医疗救助的三重医疗保障体系。落实医保待遇清单制度，落实医保药品单列门诊统筹支付政策，落实“两病”（糖尿病、高血压）门诊用药保障政策。建立健全门诊共济保障机制。推行乡村一体化管理的村卫生所普通门诊刷卡额度与乡镇卫生院共用。实施晋江特殊医疗保障项目，城乡居民医保个人缴费补助减免对象涵盖最低生活保障对象、特困户等17类人员151293人（晋江本级财政补助141277人）；提高特定人群医保报销比例；25种特大病种县域内外就医报销比例差别化，促进分级诊疗。

【长期护理保险】 2021年，晋江市委、市政府将长期护理保险（简称“长护险”）拓面提质工作列入2021年为民办实事项目。全市参保超过33万人，覆盖全体职工医保对象和68个村（居）。5月，举行长护险辅助器具服务启动仪式，开展辅助器具服务。建立并形成“3+1+1”（机构护理、社区护理、居家护理3种护理服务，辅助器具补助租购服务，预防失能干预服务）的长护险待遇服务体系，截至2021年12月，为553名重度失能人员和470名中度失能人员提供失能护理服务5.5万人次；为360个失能家庭提供辅具服务7066件次，在4个社区开展预防失能干预试点工作。群众服务满意率100%。《人民日报》《工人日报》《福建日报》《中国健康报》及新华每日电讯及“学习强国”学习平台等各级媒体报道晋江长护险工作。

【新冠肺炎疫情防控医疗保障】 2021年，晋江市医保、财政、卫健三部门联合成立新冠疫苗及接种费用保障协调机制小组及专班，做好新冠疫苗及接种费用保障工作。截至12月，晋江群众接种新冠疫苗超过450.92万剂次，医保基金

按照 70% 的比例，承担费用 3.05 亿元。

【医保便民】 2021 年 10 月底，医保新平台上线，晋江市医保窗口日均办件近 400 件，启用 2 个备用窗口，并增设引导快处岗 2 人。以“968919”医保服务热线为基础，设置“热线电话 + 网络平台”双向多通道的线上医保服务站，用一站式整合管理的工作机制，破解各级多个网络平台业务无法联通的难题，线上医保服务站日均接听电话 212 通、办理线上业务 485 件。新平台上线后，日均接听电话近 350 通，单日最高 445 通，临时增设留言处理专门岗 2—3 人，确保语音留言第一时间处理。设置医保医院共同管理的嵌入式医保联合服务站，群众在医院的医保服务不再需要医保医院两头找，驻三大医共体医保服务站日均办理业务 330 件。结合晋江市行政服务镇村网络建设，推进镇村医保集成服务。

【医保法规政策宣传】 2021 年，晋江市开展“送法进医院、进乡村”活动，普及《医疗保障基金使用监督管理条例》，各定点医疗机构建立宣传专区，通过向社会公布医保举报投诉电话等渠道，宣传举报奖励办法，鼓励群众参与医保基金监管工作。上报《晋江市泰生大药房有限公司成功分店为非定点零售药店违规提供医保结算》典型案例，作为 6 起医保基金监管典型案例之一，由福建省医保局、泉州市医保局统一向社会进行通报，提高群众对各类欺诈骗保行为的识别能力。梳理群众关心关注的热点问题，加大医保政策、资讯的宣传力度，引导群众合理预期。2021 年报送信息 58 篇，宣传报道 95 篇，其中省级以上媒体报道 16 篇。

【医保基金监管】 2021 年，泉州市医保局晋江分局建立医共体工作专班，完善与卫健、财政等部门的会商机制，协同推进医共体健全医保服务管理机制，建好医保结算部，配齐专职医保人员，抽调医共体牵头医院医保业务骨干跟班学习。开展《医疗保障基金使用监管条例》学习宣传和贯彻实施，提高干部依法行政能力。建立健全晋江市医疗保障基金使用监管部门联动机制，医保、卫健、市场监管、公安四部门成立联动协调小组，通过案件会商制度、日常工作联系制度等，形成部门间信息互通、结果互认、力量叠加的监管格局。2021 年全市新增医保定点医药机构 64 家，至年底，有医保定点医疗机构 310 家、医保定点零售药店 251 家，实现医保“村村通”。定期开展基金运行分析，关注基金运行风险，做好预警工作。针对每月县级及以上公立医院医保患者医疗费用指标，以及分析中体现的异常指标，要求定点医疗机构开展自查自纠，并开展稽核工作。继续推行联席会议制度、协管员制度、重点对象培训制度，用好市级智能审核系统，用好晋江本级定点医疗机构医保自查自控系统，建立定点零售药店互联网视频监控平台巡查制度，规范定点机构基金使用行为，敦促定点机构提高自我服务、自我管理能力。完善监管机制，区分医保定点医药机构医保基金使用事前审核主体责任、医保经办机构事中稽核责任和医保行政主管部门事后稽查责任。按照全省统一的现场检查清单，综合运用“三函两牌”（关注函、提醒函、警示函，黄牌、红牌）监管措施，推进医保定点医药机构日常监管全覆盖工作。巩固 2020 年基金监管专项治理成果，开展专项治理“回头看”和历史问题“清零行动”，开展医保监管领域“假病人、假病情、假票据”等恶性欺诈骗保行为专项整治行动，坚决守好人民群众的“保命钱”。2021 年，检查定点医药机构 557 家次，约谈定点单位 1 家次，发出“函牌”127 张，拒付医保基金 204.84 万元，收取违约金 77.35 万元。

【药品耗材领域改革】 2021 年，泉州市医保局晋江分局全面落实跟进国家和省组织药品耗材集中带量采购工作，落实药械采购统一结算工作。晋江同步落实国家及省级集中采购药品 263 种，降价幅度均超过 50%，最高降幅 96%，按照采购周期预计可节约药品采购资金 6244 万元；落实国家、省、市医用耗材集中采购，按照采购周期预计可节约采购资金 1000 万元。

【医疗服务价格和医保支付方式改革】

2021 年，泉州市医保局晋江分局落实国家、省有关医疗服务价格政策及泉州市医保局医疗服务价格动态调整机制，成立工作专班，协调支持上海六院福建医院（晋江市医院）在提格为泉州卫健委下属医院的同时，医保相关政策“两个保持不变、一个支持开展”（医疗服务收费和医保报销政策继续执行县级医院标准，支持依规开展特需医疗服务项目）。有序推进紧密型县域医共体打包支付工作，配合完成 2020 年度绩效考核并组织签订 2021 年度打包支付协议，实现“收支平衡，并有结余”，2020 年度县域医保基金打包支付结余 8085 万元。稳步推进按病种收付费改革工作，全市公立医疗机构开展按病种收付费改革，2021 年，3 家县级公立综合医院开展率达 59.85%，群众按病种报销比例比按项目报销比例提高 10 个百分点。督促定点医疗机构严格把控病案首页质量，为医保支付方式改革提供准确基础数据。

【医保信息化建设】 2021 年，泉州市医保局晋江分局建立健全工作机制，组建国家医保业务标准编码贯标工作督导组，专人挂钩医院，开展线上、现场等形式督导检查，确保辖区内医疗机构全面应用国家码，保障平台切换工作平稳过渡。印发上线国家医保信息平台应急工作指南，成立应急处置工作专班，组织全体人员学习新平台操作，组织各科室对各项业务进行全流程测试，对接定点医药机构做好业务指导工作，维持医保经办服务体系运行稳定。做好医保电子凭证推广应用工作，全市所有定点零售药店，3 家三级定点医疗机构、10 家二级定点医疗机构、37 家一级定点医疗机构支持医保电子凭证扫码结算，实现医保事项的“扫码办”。加大宣传力度，动员参保群众激活、应用电子凭证，至 12 月，晋江市激活医保电子凭证 757505 人。

（许培鑫）

【住房保障标准调整】 2021 年 12 月起，晋江市廉租住房保障标准调整为家庭人均可支配收入 2.79 万元以下（含 2.79 万元），家庭资产（财产）总额 21.7 万元以下（含 21.7 万元）；公共租赁住房保障标准调整为家庭人均可支配收入 54594 元以下（含54594元），家庭资产（财产）总额57.8万元以下（含57.8万元）。

【住房保障制度落实】 2021年，晋江市实施租赁补贴住房保障299户，发放租赁补贴58.66万元；新增实物配租住房保障88户。至12月底，享受住房保障的家庭4743户，其中城镇低保低收入家庭1184户。落实分类保障制度，实现精准保障，至12月底，累计向公交司机、引进人才、重点项目员工等人群提供分类保障住房690套。

【保障性住房动态管理】 2021年，晋江市全面完成公租房在保对象入户排查和资格复核工作，累计入户排查和资格复核5088户，取消不符合保障资格对象15户。

【安置房建设回迁】 2021年，晋江市重点围绕高铁片区及科创新区建设，推进安置房项目开展。其中，高铁新区规划建设安置房项目16个，总用地面积约64.4公顷，计容面积约172.89万平方米，有14个项目完成土地出让工作，全面进入建设阶段。科创新区安置房项目抓紧勘察设计及项目出让工作。

（黄宏）

社会救助

【低保工作】 2021年，晋江市实施兜底保障，为全市城乡低保和特困人员发放保障金7705万余元，惠及6135户10720人。城乡低保标准提高至每人每月775元，特困人员救助供养标准根据护理需求，分别提高至每人每月1182元、1440元、1698元，对机构集中供养的，原则上供养标准再提高40%。开展困难群众“漏保”“漏救”点题整治工作暨“走百村、入千户、强宣传、促保障”活动，累计摸排困难群众9881户次，新增纳入低保、特困960人。晋江市“漏保”“漏救”点题整治工作在全省现场推进会上作典型发言。

【“四帮四扶”工程】 2021年，晋江市民政局深化“四帮四扶”（帮就业、帮就医、帮就学、帮安居，扶贫困、扶老幼、扶伤残、扶志气）工程，全年确定重点帮扶家庭181户，其中帮安居80户、帮就医134户、帮就学678人。投入95万余元为全市城乡低保、特困人员、孤儿等困难群体购买人身意外保险，提高困难群体抵御意外风险能力，防止“贫上加贫”。

【临时救助】 2021年，晋江市发挥临时救助作用，新冠肺炎疫情防控期间在全省率先下发《关于在新型冠状病毒感染肺炎疫情防控期间做好困难群众救助工作的紧急通知》，保障困难群众基本生活，全年发放临时救助金773万余元，救助1575人（户）次。

【流浪乞讨人员救助】 2021年，晋江市做好流浪乞讨人员救助寻亲工作。全年救助流浪乞讨人员353人次，成功寻亲75人次。

基层治理

【社区服务】 2021年，晋江市入选全省城乡社区近邻服务试点，“创新近邻服务模式 打造共建共享新格局”在全省城乡社区近邻服务推进会上作典型发言。出台《关于居住小区落实近邻党建工作要求的若干措施》，落细落实村级组织“支部＋中心＋网格＋楼户”运行机制改革任务。投入补助资金137万元，抓好省级近邻服务试点村（社区）、泉州近邻服务试点村、泉州共建共享试点村（社区）、泉州城乡社区服务站补助项目建设，启动晋江市共建共享社区治理项目申报。

【村（居）委会换届选举】 2021年，晋江市完成村（居）委会换届选举工作，全市选举产生新一届村（居）委会成员1842名，实现主干“一肩挑”、提名当选率、一次成功率“3个100%”目标，实现“双好双强”选人目标和年龄学历“一降一升”要求。会同市委组织部完成“领头雁”示范培育对象考评，联合举办村务（社区）工作培训班、新一届村主干业务培训班。

【村（居）民自治】 2021年，晋江市出台全市村规民约指导意见，指导村（居）委会修订完善《村民自治章程》《居民自治章程》，保障村（居）民对村（居）务的知情权、参与权、决策权。开展优秀村规民约征集活动，推广村级议事制度，培育典型示范村（社区），英林镇西埔村入选全国村级议事协商创新实验试点单位。

【民生微实事】 2021年，晋江市优化

2021年7月18日，梅岭街道竹园小区召开议事协商会议（晋江市民政局/供）

“民生微实事”项目库，全年征集实施项目203个，下拨补助资金83万元。开展“民生微实事”项目调研，形成调研报告《聚焦社区治理体系与治理能力现代化,不断提高民生微实事项目建设水平》。

（陈建造）

社会事务管理

【社会组织建设】 2021年，晋江市实行社会组织年报制度。开展社会组织能力提升建设年活动，核准成立登记社会组织53家。至年底，全市有社会组织1346家。开展打击整治非法社会组织专项行动，查处非法社会组织3家和涉嫌非法社会组织2家。加大“僵尸型”社会组织清理力度，立案151家，引导注销9家。

【社会工作】 2021年，晋江市举办首届“社工文化节”，发布《晋江市社会工作发展报告》，开展社会工作主题宣传活动，扩大社会工作影响力。搭建以社工站为基础的社会工作服务体系，创建“1234N”（成立“1个”中心、落实“双重”指导、夯实“三大”平台、打造“4N”服务）社工站服务品牌，打造1个社工总站、1个省级示范站、6个市级示范站，实现全市19个镇（街道）社会工作服务站全覆盖。举办首届“社会工作创新创业创投”大赛，选拔星级督导6人、星级社工12人，构筑“项目聚集人才、人才引领服务”发展格局。

【慈善服务网络构建】 2021年，晋江市推进“晋江慈善馆”建设，实施“慈善手拉手”专项行动，全市登记成立慈善、教育公益组织185家，基本形成市慈善总会、镇级慈善协会（教育促进会）、村级爱心慈善援助站（慈善协会、学校发展促进会）、企业基金会“四位一体”的社会慈善组织网络。《善润万物 爱汇晋江——创新社会治理视野下的晋江慈善发展研究》课题获民政部2021年民政政策理论研究三等奖。

【婚姻和收养登记】 2021年，晋江市全面提升婚姻登记规范化水平，入选全省婚俗改革实验区。建立婚姻登记高峰应对机制，全年办理婚姻登记6384对，补发婚姻登记证1049对。办理收养登记5件。

【殡葬管理服务】 2021年，晋江市落实殡葬费用相关政策，全年减免群众丧葬负担523万元。推进殡仪服务提升项目，为殡仪馆及13个殡仪服务站更新配置15辆殡仪服务车，完成5个村（社区）治丧场所建设改造。搭建清明节“网上祭扫”平台，清明期间接待网上祭扫约16.2万人次。推进市殡仪馆迁建项目，完成林地报批、土地征收等工作。

【区划地名工作】 2021年，晋江市设立青阳街道晓升社区，编制出版《晋江市行政区划图》。加强地名服务管理，新增命名道路91条，设置街路牌327块、二维码门牌39396块，备案小区31个。

【未成年人保护工作】 2021年，晋江市成立晋江市未成年人保护工作协调机构，统筹未成年人关爱保障工作，建设10个村级儿童关爱示范点，开展规范民间机构和宗教活动场所收留抚养孤弃儿童活动专项整治行动。

（陈建造）

养老服务

【养老服务工程建设】 2021年，晋江市完成3个镇级区域性养老服务中心提升改造，新增建成长者食堂4个，村级敬老院5个，居家养老服务站20个。完成青阳街道青华社区居家社区养老服务照料中心等5个省级居家社区养老服务示范点项目提升工作。为737户散居特困、低保家庭中失能半失能困难老年人改善居住条件，提升居家养老品质。

【居家养老服务】 2021年，晋江市开展居家养老上门服务，为2000多名有需求的60周岁及以上特殊困难老年人提供免费助餐、助洁等专业化上门服务。

【养老机构安全保障】 2021年，晋江市民政局委托专业机构每月对养老机构开展安全生产检查工作，并组织开展养老机构消防安全综合应急演练。新建养老服务设施微型消防站8个。开展养老机构智慧用电安全建设行动，督促新成立的13家养老机构安装智慧用电设备，保障老年人入住安全。

【高龄老人生活补贴】 2021年，晋江市落实高龄老年人生活补贴发放工作，搭建民政补贴发放信息管理系统，累计发放补贴1505.61万元，惠及22万余人次。全年累计为90周岁及以上的高龄老人发放重阳节慰问补贴89.74万元。

（陈建造）

老区建设

【老区建设扶持】 2021年，晋江市争取上级支持，8个项目获得中央和省级预算内补助2701.57万元。开展4次市领导现场办公，投入600万元支持永和镇英墩村、罗山街道梧桐社区、安海镇仁寿村以及内坑镇葛洲村等4个老区村16个乡村振兴项目。投入1000万元扶持安海、内坑2个老区镇5个基础设施建设项目，下拨350万元专项资金扶持45个老区（基点）村51个乡村振兴项目，提升老区村基础设施建设和公共服务保障。开展“阳光1+1（社会组织+老区村）”牵手计划，策划生成合作项目32个，帮扶资金630万元，受惠3万多人次。下拨老区村跨越发展工程专项资金100万元，重点帮扶英林镇港塔村幼儿园室内外环境提升工程、安海镇山兜村山林防火道建设及玉湖路（二期）硬化工程。配合泉州市老促会挂钩联系制度，帮扶黎山村黎湖景观工程第一期景观工程项目10万元。协助做好黄仲咸教育基金1万元的发放工作。

【老区人员医疗保障】 2021年，晋江市继续实施革命老区医疗保障优惠政策，投入912.9万元为全市92个革命老区（基点）村31480名60岁以上人员缴交城乡居民医保个人参保费用。

2021 年 1 月 14 日，晋江市老促会组织走访慰问磁灶镇革命“五老”人员
（晋江市老促会／供）

【“五老”生活保障】 2021 年，晋江市提高革命“五老”（老地下党员、老游击队员、老接头户、老交通员、老苏区乡干部）人员定期生活补助标准至每人每月 2628 元，革命“五老”遗偶每人每月 753 元。全年发放定期生活补助金 275 万元。投入 34 万元落实解困、高龄特困、体检、电费等各项补助以及重大节假日走访慰问活动。全年病故革命“五老”人员 7 人、“五老”遗偶 14 人，新增“五老”遗偶 5 人。年底，健在革命“五老”人员 35 人、“五老”遗偶 155 人。

【老区精神宣传】 2021 年，晋江市学习宣传践行“老区精神”，建设老区党史展示墙（室）16 个，联合《晋江经济报》推出“缅怀先烈学党史”专栏 17 期，编辑完善《晋江·百年沧桑话老区》，办好《晋江老区建设》小报，在微信公众号发布推文 125 篇，讲好老区红色故事。

（陈建造）

慈善

【概况】 2021 年，晋江市逐步形成捐赠为主、增值为辅的善款筹集机制，基本建立起包括日常募捐、定向捐赠、冠名基金、留本捐息、“慈善一元捐”以及重大突发性灾难紧急募捐等项目和方式在内的慈善募捐制度。新设立冠名慈善基金 13 个共 3998 万元，新增捐赠及定向捐赠 1708 万元。至年底，全市设立冠名慈善基金 196 个、留本付息慈善基金 61 个，基金总额 34.71 亿元。

2021 年，福建恒安集团有限公司董事局主席、市慈善总会永远荣誉会长施文博获第十一届中华慈善奖捐赠个人称号。晋江市政府授予孙晋忠、张时跑、王文默、林水杰“晋江市慈善世家”称号，授予吴祝支、林伟雄、施工作“晋江市慈善家”称号，授予施能振、陈瑞典、蔡世团、丁友家、许共和“晋江市慈善大使”称号。晋江市慈善总会“‘两癌’贫困妇女救助项目”获第四届“善行八闽——公益慈善项目大赛”组织奖。

【慈善募捐】 2021 年，晋江市慈善总会向社会募集慈善资金 3.17 亿元（历年累计 40.88 亿元），投入慈善工程 2.49 亿元（历年累计 24.92 亿元），帮扶困难群众3363人次（历年累计183225人次）。

【慈善工程】 2021 年，晋江市慈善总会“解困工程”救助贫困重病灾户 1855 人共 1022 万元。根据捐赠者意愿，定向投入教育、卫生、老人福利等慈善公益事业 23246 万元。5 月 7 日，市慈善总会联合市妇联、市女企联开展 2021 年“浓情五月 感恩母亲”母亲节活动，慰问贫困母亲 100 人共 10 万元。联合市妇联开展“两癌”（乳腺癌、宫颈癌）特困妇女救助活动，在 4—5 月调查摸底的基础上，救助“两癌”特困妇女 56 人共 11.2 万元。联合市委统战部开展“海西春雨行动”新春社会服务活动，为群众义诊送药、义赠春联，提供法律咨询、义务医疗、卫生咨询等，走访慰问贫困家庭 36 户共 5 万元。联合市老科协成立的老年义诊站，每月逢 8 日、18 日、28 日为老年人义诊，全年开展义诊 18 次，服务老年人 5481 人次。配合市委、市政府中心工作，在市科创园项目及罗山市民广场项目安征迁过程中，投入善款299万元，救助安征迁特困群众221户。历年累计投入安征迁善款 4898 万元，救助 5845 人次。联合团市委开展困难青少年帮扶活动，对居住一年以上的贫困新晋江人青少年调查摸底，走访慰问新晋江人青少年 50 人共 10 万元。联合市关工委开展“爱心助学工程”活动，投入 329 万元扶助困难学生 1131 人。中秋节前夕，联合麦都食品有限公司为全市敬老院、福利院、育婴院、特教学校等弱势群体赠送月饼 600 盒，价值 4 万元。发出传真催款单 250 份、电话短信催款 300 个（条），催促到位善款 2378 万元，未到位善款约 3200 万元。

【慈善慰问】 2021 年元旦、春节期间，由晋江市慈善总会牵头，各镇（街道）联络组配合，分别到各村、社区、企业慰问低保户、特困户、五保户、贫侨、下岗困难职工、到晋江务工人员等 859 人次，走访慰问 7 个社会福利机构，共投入慰问资金 181.6 万元。1 月 29 日，市慈善总会联合市人社局举办在晋江务工特困人员春节慰问座谈会，慰问在晋江务工特困人员 90 人。2 月 1 日，市慈善总会荣誉会长许经波代表总会慰问龙湖尚善敬老院，送去慰问金；永远荣誉会长张道辉代表总会慰问金井山头敬老院及金井围头敬老院，分别送去慰问金；2 月 5 日，会长许连捷走访慰问市育婴院，并送去慰问金和日常用品；走访慰问安海慈静敬老院，送去慰问金；走访慰问内坑潘厝村革命烈士李定奕遗孀姚页，送去慰问金。2 月 7 日，民政局党

2021 年 7 月下旬，中国社会科学院社会学研究所一行 12 人到晋江调研。图为 7 月 25 日下午，调研组一行与市慈善总会召开座谈会（晋江市慈善总会 / 供）

组书记吴晋居联合市慈善总会领导慰问磁灶镇深坵敬老院，送去慰问金。3 月 26 日，福建省、泉州市、晋江市三级见义勇为协会为勇士发放医疗救助金，市慈善总会应邀参加并发放 5000 元慰问金。8 月 18 日，联合晋江市见义勇为协会开展 2021 年度见义勇为助学活动，为见义勇为人员子女 17 人颁发助学金。

【慈善文化宣传引导】 2021 年，晋江市慈善总会编印《晋江慈善》信息专刊 14 期 14000 份，更新慈善总会网站信息和宣传内容，扩大慈善工作社会影响力。与各级新闻媒体联系，弘扬慈善先进典型，宣传报道市慈善活动及慈善人物先进事迹 20 多条次。市慈善总会借参加各级慈善活动机会开展慈善工作交流，宣传推介晋江慈善文化。市慈善总会倡导移风易俗，简办婚丧喜庆活动，节约礼金捐赠慈善事业，理事会成员纷纷响应并参与捐赠礼金活动。截至 12 月 31 日，理事会成员 19 人婚丧喜庆捐赠 10165 万元。历年累计收到婚丧喜庆捐赠 18.3 亿元。

【慈善工作交流】 2021 年 7 月 25 日，中国社会科学院社会学研究所一行 12 人由副所长王春光带队到晋江开展“创新社会治理视野下的晋江慈善经验”课题调研。10 月 25 日，山东省临沂市慈善总会一行 6 人由副会长莫凤玲带队到晋江市慈善总会参观交流慈善工作经验。

（林桂林）

民族事务

【民族团结进步创建】 2021 年，晋江市举办民族团结进步创建活动 20 多场，举办第十四个民族团结进步宣传月主题活动，开展“三月三”畲族民族文化节活动，推进民族团结进步创建进机关、进镇（街道）、进学校、进企业、进村（社区）、进宗教活动场所等“六进”工作。晋江市民宗局获“福建省民族团结进步模范集体”称号。

【民族村（社区）振兴发展】 2021 年，晋江市加大民族乡村振兴项目统筹和项目储备力度，向各级申请民族补助资金 420 万元，帮助民族村（社区）经济文化事业发展。抓好龙湖镇后溪村“民族特色村寨”试点工作，支持建设沿溪慢行道建设项目，帮助改善村容村貌、提升环境卫生。落实对口帮扶工作，拨款 100 万元支持盐田霞浦连家船民文化展示馆建设。开展“心手相连”少数民族村走访慰问活动，春节期间走访慰问少数民族困难群众 140 户，发放慰问金 7.96 万元；金秋助学期间，引导佛教协会帮助 24 名少数民族贫困大学生就学，发放助学金 11.5 万元。

【民族交往交流交融】 2021 年，晋江市培育一村、一校、一馆、一企“四个窗口”，在陈埭镇岸兜村、民族中学、回族史馆、宇踏公司成立“民族之家”和少数民族流动人口服务管理站，为各族群众交流、联谊、娱乐提供阵地。了解少数民族务工人员生产生活情况，帮助解决存在的困难和问题。晋江市被作为全省少数民族流动人口服务管理互观互学活动考察点，并作典型工作经验交流。

（许美娟）

2021 年 11 月，晋江市举办第十四个民族团结进步宣传月主题活动。图为 11 月 21 日，晋江市民族团结进步歌唱比赛暨校园新声第六季现场

（晋江市委统战部 / 供）

宗教事务

【宗教场所新冠肺炎疫情防控】 2021年，晋江市抓好宗教场所重点时段新冠肺炎疫情防控工作，春节、“五一”节、国庆节等法定节假日及宗教重要节日期间，加强对宗教场所消防安全、新冠肺炎疫情防控工作等落实情况开展检查督查；引导宗教界参与防疫工作，8月厦门发生新冠肺炎疫情、9月莆田发生新冠肺炎疫情和中秋节、国庆节期间，迅速实行“双暂停”（暂停宗教活动场所开放、暂停聚集性宗教活动），引导督促宗教教职人员定时核酸检测、主动接种新冠疫苗、在场所内设置新冠疫苗接种点等，采取“四化常抓”（检查督促经常化、亮码扫码常态化、关口管理规范化、责任落实制度化）等举措，执行“绿码＋测温＋戴口罩＋社交距离”制度，确保宗教领域落实各项新冠肺炎疫情防控措施。

【宗教场所安全】 2021年，晋江市创新购买安全监管服务，引导宗教团体牵头，引进第三方专业机构每半年对宗教场所进行全覆盖安全检查一次，并指导宗教场所进行隐患整改。推进安全执法年活动、“控事故、保安全、迎建党百年”安全生产集中攻坚专项行动、景区和非景区景点宗教活动场所安全管理专项整治、安全标准化提升专项行动、三年行动专题执法活动、2021年“安全生产月”活动等专项行动，全年实现宗教活动场所安全检查全覆盖4次，不定期抽查100多次，全市宗教活动场所安全稳定。宗教领域佛道教商业化治理、基督教有关工作稳步推进。

【宗教中国化实践创新】 2021年，晋江市宗教界开展庆祝中国共产党成立100周年系列活动。组织学习习近平总书记“七一”重要讲话精神；举办“不忘初心跟党走·携手共画同心圆”——庆祝中国共产党成立100周年书画展，组织宗教团体参观福建宗教爱国故事陶瓷艺术展泉州分展，引导宗教界开展神学思想研讨，开展“砥砺初心，爱我中华”坚持宗教中国化方向系列活动，面向宗教人士开展各类专题学习，筑牢共同团结奋斗思想基础；佛教协会、道教协会、基督教“两会”分别举办党史专题讲座；分别前往长汀、井冈山、江苏、浙江等地开展红色之旅等。深化“四进”（国旗、宪法法律、社会主义核心价值观、优秀传统文化进宗教场所）活动，重大活动、重要节日升国旗、奏国歌常态化。深化文明敬香创建工作，推进“一少三无一规范”（少烧香，无烧金纸、无点蜡烛、无放鞭炮，依法规范佛教、道教和民间信仰活动场所管理）。推进宗教慈善工作，全年宗教慈善款物超过1000万元。参与《福建省宗教领域百年爱国故事精选》编纂工作，草庵《百两黄金借还记》入选全省宗教红色故事经典篇章。

【宗教事务管理】 2021年，晋江市开展以“学习”为主题的和谐寺观教堂创建活动，强化宗教活动场所财务管理工作，督促宗教活动场所开设银行账户，规范财务管理，落实民主议事、民主决策、财务公开制度，健全完善财务监督管理长效机制，维护宗教活动场所和信教公民的合法权益。贯彻落实《福建省宗教事务条例》，开展宗教理论政策法规宣教活动，组织宗教界学习中共十九届五中、六中全会精神和全国宗教工作会议精神，学习《中国共产党统一战线工作条例》《中华人民共和国安全生产法》《中华人民共和国消防法》等法规政策。健全完善宗教工作数字化平台，梳理市民族与宗教事务局权力清单、责任清单，推进“互联网＋监管”工作。宗教工作经验做法被泉州市民宗局发文推广，得到泉州市委常委、统战部部长林万明批示肯定，在全省会议上作典型经验交流2次。

【宗教服务社会发展】 2021年，晋江市动员宗教界人士深入动迁一线，配合做好科创新区、世纪大道南延伸暨北环—龙山寺片区建设项目安征迁，协助做好宗教场所和各类民间信俗的搬迁，服务城镇更新改造。引导宗教界倡导和树立社会主义核心价值观，在信教群众中倡导厚养薄葬、文明治丧。参与交通文明值点劝导、包街包巷等文明志愿服务活动，助力打造“全国文明城市”的金字招牌。推进龙山寺周边环境提升，发挥龙山寺“祖庭”优势，引导宗教界与台港澳及海外交往交流，服务祖国统一大业、“一带一路”和晋江国际化创新型品质城市建设。

（李少荣）

街道 镇（场）

青阳街道

【概况】 青阳街道位于晋江市区，东与陈埭镇接壤，南接罗山街道，北与梅岭街道相邻，辖区面积约11平方千米。2021年，青阳街道下辖阳光、莲屿、锦青、青华、永福里、曾井、霞行、青新、陈村、晓升、高霞、普照、洪宅垵、象山14个社区，户籍人口67269人，流动人口6.9万人。

【经济发展】 2021年，青阳街道财政收入完成16亿元，比上年增长10.34%；固定资产投资完成4.25亿元，同比增长26.9%；限额以上批发零售业销售额完成598.25亿元，同比增长33.5%；限额以上住宿餐饮营业额完成6.97亿元，同比增长46.5%。各项经济指标继续保持在全市前列。项目建设有序推进，28个市级重点项目完成投资35.09亿元。

【产业发展】 2021年，青阳街道链接宝龙广场、明鑫广场、利郎创意园、洪山文创园、金融广场等载体，文创产业聚集新区发展初具规模。以阳光夜市辐射带动周边区域，繁荣城市业态，培育发展夜间经济示范区、临空经济区。明鑫、高森、华泉、金山、太和、美达、利郎等商务楼宇专业化业态聚集。“晋金私募会”累计入驻股权私募基金155家，其中股权类基金/管理人117家、证券类基金38家，注册资金规模79.35亿元。

【城市建设】 2021年，青阳街道投入2449万元推进晋江机场生活区、公安局宿舍楼等19个老旧小区及8条道路改造，开展违法饲养鸡鸭禽畜整治，组织拆除“两违”1.98万平方米；推进阳光片区、莲屿老街、青新片区“微更新、微改造”项目。

【民生事业】 2021年，青阳街道中和中心小学新校区、实验幼儿园拓改项目投入使用，实验中学、第二实验小学等改扩建项目顺利启动，建成力高、中南等房地产配套幼儿园，全年新增学位1890个。社区集体经济总收入超4600万元，全部社区集体经营性收入在全市率先达50万元以上。创建青华社区居家养老服务省级示范点，推动19个“民生微实事”项目落地见效。

【社会治理】 2021年，青阳街道常态推进“六守六无”平安创建，举办线上、线下平安宣传活动17场次，申报创建“平安社区”13个。巩固扫黑除

2021年9月投入使用的青阳街道中和中心小学新校区　　（青阳街道/供）

恶专项斗争成果，破获涉黑恶9类案件49起。加大矛盾纠纷排查化解力度，化解信访积案7宗、社会稳定风险隐患问题17个，调解社会矛盾纠纷79起，规范办理市长专线、“12345”便民服务事项等初信初访问题3058件。做好重点对象的稳控化解，未发生信访对象进京上访、越级上访等现象。开展“控事故、保安全、迎建党百年”安全生产集中攻坚专项行动，累计排查各类安全隐患503条，责令企业停产整顿6家、关闭取缔12家。

【党建引领】 2021年，青阳街道完成14个社区组织换届选举，班子整体结构明显优化。策划生成14个党建特色项目，其中青新社区“红色帮帮团”近邻党建入选市级典型项目，永福里社区“三治融合”经验做法在《领导文萃》刊发。推动利郎党支部升格成为非公企业党委，并在全省首创设立法治委员，探索非公企业“党建+治理+公益”新路径。

（谢思源）

梅岭街道

【概况】 梅岭街道地处晋江市北部，位于晋江市区核心区，东与陈埭镇接壤，北与池店镇相邻，西邻西园街道，南接青阳街道。梅岭街道因处于青梅山与岭山交界处而得名，地形自西向东稍微倾斜，地势较为平坦，辖区面积11平方千米。2021年辖15个社区，户籍人口72317人。街道拥有国家AAAA级旅游景区五店市传统街区，绿洲公园、晋阳湖公园、江滨公园、竹树下公园、教委公园、桂山公园、敏月公园、八仙山公园、体育公园和崎山公园，晋江荣誉大酒店、荣誉国际酒店、宝龙大酒店、爱乐国际酒店四大星级酒店和世茂御龙湾、万达城市广场、格林春天、中航城四大城市综合体。中心城区集文化、旅游、购物、休闲、娱乐、商贸服务为一体的“万五商圈”“世茂商圈”“聚兴商圈”三大商圈及“酒吧一条街”“中华品牌街”等5条特色街区。2021年，梅岭街道先后获“2018—2020年度省级文明单位”“泉州市先进基层党组织”“泉州市先进民兵党组织”等称号。

【经济发展】 2021年，梅岭街道完成限上销售额406.8亿元，同比增长22.83%，占年度目标任务的111.45%；其中零售额30.33亿元，同比增长44.16%，占年度目标任务的114.25%。全社会固定资产投资6.25亿元，占年度目标任务的106%；其中工业投资额2.4亿元，比增13.49%，占年度目标任务的101%。全年财政总收入74681万元，本级收入40137万元。推进稳市场、稳主体，落实各级政策措施，开展“进千企、走千商、访千才”活动，实行领导挂钩帮扶制度，党政领导带头进企业、访企业，帮助协调解决企业生产、发展问题。全年开展4场优惠政策宣讲活动和4场政银企对接，帮助83家企业获补助567.42万元，引导120家企业拓展线上销售渠道，新增市场主体超3000家，新增纳统39家。

【城乡建设】 2021年，梅岭街道保障梅园路—石鼓路、双龙路—晋宁路、双龙路—世纪大道3座人行天桥建设，优化中心城区路网布局；累计投入961.82万元，推进岭山、双沟二期、蔡厝农村生活污水工程和15个污水网管建设。推进党校宿舍楼等5个老旧小区改造，推进“四位一体”物业管理机制。投入425.5万元整改提升辖区农贸市场，创新实行农贸市场积分制，推进农贸市场常态化管理。做好文明城市常态化创建，出台人居环境整治实施方案，推进市容市貌、农贸市场、交通秩序、老旧小区、校园周边、公益广告、消防安全等7个深化提升专项行动，全年整治流动摊点2.3万余起、出店经营1.6万家、共享单车占道车辆2400处，撤除占道广告牌、横幅等1700余处，拆除乱搭盖137宗26441平方米，集中解决一批“脏乱差”“老大难”问题。在全国文明城市年度考评过程中，完成上级交付的任务。开展污染防治攻坚战和蓝天保卫战，在建工程扬尘污染管控率100%，燃烧锅炉整治率100%；社区环境整治全覆盖，生活垃圾处理率100%。全面实施河长制，推进九十九溪梅岭段、普照溪水环境生态综合治理，生态环境质量持续提升。

【项目建设】 2021年，梅岭街道建立“1+N”项目问题专班，实行“每周一跟踪，每月一汇报，每季度一协调”，跑出项目建设“加速度”。全年策划生成重点项目38个，年度计划投资46.17亿元，完成投资62.61亿元，超时序进度35.62个百分点。2021年开工项目27个，其中竣工投产（用）项目9个。开展攻坚征迁扫尾清零行动，完成科创新区征迁扫尾工作，化解市实验幼儿园拓改项目周边隐患房屋的征迁问题，彻底解决2014年实验小学凤竹校区扩建项目和保利上城配套幼儿园用地的征迁遗留问题。

【社会事业】 2021年，梅岭街道纳入低保对象96户143人、特困对象14人，全年发放低保特困补助金130.67万元，发放散居孤儿及事实无人抚养儿童基本生活补助5.49万元，为48名困难群众申请临时救助金26.06万元；纳入“四帮四扶”工程家庭4户，帮就医14.36万元，帮就学4.1万元；发放困难残疾人“两项补贴”、残疾人生活保障金、一户多残生活补贴等115万元；走访慰问重点优抚对象62人次、困难退役军人7人次，发放慰问金8.02万元，解决退役军人的就业、住房以及养老病困等问题9件。投入5312万元推进心养小学二期（体育馆）、平山中心幼儿园迁建、岭山小学校舍改造、华侨中学改扩建、平山中学学生宿舍楼改造、实验幼儿园拓改项目等教育基建项目，晋江市第二实验小学梅岭校区按期投入使用，9月招生。扩充养老资源，推行“嵌入式”养老，居家养老服务站。完成梅青社区养老照料中心、崎山敬老院建设，蔡厝社区、岭山社区敬老院稳步推进，竹园社区获评全国示范性老年友好型社区；培育婴幼儿照护服务试点，2021年新、改、扩建婴幼儿照护服务机构11家，服务托位逾700个，获评晋江市婴幼

2021 年，竹园社区获评“2021 年全国示范性老年友好型社区”。图为 5 月 11 日，志愿者进入社区开展老年人智能手机教学 （梅岭街道／供）

儿照护服务试点单位。

【社会治理】 2021 年，梅岭街道坚持“大数据 + 网格化 + 铁脚板”工作模式，按照“全查清、见到人、管到位、责到岗”要求，做好中高风险和境外到晋江人员的排查管控，累计排查管控 7176 人。街道、社区干部齐上阵，联防联控、群防群治，完成沟头社区封控管控任务，堵住新冠肺炎疫情传播风险。强化新冠肺炎疫情防控宣传，落实核酸检测、新冠疫苗接种等防控措施，盯紧公共场所和人员密集场所，落实“扫码、测温、戴口罩、社交距离”等防控要求，保持稳定的疫情防控形势。推进房屋安全排查整治工作，排查房屋 5215 栋，其中重大安全隐患房屋 30 栋全部完成处置。推进消防安全综合整治“雷霆”行动，消防火警连续 2 年分别同比下降 46% 和 35%，2021 年未发生亡人事故或影响恶劣事故。立诈骗案件 263 起，比上年下降 18.6%；发生涉诈骗警情 399 起，下降 36%。改造提升社区戒毒康复工作站，建设平山实验小学禁毒宣传教育展厅及 5 所中心学校禁毒宣传园地，出台涉毒线索举报奖励措施，打击涉毒违法犯罪，查处涉毒案件 9 起，抓获毒品犯罪嫌疑人 2 名、吸毒人员 7 人。结合打击黄赌违法犯罪、“飓风肃毒”等专项行动，加大对辖区治安乱点的整治力度，辖区立刑事案件 573 起，比上年下降 12.4%；破案 341 起，破案率 66.9%；抓获网上逃犯 88 人，查获黄赌案件 99 起 177 人。

【党建引领】 2021 年，梅岭街道创建“红色网格”“党员人才”“邻里调解”3 支服务队，健全小区议事协商平台、社区乡贤参事会“两议”协调机制，整合驻区、场地、社会三方资源，推进近邻党建活动，形成共建共治共享的城市党建工作新格局，提升人民群众的获得感、幸福感、安全感。宝龙金色家园、桂园人家作为晋江市首批小区近邻党建试点，被列为晋江市标杆型小区“党建 + 物业”自治机制示范点，接待中央、省、市各级调研 50 多次。新增格林春天、桂香苑等 6 个试点，建成 8 个邻里家园。其中，桂园人家自治模式、梅龙小区“四有”（服务有人员、服务有清单、服务有回音、服务有温度）治理案例被纳入晋江市基层党建优秀案例汇编。6 月，梅岭街道党委被泉州市委评为“先进基层党组织”。完成社区组织换届工作，产生 114 名社区干部，高中及以上学历 93%，实现主干“一肩挑”、一次性完成选举、选出意向人选“3 个 100%”。新开设“梅岭 FAN”微信视频号，借助街道、社区微信工作号等网络宣传载体组织宣教，规范信息审核审批流程，掌握网络意识形态工作主动权；以文明城市常态化建设为契机，规范提升新时代文明实践所（站），依托街道新时代文明实践所、15 个社区新时代文明实践站和书香花园、五店市 2 个爱国主义教育基地开展活动，强化意识形态领域建设。整合街道 18 个党建参观点，绘制梅岭党建共享图，为党史学习教育提供素材。2021 年，街道各项工作被各级媒体报道 100 多次，微信公众号“梅岭 FAN”推送信息 1845 条，关注人数增加近 2 万人，自制心声唱百年《不忘初心》MV 视频、“奋进新征程，空中看发展”系列主题航拍、梅岭党建共享 MV 视频等，展示梅岭在产业发展、城市建设、民生改善等方面取得的成就。

（杨聪明）

西园街道

【概况】 西园街道位于晋江中心市区西北部，东南面与梅岭街道相接，西抵磁灶镇，北邻池店镇，南与罗山街道交界，是晋江中心市区西大门的重要门户。沈海高速、泉南高速、“三纵”（迎宾路、晋明路、晋光路）、“两横”（双龙路、博览大道）构成路网骨架，交通便利。辖区总面积 21 平方千米，下辖 11 个社区、103 个居民小组，2021 年户籍人口 42496 人，流动人口 22070 人。辖区内有各级各类学校 24 所，其中大专院校 1 所（泉州轻工职业学院）、国家重点职业中专 1 所（晋江华侨职校）、中学 1 所（晋江市远华中学）、市属实验小学 1 所（晋江第四实验小学）、市属实验幼儿园 1 所（晋江第四实验幼儿园）、12 年一贯制学校 1 所（晋江市拔萃双语学校），其他小学 7 所、幼儿园 11 所。辖区企业主要涉及汽配、钢结构、卫生材料、现代物流等产业，规模以上企业 16 家，限额以上批发零售企业 8 家。

【经济发展】 2021 年，西园街道推动实体经济提档升级，全年完成限额以上批发零售业销售额 10.47 亿元、同比增长 21.3%，其中零售额完成 1.17 亿元、同比增长 33%；固定资产投资完成 2.67 亿元，同比增长 71.96%；财税收入完成 3.06 亿元，同比增长 33%。主要经济指标考核位居全市前列。引导企业智能化改造、数字化升级，策划新建兴机械自动化焊接流水线技改项目，总投资8000万元。出台新增入库纳统企业扶持奖励政策，引导企业规范经营、做大做强，新增培育规模以上工业企业3家、限额以上商贸企业2家，培育国家高新技术企业2家。抓好招商引资。主攻会展、物流、医疗健康三大产业，对接智慧物流、医疗技术等意向产业项目7个，总投资64.2亿元。福建维德福物流有限公司入驻现代物流园区，物流企业加快集聚发展。

【城乡建设】 2021年，西园街道推进生活污水管网工程建设，完成主体施工，车厝、赖厝、后间、苏塘、烧厝等社区工程完成初验，新增接户1800余户，接户率提高到84%。加快乡村道路建设，完成屿头山头村道、砌田村内道路、烧厝至拔萃双语学校等一批乡村道路硬化。完成车厝、赖厝、屿头3个农贸市场改造。整治“两违”，落实巡查打击，用好卫片图斑监测，严控新增“两违”，销号清零图斑208宗，销号率99%，拆除违建超2.6万平方米。加强国土资源管理，完成工业用地调查及数据核验267宗，整改违法卫片图斑52宗，其中立案查处违法占地20宗、拆除21宗。落实河长制，加强河岸巡查，加快排污口整治，霞浯直溪及其支流水质稳步提升。巩固文明创建成效。全域推进城乡人居环境整治，实施农贸市场、停车秩序等7个专项行动，开展爱国卫生集中整治行动超60场次、“清洁家园”主题党日活动40余场次，卫生消杀5万平方米。出台城乡环卫管理考评问责机制，推动文明创建常态长效。

【社会事业】 2021年，西园街道办好年度为民办实事项目22个、民生微实事2件，完成道路硬化、路灯改造、公厕改建等工程，解决群众“急难愁盼”问题。兜牢社会保障。滚动更新纳入低保的对象181户388人，帮扶“四帮四扶”特困家庭13户，落实发放各类慰问、帮扶、保障资金超490万元；抓好保障性安居工程，完成危房就地翻建审批52宗，办理承租保障房10户22人。泉州轻工职业学院入选福建省高水平高职院校立项建设单位，晋江华侨职校获评省级文明校园。启动第四实验小学扩建、田园风光小学建设前期工作，完成版筑中心小学危房改造工程。提升“四点钟学校”“家长学校”，抓好版筑中心小学青少年宫、远华中学心理活动中心等未成年人活动场所管理，完善阅览室、绿色网吧、青少年志愿服务站等配套设施。街道居家社区养老服务照料中心完成装修建设、二次适老化改造，打造可服务7000名老年人的嵌入式养老机构中心。筹备街道慈善（教育）基金会，指导成立霞浯社区慈善协会。以屿头、赖厝等社区为龙头，扶持壮大村级集体经济，探索农田流转、市场承包、项目合作等增收渠道，2021年社区集体经济收入618.41万元，4个社区超50万元。开展社区项目谋划大比拼，推动11个社区谋划项目62个，增强发展后劲。西园街道侨联获福建省“侨胞之家”称号。

【项目建设】 2021年，西园街道深化项目带动，强化重点项目要素保障，加快推进项目攻坚突围。25个重点项目年度完成投资23.3亿元，完成年度计划的140.02%。普瑞置业办公楼、海润•晋城学府、百宏•御璟府、王厝安置区幼儿园加快外立面装修；新建兴机械自动化焊接流水线项目投产。现代物流园区企业集聚发展效益初显，12家入驻企业中，投产1家、开工5家，德志物流、耀中物流、龙豪物流开工建设，展志物流、万贯五金加快项目前期，维德福物流、新天物流即将完成供地。坚持项目导向，重点围绕现代物流、会展经济、医疗健康三大领域，谋划产业项目19个。

【党建引领】 2021年，西园街道完成社区换届，实现“3个100%”（换届100%、一次性选举成功率100%、书记主任“一肩挑”100%）。指导8个社区基层党组织升格党委（党总支），推进党支部标准化规范化建设，实现所辖机关、社区党组织“达标创星”先进等次100%，“两新”组织先进等次40%。创新成立善治善为“星火薪传”工作室，聘任离任社区主干为首批社区治理顾问。以赖厝社区为典型开展“乡创联盟”导师帮带制试点工作。指导王厝双水湾小区成立小区党支部，策划建成“近邻党建”活动基地。紧盯农业创新、快递物流等新兴领域孵育成立2个非公企业党支部，对接辖区高校、高新企业共同创新开设民营企业“党建+人才”共建基地科技特派员工作站。创新实行“一领导一社区”挂钩制度，党政班子全员挂片、下点，推动一线落实、一线锻炼、一线成长。注重干部素能提升，制定年轻干部选拔使用计划，分批选派、调整干部到急难险重岗位实践锻炼，优化干部队伍年龄、学历和经历结构。此外，完成群团组织换届工作，推进工会、共青团、妇联改革，加强党管武装和国防后备力量建设，推进老干部工作。街道办事处获评“泉州市2021年度征兵工作先进单位”。

（施翩翩）

罗山街道

【概况】 罗山街道位于晋江市中部，以其境内罗裳山得名，东邻新塘街道，西通西园街道、磁灶镇，南连灵源街道、永和镇，北接青阳街道、西滨镇，辖区面积25平方千米。2021年下辖16个社区，户籍人口60309人，流动人口4万人。2021年，罗山街道以“转型升级、创新突破”为发展主线，实施“项目带动、产城融合、民生优先”发展战略，推进高铁新区、科创新区、罗裳片区、集成电路产业园区开发建设。

【经济发展】 2021年，罗山街道财政总收入6.18亿元，比上年增长56.4%；固定资产投资10.79亿元，同比增长4.33%；限额以上批发和零售业销售总额157.01亿元，同比增长19.74%；限上住宿餐饮业营业额4.16亿元，同比增长18.68%。坚持龙头带动，推进食品产业全链条、全流程升级，3月16日，久久王食品在港交所上市；推动好邻居等企业加大科技创新力度，拓展市场，销售渠道呈多元化发展。发展第三产业，引导支持企业“退二进三”，推动豪新食品市场、豪信汽车市场融市繁荣，SM商贸圈更具活力。优化营商环境，实行企业帮扶联络员制，累计举办惠企政策宣讲会2场，协助31家企业申报兑现各项惠企政策补助235万元。加快项目招商步伐，蔚来汽车、晋江市餐厨垃圾处理设施项目（一期）落地罗山，洽谈理想、小鹏等新能源高端品牌汽车入驻，跟进麦德龙、晋江邮政航空邮件枢纽中心、友成集团总部等三大项目。

【城乡建设】 2021年，罗山街道围绕基础设施薄弱部位，坚持项目化管理原则，全面落实林长制，累计造林绿化面积11.67公顷。逐步提升乡村生态宜居环境，15个美丽乡村建设项目通过验收。创新推出五星示范社区综合评比，翻建福埔、前沿社区农贸市场，规范营商秩序，整治农贸市场“脏乱差”等问题。开展河湖“清四乱”和排污治污工作，提升水质，打造标杆河道，完成污水管网接户率90.23%。建成后林社区公共足球场、篮球场和沿内溪河慢行道景观，提升城市形象。拓宽社区经济创收渠道，推动14个纳统社区挖掘集体经济项目，集体经济收入全部超20万元，社区平均经营性收入超50万元。完成社区卫生服务中心迁址，推行优质养老服务，完成16个社区的居家养老服务站挂牌，其中缺塘敬老院试营业。打造后林社区乡村记忆馆，培育兰峰社区志愿者驿站和爱心格子铺等基层宣传示范点。加快重点完善配套设施，投入800万元实施SM国际广场周边环境改造提升工程，商圈周边配备露天停车位1700多个、城市共享充电桩36个。

【社会事业】 2021年，罗山街道发挥低保兜底保障作用，开展生育关怀、暖冬行等活动，全年新增低保20户，帮扶特困19户、低保285户，发放残疾人生活保障金累计1585人、47.55万元。扶持樟井老区（基点村）建设，助力乡村振兴困难人员参保100%。完成8项为民办实事项目，涉及医疗保健、道路交通、市场改造等；开展耕地保护和开展撂荒地调查，排查出撂荒地75.73公顷，完成10宗占用耕地、2宗占用永久基本农田整改任务。开展石结构房屋改造工作，完成审批翻建房屋66宗，总建筑面积23396.68平方米。逐步推进安置小区不动产证遗留问题的协调解决，办理发放安置房产权证书89件，健全环卫保洁长效机制，环卫考评持续保持全市前列。做大做强教育品牌，以晋江市第六实验小学、华泰实验小学为试点开展课后延时服务，推进季延中学与罗山中学深化合作，扶持下埔社区薄弱校区建设，推动优质教育全覆盖。推动辖区17个教育项目建设，总投资近16亿元。育德小学（一期）建成并投入使用，正荣小区配套幼儿园、罗裳幼儿园、第六实验幼儿园山仔园区、科创新区实验小学罗山校区等有序推进。

【项目建设】 2021年，罗山街道22个市级重点项目有序推进，完成投资41.37亿元，占年度计划139.9%。其中融创兰峰项目（已交房）、安腾·幸福里、正荣浔兴、中南雍锦院、中南禧樾院、晋兴学府、书香名邸等周边房地产商铺建设有序。石墨烯产业技术研究院运作加快，矽品二期项目紧密推进交易。创客大街入驻项目、企业及机构65家，拥有各类专利419件，基本实现满载运营，三创园创新技术服务平台作用发挥日渐凸显，并促成井升科技、绿润康成在海交所挂牌。

【社会治理】 2021年，罗山街道推进强基促稳持续提升社会治理现代化水平，筑牢社会和谐稳定的根基，8个社区获评星级社区、4个社区获评平安社区，4家企业获评五星平安企业，辖区未发生重大安全隐患或新冠肺炎疫情防控隐患。街道社区建立103个网格，统筹推进新冠肺炎疫情防控、安全生产等工作，推进新冠疫苗接种，设立16个全员核酸采样点，建立全员核酸台账，16个社区完成全员核酸采样工作，完成采样67682人。辖区自建房建工场所消防评查全覆盖，完成自建房529栋评查整改；明确和落实出租屋消防安全管理责任，消防安全“雷霆”行动排查2530家。建立信访联席会议制度，落实矛盾纠纷排查制度，聘请人民调解员，协助完成评理调解纠纷10件，社区完成评理调解纠纷18件。实行“驻点领导+驻社区干部+社区主干+两委成员+网格员”的网格体系，加快治重化积办理，完成“治重化积”信访件23件。

【党建引领】 2021年，罗山街道组织理论学习中心组13次，党政班子上党课活动，结合中国共产党成立100周年，街道党员干部实地参观鸿官通信有限公司“鸿官之路”党建馆和中共上竹支部革命斗争展示馆，学深学透《习近平在福建》等教材，推动新思想入心入脑、走深走实。紧扣“落实基层党建责任”主线，全年召开党建专题会议47次， 3个“领头雁”培育、示范对

2021年7月1日，福建省鸿官通信工程有限公司举行鸿官之路党建展馆开馆仪式

（罗山街道/供）

象均获评星级。培育“一社区一形态”党建样本，指导兰峰社区形成“136”（坚持社区党支部1个核心党总支，建强物业、党员和志愿者3支队伍，推进“党员共管、服务共助、邻里共融、五社共建、事务共商、资源共享”6个共建）基层党建工作模式、华泰创新“517”（成立5支志愿者队伍，建立1套“中心+网格+楼栋”运行机制，以7个便捷窗口打通服务“最后一米”）工作法，建设“六有”（老有所养、幼有所育、病有所医、食有所安、居有所乐、食有所安）邻里家园，解决100余个问题，其中华泰社区党总支获评全省先进基层党组织。“鸿官之路”党建展成为泉州市级党建示范点。建强基层战斗堡垒，辖区134个基层党支部标准化规范化建设合格率100%，机关党组织先进率100%。完成社区换届选举，实现“3个100%”（主干一肩挑、提名当选率、一次成功率“3个100%”），引进3名人才担任支部书记，学历年龄实现“一升一降”，女性占比高于往届。树立“一线导向”，实行党政领导老带新，全员挂工作点、项目或企业等制度，7个项目征迁完成“扫尾清零”。

（蔡瑞火）

灵源街道

【概况】 灵源街道地处晋江市中部，东接永和镇，西靠灵源山脉，南连安海镇，北与罗山街道交界，泉安公路、世纪大道、泉州绕城高速、福厦铁路、晋江疏解公路、社马路、灵石路贯穿全区，交通便利。灵源街道“因山得名”，辖区内灵源山为泉南名山，被评为国家AAA级旅游景区，人文荟萃、积淀深厚。灵源禅寺居山之南，香火鼎盛，山中景色，举目成趣。灵源茶饼（中华老字号）入选闽南文化生态保护实验区非物质文化遗产项目。灵水菜脯，在明朝万历年间已誉满东南沿海。2021年，辖区面积13.93平方千米，辖10个社区，户籍人口30903人。实现财政总收入4.31亿元，比上年增长3.66%。社会固定资产投资完成2.2亿元，比上年增长34.5%。街道有企业200余家，其中规模企业11家，涉及纺织、食品、机械等主要行业企业。

【经济发展】 2021年，灵源街道引进技术革新，完成福州大学光催化技术调试和项目投产，并在福州大学晋江校区共建实验室；策划精密制造产业园等新产业项目，引进渠梁电子公司集成电路封装测试项目。打造“产城人”融合发展先行区示范区，相关做法在泉州《侨区快讯》刊发。挖掘投资潜力，完成18个市级重点项目投资5.76亿元，完成年度计划的107%。创新线上政策服务平台审签模式，申请时间缩短至1小时，打通政企服务“最后一公里”；先后帮助10家企业申报超过200万元科技创新奖励补助。整合提升创新生态链，落实“港湾计划”，完成60家企业人才需求调研，加强校地合作，做强海峡微生物研究院等基层产业创新平台，推动与上海食品研究所、全国抗菌协会等多家科研机构达成战略合作。启动“灵山论见”主题活动，推动政企加快探索新形势下企业经营、人才保障、创新发展等方面的新思路。

【城市建设】 2021年，灵源街道完善路网建设，投入约1.54亿元完成灵石路、灵源南路等5条道路“白改黑”工程建设或修复，涉及里程10千米。加快布局生活配套，推进社区污水管网工程建设，加大社区文体场所建设投入力度，新增小浯塘等3个社区共5个篮球场、6条健身路径。推进生态保护，制定《区域突出生态环境问题整改方案》，形成环保日常督查闭环管理；启动林长制工作，辖区森林保护预警健康系统不断完善，实施灵源山生态保护和修复行动，划分护林网格，建立护林队日常巡查制度，新增智慧监控设施，完成9.2千米护林带杂草清除，新增绿化40.24公顷；推进河长制，开展“爱河护河”宣传10余场，投入52万元完成梧垵溪流段淤泥清除，落实河长、专管员巡河536次，发现并整改44项涉水问题，维护48处河道出水口，推动一批“四乱”得到整治。

【乡村振兴】 2021年，灵源街道推进人居环境整治攻坚，全年投入近460万元完成辖区环卫保洁社会化服务全覆盖，新增600个分类垃圾桶和11部垃圾转运、道路清扫等工具车，配备环卫保洁人员131人，加强对房前屋后、背街小巷等重难点区域的日常清洁。组建16人的环卫督查队伍，落实“日巡月报”考评制度，辖区环卫状况不断好转。发展壮大社区集体经济，指导策划社区创收项目15个，推动灵水等社区通过“三资”清理和规范管理，10个社区全年集体经营性总收入451.61万元。注重文旅开发，整合设立灵水古村落和灵源山AAAA级景区创建领导小组，优化工作力量，加强统一规划设计，完善景区配套设施建设，策划生成灵源文旅开发项目。整理编撰《有灵之源》《娜里的童谣》等书籍，建设灵水村史馆，推动本土优秀传统文化深入传播；发挥“一约四会”（村规民约，红白理事会、村民议事会、道德评议会、禁毒禁赌会）组织作用，推进移风易俗，全年通过简办婚庆事宜筹集善款近580万元。

【民生事业】 2021年，灵源街道强化“四帮四扶”等社会救助力度，帮扶残疾人1066人次，发放低保、特困人员、卫生健康类补助366.11万元；帮助1251户耕地农户申领补贴5.5万元。加大养老服务投入力度，推进灵水养老院项目建设和大布林、林口等养老中心配套设施建设，推进与青岛青鸟等第三方大型养老机构接洽合作事宜。筹建灵源教育发展促进会，募资超2000万元，完成辖区“义务教育管理标准化学校”创评全覆盖；加快“医共体”建设，实现卫生医疗“优质服务基层行”目标。推进基层治理，提高社区治理业务及矛盾纠纷调解能力，成立10个社区矛盾纠纷多元化解工作室；以“平安灵源”钉平台为桥梁，实现政企、干群快速沟通，抓好社会稳定工作。健全安全生产闭环管理和隐患排查整改机制，累计排查并整改销号火灾隐患、“黑气点”、自建房加工场所等安全隐患重点场所1110处，整改率100%；抓好新冠肺炎疫情防控工作，重点推进“一老一少”新冠疫苗接种，常态做好大规模人群核酸检测工作，筑牢辖区防疫屏障，群众安全感不断提升。

【党建引领】 2021年，灵源街道完成社区“两委”换届。探索“近邻党建”特色做法，以灵水灵秀家园为试点，成立小区党支部，探索推行小区“183”（1个党支部，8个楼栋长，党员、业委会、物业公司三位一体合力）治理模式。加快民营企业“党建+人才”融合发展，推动华宇公司获评晋江市示范创建企业，配备建新等企业人才专员。抓实“三个融合”（党企融合、载体融合、主体融合），开辟数字化非公党建新路径，推动非公党建和企业发展“同频共振”，完成辖区49家民营企业党建入章，推动俊通、华宇等公司将党团组织建在生产、营销、研发一线上，打造拓普旺公司微生物实验室“红色车间”。推进市委巡察“回头看”整改工作，推动街道形成以制度管人、管财、管权、管事的长效机制。以平安建设、乡村振兴、村庄清洁活动等为抓手，开展“党建+”行动，推动大山后社区联合卫顾建设集团开展党建联盟，相关做法在学习强国福建学习平台刊发。

【“灵山论见”主题活动】 2021年12月19日，灵源街道举办“灵山论见”主题活动。邀请晋江市科技局局长蒋家兴，灵源街道党工委书记苏振发、办事处主任陈高攀，以及40多位灵源街道的企业家代表、商业精英、党建人才及各级认定人才参加。活动以“同频共振启新局——政企协作促进高质量发展”为主题，通过开展专家讲座、企业家沙龙和话题讨论，为现场人员解读和宣传相关惠企政策。

（黄桂荣）

新塘街道

【概况】 新塘街道地处晋江市东部，东邻石狮市，西达罗山街道、青阳街道，南接永和镇，北通陈埭镇、西滨镇，辖区面积18.5平方千米。2021年辖13个社区，户籍人口36928人，外来人口2.75万人，新塘是晋江中心城区的重要组成部分、泉州环湾发展的重要组团，也是晋江、石狮两城区联系的重要节点，机场、高铁站、高速出口等交通枢纽环绕新塘周边，福兴路、晋新路、二重环湾、东部快速等交通要道穿境而过，交通、区位优势明显。新塘街道党工委获评2021年度“全省先进基层党组织”。

【经济发展】 2021年，新塘街道实现限额以上销售额175.31亿元，同比增长23.21%；社会固定资产投资6.1亿元，同比增长3.39%；财税收入4.41亿元，同比增长3.04%。多项主要经济指标排名全市前列。扶持重点企业发展，实行企业帮扶联络员制，开展政企交流，通过进企业、查实情，听诉求、解难题，将惠企政策宣传、落实到位，全年帮助企业兑现各级各类助企纾困政策补助近1000万元；助力企业转型升级，鼓励企业加大创新投入，规模以上企业R&D研发投入增长率超20%，协助晋华、联盈、绿雨等8家企业完成高新企业认定，辖区高新技术企业保有量14家；加快“升规纳统”步伐，抢抓“升规纳统”政策申报窗口期，推动一批企业完成升规纳统，完成27家规模以下企业升规纳统。

【城乡建设】 2021年，新塘街道以消除区域环境污染和推行“河长制”为抓手，坚持部门联动、铁腕治理，抓好生态环境保护，辖区生态环境显著改善。严格河湖治理管护，建成泉州首个乡镇级智慧河务中心，完成河道清淤3.3千米，整理防汛路2.5千米；在建工程扬尘污染管控率100%，覆盖裸露土地2.8万平方米；查封取缔“小散乱污”及无证加油站点17处，受理环境信访件99件，立案23件，查封扣押7件，罚款59.67万元；基本完成辖区12个社区、18个污水管网项目建设，开展环卫、市容、停车秩序等整治，建成新时代文明实践所（站）13个，修补坑洼路面7438平方米，整治流动摊点、占道经营529起，查处违规广告牌、乱张贴、乱悬挂458处，处置焚烧、乱倒垃圾25起，清理卫生死角956处、清运垃圾637吨，规范停车314起。开展夜市专项整治行动，运用“疏堵结合”方式，建设富康夜市便民点，设置摊位48个，引导规范流动摊贩经营行为。试点店面星级评定，评定内容涵盖环境卫生、设施保护、市容维护等方面，每月组织评定文明和不文明店面各10家，并按规定予以奖励或曝光。开展房屋结构及在建房屋安全隐患排查整治行动，出台《新塘街道房屋建筑工程“网格化”管理暂行措施》，划分网格片区64个，设立街道、工作点、社区以及片区（小区）四级网格员，对房屋建筑工程进行日常巡查。全年排查石结构、复核钢结构等房屋4149宗，其中存在隐患71宗，处置重大安全隐患房屋10宗、拆除房屋10幢。

2021年12月19日，灵源街道举办“灵山论见”系列主题沙龙第一期活动

（灵源街道／供）

【社会事业】 2021年，新塘街道发挥低保兜底保障作用，发放城乡低保金、特困人员供养金、电费优惠金等补贴

299万元，实现“应保尽保、应养尽养”。落实“四帮四扶”、临时救助等措施，帮扶救助38人，发放补助资金41.67万元。推进残疾人生活保障工作，发放困难残疾人“两项补贴”、一户多残生活补贴20.86万元。做好属地双拥工作，走访伤残退伍军人，发放慰问资金物资4万元，解决退役军人就业、住房以及养老病困等问题27件。执行“大数据+网格化”排查和联防联控工作机制，排查境内数据约2.1万条，纳入管控4836人，境外返晋江人员427人，100%落实管控措施；完成各类核酸检测8.84万人次；完成接种新冠疫苗13万人次，其中18岁以上人群第一针接种6.02万人、完成率127.76%，第二剂接种61787人、完成率131.12%，接种率排名均在全市前列。制定出台《新塘街道安全生产工作六项制度》，制度化落实落细安全生产日常工作；推行二维码门牌，创新出租厂房监管模式，实现常态化监管；组织开展“控事故、保安全、迎建党百年”安全生产集中攻坚行动，重点推进自建房加工场所消防评查整改工作，排查自建房加工、储存场所504幢，取缔关停103幢，完成评查401幢、评查率100%，完成整改验收401幢、整改率100%，提前完成市里要求的“新塘街道7月1日前应完成320幢”的任务目标。开展新塘街道重点区域消防安全综合整治“雷霆”行动，累计排查场所918家，其中出租分租厂房713家、“小、散、乱、污”场所22家、“三合一”场所26家。发现隐患2459条，整改2459条，整改率100%。查封63家，其中取缔关闭38家，清理“两违”面积约430平方米。

【项目建设】 2021年，新塘街道26个市级重点项目，年度计划投资11.81亿元，实际完成投资14.92亿元，完成年度计划的126.29%，高于时序进度26个百分点。泉州高吉吉利汽车4S店、富沃沃尔沃汽车4S店、新塘街道中心幼儿园、梧林文化行馆、空港路及部分社区道路项目完工并投用，新益隆织造服饰、豪川物流等项目完成一期工程建设，新塘街道社区卫生服务中心完成地基和地下室浇筑。开展项目征迁清零扫尾，完成梧林传统村落保护开发建设项目、新塘街道社区卫生服务中心迁建工程等6个重点项目问题销号，百大项目攻坚大比拼考评成绩位列全市前列。晋新路安置房提前3个半月实现封顶，加速推动季延中学新塘分校、新塘街道实验小学、湖格中心幼儿园等12个教育项目建设进度，新塘街道中心幼儿园开园招生、社区卫生服务中心迁建工程开工，推动东西三路北延伸、联华大道北延伸一期开展前期工作，快速推进同丰路（新塘段）、良兴路改造提升工程，构建联通高铁、高速、机场等多元交通网络，实现与泉州市区、晋江市区、石狮市高速互联。2021年，策划涵盖基础设施、民生配套、环境整治、社区营造等4个系列社区建设项目80个，完成投资1746万元，打通村间道路11条、建成微景观19个、公众休闲场所10个。策划街道为民办实事项目21个，完成投资2.22亿元，先后完工农产品质量安全检测实验室、社区污水管道、河务中心、空港路等17个项目。

【社会治理】 2021年，新塘街道排查矛盾纠纷26起，化解信访诉求41起。落实街道接访和下沉接访，完善提升办事处接访场所条件，零距离化解信访诉求，化解5起“治重化积”案件。用好街道、社区两级评理调解队伍，发挥行业调解委员会和乡贤调解队“调和剂”作用，受理来信来邮来访、人民网留言、泉州“12345”政务等信访件229件，办结率98.25%；开展劳动合同签订专项行动，签订劳动合同制度企业379家，完成年度任务的119.56%。做好劳动争议案件的调处工作，处理案件212起，涉及395人、金额668.83万元。围绕“黑恶积案清零、问题线索清零”和“深挖根治”目标要求，加强线索侦查研判，深入重点领域、重点地区开展黑恶线索摸排，打击黑恶犯罪行为，化解5起工程领域欠薪案件，涉案金额87万元，破获1起涉黑集团案件和1起网上非法放贷涉恶案件，逮捕拘留5人。落实“有警即处、有案即破、有损即挽”机制，提升破案追赃成效，对辖区棋牌室、旅店、宾馆、足浴、养生会所等重点场所高频次日常检查；对获取的“黄赌毒”违法犯罪线索，从严从快处理到位。全年立刑事案件178起，比上年下降11.9%；破案191起，刑拘149人，逮捕69名，起诉114人，破获5个诈骗窝点及1个黑恶势力团伙。试行巡逻队“菱形管理”绩效考评机制、双重月考核和薪金差异化，强化首尾带动作用，实现巡防工作整体提升，该机制在晋江市“我为群众办实事”社会治理创新项

梧林传统村落一隅　　（新塘街道/供　摄于2021年12月26日）

目路演中获优秀奖。投入3.94万元新建视频监控。强化严重精神障碍患者日常管控，做到底数清、情况明、管得牢，核实录入系统338人，危险性评估三级以上42人，办理以奖代补37人，扭转送诊治疗11人。开展“六守六无”微景观创建评比，评选出上郭、后洋、后库、沙塘等5处“最佳”微景观。完成村级组织换届选举工作。

【梧林传统村落】　2021年，新塘街道聚焦梧林传统村落项目，引进北京青普尖端设计运营团队，对古村的自然、人文景观资源进行文化商业再造，修缮古建筑119幢，梧林近代建筑群入选福建省第十批省级文物保护单位，省档案馆“世界记忆项目福建学术中心实践基地”落户梧林侨批馆，获评第三批全国乡村旅游重点村、国家AAA级旅游景区。利用专项招商扶持政策，引入28家商户入驻梧林，每逢重大节假日举办景区特色活动，游客量日益攀升，媒体传播点击量突破千万次，景区热度稳居全市前列。

（柯伟家）

陈埭镇

【概况】　陈埭镇位于泉州湾畔三角地带，东临大海，居晋江入海口南岸，西与晋江市区毗邻，南与石狮市相连，北与泉州市区隔江相望。镇域面积38.4平方千米，海岸线长13.6千米，是闽南重点侨乡和少数民族的聚居地。2021年，陈埭镇户籍人口82963人、外来流动人口超30万人。陈埭镇率先试点户籍制度改革，流动人口同城化、均等化待遇稳步推进。辖26个行政村（社区），其中回族村（社区）7个。

【经济发展】　2021年，陈埭镇实现财税收入37.2亿元，同比增长6.86%。经济总量保持全省乡镇首位，综合实力居全国百强镇第25位。龙头企业带动效应凸显，源泰皮革入选省重点上市后备企业名单，三六一度、肯拓等6家企业入选泉州市产业龙头企业名单，茂泰、中策等6家企业入选2021年省级科技小巨人领军企业名单，安踏物流入围福建未来“独角兽”创新企业名单。培育“小升规”企业124家，新增高新技术企业21家、科技型中小企业18家。数字化赋能持续加码，中乔体育打造5G智慧物流项目，华昂、大东亚等7家企业技改项目有序推进，国际鞋纺城市场采购贸易方式试点出口额185亿元。

【城乡建设】　2021年，陈埭镇启动丁氏宗祠周边环境及交通综合整治项目征迁工作，沟西路、七一北路改造完成，河滨南路、中兴路改造工程启动建设，求聪路东拓、六源南北路、晋新路快捷化改造项目前期工作加快推进，完善道路里程6.5千米，整治道路交通安全隐患点65个，施划机动车位1.27万个、非机动车位5740个。河滨北路两侧绿化景观提升工程完工，整治裸房64幢。苏厝、溪边等3个村生活污水管网工程完成施工，洋埭、四境等4个村（社区）启动生活污水管网工程二期建设，全镇污水管网平均接户率87%。加快推进“断头管”改造计划，鞋都路污水“断头管”改造项目坊脚段完成建设。南港污水处理厂再生水回用工程、南港排涝泵站工程加快前期工作。推进文明城市常态长效创建，“村庄清洁”“三拆一清”（拆除违建附房，拆除乱搭建农用房、拆除彩钢瓦拆除，清除房前屋后脏乱）行动和城乡人居环境整治工作有序推进。环卫保洁实现规范化、精细化管理，清理生活垃圾12.77万吨、工业垃圾5.87万吨，拆除废品收购站52个、面积约4.82万平方米。拆除“两违”建筑95宗次、面积约8475平方米，拆除临时搭盖274宗、面积约4.5万平方米，清理占道经营1553宗次，查处违法占地及卫片图斑55宗、面积15.06万平方米。加强环保执法监管，检查企业586家次，立案查处违法排污企业（加工点）41家、罚款129万元，完成制鞋企业有机废气整治42家。

【社会事业】　2021年，陈埭镇完成10个为民办实事项目，精准帮扶“四帮四扶”对象11户，办理市级临时困难救助108件、镇级“救急难”64件，发放低保、五保等补助资金685.22万元，新增滚动被征地养老保险对象1640人，城乡居民基本养老保险和医疗保险参保率稳步提升。审批通过住房困难群众危房翻建申请81宗、保障性住房申请170户。陈埭镇敬老院投入运营，24个居家养老服务站有序运作，居家养老上门服务覆盖面持续扩大。投入教育资金3890.84万元，第五实验幼儿园、江头幼儿园开园招生，西滨中学、高登中学等4所中学运动场建成投用，承办晋江市第57届中小学生田径运动会。紫峰中学体育馆、群德幼

2021年8月23日，陈埭镇江头幼儿园举行公办园升格改造落成典礼。图为揭牌仪式

（陈埭镇/供）

儿园、华林春天配套幼儿园进入装修阶段，第五实验幼儿园西滨园区、第五实验小学西滨校区及鞋纺城校区、晋江一中晋东校区加快办理前期手续。民族中学、紫峰中学创建省一级达标高中校工作有序推进。南霞美村、西霞美村获评省级文明村，江头、西坂等5个村获评泉州市文明村。实施文体惠民工程，省级全民健身场地晋江市智慧体育公园完工，奥运会、全运会上，陈埭体操健将林超攀再创佳绩。深化移风易俗，开展新时代文明实践活动，文明乡风和优序良俗逐步形成。

【项目建设】 2021年，陈埭镇年度市级重点项目39个，完成投资74亿元，完成年度投资计划135.43%；年度市级工业储备项目（含重点技改储备项目）16个，完成投资6.89亿元，完成年度投资计划的106.42%。晋江市第二体育中心获“中国建设工程鲁班奖”，安踏物流共享仓配服务一体化项目获评省级“共享制造示范项目”。斐乐智能物流中心、滨江农贸市场加快建设，源泰皮革、嘉华青创园、集友公司等老旧工业厂房改造试点项目稳步推进。保障项目建设国土空间要素需求，完成项目成片开发方案编制7宗、面积152.79公顷。

【营商环境优化】 2021年，陈埭镇推动惠企纾困政策落地见效，兑现企业扶持资金715.1万元。集中精力抓招商、强化服务抓项目，推进乐登商务中心、三兴体育科研总部等一批项目签约落地。构建政银企良性互动机制，举办政银企对接会3场，20家企业完成现场签约，授信金额近1.5亿元，化解不良贷款88笔、金额6.22亿元。

【乡村振兴】 2021年，陈埭镇落实“河长制”，完成陈埭水环境综合整治先行启动区清淤工程，清淤河道长度26.8千米，清淤量9.5万立方米，清除河湖“四乱”225处，取缔各类养殖点70余处。完成九十九溪浦沟南岸、梧桐溪陈埭流域景观提升工程和“蓝色海湾”综合治理一期工程，绿化河岸2.2千米，绿化面积6.67公顷。推进农村集体产权制度改革、土地确权、农村宅基地审批等工作，鼓励培育“一村一品”，全镇村级集体经济经营性收入1800.77万元，其中超50万元的村（社区）12个、超20万元村（社区）25个。完成村级组织换届选举，选强配齐村（社区）“两委”班子。

【社会治理】 2021年，陈埭镇抓好新冠肺炎疫情防控，应对辖区突发新冠肺炎疫情，严防死守苏厝村中风险区域管控防线，成功阻断疫情传播。排查上级下发大数据6.3万个，管控境外及国内重点地区到（返）晋江人员1064人次，采集核酸样本48万份，完成新冠疫苗接种44.3万剂次。推进安全生产专项整治三年行动，完成2985幢自建房加工场所消防安全评查整改验收。开展工贸企业调查摸底及消防安全综合整治“雷霆”行动，摸排工贸楼栋3864幢、涉及企业5593家，排查生产经营单位5612家次、整治安全隐患1.36万条。道路安全、建筑安全、房屋安全、危化品安全、食品安全、渔船安全等重点领域得到加强。保持扫黑除恶高压态势，深化“六守六无”平安创建，打击电信网络诈骗等违法犯罪行为，治安、刑事案件数实现双下降。推进“强基促稳”三年行动，调处矛盾纠纷1449起、劳资纠纷2054起，追回工资4097.6万元。

【政府效能建设】 2021年，陈埭镇健全机关效能管理制度，坚持过“紧日子”，从严控制“三公”经费和一般性支出。接受人大和社会各界监督，办理人大代表建议2件、政协委员提案1件。推进“互联网+政务服务”，政府网站主动公开政务信息50条，办理市长专线群众来电来信211件、社会治理便民服务平台群众投诉4406件、综合便民服务中心业务4.07万件，办结率100%。

（吴琼斌）

池店镇

【概况】 池店镇，唐宋时名“今石”，元代改称“凤池”。地处晋江市北部，东接陈埭镇，南与梅岭街道毗连，西邻西园街道、紫帽镇，北与泉州市区隔江相望。镇域面积24平方千米，辖1个社区和24个行政村，户籍人口99411人，外来人口27万人。2021年，实现财政总收入32.17亿元，比上年增长0.16%。社会固定资产投资完成19.36亿元、比上年增长8.8%。池店镇围绕建设“产城人”融合发展先行示范区，统筹做好新冠肺炎疫情防控与经济社会发展，在全国百强镇中名列第45位，被评为福建省级文明村镇。

【经济发展】 2021年，池店镇安踏纺织面料鞋生产项目一期建成投用，舒华智能化生产项目加快建设，国盛、寰球等12个技改扩能项目全面推进。电商发展由散到聚，锡承大厦星联中心投入运营，吸引超32家网红直播、视频工坊入驻。高端服务业态加速布局，山姆会员店意向落户池店。限额以上销售额完成201.64亿元，同比增长208.3%。加强人才、资金、政策等要素对接，协助35家企业申领参展、产品研发、设备采购等政策补助超500万元。举办2场银企对接洽谈会，融资超2000万元。启用线上人才就业平台，对接用工3万人次。一批小企业迅速成长，全年新增规模以上工业企业23家、服务业2家，新增限额以上商贸企业15家，新增产值6亿元。

【城乡建设】 2021年，池店镇围绕“聚城畅通”工程，加快提升路网建设。启动池峰路南延片区改造项目，仕春工业区配套道路建成通车，陈池路（池店段）进行管线施工和路面恢复，凤池路快捷化项目完成地勘，龙池路改造工程进行财审，浯潭村主干道完成“白改黑”，完成道路承灾体普查，涉及镇村道路近60千米。推进文明城市创建，落实“4+1”（4个专项巡查组、1个纪委督察组）巡查、问题曝光督办等机制，开展空中缆线、陈年垃圾、废品收购站、农贸市场、裸房、黑臭水体等专项整治行动，集中清理垃圾超175吨，清退废品收购站196个，拆除“两违”面积近3万平方米，通过全国文明城市复查，霞福、屿崆村获评省级卫生村。桥南体育公园、龙湖体育公园建

池店镇龙湖公园　　（池店镇/供　摄于2021年9月1日）

成投用。全部村（社区）集体经济收入超20万元，其中东山、池店、大洲等7个村集体经营性收入50万元以上。落实河长制，推进巡河护河行动，集中开展清“四乱”，清退侵占河道农作物1500平方米、乱搭乱盖1600平方米、鸡鸭养殖120处、卫生死角84处。推进流域整治，完成仕春渠污染源排查、清淤，华洲渠景观提升工程完成招投标，池店南景观水利工程一期建设完工，二期有序推进，基本完成农村生活污水管道铺设。

【社会事业】　2021年，池店镇推进晋江一中池店校区建设，晋江第三实验小学海丝校区、第七实验小学崇武校区建设进入收尾阶段，晋江市实验幼儿园龙湖嘉天下第二分园等3所幼儿园建成投用，新增优质学位990个。落实“双减”政策，全面开展课后延时服务。晋江二中高分通过省一级达标复评，第三实验小学通过“福建省义务教育管理标准化学校”评审，顺英幼儿园获评晋江市示范园，市级以上示范园9所。落实14户“四帮四扶”家庭帮就业帮安居，为425名低保特困对象办理人身意外保险，729人获得计生家庭基本养老保险补助。霞福、古福、唐厝、清濛等4个村开展长期护理保险试点，桥南卫生院产后康复项目建成投用，18件为民办实事基本落实。紧盯重点场所、重点环节、重点人群，落实新冠疫苗接种、核酸检测、健康监测等防控措施，提升应急防控能力。推进新冠疫苗接种，组织镇村干部、党员志愿者、村医入户，按照“应接尽接”，开展精准动员，提供贴心服务。出动机动队135次、接种33万人次。应对莆田、厦门等突发新冠肺炎疫情，第一时间完成平战转换，排摸信息4万多条，先后设立37个核酸采集点，完成人员检测近23万人次，6家健康管理中心集中医学观察504人次，阻断新冠肺炎疫情传播风险。

【项目建设】　2021年，池店镇实行领导挂钩、进度比拼，推动项目落地见效。全年策划市级以上重点项目41个，完成投资74.41亿元，超额完成年度计划20%。强化项目攻坚，推进九十九溪田园风光启动区、刺桐大桥南节点改造、南高干渠石船山暗涵段、金戴斯地块等一批项目征迁工作。

（魏溱滢）

安海镇

【概况】　安海镇地处晋江市西南部，东邻灵源街道、永和镇，南邻安海港与东石镇，西与南安市水头镇交接，北承内坑镇，镇域面积55.72平方千米。2021年辖6个社区和36个行政村，户籍人口131179人，外来人口9万人。2021年，实现财政总收入17.2亿元，比上年增长0.2%。社会固定资产投资完成15.6亿元，比上年增长17.42%。

安海镇建镇于南宋建炎四年（1130年），素有“安平古镇　海丝名城”之称，系第七批“中国历史文化名镇”，历代人文荟萃，史有“二朱（朱松、朱熹）过化”“朱文郑（郑成功）武”“海滨邹鲁”之谓。境内文物古迹有国家AAAA级景区安平桥、中国传统村落瑶前村；国家重点文物保护单位2处（安平桥、龙山寺）、省级文物保护单位3处、县级文物保护单位12处；“非遗”名录项目16个，其中国家级1个（嗦啰嗹）、省级1个（庐山国佛雕）、泉州市级4个、晋江市级10个；“非遗”传承人18人，其中省级3人、泉州市级5人、晋江市级10人。2021年，安平桥作为“泉州：宋元中国的世界海洋商贸中心”代表性古迹遗址之一获准入选《世界遗产名录》。

安海镇连续五届获评“全国文明镇”，获评福建省首批“小城市”培育试点、宣传思想文化工作示范镇、特色景观旅游名镇，综合实力常年名列福建省前茅。在中央媒体聚焦“晋江经验”报道中，“安海实践”多次出镜。

【经济发展】　2021年，安海镇辖区内工业门类齐全，主要有食品饮料、纸制品、五金机械、玩具文具、制革五大产业，其中五金机械、食品行业产值均突破100亿元。有恒安集团、兴业科技、恒达陶瓷等上市公司及盼盼食品、晋工机械、盛达机器等全国知名大型民营企业，“心相印”“安尔乐”“七度空间”“盼盼梅尼耶”等品牌享誉全国，成为“品牌之都”晋江的总部集中区和重要制造基地。2021年，重点企业持续做大做强，恒安集团获泉州市2016—2020年度“功勋民营企业”称号，盼盼食品获“福建省优秀民营企业”称号，盛达机器入选“福建省工业龙头培育企业名单”，力绿食品“欢乐禧禧夹心海苔”获“2021年度泉州市知名农产品品牌”称号。以智能化、高端化、绿色化、服务化为方向，推动机械、食品、皮革等传统优势产业强链补链。新认定国家高新技术企业25家，国家科技型中小企业16家，省级科技小巨人领军企业10家。恒安集团入选2021全国民营企业研发投入500强，省皮革绿色设计与制造重点实验室落户兴业皮革。创新打造“产业要素分析”管理系统，初步完成安海装备制造产业及其生态链AI大脑系统框架构建。防范打击非法集资活动，协助企业防范金融风险，化解处置不良贷款1396.76万元。组织政银企对接会2场，新增金融贷款0.6亿元，与建设银行建立“战略合作伙伴”关系，解决企业融资需求。

【城乡建设】 2021年，安海镇优化北环龙山片区整体规划，整合推动片区医疗、教育资源提质扩容。投入2000多万元，完成石东路、鸿江路改造及养正大道、少体校周边等重要节点绿化景观提升。梳理提升安平桥景区布局，完成书展公园改造提升。巩固文明城市创建成果，强化市政设施管护，常态化开展人居环境整治。推动宝佳花园等3个小区成立业委会，规范小区物业管理。全面落实河湖长制，成立“河湖警长联络室”，完成镇河长制标准化建设。对全流域10条溪流共320个排污口设置统一标识标牌，强化精准监管。推进排污口整治，排查各类入河排污口80多个，完成整改72个。投入300多万元，实施侯厝溪中下游段、江滨花苑污水截留工程。集中力量开展可慕制革集控区规范整治提升，老旧工业区面貌焕然一新。完成39台燃煤锅炉清洁能源替代，2家建陶企业堆料场进仓入库。

【社会事业】 2021年，安海镇办好12件为民办实事项目，让发展成果惠及更多群众。推动培基小学纳入安海中心小学统一管理，养正中心小学新校区秋季招生，新增学位1850个。建成投用学生心理辅导室2个，新建中小学自办食堂2个，加快推进慎中综合实验楼、梧山小学综合楼、安海实验幼儿园宝龙园区等12个项目建设。落实义务教育阶段“双减”工作，全面推行课后服务“5+2”模式。深化市第二医院与复旦大学上海医学院、福建中医药大学附属医院共建合作，建立远程会诊平台，新增名医工作站7个，推进公共卫生应急诊疗项目及实验室改造，完善公共卫生应急体系。深化安居工程、“四帮四扶”机制。做好“三孩”政策宣传服务，开展“计生特殊家庭”关爱行动，落实新农合、新农保扩面和最低生活保障机制。加快推动西边、后蔡、坑边等村级敬老院建设，安海敬老院基本竣工。完善第二安息堂配套设施，规范治丧活动场所。落实“外防输入、内防反弹”防控要求，做好境外、国内中高低风险入晋江人员核查管控。规范设置核酸采样点45个，实现镇域全覆盖。推进安全生产“雷霆行动”、房屋安全排查整治，自建房加工场所消防评查整改率100%。深化“3+1”（“3个中心”：应急指挥中心、便民服务中心、社会调解服务中心；“1个平台”：网格管理平台）社会治理模式，刑事案件、盗窃案件、电信网络诈骗案件分别比上年下降14.7%、29.5%、21%，道路交通死亡人数同比下降40%。推进乡镇综合执法改革，推进一支队伍管执法，相关做法获省委编办肯定推广。

【项目建设】 2021年，安海镇省、市重点项目62个，完成投资47.24亿元，超额完成投资计划。完善智能装备安海园建设，加快推进园区拓园规划实施和中小企业创业园基础设施建设。对接泉州装备所等科研院所，承接智能装备新技术、新项目孵化落地。推进39个市工业储备项目，实施企业技改项目29个。智能装备安海园集聚效益渐显，联成机械、荔松材料等8个项目如期竣工，海纳机械、富仓数控、盛达机器（二期）等大项目落户安海。一体推进北环—龙山片区规划建设，成立世纪大道南延伸暨北环—龙山寺片区建设项目指挥部，抽调市、镇两级干部300多人进驻征迁，实现龙山寺片区民房签约100%。

【文体旅游】 2021年，安海镇加强古镇文化保护。水心亭渡头、白塔广场、三里街下穿通道修缮基本完工。加强古建筑保护修缮，推动7个古街古巷古宅“微改造”。创新传承“非遗”及民俗文化，线上线下联动举办“三大节庆”（元宵、端午、中秋）特色品牌活动。安海“水上掠鸭”入选中华体育文化优秀项目，获评旅游精品赛事。举办朱子文化研学会，制作发布《安海所在》专题宣传片，编印省级文物保护单位石井书院和陈清机故居宣传折页，《我们的文化自信从安海说起》登上“泉民开讲”五中全会精神专题晋江专场，盼盼集团《诚信为本品质至上》登上“泉民开讲”培育和践行社会主义核心价值观专场。央视《寻找两岸同名村》第一站“两岸两安平”在安海现场开播。推动

安平桥景区　　（安海镇/供　摄于2021年8月3日）

2021年5月10日，位于晋江安海镇安平开发区的全市首个乡村联盟驿站开业。图为开业当日驿站内景 （安海镇/供）

安海图书馆纳入晋江市图书馆总分馆服务体系，实现资源扩容共享。完成奎光阁教育展厅提升，筹建妇女儿童活动中心。保障世中运开展，举办田径、羽毛球、跳绳测试赛。成立镇健跑协会，新（改）建篮球场、足球场、健身路径等健身场地 12 处。

【乡村振兴】 2021 年，安海镇推动农业现代化，改造完成高标准农田 66.67 公顷。鼓励发展胡萝卜、马铃薯、番薯等农产品产地初加工。发展“一村一品”“一镇一业”特色农业产业，打造现代设施农业种植基地和休闲农业示范点。支持企业参与 GAP 农产品认证。推进 26 个村（社区）完成农村集体产权制度改革。推动 22 个经联社探索乡村共享驿站、建设集体物业、社区物业管理等模式。推动实施省、市乡村振兴 8 个试点村 50 个建设项目，总投资 5000 多万元，争取上级扶持资金 2000 多万元。推进农村移风易俗，镇、村两级新增慈善捐资 1650 多万元。建成全市首个乡村联盟驿站和“爱购安海”线上平台，首月营收超 80 万元。推进溪边“美丽乡村”建设项目，旧村改造小区交房，书藏楼美术馆开馆，能琴公园开放，打造共同富裕的“溪边样板”。2021 年，全镇村级集体经营性收入均实现超 20 万元，其中 12 个村超 50 万元。

（蔡婉菁）

磁灶镇

【概况】 磁灶镇地处晋江市西北部，东北与池店镇、青阳街道接壤，西南与内坑镇相连，北与紫帽镇毗连，西北与南安市交界，镇域面积 59 平方千米。2021 年辖 2 个社区和 24 个行政村，户籍人口 97962 人，外来人口 4.3 万人。镇内交通便利，周边机场、铁路、港口配套齐全。磁灶镇是闻名全国的建陶产业主要集聚基地，磁灶窑烧陶生产始于南朝，距今有 1500 多年。2000 年 6 月被中国建筑卫生陶瓷协会授予“中国陶瓷重镇”称号，2002 年被列为福建省首批小城镇机构改革试点镇。2021 年，磁灶镇被福建省商务厅命名为 2021 年度省级商务特色镇，被泉州市委扶贫开发成果与乡村振兴工作领导小组办公室认定为泉州市 2021—2022 年度乡村振兴整镇推进“五好”乡镇（城乡融合型）；被晋江市征兵领导小组评为晋江市 2021 年度征兵工作先进单位。磁灶镇坚持传统与新兴并举，实现从单一到多元、从“三高”（高污染、高消耗、高排放）到“三新”（新产业、新技术、新业态）的产业蜕变，打造产城融合、工贸并进、生态宜居、乡村振兴示范区。

【经济发展】 2021 年，磁灶镇实现财政总收入超 9 亿元，比上年增长 11.8%。农民人均可支配收入 26540 元，同比增长 8%。固定资产投资完成 16.69 亿元，比上年增长 10.53%。磁灶镇应对新冠肺炎疫情、限电限气等因素影响，工贸产业协同发展，建材陶瓷、包装印刷、仓储物流、母婴用品等主导产业财税增幅超 15 个百分点。海西建材城、天工陶瓷城等专业市场入驻商家 2500 家。华泰集团取得陶板行业全国首张“绿色建材产品认证证书”，华泰生态陶板入选工信部第三批制造业单项冠军。新增国家级高新技术企业 8 家，入库科技型中小企业 5 家、“专精特新”企业 11 家，顺丰、聚隆、安琪儿等 8 家龙头企业增资扩营，九鼎公司列入晋江市上市企业后备库。在晋江市国际会展中心举办第四届中国（晋江）国际家装建材博览会，达成意向交易额超 60 亿元，较 2019 年展会增加 25.3%。落实减税降费各项措施和惠企政策，全年新增减税降费 5000 万元，兑现惠企资金 300 万元。

【城乡建设】 2021 年，磁灶镇推进 6 个城市更新建设项目。基本完成镇级发展规划大纲编制，西南片区控制性详细规划完成报批。新业广场、财富新城等一批城建项目加速推进，镇区骨架进一步拉开。经二十二路基本完工，金交椅山南入口道路改造投用，莲山路拓改工程前期工作有条不紊。宝洋工业区、印刷产业基地等交通安全隐患点得到解决。常态化推进文明城市创建，镇容村貌、农贸市场、交通秩序、卫生保洁等显著提升。健全环保网格化监管体系，推进污染源整治行动，累计取缔、立案查处“小散乱污”企业 12 家。镇河长制主题公园落成。三吴、太昌村级河长联络室相继建成并投入使用。启动大坝溪整治征迁工作，整治河道 3 千米，解决“四乱”问题 30 余处。全面推行林长制，完成一重山森林生态景观项目，新增造林绿化 23.33 公顷。

【社会事业】 2021 年，磁灶镇全面完成 17 件为民实事，落实“四帮四扶”政策，发放各类救助金 3500 万元，惠及群众 4300 人次。开展长期护理保险，受益 33 人。医养康养养老服务新模式全面推广，前尾村敬老院落成投用，大埔、下官路等3家敬老院确定为省市级为民办实事及养老贴心工程项目。磁灶中心卫生院成为泉州首家挂牌“儿童哮喘标准化门诊”基层医疗卫生单位。教育资源整合提升五年行动加快推进，云玺中心幼儿园开办招生，尚志中心小学教学楼重建投用，实验小学陶英校区建设进入招投标程序，陶英中学完成撤并，晋兴职校如期完成部分校区搬迁。磁灶中学推进创建省一级达标校工作，高考本科上线率62.1%，比上年提高8.3个百分点。晋江市磁灶教育基金会筹备工作有序开展，社会各界踊跃捐款。推广“磁灶窑”品牌文化，金交椅山窑址被列入《世界遗产名录》，新增福建陶瓷艺术大师5人、福建陶瓷艺术名人2人。举办第五届磁灶新歌声、书法陶艺等群众性主题活动40多场，获市“唱响红歌 向党献礼”歌咏比赛第一名，获“泉州市老年人体育强镇”称号。瑶琼村陈情缘代表国家女子花剑队出征东京奥运会，晋级十六强，获十四届全运会女子花剑银牌。开展新冠肺炎疫情防控应急演练，启用镇级健康管理中心，落实重点人员应隔尽隔，做好全员核酸检测。开展消防安全综合整治“雷霆”行动、“严执法、强攻坚、促提升”专项行动。自建房加工场所消防评查整改工作获上级发文推广。处理劳动争议案件22起，结案率100%。法商联调联动联防工作机制获省改革办推广。推进“六守六无”平安创建工作，获评晋江市平安村（社区）15个，获评晋江市五星级平安企业2家。刑事案件、电信网络诈骗案件同比分别下降9%和5%。

【项目建设】 2021年，磁灶镇35个市级重点建设项目完成投资70.5亿元，完成年度投资计划的139%。美胜、豪山等5个技改项目提前投产，38个工业储备项目如期完成投资28亿元。促成特步智慧工厂、顺丰创新产业园二期等一批大项目签约。

【乡村振兴】 2021年，磁灶镇村级集体经营性收入1182.29万元，位居全市前列。全年新批宅基地30宗，审批危房改造298宗。强化农房建设管理，落实“带图审批”，严控新增裸房。以“一革命四行动”为抓手，整治农村人居环境。推进农村集体产权制度改革，率先在全市跨镇组建村级“星火乡创联盟”，苏垵村乡村共享驿站启动建设，东山村、三吴村光伏项目并网发电，前尾村、钱坡村“两规合一”规划修编基本完成。推进20个乡村振兴项目建设。大埔村获评全国乡村治理示范村，苏垵村获评2020年度省级乡村振兴实绩突出村，大埔、东山、下灶等3个村获评省级文明村。全年简办婚丧喜庆活动超220场，节约资金超1000万元，捐赠公益事业500万元以上。

（蔡舒戎）

2021年，磁灶镇苏垵村获评2020年度省级乡村振兴实绩突出村。图为苏垵村全貌

（磁灶镇／供）

内坑镇

【概况】 内坑镇地处晋江西部，东与灵源街道相接，南与安海镇毗邻，西与南安市官桥镇相连，北与磁灶镇交界，镇域面积47平方千米。2021年辖28个行政村（22个革命老区基点村），户籍人口72846人。2021年，内坑镇坚持“晋江经验”引领，围绕“全力争当老区振兴赶超发展标兵，全方位打造晋江门户品质新城”，统筹抓好新冠疫情防控和经济社会发展，实现固定资产投资23.85亿元，比上年增长4.81%；财政总收入6.53亿元，比上年增长87.87%。2021年获“福建省文明乡镇”称号。

内坑素有“晋江西大门”“梨坑”“桔里”之称。是晋江市2个革命老区基点镇之一，拥有深厚红色文化底蕴和独特红色基因、红色资源，有中共泉州中心县委历史纪念馆、中共泉州中心县委旧址、亭顶“红色粮仓”、革命烈士纪念碑、烈士吴天亮故居、后溪会议旧址等一批革命阵地。

【经济发展】 2021年，内坑镇市场主体突破7400家，新增规模以上企业19家、限额以上企业4家。突出科技赋能、数字赋能、绿色赋能，鞋塑、建陶产业总产值突破230亿元，引导企业组团参展第23届中国（晋江）国际鞋业博览会暨中国（晋江）国际体育产业、第四届中国（晋江）国际家装建材博览会，意向成交额分别达1.5亿元、2.7亿元，打响“中国拖鞋名镇”区域品牌；新引进31条数字化、智能化生产线，41个重点技改项目完成投资14.2亿元、同比增长54%。清理批而未供土地4.02公顷，鼓励和支持企业盘活闲置土地、老旧厂房。品牌工业区、镇区工业区均迈入“十亿级园区”行列，高铁物流区被列入泉州市申报商贸服务型国家物流枢纽片区，策划推进智能装备制造产业基地内坑园规划。恒安生产基地一期加大本土增资扩营，工业产值同比增长 30%。陆地港上线“9610”通关模式，累计报关单量 1262.75 万件，同比增长 20%。白垵滋补品市场加快扩容，引导滋补品行业协会、农商银行等开展授信 3 亿元。组织企业参加恒安精益管理实战研修班，鼓励泉州职业技术大学开办“企业新型学徒制”培训班，推动企业深化校企合作、自主创新。陆地港、易宝、集兴分别入选福建省工业龙头企业、工业龙头培育企业和高新技术企业。易宝同步入选晋江市上市后备企业名单。

【城乡建设】 2021 年，内坑镇对接融入晋江主城区一体化发展，镇区规划面积拓展至 29 平方千米，城镇化率提升至 61.7%。国土空间规划发展大纲完成初步编制，镇综合经济区、镇核心区、黄塘—黎山片区控制性详细规划获批复，贯通品牌工业区横三路等道路，修复破损路面 68 处。26 个村农村生活污水处理工程、22 个小型污水处理站建成投用，完成 5 个城镇污水管网“断头管”项目，农村污水管网接户率 86.6%。铺设加塘溪截污管道 5.2 千米；九十九溪河道清淤疏浚 1.3 万平方米，平整、绿化裸露地块 2.4 万平方米。组建镇、村文明劝导队，开展城乡人居环境整治攻坚月和农贸市场、临时搭盖及废品收购行业整治等行动，推进城镇主要进出通道两侧景观提升，整治道路景观 6.7 千米。落实环卫保洁和绿化管护分片发包机制，全面实施工业垃圾单独转运处置，查处偷倒乱倒、随意焚烧垃圾等行为。推进建陶行业物料进仓入库，完成燃煤锅炉天然气改造、尾水精细纳管企业 27 家。揭牌成立镇级河湖警长联络室，依法打击环境违法行为，立案查处 15 起。

【社会事业】 2021 年，内坑镇完成 20 件为民办实事、民生“微实事”。城乡医疗保险、养老保险参保率分别达 102.28%、98.85%。发放各类救助金 60 余万元，救助城乡低保、特困人员 123 人次，精准帮扶 12 户“四帮四扶”对象。成立农村宅基地审批工作领导小组，制定《内坑镇农村宅基地申请及建房实施方案》，支持 258 户住房困难家庭申请危房翻建。深化 2 批次共 8 个村长期护理保险试点工作。镇级养老院完成方案设计和评审。传承和弘扬慈善文化，推动成立古山村慈善协会，设立丰光中学林庆国教育基金。对口帮扶上杭县稔田镇。筹建内坑镇教育发展促进会；三民中心小学（特辅班）被评为福建省融合教育试点校；晨星幼儿园被评为市级示范园；土垵幼儿园升格为镇属公办园并启动招生；内坑中学挂牌市非物质文化遗产代表性项目“黑金推•沥金画”传习基地；泉州职业技术大学在校生突破万人，校区二期加快建设。加快“卫生创强”步伐，福州优质医疗专家团走进内坑卫生院开展公益诊疗服务。

【项目建设】 2021 年，内坑镇开展“百大项目攻坚大比拼”“征迁扫尾清零”等行动，健全重大项目主官挂帅、专班推进等机制，推动 41 个重点项目投资 24.15 亿元，完成年度计划 130.12%。完成品牌工业区、站后物流区成片开发方案并通过省级专家组评审；安婷妇幼等项目开工建设，金龙城二期、保利世茂•香槟云城实现交房，维也纳国际酒店投入运营。以“营商环境提升年”活动为抓手，推行“大招商、招大商、招好商”模式，围绕智慧物流、智能制造等产业招商图谱，策划生成 26 个延链补链增量产业项目，总投资约 36.06 亿元。

【社会治理】 2021 年，内坑镇落实常态化新冠肺炎疫情防控各项措施，运转“指挥部 + 网格化 + 大数据”模式，超 1500 名镇村干部、医护人员和志愿者投身新冠肺炎疫情防控一线，排查核准对象 6465 人次，核酸检测 9 万余人次，接种新冠疫苗 16.52 万余剂次，取消或简办喜事、丧事、聚集性活动 150 余场次。建立健全安全生产风险分级管控、隐患排查治理等体系，开展安全生产集中攻坚、在建房屋安全清查整治、消防安全综合整治“雷霆”行动，自建房加工场所消防评查整改推进指数位居全市首位，规模以上企业安全生产标准化创建率 100%。开展房屋安全与建筑安全整治工作，做足做细各行业领域安全生产工作，安全生产形势总体稳定。深化“强基促稳”三年行动，划分网格 144 个，成立全市首家物流行业企业妇联，镇级心理咨询站和矛盾纠纷多元化解中心揭牌运行，办结泉州“12345”公共服务热线交办事项 145 件、市长专线 152 件，办结率均 100%；刑事发案率比上年下降 19.9%。

【乡村振兴】 2021 年，内坑镇试点推进乡村“导师帮带制”，扩面“多规合一”村庄规划编制。在全市率先 100% 完成村集体经营性收入超 20 万元，累计创收 1360.15 万元，在全市现场推进会作典型发言。总结推广长埔乡村发展促进会、黎山积分管理、深圳网格善治等做法，其中“积分制”经验做法在泉州市乡村振兴大会上作经验交流。五峰公园完成改造升级并重新对外开放，串联打造“红色之旅、烽火内坑”为主题的乡村振兴线路入选第二批泉州市乡村振兴示范线路创建名单，黎山获评“泉州市级乡村振兴实绩突出村”，亭顶获评“省级文明村”。

【党建引领】 2021 年，内坑镇健全村级组织“支部 + 中心 + 网格 + 楼户”运行机制，升格 19 个村党总支，评定 48 个星级党支部，深化安泰支部“党建入章”泉州示范点建设。擦亮“烽火内坑”党建品牌，创建泉州市级乡镇党校示范校，修缮建成省委党建重点项目中共泉州中心县委历史纪念馆并如期对外开放。在全市率先举办“光荣在党 50 年”纪念章颁发仪式，开展庆祝中国共产党成立 100 周年系列活动 10 余场次，参与超 4 万人次。完成村级组织换届，实现一次性选举成功率和主干“一肩挑”100%，完成学历、结构“一升一优”目标。以承接全市线上平时考核试点为契机，健全机关管理、督查反馈、干部激励等制度。推行党政领导“一对一导师制”帮带模式，加大年轻干部“个性化”培养提升力度。深化构筑“三元主体”监督链，运用“四种形态”批评教育帮助及处理 41 人次。落实中央八项规定精神及实施细则，整治形式主义、官僚主义问题。

（陈长江）

紫帽镇

【概况】 紫帽镇地处晋江市西北部，

东接池店镇，南邻磁灶镇，西系紫帽山麓，北邻鲤城区江南街道。镇域面积 20.4 平方千米。2021 年辖 1 个社区和 8 个行政村，户籍人口 17934 人，外来人口 11621 人。紫帽镇辖区内依山傍水、山清水秀，有紫溪、紫湖两大水库，泉州四大名山之一的紫帽山坐落西北，风光秀丽，文物古迹丰富，高尔夫球场拥山而落，国道 324 线从腹地经过，两翼有泉州综合保税区、泉州经济技术开发区，泉三高速公路泉南入口设在园坂村，福厦高铁从紫星村穿过。

2021 年 12 月 25 日，晋江市紫帽镇教育发展促进会成立。图为晋江市市长王明元（前左）为新当选的第一届理事会会长曾论水（前右）授牌　（紫帽镇／供）

【经济发展】 2021 年，紫帽镇全面做好“六稳”工作、落实“六保”任务，力保经济社会发展平稳有序。2021 年完成财政总收入 14733 万元，比上年增长 16.1%；固定资产投资 9.63 亿元，同比增长 21.94%；限额以上批发零售业销售额 50.88 亿元，同比增长 23.11%。16 个省、市重点项目完成投资 37.69 亿元，完成年度计划的 139.52%。麦都、新顺兴公司获评泉州市“科技小巨人领军企业”，麦都公司与江南大学联合设立“院士专家工作站”，获评全国示范性工作站。豪山节能材料、三角洲陶粒、中通物流、晋荣、百灵等一批企业项目入驻紫帽，第三产业比重逐年上升。

【城乡建设】 2021 年，紫帽镇开展“全民动手 美化家园”环境整治活动，推进专项行动，开展裸房整治、“三拆一清”，打造紫星生态溪、园坂人居环境整治精品段。盘活农村闲置资源，推动园坂村光伏发电、紫星村文创园等创收项目落地。8 个行政村集体经营性总收入 435 万元，村集体经营性收入均超 20 万元，其中霞茂、园坂村集体经营性收入超 100 万元，塘头、紫湖村集体经济收入超 50 万元，位列全市前列。辖区 60% 以上的村获评省级卫生村、晋江市文明村。紫星村获评福建省美丽休闲乡村，园坂获评泉州市美丽乡村。紫帽镇上榜泉州市乡村振兴整镇推进“五好”创建乡镇、福建省卫生乡镇。

【社会事业】 2021 年，紫帽镇发放各类救助补助金 88 万元，投入 849 万元用于民生建设，占本级财政支出 39%。高质量办好八件“为民办实事”项目，园坂、紫湖先行开展长期护理险业务，开创中重度失能人员康复与护理新模式。落实农业“三项补助”，完成全镇 293 户农户、26.76 公顷耕地地力保护补贴资金申报。第二中心幼儿园建成投用。中心小学、中心幼儿园与市区名校深化合作办学，招生规模、办学能力显著提升。学前教育普惠率保持 100%，招生入学、课后延时等社会关切加快解决。成立镇教育发展促进会，青少年社会教育活动中心揭牌。推进园坂、霞茂一体化卫生所运行与管理，实现小病就近就医率 90% 总目标。组建 4 个维稳工作专班、5 个征迁遗留问题攻坚组，排查调处矛盾纠纷 42 起，化解历史信访积案 2 件，解决征迁历史遗留问题 5 宗，攻坚行动获市主要领导批示肯定，在全市刊文宣传。

【项目建设】 2021 年，紫帽镇坚持巩固存量、培育增量双轨并行。落实科级领导挂钩联系重点企业、重点项目制度，开展入企走访、政策宣传、对接帮扶等活动，完成 6 家企业以工代训补贴申报。片区 3 个地块成功出让，新增兴达纸箱、和森机械、厚升汽车、由心文旅 4 家“四上”企业（规模以上工业企业、资质等级建筑企业、限额以上批零住餐企业、国家重点服务业企业）。浯垵工业道路拓改、湖兴路电力管沟、紫湖路综合管线改造等项目建成投用，完成兴紫路景观提升工程，清华附中晋江学校二期、紫帽中心小学二期、紫帽新垃圾中转站基本完工。

【社会治理】 2021 年，紫帽镇深化“六守六无”创建，打造塘头镇级平安建设体验中心，破获刑事案件 106 起、盗窃案 36 起，平安建设“三率”（群众安全感率，扫黑除恶好评率，执法工作满意率）稳步提升。9 个行政村（社区）均获评“六守六无”平安村，湖盘村获评晋江市“2020 年度未成年人零犯罪村”。开展房屋安全隐患大排查大整治工作、自建房消防评查整改、消防安全综合整治“雷霆”行动，全年无安全事故发生。

（陈志跃）

东石镇

【概况】 东石镇地处晋江市东南沿海，海岸线长 28 千米，北与安海镇毗邻，东与英林、永和两镇连接，西邻龙江（石井江）与南安市石井镇、水头镇隔江相望，南与金门岛隔海相望，背山面水。镇域面积 65 平方千米。2021 年辖 5 个社区和 29 个行政村，户籍人口

108864人，外来人口6万人。2021年，实现财政总收入8.14亿元。社会固定资产投资完成8.41亿元，比上年增长9.08%。

东石镇历史文化底蕴深厚，素有“海滨邹鲁”“仁和之乡”的美誉，有文物保护单位16处。其中国家重点1处（南天禅寺）。省级4处（古檗山庄、东石古寨、白沙古战场遗址、玉记商行），市级11处。潘山庙宇木雕被列入第五批国家级非物质文化遗产目录，有福建省级、泉州市级、晋江市级非物质文化遗产项目各1个。2021年，东石镇获评轻工业产业集群管理服务先进单位、泉州市2021年“平安农机”示范乡镇。

【经济发展】　2021年，东石镇布局双循环发展格局，推动产业数字化、数字产业化，新增规模以上企业43家、限额以上企业14家，净增产值超亿元企业21家，科技小巨人企业3家，高新技术企业14家，科技型中小企业9家。解决满荣、恒太等一批企业生产经营难题，兑现惠企资金685万元。伞具制造、纺织服装、庙宇木雕、食品加工等传统产业支撑作用明显。其中，东石伞业集群年产量约3亿把，占全国成品伞产量的1/3；出口量约2亿把，约占全国成品伞外销总额的37.94%；伞骨等配件产量约占全国的60%—70%。

【城乡建设】　2021年，东石镇聚焦为民办城，推动城镇颜值、内涵双提升。完成中小企业创业园、白沙半岛等9处控制性详细规划编制工作和梅塘等12个村庄规划修编工作。规范农村宅基地和危房翻建管理，建立住房“一站式”农村宅基地审批窗口，实行部门联动、带图审批，确保新建房符合城乡规划、完成危旧房翻建批复383宗、宅基地审批10宗。凯旋壹号、金龙海悦城、高铁主线东石安置房等项目推进，西部快速通道一期、县道371深东线东石段等道路建设加快推进，石佛山景区配套道路、横九路等一批道路工程建成通车，对外交通要道、镇域主干道、村道连接线三级网格紧密衔接的交通体系逐渐形成。农村污水管网工程累计投资1.55亿元，完成管道铺设417.4千米。

【社会事业】　2021年，东石镇完成5个为民办实事项目。实施“四帮四扶”工程，推荐帮扶对象12户，建设安居工程10座，累计发放各类救助慰问金1104.8万元。东石镇敬老院被纳入2021年省级为民办实事项目建设农村区域性养老服务中心，龙下村等村级“长者食堂”试点项目投入运营。21所小学创建省义务教育管理标准化学校，26个校园建设项目进度明显，潘径实验幼儿园启动招生，廷都中心小学综合馆、宿舍楼建成投用。泉州市第一医院15名专家常态化入驻东石中心卫生院坐诊，福建医科大学附属第二医院义诊活动惠及群众160人次。累计完成新冠疫苗接种23万余剂次，组织重点人群进行核酸检测16.7万人次。推进南天禅寺、玉记商行建筑群等文物修缮工程；指导潘山村、南音社等单位创建非遗传习所，深化传统文化保护传承工作。

【项目建设】　2021年，东石镇聚焦项目攻坚大比拼、征迁扫尾清零、招商季等产业建设活动，解决新疆体育局南方训练基地等3个项目征迁扫尾清零。新增签约和策划项目27个、总投资超85亿元，村级建设项目186个、投入2200多万元。全年完成重点项目投资32亿元，技改项目投资3.38亿元。

【乡村振兴】　2021年，东石镇有规模农场（户）138户，省级农业产业化龙头企业4家，其中胡萝卜种植规模1400公顷，总产量保持在14.7万吨，全产业链产值6.3亿元，市场占有量占晋江市的三分之一、全省的六分之一。有无公害农产品（胡萝卜）基地17个，“一品一码”农产品认定59家，果蔬冷藏保鲜加工厂（库）7家、蔬菜冷藏加工生产线7条，农产品质量安全检测中心1个，农业设施466.67公顷。萧下等6个村124公顷高标准农田项目建设加快推进，檗谷村获评全国“一村一品”示范村。2021年铺设提升村间道路44条，总里程4.8千米；累计清理拆除危旧房屋及简易搭盖面积1.67万平方米；清理疏浚、改善加固沟渠11条，总长度超3.5千米；实施乡村微景观等景观绿化建设项目10个，农村人居环境持续提升。19个村（社区）完成农村集体产权制度改革工作，10个村（社区）集体经济收入50万元以上。

【社会治理】　2021年，东石镇推进省级乡村治理试点示范镇建设，健全基层议事协商机制，发挥群众力量化解矛盾、解决纠纷。联合厦门大学开展基层民主协商议事机制调研项目，总结潘山、金瓯等5个村民主协商机制运作经验。实施镇、村两级联动的社会维稳长效机制，推进矛盾纠纷集中排查化解专项行动，2021年，全镇排查矛盾纠纷186起，调

2021年，东石镇胡萝卜种植规模1400公顷，市场占有量占晋江市的1/3、占全省的1/6。图为2月24日胡萝卜采收现场
（东石镇/供）

处 186 起，调解成功率 100%。推进安全生产专项整治三年行动，排查整改各类安全隐患 3140 处；摸排自建房加工场所 1109 家，完成评查整改 839 家，取缔关闭 270 家；排查出租分租厂房 74 栋，生产经营单位 262 家，查封 43 家。统筹推进安全生产标准化建设，指导 210 家企业开展“安全管家”托管服务。

（李欣 陈斯豪）

永和镇

【概况】　永和镇地处晋江市中南部，北与罗山街道、新塘街道毗连，东北与石狮市交界，西与安海镇、灵源街道接壤，南与龙湖镇、英林镇及东石镇为邻，行政区域面积 48.02 平方千米。新石东线、旧石东线、晋南快速通道、大深线、草马线、灵石线等数条市级主干公路纵横境内，地理位置优越，交通网络完善。全镇总面积 50 平方千米。2021 年，辖 24 个行政村、63 个自然村，户籍人口 71350 人，旅居海外侨胞和港澳台同胞 4 万多人，是闽南著名侨乡之一。获评中国淘宝镇，被市政府评为电商镇，有 12 个中国淘宝村。全年实现固定资产投资 3.5 亿元，增长 251%；财政总收入 3.2 亿元。

【经济发展】　2021 年，永和镇推进市重点项目 31 个，完成投资 10.62 亿元，推动工改项目，跟踪协调侨成化纤产业园地块控规图则报批事项，以巴厝村、周坑村作为试点，探索石材企业退转成片改造，盘活闲置资产，释放土地资源，形成新的增长点。加大企业扶持力度，培育新增规模以上企业 14 家，协助企业办理环评审批手续，组织现场踏勘企业 10 家、指导企业开展环保验收 7 家，通过环评审批 6 家，帮助 22 家企业兑现政策资金 430 万元，化解企业不良贷款 18.3 亿元，支持百润科技、海兴服饰等企业抓实技术改造，鼻涕虫公司在海峡股权交易中心挂牌交易。发挥永和中国“淘宝镇”优势和云裳小镇互联网经济产业园集聚效应，引导重点及规模以上企业发展电子商务应用，商贸物流、环保建材等新兴产业加速集聚，产业结构持续优化。形成“挂钩领导 + 部门 + 工作点 + 企业”联动机制，落实复工复产“十个是否”清单，主动对接指导企业，由“企业自主申报”转变为“职能部门提前介入”，解决企业用工难、疫情防控难、交通运输难、供应链配套难、市场拓展难等问题。

2021 年 6 月 3 日，永和镇重华中心小学开展河长制“一堂好课”进校园活动
（永和镇 / 供）

【城乡建设】　2021 年，永和镇完成永和镇第一工业区（中心园）、永和镇第一工业区（智慧园）、锦岭工业片区控规修编，指导西坑、塘下、茂亭、周坑 4 个村完成村庄规划审批。强化农村房屋监管工作，落实“四到场”（批前选址到场、建时放样到场、建中巡查到场、竣工验收到场）制度，完成农村房屋复核录入 2 万余宗，全年完成危旧房屋就地翻建 174 宗，完成裸房整治 232 宗，17 宗安全隐患物理隔离房屋全部完成销号。推动基础项目建设，24 个村农村污水管网铺设基本完成，建成及在建小型污水处理站 10 座、村级污水提升泵站 3 座。开展“一革命四行动”，创新实施环卫“红黑榜”制度，实施“垃圾不落地”“垃圾分类”等制度，农村环境持续提升。落实河湖长制，推进“互联网 +”智慧河流管理，解决钞井溪长期杂草灌木丛生的问题。清理各流域河岸蓝线范围内杂物、渣土、废石堆积 5 处约 180 立方米，拆除河道内及河岸违章简易搭盖 6 处约 160 平方米。启动“人才反哺农村”工程，推进玉溪村省级乡村振兴试点村、旦厝村省级乡村治理示范村建设。

【乡村振兴】　2021 年，永和镇坚持农业农村优先发展，引导农户发展规模经营，建成 25 处胡萝卜基地，种植面积 466.67 公顷，指导巴厝村、旦厝村建设 66.67 公顷高标准农田，农业发展提质提效，全年村集体经营性收入 800 万元。结合文明城市创建工作，开展“河长制进入校园”主题活动，启动茂亭村生态慈善基金捐赠仪式。

【社会事业】　2021 年，永和镇实施教育强镇战略，晋中实验小学南峰校区、晋中实验幼儿园基本完成征迁工作，服务区自筹资金 3250 万元，晋中职校进入征迁扫尾阶段，同步推进筹备永和中学教育发展促进会，累计筹集资金 3000 万元，茂峰中心小学、永和中学获评省级平安校园。推动晋中医院项目建设，推动“医界乡贤反哺”活动，开展专家坐诊，完成 5 个试点村长护险筹资缴费工作，加快推动开展家庭医生签约。组织新冠疫苗接种 15 万人次，其中 60 周岁以上老年人累计接种 1.6 万余剂次，加强针接种 6000 人次。开展爱国卫生运动，玉溪村、玉湖村、塘下村拟命名为福建省卫生村。聚焦弱势群体帮扶，发放低保金、特困供养金、高龄补贴等合计462万元。开展特困家庭“四帮四扶”工作，对9户帮扶家庭累计拨付30万元帮扶资金，发放临时救助补助金17万元。关爱留守儿童，开展留守流动儿童交流会、妇联工作交谈会，保障妇女合法权益。全年办结“12345”平台诉求203件、信访事项40件，办理人大代表意见建议20件。

（张金淼）

英林镇

【概况】 英林镇地处晋江市南部沿海，北与龙湖镇比邻，东与金井镇、龙湖镇相接，南与金门隔海相望，西邻永和镇、东石镇。镇域面积29.8平方千米，2021年辖20个行政村、41个自然村，户籍人口47420人，外来人口4.6万人。旅居海外乡亲和港澳台同胞约3万人，是晋江市主要侨乡之一。英林镇以纺织服装为主导产业，形成男装、泳装两大生产基地，拥有柒牌、劲霸、锦兴等3枚中国驰名商标，是中国四大泳装生产基地之一。先后获评中国休闲服装名镇、中国重大泳装生产基地、国家级生态乡镇、福建省商业重镇、省级乡村振兴重点特色乡镇，位列2021中国镇域高质量发展百强第四十四名，入选泉州市乡村振兴整镇推进“五好”创建乡镇名单，获评泉州市“平安农机”示范乡镇。

【经济发展】 2021年，英林镇实现固定资产投资15.35亿元，同比增长6.96%；全年财政总收入完成4.12亿元。产业结构进一步优化，“1+1+2+N”产业格局初步显现，产业结构单一困局得到破解。完成全社会研发经费投入2.75亿元，增长10%。劲霸男装获评全国“标准化工作先进单位”。企业智能化改造、数字化升级步伐加快，柒牌5G服装智能仓储系统应用、逸锦化纤智能生产工厂入选省新一代信息技术与制造业融合发展试点示范项目，号手智能库位WMS项目加快推进。完成工业技改投入12.17亿元。以市泳装产业协会换届为契机，推动泳装协会与安踏、特步、三六一度等6家国内品牌企业签订战略合作协议，助推泳装产业高质量发展。邦妮服饰、云鹏服饰、华伦世家、梵妮服饰入选省科技型中小企业名单。科学应对新冠肺炎疫情和外部环境叠加影响，开展“我为企业解难题”再落实活动，解决企业用工、物流、资金等要素保障问题，兑现各类惠企政策专项资金750万元、受益企业55家，落实制造业中小微企业缓税1600万元。

【城乡建设】 2021年，英林镇完成《英林镇发展规划大纲》编制，启动南部片区控规编制工作，优化调整北部控规单元，英林镇“三旧”（旧城镇、旧厂房、旧村庄）改造专项规划、泳装时尚小镇控规、英林园土地征收成片开发方案一期及港塔、陈山、清内、马山等4个村庄规划获批，城镇空间布局、区域协调发展更加科学合理。完成市域8号路钞井至谢厝街以及三欧等路段沥青路面铺设及配套交通安全设施设置。完成长存公园改造提升工程概念性规划。以医康养为定位，落实英林镇中心卫生院迁建、英林养老中心项目选址，启动建设前期工作，基本完成征地工作。

2021年11月14日，晋江市运动品牌企业与晋江市泳装产业协会签订品牌战略合作协议

（晋江市泳装产业协会／供）

【社会事业】 2021年，英林镇开展低保、特困人员复核认定，残疾人、留守儿童、特困失能老人等弱势群体得到帮扶，民生兜底保障网进一步织牢，全年发放各类救助405万元。港塔公办幼儿园开园招生，龙西幼儿园、东埔幼儿园、东埔小学项目基本完成建设前期手续办理，英林中学三期改扩建项目获批。举行英林镇庆祝教师节活动暨英林心第六届“尊师重教”周奖教仪式，发放奖教金208.48万元、受奖教师612人。建立健康档案63820份，建档率90%，完成东埔村、钞井村卫生所一体化建设，基本公共卫生服务逐步均等化。

【项目建设】 2021年，英林镇31个重点项目完成投资19.14亿元，总投资33.5亿元的逸锦年产56.6万吨新型功能性纤维项目（一期）全面投产。七彩狐智能制造工厂等12个项目签约落地经济开发区英林园，总投资19.6亿元。抓好“四上”企业培育，新增规模以上企业16家、限额以上企业6家。策划生成英林园服饰标准厂房项目，谋划镇区更新改造，“产城人”融合发展蓄势待发。

【社会治理】 2021年，英林镇西埔村成为泉州市唯一入选全国村级议事协商创新实验试点单位。“六守六无”平安创建深入开展，星级创建率位居全市前列，英林派出所获评全国一级公安派出所。成立全市首个镇级平安驿站。推进安全生产专项整治三年行动、自建房加工场所消防安全评查整改、景区和非景区景点安全管理专项整治等工作。开展消防安全综合整治“雷霆”行动，排查安全生产隐患1692条，整改1385条，整改率81.86%，其中查封37家。重大安全隐患房屋和在建农房隐患实现全部整改清零。科学精准应对新冠肺炎疫情，落实重点对象、重点场所管理，开展核酸检测、新冠疫苗接种等工作，阻断新冠疫情传播风险。全市首推预约取票开展新冠疫苗接种，全民免疫屏障加快构建，全镇18周岁以上人群累计完成第一针接种6.06万剂、第二针接种6万剂，接种率分别为108.29%、107.23%。

【乡村振兴】 2021年，英林镇入选泉州市乡村振兴整镇推进“五好”创建乡镇名单，获评泉州市“平安农机”示范乡镇。湖尾村获评省级乡村振兴实绩突出村、省级美丽休闲乡村，三欧村、西埔村获评泉州市第一批乡村振兴典型示范村，东埔村乡村振兴实绩考核位列晋江市优秀等次。西埔村入选省级第一批高级版“绿盈乡村”名单。制订实施《英林镇发展壮大村集体经济三年计划》，指导村级策划项目，20个村集体经营性收入均达20万元以上，其中7个村超50万元。东埔村建成投用全市首个智能取电点，入选省级集体经济创收试点，获人民日报客户端点赞。埭边村高标准农田项目进入招投标阶段。全市城乡人居环境整治工作现场推进会在东埔村召开。三欧村省级集镇环境整治示范工程通过省级专家评审。整治裸房183栋，硬化道路1.5千米，新增彩色墙绘2500平方米。提升镇域环境，清理房前屋后、河塘沟渠垃圾，规范畜禽圈养行为，绿化美化农村公共空间和庭院环境。

【乡村旅游】 2021年，英林镇湖尾村入选中国美丽乡村休闲旅游行精品线路，“赶小海”基地渔耕文化体验、“欢太太”农耕文化体验入选精品景点。嘉排村成立海螺乡村振兴基地，梳理传统竹编文化、闽南红砖雕刻、排球运动体验等项目，丰富乡村旅游内涵。三欧村对接台湾设计团队，盘活微景观资源，开展“走进古厝文化，领略三欧风情”“耕读三欧，研学有我”等研学活动。“埔顶寮会议”会址、晋江沿海区革命纪念馆被列为第三批泉州市党史教育基地，累计接待参观考察10480人次。

（黄佳雯）

金井镇

【概况】 金井镇位于晋江市东南部，地处福建东南沿海围头半岛，距离金门5.3海里，是祖国大陆离大金门岛最近的地方。东与深沪镇接壤，南临大海，西与英林镇为邻，北接龙湖镇，镇域面积56.7平方千米，辖2个社区和20个行政村，户籍人口56969人。

金井海岸线长26.5千米，拥有金沙湾等7个优美海湾，是晋南辅城中心，也是围头湾的核心区、滨海文旅休闲发展带黄金地段，金井产教融合区是市“一廊两区多平台”科创版图的重要组成部分。先后获全国特色小镇、全国重点镇、国家建制镇示范试点、全国宜居小镇示范镇、国家卫生乡镇5项“国字号”荣誉，省级小城镇综合改革建设试点、“镇级小城市”培育试点、小城镇机构改革试点、全省首批特色小镇创建单位等4个省级示范试点。入选中国特色小城镇品牌百强，居第五位，获评全省首批滨海休闲度假福地，连续5年获评泉州小城镇培育试点建设优秀单位。

2021年12月23日，英林镇湖尾村入选2021年福建省美丽休闲乡村名单。图为2021年12月拍摄的湖尾村 （英林镇/供）

【经济发展】 2021年，金井镇完成固定资产投资23.13亿元，同比增长30.18%；限上批零销售额195.74亿元，同比增长28.23%；限额以上批发零售额7.31亿元，同比增长120.55%；税收6.65亿元，同比增长8.57%。LNG电厂、光伏项目年发电量31.5亿千瓦时，纳税超2.7亿元；多家企业光伏和风能发电装机容量4.4万千瓦时。七匹狼、大发科技、世兴达纺织等龙头企业竞争力增强，七匹狼入选省工业龙头企业、全国服装行业百强。

【城乡建设】 2021年，金井镇投入580万元在全市率先启动镇级雨污水管网和溪流截污清淤、排查、测绘工作，同步建设管网大数据平台，疏通雨污水管道21.5千米，改善镇区内涝问题。投入130万元养护中兴街、西环路等主干道，完成海山路污水管道（山苏段）、塘东村南海水沟工程建设，福全村西门—北门段沿线提升改造工程完成设计。围头村、塘东村古街巷微改造项目列入市示范项目。

【社会事业】 2021年，金井镇办理发放各类救助、慰问、保障资金601万元。

完成福州大学科教园公交首末站建设,引入共享电单车。金龙豪庭、骏昇华庭幼儿园落成。毓英中心小学、毓英中心幼儿园“双减”工作被列为全省典型案例,毓英中学实现扩容增质,晋江职校入选首批省级职业院校教师教学创新团队,毓英中心小学校长洪良清获第二届蔡崇信“以体树人”杰出校长全国十佳。15个村(社区)、5家企业获评晋江市星级平安村(社区)、五星级平安企业,毓英中心小学获评第一批省级平安校园。景区和非景区安全管理专项整治工作获泉州市领导、晋江市党政主要领导批示肯定,全市现场推进会在金井镇召开。

【项目建设】 2021年,金井镇围绕抓项目、拓园区、提能级,金井园一期111公顷成片开发方案获批,招商签约鹭意色母粒、瑞盛织物定型机等10个项目,总投资31亿元,招商、报批走在全市前列。福州大学科教园启动区、科技园A区建成投用,在校师生近1500人。“产学研用”一体建设持续深化,累计合作企业64家,策划生成项目142个,总投资约2.8亿元。项目先后接受省委、省政府拉练检查和中宣部组织的大型主题采访,被列为泉州市新时代新担当新作为主题宣传案例。

【乡村振兴】 2021年,金井镇策划培育围头—塘东—南江—三坑“侨乡生态、滨海风情”线路,获评泉州市第一批乡村振兴精品示范线。围头村获评泉州市第一批乡村振兴典型示范村。溜江村、三坑村纳入全市畜禽规范养殖整改试点。实施金井溪下游(纵一路及延伸段)整治工程,污水治理村村全覆盖。实现村村集体经营性收入20万元以上,其中6个村超50万元。金井镇位列晋江市乡村振兴实绩考核第一名。

【旅游资源】 2021年,金井镇拥有国家历史文化名村福全村,福全、塘东、围头村3个中国传统村落,全国文明村、中国最美休闲乡村、国家AAA级旅游景区围头村,全国生态文化村三坑村、全国重点文物保护单位西资岩石佛、亚洲唯一天然触角沙堤等旅游资源。七匹狼博物馆位于镇域内。建成投用福州大学晋江科教园、晋江职校、毓英中学3座世中运比赛场馆,成功举办3场测试赛。

(施雄达)

龙湖镇

【概况】 龙湖镇地处晋江市东南部,东接石狮市,北与永和镇相邻,南与金井镇、深沪镇接壤,西与英林镇相邻,镇域面积63.9平方千米。2021年辖42个行政村,户籍人口约84143人,外来人口5万余人。2021年,全镇实现财政总收入8.36亿元,比上年增长31.3%。社会固定资产投资完成162071万元,比上年增长10.35%。龙湖镇素有“中国织造名镇”、施琅将军故里和“侨乡中的侨乡”之称。有海外华侨、港澳台同胞20.5万余人。

【经济发展】 2021年,龙湖镇纺织化纤年产值突破400亿元,产值超亿元企业增至54家,规模以上企业增至176家,支柱产业竞争力大幅提升。健全领导挂钩走访企业制度,累计走访企业超千人次,协调企业解决实际问题53个,帮助争取各类扶持资金2.29亿元,全年为企业减免税费1亿元以上。汇聚各类人才132人,高新技术企业11家,“专精特新”企业16家,科技小巨人、科技型中小企业8家,百宏聚纤获“世界智能制造标杆企业”称号。

【城乡建设】 2021年,龙湖镇批复完成龙埔、西吴等14个村村庄规划编制,推进内坑、福林等9个村编制工作。完成横九线“白改黑”项目,完成智造大道(龙狮路—外西环)路段土地征迁。加大资金投入,整治道路交通安全隐患218处;44个农村污水管道提升工程全面开工,初步验收28个。新增培育4个市级以上乡村振兴试点村,投入1218.7万元推动127个村级建设项目完工。拆除镇域主要道路两侧户外违规广告360处。查处“两违”行为为227宗,拆除违建面积4.2万平方米。

【社会事业】 2021年,龙湖镇办好16件为民实事和8件民生微实事。深化“四帮四扶”,新增帮扶对象17户,启动帮扶项目30个。助推群众住房改善,审批群众危房翻建294宗。推进南侨中学教学楼项目建设,尊道小学教学楼完成方案审批,下半年开工建设;启文小学等校园改造项目建设有序推进。晋南医院2021年患者满意度居晋江市第一名。尚善养老院新增投资120万元,通过泉州市农村区域性养老服务中心的建设验收,开展居家养老上门服务1980人次,推动养老服务惠及更多的老年对象。以强基促稳为抓手,推进信访积案化解攻坚行动,化解积案2件,涉及土地征迁等信访积案21件,保障大唐府、晋南医院等重点民生项目落地建设。

【项目建设】 2021年度,龙湖镇18个重点项目完成投资计划106%,实际利用外资年度投资完成总量位列全市前列。时尚服饰织造园新增进场建设企业10家,累计入驻企业83家。集中攻克解决龙狮公路、龙湖瑶湖、烯电、冠和、华兆、港益等项目历史遗留问题14个,华宇、冠和等重大项目落地投产,产业集群效应初步显现。开展“征迁扫尾清零”专项行动,基本完成纺织智造(龙湖)工业园及烯电项目产业园2个“百亿”项目征迁工作,瑶湖、大唐府等扫尾工作取得全面突破。策划百宏差别化化学纤维、盛欣环保工艺纤维等2022年市级以上重点项目14个,总投资81.55亿元。

(黄佳玲)

深沪镇

【概况】 深沪镇位于晋江市东南沿海

突出部。东邻台湾海峡，南接金井镇，西接龙湖镇，北邻深沪湾。海岸线长 18 千米，因山川地理风貌，素有“峙海金狮”之称。2021 年全镇辖 12 个行政村及 7 个社区，镇域面积 33.46 平方千米，常住人口（含长期居住的外来人口）9 万多人。户籍人口 49286 人。

2021 年，深沪镇统筹新冠感染疫情防控和经济社会发展。全年实现财政总收入 8.81 亿元。固定资产投资累计完成 15.7 亿元，同比增长 71.73%；其中工业投资累计完成 14.99 亿元，同比增长 109.98%。限额以上销售额完成 30.55 亿元，同比增长 105.48%。蝉联“福建省文明乡镇”称号。

【经济发展】 2021 年，深沪镇开展“我为企业解难题”活动，搭建政银企对接平台，组织企业到海西研究院、福州大学晋江科教园参观学习，对接科研成果。举办高新技术企业政策宣讲会，邀请晋江市科技局、中科院泉州装备所到深沪百佳、泰来等公司指导企业开展机器代工对接，推动企业上云上平台及开展数字化、智能化改造，加快产业转型升级。“四上”企业年度新增入库 52 家，规模以上企业增至 197 家，总数位列全市第三。新增省级高新技术企业 11 家、科技型中小企业 8 家、科技小巨人企业 4 家。通亿公司获“国家级绿色工厂”称号，入选省级“专精特新”中小企业名单；深沪湾海洋科技公司被评为农业产业化国家重点龙头企业；福田公司入选省级“专精特新”中小企业名单，华淇农业被认定为“福建省星创天地”。浔兴公司生产的航天拉链服第三次跟随航天员登上太空。

【城乡建设】 2021 年，深沪镇完成海山路（华科路灯控至普安桥）拓宽改造、同心路人行道及路灯改造建设。围头支线至镇区快速路被纳入全市交通“十四五”规划及国土空间规划。华科路、海山路、同心路实行市场化道路养护。实施群峰二期、华山二期、运伙石井 3 个农村生活污水管道工程铺设，新建、改建污水管网 5.67 千米，完成总投资 199 万元。推行河长制工作，累计投入 720 多万元，完成湖漏溪 18 个排污口整治、11 家企业尾水纳管，流域水质稳定达到五类水标准，并通过省级达标验收。新增办理危房翻建 156 宗。后山社区、华海村、群峰村获省级卫生村（社区）命名。启动东海垵开发区 15 家印染、5 家电镀企业环保托管服务试点工作。完成绿化面积 22.67 公顷。推进乡村振兴，16 个省级乡村振兴试点村项目完成投资 760 多万元。村（社区）平均集体经营性收入 43 万元，同比增长 9.58%。

【社会事业】 2021 年，深沪镇办成为民办实事 10 件。城乡居民医疗保险、养老保险参保人数再创新高。新增滚动被征地养老保险 288 人。补助重大疾病保险 878 人。扩大困难群体帮扶覆盖面，为 6 户“四帮四扶”对象推出精准帮扶“菜单”。开展低保、特困、残疾等对象救助 5200 多人次，发放各类补助、救助金 340 多万元。华海村敬老院完成建设，科任村敬老院引进第三方运营有序开展，东华村、华山村居家养老服务站运行顺畅。发放高龄老人关爱金，惠及 1752 人。保障重要农产品有效供给，组织 4883 户申报耕地地力保护补贴、一次性种粮补贴等资金。增强教育服务能力，完成金屿小学教学楼主体加固及培青小学地质灾害点治理，完成深沪中学教师宿舍楼建设及首峰中学宿舍楼加固，完成深沪镇第二中心幼儿园及东华小学综合楼主体建设。群峰小学、科泉小学通过省“义务教育管理标准化学校”评估验收。中心幼儿园翡翠湾分园通过“晋江市示范性幼儿园”评估验收。《深沪褒歌》获第四届福建省曲艺“丹桂奖”大赛二等奖。张泽虎上榜 2021 年 12 月“福建好人榜”见义勇为榜单、第七届泉州市道德模范。《人民日报·海外版》评价深沪镇是“泉州小道”遗产体验线路的“零公里”。推进新冠肺炎疫情防控常态化工作，增加投入累计近 170 万元。加强重点人员、重点场所的日常排查，做到底数清、情况明、管控实、反应快。落实全员核酸检测，做到“应检尽检”。阻断新冠肺炎疫情传播风险，接种新冠疫苗近 14 万剂次。

【社会治理】 2021 年，深沪镇推进道路交通、渔业安全、施工安全、建筑安全等 20 个专项组安全整治，全年检查工业企业、商贸店铺 4323 家次，落实隐患整改。推进“雷霆”行动，排查“三合一”场所 68 家、自建房加工场所 290 家。推进社会治理网格化，建成基础网格 86 个。调处主要矛盾纠纷 293 起，调解成功 290 起，调解成功率 99%。巩固和深化扫黑除恶专项斗争成果，破获各类案件 99 起，保持低发案率。镇、村（社区）便民服务中心（站）受理各类办件 3942 件，累计接访群众 670 人次。“深沪沪江听潮”发布各类信息 1296 条。办理市长专线、“12345”平台等各类群众来信来电诉求近 600 件，回复率 100%，均处置办结。办理人大代表建议 6 件，答复率、基本满意率均 100%。

【项目建设】 2021 年，深沪镇坚持党政领导挂钩联系服务企业制度，定期走访帮扶企业，组建一支专业化营商环境工作队伍，推出“服务企业有专员”“对接联系有专题”“推动工作有专班”“解决问题有专组”的四“专”举措，优化营商环境和精细服务理念落到实处。定期开展重点项目协调会，组建项目攻坚“尖刀连”，服务项目落地，指导企业用好、用活、用足、用优各级惠企政策，减轻企业负担，2021 年帮助申请各级惠企政策补贴超 2600 万元。全镇 30 个市级以上重点项目累计完成投资 25.81 亿元，完成年度计划的 128.78%。推进 5 个民生公共项目用地报批。建设海安中心、点验中心，推进渔港、渔船规范化管理，渔港扩建前期工作顺利推进。百宏年产 33 万吨功能性聚酯薄膜项目、东海垵污水处理厂提标改造项目等开工建设，福能热电联产项目、华美服装生产项目、翡翠湾幼儿园、富联印染提升改造项目一期等一批重点项目竣工投产投用。

【浔兴公司生产的航天拉链服第三次登上太空】 2021年10月，中国神舟十三号载人飞船出征太空，浔兴SBS生产的航天服拉链第三次登上太空。2016年，神舟十一号飞船的太空之旅，浔兴拉链首次应用于航天服中。2021年6月17日发射的神舟十二号、10月16日发射的神舟十三号载人飞船继续选择浔兴拉链作为航天服拉链。应用在航天服的拉链由浔兴自主研发，浔兴科技团队根据拉链头的结构、纱线工艺等难点有针对性地进行改进，材料、工艺等各方面都经历反复试验，每个细节历经超百次测试，实现高强度和高可靠性，一条拉链上每个齿轮之间距离精确到0.05毫米以内，以承受不可抗因素和特殊要求。

（蔡尚镑）

西滨镇

【概况】 西滨镇地处晋江东南部沿海平原，东靠军垦农场，南邻新塘街道与石狮市，西、北面接陈埭镇，是晋江中心市区规划控制区，被列入泉州环湾发展规划区。镇域面积2.1平方千米。2021辖1个社区和2个行政村，户籍人口1635人，外来人口16790人。西滨镇是一个移民镇和“袖珍镇”，1991年底由西滨农场改为镇建制，1993年正式挂牌成立，以泉南侨乡、晋北大罗溪和长江三峡库区移民群体形成1居2村的村落社区布局。2021年获省级“文明乡镇”称号。

【经济发展】 2021年，西滨镇实现财政总收入1.45亿元，比上年增长21.3%；限额以上批发零售业销售额49.84亿元，同比增长39.6%。社会固定资产投资完成2.34亿元，比上年下降46.81%。大抓项目建设，策划生成12个市重点项目，总投资17.24亿元，完成投资9.2亿元。华宝科创园、新来发旧厂房改造等2个超亿元工业项目成功落地，晋能建筑垃圾资源化利用等3个项目成功签约，星达鞋服、雅仕达鞋材项目完工投产。推进“工改工”，盘活闲置工业用地27.66公顷。狠抓“四上”企业培育，新增规模以上企业15家，限额以上企业4家，6家企业投身技改，总投资8.96亿元，新增卓睿、华宝2家高新技术企业，新增1家小巨人企业。强化人才招引，新增博士研究生1人、硕士研究生2人。推行“三种角色”和“四个到”服务理念，开展“我为企业解难题”活动，兑现惠企资金200多万元、减免企业税费近1000万元；创建“普惠金融信用镇”，降低居民融资成本，拓宽企业融资渠道；建立要素保障工作专班，累计走访服务企业350余次，帮助企业解决道路交通、手续报批等问题20个。

【城乡建设】 2021年，西滨镇作为全市试点，率先完成全域架空线缆整治。思进村水电、通信、周边道路等基础配套设施不断完善，精品社区逐步成型。海丰小区成立业主协商委员会，破解老旧小区治理难题。开展“规范文明始于心，服务为民践于行”专项整治活动，餐饮店铺油烟净化器全面覆盖、凯大周边工业区道路有序畅通。顺利通过全国文明城市复查、省级文明镇创建、市级农村生活垃圾分类试点创建，海滨社区获评“福建省文明社区”。

【社会事业】 2021年，西滨镇7件民生实事项目完成。开展“四帮四扶”行动和计生协会“五大工程”帮扶等，累计发放各类救助补助资金23.5万元。优化缴费服务，在全市率先完成城乡居民养老保险参保。投入教育经费349.7万元，西滨镇中心小学综合楼建成交付使用，西滨镇中心幼儿园通过省级示范园初评，幼儿园新园进行规划等前期工作。拨补30万元支持西滨镇卫生院基本公共卫生服务、村级医疗机构一体化建设。规范镇级养老服务中心社会化运营，就近就便为老年人提供“一站式”服务。开展庆祝中国共产党成立100周年系列文化活动。打造“菜篮子”工程，投入13.8万元升级农贸市场。成立3个农村经济合作社，完成农村集体产权管理系统信息录入工作。在全市率先完成村级换届选举，实现主干“一肩挑”、提名当选率、一次性成功“三个100%”。

【项目建设】 2021年，西滨镇组织实施城建项目7个，总投资2000多万元。泉州一重环湾快速路军垦农场段、拥军路工业区路段改造开工建设，3千米健康步道、小姐港西侧整治、思进村周边景观提升工程完工投用，快捷交通圈、幸

2021年6月，西滨镇开展晋江市首个架空缆线整治试点乡镇的整治工作。图为6月19日架空缆线整治施工现场
（西滨镇/供）

2021 年 8 月 12 日，工人在豪川智慧物流园一期项目现场安装顶棚
（陈巧玲／摄）

福生活圈、体育健身圈初步构建。推进农村人居环境整治，投入 1284 万元完成海滨社区污水管道二期工程、投入 198 万元完成小姐港思进段河道整治。

【社会治理】 2021 年，西滨镇科学精准应对省内突发新冠肺炎疫情，第一时间激活应急指挥体系，分级分区管控，全域全员核酸检测，阻断新冠肺炎疫情传播风险，新冠疫苗接种率超 100%。构建“大安全”格局，打击各种违法犯罪活动，全镇违法犯罪警情下降 6%。深化矛盾纠纷排查调解，回应群众诉求，调解成功率和信访办结率均 100%。全面跟踪服务指导，保障企业用电用气安全。投入 50 万元建设镇级消防站。推进重点行业领域安全生产专项整治，开展军垦农场安全生产综合整治，累计检查企业 332 家次，停产停业整顿 99 家，立案处罚 6 家；开展消防安全综合整治“雷霆”行动，查封“小、散、乱、污”企业 8 家；开展房屋安全专项整治，全面消除重大安全隐患 14 宗；成立全市首个镇级燃气安全专家工作站；率先完成自建房加工场所消防安全整治。

（王家伟）

国营晋江市良种繁殖场

【概况】 2021 年，晋江市良种场辖区总面积 1.2 平方千米，常住人口 392 人，实现规模以上企业总产值 14.02 亿元，完成固定资产投资 1.1 亿元，豪川智能物流园、佩克鞋业等项目入驻。

【基础设施建设】 2021 年，晋江市良种场完成场农村生活污水管道一期工程验收，工程结算 53.92 万元，污水纳管 20 户，纳管率 100%，实现辖区内污水收集纳管集中排放、入河排污口全部封停并整改接入污水管网、环卫保洁和基础设施建设等工作与晋良社区实现无缝衔接。参与新塘各项工作建设，落实新塘街道教育慈善基金户等工作，完成高铁征迁、航空物流港、福兴路安置房、梧林古村落等大型项目建设扫尾工作。

【平安创建】 2021 年，晋江市良种场结合社区换届，建立由正副点长、3 名驻社区干部和 6 名社区两委干部任网格员的安全生产管理班组，每天进驻企业进行安全生产检查，宣传安全生产知识，发现整治处理安全生产存在问题。推进自建房加工场所消防安全评查整改和“雷霆行动”，组织参加消防安全演练 4 场，安全生产法律法规培训 2 场，企业业主和安全员共 400 多人次参加；分发 2000 份安全生产宣传材料，全年未发生安全责任事故。

【社会保障】 2021 年，晋江市良种场抓好新农保参保工作，辖区居民新农保缴费率 95%；抓好低保动态管理，继续为 3 户低保户、4 名残疾人办理生活保障；开展“四帮四扶”活动，走访慰问困难家庭、退休干部职工、退伍军人等对象。受理劳资纠纷 5 起，涉及 10 人、劳资金额约 2 万元，劳资纠纷数量较上年同期大幅下降。

【老年文体活动】 2021 年，晋江市良种场开展“晋良杯”老年人门球邀请赛活动；组织退休人员 75 人参加健康体检；开展春节、重阳节等节日慰问；配套完善老年人门球场健身器材等基础设施建设；老教工作开展有声有色，每月 15 日的集中学习例会出勤率 95% 以上。

（许施恩）

2021 年晋江市获省部级及以上表彰的先进个人一览表

表 9

姓名	工作单位	奖励名称	奖励单位
许清心	晋江市妇联	全国巾帼建功标兵	中华全国妇女联合会
蔡少林	晋江共青团市委	全国优秀共青团干部	共青团中央
陈　宁	泉州市晋江生态环境局	2020 年生态环境保护执法大练兵表现突出个人	生态环境部
张丽碟	晋江市中医院	2018—2020 年度福建省文明家庭	中共福建省委 福建省人民政府
王伟雄	中国农业发展银行晋江市支行	全国金融五一劳动奖章	中华全国总工会
庄玉静	晋江市中医院	福建省脱贫攻坚先进个人	中共福建省委 福建省人民政府
尤燕红	金井镇政府、世中运执委会办公室后勤保障与志愿者部	民盟脱贫攻坚先进个人	民盟中央委员会
许清流	福建恒安集团	福建省优秀民营企业家	中共福建省委 福建省人民政府
陈树森	磁灶镇苏垵村委会	优秀党务工作者	中共福建省委
柯金鐇	福建晋工机械有限公司	福建省优秀共产党员	中共福建省委
李燕玉	晋江市特殊教育学校	优秀共产党员	中共福建省委
洪克明	晋江市统计局	第七次全国人口普查先进个人	国务院第七次全国人口普查领导小组
陈情缘	泉州市体工队	第十四届全运会击剑项目女子花剑个人银牌	国家体育总局
洪水平	金井镇围头村委员会	全国最美家庭	中华全国妇女联合会
林超攀	晋江市少年儿童业余体育学校	第 32 届东京奥运会运动员教练员和有功集体表彰奖励记大功	中共福建省委 福建省人民政府
陈芳佳	晋江市少年儿童业余体育学校	第十四届全国运动会记大功	中共福建省委 福建省人民政府

续表 9

姓名	工作单位	奖励名称	奖励单位
陈情缘	晋江市少年儿童业余体育学校	第十四届全国运动会记大功	中共福建省委 福建省人民政府
林超攀	晋江市少年儿童业余体育学校	第十四届全国运动会记功	中共福建省委 福建省人民政府
林志荣	晋江市少年儿童业余体育学校	第十四届全国运动会记功	中共福建省委 福建省人民政府
施嘉洛	晋江市少年儿童业余体育学校	第十四届全国运动会记大功	中共福建省委 福建省人民政府
吴崇棋	晋江市少年儿童业余体育学校	第十四届全国运动会记功	中共福建省委 福建省人民政府
吴丽婷	晋江市政协	民革全国机关工作先进个人	民革中央委员会
吴雅芳	晋江市人民检察院	全国检察机关优秀办案检察官	最高人民检察院
张开端	民盟晋江市委会	庆祝民盟 80 周年微视频宣传工作优秀个人	民盟中央委员会

2021 年晋江市获地厅级表彰的先进个人一览表

表 10

姓名	工作单位	奖励名称	奖励单位
曾建华	晋江市消防救援大队	二等功	应急管理部消防救援局
洪新民	晋江市人民法院	2019—2020 年度全省法院先进个人	福建省高级人民法院 福建省人力资源和社会保障厅
林小虎	龙湖镇福林村党支部、晋江市文化和旅游局	优秀共产党员（党务工作者）	中共泉州市委
吴林斌	中国人寿晋江市支公司	国寿工匠	中国人寿保险股份有限公司
吴苗阳	中国人寿晋江市支公司	工会积极分子	中国人寿保险股份有限公司
郑传真	福建省百宏聚纤科技实业有限公司党委	优秀共产党员（党务工作者）	中共泉州市委
邓烈辉	晋江市人民检察院	2020 年度全省检察机关优秀办案检察官	福建省人民检察院
李燕萍	晋江市人民检察院	2020 年度全省检察机关信息工作先进个人	福建省人民检察院
高晨璐	中国人民银行晋江市支行	2019—2020 年度“巾帼建功标兵”	中国人民银行福州中心支行工会
刘思帆	中国人寿晋江市支公司	2020 年度“优质服务先进个人”	中国人寿福建省分公司
杨舒琳	晋江市气象局	福建省金牌工人	福建省总工会
蔡友添	晋江市人民检察院	2020 年福建省打击洗钱犯罪有功个人	中国人民银行福州中心支行 福建省高级人民法院 福建省人民检察院 福建省公安厅

续表 10

姓名	工作单位	奖励名称	奖励单位
陈燕娜	中国人民银行晋江市支行	2020 年福建省打击洗钱犯罪有功个人	中国人民银行福州中心支行 福建省高级人民法院 福建省人民检察院 福建省公安厅
杜阿周	中国人寿晋江市支公司	优秀共青团员	共青团福建省金融工会委员会
洪一楠	晋江市委办	福建省优秀共青团干部	共青团福建省委
李　科	晋江市人民检察院	2020 年福建省打击洗钱犯罪有功个人	中国人民银行福州中心支行 福建省高级人民法院 福建省人民检察院 福建省公安厅
刘聿昕	福建晋江天然气发电有限公司	全国煤炭行业优秀共青团员	全国煤炭行业共青团工作指导和推进委员会
柳飞杨	福建飞扬鞋材科技股份有限公司	福建青年五四奖章	共青团福建省委 福建省青年联合会
涂岩星	福建晋江天然气发电有限公司	全国煤炭行业优秀共青团干部	全国煤炭行业共青团工作指导和推进委员会
吴潮阳	晋江市人民检察院	2020 年福建省打击洗钱犯罪有功个人	中国人民银行福州中心支行 福建省高级人民法院 福建省人民检察院 福建省公安厅
庄家训	中国人民银行晋江市支行	2020 年福建省打击洗钱犯罪有功个人	中国人民银行福州中心支行 福建省高级人民法院 福建省人民检察院 福建省公安厅
陈重安	泉州市晋江生态环境局	福建省生态环境系统先进工作者	福建省人力资源和社会保障厅 福建省生态环境厅
陈晓颖	晋江市人民法院	福建省人民法院系统打击洗钱犯罪有功个人	中国人民银行福州中心支行 福建省高级人民法院 福建省人民检察院 福建省公安厅
陈艺婷	晋江市人民法院	福建省人民法院系统打击洗钱犯罪有功个人	中国人民银行福州中心支行福建省高级人民法院 福建省人民检察院 福建省公安厅
郭灿培	晋江市人民法院	福建省人民法院系统打击洗钱犯罪有功个人	中国人民银行福州中心支行 福建省高级人民法院 福建省人民检察院 福建省公安厅
林雅思	晋江市人民法院	福建省人民法院系统打击洗钱犯罪有功个人	中国人民银行福州中心支行 福建省高级人民法院 福建省人民检察院 福建省公安厅
陈白鹭	晋江市第三实验幼儿园园长	五一劳动奖章	福建省总工会
何棋松	福建省锦辉环境科技有限公司	五一劳动奖章	福建省总工会

续表 10

姓名	工作单位	奖励名称	奖励单位
刘向伟	福建柒牌时装科技股份有限公司	五一劳动奖章	福建省总工会
卢　鑫	茂泰（福建）鞋材有限公司	五一劳动奖章	福建省总工会
吕方颖	福建省晋江市新联兴汽车用品有限公司	五一劳动奖章	福建省总工会
吴鸿瑜	晋江市人民检察院	全省扫黑除恶专项斗争先进工作者	福建省扫黑除恶专项斗争领导小组
许文林	晋江市陈埭民族中学	2020 年度民盟福建省反映社情民意先进个人	民盟福建省委会
李金玲	晋江市人民法院	法院审判监督工作先进个人	福建省高级人民法院
苏晓君	晋江市委宣传部	2020 年度全省宣传文化系统舆情信息工作先进个人	福建省委宣传部
蔡坤华	深沪镇政府	优秀党务工作者	中共泉州市委
陈超颖	晋江市委统战部	优秀共产党员	中共泉州市委
陈英杰	国家税务总局晋江市税务局	优秀共产党员	中共泉州市委
洪明照	晋江市财政局	2016—2020 年度全省财政系统先进工作者	福建省财政厅
洪新民	晋江市人民法院	优秀共产党员	中共泉州市委
李镜波	金井镇南江村党总支	优秀党务工作者	中共泉州市委
施明耀	深沪镇华海村党总支	优秀党员	中共泉州市委
涂岩星	福建晋江天然气发电有限公司	省属企业优秀党务工作者	中共福建省国资委委员会
吴炳煊	磁灶镇下灶村	优秀共产党员	中共泉州市委
吴东进	晋江市财政局	优秀党务工作者	中共泉州市委
吴雅芳	晋江市人民检察院	全省检察机关先进个人	福建省人力资源和社会保障厅 福建省人民检察院
许逸琳	晋江市工业和信息化局	优秀党务工作者	中共泉州市委
洪文惯	晋江市委组织部	优秀共产党员	中共泉州市委
吴玉婷	晋江市第三实验小学	优秀党务工作者	中共泉州市委
张渊菁	青阳小教党总支	优秀党员	中共泉州市委
曾彬虹	西滨镇政府	优秀共产党员	中共泉州市委
丁聪枝	晋江市老年大学	福建省“八闽银发先锋”	福建省委组织部 福建省委老干部局 福建省委离退休干部工委
甘久娜	中国人寿晋江市支公司	2020 年度优秀党务工作者	中国人寿福建省分公司
洪水平	金井镇围头村委会	情系国防保安宁突出贡献	中共福建省委军民融合发展委员办公室
雷崇礼	中国人寿晋江市支公司	2020 年度优秀共产党员	中国人寿福建省分公司
陈善源	中国人寿晋江市支公司	第六届福建省十大杰出金融青年奖状	共青团福建省金融工作委员会 中国金融工会福建工作委员会

续表 10

姓名	工作单位	奖励名称	奖励单位
颜伟杰	晋江市工业和信息化局	2017—2020 全省工信系统先进个人	福建省人力资源和社会保障厅 福建省工业和信息化厅
庄明波	晋江市人民检察院	全省检察机关扫黑除恶专项斗争先进个人	福建省人民检察院
姚煜娟	晋江市委党校	2020 年度福建日报社“十佳通讯员”	福建日报社
庄永速、吴燕清家庭	晋江市财政局 晋江市政府办公室	职工最美家庭	福建省总工会
连小妹	晋江市文联	全省文联系统先进工作者	福建省人力资源和社会保障厅 福建省文学艺术界联合会
陈瑞清	晋江市委宣传部	2016—2020 年全省普法工作先进个人	福建省委宣传部 福建省司法厅
林子文	晋江市贸促会	全省贸促工作先进工作者	福建省贸促会
刘基荣	晋江市人民法院	全省法院扫黑除恶专项工作表现突出个人	福建省高级人民法院
洪佳兴	晋江市供水中心	金门供水工程“闽水杯”银奖主要贡献人	福建省水利工程协会
陈芳佳	晋江市少年儿童业余体育学校	福建青年五四奖章	共青团福建省委
陈情缘	晋江市少年儿童业余体育学校	福建青年五四奖章	共青团福建省委
施嘉洛	晋江市少年儿童业余体育学校	福建青年五四奖章	共青团福建省委
吴康为 吴松森 吴联生	磁灶镇岭畔村	福建省陶瓷艺术大师	福建省陶瓷行业协会
吴雅芳	晋江市人民检察院	全省检察机关优秀办案检察官	福建省人民检察院
张泽虎	晋江市义务救援协会	入选“福建好人榜”见义勇为榜单	福建省文明委
叶少勇	晋江市子江中学	福建省第五届中小学教师教学大赛三等奖	福建省教育厅 福建省总工会

2021 年晋江市获省部级及以上表彰的先进集体一览表

表 11

获奖单位	奖励名称	颁奖单位
晋江市人民检察院	“亲清护企”获全国检察机关十佳检察文化品牌	最高人民检察院
晋江市烟草专卖局陈埭所部	第 20 届全国青年文明号	共青团中央
中国人寿晋江市支公司	第 20 届全国青年文明号	共青团中央
晋江市磁灶镇大埔村	第二批全国乡村治理示范村	中央农村工作领导小组办公室 农业农村部 中央宣传部 民政部 司法部 国家乡村振兴局

续表 11

获奖单位	奖励名称	颁奖单位
晋江市人民检察院	第十届全国检察机关文明接待室	最高人民检察院
晋江市医院麻醉科	福建省第七批援疆工作队集体二等功	福建省人民政府
晋工机械党总支	福建省民营企业党建工作先进单位	中共福建省委
福建七匹狼集团有限公司党委	福建省民营企业党建工作先进单位	中共福建省委 福建省人民政府
晋江市民族和宗教事务局	福建省民族团结进步模范集体	福建省人民政府
晋江市医院	福建省脱贫攻坚先进集体	中共福建省委 福建省人民政府
晋江市总商会	福建省脱贫攻坚先进集体	中共福建省委 福建省人民政府
民革晋江市委会第四支部	民革示范支部	民革中央委员会
晋江市医院晋南分院	母婴友好医院	中国妇幼保健协会
晋江市	轻工业先进产业集群	中国轻工业联合会
民盟晋江市委会	庆祝民盟 80 周年微视频宣传工作优秀集体	民盟中央委员会
晋江市安海镇退役军人服务站	全国百家红色退役军人服务站	国家退役军人服务中心
晋江市英林镇西埔村	全国村级议事协商创新实验试点单位	民政部
晋江市工业和信息化局	全国纺织先进集体	人力资源和社会保障部 中国纺织工业联合会
晋江市金井镇围头村妇联	全国妇联系统先进集体	中华全国妇女联合会
晋江市	全国计划生育优质服务先进单位	国家卫生健康委员会
晋江市中医院妇产科	全国巾帼文明岗	中华全国妇女联合会
福建百宏聚纤科技实业有限公司	全国五一劳动奖	中华全国总工会
晋江市公安局英林派出所	全国一级公安派出所	公安部
晋江市自然资源局	全国自然资源系统“七五”普法工作中成绩突出的集体	自然资源部
晋江市科学技术协会	全民科学素质工作先进集体	中国科学技术协会
中共安海商会党委	商会党建工作示范单位	中华全国工商联合会
台盟晋江市支部	台盟脱贫攻坚先进集体	台盟中央委员会
农工党晋江市委会	脱贫攻坚工作先进集体	农工党中央
中共安海商会党委	先进党组织	中共福建省委
晋江市新塘街道党工委	先进基层党组织	中共福建省委
福建盼盼食品有限公司	优秀民营企业	中共福建省委、福建省人民政府
晋江市体育局	2017—2020 年度全国群众体育先进单位	国家体育总局

续表 11

获奖单位	奖励名称	颁奖单位
艾派集团（中国）有限公司	2018—2020 年度福建省非公组织文明单位	中共福建省委、福建省人民政府
晋江市安海镇前蔡村	2018—2020 年度福建省文明村	中共福建省委、福建省人民政府
晋江市安海镇梧埭村	2018—2020 年度福建省文明村	中共福建省委、福建省人民政府
晋江市陈埭镇南霞美村	2018—2020 年度福建省文明村	中共福建省委、福建省人民政府
晋江市陈埭镇西霞美村	2018—2020 年度福建省文明村	中共福建省委、福建省人民政府
晋江市磁灶镇大埔村	2018—2020 年度福建省文明村	中共福建省委、福建省人民政府
晋江市磁灶镇东山村	2018—2020 年度福建省文明村	中共福建省委、福建省人民政府
晋江市磁灶镇下灶村	2018—2020 年度福建省文明村	中共福建省委、福建省人民政府
晋江市东石镇大房村	2018—2020 年度福建省文明村	中共福建省委、福建省人民政府
晋江市东石镇井林村	2018—2020 年度福建省文明村	中共福建省委、福建省人民政府
晋江市东石镇梅塘村	2018—2020 年度福建省文明村	中共福建省委、福建省人民政府
晋江市金井镇钞岱村	2018—2020 年度福建省文明村	中共福建省委、福建省人民政府
晋江市金井镇溜江村	2018—2020 年度福建省文明村	中共福建省委、福建省人民政府
晋江市金井镇南江村	2018—2020 年度福建省文明村	中共福建省委、福建省人民政府
晋江市金井镇山头村	2018—2020 年度福建省文明村	中共福建省委、福建省人民政府
晋江市龙湖镇龙埔村	2018—2020 年度福建省文明村	中共福建省委、福建省人民政府
晋江市龙湖镇龙园村	2018—2020 年度福建省文明村	中共福建省委、福建省人民政府
晋江市内坑镇砌坑村	2018—2020 年度福建省文明村	中共福建省委、福建省人民政府
晋江市内坑镇亭顶村	2018—2020 年度福建省文明村	中共福建省委、福建省人民政府
晋江市内坑镇长埔村	2018—2020 年度福建省文明村	中共福建省委、福建省人民政府
晋江市深沪镇华海村	2018—2020 年度福建省文明村	中共福建省委、福建省人民政府
晋江市西滨镇跃进村	2018—2020 年度福建省文明村	中共福建省委、福建省人民政府
晋江市英林镇高湖村	2018—2020 年度福建省文明村	中共福建省委、福建省人民政府
晋江市英林镇三欧村	2018—2020 年度福建省文明村	中共福建省委、福建省人民政府
共青团晋江市委员会	2018—2020 年度福建省文明单位	中共福建省委、福建省人民政府
晋江市财政局	2018—2020 年度福建省文明单位	中共福建省委、福建省人民政府
晋江市发展和改革局	2018—2020 年度福建省文明单位	中共福建省委、福建省人民政府
晋江市妇女联合会	2018—2020 年度福建省文明单位	中共福建省委、福建省人民政府
晋江市公安局交通警察大队	2018—2020 年度福建省文明单位	中共福建省委、福建省人民政府
晋江市行政服务中心管理委员会	2018—2020 年度福建省文明单位	中共福建省委、福建省人民政府
晋江市纪委监委机关	2018—2020 年度福建省文明单位	中共福建省委、福建省人民政府

续表 11

获奖单位	奖励名称	颁奖单位
晋江市梅岭街道办事处	2018—2020 年度福建省文明单位	中共福建省委、福建省人民政府
晋江市民政局	2018—2020 年度福建省文明单位	中共福建省委、福建省人民政府
晋江市青阳街道办事处	2018—2020 年度福建省文明单位	中共福建省委、福建省人民政府
晋江市人大常委会机关	2018—2020 年度福建省文明单位	中共福建省委、福建省人民政府
晋江市人力资源和社会保障局	2018—2020 年度福建省文明单位	中共福建省委、福建省人民政府
晋江市人民检察院	2018—2020 年度福建省文明单位	中共福建省委、福建省人民政府
晋江市人民政府办公室	2018—2020 年度福建省文明单位	中共福建省委、福建省人民政府
晋江市融媒体中心	2018—2020 年度福建省文明单位	中共福建省委、福建省人民政府
晋江市审计局	2018—2020 年度福建省文明单位	中共福建省委、福建省人民政府
晋江市图书馆	2018—2020 年度福建省文明单位	中共福建省委、福建省人民政府
晋江市委办公室	2018—2020 年度福建省文明单位	中共福建省委、福建省人民政府
晋江市委党校	2018—2020 年度福建省文明单位	中共福建省委、福建省人民政府
晋江市委机构编制委员会办公室	2018—2020 年度福建省文明单位	中共福建省委、福建省人民政府
晋江市委统战部	2018—2020 年度福建省文明单位	中共福建省委、福建省人民政府
晋江市委宣传部	2018—2020 年度福建省文明单位	中共福建省委、福建省人民政府
晋江市委政法委	2018—2020 年度福建省文明单位	中共福建省委、福建省人民政府
晋江市委组织部	2018—2020 年度福建省文明单位	中共福建省委、福建省人民政府
晋江市中医院	2018—2020 年度福建省文明单位	中共福建省委、福建省人民政府
政协晋江市委员会机关	2018—2020 年度福建省文明单位	中共福建省委、福建省人民政府
中国电信股份有限公司晋江分公司	2018—2020 年度福建省文明单位	中共福建省委、福建省人民政府
中国工商银行股份有限公司晋江分行	2018—2020 年度福建省文明单位	中共福建省委、福建省人民政府
中国农业银行股份有限公司晋江市支行	2018—2020 年度福建省文明单位	中共福建省委、福建省人民政府
中国邮政集团有限公司福建省晋江市分公司	2018—2020 年度福建省文明单位	中共福建省委、福建省人民政府
晋江市五店市传统文化旅游区	2018—2020 年度福建省文明风景旅游区	中共福建省委、福建省人民政府
晋江市罗山街道华泰社区	2018—2020 年度福建省文明社区	中共福建省委、福建省人民政府
晋江市梅岭街道梅青社区	2018—2020 年度福建省文明社区	中共福建省委、福建省人民政府
晋江市梅岭街道梅庭社区	2018—2020 年度福建省文明社区	中共福建省委、福建省人民政府
晋江市青阳街道阳光社区	2018—2020 年度福建省文明社区	中共福建省委、福建省人民政府
晋江市深沪镇后山社区	2018—2020 年度福建省文明社区	中共福建省委、福建省人民政府

续表 11

获奖单位	奖励名称	颁奖单位
晋江市西滨镇海滨社区	2018—2020 年度福建省文明社区	中共福建省委、福建省人民政府
晋江华侨职业中专学校	2018—2020 年度福建省文明校园	中共福建省委、福建省人民政府
晋江市第三实验幼儿园	2018—2020 年度福建省文明校园	中共福建省委、福建省人民政府
晋江市第一中学	2018—2020 年度福建省文明校园	中共福建省委、福建省人民政府
晋江市华侨中学	2018—2020 年度福建省文明校园	中共福建省委、福建省人民政府
晋江市季延中学	2018—2020 年度福建省文明校园	中共福建省委、福建省人民政府
晋江市侨声中学	2018—2020 年度福建省文明校园	中共福建省委、福建省人民政府
晋江市青阳街道中和中心小学	2018—2020 年度福建省文明校园	中共福建省委、福建省人民政府
晋江市实验小学	2018—2020 年度福建省文明校园	中共福建省委、福建省人民政府
晋江市英林中学	2018—2020 年度福建省文明校园	中共福建省委、福建省人民政府
晋江职业中专学校	2018—2020 年度福建省文明校园	中共福建省委、福建省人民政府
晋江市池店镇	2018—2020 年度福建省文明镇	中共福建省委、福建省人民政府
晋江市内坑镇	2018—2020 年度福建省文明镇	中共福建省委、福建省人民政府
晋江市深沪镇	2018—2020 年度福建省文明镇	中共福建省委、福建省人民政府
晋江市西滨镇	2018—2020 年度福建省文明镇	中共福建省委、福建省人民政府
晋江市侨联	2018—2020 年度全国侨联系统优秀“侨胞之家”	中国侨联
晋江市磁灶商会	2019—2020 年度全国“四好”商会	中华全国工商业联合会办公厅
晋江市人民法院	2020 年度全国法院百优新媒体账号	最高人民法院
梅岭街道梅青社区	2020 年度全国综合减灾示范社区	国家减灾委员会 应急管理部 中国气象局 中国地震局
晋江市工商联	2020—2021 年度全国“五好”县级工商联	中华全国工商业联合会
晋江市梅岭街道竹园社区	2021 年全国示范性老年友好型社区	国家卫生健康委员会 全国老龄办
晋江市金井镇围头村	2021 年全国乡村特色产业亿元村	农业农村部

2021 年晋江市获地厅级表彰的先进集体一览表

表 12

获奖单位	奖励名称	颁奖单位
晋江市青阳街道总工会	2021 年全国工会职工书屋示范点	全国工会职工书屋建设领导小组办公室 全国总工会宣传教育部
中共晋江市委报道组	2020 年度福建日报社“十佳报道组”	福建日报社

续表 12

获奖单位	奖励名称	颁奖单位
磁灶镇下官路村、岭畔村、东山村、苏垵村	福建省卫生村	福建省爱国卫生运动委员会
紫帽镇塘头村、浯垵村、紫湖村、霞茂村、园坂村、紫星村	福建省卫生村	福建省爱国卫生运动委员会
紫帽镇	福建省卫生乡镇	福建省爱国卫生运动委员会
晋江市公安局东石派出所	2021—2023 年省级青年文明号	福建省创建青年文明号活动组委会
晋江市人民法院磁灶法庭	2021—2023 年省级青年文明号	福建省创建青年文明号活动组委会
晋江市税务局第一分局	2021—2023 年省级青年文明号	福建省创建青年文明号活动组委会
中国人寿晋江市支公司	2021—2023 年省级青年文明号	福建省创建青年文明号活动组委会
英林镇妇联	2020 年全省“三百四有”创建活动达标基层妇联组织	福建省妇女联合会
灵源街道妇联	福建省 2020 年 “三百四有”创建达标基层妇联	福建省妇女联合会
晋江市医院服务中心	巾帼文明岗	福建省妇女联合会
晋江市人民法院刑一庭	全省法院扫黑除恶专项斗争工作表现突出集体	福建省高级人民法院
晋江市人民法院涉军维权合议庭	全省优秀涉军维权合议庭	福建省高级人民法院等
晋江市磁灶镇侨联	省级“侨胞之家”	福建省归国华侨联合会
晋江市计生协会	2016—2020 年计生家庭意外伤害保险工作先进单位	福建省计生协会
晋江市	全省计划生育家庭伤害保险工作先进单位	福建省计生协会
陈埭镇花厅口小学	第一批省级平安校园	福建省教育厅
晋江市陈埭民族中学	第一批省级平安校园	福建省教育厅
晋江市第五实验小学	第一批省级平安校园	福建省教育厅
灵源街道灵水中心小学	福建省第一批省级平安校园	福建省教育厅
灵源街道灵水中学	福建省第一批省级平安校园	福建省教育厅
晋江市五店市传统文化旅游区	第四批“福建省诚信经营示范街区”	福建省精神文明建设指导委员会
晋江市贸促会	全省贸促工作先进集体	福建省贸促会
紫帽镇	五星级居家社区养老服务照料中心	福建省民政厅
东石镇潘山村（木雕）	“一村一品”示范村	福建省农业农村厅
英林镇湖尾村	2021 年福建省美丽休闲乡村	福建省农业农村厅
晋江市气象局	重大气象服务先进集体	福建省气象局
晋江市工业和信息化局	2017—2020 年度全省工信系统先进集体	福建省人力资源和社会保障厅 福建省工业和信息化厅
晋江市	福建省和谐劳动关系示范区	福建省人力资源和社会保障厅

续表 12

获奖单位	奖励名称	颁奖单位
晋江市委党史和地方志研究室	全省党史系统先进集体	福建省人力资源和社会保障厅 福建省委党史研究和地方志编纂办公室
晋江市人力资源和社会保障局	全省人力资源和社会保障系统先进集体	福建省人力资源和社会保障厅
晋江市卫生计生执法大队（晋江市卫生监督所）	卫生健康系统先进集体	福建省人力资源和社会保障厅 福建省卫生健康委员会
晋江市人民检察院	2018—2020 年度全省检察机关“文明接待室”	福建省人民检察院
晋江市人民检察院办公室	2020 年度全省检察机关信息工作先进单位	福建省人民检察院
晋江市人民检察院	全省检察机关扫黑除恶专项斗争先进集体	福建省人民检察院
晋江共青团市委	2021 年福建省少先队“先锋队课”系列活动优秀组织奖	福建省少工委
英林镇东埔村	福建省第二批高级版“绿盈乡村”	福建省实施乡村振兴战略乡村生态振兴专项小组
英林镇嘉排村	福建省第二批高级版“绿盈乡村”	福建省实施乡村振兴战略乡村生态振兴专项小组
晋江市市场监督管理局	非公党建工作先进集体	福建省市场监督管理局
晋江市市场监督管理局	全省市场监管系统扫黑除恶专项斗争先进集体	福建省市场监督管理局
磁灶镇前尾村	2021 年“老年人健身康乐家园”	福建省体育局 中共福建省委文明办 福建省卫生健康委员会 福建省民政厅 福建省老年人体育协会
磁灶镇上厝村	2021 年“老年人健身康乐家园”	福建省体育局 中共福建省委文明办 福建省卫生健康委员会 福建省民政厅 福建省老年人体育协会
紫帽镇紫星村	2021 年福建省乡村振兴实绩突出村	福建省委扶贫开发成果巩固与乡村振兴工作领导小组办公室
晋江市安海镇秀冬评理室	十大信访评理室	福建省信访工作联席会议办公室 福建省人民政府信访局
晋江市	2020 年度自然资源管理工作评价优秀市县（地灾防治与生态修复方面）	福建省自然资源厅
福建省鸿官通信工程有限公司电信发展部装维团队	福建省工人先锋号	福建省总工会
晋江大森制衣有限公司服装生产技术研发中心	福建省工人先锋号	福建省总工会
磁灶镇吴国良劳模工作室	福建省示范性劳模工作室	福建省总工会
晋江市路桥建设开发有限公司	福建省五一劳动奖状	福建省总工会
晋江市公安局交通警察大队道路交通事故调（快）处中心	福建省五一先锋号	福建省总工会

续表 12

获奖单位	奖励名称	颁奖单位
晋江市交通运输局 晋江 370 县道（快速通道东石连接线）工程项目	福建省五一先锋号	福建省总工会
晋江市卫生和计划生育局 晋江市突发卫生公共事件应急处理办公室	福建省五一先锋号	福建省总工会
安海镇新店村团支部	福建省五四红旗团支部	共青团福建省委
晋江市	全国区县体彩工作表扬名单	国家体育总局体育彩票管理中心
晋江市医院服务中心	2020 年国家卫健委“全国改善医疗服务先进典型科室”	国家卫生健康委办公厅
共青团福建晋江天然气发电有限公司委员会	全国煤炭行业五四红旗团委	全国煤炭行业共青团工作指导和推进委员会
晋江市人力资源和社会保障局	新闻宣传工作做得好单位	人力资源和社会保障部办公厅
晋江市人民法院	2021 年度司法宣传和通联工作先进单位	人民法院新闻传媒总社
人民银行晋江市支行营业室	福建省打击洗钱犯罪有功集体	人民银行福州中心支行 福建省高级人民法院 福建省人民检察院 福建省公安厅
晋江市人民法院生态环境庭	福建省人民法院系统打击洗钱犯罪有功集体	人民银行福州中心支行 福建省高级人民法院 福建省人民检察院 福建省公安厅
晋江市人民法院刑二庭	福建省人民法院系统打击洗钱犯罪有功集体	人民银行福州中心支行 福建省高级人民法院 福建省人民检察院 福建省公安厅
晋江市人民检察院第三检察部	福建省打击洗钱犯罪有功集体	人民银行福州中心支行 福建省高级人民法院 福建省人民检察院 福建省公安厅
人民银行晋江市支行党支部	全省人民银行系统先进基层党组织	中共人民银行福州中心支行委员会
晋江市退役军人事务局	2021 年度《中国退役军人》宣传工作先进单位	退役军人事务部办公厅 退役军人事务部宣传中心
中共福建晋江天然气发电有限公司委员会	省属企业先进基层党组织	中共福建省国资委委员会
磁灶镇苏垵村	福建省乡村振兴实绩突出村	中共福建省委扶贫开发成果巩固与乡村振兴工作领导小组
英林镇湖尾村	2020 年度福建省乡村振兴实绩突出村	中共福建省委实施乡村振兴战略领导小组办公室
晋江市安海镇退役军人服务站	退役军人服务保障体系建设“五有”先进单位	中共福建省委退役军人事务工作领导小组办公室

续表 12

获奖单位	奖励名称	颁奖单位
晋江市退役军人服务中心	退役军人服务保障体系建设“五有”先进单位	中共福建省委退役军人事务工作领导小组办公室
东石镇洪塘村党总支	先进基层党组织	中共泉州市委
东石镇塔头刘村党总支	先进基层党组织	中共泉州市委
金井镇三坑村党总支	先进基层党组织	中共泉州市委
中共晋江市侨联支部	先进基层党组织	中共泉州市委
中共晋江市委机构编制委员会办公室支部	先进基层党组织	中共泉州市委
中共晋江市自然资源局党组	先进基层党组织	中共泉州市委
龙湖镇埔锦村委会党总支	先进基层党组织	中共泉州市委
中共达胜纺织实业公司总支部委员会	先进基层党组织	中共泉州市委
中共福建新华发行集团晋江分公司支部	先进基层党组织	中共泉州市委
中共晋江市发展和改革局支部	先进基层党组织	中共泉州市委
中共晋江市人大常委会机关支部委员会	先进基层党组织	中共泉州市委
中共晋江市市场监督管理局陈埭市场监管所支部	先进基层党组织	中共泉州市委
中共晋江市委梅岭街道工作委员会	先进基层党组织	中共泉州市委
中共晋江市应急管理局支部委员会	先进基层党组织	中共泉州市委
紫帽镇塘头村党总支	先进基层党组织	中共泉州市委
晋江市妇联	全国妇联宣传舆论阵地建设先进单位	中国妇女报社
晋江市老年大学	“乡村振兴与 5G 智慧校园同行”最美老年大学（学校）展示活动明星校园奖	中国老年大学协会
晋江市老年大学	全国老年大学信息化建设优秀单位	中国老年大学协会
中国人寿晋江市支公司	2020 年度集团先进基层党组织	中国人寿保险（集团）公司
晋江市磁灶商会	2019—2020 年度全国“四好”商会	中华全国工商业联合会办公厅

2021 年晋江市新增高级专业技术职称人员名表

表 13

姓名	工作单位	技术职务	姓名	工作单位	技术职务
陈燕华	晋江市委党校	高级讲师	黄燕华	晋江市人民法院	行政事务人员高级技术等级

续表 13

姓名	工作单位	技术职务	姓名	工作单位	技术职务
黄碧华	晋江市人民法院	财务会计员高级技术等级	吴雅湄	晋江市园林管理处	高级工程师
张幼芬	晋江市人民法院	行政事务人员高级技术等级	杨坤明	泉州三众工程管理有限公司	高级工程师
林育钦	晋江市检察院	工人技师	艾忠红	福建省鸿嘉建设工程有限公司	高级工程师
王松勇	中国电信股份有限公司晋江分公司	通信专业高级工程师	施若凡	晋江海川市政园林工程有限公司	高级工程师
颜剑南	晋江市水利工程建设中心	水利水电专业高级工程师	李华军	福建省晋江职业中专学校	正高级讲师
王黎光	晋江市河务中心	水利水电专业高级工程师	张　琳	晋江市统计局计算中心	高级统计师
周文从	晋江市给排水中心	土建专业高级工程师	施双溶	福建省晋江华侨职业中专学校	高级讲师
蔡期灿	晋江市给排水中心	土建专业高级工程师	尤悦秋	福建省晋江华侨职业中专学校	高级讲师
曾国钢	晋江市英林中学	高级教师	江良洪	福建省晋江华侨职业中专学校	高级讲师
许小兵	晋江市英林中学	高级教师	黄冬艺	福建省晋江华侨职业中专学校	高级讲师
林艺琴	晋江市英林中学	高级教师	沈剑祥	福建省晋江华侨职业中专学校	高级讲师
张荣鑫	晋江市南湾中学	高级教师	赖旋旋	福建省晋江华侨职业中专学校	高级讲师
柯文举	晋江市南湾中学	高级教师	王思荣	福建省晋江华侨职业中专学校	高级讲师
杨邦义	晋江市南湾中学	高级教师	施聪聪	福建省晋江华侨职业中专学校	高级讲师
周金水	晋江市南湾中学	高级教师	汪秀莲	福建省晋江华侨职业中专学校	高级讲师
欧阳菲菲	晋江市南湾中学	高级教师	林双玲	福建省晋江华侨职业中专学校	高级讲师
郑建辉	晋江市南湾中学	高级教师	郭良德	福建省晋江职业中专学校	高级讲师
洪秀气	晋江市英林中心小学	高级教师	易青竹	福建省晋江职业中专学校	高级讲师
杨婉汀	晋江市中医院	副主任护师	李德贤	福建省晋江职业中专学校	高级讲师
朱志岳	晋江市住建局	土建专业高级工程师	洪丽莉	福建省晋江职业中专学校	高级讲师
蔡金龙	晋江市住建局	土建专业高级工程师	洪巧云	福建省晋江职业中专学校	高级讲师
郭重源	晋江市住建局	土建专业高级工程师	李隆城	福建省晋江职业中专学校	高级讲师
王宝珍	晋江市海洋与渔业技术服务中心	高级工程师	陈晓莹	福建省晋江职业中专学校	高级讲师
陈志平	晋江市城乡规划局总工程师办公室	高级工程师	傅　琦	福建省晋江职业中专学校	高级讲师
杨平生	晋江市城乡规划局总工程师办公室	高级工程师	施雅辉	福建省晋江职业中专学校	高级讲师
许天注	晋江市城乡规划管理中心	高级工程师	洪天保	福建省晋江职业中专学校	高级讲师
翁信托	晋江市城乡规划管理中心	高级工程师	张伟华	福建省晋江职业中专学校	高级讲师
			吴青杭	晋江市晋兴职业中专学校	高级讲师
			钟建业	晋江市晋兴职业中专学校	高级讲师
			郭敏华	晋江市晋兴职业中专学校	高级讲师
			林荣民	晋江市晋兴职业中专学校	高级讲师

续表 13

姓名	工作单位	技术职务	姓名	工作单位	技术职务
施纯炜	晋江安海职业中专学校	高级讲师	胡启山	晋江市南侨中学	正高级教师
颜宏侠	晋江安海职业中专学校	高级讲师	王天咨	晋江市财政国库支付中心	高级会计师
柯明春	晋江安海职业中专学校	高级讲师	吴亚强	晋江市疾病预防控制中心	高级会计师
黄嫣嫣	晋江安海职业中专学校	高级讲师	蔡梅芳	福建省晋江水务集团有限公司	高级会计师
廖件发	晋江安海职业中专学校	高级讲师	陈欣欣	福建省晋江水务集团有限公司	高级会计师
许清海	晋江安海职业中专学校	高级讲师	骆静霞	晋江市康胜置业发展有限公司	高级会计师
朱金松	七匹狼控股集团股份有限公司	高级经济师	陈雄寅	晋江职业中专学校	教师副高级
苏长汀	福建盼盼食品有限公司	高级经济师	陈振木	晋江职业中专学校	教师副高级
潘耀景	泉州众德机械有限公司	高级工程师	洪美娟	晋江职业中专学校	教师副高级
刘　芬	福建佶龙机械科技股份有限公司	高级工程师	霍威威	晋江职业中专学校	教师副高级
赖礼远	福建佶龙机械科技股份有限公司	高级工程师	林　斌	晋江职业中专学校	教师副高级
刘俊良	福建中联建工有限公司	高级工程师	李慧毅	晋江职业中专学校	教师副高级
黄进富	福建育才建设发展有限公司	高级工程师	李晓媚	晋江职业中专学校	教师副高级
陈建强	晋江君苑园林工程有限公司	高级工程师	林群英	晋江职业中专学校	教师副高级
芹建忠	福建广坤建设有限公司	高级工程师	林淑芳	晋江职业中专学校	教师副高级
苏培元	福建东甲建设有限公司	高级工程师	刘丽双	晋江职业中专学校	教师副高级
宋晓健	福建中联建工有限公司	高级工程师	潘美香	晋江职业中专学校	教师副高级
黄紫富	福建东甲建设有限公司	高级工程师	石开添	晋江职业中专学校	教师副高级
李秋东	福建省华晟建设发展有限公司	高级工程师	王维微	晋江职业中专学校	教师副高级
黄宝忠	泉州三众工程管理有限公司	高级工程师	王　勇	晋江职业中专学校	教师副高级
许清楷	晋江市内坑镇社会事务服务中心	高级农艺师	吴文委	晋江职业中专学校	教师副高级
陆修文	晋江市城城置业有限公司	高级经济师	吴炎辉	晋江职业中专学校	教师副高级
施燕妮	晋江市生产力促进中心	高级经济师	萧冬梅	晋江职业中专学校	教师副高级
林志阳	晋江市林业园林规划技术中心	高级经济师	张杭照	晋江职业中专学校	教师副高级
黄全净	晋江市工人文化宫	高级经济师	张晓忠	晋江职业中专学校	教师副高级
廖春花	晋江市医院晋南分院	高级经济师	曾盛楠	晋江华侨职业中专学校	教师副高级
蔡水声	晋江市磁灶镇发展服务中心	高级经济师	庄雅丝	晋江华侨职业中专学校	教师副高级
陈东郁	晋江市创新创业创造园开发建设有限公司	高级经济师	陈晓东	晋江华侨职业中专学校	教师副高级
蔡美娜	晋江市掌中木偶艺术保护传承中心	一级演员	许秀仁	晋江华侨职业中专学校	教师副高级
张　鹉	晋江市侨声中学	正高级教师	洪燕珊	晋江华侨职业中专学校	教师副高级
			王佳欣	晋江华侨职业中专学校	教师副高级

续表 13

姓名	工作单位	技术职务	姓名	工作单位	技术职务
林民族	晋江华侨职业中专学校	教师副高级	倪清碧	晋江市第三医院	副主任医师
魏晓鸣	晋江华侨职业中专学校	教师副高级	姚金印	晋江市医院	副主任医师
宋云凯	晋江华侨职业中专学校	教师副高级	林玉霞	晋江市医院	副主任医师
郑于珊	晋江华侨职业中专学校	教师副高级	陈昌沙	晋江市医院	副主任医师
张滢馨	晋江华侨职业中专学校	教师副高级	杨元锰	晋江市医院	副主任医师
孙　梅	晋江华侨职业中专学校	教师副高级	施养圳	晋江市医院	副主任医师
郑明山	晋江华侨职业中专学校	教师副高级	曾华礼	晋江市医院	副主任医师
文　静	晋江市晋兴职业中专学校	教师副高级	金立强	晋江市医院	副主任医师
杜小荣	晋江市晋兴职业中专学校	教师副高级	蔡水民	晋江市中医院	副主任医师
杨明竹	晋江市晋兴职业中专学校	教师副高级	真素丽	晋江市中医院	副主任医师
陈碧羡	晋江市晋兴职业中专学校	教师副高级	柯清培	晋江市中医院	副主任医师
奉竹娟	晋江市晋兴职业中专学校	教师副高级	洪志坚	晋江市中医院	副主任医师
周丽琴	晋江市晋兴职业中专学校	教师副高级	彭学英	晋江市中医院	副主任医师
罗招芳	晋江市晋兴职业中专学校	教师副高级	蓝艺明	晋江市中医院	副主任医师
郭卫平	晋江市晋兴职业中专学校	教师副高级	林彬武	晋江市医院晋南分院	副主任医师
黄国政	晋江市晋兴职业中专学校	教师副高级	庄玮璜	晋江市医院晋南分院	副主任医师
陈建设	晋江安海职业中专学校	教师副高级	蔡英祥	晋江市医院晋南分院	副主任医师
赖惠玲	晋江安海职业中专学校	教师副高级	兰桂平	晋江市医院晋南分院	副主任医师
雷建斌	晋江安海职业中专学校	教师副高级	张德雄	晋江市疾病预防控制中心	副主任医师
江金彩	晋江安海职业中专学校	教师副高级	刘经昌	晋江市永和镇卫生院	副主任医师
吴德生	晋江安海职业中专学校	教师副高级	林芳猛	晋江市永和镇卫生院	副主任医师
吴凤婷	福建省晋江自来水股份有限公司	高级会计师	雷慧玉	晋江市永和镇卫生院	副主任医师
刘伟强	福建省晋江自来水股份有限公司	高级工程师	庄琼红	晋江市梅岭街道社区卫生服务中心	副主任医师
洪水波	晋江市西园街道社区卫生服务中心	基层副主任医师	李堆银	晋江市磁灶中心卫生院	副主任医师
欧阳建业	晋江市安海镇卫生院	副主任医师	蔡达妮	晋江市磁灶中心卫生院	副主任医师
杨珍凝	晋江市安海镇卫生院	副主任医师	郑娶弟	晋江市东石中心卫生院	副主任医师
黄兰兰	晋江市妇幼保健院	副主任医师	陈庆元	晋江市安海医院	副主任医师
刘秋兰	晋江市妇幼保健院	副主任医师	许金镇	晋江市中医院	副主任医师
刘　颖	晋江市妇幼保健院	副主任医师	陈丽芬	晋江市中医院	副主任医师
王碧艳	晋江市第三医院	副主任医师	曾启清	晋江市中医院	副主任医师
吴　丹	晋江市第三医院	副主任医师	吴清流	晋江市医院	副主任医师

续表 13

姓名	工作单位	技术职务	姓名	工作单位	技术职务
洪晓明	晋江市英林镇中心卫生院	副主任医师	王美榕	晋江市医院	副主任护师
肖青福	晋江市新塘街道社区卫生服务中心	副主任医师	庄丽玲	晋江市医院	副主任护师
吴颖婵	晋江市青阳街道高霞社区第二卫生服务站	副主任医师	郑春婷	晋江市中医院	副主任护师
蔡雄伟	晋江市安海医院	副主任医师	柯秋霞	晋江市中医院	副主任护师
颜阿圆	晋江市安海医院	副主任医师	许淑宝	晋江市英林镇中心卫生院	副主任护师
胡建军	晋江市安海医院	副主任医师	林建新	晋江市内坑镇卫生院	基层主任医师
吴金治	晋江市妇幼保健院	副主任技师	蒋丽红	晋江市医院	基层主任医师
黄东梅	晋江市陈埭中心卫生院	副主任技师	蔡惠春	晋江市医院	基层主任医师
黄奉德	晋江市安海医院	副主任药师	黄伟荣	晋江市中医院	基层主任医师
张培莲	晋江市陈埭中心卫生院	副主任药师	张玉梅	晋江市中医院	基层主任医师
林春曦	晋江市磁灶中心卫生院	副主任药师	陈爱华	晋江市中医院	基层主任医师
王凤娇	晋江市磁灶中心卫生院	副主任护师	吴清呼	晋江市疾病预防控制中心	基层主任医师
张美佳	晋江市磁灶中心卫生院	副主任护师	杨春年	晋江市妇幼保健院	主任技师
柯丽娥	晋江市医院	副主任护师	龚飞群	晋江市中医院	主任护师

2021 年晋江市热心公益事业的个人一览表

表 14

姓 名	籍 贯	捐资项目	捐资金额
蔡金垵	晋江安海	安海慈善协会	200 万元
蔡金宣	晋江灵源	晋江市灵源街道教育发展促进会	200 万元
蔡清华	晋江内坑	慈善公益事业	100 万元
蔡世团	晋江池店	捐赠晋江市慈善总会	200 万元
蔡世团	晋江池店	捐赠池店镇教育发展促进会	200 万元
曾国信	晋江罗山	慈善公益事业	95 万元
曾论水	晋江紫帽	定向捐赠	50 万元
陈昌点 陈昌设	晋江安海	安海慈善协会	58 万元
陈垂烨 佘偏偏伉俪	晋江永和	捐资永和中学教育发展促进会	50 万元
陈恭棹	晋江安海	晋江市慈善总会	112.584 万元
陈国栋	晋江陈埭	紫峰中学捐资助学	60 万元

续表 14

姓 名	籍 贯	捐资项目	捐资金额
陈建恩	晋江陈埭	慈善公益事业	80 万元
陈建恩	晋江陈埭	晋江市慈善总会	500 万元
陈建福	晋江罗山	慈善公益事业	2410 万元
陈麓杭 李燕婷伉俪	晋江永和	捐资永和中学教育发展促进会	50 万元
陈瑞典	晋江陈埭	慈善公益事业	300 万元
陈省奎	晋江深沪	慈善公益事业	51.7 万元
陈思红	晋江安海	安海中学录播教室	60 万元
陈松佳	晋江陈埭	紫峰中学捐资助学	60 万元
陈文顿	晋江东石	慈善公益事业	340 万元
陈文苗 蔡秀川伉俪	晋江永和	捐资永和中学教育发展促进会	50 万元
陈文握 黄秋永伉俪	晋江永和	捐资永和中学教育发展促进会	150 万元
陈奕德	晋江陈埭	紫峰中学捐资助学	60 万元
陈永福	晋江安海	慈善公益事业	88.88 万元
陈永培	晋江金井	慈善公益事业	210 万元
陈远追	晋江陈埭	紫峰中学捐资助学	60 万元
陈长波	晋江永和	捐资永和中学教育发展促进会	80 万元
陈长伦	晋江永和	捐资永和中学教育发展促进会	50 万元
陈志鹏	晋江东石	侨声中学教学楼建设	200 万元
陈子建	晋江陈埭	紫峰中学捐资助学	150 万元
丁和木	晋江陈埭	慈善公益事业	332.52 万元
丁水波	晋江陈埭	慈善公益事业	1666.68 万元
丁友家	晋江陈埭	慈善公益事业	100 万元
丁长钢	晋江陈埭	慈善公益事业	100 万元
何顺良	晋江灵源	晋江市灵源街道教育发展促进会	198 万元
何长太	晋江灵源	慈善公益事业	220 万元
何长太	晋江灵源	晋江市灵源街道教育发展促进会	198 万元
洪顶超	晋江金井	慈善公益事业	70 万元
洪辉煌	晋江英林	定向捐赠晋江市英林镇西埔村老年协会用于西埔村老人会开展活动项目 10 万元	50 万元
洪建库	晋江英林	高湖村公益事业建设	200 万元

续表 14

姓 名	籍 贯	捐资项目	捐资金额
洪建库 洪瑞玉	晋江英林	定向捐赠晋江市英林镇高湖村老年协会用于春节慰问老人项目 5 万元； 定向捐赠晋江市英林镇西埔村老年协会用于英埔中心小学师生公寓 B 幢建设项目 6 万元； 定向捐赠晋江市英林镇后头村委会用于乡村基础设施建设项目 10 万元	130 万元
洪青山	晋江英林	慈善公益事业	72 万元
洪青山 柯紫竹	晋江英林	定向救助救急难对象 1 万元； 定向捐赠晋江市英林镇高湖村老年协会用于春节慰问高湖村老人项目 38 万元； 定向捐赠晋江市英林镇高湖村老年协会高湖村西环路排水整治工程 5 万元	100 万元
洪荣基	晋江英林	设立子江中学“保利行奖教奖学基金”	50 万元
洪天祝	晋江英林	慈善公益事业	1000 万元
洪天祝 柯绿萍	晋江英林	定向捐赠晋江市英林镇西埔村慈善协会用于英埔中心小学师生公寓 200 万元	1800 万元
洪天祝 柯绿萍	晋江英林	英埔中心小学师生公寓项目	200 万元
洪英塔 洪英内	晋江英林	定向捐赠晋江市英林中学教育基金会用于奖教助学项目 15 万元	100 万元
洪肇明	晋江英林	英埔中心小学师生公寓项目	200 万元
洪忠信 洪志勇	晋江英林	定向捐赠用于南湾中学教学楼立面改造及综合实验楼室外地面工程 10 万元； 定向晋江市平安行公益慈善基金会公益慈善项目 500 万元； 定向捐赠用于助学 3 万元； 定向晋江上海商会教育基金 500 万元； 定向道真仡佬族苗族自治县玉溪中学劲霸男装助学金项目 3.6 万元； 定向捐赠晋江市英林镇西埔村慈善协会用于英埔中心小学师生公寓 200 万元； 定向救助救急难对象 30 万元	1194 万元
黄思镇	晋江英林	定向晋江市平安行公益慈善基金会公益慈善项目（慈善）	200 万元
黄文集	晋江英林	定向晋江市平安行公益慈善基金会公益慈善项目（慈善）	200 万元
黄文集	晋江东石	捐资永和中学教育发展促进会	250 万元
柯金鏰	晋江安海	慈善公益事业	111 万元
柯文新	晋江灵源	慈善公益事业	211.12 万元
柯文新	晋江灵源	晋江市灵源街道教育发展促进会	100 万元
赖世贤	晋江西园	晋江实小奖教奖学及“世贤创客教育中心”的建设	600 万元
赖新达	晋江安海	养正中心小学新校区建设	230 万元
赖新达	晋江安海	慈善公益事业	160 万元
李春兴	晋江梅岭	慈善公益事业	30 万元
林策荣	晋江陈埭	慈善公益事业	277.79 万元
林聪颖	晋江内坑	葛州丰光小学（教育经费）	50 万元
林明志	晋江金井	慈善公益事业	500 万元
林水杰	晋江青阳	慈善公益事业	270 万元

续表 14

姓 名	籍 贯	捐资项目	捐资金额
林文明	晋　江	定向晋江市平安行公益慈善基金会公益慈善项目（慈善）	200 万元
林祥加	晋江陈埭	慈善公益事业	1050 万元
沈荣茂	晋江安海	慈善公益事业	201.12 万元
施工作	晋江龙湖	慈善公益事业	500 万元
施能坑	晋江深沪	慈善公益事业	100 万元
施能狮	晋江龙湖	泉州市慈善总会同心光彩基金	50 万元
施能狮	晋江龙湖	泉州慈善总会	50 万元
施能狮	晋江龙湖	福建临濮教育基金会	50 万元
施能狮	晋江龙湖	衙口村委会环境建设	50 万元
施能振	晋江金井	慈善公益事业	110 万元
施青岛	晋江龙湖	建设陈店村委会	50 万元
施双喜	晋江金井	河南省防汛救灾工作	100 万元
施天佑	晋江龙湖	慈善公益事业	120 万元
施文博	晋江安海	慈善公益事业	144 万元
施文强	晋江龙湖	慈善公益事业	100 万元
施文瑞	晋江龙湖	恢斋中心小学运动场建设项目	50 万元
施自然	晋江龙湖	慈善公益事业	200 万元
苏聪富	晋江磁灶	磁灶教育基金会	50 万元
苏国川	晋江磁灶	慈善公益事业	550 万元
苏国川	晋江磁灶	尚志中学校董会	100 万元
苏国川	晋江磁灶	尚志中心小学校董会	100 万元
苏国川	晋江磁灶	磁灶教育基金会	300 万元
苏火源	晋江磁灶	磁灶教育基金会	470 万元
苏良磁	晋江安海	晋江市慈善总会 梧山村慈善协会	120 万元
苏南白	晋江磁灶	尚志中心小学校董会	50 万元
苏南白	晋江磁灶	磁灶教育基金会	200 万元
苏尚赐	晋江磁灶	磁灶教育基金会	50 万元
苏伟卿	晋江陈埭	慈善公益事业	300 万元
苏文彬	晋江安海	松熹中学松熹文化园	80 万元
苏永义	晋江磁灶	磁灶教育基金会	100 万元

续表 14

姓 名	籍 贯	捐资项目	捐资金额
苏志芳	晋江磁灶	尚志中学校董会	50 万元
苏志芳	晋江磁灶	磁灶教育基金会	300 万元
苏志茗	晋江磁灶	磁灶教育基金会	120 万元
苏志强	晋江磁灶	磁灶教育基金会	100 万元
孙晋忠	晋江东石	慈善公益事业	500 万元
王德东	晋江陈埭	紫峰中学捐资助学	260 万元
王恭沛	晋江灵源	晋江市灵源街道教育发展促进会	500 万元
王国正	晋江永和	捐资永和中学教育发展促进会	250 万元
王黑裳	晋江安海	慈善公益事业	72 万元
王建成	晋江安海	安海慈善协会	428 万元
王礼锻	晋江永和	捐资永和中学教育发展促进会	300 万元
王世伟	晋江永和	捐资永和中学教育发展促进会	50 万元
王伟明	晋 江	慈善公益事业	50 万元
王文默	晋江新塘	慈善公益事业	8567.15 万元
王孝沛	晋江新塘	慈善公益事业	300 万元
王一平	晋江东石	慈善公益事业	270 万元
吴海南	晋江磁灶	晋江市慈善总会	500 万元
吴鸿岩	晋江安海	晋江市安海医院	50 万元
吴华春	晋江安海	安海慈善协会	50 万元
吴华春	晋江安海	慈善公益事业	150 万元
吴火炬	晋江灵源	晋江市灵源街道教育发展促进会	50 万元
吴火炉	晋江安海	慈善公益事业	660 万元
吴清标	晋江安海	安海教育、公益事业及安海慈善协会	722 万元
吴永贵	晋 江	慈善公益事业	120 万元
谢清裕	晋江池店	晋江平安行公益基金	200 万元
许大座	晋江安海	慈善公益事业	50 万元
许共和	晋江安海	慈善公益事业	100 万元
许国荣 许李梅香	晋江青阳	定向捐赠晋江市紫峰中学教育基金会用于紫峰中学体育馆 40 万元； 定向捐赠晋江市青阳街道陈村社区晓聪慈善基金会用于校园改造、奖学 50 万元	1063642 元
许华芳	晋江英林	定向晋江市平安行公益慈善基金会公益慈善项目（慈善）	300 万元
许集体	晋江安海	慈善公益事业	350 万元

续表 14

姓 名	籍 贯	捐资项目	捐资金额
许健康	晋江安海	侨声中学师资培训	500 万元
许晋杭	晋江青阳	紫峰中学捐资助学	130 万元
许开忠	晋江永和	慈善公益事业	140 万元
许连捷	晋江安海	慈善公益事业	3464.25 万元
许连椅	晋江安海	通过晋江市慈善总会定向捐赠	500 万元
许松军	晋江安海	慈善公益事业	80 万元
许文默	晋江安海	慈善公益事业	200 万元
颜　宏	晋江安海	安海慈善协会	320 万元
杨连嘉	晋江内坑	莲潭老年协会（老人福利）	67.8 万元
杨胜利	晋江灵源	晋江市灵源街道教育发展促进会	198 万元
尤春水	晋江内坑	内坑镇教育基金促进会	100 万元
张金钟	晋江磁灶	晋江市磁灶教育基金会	100 万元
张时跑	晋江安海	慈善公益事业	200 万元
张忠贤	晋江东石	侨声中学教育基金	50 万元
郑培松	晋　江	慈善公益事业	100 万元
周丽卿	澳　门	侨声中学教学楼建设	100 万元
庄恩赐	晋江永和	捐资永和中学教育发展促进会	50 万元
庄克服	晋江磁灶	定向晋江市平安行公益慈善基金会公益慈善项目	500 万元
庄清源 庄丽严伉俪	晋江永和	捐资永和中学教育发展促进会	50 万元

说明：1. 本表收录范围为晋江市 2021 年个人捐资公益事业 50 万元以上（含 50 万元）的华侨、华人，台港澳乡亲，以及晋江市社会各界人士

2. 排名不分先后

2021 年晋江市热心公益事业的单位一览表

表 15

单位名称	捐资项目	捐资金额
爱警基金	慈善公益事业	171.75 万元
安海医院生命救助发展基金	向安海医院捐赠彩超机	250 万元
安踏集团	厦大安踏教育发展基金	5000 万元
安踏集团	山西雨涝灾害	2000 万元

续表 15

单位名称	捐资项目	捐资金额
百丝达慈善基金	慈善公益事业	270 万元
福建七匹狼实业股份有限公司	驰援河南灾区	价值 1000 万元物资
福建侨成集团房地产公司	捐资永和中学教育发展促进会	300 万元
福建省晋江豪力鞋材有限公司	紫峰中学捐资助学	160 万元
恒安集团	春蕾计划梦想未来	1000 万元
恒安集团	“自信有光 健康同行”关爱女性	价值 200 万元物资
见义勇为慈善基金	慈善公益事业	265.7 万元
晋江海纳机械有限公司	晋江平安行公益基金	100 万元
晋江骏昇房地产有限公司	慈善公益事业	700 万元
晋江荣恒鞋服有限公司	紫峰中学捐资助学	150 万元
晋江胜康自来水有限公司	定向晋江市医院新冠肺炎疫情防控	1500 万元
晋江市彩霸陶瓷有限公司	磁灶教育基金会	100 万元
晋江市女企业家联谊会	晋江市妇女儿童爱心基金	100 万元
晋江市众恒生物科技有限公司	紫峰中学捐资助学	100 万元
晋江市紫帽慈善协会	晋江市紫帽镇第二中心幼儿园开办经费 50 万元、2020—2021 学年度紫帽镇教师节奖教奖学 101 万元	151 万元
晋江特城职业有限公司	慈善公益事业	200 万元
晋江源泰皮革有限公司	晋江慈善基金	500 万元
利郎（中国）有限公司	驰援河南灾区	1000 万元
三六一度集团	山西雨涝灾害	2000 万元
舒华慈善基金	慈善公益事业	200 万元
泰亚投资集团有限公司	晋江慈善基金	1000 万元
特步集团	定向晋江市平安行公益慈善基金会公益慈善项目（慈善）	300 万元
特步集团	山西雨涝灾害	2500 万元
体育公益基金	慈善公益事业	300 万元
吴世界家族慈善基金会	晋江市灵源街道教育发展促进会	100 万元
兴泰公司慈善基金	慈善公益事业	780 万元
英林镇港塔小学校董会	晋江市英林镇港塔幼儿园改造升格项目	164 万元
中国利郎集团	晋江市实验中学奖教办学基金	120 万元
尊威、揽胜公司	磁灶教育基金会	100 万元

说明：1. 本表收录范围为晋江市 2021 年捐资公益事业 100 万元以上（含 100 万元）的单位

2. 排名不分先后

人物选介

国家自然科学二等奖获得者——许金时

2021 年 11 月 3 日，中共中央、国务院在北京举行国家科学技术奖励大会。侨声中学杰出校友、中国科技大学教授许金时作为主要完成人之一的“基于量子信息技术研究量子物理基本问题”项目获国家自然科学二等奖。

许金时，1982 年 9 月生，晋江市东石镇许西坑村人。中国科学技术大学特任教授，博士生导师。

量子态是量子力学的核心概念，而量子物理的基本问题均与量子态的特性紧密相关，经典技术无法揭开量子世界的真实面貌。许金时所在的研究团队致力于发展量子信息技术，实现量子态的精确制备、操控与存储，并用于研究量子物理中的诸多基本问题，取得的主要成果包括：首次实验观察到光的波粒叠加状态，挑战互补原理设定的传统界限；实验验证纠缠辅助下新形式的海森堡不确定关系；实验实现麦克斯韦妖式量子算法冷却等。这些成果极大地促进了人们对一些基本物理问题的理解。

2020 年度国家科学技术奖共评选出 264 个项目、10 名科技专家和 1 个国际组织。其中，国家最高科学技术奖 2 人；国家自然科学奖 46 项（一等奖 2 项、二等奖 44 项）；国家技术发明奖 61 项，其中一等奖 3 项、二等奖 58 项；国家科学技术进步奖 157 项，其中特等奖 2 项、一等奖 18 项、二等奖 137 项；授予 8 名外籍专家和 1 个国际组织中华人民共和国国际科学技术合作奖。

“诚信之星”——蔡金钗

蔡金钗，1973 年 4 月出生，晋江安海镇前蔡村人。他始终坚持把诚信经营作为企业的立业之本、发展之基，并将“诚信正直、客户信任”的价值观融入企业。2021 年 1 月 30 日，被国家发改委、中宣部评为 2020 年全国“诚信之星”。作为民营企业家的蔡金钗，始终坚持将诚信作为企业致力打造食品行业标杆的初心。

诚信是一种家风

蔡金钗从小听着蔡氏的家训“诚信仁义”长大，在这种诚信文化的熏陶下长大的蔡金钗一家，恪守着诚信的做人原则。蔡金钗有 6 个兄弟姐妹，童年时家境捉襟见肘，靠父亲贩卖农副产品生活，经常需要四下借钱。守信守义，按时还款，是父母挂在嘴边的教诲。“小时候家里有养鸡，我母亲收集鸡蛋换钱。夜里，母亲会一边对着煤油灯的微光清点鸡蛋，一边重复着‘欠某某多少钱、欠某某多少钱，一定要还’。”蔡金钗说，“我父母从小就告诉我们做人做事要讲诚信，人无信不立，业无信不兴，一个人不讲诚信不会走得太远。”

诚信是对消费者的承诺

在家风祖训濡染下长大的蔡金钗，也把这种诚信文化带进了企业。1996 年，蔡氏兄弟创办了盼盼食品，蔡金钗与哥哥蔡金垵在打造企业文化时，就将“诚信正直”写在第一条。蔡金钗说，闽南有句很出名的话，叫爱拼才会赢。拼什么，不仅是拼勤劳、拼智慧，更重要的是拼诚信、拼口碑。2005 年，公司推出盼盼法式小面包。这款产品一经上市，便迅速火遍大江南北，一时间产品供不应求，出现了经销商到工厂连夜排队等候拿货的景象。而在此期间，一次蔡金钗亲自做市场调研时，发现一批颜色不均的瑕疵产品，便决定把这批瑕疵产品全部召回销毁，损失上千万元。在经销商纷纷表示不解时，蔡金钗说：“有瑕疵的产品就不能流入市场，这是对消费者的诚信。你只有对消费者讲诚信，把好的产品呈现给消费者，消费者才能信任你的品牌，你才能赢得好口碑。”

诚信更是一种责任

在蔡金钗看来，诚信更是一种责任心，不单单是人和人之间的契约，更有着一个人对社会、对国家的承诺。在企业发展起来以后，也要回馈社会。2003 年，盼盼食品重金研发并投产一款蛋奶薯片产品。但是，由于产品没有定位好，投入市场后出现了滞销现象，库存量比较大，企业面临很大的资金压力。最严重的时候，公司资金链十分紧张，甚至影响到员工工资的发放。困难之际，有人建议蔡金钗推迟给员工发工资，让公司渡过难关之后再给员工补发工资。但他向银行贷款和向供应商借款，坚持准时给员工发放工资。“一个员工背后就是一个家庭，他们每个月要靠工资过日子。公司再难也不能连累到员工，我们再难都要先把员工的‘小日子’给过好。”蔡金钗说，公司成立至今，从来没有拖欠过员工工资，如果遇到节假日，还会提前发工资。2020 年疫情防控期间，盼盼食品第一时间向湖北捐赠爱心物资，前后累计向湖北捐赠饮料、面包等价值 2000 万元的爱心物资，援助包括武汉雷神山医院在内的 110 余家定点医院。多年来，盼盼食品还致力于精准扶贫、春雨关怀行动、对口帮扶，扶困敬老和新农村建设等社会公益事业，累计捐资超 2 亿元，得到社会各界的广泛好评，蔡金钗本人获第八届中国公益节全国年度公益人物奖，还获得福建非公有制经济优秀建设者称号和福建省优秀企业家称号。

2021 年全国“最美家庭”——吴秀梨家庭

吴秀梨家庭是一个四代同堂的美满

家庭，有2个儿子和儿媳及5个孙子，她的一家从战地走来，曾是海防前线的“全家兵”，半个多世纪，这个红色的家庭留下许多传奇佳话。2021年11月28日，吴秀梨家庭被评为全国“最美家庭”，成为福建27个上榜家庭之一。

吴秀梨，女，1940年生，中共党员，晋江市金井镇围头村幸福院院长。晋江市第六届“十佳美丽晋江人”，泉州市道德模范。退休多年的她本可以颐养天年，但她始终坚持共产党员的本色，热心帮助村里的弱势群体。在她的努力下，该村创办了福建省首家村办敬老院，让村里的老人老有所养。在她的带动下，村里更多的人加入敬老爱老的行列。“一心对老百姓好”的吴秀梨也把精神财富传给下一代，他们继续为家乡、为百姓做贡献。

清晨五点钟，天刚蒙蒙亮，82岁的吴秀梨就已经起床了。将家中收拾整洁后，她9点准时出发前往福建省晋江市金井镇围头村幸福院，做卫生、养护花草、为老人准备膳食……“海峡第一村”金井镇围头村是晋江市妇联挂钩的省级乡村振兴试点村。围头是祖国大陆距离金门岛最近的地方。吴秀梨18岁时参加民兵，在1958年那场“八二三”炮战中，她和老伴立下了三等功。经历过艰苦战争岁月的她格外珍惜现在的生活，对围头村村民有着浓厚感情，她说村民就像自己家中的亲人。

炮战结束后，吴秀梨放下“五尺枪”，担任了近30年村妇代会主任。她多次被评为优秀共产党员，并曾代表“全家兵”出席福州军区等表彰大会……福建省五好家庭、泉州市“最美家庭”等一项项荣誉见证了这位基层女共产党员的奋斗与坚守。如今，退休20多年的吴秀梨，每月都能享受到泉州市妇联、晋江市妇联两级妇联发放的离任村妇代会主任、社区妇联主席养老补助。本可以颐养天年，但她始终坚持共产党员的本色，热心帮助村里的弱势群体。村里有些孤寡困难老人让吴秀梨一直很牵挂，她决心为这些老人争取建个敬老院，让他们老有所养，为他们解决实际问题。2008年，她的提议获得村“两委”支持，敬老院取名“幸福院”，成为福建省首家村办敬老院，她也成了这里的义工。“五保和低保户交150元到200元，贫困家庭交280元，就可以安心入住幸福院了！”吴秀梨兴奋地说，其他费用由村委会从集体财产或村民爱心捐款中支出，这些困难老人有了一个好归宿。从那时起，她待在幸福院的时间比在家里还多，她并非为了去养老，而是去给老人们排忧解难。“我在幸福院做义工13年了，在这里我过得很幸福。有时候我还带他们到村外看看新农村建设，好的乡风要传承给大家。”从讲故事、唱红歌到分配饭菜、教健身操……身为幸福院院长的吴秀梨把这件苦差事当成了乐事。吴秀梨还细心地记下每位老人的生日，并举行简单且温馨的家庭式生日宴会，将温暖送到老人心坎儿上。

2013年以来，吴秀梨还延伸居家养老送餐服务，每天以党员义工的身份，和民兵哨所官兵，为村里20多位行动不便无法入住幸福院的空巢老人送午、晚餐，借机关心孤寡老人的冷暖，从未间断。她总是乐呵呵地说：“老人欢喜就是我最大的欢喜。”在吴秀梨的影响下，妇女群众、共青团积极响应，也加入了这一义工志愿服务行列，围江小学的学生们有逾千人次参与，成为居家养老服务的一大亮点。围江小学老师评价，“爱心送餐让孩子们有机会走进孤寡老人、空巢老人的家，他们付出着，也收获着，这是一堂特殊的‘敬老爱老’课。”在家中，吴秀梨经常跟儿子讲述围头村老书记洪孝子的故事。洪孝子当了十多年的围头大队党支书，他曾带领村民参加“八二三”炮战，遇到任何困难，他都冲在前头，从来不叫苦。战争结束后，他受过各级表彰，获得了无数的嘉奖。但是，他心里最惦记的还是村民的脱贫问题。他尝试过诸多办法，为了能让围头村富起来，为了让老百姓过上好日子，他操碎了心，自己却累倒在工作岗位上。吴秀梨每每提起，大儿子洪水平都深受触动。

“当村干部，要起带头作用，一心对老百姓好，‘炮战精神不能丢’。”母亲吴秀梨的谆谆叮嘱，让洪水平深受影响。如今担任围头村党支部书记、村委会主任的洪水平表示，母亲作为一名有着57年党龄的老党员，她经常说我虽然光荣离任了，但还想趁着有些精力，发挥余热继续为家乡服务，把精神财富留给下一代。正是这句朴实的心里话，影响着家庭中的每一位成员。

父母都是从炮火中走出来的民兵，这对洪水平影响至深，尤其母亲是民兵队伍中的神枪手，勤劳、勇敢的母亲一直是他的榜样。1988年至2003年间，洪水平担任围头民兵哨所哨长，因表现突出，获得多项殊荣。后来，自主创业的他，一直保持着当民兵的认真劲头。他相信，为人做事以诚取胜，诚信也使他淘到了“第一桶金”。2006年，生意做得红火时，村民选他为村委会主任。他权衡再三，特别是想到父母的耳提面命，觉得身为党员有责任为村里尽力。他的选择得到家人的支持，女儿洪万亚辞掉公职接手生意，本是家庭主妇的妻子也参与了企业管理，让他可以专心致志去做村务工作。

“出生在这片红色的土地和光荣的‘全家兵’家庭，身为一名党员，我要时刻率先垂范，冲锋在前。”洪水平这么说，也是这么做的。2016年，“莫兰蒂”台风带来的狂风暴雨让围头村遭受了严重损失。母亲吴秀梨不顾台风夜熬夜的辛劳，第二天一早又迅速赶往敬老院查看转移对象的食宿。坚守村党群服务中心30小时的洪水平，接到妻子电话得知家中一片狼藉，经营的养殖场损失严重。但他顾不上回家，而是匆匆挂断电话，马上为安置点送去早餐。

作为家中的第三代，洪万亚深受奶奶和父亲的影响，于2019年加入中国共产党。她现在经常跟着奶奶到敬老院当义工，村里的各种活动也能见到她忙碌的身影。“我虽然不是村里的工作人员，但我是一名党员，应该为村里做一些力所能及的事。”她笑着说，希望自己的孩子将来也能够时刻谨记党的教育，将红色基因和良好家风代代传下去。

（王婷婷）

附录

深入学习贯彻习近平总书记来闽考察重要讲话精神 在社会主义现代化建设新征程中 谱写“晋江经验”新篇章

——在中共晋江市第十四次代表大会上的报告

张文贤

2021年7月28日

一、过去五年工作

2016年来，面对艰巨繁重的改革发展任务、深刻变化的外部环境和突如其来的新冠疫情等多重考验，市委团结带领全市广大党员干部群众，坚持以习近平新时代中国特色社会主义思想为指导，深入学习党的十九大和十九届二中、三中、四中、五中全会精神，坚持“晋江经验”引领，大力实施“三大战略”，攻坚“三大任务”，国际化创新型品质城市建设迈出坚实步伐。“晋江经验”注入新内涵。“晋江经验”传承创新发展得到习近平总书记重要指示批示肯定，成为庆祝改革开放40年大型主题宣传报道重点，特别是2019年全国“两会”期间，习近平总书记强调“‘晋江经验’现在仍然有指导意义”，“晋江经验”的时代价值和实践意义更加彰显。高质量发展积蓄新动能。六大新增长区域建设全面铺开，三大本硕高校版图正式成型，9家高水平科研平台形成多核驱动，集成电路产业铸链成势，发展后劲更强、动能更足。城市能级实现新跃升。坚持办赛兴城，城市品牌、功能配套、集聚承载能力大幅提升，城市投资潜力、营商环境排名跃居全国县域第二，县域经济基本竞争力首次进入全国四强。海内外晋江人凝聚新合力。从成功申办世界中学生运动会到出彩举办首届国际大体联足球世界杯，从推进各大组团（片区）征迁到推动系列重大项目落地，从有为应对新冠疫情大考到文明城市常态创建，海内外500万晋江人以事聚人、聚力成事，办成一系列大事要事好事，汇聚形成同舟共济、乘风破浪的磅礴力量。

这五年，综合实力逐年攀升。GDP年均增长7.4%、突破2600亿元，一般公共预算总收入达227亿元，城乡居民人均可支配收入提高到4.5万元。产业根基更加稳健。传统优势产业加快全链条全流程升级，高新产业集群化发展，现代服务业提质扩量，产业基金规模超80亿元，上市企业增至50家。项目带动更加有力。先后落地实施重大项目超500个，累计投资超2500亿元，安踏、恒安、百宏、利郎等龙头企业加快本土增资扩营，晋华、渠梁等高新项目实现量产，国际鞋纺城、国际会展中心等重大项目建成投用，六大“两新”基地全面拉开比拼架势。创新驱动更加凸显。全社会研发投入年均增长11%以上，集聚院士工作站19家、各类高层次人才超5000人，高新技术企业数量、万人发明专利拥有量实现翻番，荣膺国家创新型县（市）、国家双创示范基地。营商环境更加优化。推行“三种角色”“四个到”服务理念，行政服务中心实现“一门式”服务，“减税降费”措施全面落实，兑现各级扶持资金超105亿元，企业不良贷款率从4.9%降至2.0%以内，金融生态持续向好，获评中国国际化营商环境建设示范县（市、区）。

这五年，城乡建设更富质感。深入推进新型城镇化建设，全面攻坚16个品质提升专项行动，城市“面子”“里子”实现双提升。功能品质日益完善。

深化文明创建，深入开展城乡人居环境、小区物业、交通、环卫管理等专项整治，市容秩序明显改善。16个组团（片区）建设压茬推进，城镇化率提升至68.7%，二体中心、全民健身中心、足球公园、晋江南岸生态公园、崎山公园等文体设施、公园绿地建成投用，九十九溪田园风光画卷初展。文化事业持续繁荣。常态化开展文化惠民活动，集中性开展文化遗产保护，安平桥、草庵摩尼光佛造像、金交椅山窑址列入世界遗产名录，五店市传统街区、梧林传统村落等成为闽南文化新地标。乡村振兴提质增效。培育乡村振兴试点示范村72个，全市村财总收入、村均集体经营性收入实现翻番，开展乡村善治试验，全面推行基层议事协商，乡村治理成为全国首批试点示范。生态环境不断向好。深入推进污染防治攻坚战，全力抓好中央生态环境保护督察反馈问题整改，超额完成“十三五”节能减排任务，矿山修复持续深化，建成一批重大环保基础设施，植树造林6.6万亩，年度空气优良率首次实现100%，21条流域水质总体持续向好。

*这五年，民生福祉显著提升。*坚持从群众关心关切入手，扎实办好155件“为民实事”、超千件“民生微实事”，群众有了更多获得感、幸福感。社会保障兜底有力。深入开展“四帮四扶”，精准帮扶2194户家庭脱贫解困，城镇新增就业人口10.9万，城市公益慈善政府支持指数位列全国第一。优质资源加速布局。国科大智能制造学院、福州大学、复旦大学上海医学院等高端资源纷纷落地，泉州职业技术大学升格本科，清华附中晋江学校、泉州五中桥南校区正式招生，晋江一中、养正中学、季延中学等名校分校区加快布局，上海六院福建医院成为全国首个县级国家区域医疗中心试点，“三大医共体”格局日益完善，市社会福利中心投入运营，新增优质学位5.4万个、医疗机构床位3643张、养老床位2626张。新冠疫情防控科学高效。第一时间构建指挥体系和防控网络，全链条全闭环守牢境内外防线，精准抓好常态化疫情防控。平安建设纵深推进。扫黑除恶专项斗争三年行动顺利收官，“强基促稳”专项行动、安全生产三年行动扎实开展，安全运行、社会稳定防线全面巩固，群众安全感满意度大幅提升。

*这五年，改革开放持续深化。*坚持改革不停顿、开放不止步，加快释放发展活力。改革集成推进。新增15项国家级改革试点，成为全省首批集成改革试点县，圆满完成19项重点领域改革任务，多项原创成果被国家依法吸收采纳。开放不断扩大。稳妥应对贸易摩擦、新冠疫情冲击，全面拓展“一带一路”新兴市场，国际鞋纺城成为国家市场采购贸易试点，陆地港获批国际港口代码，泉州晋江国际机场旅客年吞吐量突破800万人次，外贸出口逆势增长，跨境电商井喷式发展，新缔结国际友城2对。加强台港澳侨交流合作，全面落实各级惠台政策，向金门供水突破千万吨。

*这五年，党的建设全面加强。*聚焦党建主责主业，全面落实新时代党的建设总要求，党建引领发展能力持续提升。铸牢绝对忠诚的政治信仰。扎实推进“两学一做”学习教育常态化制度化，巩固深化“不忘初心、牢记使命”主题教育成果，深入开展党史学习教育、政法队伍教育整顿。全面落实意识形态工作责任制，大力推进新时代文明实践中心建设，全方位掀起庆祝建党百年热潮。构筑坚强有力的基层堡垒。大力推进党支部标准化规范化建设，持续深化村级组织运行机制改革，积极探索民营企业党建工作融入公司治理，深化创建“让党中央放心、让人民群众满意”模范机关，基层组织战斗堡垒作用和党员先锋模范作用进一步加强。锻造全面过硬的干部队伍。旗帜鲜明坚持“一二三四”选人用人理念，稳慎有序推进党政机构改革、公务员职务职级并行，顺利完成乡镇换届人事调配，班子结构进一步优化。持续加大容错纠错、澄清保护力度，干部精气神获得各级各界高度肯定。营造风清气正的政治生态。深入贯彻落实中央八项规定精神，持之以恒纠治“四风”，严肃惩治群众身边腐败问题和不正之风，推动本级巡察全覆盖，全力抓好各级巡视巡察反馈问题整改，为干事创业提供坚强纪律保障。党委总揽全局、协调各方能力不断提升，支持人大、政府、政协开展工作，保障司法机关独立行使职权，扎实做好统战、群团、人武、老干、党校、档案、党史方志、审计、退役军人、双拥、民族、宗教、老区建设、对口帮扶等工作。

各位代表，同志们，过去的五年，是晋江爬坡过坎、攻坚克难、极不平凡的五年。我们始终同以习近平同志为核心的党中央保持高度一致，坚持“晋江经验”引领，在“变”的环境中保持定力，在“难”的形势中加快转型，为全方位推进高质量发展超越奠定了坚实基础。成绩的取得，得益于习近平新时代中国特色社会主义思想的科学指引，得益于上级党委的坚强领导，得益于历届领导班子、全市党员干部群众、海内外晋江人的团结拼搏。在此，我谨代表中共晋江市委，向为晋江发展作出贡献的老干部、老领导，向全市人民群众、广大党员干部、海内外乡亲、企业家们，向所有关心和支持晋江发展的同志们、朋友们，致以最衷心的感谢和最崇高的敬意！

在看到成绩的同时，我们也要清醒地认识到，晋江发展面临着不少新老问题，特别是对照高质量发展要求，一些深层次、结构性问题日益凸显。对标产业体系现代化，我们要看到产业层次还不够高，产业生态、创新动能、企业梯队需要进一步完善，用地空间、环境容量、人才支撑等要素瓶颈日益突出，调整结构、转变方式更加迫切。对标国际化创新型品质城市建设，我们要看到城市开放程度还不够高，高端要素资源的集聚能力尚弱，城市品质、文明素质、包容精神、营商环境等需要进一步提升。对标治理体系和治理能力现代化，我们要看到干部专业素养、系统思维、谋划能力有所欠缺，治理理念和治理模式偏于传统，数字化治理任重道远，基层治理还存在不少薄弱环节，影响社会稳定、安全运行的风险点仍然较多。对这些问题，我们要冷静分析、找准对策，久久为功、加以解决。

二、深入学习贯彻习近平总书记来闽考察重要讲话精神，开启社会主义现代化建设新征程

在“十四五”开局之际，习近平总书记于今年3月来闽考察并发表重要讲

话，充分体现了对福建发展的关心重视和殷切希望，必将指引我们在新征程上更好地谱写新篇章、绘就新蓝图、开创新未来。习近平总书记的重要讲话，从党和国家事业发展全局和统筹推进“五位一体”总体布局、协调推进“四个全面”战略布局的高度，明确提出“四个更大”重要要求和当前四项重点任务，进一步标定了福建在服务全国发展大局中的时代方位，阐明了新发展阶段新福建建设的实践要求，明确了开新局谱新篇的着力点，为福建进一步发展指明了方向。全市各级党组织和广大党员干部要把深入学习贯彻习近平总书记来闽考察重要讲话精神作为当前和今后一个时期的重大政治任务，与习近平总书记党的十八大以来对福建工作作出的一系列重要讲话重要指示精神、在闽工作期间开创的重要理念和重大实践紧密结合起来，与传承创新发展“晋江经验”融会贯通起来，一体学深悟透，认真研究谋划，全面做实做细，切实落地见效，确保习近平总书记重要讲话精神和党中央、省委、泉州市委各项决策部署在晋江落地生根、结出硕果。

今后五年工作的指导思想是：高举习近平新时代中国特色社会主义思想伟大旗帜，深入贯彻党的十九大和十九届二中、三中、四中、五中全会精神，深入学习贯彻习近平总书记在庆祝中国共产党成立100周年大会上的重要讲话和来闽考察重要讲话精神，全面贯彻党的基本理论、基本路线、基本方略，紧紧围绕统筹推进“五位一体”总体布局和协调推进“四个全面”战略布局，增强“四个意识”、坚定“四个自信”、做到“两个维护”，坚持党的全面领导，坚持以人民为中心，坚持新发展理念，坚持深化改革开放，坚持系统观念，坚持稳中求进工作总基调，以全方位推进高质量发展超越为主题，以深化供给侧结构性改革为主线，以改革创新为根本动力，以满足人民日益增长的美好生活需要为根本目的，统筹发展和安全，在加快建设现代化经济体系上取得更大进步，在服务和融入新发展格局上展现更大作为，在探索海峡两岸融合发展新路上迈出更大步伐，在创造高品质生活上实现更大突破，担纲全方位推进高质量发展超越主力领军，在社会主义现代化建设新征程中谱写“晋江经验”新篇章。

今后五年的主要发展目标是：力争到2025年，工业总产值突破10000亿元，GDP突破4000亿元，一般公共预算总收入突破300亿元，品牌之都、创新高地、品质城市三张“金名片”基本确立，支撑引领高质量发展的创新体系加快构建，国际化创新型品质城市初步建成，共建共治共享县域治理格局更加完善。开启新征程，我们要自觉担负起新的历史使命，奋力攻坚三大战略目标。

（一）争创社会主义现代化建设先行示范。以强烈的历史担当赋予“晋江经验”新的时代内涵，敢为人先、爱拼会赢，全力做强创新引擎，深化集成改革，推进更高水平对外开放，全面增强资源配置能力，提升县域治理现代化水平，加快构建创新、产业、城市、生态、治理和民生服务等现代化体系，形成一批可复制可推广的经验做法，在社会主义现代化建设新征程中争当表率示范。

（二）担纲全方位推进高质量发展超越主力领军。深刻把握新福建的时代方位，紧盯大局所需、展现晋江担当，深度融入闽西南协同发展、泉州“跨江发展 跨域融合”战略布局，全方位提升科技创新、产业能级、城市品质、民生保障水平，在质量效益明显提升的基础上，保持经济持续健康较快发展，在全方位推进高质量发展超越大局中彰显晋江作为。

（三）打造共同富裕县域范例。以高质量发展为基石，统筹城乡一体和乡村振兴发展，逐步缩小城乡发展差距，推进更充分更高质量就业创业，持续扩大中等收入群体，推动市民素质全面提升。坚持以人为本、量力而行、尽力而为，兼顾普惠、均衡和优质，着力推动全生命周期公共服务优质共享，在更高水平上实现学有优教、病有良医、住有宜居、老有颐养、幼有善育、弱有帮扶。

三、构建“一三七”发展格局，谱写“晋江经验”新篇章

未来五年，我们要紧紧围绕三大战略目标，把握主要任务，抓住关键环节，加快构建“一三七”发展格局，推动各项事业迈上新台阶。

（一）坚持创新发展这一鲜明主线。改革创新是“晋江经验”的动力源泉，敢为人先是晋江的城市基因。我们要坚持创新在发展全局中的核心地位，大力推进科技创新、制度创新、治理创新。科技创新，要坚定不移推进人才强市战略，发挥实体制造根基和重大科创平台抢先布局优势，紧盯创新资源转化质效，树立数字思维，顺应万物互联发展趋势，推动科技创新与品牌优势、市场优势充分嫁接，以科技创新和数字变革催生发展新动能。制度创新，要坚持顶层设计与基层探索相结合，强化改革的系统集成，打好系列“国字号”改革牌，不断理顺内部运行机制，全力突破土地、人才、资金等要素制约和机制障碍，以良好的制度环境和制度供给为企业松绑、给干部减负。治理创新，要紧盯源头和基层两个关键，在数字化场景下，完善“精细化、网格化、智能化”基层治理模式，推动“末端管控”向“源头治理”转变，全力堵住城市建管、文明创建、安全运行、社会稳定等治理漏洞，以高效能治理支撑高质量发展。

（二）推进产、城、人三者融合。晋江的发展必须处理好产、城、人的辩证关系，坚持以产聚人兴城、以城留人促产，推动“产城人”深度融合发展。

产是第一支撑。没有产业就没有晋江的今天，更没有晋江的未来。我们要把产业作为立市之本，坚持传统优势产业稳基石、高新产业促传统；二产为三产育空间、三产为二产增动能，在此基础上精准布局城市配套、优化人才供给，实现产业质量更高、产业结构更好、产业生态更优，打造搬不走的产业优势。

城是第一平台。要紧盯国际化创新型品质城市建设目标，强化城市服务产业发展、保障人民美好生活的定位，围绕兴业态、聚人气进一步强功能、提品质，全面融入区域协同发展，积极发力新城建、新基建，统筹推进城市发展、产业植入、业态提升、环境艺术、专业设计，不断提高城市能级，增强城市的要素聚集力、发展承载力。

人是第一要素。要坚持以人为核心，造好产业生态、造优城市环境，让每个

人在晋江有用武之地、无后顾之忧。坚持城市是人民的，让发展的成果更多体现在促进人的全面发展、实现全体人民共同富裕，全力为人民群众创造高品质生活，吸引更多人才扎根晋江，为产业发展、城市繁荣注入源头活水。

（三）全力落实“七个着力”工作主抓手

1. 着力构建全方位科技创新体系。围绕产业链布局创新链，更高水平建设国家创新型县（市）和国家双创示范基地，打造福厦泉科技创新走廊重要节点。

（1）布局全域科创版图。设立科创委员会，加快推进世纪大道“双创”活力走廊、科创新区、金井产教融合区等平台载体建设，塑造“一廊两区多平台”高品质科创空间。一廊，以世纪大道为主轴，串联金融广场、洪山文创园、三创园等载体，盘活沿线楼宇空间，大力培育科技金融、科创孵化、技术经纪、研发设计等新业态，聚集科技创新要素，打造混合型创新创业活力走廊。两区，科创新区要以国科大智能制造学院、中科院泉州装备制造研究中心、三创园等为支点，聚焦智能装备、集成电路、人工智能、新能源等领域，力争落地国家级科研平台、省级创新实验室、算力中心等重大项目，打造成为高端创新资源聚集区；金井产教融合区要以福大科教园为龙头，逐步布局一批应用型院校、技术工程中心等产教融合项目，做强微电子、海洋经济、先进制造、食品工程、生物技术等学科优势，加大专业人才培育供给，孵化更多高成长型企业，打造产学研用一体的综合性智力高地。多平台，要推动四大高校、九大平台优势互补、联动提升，分梯队培育一批科技型产业园区、孵化器、众创空间，构建“研发—孵化—加速—产业化”全链条培育体系，提高成果本土转化率，推进科创平台市场化运营、科创资源开放共享，打造科创产业策源地。

（2）壮大科技企业群落。实施规模以上企业“三个覆盖”和高企倍增两大工程，积极在骨干企业布局建设国家级企业技术中心、企业创新实验室，培育一批科创领军企业、“专精特新”企业、瞪羚企业、独角兽企业，打造高科技高成长型企业梯队。支持头部企业联合高校、科研院所共建实验室，组建创新联合体，加强关键技术、自主技术联合攻关，实现市场“点题”、企业“作答”、平台“助力”的良性循环，力争2025年全社会研发投入超100亿元、高新技术企业突破1000家。

（3）汇聚人才金融活水。实施“三行动、一工程”，推动科技创新与人才链、资金链良性互动、深度融合。实施科创人才集聚、硕博人才倍增、技能人才振兴行动，精准完善“政策+平台+项目+环境”引才育才体系，力争引育50个领军型创新创业团队、1000名博士、10000名硕士、20000名技能人才，优化人才生态链条，推动人才服务环境升级迭代，让人才队伍“引得来、留得住、受尊重、有实惠”。实施晋商资本“鲑鱼工程”，健全多层次的产业投融资体系，加快供应链金融、科创贷、投贷联动、科技保险等金融产品创新，引导和支持高科技企业挂牌上市，推动金融资本加速向科技型企业倾斜，让科技创新更加“如鱼得水”。

（4）全力推进数字变革。以数字变革带动产业变革、质量变革、动力变革，引导企业“信仰数字、崇拜效率”，广泛布局应用新一代信息技术，积极探索布局5G、区块链、人工智能、工业互联网应用场景。以产业数字化、数字产业化为主抓手，大力发展数字经济，加快形成集成电路等具有全国影响的数字产业集群。深入开展数字生活新服务行动，开展“千家企业云化、万家商户上线”行动，充实丰富在线医疗、在线文体等线上消费业态，打造数字生活新服务强市。

2. 着力构建现代化经济体系。紧抓实体不放松，坚持依靠创新强实体、围绕产业造生态，大力发展数字经济、绿色经济、海洋经济，加速推进产业基础高级化、产业链现代化。

（1）把牢产业结构优化主方向。立足“4341”现代产业格局，把科技赋能、数字变革作为产业转型升级主攻方向，全面提升高新技术产业、战略新兴产业、现代服务业三个占比。传统优势产业高新化转型。围绕高端化、数字化、绿色化，聚焦新材料、新工艺、新装备、新应用场景，持续推进全链条全流程升级。探索实施“链长制”，“揭榜挂帅”攻坚产业链断点堵点环节，全力打造3000亿级鞋服产业，1000亿级纺织、建材、食品产业，全面筑牢传统优势产业根基。新兴产业集群化发展。强化六大“两新”基地载体依托，“一基地一专班一链条一园区”推进系统规划、精品建设，精准布局、靶向招商，打造未来新增长极。发挥晋华、渠梁等龙头带动，引进集聚一批产业链上下游引领性项目，打造1000亿级信息技术产业集群；聚焦本土产业机械、工程机械、核心配件等领域，布局一批高新技术资源、高端装备项目，力争智能装备制造行业规模超800亿元；延伸卫生用品、防疫物资生产体系，积极筹建医疗器械产业园，大力培育医疗装备、运动康复、生物医药等企业，全力打造超500亿医疗健康产业集群。现代服务业专业化升级。完善服务业发展统筹机制，加快发展商贸物流、文体旅游、研发创意、金融服务四大现代服务业，培育壮大一批专业平台、专业市场，全面盘活一批专业楼宇、主题商圈，以现代服务业发展加速产业价值链“两端攀升”。未来产业多元化探路。聚焦海洋经济、石墨烯、新能源、生命科学、人机交互等前沿领域，引育一批具备自主研发能力、具有指数级增长潜力的高科技企业，抢占未来产业的先发优势。

（2）拓展产业发展新空间。全面摸清产业空间底数，强化产业规划与国土空间规划协同，围绕空间集约高效利用，全力做优存量、做精增量，为产业提级拓展空间支撑。提升工业园区能级。突出经济开发区产业发展主阵地、主引擎作用，深化园区管理体制改革，优化“一区多园”运行机制，推进园区标准化建设、数字化升级、专业化运营，推行亩均效益准入倒逼机制，加强优质产业空间供给，加快园区提容增效，积极争创国家级园区。试点推行工业项目“标准地”、M0新型工业用地，完善“多评合一模拟审批”，提升园区土地利用质效。加快盘活闲置空间。深入实施“五年双万”计划，精细测算存量空间效益，健全土地利用考核评价和监管机制，腾挪清退落后产能，下决心整治“批而未供、供而未用、用而未尽”土地，多措并举推进老旧工业园区连片改造提升，建设一批新型产业社区、“专精特新”产业园。全力建设“海上晋江”。坚持陆海统筹、湾港联动，大力推进科技兴海，深入开展海洋经济高质量发展三年行动，推进海洋经济“1341”计划，发挥深海港口资源优势，完善港口集疏运体系，加快推进一站式通关服务，努力拓展新航线、新业务、新货源，做大港口贸易、远洋经济。加快海上养殖、现代种苗和远洋渔业转型升级，建设蓝色牧场，支持福大科教园等高校院所开展海洋科技创新，培育壮大海洋生物制品、海洋纤维纺织材料、水产品精深加工和冷链物流等业态。充分挖掘晋江海洋文化，打造滨海文旅休闲发展带，实现商渔港互促、农文旅融合，力争2025年海洋经济总产值突破1000亿元。

（3）做强企业发展矩阵。调整发力重点，注重强链条、筑生态，为企业发展提供阳光雨露，厚植企业扎根的土壤。留根扩能龙头企业。正视产业转移规律，守好龙头企业总部，大力发展精品工厂、研发中心、大数据中心、结算中心等关键环节，打造一批“链主”企业。培基育苗成长型企业。鼓励成长型企业对标龙头开展“五个创新”，引导中小微企业“专精特新”发展、小批量定制企业规范转型，常态化推进产能对接，布局一批中小企业微工业园区，打造一批OEM/ODM示范企业，逐步形成一批新头部企业。加快国企实体化运作。深化国企改革三年行动，选准配强国企班子，提高市场化、实体化运作水平。建强企业家队伍。始终呵护弘扬晋江企业家精神，注重企业家代际传承，强化“老带新、大带小，以企业家培养企业家”，打造一支能坚守、会创新、有情怀、高素质的企业家队伍。造优营商环境。对标国内外先进地区，优化提升城市、政务、人文“三个环境”，完善制度体系建设，大力褒扬为改革担当、为发展负责，坚决清除“公事胆小、私事胆大”行为，深入推进社会信用体系建设，严厉打击商业腐败，全力构建市场化、法治化、国际化营商环境，让企业看得清、算得清，在晋江安心创业、放手发展。

（4）加快绿色转型。坚持以碳达峰、碳中和引领绿色发展，加快构建绿色低碳循环发展的经济体系，完善绿色金融服务机制，引导企业用好碳排放交易市场，推动高碳产业绿色低碳转型。大力发展低碳高效行业，建设若干绿色低碳园区、工厂，推动建筑、交通、农业领域绿色低碳发展。合理布局区域供热、供气管网，推进晋江热电扩建增容和晋南热电二期建设等项目，实现全域清洁能源替代。

3. 着力建设品质城市。尊重城市发展规律，树牢“精明增长”理念，突出兴业功能、惠民导向，精心规划、精准布局、精细运营，让城市既有颜值更有内涵。

（1）塑造一体发展格局。坚持系统思维，注重区域协同、片区联动，优化空间布局，聚力提升城市人口、资源、要素承载力。坚持规划引领。围绕“全市一城、一主两辅、双湾双带”总体布局，以能用管用好用为导向，构建国土空间规划体系，形成国土空间规划“一张图”，统筹划定“三区三线”，留足产业用地、生态空间。融入区域协同。全面对接闽西南协同发展、泉州环湾战略布局，强化空间规划衔接协同，做足差异化优势，推动公共研发平台、产业技术创新联盟、大数据中心等配套共建共享，拓展教育、医疗、文化、生态等领域合作。深化山海协作，提升与长汀、上杭对口协作质效。推进新区建设。突出错位互补、良性互动，深入推进晋东新区、高铁新区、紫帽片区等新区建设，带动区域连片发展、整体提升。

（2）提升城市内涵。下足绣花功夫，有序开展“城市双修”，全面提升功能品位，让城市可以阅读、生活更有温度。城市有机更新。加强重点区域城市设计，科学把握路网密度、建筑高度、开发强度，提升风貌质感。稳步开展“三旧改造”，实施系列老旧小区、厂区、城区“微更新”项目，打造一批现代小区、活力街区、产业社区。开展人居环境整治2.0版，全链条完善垃圾分类体系，系统治理城市痼疾顽症。优化基础配套。倡导田园都市主义，加快九十九溪田园风光、紫湖郊野公园等项目建设，全面贯通“一山一水”慢行系统。完善地下空间设施布局管理，加快5G网络、充电桩等新型基础设施规划建设。统筹快达慢行交通体系建设，协调推进福厦客专、泉厦漳城际轨道R1线等轨道交通建设，打通东部快速路、一重环湾、二重环湾、池峰路南延伸等城市大动脉，启动和平路、晋光路等快速化改造，完善组团（片区）交通网络，人性化实施“微循环”“微改造”，加密公交网络布局，推动各类出行方式无缝衔接，加快机场扩容改造，构建现代化、高质量综合立体交通体系。智慧高效治理城市。推进新型智慧城市建设，完善数字底座、智能中枢，打破信息孤岛，整合提升政务、城管、民生、公共安全等业务模块，实现数据信息“一网统联”、公共服务“一网统办”，全面提升数字化治理水平。

（3）全面激活城市经济。摸清城市家底，科学植入城市业态，提升经营运作水平。繁荣城市业态。整合串联商贸、文旅、体育、休闲等资源，激发消费潜力，做活一批现代都市商圈、高端商业综合体、夜间经济集聚区，打造汇聚人气商气新引擎。坚持“一楼一业一策”，引入专业运营商，盘活闲置楼宇资源，注入平台经济、现代商务、金融服务、文化创意、高端中介等业态，打造10个“亿元楼宇”，推动晋江南岸总部聚集区、世纪大道沿线商务区、机场临空经济区等繁荣发展。加强经营运作。推行公共事业与公共服务托管运营机制，推动国有企业深度参与城市经营、基础设施建设、产业投资、招商运营、人才服务等领域发展，整合盘活国有资源，促进城市公共资源资产保值增值。

（4）全力繁荣文明文化。以常态化文明创建和筹办举办重大赛事活动等为综合抓手，持续提升文明素质，加强文化建设，发展壮大文旅产业，打造富有魅力、饱含温情、主客共享的人文城市。常态推进文明创建。文明创建只有进行时，没有完成时，要坚持全域创建、全程创建、全民创建，激发“晋江文明，没我不行”主人翁意识，实现从达标创建向自觉自为转变。推进新时代文明实践中心建设，弘扬时代新风，以全民高素质涵养城市新气质。擦亮人文晋江品牌。坚持固态保护、活态传承、业态提升，高标准做好古街、古厝、古树、古桥、古寺等文化遗产保护传承。用好世界遗产名片，整合传统村落、传统街区、闽南古厝、宗教文化、体育赛事、滨海岸线等资源，讲好晋江故事，新增一批A级景区，打造海丝旅游目的地。大力发展文化产业。依托数字出版、短视频、网络视听等数字载体，推动高甲、木偶、南音等非遗数字化、产业化，以数字技术创新传播晋江优秀文化。孵化特色文化园区，落户一批文化产业企业，培育新兴文化业态。扩大公共文化供给。深入实施文化惠民工程，打响“大美晋江”文化品牌，完善“15分钟文化生活圈”，提升“书香城市”文化品位。

（5）厚植绿色生态家底。坚持生态优先、绿色发展，加快构建现代环境治理体系，全面提升生态环境品质。打好污染防治攻坚战。健全大气区域协作和联防联控体系，系统整治扬尘、餐饮油烟、恶臭气体等问题，全面推行林长制，逐年优化空气质量。严格落实河湖长制，运用片区理念，深化生态流域综合治理，开展入河排水口排查整治，系统推进雨污混流改造、配套管网建设，实现全市域污水处理全覆盖。加快“无废城市”建设，强化土壤环境风险防控，扎实推进蓝色海湾生态项目，有序推进海洋、湿地、矿山石窟等生态修复。健全生态监管体系。理顺全市污水管网建管、运营机制，实现大气、水、土壤“一张图”智能管控，建立污染处置和监测监控一体的环境基础设施体系。强化生态环保行政执法、刑事司法联动，以零容忍态度守护晋江的蓝天白云、绿水青山。倡导绿色生活风尚。广泛开展绿色生活创建活动，鼓励简约适度、绿色低碳生活，实施全民节能行动计划，大力推广中水回用，争创国家节水型城市。

（6）打造体育城市。坚持“以赛兴城、以赛促产、以赛惠民”，全力办好重大赛事，培育赛事经济，发展全民健身事业。打造“晋江赛事”IP。高水平办好世界中学生运动会、国际大体联足球世界杯等系列赛事，吸引承办国际专项、国内综合性赛事，培育一批职业体育赛事、高端体育赛事、品牌赛事，打造体育赛事之都。延伸“体育+”产业链条。坚持“赛事是一时的，赛后资源是一世的”，高效运营赛事场馆，积极培育专业培训、养生康体、运动医学、赛事旅游等业态，支持企业融入全球体育赛事经济，以体育制造业带动体育服务业发展。激活全民健身基因。积极争创国家全民运动健身模范市，造浓城市体育氛围，培养运动健身习惯，深挖体育消费潜力，建设人人运动、人人健康的活力之城。

4. 着力推进乡村振兴战略。把实施乡村振兴战略作为新时代“三农”工作总抓手，加快推进农业农村现代化。

（1）打造高质高效现代农业。落实最严格的耕地保护制度，以调整农业种植结构、带动农民增收为核心，实施“345”工程，推动现代农业特色化、品牌化、集约化发展，做大做强农业产业化龙头企业。推进一、二、三产融合发展，积极培育观光农业、数字农业、智慧农业，不断延伸产业链条，提高农业附加值，让农业更有奔头、农民更有盼头。

（2）建设宜居宜业美丽乡村。突出功能完善、环境美化、特色发展，让农村和城市有一样的生活品质，不一样的生活体验。坚持城乡互促、工农互补，推动教育、医疗、基础设施等资源向农村倾斜。下决心推进乡村环境综合治理，扎实抓好“一革命四行动”升级版，大力发展乡村特色民宿，推动乡村旅游发展，带动农民增收，实现乡村环境治理、业态提升“双循环”。更加注重规划策划，挖掘乡土特色、塑造田园风貌、留住乡愁记忆，打造更多原生态、有底蕴的特色村落，推动“美丽乡村”连点成片、形成展示面。大力支持老区村建设发展。

（3）促进农民增收致富。聚焦共同富裕，落实科技特派员制度，大力培养高素质新型职业农民，培育提升农村示范专业合作社，深化供销社“三位一体”综合改革，推动农民增收向多领域、多层面、多业态发展，实现农民人均可支配收入翻番。强化集体“三资”经营运作和监督管理，全面实施村集体经济发展“双百计划”，确保所有村社集体经营性收入超50万元，100个以上村社集体经营性收入超100万元。

5. 着力优化民生福祉。坚持以人民为中心的发展理念，完善提升七大民生保障体系，紧盯群众急难愁盼问题，着眼小细节，办好大民生。

（1）持续完善保障体系。健全覆盖全民、统筹城乡、公平统一、可持续的多层次社会保障体系。全面实施居民增收行动，强化就业优先政策，突出抓好各类重点群体就业帮扶，推动新业态就业和灵活就业，实现更加充分更高质量就业，城镇新增就业人口10万人以上。持续巩固脱贫攻坚成效，深化“四帮四扶”，稳步提升城乡低保和特困人员供养标准，深入实施全民参保计划。坚持“房住不炒”定位，严打恶意炒房，建立多层次供给、多渠道住房保障体系，推动房地产市场健康发展。健全退役军人服务保障体系。

（2）大力兴办民生实事。坚持兼顾高端优质与普惠均衡，全面促进公共服务提质扩面。优先发展教育事业。优化教育资源布局，推动学前教育健康发展、义务教育均衡发展、高中教育特色发展，优化名校办分校、集团化办学管理机制，统筹提升办学水平，力争普惠性幼儿园覆盖率超85%，新增优质学位5万个。实施教育人才百千引育计划，打造“名师名校长名班主任”集群。积极推进产教融合，建立与产业发展、职业岗位相适应的现代职业教育体系，支持泉州轻工职业学院升格本科。全面实施健康晋江行动。高水平创建国家区域医疗中心，建设晋东医院，推动市医院争创三甲综合医院。深化医药卫生体制改革，完善“三大医共体”运作机制，大力推进智慧医疗，实现全市域个人健康信息互通互认，提高分级诊疗服务质效。依法组织实施三孩生育政策，大力发展普惠托育服务，促进人口长期均衡发展。有效满足养老服务需求。优化养老服务设施布局，加快建设居家社区机构相协调、医养康养相结合的养老服务体系，健全完善“互联网+养老”，力争每千名老年人养老床位数达到45张。

6. 着力服务和融入新发展格局。充分利用国内国际两个市场、两种资源，促进内需与外需协调发展，高效集聚、科学配置要素资源。

（1）厚植内循环发展动力。抢抓扩大内需和消费升级机遇，多线联动做强增长支撑。增强投资带动。坚持大抓项目、抓大项目，抓实策划、招商、落地三个关键，压实“五个一批”项目链条，树牢项目策划意识，优化招商机制，以落地论英雄，全力招引一批带动效应好、集聚能力强的好项目，持续跟踪提升项目投入产出质效。抢占内需市场。抢抓新国货、新国潮趋势，实施增品种、提品质、创品牌“三品”战略，扩大优质商品与服务供给，提升“晋江造”市场话语权。大力培育新型消费，壮大提质文旅、家政等新业态，前瞻布局网络消费市场，推动线上线下深度融合发展。

（2）持续推进国际化进程。紧抓“一带一路”、“海丝”先行区、RCEP协议签订等重大机遇，推进更深层次集成改革、更宽领域对外开放。做足口岸优势，力争纳入自贸区扩区范围，加快海陆空铁邮一体联动发展，争取落地跨境电商国际物流中心，用足用活综合保税政策，充分发挥泉州综保区功能作用，全面升级跨境贸易通道。打好新时代“侨”牌，推动侨商回归、侨智回乡、侨资回流，“以侨为桥”构建国际商业网络，深度拓展跨境电商、海外建仓等对外通道，健全海外供应链体系。鼓励晋江企业抢抓窗口机遇，通过实施海外并购、兼并重组，融入配置全球优质研发体系、中高端供应链、营销渠道等资源。

（3）加强台港澳交流合作。突出以通促融、以惠促融、以情促融，制度化保障向金门供水安全，实施亲情乡情延续工程，完善台胞台企来晋就业创业扶持政策，高水平建设海峡两岸集成电路产业合作试验区，在探索海峡两岸融合发展新路上迈出更大步伐。指导港澳社团加强建设，探索港澳青年交流新形式，团结港澳乡亲，发展壮大爱国爱港爱澳力量，画出最大同心圆。

7. 着力提升县域治理现代化水平。巩固拓展“强基促稳”实践成果，全面提升县域治理体系和治理能力现代化水平，打造共建共治共享的现代化县域治理格局。

（1）加强法治化保障。坚持依法治市、依法执政、依法行政，一体推进法治晋江、法治政府、法治社会建设，严格规范公正文明执法。实施“八五”普法规划，推动全社会尊法学法守法用法，让法治成为社会共识和基本准则。

（2）夯实系统化治理。深化“大综合、一体化”综合行政执法改革，提高镇街行政执行能力。创新全要素网格化基层治理体系，统筹推进村级组织“支部＋中心＋网格＋楼户”运行机制，高标准建设“两中心一队伍”，拓展“互联网＋”智能应用，提升网格化服务管理效能。弘扬新时代“枫桥经验”，健全基层矛盾纠纷和信访评理多元化解机制，依法就地解决群众合理诉求。

（3）促进多元化共治。深化政社协商互动，推进乡村善治，拓展“三治”融合实践创新，探索“微协商微议事”等协商新形式，引导更多社会组织、市场主体和社会工作者、志愿者有序参与社会治理，推动社会治理服务重心下移、资源下沉，建设人人有责、人人尽责、人人享有的社会治理共同体。

（4）坚决守牢风险底线。贯彻总体国家安全观，统筹发展和安全，建设更高水平的平安晋江。加强公共卫生服务体系建设，坚持多病共防，提升公共卫生应急处置能力，毫不放松抓好常态化疫情防控。扎实推进安全生产三年行动，系统梳理、逐步解决根源性问题，加强应急救援力量建设，全面提升防灾减灾救灾能力，全方位保障人民生命财产安全。引导干部和企业家学金融、懂金融、用金融，提高金融服务实体能力，常态化防范化解金融风险，营造良好金融生态。

四、深入推进全面从严治党

实现未来五年的宏伟目标，关键在党，关键在人。全市各级党组织要深入贯彻新时代党的建设总要求，严格落实全面从严治党主体责任，以高质量党建引领高质量发展。

（一）压实管党治党主体责任。把“两个维护”作为最高政治原则和根本政治规矩，坚决维护以习近平同志为核心的党中央权威和集中统一领导，坚决贯彻执行党中央决策部署以及上级党组织决定，不断提高政治判断力、政治领悟力、政治执行力。强化守土有责、守土担责、守土尽责的政治担当，扭住责任制这个“牛鼻子”，抓住党委（党组）这个关键主体，不折不扣落实全面从严治党责任，不断提高履职尽责本领，努力提高战胜各种风险挑战能力，以全面从严治党新成效推进县域治理体系和治理能力现代化。

（二）优化提升基层组织体系。认真贯彻执行地方党委工作条例和党组工作条例、党的工作机关条例，推进市直单位机关党委和系统党委并行体制改革。牢固树立“一切工作到支部、一切工作靠支部”的鲜明导向，把支部建到网格中、建到车间上、建到小区去，全面提升党支部标准化规范化数字化建设水平。建设高素质党员队伍，积极探索党员发挥作用的长效机制。统筹各领域基层党建，深化创建模范机关，创新“两新”党建覆盖机制和功能体系，在落实惠企政策、引领发展方面发挥独特作用。精心做好村级组织换届选举，选优配强村（社区）党组织负责人，推动村级换届与基层治理相协调相促进，着力构建党组织领导的共建共治共享城乡基层治理格局，让党旗在基层一线高高飘扬。

（三）全面激发干部队伍活力。突出政治标准，持续健全完善干部考核评价机制，注重在项目攻坚、疫情防控、乡村振兴等急难险重工作中选拔勇于担当、善于作为的优秀干部，注重在转型升级、创新改革中淬炼一专多能、善于钻研的专业干部，推动干部队伍结构进一步优化、工作标准进一步提高。充分释放鼓励激励、容错纠错、能上能下“三项机制”效应，在选拔任用、职级晋升上向敢担责、能负重的干部倾斜。加强换届后的领导班子队伍政治建设、能力提升，打造能扛使命、本领过硬的坚强集体。用心用情做好老干部工作。坚持党管人才，提高晋江人才密度、创新浓度。

（四）全力提升拒腐防变能力。从严治党永远在路上。要加强“一把手”和领导班子监督，积极推动“四项监督”统筹衔接，促进党内监督与其他监督贯通协同，进一步强化信息、资源、力量和监督成果共用共享，形成监督合力，做到系统集成、协同高效。积极配合做好上级巡视巡察工作。高质量推进新一届市委巡察工作，灵活开展专项巡察、“机动式”巡察、巡察“回头看”，加强巡察成果运用，推动巡察监督、整改、治理有机贯通。严格落实中央八项规定精神，严防“四风”反弹回潮，教育引导党员干部加强党性修养、作风养成，以良好的党风政风带动民风社风向上向善、化风成俗。始终保持反腐败斗争的高压态势，坚持无禁区、全覆盖、零容忍，一体推进不敢腐、不能腐、不想腐，营造风清气正的良好政治生态。

（五）凝聚各方发展合力。压紧压实意识形态工作责任，落实网络意识形态工作责任制，全面强化意识形态阵地管理，牢牢把握工作主动权，提升县级媒体融合水平，提高新闻舆论传播力、影响力，让发展主旋律更激昂、正能量更充沛。坚持党的领导，充分发挥党委总揽全局、协调各方的领导核心作用，支持和保证人大、政府、政协、法院、检察院、人民团体等依法依章程独立负责、协调一致地开展工作，支持纪检监察机关履行监督责任，全面提升统战、人武、双拥、老区等工作水平，赓续一届为一届打基础，一年为一年添后劲的优良传统，持续营造正气充盈、心齐劲足的干事创业局面。

同志们，新征程扬帆起航，新使命催人奋进！站在中国共产党百年华诞的新起点上，让我们高举习近平新时代中国特色社会主义思想伟大旗帜，在党中央和省委、泉州市委的坚强领导下，只争朝夕、做实做成，担纲全方位推进高质量发展超越主力领军，在社会主义现代化建设新征程中谱写“晋江经验”新篇章！

附注：

*三大战略：人才强市、新型城镇化、国际化战略。

*三大任务：实现更高水平全面小康、推进高质量赶超、办好重大赛事。

*六大新增长区域：世纪大道“双创”活力走廊、高新产业聚集区、“双高”道口经济区、科教产业集聚区、综合保税区、晋东新区。

*三大本硕高校版图：国科大智能制造学院、福州大学、泉州职业技术大学。

*六大“两新”基地：智能装备制造产业基地、集成电路产业基地、人机交互产业基地、智慧物流产业基地、新型高端面料产业基地、医疗器械产业基地。

*三种角色：引路人、推车手、服务员。

*“四个到”服务理念：不叫不到、随叫随到、服务周到、说到做到。

*16个品质提升专项行动：体育场馆保障计划、综合交通保障计划、城市景观提升计划、生态环境提升计划、城市管理提升计划、城市文明提升计划、城市形象推广计划、旅游服务提升计划、人才队伍培训计划、信息数据保障计划、医疗卫生食品安全保障计划、城市安全保障计划、城市电力保障计划、产业升级计划、赛事活动3年计划、财政保障和市场开发计划。

*四帮四扶：帮就业、帮就医、帮就学、帮安居，扶贫困、扶老幼、扶伤残、扶志气。

*三大医共体：以市医院、中医院、安海医院为龙头，充分辐射带动周边基层医疗卫生机构，形成分布均衡科学的医共体和区域医疗卫生服务圈。

*“一二三四”选人用人理念：“一个导向”，即“只要干得好就能用得好、哪里出政绩哪里就出干部”的用人导向；“两个一线”，即“一线考察干部、一线追责问责”；“三个更加注重”，即“更加注重选用基层干部，更加注重在项目一线发现干部，更加注重重用敢担当、善于攻坚克难的干部”；“四个绝对不能”，即“绝对不能怕得罪人不敢为，绝对不能遇到问题绕道走不作为，绝对不能等靠要慢作为，绝对不能简单把问题上交不愿为”。

*四风：形式主义、官僚主义、享乐主义和奢靡之风。

*四个意识：政治意识、大局意识、核心意识、看齐意识。

*四个自信：道路自信、理论自信、制度自信、文化自信。

*两个维护：坚决维护习近平总书记党中央的核心、全党的核心地位，坚决维护党中央权威和集中统一领导。

*四大高校：国科大智能制造学院、福州大学、泉州职业技术大学、泉州轻工职业学院。

*规上企业“三个覆盖”：研发活动、研发机构、发明专利。

*晋商资本“鲑鱼工程”：积极发展晋江创投产业，鼓励、推动海内外晋江商人和本土“企二代”“创二代”将产业资金回流晋江，开展资本运作，支持我市产业创新发展、转型升级。

*“4341”现代产业格局：鞋服、纺织、建材、食品4大传统优势产业；信息技术、智能装备、医疗健康3大新兴产业；商贸物流、文体旅游、研发创意、金融服务4大现代服务业；探索布局未来产业。

*一区多园：经济开发区，五里园、安东园、新塘园、食品产业园、时尚服饰织造园、安海园、金井园、英林园、深沪园、磁灶园等。

*M0新型工业用地：融合创意、设计、研发、清洁生产等新型产业功能附加相关配套服务的用地。

*多评合一模拟审批：强化项目前期技术支撑保障，将方案审查与项目前期手续并行推进，由自然资源部门会同相关联合技术审查部门、技术指导单位对建设项目建筑设计方案提前介入并进行实质性审查，待项目前期手续完成后可实现工程规划许可证快速办理，助力建设项目快审批、快落地。

*“五年双万”计划：五年时间盘活1万亩老旧工业厂房、1万亩闲置工业用地。

*海洋经济“1341”计划：以创建国家级海洋经济发展创新示范城市为目标，发展海洋捕捞、海洋生物制品、滨海休闲旅游3大支柱产业，围绕泉州湾、深沪湾、围头湾、安海湾4大湾区联动发展，争取到2025年海洋经济总产值超1000亿元。

*五个创新：产品创新、技术创新、品牌创新、管理创新、商业模式创新。

*OEM/ODM：OEM，即品牌商负责设计、开发、销售产品，委托制造商生产产品的生产方式；ODM，即品牌商委托制造商提供从研发、设计到生产、后期维护的全部服务，品牌商负责销售的生产方式。

*“全市一城、一主两辅、双湾双带”总体布局：“全市一城”，即全市649平方公里按照城市的标准进行统筹规划建设；“一主两辅”，即晋江中心城区、晋西辅城、晋南辅城；“双湾双带”，即环泉州湾区域、环围头湾区域和泉厦漳科技创新走廊、滨海旅游发展带。

*三区三线："三区"，即城镇空间、农业空间、生态空间；"三线"，即对应三区划定的城镇开发边界、永久基本农田保护红线、生态保护红线。

*城市双修：城市修补、生态修复。

*三旧改造：旧城镇、旧厂房、旧村庄改造。

*15 分钟文化生活圈：市民 15 分钟内可到达文化活动场所进行文化活动。

*无废城市：以创新、协调、绿色、开放、共享的新发展理念为引领，通过推动形成绿色发展方式和生活方式，持续推进固体废物源头减量和资源化利用，最大限度减少填埋量，将固体废物环境影响降至最低的城市发展模式。

*蓝色海湾生态项目：以实施互花米草整治、红树林生态修复、鸟类栖息地营造、海岸生态化改造等四大工程为重点的泉州湾"蓝色海湾"综合整治行动项目。

*"345"工程：以创建生态农业、品牌农业、特色农业为重点，围绕北部山海绿道、都市绿道、中部山地绿道、南部滨海绿道等 4 条绿道串联全市田园风光片区，打造九十九溪片区、省级晋江现代蔬菜产业园、东石胡萝卜强镇、金井现代水产产业园、龙湖东溪片区等 5 个现代农业产业园区。

*一革命四行动：厕所革命，农村垃圾治理行动、农村污水治理行动、农房整治行动、村容村貌提升行动。

*供销社"三位一体"综合改革：发挥农民专业合作社的生产优势、供销合作社的流通优势、农村信用合作社的资金优势，推进生产、供销、信用三大服务功能实质性融合。

*农村集体"三资"：农村集体资金、资产、资源。

*村集体经济发展"双百计划"：超过 100 个村（社区）集体经营性收入达到 100 万元以上。

*七大民生保障体系：就业、教育、医疗、住房、安全、环境和社会保障七个民生保障体系。

*教育人才百千引育计划：到 2025 年，重点引进和培育高层次教育人才 100 名以上、优秀青年教育人才 1000 名以上。

*医养康养：医疗资源、健康服务资源与养老资源相结合，实现社会资源利用最大化。

*五个一批：谋划一批、签约一批、开工一批、投产一批、增资一批。

*RCEP：区域全面经济伙伴关系协定。

*两中心一队伍：网格化服务管理中心、综治中心，网格员队伍。

*"三治"融合：自治、法治、德治融合。

*微协商微议事：聚焦城市新型社区、居住小区，结合业主自治和居民协商等既有形式载体，在网格、住宅小区、楼栋等基层单元分区域、多层次开展协商议事。

*"两新"党建：非公企业和社会组织党建。

*四项监督：纪律监督、监察监督、巡察监督、派驻监督。

政府工作报告

——2021 年 12 月 22 日在晋江市第十八届人民代表大会第一次会议上

晋江市人民政府代市长　王明元

一、过去五年和 2021 年工作回顾

过去五年，是晋江发展史上极不平凡、极具里程碑意义的五年。五年来，市人民政府坚持以习近平新时代中国特色社会主义思想为指导，全面贯彻党的十九大和十九届二中、三中、四中、五中、六中全会精神，在上级党委、政府和市委的坚强领导下，在市人大、市政协的监督支持下，传承创新发展"晋江经验"，大力实施"三大战略"，攻坚"三大任务"，全方位推进高质量发展超越，顺利完成市十七届人大历次会议确定的目标任务，国际化创新型品质城市建设迈出坚实步伐。

这是牢记嘱托、拼搏奋进的五年。我们牢记习近平总书记"'晋江经验'现在仍然有指导意义"的殷切嘱托，始终把"晋江经验"作为制胜法宝，充分激发全市上下奋进新时代的磅礴力量，坚定沿着习近平总书记指引的方向砥砺前行，经历了一系列大事要事难事，取得了一系列重要成绩。成功申办第十八届世界中学生运动会，开创县级城市承办国际综合赛事先河，经受住疫情的大战大考，高质量打赢脱贫攻坚战，预计地区生产总值年均增长 7.9%、突破 2900 亿元，一般公共预算总收入年均增长 4.7%、达 252.5 亿元，城乡居民人均可支配收入从 3.4 万元提高到 4.8 万元，县域经济基本竞争力跃居全国第四，城市投资潜力、营商环境位列全国县域第二，获评全国文明城市，为奋进现代化建设新征程提供"晋江经验"新实践。

这是坚守实业、创新赋能的五年。我们深入贯彻新发展理念，心无旁骛做实业，坚定不移强创新，加快构建"4341"现代产业体系，奋力推动高质量发展走前列。实体经济蓬勃发展。加快四大传统优势产业全链条升级，多维布局信息技术、智能装备、医疗健康等新兴产业，打造 1 个超两千亿、1 个超千亿、2 个超 500 亿、2 个超 300 亿的产业集群，集成电路产业筑链成势。产值超亿元企业 1165 家，上市企业增至 50 家，2 家企业入列全国民企 500 强，规模以上工业产值超 6900 亿元，跑出年均增长 600 亿元的"晋江速度"。科技创新动力澎湃。国科大、福大科教园等大院大所纷纷落地，泉州职业技术大学升格本科，三大本硕高校、九大科研平台形成

多核驱动。高新企业保有量突破400家，新增省级以上“专精特新”企业41家，全社会研发投入年均增长16%。集聚院士工作站19个，高层次创业团队106个，高层次人才超5000人。9支创投基金进驻运作，撬动80亿元社会资本。国家（鞋服和食品）知识产权快速维权中心基本建成，获批国家创新型县（市）、国家“双创”示范基地。项目支撑坚实有力。持续开展项目攻坚主题年活动，比拼六大“两新”基地建设，滚动实施扩能生根、强链补链、数智技改等项目775个、完成投资600亿元，签约招商项目583个、总投资超2400亿元。晋华、渠梁等高新项目实现量产，国际鞋纺城、国际会展中心等重大项目建成投用，培育省级智能制造试点示范25个，企业“上云上平台”超1000家。

*这是内外兼修、为民建城的五年。*我们全面融入闽西南协同发展区和泉州环湾发展，扎实推进“产城人”融合，宜居宜业的“品质之城”近悦远来，获评国家生态市、全国农村双创典型示范县、全国“四好农村路”示范县、全国快递示范城市。世中运筹办扎实推进，首届国际大体联足球世界杯出彩举办。片区建设如火如荼。16个组团（片区）压茬推进，建成现代小区92个，改造老旧小区35个，投用保障性住房1.6万套，中心城区建成区面积达115平方公里，城镇化率69.3%。城市功能提档升级。完成基础设施补短板项目391个，“152030”快速交通圈基本成型，公路密度达全国平均水平6.9倍。在泉州率先启用智慧停车系统，新增停车泊位7294个。新铺污水管网263公里，农村生活污水处理实现村村覆盖，污水日处理能力达49.5万吨。新建公园绿地74.3公顷、生态绿道48公里，30个体育场馆如期建成，九十九溪田园风光、二体中心、足球公园、南岸公园等公共空间开放迎客，市民尽享绿色休闲生活。城乡颜值持续提升。全面推行河湖长制，铁腕打响蓝天碧水净土保卫战，流域水质持续向好，连续五年超额完成节能减排任务，空气优良率连续两年达100%，群众环境获得感稳步提升。全面推进乡村振兴战略，村均集体经营性收入实现翻番，新增3家国家农业产业化龙头企业，创成3个全国“一村一品”示范村、2个省级乡村振兴特色镇、20个省级乡村振兴试点村，形成一批“晋江样板”。

*这是改革图新、开放融通的五年。*我们坚定不移推进改革开放，全方位融入新发展格局，激活高质量发展动能。营商环境显著提升。始终把民营企业当成自家人，实施优化营商环境三年行动，建成“一门式”行政服务大厅，政务数据实现全量汇聚，“一趟不用跑”“最多跑一趟”占比达98.75%，市场主体突破25万户，减免企业税费188.4亿元，兑现惠企资金128亿元，不良贷款率从4.9%降至1.5%以内，获评中国国际化营商环境建设示范市。重点改革纵深推进。新增15项国家级改革试点，成为全省首批集成改革试点县，圆满完成“三块地”等19项试点任务，多项首创成果被国家采纳。市属国企完成两轮重组，资产规模超1600亿元，培育2A级以上企业6家。公共资源交易实现“一网通办”。盘活批而未供和闲置土地1.79万亩、老旧工业厂房1480亩。开放合作深化拓展。国际邮件互换局落地运营，鞋纺城获批国家市场采购贸易试点，陆地港升格为国际港口，机场货邮吞吐量年均增长5.8%，外贸出口累计增长63%。缔结国际友城2对。向金门供水超1600万吨，台胞台企登陆第一家园建设走深走实。

*这是倾情民生、共享发展的五年。*我们践行以人民为中心的发展思想，财政民生支出441亿元，交出一份温暖人心的民生答卷。惠民实事暖心实施。办成为民实事125件、民生微实事超千件，“四帮四扶”困难家庭2194户，在全省率先开展长护险试点。全市慈善组织累计捐赠14.9亿元，救助困难群众15万人次，荣获中国十大慈善城市，城市公益慈善政府支持指数位列全国第一。公共服务扩面提质。新增优质学位5.9万个，每千人医疗机构开放床位增至3.13张，每千名老人养老床位增至41.1张。清华附中晋江学校、泉州五中桥南校区、复旦大学上海医学院等高端资源接续落地，上海六院福建医院成为全国县域首个国家区域医疗中心试点。完善市镇村三级公共文化服务体系，安平桥、草庵摩尼光佛造像、金交椅山古窑址入列世界遗产名录，五店市、梧林传统村落成为闽南文化“活样本”，获评中国县域旅游竞争力百强县（市）、福建省首批全域生态旅游示范市。城市安全保障有力。团结全市人民同心抗疫，慎终如始抓好常态化疫情防控。深入开展安全隐患大排查大整治，专项推进系列专项行动，安全生产形势持续向好。在全国首创“六守六无”平安创建机制，扫黑除恶专项斗争顺利收官，“强基促稳”专项行动扎实推进，群众安全感满意度达99.53%，获评全省平安先进市。

*这是担当作为、依法行政的五年。*我们牢记建设新型服务型政府的要求，只争朝夕，担当作为，“说了就干、干就干成”成为政府系统鲜明标识。高质量开展“不忘初心、牢记使命”主题教育、党史学习教育，忠诚拥护“两个确立”，增强“四个意识”、坚定“四个自信”、做到“两个维护”。严格落实中央八项规定及其实施细则精神，持之以恒纠治“四风”，一般性支出压减30.29%，“三公”经费下降52.62%。严格履行全面从严治党主体责任，落实意识形态责任制，持续强化审计监督、效能监督，政府系统党风廉政建设全面加强。主动接受人大、政协和社会监督，办理人大建议953件、政协提案1068件。扎实推进“七五”普法。同时，民族宗教、统计档案、防灾减灾、老区建设、对口帮扶、老干老龄、工青妇儿、红十字、残疾人、地方志、退役军人、国防双拥、海防管理等工作都取得新成效。

各位代表！2021年是“十四五”开局之年，困难比预想的多，成效比预想的好。我们深入贯彻市第十四次党代会决策部署，扎实做好“六稳”“六保”工作，深入开展“再学习、再调研、再落实”活动，抓好“五促一保一防一控”，统筹疫情防控和经济社会发展取得扎实成效。预计地区生产总值增长10.4%，一般公共预算总收入增长10.9%，一般公共预算收入增长5.0%。

*（一）稳中求进，经济彰显韧性活力。*科学应对疫情冲击、能耗“双控”和外部环境叠加影响，深入开展“我为企业解难题”再落实活动，解决企业困难290项，促成产能协作30亿元，新增企业贷款140亿元，兑现惠企资金23.67

亿元，企业降本减负7亿元，新增规模以上工业企业465家、限上商贸企业323家，预计规模以上产值增长15.2%、限额以上销售额增长31.5%。拓展外贸新业态新模式，综保区“9610”“1210”通关模式正式运行，市场采购贸易方式出口190亿元。家博会、体博会、食交会交易额超500亿元，我们用匠心创意成就晋江“国货之城”美誉。

（二）聚力转型，产业加速创新升级。开展百大项目攻坚大比拼，新增策划和签约项目375个、总投资超2000亿元，渠梁二期、胜科纳米等96个项目先后落地，完成重点项目投资超1000亿元，带动固投增长7.5%，工业投资增长10%。泳装协会与龙头企业开展品牌战略合作，带动中小企业深耕细分市场。在全省县域率先成立科创委，福大国家大学科技园揭牌启用，北京石墨烯技术研究院落地运营，超高端人才社区温馨投用，金融广场获评泉州金融服务集聚示范区，净增高新企业150家，新增省科技小巨人企业61家，培育省级以上制造业单项冠军7家，新增“上云上平台”企业超300家，入选全国工业互联网发展十强县，“晋江制造”出征太空，安踏入围全省数字经济独角兽企业，百宏成为泉州首家智能标杆工厂。

（三）建管并举，城乡建设提质增效。统筹推进114个城乡品质提升项目，完成投资109亿元。四大新片区实施项目84个、完成投资160亿元。12条道路建成通车，“聚城畅通”工程梯次推进。攻坚城乡人居环境整治，铺开环卫保洁、农贸市场、老旧小区、缆线规整等16个专项行动，顺利通过全国文明城市复查。推行河长制项目绩效考评，完成河道清淤整治45公里，建成4个标杆河湖，农村生活污水管网接户率达82%。植树造林5200亩，绿化矿山迹地1669亩。认定第三批市级历史建筑12栋，新增3A级旅游景区2个，“晋江经验”馆入选全国“建党百年红色旅游精品线路”。圆满完成村级换届选举，入围全国乡村产业高质量发展典型案例，大埔村获评全国乡村治理示范村。对口帮扶长汀、上杭取得新成效。

（四）系统推进，集成改革拓展深化。完成全市工业用地调查，启动经济开发区改革，实施2个园区标准化建设试点，产业空间盘活有力破题。开展“营商环境提升年”活动，130个事项实现“一件事”集成，企业开办时限压缩至5个工作小时，二手房交易立等领证，服务事项网上可办率达99.2%。深化国有企业改革，完成国有粮企改制重组。获批省级供销社“三位一体”综合合作试点县（市）。深化农村宅基地制度改革，盘活闲置宅基地477亩。开展行政复议体制改革，获评全省首批法治政府建设示范市。

（五）用心用情，民生福祉持续改善。财政民生支出占比达77.6%，22件为民实事顺利办成。新增城镇就业1.95万人，城镇登记失业率1.7%。新增优质学位1.24万个，开办学校自办食堂30个，课后延时服务全面推行。新增养老床位509张，新改建社区治丧场所5个。新增名医工作室10个，在全省县域率先推行医疗机构“一码通行”。

（六）兜牢底线，城市韧性有力增强。科学精准应对省内突发疫情，坚决果断分级分区管控，全域全员核酸检测，快严实细阻断疫情传播风险，城市核酸检测基地建成投用，接种新冠疫苗422万针次。持续强化“控事故、保安全”工作，全面打响消防安全综合整治“雷霆”行动，扎实推进安全生产标准化建设，培育78个标杆企业、22个示范片区，生产安全事故起数、亡人数分别下降24.5%、23.1%。严厉打击各类网络犯罪，电信网络诈骗破案率提高18.3个百分点。严格履行粮食和食品安全责任，守牢粮食安全和食品安全底线。

各位代表，过去五年，我们坚持以“晋江经验”为引领，用行动践行使命，用实干书写担当，走过了一段勇毅拼搏的历程，交出了一份逆势奋进的答卷，取得了一系列来之不易的成绩。这是习近平新时代中国特色社会主义思想科学指引的结果，是上级党委政府正确领导、市委坚强领导的结果，是全市上下攻坚克难、团结奋斗的结果。海内外500万晋江人，是创造奇迹的英雄。在此，我代表市人民政府，向全市人民，向人大代表、政协委员，向各民主党派、工商联、无党派人士、各人民团体，向离退休老同志，向驻晋直属单位、驻晋部队、武警官兵、消防救援队伍，向企业界人士和来晋创业务工人员，向所有关心支持晋江发展的台港澳同胞、海外侨胞和海内外朋友们，表示衷心感谢和崇高敬意！

我们也清醒认识到，发展还面临一些亟待解决的问题。对标争创社会主义现代化建设先行示范，最大的不足在于城市要素集聚力、辐射带动力还不够强，重点领域、关键环节改革仍需突破，城市治理现代化水平有待提升。对标担纲全方位推进高质量发展超越主力领军，最大的制约在于创新能力和人才支撑还不适应高质量发展要求，传统产业转型升级动能还不够强大，战略新兴产业和高端服务业还未形成有力支撑，产业空间、能源供给等要素制约仍然明显。对标打造共同富裕县域范例，最大的短板在于民生事业优质均衡发展还有差距，社会治理、公共安全等方面还存在不少弱项。此外，个别干部的作风能力与现代化建设新要求还不相适应。我们将以高度负责的态度，采取扎实有效的措施，切实加以解决。

二、今后五年发展目标任务

党的十九届六中全会，是我们党历史上具有里程碑意义的重要会议。全会审议通过《中共中央关于党的百年奋斗重大成就和历史经验的决议》，全面总结党的百年奋斗重大成就和历史经验，强调“两个确立”的决定性意义，发出在新时代新征程赢得更加伟大胜利和荣光的号召。全市政府系统党员干部要把学习宣传贯彻十九届六中全会精神作为重大政治任务，与习近平总书记在闽工作期间开创的重要理念和重大实践、来闽考察重要讲话精神紧密结合起来，与传承创新发展“晋江经验”融会贯通起来，一体学深悟透，转化为推进高质量发展、促进共同富裕的强大动力，扎实推动十九届六中全会精神和上级党委、政府以及市委各项决策部署落地生根、结出硕果。

今后五年，是全面贯彻十九届六中全会精神、奋进社会主义现代化建设新征程的重要时期。省第十一次党代会从战略全局高度，擘画了我省今后五年发展的壮阔蓝图。泉州市第十三次党代会把“晋江经验”作为战略主线，进一步凸显了我市在区域发展格局中的关键地位。我们要强化奋斗有我的使命意识，扛起走在前列的责任担当，全面融入国家、省和泉州重大战略，按照市第十四次党代会确立的一个篇章、三大战略目标和“一三七”发展格局，在历届班子打下的坚实基础上，以舍我其谁的决心、只争朝夕的干劲，在奋楫争先中扛旗领跑，在闯关夺隘中争创一流。

今后五年政府工作的总体要求是：高举习近平新时代中国特色社会主义思想伟大旗帜，深入贯彻党的十九大和十九届二中、三中、四中、五中、六中全会精神，深入学习贯彻习近平总书记在庆祝中国共产党成立100周年大会上的重要讲话和来闽考察重要讲话精神，全面贯彻党的基本理论、基本路线、基本方略，紧紧围绕统筹推进“五位一体”总体布局和协调推进“四个全面”战略布局，忠诚拥护“两个确立”，增强“四个意识”、坚定“四个自信”、做到“两个维护”，坚持党的全面领导，坚持以人民为中心，坚持新发展理念，坚持深化改革开放，坚持系统观念，坚持稳中求进工作总基调，坚持“晋江经验”引领，以全方位推进高质量发展超越为主题，以深化供给侧结构性改革为主线，以改革创新为根本动力，以满足人民日益增长的美好生活需要为根本目的，统筹发展和安全，深入贯彻市第十四次党代会决策部署，加快构建“一三七”发展格局，在加快建设现代化经济体系上取得更大进步，在服务和融入新发展格局上展现更大作为，在探索海峡两岸融合发展新路上迈出更大步伐，在创造高品质生活上实现更大突破，担纲全方位推进高质量发展超越主力领军，在社会主义现代化建设新征程中谱写“晋江经验”新篇章。

今后五年的主要发展目标是：力争到2026年，GDP突破4200亿元，一般公共预算总收入突破320亿元，品牌之都、创新高地、品质城市三张“金名片”基本确立，支撑引领高质量发展的创新体系加快构建，国际化创新型品质城市初步建成，共建共治共享县域治理格局更加完善。

开启新征程，我们要自觉担负起新的历史使命，坚持创新发展这一鲜明主线，坚持“产城人”三者深度融合，全力落实“七个着力”工作主抓手，扎实推进新型工业化和城镇化，奋力攻坚“争创社会主义现代化建设先行示范、担纲全方位推进高质量发展超越主力领军、打造共同富裕县域范例”三大战略目标。重点抓好6个方面工作：

——全力保持经济领跑。坚持以产聚人兴城，把产业作为立市之本，突出数字化、绿色化、园区化，全面加快传统产业高新化转型、新兴产业集群化发展、现代服务业专业化升级、未来产业多元化探路，全面推进产业空间重构升级，优化产业结构，完善产业生态。力争到2026年，规模以上工业产值突破万亿，数字经济规模占GDP比重达60%以上，经济开发区主引擎作用更加凸显，“4341”现代产业体系基本形成，产业核心竞争力和集聚带动力显著增强，经济实力稳居全国县域第一方阵。

——全力打造创新高地。坚持创新在发展全局中的核心地位，围绕产业链布局创新链，加快构建全方位科技创新体系，推动国家级创新平台建设实现重大突破，平台带动示范效应大幅提升，“政产学研用创”深度融合，“一廊两区多平台”高品质科创空间基本成型，创新生态更加优化，创新能力显著增强。力争到2026年，全社会研发投入超120亿元，高新企业突破1100家，规模以上企业研发活动覆盖率超35%，各类高层次人才超7000名，引育50个领军型创新创业团队、1000名博士、10000名硕士、20000名技能人才，建成高水平国家创新型县（市）。

——全力创优营商环境。对标国际国内一流标准，持续深化“放管服”改革，推动政务服务实现“一网通办”，制度性交易成本有效降低，产业空间、环境容量、能源供给等要素制约有力破解，市场环境更加开放公平，主体保护更加充分有效，法治保障更加健全有力，政务环境更加高效便利。力争到2026年，营商环境各项指标达到全国先进水平。

——全力构筑宜居之城。坚持以城留人促产，强化城市服务产业发展、保障美好生活的定位，全面融入泉州“一湾两翼三带”发展格局，以新城建理念，稳步推进城市有机更新，进一步强功能、提品质，兴业态、聚人气。力争到2026年，中心城区建成区面积达125平方公里，城镇化率达72%，创新发展“晋江经验”先导区建设取得初步成效，“全市一城、一主两辅、双湾双带”城市格局加速成型，碳达峰碳中和各项工作有力落实，城市要素集聚力、发展承载力显著增强，实现城市能级和城乡品质双提升。

——全力推进共同富裕。聚焦群众更高品质生活，推动更加充分更高质量就业，促进居民收入增速与经济增速基本同步，中等收入群体比例明显提升。加快补齐教育、医疗、养老等领域短板，推动公共服务更加优质均衡，多层次社会保障体系更加完善，公益慈善全面发展，美好生活更有品质，吸引更多人才扎根晋江，为产业发展、城市繁荣注入源源活水。力争到2026年，新增优质学位5万个，每千人医疗机构开放床位提高到4.2张，每千名老人养老床位提高到45.5张，城乡居民人均可支配收入达7万元以上。

——全力促进平安祥和。全面应用“全域网格+数字治理”新模式，健全完善防范化解重大风险体制机制，推动突发公共事件应急能力显著增强，安全韧性城市建设取得明显成效，基层治理体系和治理能力现代化水平全面提升，共建共治共享县域治理格局更加完善，社会更加和谐有序，群众更加安居乐业。

三、2022年主要工作安排

2022年是新一届政府的第一年，是深入实施“十四五”规划、加快构建“一三七”发展格局的关键之年。经济社会发展主要预期目标是：地区生产总值增长8.2%，一般公共预算总收入增长6%、一般公共预算收入增长6%，固定资产投资增长10%，实际利用外资增长5%，出口商品总额增长8.2%，社会消费品零售总额增长8.2%，城乡居民人均可支配收入增长9%。

围绕上述目标，我们将重点推进8个方面工作：

（一）提升产业能级，保持经济领跑优势。坚持稳字当头、稳中求进，促进稳增长、调结构、推改革有机结合，打好产业基础高级化、产业链现代化攻坚战，加快构建“4341”现代产业体系。

1. 打造先进制造业集群。实施“重龙头、强品牌、铸链条”专项行动，全面推行重点产业“链长制”。扎实推动传统产业高新化转型，制定陶瓷、泳装等行业技术标准，加强功能性材料、智能化分拣包装、高性能陶瓷等新技术新材料研究攻关，实施强链补链项目108个、年度投资93亿元，重点推进百宏涤纶工业丝、华宇织造等12个超10亿元重大项目，落地绿色智能印染、面料后整理加工企业15家以上，纺织、鞋服、食品、建材等传统优势产业产值增长10%以上。扎实推动新兴产业集群化发展，成立集成电路产业投资子基金，对接落地10个产业链上下游项目，开工建设颖华、中探针等10个项目，建成投产渠梁二期P1工程、胜科纳米等5个项目，探索设立集成电路职业学校，加快建设邻里中心、芯动家园人才公寓，推动集成电路产业园提质增效，推进电子信息产业链式发展，打造全国重要内存生产基地、封装测试基地；巩固智能装备产业优势，围绕机器人上下游、高档数控机床、关键机械部件、纺织制鞋机械等领域，重点推进上工申贝、东风井关动力、海纳智能化成套设备等15个高端项目，打造具备核心竞争力的装备制造产业集群；加快培育医疗健康产业，重点推进医疗器械微工业园等4个项目。实施龙头企业培优扶强计划，组建明星梯队企业培育库，筹建品牌授权中心，新增规模以上企业超400家、省级以上单项冠军5家，培育产值超50亿元企业5家以上。

2. 加速产业数字化变革。实施数字经济发展三年行动，打造全省县域数字化应用第一城。开展制造业数字化升级行动，组建产业大脑运营公司，举办首届数字经济峰会，组织数字化公益诊断、学习培训20场以上。实施重点技改项目280个，建设3个5G智慧工厂，新增4家省内首台（套）重大技术装备认定企业，培育5个泉州数字化车间。集聚5家信息系统服务商，引进2个工业互联网平台，创建3家省级应用标杆企业，推动400家企业“上云上平台”，规模以上企业数字化覆盖率达80%以上。

3. 塑造高质量产业空间。坚持“优空间、增效益，强链条、促变革，树标杆、作示范”，以资源要素高效配置赋能产业裂变升级。推进7个园区标准化建设试点项目，带动每个专业园实施标准化项目1个以上，规模以上企业入园率提升到30%以上，打造泉州示范样板。全面推进经济开发区改革，统筹“一区多专业园”空间布局，试点推行亩均效益评价，实行差别化资源配置机制，全力推动“五个增效”，创建国家级经济技术开发区，规模以上企业亩均产值增长8%以上、亩均税收增长5%以上。推动洪山文创园提质增效，打造文创产业聚集新区。适时启动青莲工业区改造。深化国家低效用地再开发试点，出台建设用地全流程监管机制，推进“三年双万”计划，每个镇域至少实施1宗老旧工业园区改造项目，打造东石、英林、永和3个连片改造示范项目，盘活老旧工业厂房2500亩以上，清理批而未供和闲置土地3000亩以上。

4. 提质现代服务业发展。坚持以现代服务业专业化升级，加速产业价值链“两端攀升”，打造服务型制造示范城市。建立中心市区重点楼宇数据库，引进专业运营商，植入现代商务、金融服务、信息咨询等业态，打造一批亿元专业楼宇。加快鞋纺城、五金机电等专业市场向综合平台升级，实施智慧物流、空港物流项目14个，推动动车站开通货运站场功能，积极创建商贸服务型国家物流枢纽。高效运营国际会展中心，加快展会资源集聚，做大会展经济。创新科创金融、供应链金融产品，设立期货交割仓库，新增上市挂牌企业5家以上，“晋金私募汇”规模超100亿元，供应链金融超80亿元，政策性担保业务总额突破10亿元，存贷款余额增长13%以上，争创全省金融服务实体经济试点县（市）。

5. 比拼攻坚项目建设。坚持“项目为王”，统筹新老基建，以高效益项目推动高质量发展。完善分级调度、要素保障机制，加快“五个一批”项目梯次转化，实施重点项目889个、完成年度投资1000亿元以上，实施工业储备项目400个，工业投资增长10%以上。坚持全员大招商，完善招商数字化管理平台，持续发力科技招商、央企招商、基金招商，签约项目130个以上、总投资650亿元以上，超10亿元项目20个以上。实施国企第三轮整合重组，推进实体化运作项目114个，年度总营收突破100亿元，新增2A+企业1家。

（二）激发创新动力，汇聚强劲发展动能。坚持创新驱动、人才强市战略，加快构建全方位科技创新体系，高水平建设国家创新型县（市）和国家“双创”示范基地。

1. 系统布局科创版图。深度融入福厦泉科技创新走廊，加速“一廊两区多平台”落子布点。以世纪大道为主轴，串联金融广场、洪山文创园、三创园等载体，大力培育科技金融、科创孵化、技术经纪、研发设计等新业态，加快打造混合型创新创业活力走廊。开工国科大智能制造学院，做强石墨烯技术研究院，支持三创园创建国家科技企业孵化器，适时建设人工智能计算中心，加快打造高端创新资源集聚的科创新区。提速建设福大科教园二期，深化福大—晋江微电子研究院运作，落地福大微电子学院，加快打造金井产教融合区。健全科研平台评估管理机制，促成中轻科研板块整体落户，实施技术服务和产学研项目100个以上，新增3家泉州级以上双创载体，推动科创平台市场化运营、科创资源开放共享，加快打造科创产业策源地。

2. 壮大创新主体群落。开展“抓创新促应用”专项行动，办好青年企业家混沌创新班，激发新生代企业家创新创业活力。深入推进规模以上企业“三个覆盖”工程，规模以上企业研发活动覆盖率达25%以上，企业研发机构增至95家以上，全社会研发投入增长20%以上。深入推进高新企业倍增工程，高新企业保有量突破500家，新增省级科技小巨人企业超50家、省级以上“专精特新”企业超15家。支持领军企业组建创新联合体，创建绿色鞋服、休闲食品2个省级制造业创新中心。

3. 构筑创新人才高地。推进科创人才集聚、硕博人才倍增、技能人才振兴行动，完善“政策+平台+项目+环境”引才育才体系，引育高层次人才500名以上、企业研发人才600名以上，培训技术经纪人300人次以上，选任科技特派员100名以上。实施“技能晋江”行动，支持泉州职业技术大学、泉州轻工学院扩容建设，探索设立综合性技能人才配置中心，培养产业急需技能人才。健全人才引进、使用和评价激励机制，探索布局人才飞地，造优人才活跃社群，广聚英才而用之。

4. 优化科技创新生态。强化市科创委统筹作用，健全政策精准引导、社会多元投入机制。实施晋商资本“鲑鱼工程”，组建产业创投母基金，扩大高企贷、科技贷、信易贷惠及面，各类股权投资基金规模超180亿元。完善科技成果转化“七个一”体系，办好“海峡杯”系列创新赛事，启用中关村中试熟化平台，大力发展知识产权代理、专利导航、检验检测认证等科技服务，引进技术转移机构3家，转化科技成果200项以上，登记技术合同2亿元以上，万人发明专利拥有量达13件以上。

（三）拓展潜力空间，培育经济新增长点。立足晋江产业基础和比较优势，突出做好海洋经济、绿色经济、体育经济、文旅经济等文章，深挖发展潜力，拓展增长空间。

1. 壮大海洋经济。开展海洋经济三年行动，大力实施“1341”计划，加快金井一级渔港、东石白沙二级渔港、深沪中心渔港改扩建工程，开展全国渔获物定点上岸基地试点，争创国家级渔港经济区。深化省级海洋产业发展示范县创建，试点建设海上牧场，培育国家级水产良种（鲍鱼）示范基地，大力拓展远洋捕捞、冷链物流、通关转运、水产品精深加工等渔业产业链，发展海洋生物制品、海洋纤维纺织材料等新兴业态，海洋生产总值增长14%以上。

2. 培育绿色经济。全面实施碳达峰行动，严格落实能耗“双控”制度，实施节能改造项目15个，创建省级以上绿色制造示范企业8家，加快能源综合梯级利用，推动制造业低碳化转型升级。实施经济开发区循环化改造，创建全省循环经济示范园区。深化碳排放权和排污权交易试点，推动环境容量资源向优质企业倾斜配置。开展绿色建筑创建行动，政府投资项目、市政公用工程、装配式建筑等率先采用绿色建材，新建建筑中绿色建筑面积占比达75%以上。

3. 做强体育经济。按照“简约、安全、出彩”要求，高水平举办世中运，提升体育城市国际影响力。发挥赛事效应，强化体育场馆综合开发，引进一批国际品牌赛事、国内高端赛事，大力发展体育服务业，办好第十四届市运动会，全力创建国家全民运动健身模范市、国家高水平体育后备人才基地。引导企业顺应体育康养、智能穿戴、全民健身等消费新需求，加强体育制造业细分领域产品研发，培育一批产品竞争力强、市场占有率高的单项冠军、隐形冠军，打造名符其实的体育之城。

4. 繁荣文旅经济。完善文创产业扶持政策，支持拍摄晋江籍作家创作的《皮囊》同名电影，大力招引影视项目落地，培育剧本孵化、影视出版等文化产业。建设文化旅游服务中心，统筹有序开发3处世遗点文创资源，开工灵溪谷、安平古镇文旅区等旅游项目，支持磁灶窑址申报省级考古遗址公园、五店市创建国家旅游休闲街区、梧林传统村落创建4A级旅游景区，加快九十九溪田园风光、紫湖郊野公园建设，拓展“晋江经验”馆红色旅游效应，整合提升围头湾滨海旅游风景线，策划推出一批世遗游、工业游、红色游、乡村游、滨海游等精品路线，乘势发展夜游、民宿、演艺等文旅业态，打造一批特色消费街区、网红打卡地，争创国家全域旅游示范区。

（四）深化改革赋能，优化一流营商环境。坚持生态思维、系统观念，全面深化集成改革试点，提升政府服务效能，让企业看得清、算得清，在晋江安心创业、放手发展。

1. 打造高效政务生态。坚持以制度改革牵引流程再造，深化“放管服”改革，全链条优化提升审批服务。推行行政服务大厅6S标准化管理，在全省县域率先实现“无实体证照”办事、率先开展10个行业“一业一码”改革试点，新增100个高频事项“掌上办”，推出100个信用承诺审批改革事项，让企业和群众办事更便捷、更满意。深化“我为群众办实事”、“我为企业解难题”再落实、“局长走流程”等活动，健全诉求收集处理反馈机制，当好无事不扰、随叫随到的“店小二”。

2. 完善优质投资生态。优化政策资金直达机制，推行惠企政策“免申即享”，全面落实降本减负措施。推进产业信贷“增户扩面”，争取设立全国纺织鞋服供应链信易贷服务平台，稳妥防范化解流动性风险，新增贷款160亿元以上，首贷户比提升到40%以上，不良贷款率控制在1.5%以下。组建职教产业协作联盟，启动建设晋中职校、经开区产教融合基地，搬迁扩容晋兴职校，设立异地劳动力培训输送基地，搭建初中应届毕业生从入学、毕业到就业的无障碍“快车道”，破解结构性缺工难题。开工建设2个220千伏、4个110千伏输变电工程，新增输变电容量78.2万千伏安，启动热电联产二期扩建工程，建成安东园及周边地区供热管网，全面提升供电供热保障水平。

3. 营造公平法治生态。实施知识产权示范强县战略，高效运作国家级知识产权快速维权中心，搭建知识产权信息公共服务平台，严厉打击侵权行为，当好企业创新的坚强后盾。加强社会信用体系建设，强化信息联合惩戒。推进“免罚清单”试点，完善市场准入、要素配置等机制，推行包容审慎监管执法，营造公正透明、可预期的法治环境，新增市场主体4.5万户、企业法人1.3万家。

（五）融入内外循环，拓宽开放发展格局。发挥双向开放优势，加快融入新发展格局，更大范围、更高层次参与区域合作和全球竞争。

1. 厚植内循环优势。立足民生消费品制造业优势，抢抓“新国货”“新国潮”机遇，引导企业增品种、提品质、创品牌，提升“晋江造”市场占有率。紧抓消费扩容提质机遇，大力培育电商平台，推动电商总部回归，扩大优质产品线上销售。引进山姆会员店，打造高端商业综合体，引领城市消费升级。持续开展“全闽乐购”促消费活动，培育“商业综合体+特色街区”重点商圈，大力发展首店经济、夜间经济，争创省级示范步行街、省级夜间经济示范区，持续释放消费潜力。

2. 做优高质效平台。抢抓福建自贸区扩区机遇，复制推广自贸创新成果，推动经济开发区叠加综保区功能优势，发展保税加工、研发、物流等“保税+”

经济。加快机场扩容提质，建设航空物流园，大力发展临空经济，货邮吞吐量增长 12% 以上。扩大跨境电商出口，做强 Lazada、国际邮件互换局等平台功能优势，国际及港澳快递业务量增长 10% 以上。实现鞋纺城市场采购贸易全省通关一体化，建设围头港市场采购贸易海关监管场所，市场采购贸易额达 220 亿元以上。积极对接 RCEP 新规则，支持龙头企业开展海外并购，加速拓展海丝沿线市场。

3. 密切海内外交流。发挥在外晋江人优势，开展“海外晋籍青年精英故乡行”等活动，加强回乡寻根、投资兴业等服务工作，增强海外乡亲的祖地根脉归属感和中华文化认同感，引导推动侨商回归、侨智回乡、侨资回流。深化晋台融合发展，开工建设金门供水应急保障工程，支持台湾青年来晋就业创业，拓展晋台产业对接合作。团结港澳乡亲，探索港澳青年交流新模式。抢抓闽澳“并船出海”契机，以“侨为桥”助力企业挺进葡语国家市场。深化国际友城合作，持续拓展海外朋友圈。

（六）坚持城乡统筹，用心建设大美晋江。坚持国际视野、长远眼光，以新城建理念，统筹城市发展、产业植入、业态提升、环境艺术、专业设计，深化“产城人”融合，推进新型城镇化，打造现代化、国际化“品质之城”。

1. 加速城市有机更新。完成国土空间总体规划，启动全域控制性详规和各类专项规划，优化“四区一走廊”等重要节点城市设计，塑造城市特色风貌。站位闽西南协同发展区和泉州海丝新区建设，加速拥湾连铁、聚核强心，高标准规划建设“晋江经验”先导区，高水平开发晋东新区、紫帽片区、高铁新区、科创新区，推进鞋纺城二期、晋江南连接线等 118 个重点项目，回迁 8 个安置房小区，加快晋江南岸核心板块功能开发，塑造充满现代气息的城市新中心。坚持“留改拆”并举，实施池峰路南延伸、安海北环—龙山寺等片区改造，启动英林城镇更新及旧村改造工程，打造阳光片区“微更新”示范样板，提升 45 个老旧小区，让宜居生活触手可及。

2. 完善城市功能设施。建成福厦客专晋江段。提速推进“聚城畅通”工程，加快一重环湾西滨段、刺桐大桥南节点改造等项目建设，启动世纪大道南延伸、联华大道北延伸一期、智造大道龙湖段等 9 个交通项目，建成二重环湾、东部快速路一期等 7 条高铁集散通道，打通 3 条断头路，加密优化 4 条公交线路，完善快慢结合的综合交通体系。新建 1200 个 5G 基站，实现城乡主要区域 5G 信号全覆盖。实施 4 个防洪排涝工程，改造老旧供水管网 10 公里以上，持续增强城市海绵功能。新增公园绿地 21 公顷，完善一山一水福道系统，推动市域绿道互联互通，把最美景观、亲水岸线留给广大市民。

3. 强化城市精细管理。统筹智慧城市建设运营，推进城市管理“一屏统览、一网统管”。整治 10 个交通易堵点、10 个事故多发点，新增 1000 个智慧停车位，提升市域通行效率。开展城乡人居环境整治 2.0 版，严厉打击“两违”行为，狠抓架空缆线、飞线充电、乱停乱放等顽症治理。修编全市环境卫生规划，制定户外广告设置导则，规范社区物业管理，让城市更干净、更有序。

4. 推进乡村全面振兴。实施乡村振兴“1134”计划，深化农村综合改革试验区、宅基地制度改革、集体产权制度改革等试点工作。实施 45 个村级增收项目，建成 20 个乡村共享驿站、19 个跨村联建项目、10 个新型供销为农服务网点，实现村均集体经营性收入超 60 万元。大力发展特色现代农业，新增高标准农田 1900 亩，争创国家现代农业（胡萝卜）产业园、国家田园综合体。深化省级乡村振兴试点示范，完成 30 个村庄规划修编，开展“百企兴百村、乡贤促振兴”活动和“燕归巢”人才反哺计划，打造乡贤反哺“溪边样板”，创成 6 个标杆示范村、5 条泉州级示范线、3 个整镇推进示范镇，实现美丽乡村串点成线、梯次推进。深化全国乡村治理体系试点示范，提高村规民约执行力，建设全省婚俗改革试验区，弘扬新时代文明乡风，打造乡村治理“晋江样板”。倾斜支持革命老区村振兴发展，高质量做好长汀、上杭对口帮扶工作。

5. 构建绿色生态体系。深入实施蓝天、碧水、碧海、净土“四大工程”，构建大气、水、土壤智能管控“一张图”框架。强化露天堆场、扬尘污染治理，全面淘汰 10 蒸吨以下燃煤锅炉，空气质量优良率保持 100%。加强饮用水源地保护，实施东山、草洪塘、溪边 3 个水库环库截污工程。启动尾水排海工程海域段建设，新建改造污水管网 30 公里，农村生活污水管网接户率提高到 85% 以上。实施河湖长制项目 95 个，建成投用南港污水处理厂再生水回用、缺塘溪生态活水工程。全面推行林长制，深化“全民动员，绿化晋江”活动，植树造林 4000 亩以上。完成泉州湾“蓝色海湾”综合治理。启动第二轮土壤环境重点监管企业排查整治，开展危险废物专项整治三年行动，新增危废年处置能力 20 万吨。

（七）聚焦共同富裕，提高群众生活品质。高质量办好 22 件为民实事、100 件民生微实事，用心创造品质生活，稳稳托起群众对美好生活的向往。

1. 促进高质量稳岗就业。深化推进四大群体增收计划和四项收入提升行动，推动居民收入稳步提升、中等收入群体规模不断扩大。加强低收入人员、退役军人等重点群体就业服务，做好就业困难人员培训、帮扶和托底安置。搭建“新零工”线上平台，建设 5 个实体“零工”市场，职业技能培训 4000 人次以上，助力多渠道灵活就业、自主创业，新增城镇就业 2.35 万人，城镇失业率控制在 2% 以内。

2. 完善多层次保障体系。健全分层分类的社会救助体系，优化困难群众主动发现机制，“四帮四扶”200 户困难家庭，开展残疾人康复和帮扶工程，兜紧兜牢保障底线。启用“晋江慈善馆”，举办国际慈善论坛，鼓励企业投身公益事业，支持慈善机构开展“解困、助学、助听、复明、安居”等慈善活动，发挥好第三次分配作用。提升 6 个镇级敬老院、100 个农村幸福院，探索“物业 + 养老”“智慧 + 养老”模式，制定基本养老服务清单，开展老年人助餐服务、居家养老上门服务，实施失能人员长期护理保障工程，构建居家社区机构相适宜、医养康养相结合的养老服务体系，让老年人安享幸福晚年。

3. 办好人民满意教育。深入推进第三轮中心城区教育资源整合提升工程，扩大中心市区和陈埭、池店等重点区域教育供给。实施 76 个教育项目，新增优质学位 1 万个，开办清华附中晋江学校高中部等 4 所中小学校，新改扩建公办幼儿园 10 所，普惠性学前教育覆盖率保持85%以上。总结推广集团化办学经验，加快义务教育优质均衡发展，精准对接高考改革，提升高中阶段教育质量。深化“百千”教育人才引育计划，加大教师增补力度，加强师德师风建设。全面落实“双减”政策，深化校外培训机构治理，新改建38个学生心理辅导室，让孩子们全面发展、健康成长。

4. 建设高水平健康晋江。实施20个医疗卫生项目，提升卫生健康服务能力。深化医疗卫生体制改革，推动紧密型医共体高效运作。支持市医院创建三甲综合医院，挂牌福建医科大学附属医院，启动上海六院福建医院晋东院区项目，高标准建设国家创伤区域医疗中心。支持第二医院创建三级医院，深化与复旦大学上海医学院及附属医院合作，建立覆盖广泛的“复旦系”医疗服务网络。支持中医院改扩建，深化与福建中医药大学校地合作，推动镇域中医馆全覆盖，提升基层中医药服务能力。全面落实三孩配套政策，培育10个婴幼儿照护服务普惠性示范点，新增托位600个。建成“医码通”二期工程，实现二级以上公立医院“一码通行”，让群众就医更便捷、更舒心。

5. 丰富高品质文化供给。坚持以文塑城、以文化人，深化新时代文明实践中心全国试点，健全文明城市创建长效机制，让城市文明蔚然成风。完善非遗保护单位和传承人履职制度，加强世界遗产点系统性保护，修缮文保单位12处，让城市文脉绵延流淌。投用非遗馆、工人文化宫、妇女儿童活动中心等文化场所，建设晋江文献馆，布设5个闽南传统文化体验点、3个视障文化阅读室，培育一批“小精美特”新型文化空间，提升百场公益性精品演出，让文化生活更有品位。

（八）突出治理提效，打造安全韧性城市。统筹发展和安全，着力提升基层治理体系和治理能力现代化水平，促进更具韧性、更可持续的安全发展。

1. 健全公共卫生应急体系。坚持外防输入、内防反弹，深化“大数据+网格化+铁脚板”治理机制，强化人物环境同防、闭环管控，加快构筑全民免疫屏障，建成市级健康驿站二期工程，毫不放松抓好疫情防控。实施疾控中心、120急救中心能力提升工程，健全“三公（工）一大”融合协同机制，构建科学精准、快速高效的公共卫生应急体系。

2. 创新基层社会治理。建设大数据智能化综合指挥中心，打造高度集成的一体化治理平台。健全“网格+警格”“网格+部门职能应用”治理机制，深化市镇综合行政执法体制改革，实现基层治理“镇街吹哨、部门报到”。稳妥推进新型社区设置调整。深化省级近邻服务试点，建设市级社工总站，培育6个“五社联动”示范社区、10个“晋邻汇”邻里中心，打造10个枢纽型社区社会组织。创新运用信访评理方式，扎实推进治重化积专项工作，深化矛盾纠纷多元调处。常态化开展扫黑除恶斗争，投用反恐防暴训练基地一期项目，强化禁毒、电信网络诈骗、非法集资等专项整治，打造最具安全感城市。加强退役军人服务保障，争创全省双拥模范城“十连冠”。

3. 提高本质安全水平。启用市级应急信息指挥平台，构建城市安全基础防治、安全生产执法监管、应急救援和物资储备体系。充分运用第一次全国自然灾害综合风险普查成果，提升防灾减灾救灾能力。深化安全生产专项整治三年行动，持续开展消防安全综合整治“雷霆”行动，强化道路交通、建筑施工、房屋安全、渔业安全等重点领域整治，完成80%以上企事业单位安全生产标准化提升，确保生产安全事故“四项指数”持续下降。落实粮食和食品安全责任制，建设“食安晋江”智慧监管平台一期工程，坚决治理餐桌污染，保障舌尖上的安全。

四、全面建设新型服务型政府

使命如磐，重担在肩。全市政府系统必须始终把全面加强党的领导贯穿政府工作全过程，传承创新发展“晋江经验”，强化勇当主力领军的政治自觉、历史自觉，全方位建设人民满意的新型服务型政府。

（一）建设善学善治政府。全面贯彻习近平新时代中国特色社会主义思想，持续巩固党史学习教育成果，不断提高政治判断力、政治领悟力、政治执行力。深化“再学习、再调研、再落实”活动，倡导多学习少应酬的风气，全面提升干部队伍执行力、落实力、穿透力。坚持以“善学”促“善治”，克服本领恐慌，运用系统思维，着力深化改革、推动发展、化解矛盾、防范风险，提升精细治理能力，全面推动治理体系和治理能力现代化。

（二）建设市民信赖政府。坚持言必信行必果，以实际行动取信于企、取信于民。坚决惩治办事拖拉、推诿扯皮、刁难勒卡等作风效能问题，高效办好企业和群众的“关键小事”。聚焦“平均数以下”，履好兜底保障之责，尽好帮扶救助之力，做到弱有所扶、难有所帮、困有所助，让民生关切温暖人心。

（三）建设法治阳光政府。严格遵守宪法和法律，落实重大行政决策法定程序，创建全国法治政府建设示范市。深入实施“八五”普法，促进全民知法守法。自觉接受人大法律监督、工作监督和政协民主监督，高效办理人大建议、政协提案。深化基层政务公开标准化规范化工作，优化市长专线、便民服务热线办理机制，主动接受社会监督、舆论监督，让权力在阳光下运行。

（四）建设新型数字政府。健全政务数据统筹机制，整合政府各领域服务系统，实现跨部门数据高效联动。用好政务数据汇聚共享平台，推动数字技术广泛融入政府治理各领域，提高基层治理智能化、政务服务数字化水平。秉承用户思维，最大限度减时限、减流程、减证明，让市民畅享便捷服务。

（五）建设清廉高效政府。加强政府系统党风廉政建设，强化重点领域全覆盖监管，一体推进不敢腐不能腐不想腐。严格落实中央八项规定及其实施细则精神，持之以恒纠治“四风”，构建“亲”“清”新型政商关系，传递“亲”的温度，守牢“清”的底线。厉行节约过“紧日子”，严控“三公”经费。坚持“干部服务群众、政府服务企业、机关服务一线”，优质做好每件事，高效干好每一天，用成果说话，以实绩交卷。

各位代表！晋江是改革开放的前沿阵地，“晋江经验”是我们最宝贵的制胜法宝，“爱拼敢赢”是我们最鲜明的精神特质。站在新的历史起点，让我们高举习近平新时代中国特色社会主义思想伟大旗帜，在上级党委、政府和市委的坚强领导下，砥砺初心，践行使命，勇毅前行，担纲全方位推进高质量发展超越主力领军，在社会主义现代化建设新征程中谱写“晋江经验”新篇章，以优异成绩迎接党的二十大胜利召开！

附注

*三大战略：人才强市、新型城镇化、国际化战略。

*三大任务：实现更高水平全面小康、推进高质量赶超、办好重大赛事。

*“4341”现代产业体系：鞋服、纺织、建材、食品4大传统优势产业；信息技术、智能装备、医疗健康3大新兴产业；商贸物流、文体旅游、研发创意、金融服务4大现代服务业；探索布局未来产业。

*六大“两新”基地：智能装备制造产业基地、集成电路产业基地、人机交互产业基地、智慧物流产业基地、新型高端面料产业基地、医疗器械产业基地。

*四好农村路：建好、管好、护好、运营好农村公路。

*“152030”快速交通圈：全市15分钟上高速、中心城区至各镇（街道）20分钟可达、各镇（街道）间30分钟连通。

*“三块地”改革：农村土地征收、集体经营性建设用地入市、宅基地制度改革。

*四帮四扶：帮就业、帮就医、帮就学、帮安居、扶贫困、扶老幼、扶伤残、扶志气。

*“六守六无”平安创建：守诚无失信、守德无纠纷、守约无陋俗、守规无事故、守法无案件、守廉无贪腐。

*两个确立：确立习近平同志党中央的核心、全党的核心地位，确立习近平新时代中国特色社会主义思想的指导地位。

*四个意识：政治意识、大局意识、核心意识、看齐意识。

*四个自信：道路自信、理论自信、制度自信、文化自信。

*两个维护：坚决维护习近平总书记党中央的核心、全党的核心地位，坚决维护党中央权威和集中统一领导。

*“六稳”“六保”：稳就业、稳金融、稳外贸、稳外资、稳投资、稳预期，保居民就业、保基本民生、保市场主体、保粮食能源安全、保产业链供应链稳定、保基层运转。

*五促一保一防一控：促生产、促消费、促项目建设、促外经贸发展、促旅游、保基本、防风险、控疫情。

*能耗“双控”：能耗总量和强度双控。

*9610：“跨境电子商务零售一般出口业务”的海关监管代码，适用于企业对个人出口，具有链路短、成本低、限制少等优势。

*1210：“跨境电子商务零售保税备货（进口）”的海关监管代码，电商企业根据市场预测和消费者需求，预先从国外集中采购大量商品，进口并存储在海关特殊监管区域，根据网上订单以跨境电商直购零售进口方式申报后直接出区配送。

*“一件事”集成：整合“一件事”涉及的多项关联审批服务事项，围绕申请条件、申报方式、审核程序、发证方式、管理架构等方面进行流程再造，实现“一窗受理、一次告知、一表申请、一套材料、一口出件”。

*一个篇章：在社会主义现代化建设新征程中谱写“晋江经验”新篇章。

（P10）三大战略目标：争创社会主义现代化建设先行示范、担纲全方位推进高质量发展超越主力领军、打造共同富裕县域范例。

*“一三七”发展格局：坚持创新发展这一鲜明主线，坚持“产城人”三者深度融合，全力落实“七个着力”工作主抓手。

*“五位一体”总体布局：经济建设、政治建设、文化建设、社会建设和生态文明建设五位一体，全面推进。

*“四个全面”战略布局：全面建设社会主义现代化国家、全面深化改革、全面依法治国、全面从严治党。

*“五个增效”：整合增效、盘活增效、倒逼增效、提容增效、重组增效。

*“三年双万”计划：三年时间盘活1万亩老旧工业厂房、1万亩闲置工业用地。

*规上企业“三个覆盖”：研发活动、研发机构、发明专利。

*晋商资本“鲑鱼工程”：积极发展晋江创投产业，鼓励、推动海内外晋江商人和本土“企二代”“创二代”将产业资金回流晋江，开展资本运作，支持我市产业创新发展、转型升级。

*科技成果转化“七个一”体系：建立一个科技大市场、设立一批成果转化基金、发展一批科技金融产品、实施一批产学研合作项目、建立一批中试基地、引进一批技术转移服务机构、打造一支经纪人队伍。

*“1341”计划：以创建国家级海洋经济发展创新示范城市为目标，发展海洋捕捞、海洋生物制品、滨海休闲旅游3大支柱产业，围绕泉州湾、深沪湾、围头湾、安海湾4大湾区联动发展，争取到2025年海洋经济总产值超1000亿元。

*行政服务大厅6S标准化管理：包括整理、整顿、清扫、清洁、素养、安全等6方面内容。

*“一业一码”改革：将市场准入后的一个行业经营涉及的多项行政许可事项整合为一个审批链条，通过流程再造、信息共享和业务协同，实现“一键导航、一单告知、一表申请、一口受理、一窗出件”，生成综合二维码，可在晋江市域内互认互信，实现“一码亮证”。

*RCEP：区域全面经济伙伴关系协定。

*四区一走廊：晋东新区、高铁新区、紫帽片区、科创新区、世纪大道创新活力走廊。

*乡村建设“1134”计划：以打造乡村振兴“晋江样板”为核心，培育100个乡村振兴示范样板村，到2025年村社集体经营性收入超过3亿元，农民人均可支配收入超过4万元。

*四大群体增收计划：城镇职工薪酬增长计划、农村居民多元创收计划、高级人才激励计划、困难群体收入保障计划。

*四项收入提升行动：工资性收入、经营性收入、财产性收入、转移性收入提升行动。

*“百千”教育人才引育计划：到2025年，重点引进和培育高层次教育人才100名以上、优秀青年教育人才1000名以上。

*“双减”政策：减轻义务教育阶段学生作业负担和校外培训负担。

*“三公（工）一大”融合协同机制：以公安部门牵头，公卫、工信和大数据部门融合协同机制。

*五社联动：社区、社会组织、社会工作、社区志愿者、社会慈善资源联动。

*生产安全事故“四项指数”：事故起数、死亡人数、受伤人数、直接经济损失。

各组织机构及负责人名录

2021年中共晋江市委领导一览表

表16

职 务	姓 名	籍 贯	任职时间	职 务	姓 名	籍 贯	任职时间
书 记	刘文儒	德 化	至2021年6月	常 委	黄天凯	晋江安海	2021年7月任
书 记	张文贤	安 溪	2021年6月任	常 委	黄少伟	晋江安海	2021年7月任
副书记	张文贤	安 溪	至2021年6月	常 委	李志强	晋江池店	2021年7月任
副书记	吴忠刘	南 安	2021年7月任	常 委	陈友爱	宁 德	2021年7月任
副书记	王明元	泉州鲤城	续任	常 委	吴志朴	晋江灵源	2021年7月任
常 委	林惠玲（女）	泉州丰泽	至2021年7月	常 委	赖有为	泉州洛江	2021年7月任
常 委	许仰东	南 安	至2021年7月	常 委	庄怀璇（女）	泉州鲤城	2021年7月任
常 委	李自力	晋江池店	至2021年7月	常 委	付 祥	安徽无为	2021年11月任
常 委	黄文福	晋江金井	至2021年7月	一级调研员	薛宗炎	泉州鲤城	续任
常 委	潘子良	浙江文成	至2021年7月	副处级干部	吴淞江	晋江安海	续任
常 委	吴忠刘	南 安	续任	三级调研员	李自力	晋江池店	2021年7月任
常 委	陈长义	晋江罗山	至2021年7月	二级调研员	林惠玲（女）	泉州丰泽	续任
常 委	刘文成	安徽肥东	至2021年11月	副处级干部	许畴料	晋江东石	续任

2021年晋江市人大常委会领导一览表

表17

职 务	姓 名	籍 贯	任职时间
主 任	林仁达	南 安	续任
副主任	黄文福	晋江金井	2021年12月任
副主任	潘子良	浙江文成	2021年12月任
副主任	洪元程	台 湾	2021年12月任
副主任	王清龙	厦 门	2021年1月任
副主任	曾献礼	晋江内坑	至2021年12月

职 务	姓 名	籍 贯	任职时间
副主任	郭鸿荣（回）	晋江罗山	至2021年11月
副主任	姚志强	安 溪	至2021年12月
二级调研员	姚志强	安 溪	2021年12月任
二级调研员	林友竹	晋江陈埭	2021年3月任
三级调研员	林友竹	晋江陈埭	至2021年3月

2021 年晋江市人民政府领导一览表

表 18

职　务	姓　名	籍　贯	任职时间	职　务	姓　名	籍　贯	任职时间
市　长	张文贤	安　　溪	至 2021 年 6 月	副市长	赖有为	泉州洛江	2021 年 7 月任
市　长	王明元	泉州鲤城	2021 年 12 月任	副市长	陈　希（女）	江苏盐城	2021 年 8 月任
（副）代市长	王明元	泉州鲤城	2021 年 6—12 月	副市长	王也夫	福　　州	2021 年 7 月任
副市长	李自力	晋江池店	至 2021 年 8 月	副市长	张健龙	晋江内坑	2021 年 8 月任
副市长	张淑语（女）	晋江英林	至 2021 年 7 月	副市长	丁鸿雨（回）	晋江陈埭	2021 年 8 月任
副市长	黄少伟	晋江安海	至 2021 年 7 月	副市长	陈传芳	晋江金井	2021 年 7 月任
副市长	李志强	晋江池店	至 2021 年 7 月	副市长	张　勇	重　　庆	2021 年 11 月任
副市长	张汉杰	晋江内坑	至 2021 年 7 月	副处级干部	颜宏达	晋江安海	续任
副市长	庄天怀	晋江梅岭	至 2021 年 7 月	副处级干部	黄思添	南　　安	续任
副市长	张汉杰	晋江内坑	至 2021 年 7 月	四级调研员	陈传芳	晋江金井	至 2021 年 7 月
副市长	吴志朴	晋江灵源	2021 年 7 月任				

2021 年政协晋江市委员会领导一览表

表 19

职　务	姓　名	籍　贯	任职时间	职　务	姓　名	籍　贯	任职时间
主　席	许宏程	晋江英林	续任	副主席	洪忠信	晋江英林	续任
副主席	林庆峰	永　　春	至 2021 年 12 月	副主席	张淑语（女）	晋江英林	2021 年 12 月任
副主席	叶荣宗	漳州长泰	2021 年 3—12 月	副主席	张汉杰	晋江内坑	2021 年 12 月任
副主席	洪元程	台　　湾	续任	副主席	吴丽婷（女）	晋江磁灶	2021 年 12 月任

2021 年中共晋江市委机构及负责人一览表

表 20

机构名称	职　务	姓　名	籍　贯	任职时间	机构名称	职　务	姓　名	籍　贯	任职时间
市纪委监委	纪委书记	许仰东	南　　安	至 2021 年 7 月	市纪委监委	纪委副书记	庄祖奇	惠　　安	至 2021 年 7 月
	纪委书记	庄怀璇（女）	泉州鲤城	2021 年 7 月任		纪委副书记	曾国灿	晋江罗山	2021 年 7 月任

续表 20

机构名称	职 务	姓 名	籍 贯	任职时间	机构名称	职 务	姓 名	籍 贯	任职时间
市纪委监委	纪委副书记	蔡韵清（女）	晋江东石	续任	市纪委监委	第四纪检监察室主任	郑金标	莆 田	续任
	纪委常委	郭培源（回）	石 狮	至 2021 年 7 月		第五纪检监察室主任	桂卓迎	晋江安海	续任
	纪委常委	王龙头	晋江安海	2021 年 7 月任		第六纪检监察室主任	施祖烈	晋江龙湖	续任
	纪委常委	黄进苹	南 安	2021 年 7 月任		案件审理室主任	苏瑛玉（女）	晋江安海	续任
	纪委常委	施聪智	晋江龙湖	2021 年 7 月任		纪检监察干部监督室主任	林明温	晋江陈埭	续任
	纪委常委	庄剑泓	晋江青阳	续任	市纪委监委派驻纪检监察组	驻市委办公室纪检监察组组长	蔡开阳（女）	晋江东石	续任
	纪委常委	谢东红	晋江池店	至 2021 年 7 月		驻市委组织部纪检监察组组长	蔡东毅	晋江金井	至 2021 年 7 月
	纪委常委	翁洵钰	晋江灵源	至 2021 年 3 月		驻市委组织部纪检监察组组长	姚晓翔	晋江安海	2021 年 7 月任
	监委主任	许仰东	南 安	至 2021 年 7 月		驻市委宣传部纪检监察组组长	彭志翔	泉州洛江	续任
	监委主任	庄怀璇（女）	泉州鲤城	2021 年 12 月任		驻市委统战部纪检监察组组长	陈激扬（女）	晋江永和	至 2021 年 7 月
	监委副主任	庄祖奇	惠 安	至 2021 年 7 月		驻市委统战部纪检监察组组长	李径宗	晋江罗山	2021 年 7 月任
	监委副主任	曾国灿	晋江罗山	2021 年 7 月任		驻市委政法委纪检监察组组长	罗敏（女）	广 东	续任
	监委副主任	蔡韵清（女）	晋江东石	续任		驻市人大常委会机关纪检监察组组长	陈丽娜（女）	晋江罗山	续任
	监委委员	庄剑泓	晋江青阳	续任		驻市政府办公室纪检监察组组长	柯金买（女）	晋江新塘	续任
	监委委员	谢东红	晋江池店	至 2021 年 7 月		驻市发展和改革局纪检监察组组长	谢长春	永 春	续任
	监委委员	翁洵钰	晋江灵源	至 2021 年 3 月		驻市工业和信息化局纪检监察组组长	张文盾	晋江东石	续任
	监委委员	王龙头	晋江安海	续任		驻市商务局纪检监察组组长	颜秋娥（女）	晋江安海	续任
	监委委员	黄进苹	南 安	至 2021 年 7 月		驻市教育局纪检监察组组长	张尚府	晋江东石	续任
	监委委员	姚思明	晋江内坑	2021 年 7 月任		驻市公安局纪检监察组组长	吴世钦	福州闽侯	续任
	监委委员	苏远志	晋江龙湖	2021 年 7 月任					
	办公室主任	史伯郎	晋江安海	续任					
	组织和宣传部部长	施聪智	晋江龙湖	续任					
	党风廉政建设室主任	姚思明	晋江内坑	续任					
	信访室主任	张清泉	晋江内坑	续任					
	案件监督管理室主任	陈萍萍（女）	南 安	续任					
	第一纪检监察室主任	苏远志	晋江龙湖	续任					
	第二纪检监察室主任	蔡金情	晋江东石	续任					
	第三纪检监察室主任	张长仁	晋江梅岭	续任					

续表 20

机构名称	职务	姓名	籍贯	任职时间
市纪委监委派驻纪检监察组	驻市民政局纪检监察组组长	李文程	晋江池店	至 2021 年 7 月
	驻市民政局纪检监察组组长	吴钰凯	晋江龙湖	2021 年 7 月任
	驻市财政局纪检监察组组长	黄工作	晋江安海	续任
	驻市人力资源和社会保障局纪检监察组组长	林承狮	晋江永和	续任
	驻市自然资源局纪检监察组组长	柯清学	晋江灵源	至 2021 年 7 月
	驻市自然资源局纪检监察组组长	陈俊明	晋江深沪	2021 年 7 月任
	驻市住房和城乡建设局纪检监察组组长	许永康	晋江东石	续任
	驻市城市管理局纪检监察组组长	蔡劲松	晋江池店	至 2021 年 7 月
	驻市城市管理局纪检监察组组长	蔡永革	晋江永和	2021 年 7 月任
	驻市交通运输局纪检监察组组长	吴炳灿	晋江西园	续任
	驻市农业农村局纪检监察组组长	张明智	晋江内坑	续任
	驻市水利局纪检监察组组长	陈玲玲（女）	晋江罗山	续任
	驻市文化和旅游局纪检监察组组长	陈丹蓉（女）	晋江安海	续任
	驻市卫生健康局纪检监察组组长	洪少艾	晋江英林	续任
	驻市市场监督管理局纪检监察组组长	许竟峰	泉州鲤城	续任
	驻市政协机关纪检监察组组长	陈建新	晋江金井	续任
市纪委监委派驻纪检监察组	驻市人民法院纪检监察组组长	林天宝	莆田仙游	续任
	驻市人民检察院纪检监察组组长	王云进	晋江内坑	续任
	驻市总工会纪检监察组组长	王　平	安徽灵璧	至 2021 年 7 月
	驻市总工会纪检监察组组长	洪琼琼（女）	晋江东石	2021 年 7 月任
市委办	主　任	谢建智	石　狮	至 2021 年 5 月
	主　任	陈英煌	晋江青阳	2021 年 5 月任
	副主任	陈建军	晋江陈埭	至 2021 年 11 月
	副主任（兼）	柯晓钟	晋江罗山	至 2021 年 11 月
	副主任	曾伙明	晋江内坑	至 2021 年 2 月
	副主任	林灿煌	晋江陈埭	至 2021 年 5 月
	副主任	陈金尚	晋江罗山	2021 年 11 月任
	副主任	张清常	晋江内坑	续任
保密办国家保密局	主任、局长	柯晓钟	晋江罗山	至 2021 年 11 月
机要局密码管理局	局　长	吴炳新	晋江磁灶	续任
台港澳办	主　任	陈建军	晋江陈埭	至 2021 年 11 月
	主　任	陈金尚	晋江罗山	2021 年 11 月任
档案局	局　长	谢建智	石　狮	至 2021 年 5 月
	局　长	陈英煌	晋江青阳	2021 年 5 月任
市委综合系统党委	书　记	宋豫闽	河南确山	2021 年 11 月任
	书　记	曾伙明	晋江内坑	至 2021 年 2 月
	专职副书记	宋豫闽	河南确山	至 2021 年 11 月
党群系统党委	书　记	林嘉达	晋江深沪	至 2021 年 11 月
	书　记	黄建华	南　安	2021 年 11 月任
	专职副书记	颜呈秒	晋江安海	续任

续表 20

机构名称	职　务	姓　名	籍　贯	任职时间
组织部	部　长	吴忠刘	南　安	至 2021 年 7 月
	部　长	陈友爱	宁　德	2021 年 7 月任
	常务副部长	林嘉达	晋江深沪	至 2021 年 11 月
	常务副部长	黄建华	南　安	2021 年 11 月任
	副部长	黄建华	南　安	至 2021 年 11 月
	副部长	许著赟	晋江安海	至 2021 年 5 月
	副部长	施嘉奕	晋江龙湖	续任
	副部长	柯晓钟	晋江罗山	2021 年 11 月任
	副部长	洪文惯	晋江英林	2021 年 11 月任
	副部长（兼）	杨春雷	晋江龙湖	续任
公务员局	局　长	洪文惯	晋江英林	续任
老干部局	局　长	许著赟	晋江安海	至 2021 年 5 月
	局　长	柯晓钟	晋江罗山	2021 年 11 月任
	副局长	张蓓蕾（女）	晋江梅岭	至 2021 年 11 月
直属机关工作委员会	书　记	吴忠刘	南　安	至 2021 年 7 月
	书　记	陈友爱	宁　德	2021 年 7 月任
非公企业和社会组织工委	书　记	施嘉奕	晋江龙湖	续任
人才办	主　任	黄建华	南　安	续任
宣传部	部　长	林惠玲（女）	泉州丰泽	至 2021 年 7 月
	部　长	黄少伟	晋江安海	2021 年 7 月任
	副部长	陈多多	晋江深沪	至 2021 年 11 月
	副部长	吴清淡	晋江东石	至 2021 年 11 月
	副部长	张培良	惠　安	续任
	副部长（兼）	黄华东	南　安	续任
	副部长（兼）	许自来	晋江东石	续任
	副部长	曾焕铁	晋江新塘	2021 年 11 月任

机构名称	职　务	姓　名	籍　贯	任职时间
宣传系统党委	书　记	李育波	晋江池店	2021 年 7 月任
	专职副书记	许清源	晋江东石	续任
精神文明建设办公室	主　任	陈多多	晋江深沪	至 2021 年 11 月
	主　任	曾焕铁	晋江新塘	2021 年 11 月任
	副主任	吴成业	晋江磁灶	续任
统一战线工作部	部　长	黄文福	晋江金井	至 2021 年 7 月
	部　长	黄天凯	晋江安海	2021 年 7 月任
	常务副部长	陈秋景	晋江永和	至 2021 年 11 月
	常务副部长	施金钟	晋江龙湖	2021 年 11 月任
	副部长	范飞跃	晋江金井	至 2021 年 11 月
	副部长	陈金尚	晋江罗山	至 2021 年 11 月
	副部长	陈贻得	晋江金井	续任
	副部长（兼）	郑科伟	晋江龙湖	续任
	副部长	谢江漫	晋江金井	2021 年 11 月任
统战系统党委	书　记	陈金尚	晋江罗山	至 2021 年 11 月
	书　记	施金钟	晋江龙湖	2021 年 11 月任
	专职副书记	曾金珠（女）	晋江安海	续任
民族宗教事务局	局　长	范飞跃	晋江金井	至 2021 年 11 月
	局　长	谢江漫	晋江金井	2021 年 11 月任
侨务办公室	主　任	陈金尚	晋江罗山	至 2021 年 11 月
政法委员会	书　记	陈长义	晋江罗山	至 2021 年 6 月
	书　记	李志强	晋江池店	2021 年 7 月任
	常务副书记	林劲松	晋江安海	续任
	副书记	陈清棋	晋江永和	续任
	副书记	王经勤	晋江安海	续任
	副书记	林如欲	晋江陈埭	至 2021 年 7 月
	副书记	朱良志	晋江内坑	2021 年 7 月任

续表 20

机构名称	职　务	姓　名	籍　贯	任职时间
政法委员会	副书记（挂职）	李森建	泉州鲤城	续任
政法系统党委	书　记	张春晓	晋江池店	续任
	专职副书记	吴秋玲（女）	惠　安	续任
机构编制委员会办公室	主　任	杨春雷	晋江龙湖	续任
	副主任	尤国盘	泉州洛江	至 2021 年 11 月
	副主任	王超猛	晋江英林	续任
	副主任	施建侨	晋江龙湖	续任
巡察办巡察组	主　任	郭培源（回）	石　狮	至 2021 年 7 月
	主　任	张谋苗	晋江磁灶	2021 年 11 月任
	副主任	张谋苗	晋江磁灶	至 2021 年 11 月
	副主任	张彬彬（女）	晋江东石	续任

机构名称	职　务	姓　名	籍　贯	任职时间
巡察办巡察组	副主任	陈继添	晋江罗山	续任
	巡察一组组长	黄志坤	晋江安海	续任
	巡察二组组长	张小鹏	晋江内坑	续任
	巡察三组组长	高万里	晋江安海	续任
	巡察一组副组长	陈奕凯	晋江深沪	至 2021 年 7 月
	巡察一组副组长	张东奇	惠　安	2021 年 7 月任
	巡察二组副组长	陈流恭	晋江罗山	续任
	巡察三组副组长	陈孟哲	晋江磁灶	至 2021 年 7 月
	巡察三组副组长	苏文璋	晋江安海	2021 年 7 月任

2021 年晋江市人大常委会工作机构及负责人一览表

表 21

机构名称	职　务	姓　名	籍　贯	任职时间
办公室	主　任	蔡文思	晋江永和	至 2021 年 7 月
	主　任	姚　腾	晋江罗山	2021 年 11 月任
	副主任	李蔚民	石　狮	至 2021 年 11 月
	副主任	卢智健	漳州南靖	续任
人事代表委员会	主　任	陈晶晶（女）	石　狮	2021 年 1 月任
	副主任	陈晶晶（女）	石　狮	至 2021 年 1 月
	副主任	陈长达	晋江深沪	2021 年 7 月任
内务司法委员会	主　任	许良晓	晋江龙湖	续任
	副主任	谢丽明（女）	泉州洛江	续任
农村经济工作委员会	主　任	林明捷	南　安	至 2021 年 11 月
	主　任	尤金榜	晋江安海	2021 年 11 月任
	副主任	林友彬	晋江青阳	续任

机构名称	职　务	姓　名	籍　贯	任职时间
财政经济委员会	主　任	蔡银青	晋江永和	续任
	副主任	黄宁生	福州仓山	至 2021 年 7 月
	副主任	陈俊毅	晋江深沪	2021 年 7 月任
教育科学文化卫生委员会	主　任	施正琛	晋江龙湖	至 2021 年 11 月
	主　任	洪明照	晋江龙湖	2021 年 11 月任
	副主任	王鸿锦（女）	晋江永和	续任
华侨民族宗教委员会	主　任	柯碧玲（女）	晋江罗山	续任
	副主任	林　楠（女）	晋江深沪	续任
环境与城镇建设委员会	主　任	陈晓辉	石　狮	至 2021 年 11 月
	主　任	朱文育	晋江安海	2021 年 11 月任
	副主任	陈萌雅（女）	晋江安海	续任

2021 年晋江市人民政府机构及负责人一览表

表 22

机构名称	职　务	姓　名	籍　贯	任职时间
政府办	主　任	吴靖宇	晋江内坑	至 2021 年 5 月
	主　任	蔡文思	晋江永和	2021 年 7 月任
	副主任	郑志杰	惠　安	至 2021 年 11 月
	副主任	蔡祈斌	晋江东石	续任
	副主任	张广德	广东普宁	至 2021 年 11 月
	副主任	李剑雄	晋江罗山	2021 年 11 月任
	副主任	陈文法	晋江青阳	2021 年 11 月任
外事办	主　任	蔡文思	晋江永和	2021 年 7 月任
	主　任	吴靖宇	晋江内坑	至 2021 年 5 月
政府综合系统党委	书　记	颜才镖	晋江安海	至 2021 年 11 月
	书　记	郑志杰	惠　安	2021 年 11 月任
	专职副书记	李剑雄	晋江罗山	续任
发展和改革局	局　长	许国鑫	晋江龙湖	至 2021 年 5 月
	局　长	张清山	晋江东石	2021 年 5 月任
	副局长	饶一兵	湖北武穴	续任
	副局长	李文宏	晋江池店	至 2021 年 5 月
	副局长	吴荣世	晋江安海	至 2021 年 5 月
	副局长	林景锋	惠　安	2021 年 11 月任
发展和改革系统党委	书　记	林德生	晋江陈埭	续任
	专职副书记	林景锋	惠　安	至 2021 年 11 月
教育局	局　长	陈建生	晋江磁灶	至 2021 年 11 月
	局　长	施正琛	晋江龙湖	2021 年 11 月任
	副局长	肖金枪	晋江东石	至 2021 年 5 月
	副局长	郭俊慨（回）	晋江金井	至 2021 年 5 月
	副局长	蔡朝阳	晋江梅岭	续任

机构名称	职　务	姓　名	籍　贯	任职时间
教育局	副局长	蔡培塔	晋江永和	2021 年 5 月任
	副局长	王晓闽	晋江新塘	2021 年 5 月任
教育系统党委	书　记	陈　凌（女）	泉州鲤城	续任
	专职副书记	杨青梅（女）	晋江紫帽	续任
科学技术局	局　长	蒋家兴	德　化	续任
	副局长	施文协	晋江深沪	至 2021 年 11 月
工业和信息化局	局　长	林永红	晋江内坑	续任
	副局长	李忠思	晋江东石	续任
	副局长	陈连智	晋江罗山	续任
经信系统党委	书　记	曾勇军	晋江罗山	续任
	专职副书记	黄艺君（女）	晋江安海	续任
公安局　市局	局　长	李森建	泉州鲤城	续任
	政　委	苏家明	泉州丰泽	续任
	党委副书记	赖培猛	晋江西园	续任
	副局长	苏　琪	泉州鲤城	续任
	副局长	蔡水抽	晋江东石	续任
	副局长	李天平	晋江梅岭	续任
	副局长	曾朝阳	晋江内坑	续任
	副局长	洪进南	晋江英林	续任
	副局长	黄　泓	晋江梅岭	续任
	副局长	张卫东	泉州丰泽	续任
	总工程师	施建忠	晋江深沪	续任
公安局机关党委	书　记	赖培猛	晋江西园	续任
	专职副书记	尤志贤	晋江内坑	续任

续表 22

机构名称		职　务	姓　名	籍　贯	任职时间
公安局	政工室	主　任	庄飞虎	晋江梅岭	续任
	警务保障室	主　任	李章其	晋江金井	续任
	警察公共关系室	主　任	陈耀宗	南　安	续任
	警务督察大队	大队长	李建民	晋江安海	续任
	指挥中心	主　任	龚志勇	石　狮	续任
		教导员	陈　勇	南　平	续任
	国保大队	大队长	颜斯鸿	晋江安海	续任
		教导员	林拥军	晋江陈埭	续任
	刑侦大队	大队长	李卫阳	晋江罗山	续任
		教导员	施文生	晋江龙湖	续任
	交警大队	大队长	张卫东	泉州丰泽	续任
		教导员	杨龙蒲	晋江东石	续任
	治安大队	大队长	林康育	晋江池店	续任
		教导员	蔡长翼	晋江金井	续任
	法制大队	大队长	林宏展	晋江安海	续任
		教导员	赖晓山	龙岩武平	续任
	经侦大队	大队长	王彬辉	晋江安海	续任
		教导员	林金福	漳州平和	续任
	出入境管理大队	大队长	许春江	晋江金井	续任
		教导员	龚晶莹（女）	石　狮	续任
	禁毒大队	大队长	蔡乔峰	晋江东石	续任
		教导员	庄剑能	龙岩上杭	续任
	网安大队	大队长	洪松派	晋江金井	续任
		教导员	马永芳	三明宁化	续任
公安局	巡特警反恐大队	大队长	傅国平	河南滑县	续任
		教导员	刘　勇	山西平陆	续任
	诈骗犯罪侦查大队	大队长	王培映	晋江梅岭	续任
		教导员	张　运	河北安平	续任
	户政管理大队	大队长	颜向阳	晋江安海	续任
		教导员	姚红日	晋江内坑	续任
	海防大队	大队长	邱国评	石　狮	续任
		政　委	许文鑫	泉　州	续任
	森林警察大队	负责人	蒋灿阳	晋江金井	续任
	市看守所	所　长	黄鹏程	晋江安海	续任
		教导员	张贻东	晋江磁灶	续任
	拘留所	所　长	潘溶芳	泉州丰泽	续任
		教导员	李景峰	晋江池店	续任
	青阳派出所	所　长	王　伟	惠　安	续任
		教导员	欧阳荣	湖南衡东	续任
	梅岭派出所	所　长	陈黄河	晋江东石	续任
		教导员	杨添福	晋江东石	续任
	西园派出所	所　长	谢世炎	晋江陈埭	续任
		教导员	庄育坪	晋江青阳	续任
	罗山派出所	所　长	陈志远	泉州泉港	续任
		教导员	肖　炜	晋江金井	续任
	灵源派出所	所　长	郭东汉	晋江罗山	续任
		教导员	王维柱	晋江东石	续任
	新塘派出所	所　长	陈峻峰	惠　安	续任
		教导员	杨周阳	安　溪	续任
	陈埭派出所	所　长	李建设	晋江梅岭	续任
		教导员	王炼武	福州闽清	续任

续表 22

机构名称		职　务	姓　名	籍　贯	任职时间
公安局	滨江派出所	所　长	郑志朋	晋江罗山	续任
		教导员	许江洪	晋江安海	续任
	池店派出所	所　长	姚常青	晋江永和	续任
		教导员	邱德民	龙岩上杭	续任
	安海派出所	所　长	施　建	晋江龙湖	续任
		教导员	李文权	南　安	续任
	磁灶派出所	所　长	李明星	晋江梅岭	续任
		教导员	江冬平	南平浦城	续任
	内坑派出所	所　长	李进益	晋江池店	续任
		教导员	郑丽绥（女）	永　春	续任
	紫帽派出所	所　长	苏世源	晋江磁灶	续任
		教导员	李瑞斌	晋江池店	续任
	东石派出所	所　长	张　飞	内蒙古商都	续任
		教导员	洪源杉	晋江英林	续任
	永和派出所	所　长	张长光	晋江青阳	续任
		教导员	柳良顺	晋江陈埭	续任
	英林派出所	所　长	蔡士达	晋江安海	续任
		教导员	唐劲松	泉州泉港	续任
	金井派出所	所　长	蔡宗晨	厦门同安	续任
		教导员	洪光约	晋江英林	续任
	龙湖派出所	所　长	柯长春	晋江新塘	续任
		教导员	施风扬	晋江深沪	续任
	深沪派出所	所　长	洪清昌	晋江英林	续任
		教导员	黄恒梁	永　春	续任
	西滨派出所	所　长	林荣武	晋江安海	续任
		教导员	魏建烽	宁德柘荣	续任
	安平派出所	所　长	林江涛	晋江陈埭	续任
		教导员	张谋泽	晋江英林	续任

机构名称		职　务	姓　名	籍　贯	任职时间
民政局		党组书记	吴晋居	晋江磁灶	至 2021 年 5 月
		党组书记	周先进	晋江东石	2021 年 5 月任
		局　长	吴丽婷（女）	晋江磁灶	至 2021 年 5 月
		局　长	周先进	晋江东石	2021 年 6 月任
		副局长	张连侨	晋江内坑	续任
		副局长	施建生	晋江龙湖	续任
司法局	市局	局　长	许嘉丰	晋江金井	至 2021 年 11 月
		局　长	范飞跃	晋江金井	2021 年 11 月任
		副局长	张贻潜	晋江东石	续任
		副局长	柯　涌	晋江新塘	续任
	青阳司法所	所　长	洪文峰	晋江龙湖	续任
	梅岭司法所	所　长	吴华东	晋江灵源	续任
	西园司法所	所　长	陈晓君	晋江金井	续任
	罗山司法所	所　长	林祥星	晋江青阳	至 2021 年 5 月
		所　长	谢少梅	石　狮	2021 年 5 月任
	灵源司法所	所　长	章翠萍（女）	永　春	续任
	新塘司法所	所　长	金宏勃	晋江青阳	续任
	陈埭司法所	所　长	傅龙福	安　溪	续任
	池店司法所	所　长	庄婉萍	晋江梅岭	续任
	安海司法所	所　长	余胜琛	晋江永和	至 2021 年 5 月
		所　长	许静宜	南　安	2021 年 5 月任
	磁灶司法所	所　长	陈卫星	晋江罗山	续任
	内坑司法所	所　长	王说佳	晋江金井	续任

续表 22

机构名称		职　务	姓　名	籍　贯	任职时间
司法局	紫帽司法所	所　长	陈　军	晋江安海	续任
	东石司法所	所　长	庄舒怀（女）	晋江梅岭	续任
	永和司法所	所　长	赖雪芳（女）	晋江青阳	续任
	英林司法所	所　长	黄清景	晋江东石	至 2021 年 11 月
	金井司法所	所　长	陈毅旺	晋江安海	续任
	龙湖司法所	所　长	陈　昇	晋江安海	续任
	深沪司法所	所　长	林志强	晋江永和	续任
	西滨司法所	所　长	李艳仪（女）	晋江池店	续任
财政局		局　长	肖金树	晋江东石	至 2021 年 2 月
		局　长	陈元福	晋江磁灶	2021 年 3 月任
		副局长	吴绶明	晋江池店	续任
		副局长	陈元福	晋江磁灶	至 2021 年 2 月
		副局长	洪明照	晋江龙湖	至 2021 年 11 月
		副局长	洪国财	晋江内坑	2021 年 5 月任
财政金融系统党委		书　记	吴东进	晋江永和	至 2021 年 11 月
		书　记	陈希卓	晋江金井	2021 年 11 月任
		专职副书记	施永鑫	晋江龙湖	至 2021 年 5 月
人力资源和社会保障局		局　长	柯发音	晋江新塘	续任
		副局长	吴清瑜	晋江东石	续任
		副局长	尤金榜	晋江安海	至 2021 年 11 月
		副局长	张　杭	晋江西园	续任
社会保障系统党委		书　记	黄文铅	晋江东石	续任
		专职副书记	林金龙	永　春	续任

机构名称	职　务	姓　名	籍　贯	任职时间
自然资源局	局　长	蔡清渠	晋江东石	至 2021 年 6 月
	局　长	陈英俊	晋江金井	2021 年 6 月任
	副局长	朱文育	晋江安海	至 2021 年 11 月
	副局长	蔡建明	晋江池店	续任
	副局长	孙文欣	晋江东石	续任
	副局长	刘文斌	泉州泉港	续任
	总规划师	张尧进	南平建瓯	续任
	副局长	邱志军	石　狮	续任
自然资源局陈埭分局	分局长	蔡晓旭	晋江紫帽	续任
住房和城乡建设局	局　长	陈荣松	晋江罗山	续任
	副局长	丁清松（回）	晋江陈埭	至 2021 年 5 月
	副局长	曾绍鹏	晋江龙湖	续任
	副局长	蔡安怀	晋江梅岭	2021 年 5 月任
	总工程师	洪逸群	晋江英林	续任
建设系统党委	书　记	陈文星	晋江深沪	至 2021 年 5 月
	书　记	蔡永钦	晋江金井	2021 年 5 月任
	专职副书记	李培植	晋江安海	续任
住房和城乡建设局陈埭分局	分局长	洪鸿飞	晋江英林	至 2021 年 5 月
	分局长	陈基鑫	南　安	2021 年 5 月任
交通局	局　长	吴鸿斌	晋江紫帽	至 2021 年 7 月
	局　长	黄清泉	晋江东石	2021 年 11 月任
	副局长	肖奕志	晋江安海	至 2021 年 7 月
	副局长	连碧龙	泉州泉港	续任
	副局长	李再生	晋江罗山	至 2021 年 7 月
	副局长	黄贤答	晋江东石	2021 年 7 月任
	总工程师	颜呈忠	晋江安海	至 2021 年 5 月
	总工程师	陈毓瑜	晋江磁灶	2021 年 5 月任

续表 22

机构名称	职　务	姓　名	籍　贯	任职时间
交通运输系统党委	专职副书记	叶水滨	晋江东石	续任
农业农村局	局　长	李友加	晋江罗山	续任
	副局长	许建林	晋江青阳	续任
	副局长	朱志新	晋江池店	续任
	总农艺师	蔡章棣	晋江永和	续任
农业系统党委	书　记	施建成	晋江龙湖	续任
	专职副书记	王银姬（女）	晋江新塘	续任
林业和园林绿化局	局　长	王清龙	厦　门	至 2021 年 3 月
	局　长	曾伙明	晋江内坑	2021 年 3 月任
	副局长	陈少慰	晋江金井	至 2021 年 7 月
	副局长	洪海港	晋江西园	续任
	副局长	黄志向	晋江内坑	2021 年 7 月任
水利局	局　长	蒋东晓	晋江金井	续任
	副局长	陈一啸	晋江安海	至 2021 年 5 月
	副局长	蔡景福	晋江新塘	至 2021 年 5 月
	副局长	赖渠鸿	晋江西园	2021 年 5 月任
	副局长	蔡夏溪	晋江东石	2021 年 5 月任
	总工程师	刘地强	泉州泉港	续任
商务局	局　长	蔡伟达	晋江安海	2021 年 1 月任
	副局长	丁永贵（回）	晋江陈埭	续任
	副局长	施文响	晋江龙湖	2021 年 5 月任
文化和旅游局	局　长	蔡　晖	晋江深沪	续任
	副局长	李和范	晋江罗山	至 2021 年 11 月
	副局长	施清凉	晋江龙湖	续任
卫生健康局	局　长	纪刚宏	晋江金井	续任
	副局长	张白茹（女）	晋江深沪	续任
	副局长	陈文添	晋江内坑	续任

机构名称	职　务	姓　名	籍　贯	任职时间
卫生健康局	副局长	许辉荣	晋江内坑	续任
	副局长	陈鹭旭	晋江安海	续任
卫计系统党委	书　记	王荣辉	晋江灵源	续任
	专职副书记	雷　鸣（畲）	龙岩上杭	续任
退役军人事务局	局　长	王奇志	厦门翔安	续任
	副局长	陈孟桔	晋江磁灶	至 2021 年 5 月
	副局长	陈海鸣	晋江安海	2021 年 5 月任
应急管理局	局　长	施金钟	晋江龙湖	至 2021 年 11 月
	局　长	柯荣锻	晋江新塘	2021 年 11 月任
	副局长	柯荣锻	晋江新塘	至 2021 年 11 月
	副局长	曾云开	晋江梅岭	至 2021 年 7 月
	安全监管总工程师	苏少森	晋江陈埭	续任
	副局长	施得志	晋江龙湖	续任
	副局长	林炳辉	晋江永和	2021 年 7 月任
审计局	局　长	陈恩典	晋江永和	至 2021 年 7 月
	局　长	郭培源（回）	石　狮	2021 年 8 月任
	副局长	蔡向阳	晋江东石	续任
	副局长	肖子新	晋江东石	续任
	总审计师	曾辉英（女）	厦　门	续任
市场监督管理局 市局	局　长	叶荣聪	惠　安	至 2021 年 5 月
	局　长	张志友	晋江东石	2021 年 5 月任
	副局长	洪德意	晋江龙湖	续任
	副局长	庄志东	晋江青阳	续任
	副局长	谢海青	晋江英林	续任
	食药总监	陈俊达	晋江深沪	续任
市场监督管理系统党委	书　记	柯永顺	晋江安海	续任
	专职副书记	叶子清	晋江东石	续任

续表 22

机构名称		职　务	姓　名	籍　贯	任职时间
市场监督管理局	青阳所	所　长	庄铭毅	晋江梅岭	续任
		教导员	丁永汉（回）	晋江陈埭	至 2021 年 5 月
	梅岭所	所　长	施德才	漳州云霄	续任
		教导员	王江萍（女）	石　狮	续任
	西园所	所　长	刘劲松	晋江东石	续任
	罗山所	所　长	张瑞裕	晋江磁灶	续任
	灵源所	所　长	肖子逊	晋江东石	续任
		教导员	陈小立	晋江青阳	续任
	新塘所	所　长	林文斌	晋江永和	续任
		教导员	苏小奔	晋江陈埭	续任
	陈埭所	所　长	王金川	晋江紫帽	续任
		教导员	林　晖	南　安	至 2021 年 2 月
	池店所	所　长	林俊峰	晋江金井	续任
		教导员	张少鹏	晋江英林	续任
	安海所	所　长	曾华习	晋江金井	续任
		教导员	王有忠	永　春	续任
	磁灶所	所　长	林文艺	晋江永和	续任
	内坑所	所　长	吴清波	晋江安海	续任
	紫帽所	所　长	许青松	晋江龙湖	续任
	东石所	所　长	林　勤	南　安	续任
		教导员	蔡有志	晋江安海	续任
	永和所	所　长	洪文志	晋江东石	续任
	英林所	所　长	许培坤	晋江青阳	续任
		教导员	高　轮	晋江安海	续任
市场监督管理局	金井所	所　长	林聪谋	晋江深沪	续任
	龙湖所	所　长	苏凯东	泉州鲤城	续任
		教导员	尤江华	晋江内坑	续任
	深沪所	所　长	李海晖	晋江英林	续任
	西滨所	所　长	施荣尧	晋江龙湖	续任
体育局		党组书记	陈茂和	晋江深沪	续任
		局　长	许紫竹	晋江安海	续任
		副局长	张步贤	晋江东石	续任
统计局		局　长	张清山	晋江东石	至 2021 年 5 月
		局　长	许自央	晋江安海	2021 年 5 月任
		副局长	吴其仁	晋江西园	续任
金融工作局		局　长	刘向阳	惠　安	续任
		金融分析师	林溢芳	厦　门	续任
		副局长	陈希卓	晋江金井	至 2021 年 11 月
信访局		局　长	曾焕铁	晋江新塘	至 2021 年 11 月
		副局长	朱良志	晋江内坑	至 2021 年 7 月
		副局长	蔡婉湞（女）	石　狮	续任
		副局长	陈毅伟	晋江安海	2021 年 7 月任
城市管理局		局　长	黄清泉	晋江东石	至 2021 年 11 月
		局　长	王景珊	南　安	2021 年 11 月任
		副局长	曾长兴	晋江安海	续任
		副局长	施少锋	晋江深沪	续任
城市管理局陈埭分局		分局长	吴长江	晋江灵源	续任

2021年晋江市政府派出机构及负责人一览表

表23

机构名称	职务	姓名	籍贯	任职时间
驻深圳办事处	主任	施伟群	晋江深沪	续任
驻福州办事处	主任	蔡长坚	晋江东石	续任
人民防空办公室	主任	陈文星	晋江深沪	至2021年5月
经济开发区管理委员会	党工委书记	谢永彬	晋江磁灶	至2021年5月
	党工委书记	许国鑫	晋江龙湖	2021年5月任
	副书记	施奕超	晋江安海	至2021年5月
	纪工委书记	洪肇堆	晋江英林	续任
	主任	许国鑫	晋江龙湖	2021年5月任
	副主任	张百夷	晋江东石	续任
	副主任	庄鸣	晋江安海	续任
	副主任	苏孙慰	晋江安海	2021年11月任
	副主任	王活泼	晋江安海	2021年7月任
	副主任	陈钖岑	晋江罗山	2021年11月任

机构名称	职务	姓名	籍贯	任职时间
泉州综合保税区	管理局局长	苏孙慰	晋江安海	续任
	管理局副局长	林琪	南安	至2021年11月
行政服务中心管委会	党组书记	洪荣塔	晋江英林	续任
	主任	颜志平（女）	莆田仙游	至2021年11月
	主任	杨志勇	晋江安海	2021年11月任
	副主任	杨志勇	晋江安海	至2021年11月
泉州半导体高新技术产业园区晋江分园区管理委员会	主任	陈志雄	晋江深沪	至2021年7月
	主任	林嘉达	晋江深沪	2021年7月任
	常务副主任	谢建新	晋江东石	至2021年11月
	常务副主任	丁少伟（回）	晋江陈埭	2021年11月任
	副主任	苏华伟	安溪	续任
	副主任	丁锦茹（女、回）	晋江陈埭	续任

2021年政协晋江市委员会工作机构及负责人一览表

表24

机构名称	职务	姓名	籍贯	任职时间
办公室	主任	王斌斌	晋江青阳	至2021年7月
	主任	张广德	广东普宁	2021年11月任
	副主任	蔡阿炳	晋江陈埭	至2021年11月
	副主任	林水清	晋江陈埭	续任
	副主任	施文协	晋江深沪	2021年11月任
提案委员会	主任	许天宝	晋江龙湖	至2021年11月
	主任	尤国盘	泉州洛江	2021年11月任
	副主任	丁青青（女、回）	晋江陈埭	续任

机构名称	职务	姓名	籍贯	任职时间
经济与法制委员会	主任	张谋荣	晋江池店	至2021年11月
	主任	蔡阿炳	晋江陈埭	2021年11月任
	副主任	张茂倩（女）	晋江安海	续任
文史资料委员会	主任	吴明哲	晋江龙湖	至2021年11月
	主任	许天宝	晋江龙湖	2021年11月任
	副主任	黄诗瑜	晋江安海	至2021年11月
联络委员会	主任	张海滩	晋江东石	至2021年11月
	主任	朱哲仁（女）	宁德福鼎	2021年11月任
	副主任	林真真（女）	晋江英林	续任

2021 年驻晋机构及负责人一览表

表 25

机构名称	职　务	姓　名	籍　贯	任职时间
泉州海关驻晋江办事处	主　任	辛锡龙	江苏无锡	续任
	副主任	蔡水狮	南　安	续任
	副主任	吴跃民	翔　安	至 2021 年 6 月
	副主任	方立刚	浙江义乌	续任
晋江海事处	处　长	柳明峰	泉　州	续任
	副处长	宋传中	黑龙江绥化	续任
	副处长	李文淇	泉　州	续任
消防大队	大队长	陈　鹏	惠　安	续任
	教导员	王五福	江西南康	续任
国家税务总局晋江市税务局 市局	局　长	谢铭峰	南　安	续任
	副局长	郑序紊	晋　江	至 2021 年 5 月
	副局长	施纯望	晋　江	续任
	副局长	张一兵	晋　江	续任
	副局长	杨　苹（女）	晋　江	至 2021 年 5 月
	副局长	杨清泽	晋　江	续任
	副局长	曾振辉	晋　江	续任
	纪检组组长	黄种波	南　安	至 2021 年 12 月
	纪检组组长	庄东颖	泉　州	2021 年 12 月任
国家税务总局晋江市税务局 分局	分局长	尤志贤	晋江内坑	续任
	分局长	陈文哲	晋　江	续任
	分局长	张伟煌	惠　安	续任
	分局长	聂招东	武　平	续任
	分局长	陈天星	晋　江	续任
	分局长	张连进	晋　江	续任
	分局长	骆炳招	惠　安	续任
	分局长	蔡明科	石　狮	至 2021 年 12 月
	分局长	吴振东	晋　江	续任
	分局长	陈永军	晋　江	至 2021 年 5 月
	分局长	陈哲瑜	晋　江	至 2021 年 5 月
	分局长	杨式禹	晋　江	至 2021 年 5 月
	分局长	林清潭	晋　江	2021 年 5 月任
	分局长	王金池	晋　江	2021 年 5 月任
	分局长	吴志坚	晋　江	2021 年 5 月任
晋江市邮政管理局	局　长	陈荣裕	泉　州	至 2021 年 6 月
	局　长	徐家森	惠　安	2021 年 6 月任
泉州市晋江生态环境局	局　长	林志雄	晋江永和	续任
	副局长	倪向群	晋江陈埭	续任
	副局长	卢敬东	晋江池店	续任
	副局长	黄永生	晋江安海	续任
	陈埭分局分局长	陈清松	漳州龙海	续任
泉州市医疗保障局晋江分局	局　长	黄长沙	石　狮	续任
	副局长	陈清漂	晋江永和	续任
晋江经济报社	总编辑	吴美章	三明大田	续任
	副总编辑	方锦枞	漳州龙海	续任
	编　委	李剑锋	南　安	续任

续表 25

机构名称	职 务	姓 名	籍 贯	任职时间
中国人民银行晋江市支行	行 长	苏亚民	永 春	续任
	副行长	庄家训	泉州泉港	续任
	副行长	黄文忠	晋江安海	续任
晋江银保监管组	组 长	黄作影	安 溪	续任
晋江市气象局	局 长	叶秀枝（女）	南平松溪	续任
	副局长	陈雅莲（女）	永 春	续任
	副局长	林雄军	永 春	至 2021 年 6 月
晋江盐务局	局 长	张志强	南 安	续任
	副局长	李成贤	南 安	续任
	副局长	吴培铨	泉 州	续任
泉州市公路事业发展中心晋江分中心	主 任	戴伟顺	南 安	续任

机构名称	职 务	姓 名	籍 贯	任职时间
泉州市公路事业发展中心晋江分中心	副主任	王宗龙	泉州泉港	续任
	副主任	柳剑飞	莆 田	续任
泉州市住房公积金中心晋江管理部	主 任	张晓光	晋江东石	续任
泉州海警局晋江工作站	站 长	李政杰	江西奉新	续任
	教导员	吴华霖	泉州鲤城	续任
晋江市烟草专卖局	局长、经理	庄进勇	泉州泉港	续任
	副局长	张辉扬	安 溪	续任
	副经理	徐芳南	安 溪	至 2021 年 4 月
	副经理	吕德锋	永 春	2021 年 6 月任
	纪检员	林俊鸿	南 安	续任

2021 年晋江市民主党派负责人一览表

表 26

机构名称	职 务	姓 名	籍 贯	任职时间
中国国民党革命委员会晋江市委员会	主 委	曾献礼	晋江内坑	至 2021 年 5 月
	主 委	吴丽婷（女）	晋江磁灶	2021 年 5 月任
中国民主同盟晋江市委员会	专职主委	张开端	晋江内坑	续任
中国民主建国会晋江市委员会	主 委	庄天怀	晋江梅岭	至 2021 年 5 月
	主 委	庄伏龙	晋江青阳	2021 年 5 月任
	专职副主委	张 榕（女）	晋江安海	续任
中国民主促进会晋江市委员会	主 委	许维蓄	晋江龙湖	续任

机构名称	职 务	姓 名	籍 贯	任职时间
中国民主促进会晋江市委员会	专职副主委	周 莹（女）	南 安	续任
中国农工民主党晋江市委员会	主 委	王金象	晋江金井	续任
	专职副主委	张琳琳（女）	南 安	续任
中国致公党晋江市委员会	专职主委	颜 虹（女）	晋江安海	续任
九三学社晋江支社	主 委	苏温州	晋江陈埭	续任
台湾民主自治同盟晋江市支部委员会	主 委	洪元程	台 湾	续任

2021 年晋江市群众团体负责人一览表

表 27

机构名称	职　务	姓　名	籍　贯	任职时间
总工会	主　席	潘子良	浙江文成	至 2021 年 8 月
	主　席	陈友爱	宁　德	2021 年 8 月任
	常务副主席	彭培育	石　狮	至 2021 年 7 月
	常务副主席	吴鸿斌	晋江紫帽	2021 年 8 月任
	副主席	颜劲松	晋江安海	至 2021 年 7 月
	副主席	王颖芳（女）	晋江池店	至 2021 年 11 月
	副主席	曾云开	晋江梅岭	2021 年 8 月任
	副主席	颜玉苗	晋江东石	2021 年 11 月任
共青团晋江市委员会	书　记	蔡少林	晋江永和	至 2021 年 11 月
	书　记	林　琪	南　安	2021 年 11 月任
	副书记	张　雯（女）	南　安	续任
	副书记	丁少伟（回）	晋江陈埭	至 2021 年 11 月
妇女联合会	主　席	许清心（女）	晋江龙湖	续任
	副主席	丁玉梅（女、回）	晋江陈埭	续任
	副主席	吴秋品（女）	晋江磁灶	续任
工商业联合会（总商会）	主席（会长）	洪忠信	晋江英林	续任
	常务副主席（副会长）	郑科伟	晋江龙湖	续任
	副主席（副会长）秘书长	庄志森	晋江永和	续任
科学技术协会	主　席	谢江漫	晋江金井	至 2021 年 11 月
	主　席	吴清淡	晋江东石	2021 年 11 月任
	副主席	丁晓岚（女、回）	晋江安海	续任
文学艺术界联合会	主　席	黄华东	南　安	续任
社会科学界联合会	主　席	黄　良	晋江金井	至 2021 年 2 月
	主　席	尹继雄	湖北天门	2021 年 5 月任
归国华侨联合会	主　席	庄晓芳（女）	晋江梅岭	至 2021 年 5 月
	主　席	陈建军	晋江陈埭	2021 年 11 月任
	副主席	高斓斓（女）	晋江安海	续任
台湾同胞联谊会	会　长	吴朝晖	台湾台北	续任
残疾人联合会	理事长	蔡尚才	晋江东石	至 2021 年 11 月
	理事长	王颖芳（女）	晋江池店	2021 年 11 月任
	副理事长	林荣坤	晋江安海	续任
国际贸易促进委员会	会　长	蔡育树	石　狮	至 2021 年 11 月
	会　长	孙水滨	晋江东石	2021 年 11 月任
	副会长	孙水滨	晋江东石	至 2021 年 11 月
	副会长	姚少志	永　春	续任
计划生育协会	会　长	王庆芬	石　狮	续任
	常务专职副会长	王立民	泉州鲤城	续任
	专职副会长	刘名军	江西兴国	续任
关心下一代工作委员会	主　任	陈长庚	晋江龙湖	至 2021 年 1 月
	主　任	陈晋永	晋江磁灶	2021 年 1 月任
	常务副主任	许天祥	晋江东石	续任
	副主任	陈龙琪	宁　德	至 2021 年 4 月
	副主任	郑清爽	晋江东石	续任
	副主任	张孙厚	晋江英林	2021 年 4 月任
	副主任	陈孟桔	晋江磁灶	2021 年 7 月任
	副主任	许桂扬	晋江东石	2021 年 4 月任
老区建设促进会	会　长	黄小闽	晋江梅岭	续任
	常务副会长	许乔良	晋江梅岭	续任
	副会长	庄跃进	晋江梅岭	续任
慈善总会	会　长	许连捷	晋江安海	续任

2021年晋江市镇、街道、场及负责人一览表

表28

机构名称	职　务	姓　名	籍　贯	任职时间	机构名称	职　务	姓　名	籍　贯	任职时间
青阳街道	书　记	洪永胜	晋江英林	续任	青阳街道	副主任	吕少欣	晋江深沪	2021年5月任
	副书记 主任	曾国灿	晋江罗山	至2021年5月		副主任 （科技）	叶世康	晋江梅岭	续任
	副书记 主任	蔡少林	晋江永和	2021年5月任		企业党委专职副书记	张剑锋	晋江东石	至2021年5月
	人大工委 主任	许小卫	晋江安海	至2021年5月		综合便民服务中心主任	丁金铭	晋江陈埭	续任
	人大工委 主任	颜婉媚（女）	晋江安海	2021年5月任		社会事务服务中心主任	郑金福	晋江罗山	续任
	副书记	林晓军	惠　安	续任		综合执法队队长	庄景炜	晋江青阳	续任
	副书记	尤国辉	永　春	至2021年5月	梅岭街道	书　记	洪长江	晋江东石	续任
	纪工委书记	王建回	晋江永和	至2021年5月		副书记 主任	陈其昌	晋江深沪	至2021年5月
	纪工委书记	蔡荧莹（女）	晋江金井	2021年5月任		副书记 主任	洪志新	晋江英林	2021年5月任
	党工委秘书	谢阳明	泉州洛江	续任		人大工委 主任	庄松龄	晋江青阳	续任
	政法委员	尤国辉	永　春	至2021年5月		副书记	吴青山	石　狮	续任
	政法委员	黄美霞（女）	晋江东石	2021年5月任		副书记	蔡于洋（女）	晋江东石	续任
	宣传委员	陈荣辉	晋江西园	至2021年5月		纪工委书记	李径宗	晋江罗山	至2021年5月
	宣传委员	林祥星	晋江陈埭	2021年5月任		纪工委书记	陈伟廉	晋江安海	2021年5月任
	组织委员	黄美霞（女）	晋江东石	至2021年5月		党工委秘书	余　洁	福州鼓楼	至2021年5月
	组织委员	林振贤	晋江英林	2021年5月任		党工委秘书	曾家发	晋江池店	2021年5月任
	统战委员	陈荣辉	晋江西园	至2021年5月		组织委员	蔡培塔	晋江永和	至2021年5月
	统战委员	谢阳明	泉州洛江	2021年5月任		统战委员	蔡培塔	晋江永和	至2021年5月
	人大工委 副主任	洪鸿雁	晋江英林	至2021年5月		宣传委员	洪琼琼（女）	晋江东石	至2021年5月
	人大工委 副主任	陈荣辉	晋江西园	2021年5月任		宣传委员	林积焕	晋江石狮	2021年5月任
	副主任	曾台店	晋江安海	续任		政法委员	王荣誉	晋江东石	2021年5月任
	副主任	朱智钰	晋江内坑	至2021年5月		人大工委 副主任	陈德意	晋江罗山	续任
	副主任	黄美霞（女）	晋江东石	2021年5月任		副主任	郑绍乐	永　春	至2021年5月

续表 28

机构名称	职　务	姓　名	籍　贯	任职时间	机构名称	职　务	姓　名	籍　贯	任职时间
梅岭街道	副主任	陈文祥	晋江青阳	至 2021 年 5 月	西园街道	政法委员	姚建源	晋江内坑	2021 年 5 月任
	副主任	王荣誉	晋江东石	2021 年 5 月任		组织委员	张天龙	晋江东石	至 2021 年 5 月
	副主任	陈金元	晋江磁灶	2021 年 5 月任		组织委员	蔡晓君	晋江金井	2021 年 5 月任
	副主任	庄晓峰	晋江青阳	2021 年 5 月任		人大工委副主任	吴马愿	晋江罗山	续任
	副主任（科技）	颜才添	晋江安海	续任		副主任	陈加星	晋江罗山	至 2021 年 5 月
	企业党委专职副书记	詹伟清	晋江安海	至 2021 年 5 月		副主任	蔡鹰扬	晋江东石	续任
	企业党委专职副书记	肖志贤	晋江东石	2021 年 5 月任		副主任	姚建源	晋江内坑	2021 年 5 月任
	综合便民服务中心主任	吕金城	永　春	续任		副主任	蔡建东	晋江内坑	2021 年 5 月任
	社会事务服务中心主任	沈梅梅	晋江池店	2021 年 5 月任		副主任（科技）	陈飞娜（女）	晋江陈埭	续任
	综合执法队队长	李国业	晋江金井	续任		企业党委专职副书记	张挺伟	晋江英林	至 2021 年 5 月
西园街道	书　记	洪志强	晋江东石	至 2021 年 5 月		综合便民服务中心主任	张良善	晋江内坑	续任
	书　记	许著赟	晋江安海	2021 年 5 月任		社会事务服务中心主任	颜连江	晋江安海	续任
	副书记 主任	杨双华（女）	晋江新塘	至 2021 年 5 月		综合执法队队长	刘少华	德　化	2021 年 5 月任
	副书记 主任	王斌斌	晋江青阳	2021 年 5 月任	罗山街道	书　记	吴再发	晋江西园	续任
	人大工委主任	陈世裕	晋江东石	续任		副书记 主任	张志友	晋江东石	至 2021 年 5 月
	副书记	陈文聘	晋江安海	至 2021 年 5 月		副书记 主任	许特级	晋江东石	2021 年 5 月任
	副书记	刘小燕（女）	南　安	至 2021 年 5 月		人大工委主任	王向阳	晋江安海	至 2021 年 5 月
	副书记	杨志远	晋江新塘	2021 年 5 月任		人大工委主任	施纯玺	晋江深沪	2021 年 5 月任
	纪工委书记	吴钰凯	晋江龙湖	至 2021 年 5 月		副书记	蔡北京	晋江东石	至 2021 年 5 月
	纪工委书记	朱智钰	晋江内坑	2021 年 5 月任		副书记	吴松江	晋江东石	续任
	党工委秘书	王晓闽	晋江新塘	至 2021 年 5 月		纪工委书记	李培耀	晋江内坑	续任
	党工委秘书	李超鹏	晋江永和	2021 年 5 月任		党工委秘书	李建明	晋江内坑	至 2021 年 5 月
	统战委员	张天龙	晋江东石	至 2021 年 5 月		党工委秘书	许鸿裕	晋江安海	2021 年 5 月任
	统战委员	李超鹏	晋江永和	2021 年 5 月任		组织委员	陈长达	晋江深沪	至 2021 年 5 月
	宣传委员	颜拥军	晋江安海	至 2021 年 5 月		组织委员	陈弘毅（女）	泉州鲤城	2021 年 5 月任
	宣传委员	肖超群	晋江安海	2021 年 5 月任		宣传委员	洪段宏	晋江东石	至 2021 年 5 月

续表 28

机构名称	职　务	姓　名	籍　贯	任职时间
罗山街道	宣传委员	蔡继智	晋江东石	2021 年 5 月任
	统战委员	李建明	晋江内坑	至 2021 年 5 月
	统战委员	许鸿裕	晋江安海	2021 年 5 月任
	政法委员	吴雅琳（女）	石　狮	2021 年 5 月任
	人大工委副主任	柯康灿	晋江金井	续任
	副主任	陈达森	晋江金井	续任
	副主任	吴雅琳（女）	石　狮	续任
	副主任	余　洁	福州鼓楼	2021 年 5 月任
	副主任（科技）	林志宏	厦　门	续任
	企业和社会组织党委专职副书记	姚晓翔	晋江安海	至 2021 年 5 月
	企业和社会组织党委专职副书记	李其旦	晋江内坑	2021 年 5 月任
	综合便民服务中心主任	张清枝	晋江东石	续任
	社会事务服务中心主任	张振峰	晋江东石	2021 年 5 月任
	综合执法队队长	陈尤鑫	晋江安海	续任
灵源街道	书　记	苏振发	南　安	续任
	副书记主任	陈高攀	晋江磁灶	续任
	人大工委主任	林松庆	晋江陈埭	至 2021 年 5 月
	人大工委主任	郭俊慨（回）	晋江金井	2021 年 6 月任
	副书记	许上林	晋江英林	至 2021 年 5 月
	副书记	杨志远	晋江新塘	至 2021 年 5 月
	副书记	郑伟军	安　溪	2021 年 5 月任
	纪工委书记	陈凌燕（女）	晋江安海	至 2021 年 5 月
	纪工委书记	白晓玲（女）	泉州丰泽	2021 年 5 月任
	党工委秘书	洪彬鳌	晋江英林	续任
	组织委员	杨　彬	晋江新塘	至 2021 年 5 月
灵源街道	组织委员	张天龙	晋江东石	2021 年 5 月任
	统战委员	庄燕燕（女）	晋江青阳	至 2021 年 5 月
	统战委员	张天龙	晋江东石	2021 年 5 月任
	政法委员	陈孟哲	晋江磁灶	2021 年 5 月任
	宣传委员	庄燕燕（女）	晋江青阳	至 2021 年 5 月
	宣传委员	陈继祖	晋江罗山	2021 年 5 月任
	人大工委副主任	蔡娜娜（女）	晋江东石	至 2021 年 5 月
	人大工委副主任	洪志华	晋江安海	2021 年 5 月任
	副主任	柯志力	晋江新塘	至 2021 年 5 月
	副主任	叶明阳	台湾台南	至 2021 年 5 月
	副主任	陈孟哲	晋江磁灶	2021 年 5 月任
	副主任	张金龙	晋江磁灶	2021 年 5 月任
	副主任	苏孙庚	晋江安海	2021 年 5 月任
	副主任（科 技）	许天苔	晋江英林	续任
	综合便民服务中心主任	张斌强	晋江西园	续任
	社会事务服务中心主任	蔡艳红（女）	晋江紫帽	2021 年 5 月任
	综合执法队队长	王晓明	晋江内坑	续任
新塘街道	书　记	庄东航	晋江梅岭	至 2021 年 5 月
	书　记	蔡清渠	晋江东石	2021 年 5 月任
	副书记主任	陈英煌	晋江青阳	至 2021 年 5 月
	副书记主任	庄晓芳（女）	晋江梅岭	2021 年 5 月任
	人大工委主任	林友栋	晋江罗山	至 2021 年 5 月
	人大工委主任	施奕超	晋江安海	2021 年 5 月任
	副书记	施荣进	晋江龙湖	至 2021 年 5 月
	副书记	黄若凡	晋江安海	续任
	纪工委书记	林俊伟	晋江罗山	至 2021 年 5 月

续表 28

机构名称	职　务	姓　名	籍　贯	任职时间
新塘街道	纪工委书记	周金水	晋江东石	2021 年 5 月任
	党工委秘书	周金水	晋江东石	至 2021 年 5 月
	党工委秘书	李丹妮（女）	晋江金井	2021 年 5 月任
	组织委员	李辉瑶	晋江龙湖	续任
	宣传委员	陈欣欣（女）	泉州鲤城	至 2021 年 5 月
	宣传委员	刘铮铭	晋江金井	2021 年 5 月任
	统战委员	陈欣欣（女）	泉州鲤城	至 2021 年 5 月
	统战委员	李辉瑶	晋江龙湖	2021 年 5 月任
	政法委员	林俊伟	晋江罗山	2021 年 5 月任
	人大工委副主任	刘铮铭	晋江金井	至 2021 年 5 月
	人大工委副主任	曾培镜	晋江青阳	2021 年 5 月任
	副主任	施文响	晋江龙湖	至 2021 年 5 月
	副主任	吴健军	晋江金井	续任
	副主任	林俊伟	晋江罗山	2021 年 5 月任
	副主任	张国钱	晋江东石	2021 年 5 月任
	副主任（科　技）	张绍萍（女）	晋江青阳	续任
	综合便民服务中心主任	曾运筹（女）	晋江池店	续任
	社会事务服务中心主任	林　舟	晋江安海	续任
	综合执法队队长	张育彪	晋江梅岭	2021 年 5 月任
良种场	场　长	许英蔚	晋江英林	续任
	副场长	唐玉梅（女）	晋江池店	至 2021 年 5 月
	副场长	陈金德	晋江罗山	续任
	副场长	丁劲松（回）	晋江安海	2021 年 5 月任
陈埭镇	书　记	庄垂生	晋江梅岭	至 2021 年 5 月
	书　记	陈希轩	晋江金井	2021 年 10 月任
	副书记镇长	陈文斗	晋江金井	续任

机构名称	职　务	姓　名	籍　贯	任职时间
陈埭镇	人大主席	曾逸峰	晋江安海	至 2021 年 5 月
	人大主席	张建元	晋江内坑	2021 年 8 月任
	副书记	许自央	晋江安海	至 2021 年 5 月
	副书记	王少欣	晋江金井	续任
	纪委书记	兰雯雯（女、畲）	晋江安海	续任
	党委秘书	姚　腾	晋江罗山	至 2021 年 5 月
	党委秘书	许向楠	晋江安海	2021 年 5 月任
	组织委员	丁永达	晋江陈埭	至 2021 年 5 月
	组织委员	陈宝佳（女）	晋江永和	2021 年 5 月任
	宣传委员	王荣誉	晋江东石	至 2021 年 5 月
	宣传委员	陈建辉	晋江磁灶	2021 年 5 月任
	统战委员	王荣誉	晋江东石	至 2021 年 5 月
	统战委员	陈宝佳（女）	晋江永和	2021 年 5 月任
	政法委员	丁永达	晋江陈埭	2021 年 5 月任
	人大副主席	黄小凤（女）	晋江池店	至 2021 年 5 月
	人大副主席	佘胜琛	晋江永和	2021 年 8 月任
	副镇长	黄贤答	晋江东石	至 2021 年 7 月
	副镇长	丁永达	晋江陈埭	2021 年 12 月任
	副镇长	吴长挺	晋江深沪	2021 年 12 月任
	副镇长	林忠山	晋江陈埭	2021 年 12 月任
	副镇长（科　技）	林志阳	惠　安	续任
	企业党委专职副书记	蔡建明	晋江紫帽	至 2021 年 5 月
	行政服务中心主任	林荣材	晋江内坑	至 2021 年 5 月
	社会事务服务中心主任	曾海峰（女）	泉州丰泽	续任
	经济发展服务中心主任	许志猛	晋江东石	续任
	综合便民服务中心主任	蔡景琳（女）	晋江东石	2021 年 5 月任

续表 28

机构名称	职 务	姓 名	籍 贯	任职时间	机构名称	职 务	姓 名	籍 贯	任职时间
陈埭镇	综合执法队队长	陈程菲	晋江磁灶	续任	池店镇	综合便民服务中心主任	肖荣荣（女）	晋江东石	续任
池店镇	书 记	吴尊意	晋江金井	续任		社会事务服务中心主任	施超群	晋江深沪	续任
	副书记 镇长	许长俊	晋江安海	续任		经济发展服务中心主任	丁奕龙（回）	晋江安海	续任
	人大主席	李逊庆	晋江青阳	续任		综合执法队队长	吴淼森	晋江磁灶	2021 年 5 月任
	副书记	庄自宝	晋江梅岭	至 2021 年 5 月	安海镇	书 记	张健龙	晋江内坑	至 2021 年 5 月
	副书记	李 泱	晋江安海	续任		书 记	陈进福	晋江磁灶	2021 年 5 月任
	纪委书记	苏文璋	晋江安海	至 2021 年 5 月		副书记 镇长	陈进福	晋江磁灶	至 2021 年 5 月
	纪委书记	施佳琛	晋江龙湖	2021 年 5 月任		副书记 镇长	黄胜鑫	石 狮	2021 年 5 月任
	党委秘书	陈峥嵘	晋江安海	续任		人大主席	王宏华	南 安	续任
	组织委员	吕少欣	晋江深沪	至 2021 年 5 月		副书记	陈英俊	晋江金井	至 2021 年 5 月
	组织委员	张正平	晋江磁灶	2021 年 5 月任		副书记	周嘉琛	南 安	至 2021 年 5 月
	政法委员	杨德谱	晋江永和	2021 年 5 月任		副书记	尤国辉	永 春	2021 年 5 月任
	宣传委员	蔡继智	晋江东石	至 2021 年 5 月		纪委书记	吴黎水	晋江灵源	续任
	宣传委员	王振峰	晋江新塘	2021 年 5 月任		党委秘书	王耀民	晋江罗山	至 2021 年 5 月
	统战委员	蔡继智	晋江东石	至 2021 年 5 月		党委秘书	李建明	晋江内坑	2021 年 5 月任
	统战委员	陈峥嵘	晋江安海	2021 年 5 月任		组织委员	林时炮	晋江内坑	至 2021 年 5 月
	人大副主席	黄英瑜（女）	石 狮	至 2021 年 5 月		组织委员	许珊俐（女）	晋江东石	2021 年 5 月任
	人大副主席	张 琳（女）	晋江东石	2021 年 8 月任		宣传委员	吴森森（女）	晋江龙湖	续任
	副镇长	吴长挺	晋江深沪	至 2021 年 5 月		统战委员	吴森森（女）	晋江龙湖	续任
	副镇长	庄晓峰	晋江青阳	至 2021 年 5 月		政法委员	施永鑫	晋江龙湖	2021 年 5 月任
	副镇长	尤丁贵	永 春	续任		人大副主席	陈毓瑜	晋江磁灶	至 2021 年 5 月
	副镇长	杨德谱	晋江永和	2021 年 5 月任		人大副主席	黄国裕	晋江东石	2021 年 5 月任
	副镇长	黄英瑜（女）	石 狮	2021 年 5 月任		副镇长	吴清源	晋江永和	至 2021 年 5 月
	副镇长	郑绍乐	永 春	2021 年 5 月任		副镇长	刘延良	永 春	续任
	副镇长（科 技）	张 琳（女）	晋江东石	至 2021 年 5 月		副镇长	施永鑫	晋江龙湖	2021 年 5 月任
	企业党委专职副书记	肖志贤	晋江东石	至 2021 年 5 月		副镇长	柯志力	晋江新塘	2021 年 5 月任

续表 28

机构名称	职务	姓名	籍贯	任职时间	机构名称	职务	姓名	籍贯	任职时间
安海镇	副镇长（科技）	郑炯	晋江东石	续任	磁灶镇	人大副主席	蔡辉煌	晋江安海	至 2021 年 5 月
	安平管理处副主任	姚建源	晋江内坑	至 2021 年 5 月		人大副主席	许荣题	晋江东石	2021 年 5 月任
	企业党委专职副书记	蔡长久	晋江东石	至 2021 年 5 月		副镇长	陈国良	晋江青阳	至 2021 年 5 月
	企业党委专职副书记	肖文书	晋江东石	2021 年 5 月任		副镇长	许泳泳（女）	晋江安海	至 2021 年 5 月
	综合便民服务中心主任	吴泓衍	晋江池店	续任		副镇长	陈毅伟	晋江安海	至 2021 年 5 月
	社会事务服务中心主任	张谋养	晋江磁灶	续任		副镇长	吴贻锶	晋江龙湖	2021 年 5 月任
	经济发展服务中心主任	王世涌	德化	续任		副镇长	庄晓东	晋江梅岭	2021 年 5 月任
	综合执法队队长	苏鸿斌	晋江池店	2021 年 5 月任		副镇长	吴式宏	晋江灵源	2021 年 5 月任
磁灶镇	书记	张劲竹	晋江英林	续任		副镇长（科技）	黄国裕	晋江东石	至 2021 年 5 月
	副书记	蔡文卿	晋江东石	续任		副镇长（科技）	乔莉梦（女、蒙古）	新疆博乐	2021 年 5 月任
	镇长	蔡文卿	晋江东石	续任		企业党委专职副书记	洪金清	晋江东石	2021 年 5 月任
	人大主席	周先进	晋江东石	至 2021 年 5 月		综合便民服务中心主任	吴志坚	晋江池店	续任
	人大主席	吴志峰	晋江安海	2021 年 5 月任		社会事务服务中心主任	蔡天文	晋江东石	续任
	副书记	陈礼新	永春	至 2021 年 5 月		经济发展服务中心主任	洪树林	晋江英林	续任
	副书记	陈奕忠	晋江深沪	续任		综合执法队队长	林小虎	晋江陈埭	2021 年 5 月任
	纪委书记	吴贻锶	晋江龙湖	至 2021 年 5 月	内坑镇	书记	黄胜鑫	石狮	至 2021 年 5 月
	纪委书记	叶灿辉	晋江梅岭	2021 年 5 月任		书记	林灿煌	晋江陈埭	2021 年 5 月任
	党委秘书	蔡建东	晋江内坑	至 2021 年 5 月		副书记 镇长	施荣进	晋江龙湖	2021 年 5 月任
	党委秘书	颜海林	晋江安海	2021 年 5 月任		副书记	林灿煌	晋江陈埭	至 2021 年 5 月
	组织委员	庄晓东	晋江梅岭	至 2021 年 5 月		副书记	吴好景	晋江磁灶	2021 年 5 月任
	组织委员	苏佩玲（女）	晋江磁灶	2021 年 5 月任		镇长	林灿煌	晋江陈埭	至 2021 年 5 月
	统战委员	叶灿辉	晋江梅岭	至 2021 年 5 月		人大主席	陈文路	晋江罗山	2021 年 2 月任
	统战委员	苏佩玲（女）	晋江磁灶	2021 年 5 月任		副书记	张建群	晋江金井	至 2021 年 5 月
	政法委员	吴贻锶	晋江龙湖	2021 年 5 月任		副书记	王剑鸿	石狮	至 2021 年 5 月
	宣传委员	叶灿辉	晋江梅岭	至 2021 年 5 月		纪委书记	吴文围	晋江永和	续任
	宣传委员	许志文	晋江东石	2021 年 5 月任		党委秘书	陈宝佳（女）	晋江永和	至 2021 年 5 月

续表 28

机构名称	职　务	姓　名	籍　贯	任职时间
内坑镇	党委秘书	张燕娜（女）	晋江磁灶	2021 年 5 月任
	组织委员	蔡东升	晋江深沪	续任
	宣传委员	粘磊石（满）	晋江深沪	至 2021 年 5 月
	宣传委员	蔡东升	晋江深沪	2021 年 5 月任
	政法委员	许国立	晋江内坑	2021 年 5 月任
	统战委员	蔡东升	晋江深沪	至 2021 年 5 月
	统战委员	张燕娜（女）	晋江磁灶	2021 年 5 月任
	人大副主席	庄添生	晋江青阳	续任
	副镇长	张辉永	晋江陈埭	至 2021 年 5 月
	副镇长	许天增	晋江安海	续任
	副镇长	许国立	晋江内坑	2021 年 5 月任
	副镇长	颜拥军	晋江安海	2021 年 5 月任
	副镇长	丁诗钤	晋江陈埭	2021 年 5 月任
	副镇长（科 技）	洪福禄	晋江英林	2021 年 2 月任
	企业党委专职副书记	洪金清	晋江东石	至 2021 年 5 月
	企业党委专职副书记	柯俊辉	晋江西园	2021 年 5 月任
	综合便民服务中心主任	李倩雯（女）	晋江罗山	2021 年 5 月任
	社会事务服务中心主任	许清楷	晋江东石	续任
	综合执法队队长	蔡乾坤	晋江安海	续任
紫帽镇	书　记	柯荣围	晋江安海	至 2021 年 5 月
	书　记	杨双华（女）	晋江新塘	2021 年 5 月任
	副书记 镇长	洪志新	晋江英林	至 2021 年 5 月
	副书记 镇长	王展招	晋江西园	2021 年 5 月任
	人大主席	颜婉媚（女）	晋江安海	至 2021 年 5 月
	人大主席	陈礼新	永　春	2021 年 5 月任
	副书记	郑伟军	安　溪	至 2021 年 5 月
紫帽镇	副书记（综治）	许文理（女）	晋江安海	至 2021 年 5 月
	副书记	许文理（女）	晋江安海	2021 年 5 月任
	纪委书记	李志阳	晋江池店	续任
	党委秘书	陈伟廉	晋江安海	至 2021 年 5 月
	党委秘书	陈维维（女）	晋江磁灶	2021 年 5 月任
	组织委员	陈伟廉	晋江安海	至 2021 年 5 月
	组织委员	陈维维（女）	晋江磁灶	2021 年 5 月任
	统战委员	庄跃聪	晋江梅岭	续任
	宣传委员	庄跃聪	晋江梅岭	至 2021 年 5 月
	宣传委员	陈志猛	晋江磁灶	2021 年 5 月任
	政法委员	庄跃聪	晋江梅岭	2021 年 5 月任
	副镇长	苏孙庚	晋江安海	至 2021 年 5 月
	副镇长	庄跃聪	晋江梅岭	续任
	副镇长	姚昆仑	晋江永和	2021 年 5 月任
	副镇长（科 技）	黄高雄	晋江东石	续任
	企业党委专职副书记	肖文书	晋江东石	至 2021 年 5 月
	社会事务服务中心主任	许武灵	晋江东石	续任
	综合便民服务中心主任	曾智伟	泉州鲤城	2021 年 5 月任
	综合执法队队长	蔡永胜	晋江金井	续任
东石镇	书　记	洪建立	晋江英林	续任
	副书记 镇长	李德铭	晋江池店	续任
	人大主席	王晓人	晋江金井	2021 年 1 月任
	副书记	吴志峰	晋江安海	至 2021 年 5 月
	副书记	林雨榨	晋江永和	续任
	纪委书记	李育波	晋江池店	至 2021 年 5 月

续表 28

机构名称	职　务	姓　名	籍　贯	任职时间	机构名称	职　务	姓　名	籍　贯	任职时间
东石镇	纪委书记	许晓东	晋江安海	2021 年 5 月任	永和镇	副书记 镇长	郑英奇	广东普宁	2021 年 8 月任
	党委秘书	许晓东	晋江安海	至 2021 年 5 月		人大主席	曾远漂	晋江安海	续任
	党委秘书	苏少伟	晋江安海	2021 年 5 月任		副书记	陈永溪	晋江安海	至 2021 年 5 月
	组织委员	刘菁菁（女）	晋江安海	续任		副书记	林时就	晋江内坑	续任
	宣传委员	庄景煌	泉州泉港	至 2021 年 5 月		纪委书记	许清显	晋江安海	续任
	宣传委员	刘菁菁（女）	晋江安海	2021 年 5 月任		党委秘书	林荣华	德　化	续任
	统战委员	庄景煌	泉州泉港	至 2021 年 5 月		组织委员	吴式宏	晋江灵源	至 2021 年 5 月
	统战委员	蔡达峰	晋江安海	2021 年 5 月任		组织委员	谢坤霖（女）	晋江磁灶	2021 年 5 月任
	政法委员	吴友峰	晋江磁灶	2021 年 5 月任		宣传委员	姚卡尔	晋江安海	至 2021 年 5 月
	人大副主席	陈连升	晋江安海	续任		宣传委员	罗　健	江西赣州	2021 年 5 月任
	副镇长	赖渠鸿	晋江西园	至 2021 年 5 月		统战委员	吴式宏	晋江灵源	至 2021 年 5 月
	副镇长	许竞宇	台湾台北	续任		统战委员	谢坤霖（女）	晋江磁灶	2021 年 5 月任
	副镇长	吴友峰	晋江磁灶	续任		政法委员	林时炮	晋江内坑	2021 年 5 月任
	副镇长	庄景煌	泉州泉港	2021 年 12 月任		人大副主席	洪志华	晋江安海	至 2021 年 5 月
	副镇长	张清源	晋江英林	2021 年 12 月任		人大副主席	陈廷裕	晋江龙湖	2021 年 8 月任
	副镇长 （科 技）	施建成	晋江龙湖	至 2021 年 5 月		副镇长	陈海鸣	晋江安海	至 2021 年 5 月
	副镇长 （科 技）	李建基	晋江永和	2021 年 12 月任		副镇长	王活泼	晋江安海	至 2021 年 5 月
	企业党委专职副书记	柯俊辉	晋江西园	至 2021 年 5 月		副镇长	林时炮	晋江内坑	2021 年 12 月任
	综合便民服务中心主任	黄沂均	晋江安海	续任		副镇长	黄鹏程	石　狮	2021 年 8 月任
	社会事务服务中心主任	陈嘉凡	晋江金井	续任		副镇长	许大限	晋江安海	2021 年 8 月任
	经济发展服务中心主任	李自强	重庆梁平	续任		副镇长 （科 技）	蔡桂榆	晋江东石	续任
	综合执法队队长	陈　喆	山西朔州	2021 年 5 月任		综合便民服务中心主任	李培雄	晋江罗山	续任
永和镇	书　记	吴超鹏	泉州鲤城	至 2021 年 5 月		社会事务服务中心主任	王恭毅	晋江灵源	续任
	书　记	陈松柏	晋江罗山	2021 年 5 月任		综合执法队队长	黄元秋	晋江金井	2021 年 5 月任
	副书记 镇长	陈松柏	晋江罗山	至 2021 年 5 月	英林镇	书　记	李安辉	晋江池店	至 2021 年 5 月
						书　记	吴靖宇	晋江内坑	2021 年 5 月任

续表 28

机构名称	职　务	姓　名	籍　贯	任职时间	机构名称	职　务	姓　名	籍　贯	任职时间
英林镇	副书记 镇长	陈　希（女）	江苏盐城	至 2021 年 5 月	英林镇	综合执法队 队长	吴志彬	晋江磁灶	2021 年 5 月任
	副书记 镇长	柯荣围	晋江安海	2021 年 5 月任	金井镇	书　记	丁鸿雨（回）	晋江陈埭	至 2021 年 5 月
	人大主席	蔡惠琼（女）	晋江紫帽	续任		书　记	林晓为	晋江安海	2021 年 5 月任
	副书记	郑英奇	广东普宁	至 2021 年 5 月		副书记 镇长	林晓为	晋江安海	至 2021 年 5 月
	副书记	林萍拉（女）	石　狮	续任		副书记 镇长	庄东航	晋江梅岭	2021 年 8 月任
	纪委书记	蔡永革	晋江永和	至 2021 年 5 月		人大主席	周宗仰	晋江安海	续任
	纪委书记	杨　彬	晋江新塘	2021 年 5 月任		副书记	张建元	晋江内坑	至 2021 年 5 月
	党委秘书	黄志向	晋江内坑	至 2021 年 5 月		副书记	卓鸿源	晋江紫帽	续任
	党委秘书	纪逸豪	晋江金井	2021 年 5 月任		副书记 （挂职）	颜艺鸿（女）	永　春	至 2021 年 5 月
	组织委员	施纯烽	晋江龙湖	续任		纪委书记	侯俊勇	南　安	续任
	宣传委员	蔡伟群	晋江安海	至 2021 年 5 月		党委秘书	尹继雄	湖北天门	至 2021 年 5 月
	宣传委员	林时楷	晋江内坑	2021 年 5 月任		党委秘书	柯丽娜（女）	晋江东石	2021 年 5 月任
	统战委员	蔡伟群	晋江安海	至 2021 年 5 月		组织委员	林小超	泉州丰泽	续任
	统战委员	蔡景福	晋江新塘	2021 年 5 月任		宣传委员	苏明春（女）	晋江英林	续任
	政法委员	蔡景福	晋江新塘	2021 年 5 月任		统战委员	苏明春（女）	晋江英林	续任
	人大副主席	林文尚	晋江内坑	续任		政法委员	丁永汉（回）	晋江陈埭	2021 年 5 月任
	副镇长 （挂职）	颜国升	晋江深沪	至 2021 年 5 月		人大副主席	张东奇	惠　安	至 2021 年 5 月
	副镇长	蔡永钦	晋江金井	至 2021 年 5 月		人大副主席	施元庚	晋江龙湖	2021 年 8 月任
	副镇长	蔡景福	晋江新塘	2021 年 5 月任		副镇长	林忠山	晋江陈埭	至 2021 年 5 月
	副镇长	蔡伟群	晋江安海	2021 年 5 月任		副镇长	苏世杰	晋江磁灶	至 2021 年 5 月
	副镇长	黄清景	晋江东石	2021 年 5 月任		副镇长	尤燕红（女）	晋江安海	至 2021 年 5 月
	副镇长 （科　技）	曾连灯	晋江永和	续任		副镇长	丁永汉（回）	晋江陈埭	2021 年 12 月任
	企业党委专 职副书记	王寿权	晋江灵源	至 2021 年 5 月		副镇长	姚庆祝	晋江内坑	2021 年 12 月任
	综合便民服 务中心主任	王诗金	南　安	续任		副镇长	姚卡尔	晋江安海	2021 年 12 月任
	社会事务服 务中心主任	陈栋梁	晋江安海	续任		副镇长	王耀民	晋江罗山	2021 年 12 月任
	经济发展服 务中心主任	洪金中	晋江西园	续任		副镇长 （科技）	施元庚	晋江龙湖	至 2021 年 5 月

续表 28

机构名称	职务	姓名	籍贯	任职时间	机构名称	职务	姓名	籍贯	任职时间
金井镇	副镇长（科技）	许泽润	晋江龙湖	2021 年 12 月任	龙湖镇	副镇长	蔡文习	晋江东石	2021 年 5 月任
	社会事务服务中心主任	施鑫鑫	晋江深沪	续任		副镇长	李远远（女）	晋江深沪	2021 年 5 月任
	经济发展服务中心主任	李树仁	晋江梅岭	续任		副镇长（科 技）	谢少聪（女）	石 狮	续任
	综合便民服务中心主任	吴翠云（女）	晋江紫帽	2021 年 5 月任		企业和社会组织党委专职副书记	陈俊毅	晋江深沪	至 2021 年 5 月
	综合执法队队长	柯振生	晋江灵源	续任		社会事务服务中心主任	吴松钝	晋江深沪	续任
龙湖镇	书 记	陈希轩	晋江金井	至 2021 年 5 月		经济发展服务中心主任	柯永定	晋江英林	续任
	书 记	许文倡	晋江英林	2021 年 5 月任		综合便民服务中心主任	陈文财	晋江青阳	2021 年 5 月任
	副书记镇长	张志雄	晋江安海	续任		综合执法队队长	吕幸福	晋江深沪	续任
	人大主席	朱新旭	晋江池店	续任	深沪镇	书 记	许文倡	晋江英林	至 2021 年 5 月
	副书记	施纯玺	晋江深沪	至 2021 年 5 月		书 记	孙晋展	晋江东石	2021 年 5 月任
	副书记	王义彬	莆田仙游	续任		副书记镇长	孙晋展	晋江东石	至 2021 年 5 月
	纪委书记	陈俊明	晋江深沪	至 2021 年 5 月		副书记镇长	洪志强	晋江东石	2021 年 8 月任
	纪委书记	翁国栋	晋江灵源	2021 年 5 月任		人大主席	张金祥	晋江英林	续任
	党委秘书	张晨亮	宁德福鼎	至 2021 年 5 月		副书记	吴好景	晋江磁灶	至 2021 年 5 月
	党委秘书	陈镜安	晋江罗山	2021 年 5 月任		副书记	吴连坛	晋江龙湖	续任
	组织委员	蒲丹尼（女）	晋江安海	续任		纪委书记	王振明	晋江青阳	续任
	宣传委员	蔡文习	晋江东石	至 2021 年 5 月		党委秘书	王育民	石 狮	续任
	宣传委员	蒲丹尼（女）	晋江安海	2021 年 5 月任		组织委员	黄 璟（女）	晋江安海	续任
	政法委员	丁锦鸿（回）	晋江陈埭	2021 年 5 月任		宣传委员	陈奕友	晋江安海	至 2021 年 5 月
	统战委员	蔡文习	晋江东石	至 2021 年 5 月		政法委员	陈海洋	晋江东石	2021 年 5 月任
	统战委员	张志向	晋江英林	2021 年 5 月任		统战委员	陈奕友	晋江安海	至 2021 年 5 月
	人大副主席	许荣题	晋江东石	至 2021 年 5 月		统战委员	王育民	石 狮	2021 年 5 月任
	人大副主席	洪段宏	晋江东石	2021 年 5 月任		宣传委员	黄 璟（女）	晋江安海	2021 年 5 月任
	副镇长	庄宏清	晋江梅岭	至 2021 年 5 月		人大副主席	许成家	晋江东石	续任
	副镇长	洪国财	晋江内坑	至 2021 年 5 月		副镇长	蔡夏溪	晋江东石	至 2021 年 5 月
	副镇长	丁锦鸿（回）	晋江陈埭	2021 年 5 月任		副镇长	张金龙	晋江磁灶	至 2021 年 5 月

续表 28

机构名称	职　务	姓　名	籍　贯	任职时间
深沪镇	副镇长	张晨亮	宁德福鼎	2021 年 12 月任
	副镇长	沈建中	安徽怀远	2021 年 8 月任
	副镇长（科技）	陈延裕	晋江龙湖	续任
	副镇长	陈海洋	晋江东石	2021 年 12 月任
	企业党委专职副书记	陈　筑	安　溪	至 2021 年 5 月
	综合便民服务中心主任	丁淼淼（回）	晋江陈埭	续任
	社会事务服务中心主任	姚培森	晋江罗山	续任
	经济发展服务中心主任	李清泉	晋江罗山	2021 年 5 月任
	综合执法队队长	林群鸿	晋江陈埭	续任
西滨镇	书　记	王沂鸿	山东临沂	续任
	副书记 镇长	许特级	晋江东石	至 2021 年 5 月
	副书记 镇长	周嘉琛	泉州南安	2021 年 5 月任
	人大主席	王毓峰	晋江新塘	续任
	副书记	王国华	晋江内坑	至 2021 年 5 月
	副书记	张玉玺	晋江东石	续任
	纪委书记	蔡荧莹（女）	晋江金井	至 2021 年 5 月
西滨镇	纪委书记	曾彬虹（女）	泉州鲤城	2021 年 5 月任
	党委秘书	蔡燕双（女）	晋江罗山	续任
	组织委员	蔡燕双（女）	晋江罗山	续任
	政法委员	黄志胜	晋江安海	2021 年 5 月任
	统战委员	庄建良	晋江梅岭	至 2021 年 5 月
	统战委员	黄志胜	晋江安海	2021 年 5 月任
	宣传委员	庄建良	晋江梅岭	2021 年 5 月任
	宣传委员 副镇长	张清源	晋江英林	至 2021 年 5 月
	副镇长	黄志胜	晋江安海	续任
	副镇长	王永万	晋江金井	2021 年 5 月任
	副镇长（科技）	丁劲松（回）	晋江安海	至 2021 年 5 月
	综合便民服务中心主任	林一斯（女）	晋江安海	续任
	社会事务服务中心主任	曾春晓	晋江罗山	续任
	综合执法队队长	洪志贤	晋江东石	2021 年 5 月任

2021 年晋江市人民法院负责人一览表

表 29

职　务	姓　名	籍　贯	任职时间
院　长	陈水深	南　安	至 2021 年 12 月
院　长	洪志强	泉州泉港	2021 年 12 月任
党组书记	洪志强	泉州泉港	2021 年 7 月任
党组副书记	吴庆锥	晋江深沪	续任
副院长	丁银汉（回）	晋江陈埭	续任
政治处主任	苏晓瑜	晋江东石	续任
副院长	曾晓军	南　安	至 2021 年 7 月
副院长	吴明铀	晋江罗山	续任
审委会专职委员	叶佩芬（女）	晋江东石	续任
审委会专职委员	陈维山	晋江梅岭	续任

2021 年晋江市人民检察院负责人一览表

表 30

职　务	姓　　名	籍　　贯	任职时间	职　务	姓　　名	籍　　贯	任职时间
检察长	王文龙	安　溪	续任	副检察长	庄如梅（女）	晋江青阳	2021 年 1 月任
党组书记	王文龙	安　溪	续任	检委会专职委员	曾文聪	晋江罗山	至 2021 年 2 月
党组副书记	陈国明	泉州丰泽	至 2021 年 1 月	机关党委书记	王德县	安　溪	至 2021 年 1 月
党组副书记	许昔翻	晋江东石	2021 年 1 月任	政治部主任	姚婉萍（女）	晋江内坑	续任
副检察长	苏紫燕（女）	南　安	续任	检委会专职委员	黄挺进	南　安	至 2021 年 3 月
副检察长	王加贺	宁德福鼎	续任				

2021 年晋江市委直属事业单位负责人一览表

表 31

机构名称	职　务	姓　名	籍　贯	任职时间	机构名称	职　务	姓　名	籍　贯	任职时间
党校	校　长	王明元	泉州鲤城	至 2021 年 7 月	档案馆	副馆长	郑清爽	晋江东石	续任
	校　长	吴忠刘	南　安	2021 年 7 月任	党史和地方志研究室	主　任	蔡斯坤	晋江东石	续任
	常务副校长	王景珊	南　安	至 2021 年 11 月		副主任	洪春婷（女）	晋江深沪	续任
	常务副校长	颜才镖	晋江安海	2021 年 11 月任		副主任	颜清堤	晋江安海	续任
	副校长	洪文峰	晋江英林	续任	融媒体中心	主　任	许自来	晋江东石	续任
	副校长	姚煜娟（女）	晋江内坑	续任		副主任	黄昌木	南　安	续任
档案馆	馆　长	柯晓钟	晋江罗山	至 2021 年 11 月		副主任	陈惠君（女）	晋江安海	续任
	副馆长	苏飞武	莆田仙游	续任		副主任	陈诗章	晋江安海	续任

2021 年晋江市政府直属单位负责人一览表

表 32

机构名称	职　务	姓　名	籍　贯	任职时间
教育督导室	主　任	肖金枪	晋江东石	至 2021 年 5 月
深沪湾保护区管理处	主　任	苏文伟	南　安	续任
	副主任	蔡志忠	晋江东石	续任
晋江市供销社	主　任	蔡金星	晋江东石	续任
	副主任	张贵锋	晋江青阳	续任
	副主任	张金奖	晋江东石	续任
	副主任	陈志坤	晋江罗山	续任
城镇集体工业联合社	主　任	洪安和	南　安	至 2021 年 11 月
	主　任	李和范	晋江罗山	2021 年 11 月任
城镇集体工业联合社	副主任	黄少欣	晋江金井	续任
晋江市教师进修学校	校　长	姚荣祖	永　春	至 2021 年 11 月
	副校长	陈淑端（女）	晋江磁灶	续任
	副校长	施世杰	晋江深沪	续任
	副书记	肖丽婷（女）	晋江东石	续任
高教发展中心	主　任	陈志刚	晋江磁灶	续任
	副主任	李冬英（女）	晋江紫帽	续任
地震办	主　任	陈瑞伟	晋江安海	续任

2021 年晋江市级部门直属单位负责人一览表

表 33

机构名称	职　务	姓　名	籍　贯	任职时间
财政国库支付中心	主　任	庄永速	晋江龙湖	续任
公共就业和人才服务中心	主　任	吴灵敏（女）	晋江磁灶	续任
城建项目管理服务中心	主　任	李俊颖	晋江池店	续任
交通综合行政执法大队	大队长	颜呈云	晋江安海	续任
国土资源行政执法大队	大队长	蔡秀丽（女）	晋江东石	续任
海洋与渔业局行政执法大队	大队长	詹俊峰	晋江深沪	续任
农业行政执法大队	教导员	林国辉	晋江内坑	续任
文化市场综合执法大队	大队长	吴艺敏（女）	晋江安海	续任
卫生监督行政执法大队	大队长	何天票	晋江灵源	续任
市场监督管理执法大队	大队长	杨金锭	晋江东石	续任
市土地储备中心	主　任	洪炳钦	晋江英林	续任
不动产登记中心	主　任	庄晓红（女）	晋江青阳	续任
区划办	主　任	林群雄	晋江内坑	续任

续表 33

机构名称	职务	姓名	籍贯	任职时间	机构名称	职务	姓名	籍贯	任职时间
沿海森林派出所	所长	柯晓峰	晋江英林	续任	流动人口与计生管理站	站长	陈庆谊	晋江罗山	续任
沿海森林派出所	教导员	吴欢迎	晋江东石	续任	市场服务中心	主任	苏育俊	晋江深沪	续任
农机站	站长	陈飞熊	晋江东石	续任	市质量计量检测所	所长	张英俊	晋江英林	续任
机关事业单位社会保险管理中心	主任	赖诗晓	德化	续任	市社会经济调查队	队长	蔡家煌	晋江紫帽	续任
市交通运输管理所	所长	蔡志尧	晋江深沪	续任	市企业上市服务中心	主任	张晓如（女）	晋江青阳	续任
水土办	主任	洪凤腾	晋江英林	续任	数字晋江城市管理监控中心	主任	陈海洋	晋江东石	至 2021 年 5 月
防汛办	主任	施文士	晋江深沪	续任		主任	施建成	晋江龙湖	2021 年 5 月任
新安水库管理处	主任	洪贻谋	晋江英林	续任	城市卫生管理考评中心	主任	黄永东	晋江安海	续任

2021 年晋江市完中校、职校负责人一览表

表 34

机构名称	职务	姓名	籍贯	任职时间	机构名称	职务	姓名	籍贯	任职时间
晋江一中	校长	陈燎原	晋江东石	续任	毓英中学	书记	王宽购	晋江安海	续任
	书记	陈燎原	晋江东石	续任	晋江二中	校长	吴健康	晋江东石	续任
养正中学	校长	沈慈勇	晋江安海	续任		书记	王劲松	石狮	续任
	书记	颜建增	晋江安海	续任	英林中学	校长	王海墘	晋江东石	续任
季延中学	校长	曾国耕	晋江安海	续任		书记	王海墘	晋江东石	续任
	书记	曾国耕	晋江安海	续任	平山中学	校长	黄家策	晋江池店	续任
侨声中学	校长	陈昌卫	晋江东石	续任		书记	王毅阳	晋江新塘	续任
	书记	蔡安源	晋江东石	续任	磁灶中学	校长	吴伟鸿	晋江磁灶	续任
南侨中学	校长	王诗坦	晋江永和	续任		书记	吴伟鸿	晋江磁灶	续任
	书记	王诗坦	晋江永和	续任	民族中学	校长	黄祖铭	晋江东石	续任
毓英中学	校长	王宽购	晋江安海	续任		书记	吴进安	晋江磁灶	续任

续表 34

机构名称	职　务	姓　名	籍　贯	任职时间	机构名称	职　务	姓　名	籍　贯	任职时间
内坑中学	校长	周江浩	晋江安海	续任	紫帽片区晋江学校	书记	香红联（女）	北　京	续任
	书记	周江浩	晋江安海	续任	晋江职校	校长	刘晓斌	晋江安海	续任
永和中学	校长	陈文段	晋江安海	续任		书记	黄源华	江　西	续任
	书记	陈文段	晋江安海	续任	华侨职校	校长	陈惠群	泉州泉港	续任
首峰中学	校长	施养胜	晋江龙湖	续任		书记	陈惠群	泉州泉港	续任
	书记	杨少伟	晋江英林	续任	安海职校	校长	李克勤	晋江金井	续任
紫峰中学	校长	施华雄	晋江龙湖	续任		书记	李克勤	晋江金井	续任
	书记	施华雄	晋江龙湖	续任	晋兴职校	校长	谢志全	晋江磁灶	续任
紫帽片区晋江学校	校长	徐慧琳（女）	北　京	续任		书记	谢志全	晋江磁灶	续任

2021 年晋江市部分医疗卫生机构负责人一览表

表 35

机构名称	职　务	姓　名	籍　贯	任职时间	机构名称	职　务	姓　名	籍　贯	任职时间
市医院	书记	陈　铭	南　安	续任	安海医院	院长	龚飞群（女）	晋江安海	2021 年 2 月任
	院长	陈　铭	南　安	续任	疾病预防控制中心	书记	林友谊	晋江陈埭	续任
中医院	书记	黄东昭	晋江东石	2021 年 2 月任		主任	王金象	晋江金井	续任
	院长	陈名智	莆田涵江	2021 年 2 月任	妇幼保健院	书记	陈扶持	晋江深沪	续任
安海医院	书记	孙丰裕	晋江东石	2021 年 2 月任		院长	吴钦旋	晋江金井	续任

2021 年晋江市部分企业单位负责人一览表

表 36

机构名称	职　务	姓　名	籍　贯	任职时间	机构名称	职　务	姓　名	籍　贯	任职时间
晋江文旅集团	董事长	陈文霓	晋江罗山	续任	中国农业发展银行晋江市支行	行　长	王伟雄	泉　州	至 2021 年 4 月
	总经理	柯惠玲（女）	晋江新塘	续任		行　长	庄学斌	泉州丰泽	2021 年 4 月任
新华书店	经　理	曾　鸣	晋江池店	至 2021 年 3 月	中国银行晋江市支行	行　长	朱清禹	晋江池店	续任

续表 36

机构名称	职务	姓名	籍贯	任职时间
中国农业银行晋江市支行	行长	黄文票	晋江	续任
中国建设银行晋江市支行	行长	潘汉彬	惠安	续任
中国工商银行晋江市支行	行长	许志钦	泉州	至 2021 年 8 月
	副行长（代行长）	叶继沂	三明大田	2021 年 7—12 月
福建兴业银行晋江市支行	行长	陈志祥	南安	续任
晋江市农村商业银行	董事长	史桐融	泉州鲤城	续任
	行长	杨金莲（女）	晋江青阳	续任
泉州银行晋江支行	行长	邱志远	石狮	续任
民生银行晋江支行	行长	黄永刚	晋江安海	续任
招商银行晋江支行	行长	曾友余	晋江	至 2021 年 7 月
	行长	刘海鹰（女）	晋江罗山	2021 年 7 月任
交通银行晋江支行	行长	曾世明	惠安	至 2021 年 2 月
	行长	王锦良	南安	2021 年 2 月任
平安银行晋江支行	行长	洪文钢	石狮	至 2021 年 8 月
	行长	洪玉清（女）	上海浦东	2021 年 8 月任
邮政储蓄银行晋江市支行	行长	张景星	晋江内坑	续任
中金财富证券晋江营业部	总经理	蔡命港	石狮	续任
兴业证券晋江营业部	总经理	傅子勤	泉州	续任
中国人民保险公司晋江市分公司	总经理	庄伟锋	惠安	2021 年 3 月任
	副总经理（主持工作）	庄伟锋	惠安	至 2021 年 3 月
中国人寿保险公司晋江市分公司	总经理	陈善源	三明尤溪	续任
太平洋财产保险公司晋江市分公司	总经理	伊小河	三明梅列	续任
晋江市邮政分公司	总经理 书记	吴少洹	晋江	续任
中国电信晋江分公司	总经理	王松勇	莆田仙游	续任
中国移动通信晋江分公司	总经理	陈震毅	泉州	续任
中国联通晋江分公司	总经理	黄乌辣（女）	晋江	至 2021 年 10 月
	总经理	陈嘉晖	福建	2021 年 10 月任
国网晋江市供电公司	总经理	林平	福州	至 2021 年 7 月
	总经理	何海波	龙岩永定	2021 年 7 月任
泉州晋江机场	总经理	黄剑峰	南安	续任
晋江天然气发电有限公司	董事长	李东妙	安溪	续任
	总经理	罗睿	吉林辽源	至 2021 年 1 月
	总经理	钟爱民	龙岩上杭	2021 年 1 月任
福建广电网络集团晋江分公司	总经理	施叔龙	石狮	续任
晋江市火车站	书记	吴国富	莆田	续任
	站长	卜继以	湖南浏阳	至 2021 年 8 月
	站长	李景隆	泉州丰泽	2021 年 8—12 月
	站长	李鹏程	安溪	2021 年 12 月任
晋江太平洋港口发展有限公司	总经理	杨志魁	漳州	至 2021 年 4 月

续表 36

机构名称	职　务	姓　名	籍　贯	任职时间	机构名称	职　务	姓　名	籍　贯	任职时间
晋江太平洋港口发展有限公司	总经理	孙博生	甘肃镇原	2021 年 4 月任	晋江热电有限公司	总经理	江长发	龙岩上杭	续任
晋江热电有限公司	董事长	王　泉	三明宁化	续任	晋江新奥燃气有限公司	总经理	童婉婷（女）	德　化	续任

说明：本表资料由各有关单位提供，市委党史和地方志研究室汇编，市委组织部审核

统计资料

2015—2021 年晋江市社会经济主要指标一览表

表 37

指标名称	单位	2015 年	2016 年	2017 年	2018 年	2019 年	2020 年	2021 年
地区生产总值（当年价）	万元	16857636.51	18210336.17	20726477	23192659	25282075	26011065	29864112
第一产业	万元	188586.8026	205639.9489	198806	203936	202647	202501	207844
第二产业	万元	11082524	11509808	12869989	14383982	15494173	15587967	18252704
第三产业	万元	5586525.706	6494888.225	7657682	8604741	9585255	10220597	11403564
农林牧渔业总产值	万元	377127	411628	394674	405198	404485	412012	428516
全部工业总产值	万元	39951686	42233163	47804474	—	—	—	—
粮食总产量	吨	48077	39577	44284	23329	23252	23407	23525
社会消费品零售总额	万元	9571658	10777016	12412337	14002421	15115615	15135428	16409599
已批“三资 ”企业项目（累计）	个	4410	4439	4488	4574	4675	4781	4938
已批“三资 ”企业合同投资额（累计）	万美元	1297827	1334542	1364452	1449048	1479224	1513479	1538940
出口商品总值（自营出口）	亿美元	82.73	75.75	70.95	527.59 亿元	590.11 亿元	—	2339193
固定资产投资额	万元	9058834	9149009	10288574	—	—	—	5705472
财政收入	万元	2002899	2010200	2122345	2300055	2216242	2276732	2569285
财政支出	万元	1297465	1374144	1458274	1355106	1387888	1506765	1247671
金融机构存款余额	万元	13627437	14821794	15209089	16018809	17931066	21078632	23681019
金融机构贷款余额	万元	11345280	12864167	13960576	14253138	15031518	16725578	18107091
住户存款余额	万元	7563443	8021384	8506471	9063303	10272634	11623493	12676974
城镇居民人均可支配收入	元	40035	42597	45883	49719	53185	54594	59023
农村居民人均可支配收入	元	18166	19882	21870	23781	25965	27344	30201

续表 37

指标名称	单位	2015 年	2016 年	2017 年	2018 年	2019 年	2020 年	2021 年
各类学校数	所	347	347	344	342	338	334	329
各类学校在校学生数	人	273226	281002	280250	287435	295648	302370	312746
各类教职工人数	人	12529	12836	14287	14352	14322	14581	19818
卫生技术人员	人	5025	5910	6357	6741	7553	7725	8212
医院编制床位数	张	4104	4054	3884	3982	4175	4282	5313

2021 年晋江市户籍人口一览表

表 38

项目	年末总户数（户）	年末总人口（人）									
		合 计	城镇人口	乡村人口	性 别		年 龄				
					男	女	0—15 岁	0—17 岁	18—34 岁	35—59 岁	60 岁及以上
晋江市	351469	1232472	738196	494276	626848	605624	261953	285133	284660	471416	191263
青阳街道	21202	67269	67269	0	33604	33665	17648	18951	13809	25892	8617
梅岭街道	25324	72317	72317	0	33593	38724	24896	26240	15046	24547	6484
西园街道	10619	42496	18380	24116	22393	20103	8281	9211	10310	16495	6480
罗山街道	16877	60309	54161	6148	30939	29370	14185	15389	14540	22610	7770
新塘街道	10428	36928	31455	5473	19156	17772	6292	6965	8684	14763	6516
灵源街道	8261	30903	30903	0	16047	14856	6457	7089	7650	11585	4579
安海镇	35985	131179	78698	52481	65949	65230	27879	30512	29552	49778	21337
磁灶镇	25223	97962	47525	50437	51716	46246	19814	21498	24185	37236	15043
陈埭镇	21208	82963	82963	0	42425	40538	15020	16839	20633	32302	13189
东石镇	28222	108864	39943	68921	56040	52824	20196	22257	25536	42837	18234
深沪镇	14372	49286	22657	26629	25102	24184	7608	8436	10521	20664	9665
金井镇	16842	56969	16969	40000	28513	28456	9041	9979	12030	23196	11764
池店镇	30992	99411	99411	0	47649	51762	31277	32823	22995	32349	11244
内坑镇	18907	72846	21620	51226	37858	34988	14825	16258	16841	27885	11862
龙湖镇	28514	84143	23682	60461	43799	40344	13165	14633	19415	34297	15798
永和镇	19010	71350	5876	65474	37566	33784	12867	14380	17223	28449	11298
英林镇	13832	47420	14298	33122	24584	22836	8205	9048	10965	19010	8397
紫帽镇	4993	17934	8146	9788	8918	9016	3989	4288	4251	6682	2713
西滨镇	563	1635	1635	0	860	775	232	256	406	700	273

续表 38

项目	年末总户数（户）	年末总人口(人)									
		合 计	城镇人口	乡村人口	性 别		年 龄				
					男	女	0—15 岁	0—17 岁	18—34 岁	35—59 岁	60 岁及以上
经济开发区	41	157	157	0	80	77	15	16	41	100	0
泉州出口加工区	54	131	131	0	57	74	61	65	27	39	0

2021 年晋江市各镇街所属村（社区）基本情况表

表 39

单位	居委会个数	村个数
合计	105	293
青阳街道办事处	14	0
梅岭街道办事处	15	0
西园街道办事处	11	0
罗山街道办事处	16	0
新塘街道办事处	12	0
灵源街道办事处	10	0
安海镇	6	36
磁灶镇	2	24
陈埭镇	2	24
东石镇	5	29
深沪镇	7	12
金井镇	2	20
池店镇	1	24
内坑镇	0	28
龙湖镇	0	42
永和镇	0	24
英林镇	0	20
紫帽镇	1	8
西滨镇	1	2

2015—2021 年晋江市农村社会经济主要指标一览表

表 40

项目	2015 年	2016 年	2017 年	2018 年	2019 年	2020 年	2021 年
农林牧渔增加值（万元）	195220	212631	206364	211908	211507	215632	—
其中：农业增加值（万元）	36864	37865	37652	41891	44759	45622	—
林业增加值（万元）	296	283	306	304	496	69	—

续表 40

项目	2015 年	2016 年	2017 年	2018 年	2019 年	2020 年	2021 年
牧业增加值（万元）	24801	25304	18448	16089	19006	23795	—
渔业增加值（万元）	126626	142188	142400	145490	138387	136766	—
农林牧渔服务业增加值（万元）	6633	6991	7557	8135	8859	9379	—
农林牧渔总产值（万元）	377127	411628	394674	405198	404485	412012	428516
其中：农业总产值（万元）	58919	60666	61310	68346	72962	74336	74927
林业总产值（万元）	563	540	600	597	974	141	51
牧业总产值（万元）	46162	47224	34612	30250	35815	44880	36764
渔业总产值（万元）	257684	288702	282855	289505	276734	273584	296684
农林牧渔服务业产值（万元）	13798	14495	15298	16500	18000	19070	20090
农林牧渔业总产值发展速度（以 1990 为 100）	232.2	240.1	237.2	239.6	237.2	245.6	244.5
农林牧渔业总产值发展速度（环比）	101.9	103.4	98.8	101.0	99.0	103.5	99.6
农作物播种总面积（亩）	406406	387603	383984	230424	236327	235340	234196
其中：粮食作物面积（亩）	139210	111866	108987	54978	53908	52080	51633
油料作物面积（亩）	39794	37970	38476	24894	26084	26110	25845
粮食作物总产量（吨）	48077	39577	44284	23329	23252	23407	23525
其中：稻谷产量（吨）	11955	8705	7874	4154	3071	3609	3206
油料作物总产量（吨）	8736	7409	8563	5860	6909	6909	6786
茶叶总产量（吨）	—	—	—	—	—	—	—
水果总产量（吨）	6043	6943	7233	4221	4413	4485	4552
肉蛋奶总产量（吨）	19121	17975	13656	13207	12593	13017	12909
稻谷亩产（千克）	367	407	405	403	424	428	433
水产品总产量（吨）	243965	255524	247437	250877	245483	251463	239077
其中：海水产品产量（吨）	239973	251031	244736	248319	242674	248646	236261
淡水产品产量（吨）	3992	4493	2701	2558	2809	2817	2816

2015—2021 年晋江市全部工业总产值一览表

表 41

时间	全部工业总产值（万元）	同比增长(%)	规模以上工业产值(万元)	同比增长(%)
2015 年	40024660	9.1	36160735	9.3
2016 年	42503489	8.4	38539709	8.7
2017 年	48704473	9.0	43908276	9.5

续表 41

时间	全部工业总产值（万元）	同比增长(%)	规模以上工业产值(万元)	同比增长(%)
2018 年	—	—	49830666	12.7
2019 年	—	—	55840618	9.5
2020 年	—	—	56863593	5.8
2021 年	—	—	70683373	15.4

2015—2021 年晋江市规模以上工业总产值一览表

表 42

单位:万元

项目	2015 年	2016 年	2017 年	2018 年	2019 年	2020 年	2021 年
总　计	36160735	38539709	43908276	49830666	55840618	56863593	70683373
# 国有控股企业	995475	957663	981622	953051	1064344	1074785	1298357
# 农村工业	62612	70363	—	—	—	—	1696722
一、按轻重分							
轻工业	28444129	30184126	34656770	39188374	43709071	44585251	55211125
重工业	7716606	8355583	9251506	10642292	12131547	12278342	15472248
二、按登记注册分							
国有	—	—	—	—	—	16858	—
集体	108799	—	—	—	—	—	—
股份合作企业	62187	38386	15691	12411	13126	12325	13037
有限责任公司	3205331	3581898	8603126	7005634	2472086	2388357	3155226
股份有限公司	1989737	2033211	1842740	1163820	104664	438406	427534
私营企业	11221609	12739974	10864052	17171978	25721682	28377626	39585368
港澳台商投资企业	15099885	16130456	18672575	20707330	23428998	21834018	23703402
外商投资企业	4473187	4015784	3910092	3769493	4100062	3796003	3798805
三、按企业规模分							
大型企业	10507502	10258034	11252562	11554281	13142888	11343615	13409641
中型企业	13814924	13896044	16013612	18680583	20095270	18627465	21400068
小型企业	11838309	14385631	16642102	19595802	22602460	26892513	35873664
纯小型企业	11448304	13914024	16197054	19216976	20752098	24521029	33584529
微型企业	390005	471608	434231	378826	1850361	2371484	2289135

2015—2021 年晋江市交通运输主要指标一览表

表 43

时间	公路通车里程（千米）	货物运输量（万吨）	货物运输周转量（万吨千米）	客运量（万人）	客运周转量（万人千米）
2015 年	2388.26	3338.83	506073.34	780.04	39973.46
2016 年	2404.05	3765.33	553450.11	654.21	35392.81
2017 年	2404.05	4136.16	616647.07	189.03	29214.78
2018 年	2404.05	4387.61	662948.49	407.89	34913.64
2019 年	2412.64	4577.09	728861.74	384.29	19579.05
2020 年	2429.02	5144.77	782905.15	187.48	7667.55
2021 年	2429.02	6489.57	929407.07	156.13	9750.46

2015—2021 年晋江市社会消费品零售总额与全国、全省、泉州市对比情况表

表 44

单位:亿元

时间	全国		全省		泉州		晋江	
	绝对数	指数 上年 =100	绝对数	指数 上年 =100	绝对数	指数 上年 =100	绝对数	指数 上年 =100
2015 年	300930.8	110.7	12273.03	113.2	3359.28	113.9	957.17	115.1
2016 年	332316.3	110.4	13702.96	111.7	3789.22	112.8	1077.70	112.6
2017 年	366261.6	110.2	15393.90	112.3	4271.67	112.7	1241.23	115.2
2018 年	380986.9	104.0	17178.37	111.6	4856.73	113.7	1400.24	112.8
2019 年	411649.0	108.0	18896.83	110.0	5351.87	110.2	1511.56	108.0
2020 年	391981.0	95.2	18626.45	98.6	5228.87	97.7	1513.54	100.1
2021 年	440823.0	112.5	20737.11	109.4	5819.72	111.3	1640.96	108.4

2021 年晋江市利用外资基本情况表

表 45

项 目	单位	本年累计	历年累计
1. 投资总额	万美元	9060	2245263
其中：增资	万美元	19580	908513
2. 合同外资	万美元	25461	1538940
其中：增资	万美元	23733	612190
3. 外商实际到资额	万美元	26262	

2021 年晋江市一般公共预算收支情况表

表 46

单位:万元

项目	入库数	项目	入库数
一、一般预算收入	1462000	一、一般预算支出	1247671
1. 税收收入	1181963	（一）一般公共服务	59931
（1）税务局	1181963	其中：共产党事务	16801
其中：增值税	425794	政府办及相关机构事务	21603
营业税改增值税		税收事务	6567
企业所得税 40%	221690	（二）国防	316
个人所得税 40%	198356	（三）公共安全	75424
资源税		其中：武装警察	339
城市维护建设税	56121	公安	64828
房产税	46811	检察	180
印花税	27370	法院	524
城镇土地使用税	35544	司法	2922
土地增值税	82017	（四）教育	307957
车船税	13661	其中：普通教育	265167
耕地占用税	4069	（五）科学技术	59644
契税	69844	（六）文化旅游体育与传媒	29971
环境保护税	722	（七）社会保障和就业	132494

续表 46

项目	入库数	项目	入库数
其他税收收入	-36	（八）卫生健康	120690
2. 非税收入	280037	其中：计划生育事务	10641
（1）专项收入	84288	（九）节能环保	7180
其中：教育费附加收入	26730	（十）城乡社区事务	80970
其他专项收入		（十一）农林水事务	96064
（2）行政事业性收费	15808	（十二）交通运输	11493
（3）罚没收入	34012	（十三）资源勘探信息	115300
（4）其他收入	145929	（十四）商业服务业	58167
二、中央级收入	1107285	（十五）金融	4420
1.税务局	1107285	（十六）自然资源海洋气象	3301
①增值税及改征增值税	425794	（十七）住房保障	32211
②消费税 100%	357	（十八）粮油物资储备	2683
③所得税 60%	630069	（十九）灾害防治及应急管理	4401
④车辆购置税 100%	51065	（二十）其他支出	149
		（二十一）债务付息及发行费用	44905
财政总收入	2569285	财政总支出	1247671

2015—2021 年晋江市金融机构信贷收支情况表

表 47

单位:万元

时间	各项存款	其中:居民储蓄	各项贷款
2015 年	13627437	7563443	11345280
2016 年	14821794	8021384	12864167
2017 年	15209089	8506471	13960576
2018 年	16018809	9063303	14253138
2019 年	17931066	10272634	15031518
2020 年	21078632	11623493	16725578
2021 年	23681019	12676974	18107091

说明：2015 年起“居民储蓄存款余额”指标更改为“住户存款余额”

2021年晋江市文化事业基本情况表

表48

指 标	单 位	数 量
艺术表演机构数	个	2
从业人员	人	111
国内演出场次	场	348
国内演出观众人次	千人次	195
艺术表演场所机构数	个	1
从业人员	人	6
演出场次	场	0
公共图书馆机构数	个	1
从业人员	人	24
总藏书量	千册（件）	2427
总流通人次	千人次	762
书刊外借册次	千册次	1774
文化馆机构数	个	1
从业人员	人	9
文化站机构数	个	19
从业人员	人	71
博物馆机构数（含纪念馆）	个	1
从业人员	人	36
参观人次	千人次	64

2021年晋江市学校基本情况表

表49　　单位:人

	学校数(所)	毕业生数	招生数	在校学生数	教职工数	
					合 计	其中:专任教师
普通中学	56	32529	38504	104955	8157	6988
其中：初中	37	22685	26804	74162	5726	4791
高中	19	9844	11700	30793	2431	2197
中职教育学校	4	4239	5287	14928	1001	886
小学	269	28837	33504	192863	10660	10379
幼儿园	429	30797	31741	85112	9920	5534
特殊教育学校	1	38	59	472	137	115
职业技术培训机构	—	—	—	—	—	—

说明：幼儿园学校数为班数+学前班数，特殊教育学校数为教学点数

2021 年晋江市卫生机构、床位、人员情况表

表 50

机构分类名称	机构数（个）	床位数（张）		职工总数（人）											
		编制床位	实有床位	合计	卫生技术人员								其他技术人员	管理人员	工勤技能人员
					小计	执业医师	执业助理医师	注册护士	药师（士）	技师（士）	卫生监督员	其他			
全市合计	1151	5313	6961	9567	8212	2768	613	3132	503	491	22	683	417	110	435
一、公立医院	5	2616	3585	3356	3059	948	69	1497	150	188	0	207	140	5	152
晋江市医院	1	1432	2112	1484	1374	408	35	699	51	82	0	99	69	1	40
晋江市安海医院	1	508	720	743	674	227	5	343	32	33	0	34	31	0	38
晋江市中医院	1	520	600	980	885	270	20	399	60	65	0	71	40	0	55
晋江市口腔医院	1	50	50	33	29	8	1	19	1	0	0	0	0	4	0
晋江市英墩华侨医院	1	106	103	116	97	35	8	37	6	8	0	3	0	0	19
二、市卫生计生执法大队	1	0	0	32	32	0	0	0	0	0	22	10	0	0	0
三、市疾病预防控制中心	1	0	0	177	158	45	4	0	0	21	0	88	4	0	15
四、市妇幼保健院	1	100	63	231	200	82	3	75	9	20	0	11	20	2	9
五、晋江市第三医院	1	299	320	133	103	24	0	64	3	4	0	8	13	8	9
六、急救中心（120）	1	0	0	15	15	0	0	0	0	0	0	15	0	0	0
七、市卫生进修学校	1	0	0	5	1	0	0	1	0	0	0	0	2	1	1
八、社区卫生服务中心、卫生院	23	1503	1947	2276	1983	644	102	668	167	184	0	218	140	34	119
九、民营医疗机构	75	795	1046	1383	1143	358	88	483	75	71	0	68	75	53	112
十、村卫生室	550	0	0	823	430	139	197	49	45	0	0	0	0	0	0
十一、社区卫生服务站	110	0	0	239	223	79	63	17	9	0	0	55	11	0	5
十二、诊所、卫生所、医务室	381	0	0	872	846	446	87	265	43	2	0	3	12	7	7
十三、其他	1	0	0	25	19	3	0	13	2	1	0	0	0	0	6

使用说明

一、本索引采用主题词分析法，按主题词首字汉语拼音字母（同音字按声调、多音字按其所在词发音）顺序排列。

二、每个检索词条后的数字表示页码，页码后的a、b、c分别表示对应的左、中、右栏。

三、本卷中“年度聚焦”“专文”“大事记”“人物 荣誉”“附录”等类目内容及“概况”条目不列入索引。

C

D

E

F

G

K

L

Y